季羡林先生与北京大学东方学 上

黄河出版传媒集团
阳光出版社

王邦维⊙主编

图书在版编目(CIP)数据

季羡林先生与北京大学东方学：全 2 册 / 王邦维主
编. — 银川：阳光出版社，2011.3（2013.5 重印）
ISBN 978-7-80620-787-1

Ⅰ.①季⋯　Ⅱ.①王⋯　Ⅲ.①季羡林（1911~2009）
—纪念文集　Ⅳ.①K825.4-53

中国版本图书馆 CIP 数据核字（2011）第 047386 号

季羡林先生与北京大学东方学

王邦维　主编

责任编辑　陈文军　谭立群　李少敏　陈 帅
封面设计　晨　皓
责任印制　郭迅生

黄河出版传媒集团
阳 光 出 版 社　出版发行

地　　址　银川市北京东路 139 号出版大厦(750001)
网　　址　http://www.yrpubm.com
网上书店　http://www.hh-book.com
电子信箱　yangguang@yrpubm.com
邮购电话　0951-5044614
经　　销　全国新华书店
印刷装订　宁夏捷诚彩色印务有限公司
印刷委托书号　（宁）0010661

开　　本　720mm×980mm　1/16
印　　张　40.75
字　　数　600 千
版　　次　2011 年 12 月第 1 版
印　　次　2013 年 5 月第 2 次印刷
书　　号　ISBN 978-7-80620-787-1/I·140

定　　价　88.00 元(全 2 册)

季羡林先生

1.1930年，季羡林先生毕业于山东济南高级中学。
2.1930年，季羡林先生考入清华大学西洋文学系，专修德文。

1. 1934年，季羡林先生清华大学毕业后，返中学母校济南高中任教时留影。

2. 1935年，季羡林先生赴德国留学，入哥廷根大学，主修印度学，先后掌握了梵文、巴利文、佛教混合梵文、吐火罗文等古代语言。

1. 1941年，季羡林先生获哲学博士学位。在德期间发表重要学术论文，获得国际学术界高度评价。

2. 1946年，季羡林先生任北京大学教授，主持创办东方语言文学系，并任系主任长达40年。

3. 1948年，举办泰戈尔绘画展时留影。前排：季羡林（前左1）、胡适、徐悲鸿、朱光潜、冯友兰及黎锦熙、叶浅予、邓广铭、周一良等。

1.1955年，北京大学校领导及部分系主任与先进班的代表合影。

2.1958年，季羡林先生在北京大学校园参加劳动。

3.1958年，季羡林教授参加塔什干亚非作家会议。

1. 经历文化大革命十年动乱磨难，季羡林先生神采依然。
2. 1979年，季羡林先生访问印度。
3. 1981年，季羡林先生重访德国哥廷根。

全國印度文学研究会成立大会留影 一九八二年九月

1.1981年，季羡林先生访问日本。
2.1983年4月，季羡林先生参加第六届全国人民代表大会，在人民大会堂前留影。
3.1982年9月，季羡林先生参加全国印度文学研究会成立大会时同与会者合影。

1. 1985年7月，季羡林先生出席中国语言学会第三届年会，与王力、朱德熙、侯宝林等人合影。
2. 北京大学东语系庆祝季羡林先生执教40周年时，季先生与部分教师和校友合影。
3. 1988年5月，季羡林先生在长城。

1. 1988年，季羡林先生在书房。
2. 3. 1991年6月，季羡林先生访问韩国。

1. 1991年，季羡林先生80华诞庆祝会。
2. 1992年3月，季羡林先生在中国作家协会鲁迅文学院讲课。
3. 1992年，季羡林先生与英籍作家韩素音女士合影。
4. 1994年3月，季羡林先生访问泰国。

1. 1998年3月，季羡林先生在政协座谈会上发言。
2. 1995年，陆文星，韩素音中印友谊奖设立十周年庆祝会上，季羡林先生发言。
3. 1996年5月，北京大学东语系建系50周年暨季羡林先生执教50周年庆祝大会上。
4. 1987年6月，季羡林先生参加香港国际敦煌学术讨论会，与台湾学者合影。

1.2.3.季老和他的老友们在一起。
4.5.庆贺季羡林教授90华诞。
6.季羡林先生90华诞时与教育部前副部长韦钰及东方学系历任党政负责人合影。

季羡林先生

目 录

北京大学东方学学科建立
暨季羡林教授执教六十周年志庆（代序）

● 北京大学东方学研究院

　　日月绕行，八万里成一周天；岁时往复，六十年为一甲子。北京大学东方学学科，肇自 1946 年东方语文学系的建立，迄今已一甲子六十周年。六十年前，抗战结束，北京大学复迁回故都北平，时任校长的胡适之先生与代校长傅斯年先生以及文学院长汤用彤先生策划，决定在北京大学建立东方语文学系，推动中国的东方学研究。此时季羡林先生留学德国归来，遂被聘为首任系主任，任职直至上世纪七十年代。东方语文学系其后又曾改名为东方语言系，再后改为东方语言文学系，再后则改为东方学系。直至 1999 年，北京大学组建外国语学院，原东方学系一分为三，成为外国语学院辖下的东方语言文化系、日本语言文化系和阿拉伯语言文化系。六十年来，结构或经调整，名称稍有小异，而宗旨则无改变，即在北京大学开展东方语言教学，研究东方语言与文化，建立和建设中国的东方学学科，服务国家，不辱民族，以跻身于世界文化学术之林。

　　北京大学东方学学科成立之初，虽规模不大，教员甚少，但在季羡林先生带领之下，自二十世纪五十年代初以来，队伍逐步扩大，增设多种语言，拓宽教学和研究范围，各方面均获得长足发展。至六十年代，经全系教员不懈的努力，已成为北京大学诸多学科重要的一部分。其后虽经"文革"挫折，但"文革"结束以后，则又生机重现，八十及九十年代，在学科建设上更有根本性的进步。近十年来，与国家经济发展同步，东方学学科建设又得到极大的发展。教学研究，硕果累累，人才辈出，为国内东方研究之领军，洵非虚言。

　　六十年来，季羡林先生的学术生涯与北京大学东方学学科紧密相连。先生任北京大学东方学系系主任前后逾三十年。始则筹划专业设置，继则倡导学术研究，以身作则，身体力行，著作等身，中国东方学研究开创至今，有今日之规模与水平,先生厥功甚伟,贡献至大。宏文大著,流传于天下;道德文章,享誉于神州。思念及此,诸位同仁及学生弟子无不欢庆感激。

值此北京大学东方学学科建立六十周年之际,又欣逢季羡林先生九十五华诞并执教六十周年,北京大学东方学研究院联合东方语言文化系、日本语言文化系、阿拉伯语言文化系,共同举办庆祝活动,一则回顾学科的历史,彰显学科建设的成就,展望学科的未来,二则感念季羡林先生对学科建设的贡献,并恭祝先生长寿健康,同时缅怀几代教员辛勤奉献的业绩。斯盛事也,诚邀新老系友、校友、各位朋友,话成就于当下,展宏图于未来,同乐同庆,共成佳会。

王邦维　撰稿

2006 年 5 月 4 日

第一部分

季羡林与东方学

●陈嘉厚

大家知道,季羡林老教授是我国享誉中外的著名东方学家,为了深入研究季老与东方学的关系,我想有必要先简略谈一谈东方学的含义、产生及其发展变化。

《辞海》(2009年版)对东方学的界定是:"研究东方(亚洲、东北非洲)各国的语言文字、社会历史、艺术、宗教以及其他物质、精神文化诸学科的总称。产生于16~17世纪欧洲资本主义对外扩张时期。18~19世纪以来随着古文字译解的成功,该学科有新的发展,并出现了埃及学、亚述学等专门学科。"

《辞海》对东方学的界定,我个人认为是比较准确和明确的。第一,它指出了东方学的学术范围是研究语言和文化,而文化指的又是广义的文化,涵盖物质文化和精神文化诸学科。第二,它指出了东方学的地理范围是亚洲和东北非洲的国家。第三,它指出了东方学产生的历史背景是16~17世纪欧洲资本主义对外扩张时期。也就是说,东方学的产生是出于欧洲资本主义对东方各国进行殖民主义扩张的需要,是为欧洲殖民主义奴役东方服务之学,对东方进行文化侵略之学,是欧洲人的东方学。这些研究东方的欧洲学人被称为"东方学家",他们中虽有热爱东方文化,孜孜不倦于学术研究的学者,但多数人还是殖民主义的御用学者。第四,它指出了东方学作为一门科学在不断发展,随着时间的推移,研究逐渐扩大与深化,学科内部出现了一些新的分支学科,如埃及学、亚述学、印度学、蒙古学等等。

现在,我再就20世纪以来东方学的发展变化,补充几点个人的意见。

第一,20世纪40年代以后,是西方殖民主义崩溃和结束的年代,东方各国先后获得了独立解放,经过了半个多世纪的奋斗和建设,终于在20世纪末

21世纪初迎来了新的崛起，复兴之火已成为燎原之势，21世纪将成为东方文化的时代。

第二，随着殖民主义时代的结束，东方学开始发生了质的变化，逐渐由殖民主义奴役东方、对东方进行文化侵略之学变成了东方人建设东方、复兴东方文化之学，变成了促进东西文化交流、合作与促进人类文明进步之学；逐渐由欧洲学人独揽的东方学变成了以东方学人为主体的东方学。不过，殖民主义对东方的数百年侵略与统治留下的历史污迹，短期内还难于完全涤除，所以大家时常会感到"欧洲中心主义"思想影响的存在，为西方利益服务的欧美东方学家也还大有人在；但可喜的是，有越来越多的欧美东方学家致力于促进东西方的相互了解、交流与合作，致力于共同发展人类文明与世界和平。

还在20世纪初，西方殖民主义已经到了末期，东方各国人民开始觉醒，他们中一些热爱东方文化和立志弘扬东方文化的学人，投身于东方学的学习与研究。更有少数先知先觉者，志在创建东方人自己的东方学，促进东方文化复兴，再创辉煌。季老就是这些老一辈东方学家之一。季老说他爱国不敢后人，"即使把我烧成灰，我也是爱国的"[1]。他认为，"一个人不但要爱国，还要爱人类、爱生命、爱自然"[2]。这使他"'人生不满百，常怀千岁忧'，内心永远充满忧患意识"[3]。正是这种忧患意识，使他产生复兴中华文化和东方文化的强烈历史使命感，立志创建现代中国东方学。

第三，东方学自20世纪下半叶以来又有了很大的发展，产生了许多新的分支学科。现在，东方学除了原有的分别研究东方各国的语言文字、政治、经济、文化等等学科和埃及学、亚述学等等专门学科外，又出现了许多跨学科、跨国家、跨地区，乃至跨东西方两大文化体系的分支学科，如中东研究、南亚研究、亚太研究、中日关系研究、中印关系研究、东南亚华人研究、东方文学研究、东方戏剧研究、东方哲学研究、东方古文明研究、比较文学研究、东西方文化交流研究、东西文化比较研究、世界宗教研究。

东方学就谈到这里。现在，我们可以进入本文《季羡林与东方学》这个主题了。

总起来说，季老是当代世界东方学的泰斗、一代宗师，是现代中国东方学的缔造者、引路人，对东方学作出了创造性的杰出贡献，亦即是对中国文化、东

[1][2][3]张光璘.季羡林先生[M].北京：作家出版社，2003:427.

方文化和人类文化的发展作出了创造性的杰出贡献。下面将分别加以论述。

一、季老是当代世界东方学的泰斗、一代宗师

我之所以这样评价季老在当代世界东方学的地位，主要根据是季老在东方学研究领域之广、学术造诣之深、学术成果之多、对东方学发展贡献之大、学风学德之高，在当今世界，恐怕没有一位东方学家能与他相比。

季老把人类文化概括为四大体系：中国文化体系、印度文化体系、阿拉伯伊斯兰文化体系和自古希腊、罗马一直到今天欧美的文化体系。前三者共同组成东方文化体系，后一者为西方文化体系。

说季老的学术研究领域广，若以人类文化四大体系来衡量，季老则是会通四大文化，尤其对中国文化和印度文化的很多领域有精深的研究。换言之，季老是个学贯东西、博古通今的文化学术大师。

说季老的学术成果，用"辉煌"二字来形容，一点儿也不为过。根据《季羡林先生传》一书的作者张光璘先生提供的资料，仅仅"从1978年到2002年的二十四年中，不计散文、杂文、序、跋、翻译，专就学术著作而言，约略统计，季羡林撰写了二百多篇学术论文，出版了十一部学术著作。这十一部著作是：《〈罗摩衍那〉初探》《〈大唐西域记〉校注》(合著)、《印度古代语言论集》《中印文化关系史论文集》《原始佛教的语言问题》《佛教与中印文化交流》《中印文化交流史》《比较文学与民间文学》《敦煌吐鲁番吐火罗语导论》《糖史》《吐火罗文〈弥勒会见记〉译释》。这些论文和著作涵盖的内容包括：1.印度古代语言，特别是佛教梵文；2.吐火罗文；3.印度古代文学；4.印度佛教史；5.中国佛教史；6.中亚佛教史；7.糖史；8.中印文化交流史；9.中外文化交流史；10.中西文化之差异和共性；11.美学和中国古代文艺理论；12.德国及西方文学；13.比较文学及民间文学等"[1]。如果再加上翻译、散文及杂文创作，则季老的研究范围就更广了。

季老在67岁至91岁高龄之年的24年里完成如此浩繁而艰深的学术论著，若不是成果摆在那里(已收入24卷本的《季羡林文集》)，实在是令人难以置信。著名学者周一良先生在《〈季羡林与二十世纪中国学术〉序》中是这样评价他的："羡林兄在十多个文化学术领域或层面的成就和乾隆帝号称'十全武功'的军事成就相比较，不是光怪陆离、丰富多彩得多么？"周先生这一比较，生

---

[1] 张光璘. 季羡林先生[M]. 北京：作家出版社，2003:398~427.

动地说明了季老的学术成就——文功比乾隆帝的十全武功更加辉煌多彩,在20世纪的中国学术界位居前列。

季老的学术论著水平之高是学界公认的,而最突出的特点是他那学术上的大无畏气魄和创新精神。下面是季老的一段话,很能说明这个问题。季老说:"我喜欢胡思乱想,而且我还有一些怪想法。我觉得,一个真正的某一门学问的专家,对他这一门学问钻得太深,钻得太透,或者也可以说,钻得过深,钻得过透,想问题反而缩手缩脚,临深履薄,战战兢兢,有如一个细菌学家,在他眼中,到处是细菌,反而这也不敢吃,那也不敢喝,窘态可掬。一个外行人,或者半外行人,宛如初生的犊子不怕虎,他往往能看到真正专家、真正内行所看不到或者说不敢看到的东西。我对于义理之学就是一个初生的犊子。我绝不敢说,我看到的想到的东西都是正确的;但是,我却相信,我的意见是一些专家绝对不敢想更不敢说的。从人类文化发展史来看,如果没有绝少数不肯受钳制,不肯走老路,不肯故步自封的初生犊子敢于发石破天惊的议论的话,则人类进步必将缓慢得多。当然,我们也必须注意常人所说的'真理与谬误之间只差毫厘'、'真理过一分就是谬误'。一个敢思考敢说话的人,说对了了不得,说错了不得了。因此,我们决不能任意胡说八道。"[1]

季老总是站在学科的前沿,每项研究,必求有所发现,每篇文章,必求有新意。所以他的许多学术论著受到国内外学术界的重视和高度评价。季老一生中最重要的三部学术著作:《中华蔗糖史》《吐火罗文〈弥勒会见记〉译释》和《中国佛教史·龟兹与焉耆的佛教》。糖史国外有人写过,但只是作为一种科技史来写。季老的《糖史》既是一部科技史,更是一部文化交流史,因为季老独辟蹊径,主要从文化交流的角度,沿着糖的传播历程,探索中印文化交流的轨迹,进而探寻人类文化交流的轨迹。在这里,我们看到季老在学术上敢为人先的创新精神。再说季老的《吐火罗文〈弥勒会见记〉译释》,它的英译本在德国出版后,引起了西方学术界的轰动,让美、法、德、日等外国学者不能不刮目相看,因为至今,世界上唯有季老译释过吐火罗文残卷,而且是数量多达44张88页的残卷。《弥勒会见记》是一个剧本,全剧27幕,大概是世界上最长的剧本,也是目前世界上规模最大的吐火罗文作品的英译本。[2]

季老的成功还在于他严谨的学风和高尚的学德。这里,我想引几段季老

---

[1] 季羡林. 学海泛槎——季羡林自述[M]. 太原:山西人民出版社,2000:282~283.

[2] 张光璘. 季羡林先生[M]. 北京:作家出版社,2003:405~408.

自己的经验之谈。季老一再谈到做学问要有"抓住一个问题终生不放"的精神。他说:"我之所以不厌其烦地谈论这个问题,是因为我看到有一些学者,在某一个时期集中精力研究一个问题,成果一出,立即罢手。我不认为这是正确的做法。学术问题,有时候一时难以下结论,必须锲而不舍,终生以之,才可能得到越来越精确可靠的结论。有时候,甚至全世界都承认其为真理的学说,时过境迁,还有人提出异议。"[1]在谈及搜集资料时,季老认为必须有竭泽而渔的气魄。他说:"不管用什么办法,搜集资料决不能偷懒,决不能偷工减料,形象的说法就是要有竭泽而渔的魄力……科学研究工作没有什么捷径,一靠勤奋,二靠个人的天赋,而前者尤为重要。我个人认为,学者的大忌是仅靠手边一点搜集到的资料,就茫然做出重大的结论。"[2]说到学术研究中的考证问题,季老认为"科学研究工作贵在求真,而考据正是达到这个目的的手段……至于考证的工拙精粗,完全决定于你的学术修养和思想方法。少学欠术的人,属于马大哈一类的人,是搞不好考证工作的。死板僵硬,墨守成规,不敢越前人雷池一步的人,也是搞不好考证的。在这里,我又要引用胡适先生的两句话:'大胆的假设,小心的求证'。假设,胆越大越好。哥白尼敢于假设地球能转动,胆可谓大矣。然而只凭大胆是不行的,必须还有小心的求证。求证,越小心越好。这里需要的是极广泛搜集资料的能力,穷极毫末分析资料的能力,坚韧不拔、锲而不舍的精神,然后得出的结论才能比较可靠。这里面还有一个学术道德或学术良心的问题。"[3]关于对待搜集资料和考证的态度,季老在对糖史的 17 年研究工作中,更是以身示范。为了从糖的传播历程中探索中印文化交流的轨迹,进而探寻人类文化交流的轨迹,季老从浩如烟海的中外书籍搜集资料,寻找证据。其中有两年时间,天天跑北大图书馆,查《四库全书》,把《二十四史》翻阅了一遍。季老说,他查阅的中外资料,"估计恐怕要有几十万页"。"几十万页"是一个什么概念呢?通常一本 40 万字汉文书,约 500 页,即使以读了 20 万页计算,季老为写《糖史》阅读的资料至少有 400 本。[4]这,就是"季羡林学风"!这,就是"季羡林治学精神"!

季老是非常重视学德的,他说:"人类社会不能无学术,无学术,则人类社会就不能前进,人类福利就不能提高;每个人都是想日子越过越好的,学术的作用就在于能帮助人达到这个目的。大家常说,学术是老老实实的东西,不能

[1][2][3] 季羡林. 学海泛槎——季羡林自述[M]. 太原:山西人民出版社,2000:302.
[4] 张光璘. 季羡林先生[M]. 北京:作家出版社,2003:402.

掺半点假。通过个人努力或集体努力，老老实实地做学问，得出的结果必然是实事求是的。这样做，就算是有学术良心。剽窃别人的成果，或者为了沽名钓誉创造新学说或新学派而篡改研究真相，伪造研究数据，这是地地道道的学术骗子。在国际上和我们国内，这样的骗子亦非少见。这样的骗局绝不会隐瞒很久的，总有一天真相会大白于天下的。许多国家都有这样的先例。真相一旦暴露，不齿于士林，因而自杀者也是有过的。这种学术骗子，自古已有，可怕的是于今为烈。我们学坛和文坛上的剽窃大案时有所闻，我们千万要引为鉴戒……我可以无愧于心地说，上面这些大骗或者小骗，我都从来没有干过，以后也永远不会干。"[1]又说："我们要的是真正的谦虚，做学问更是如此。如果一个学者，不管是年轻的，还是中年的、老年的，觉得自己的学问已经够大的，没有必要再进行学习了，他就不会再有进步。事实上，不管你搞哪一门学问，绝不会有搞得完全彻底一点问题也不留的。人即使能活上一千年，也是办不到的。因此，在做学问上谦虚，不但表示这个人有道德，也表示这个人是实事求是的。"[2]如何正确对待学术上的不同意见，是关系一个学者学风学德的问题，季老很坦诚地说："我对于学术上不同的观点，最初也不够冷静。仔细检查自己内心的活动，不冷静的原因绝不是什么面子问题，而是觉得别人的思想方法有问题，或者认为别人并不真正全面地实事求是地了解自己的观点，自己心里十分别扭，简直是堵得难受，所以才不冷静。最近若干年来，自己在这方面有了进步。首先，我认为，普天之下的芸芸众生，思想方法就是不一样……要求别人的思想方法同自己一样，是一厢情愿、完全不可能的，也是完全不必要的。其次，不管多么离奇的想法，其中也可能有合理之处的。采取其合理之处，扬弃其不合理之处，是唯一正确的办法。至于有人无理攻击，也用不着真正的生气。我有一个怪论：一个人一生不可能没有朋友，也不可能没有非朋友。我在这里不用'敌人'这个词，而用'非朋友'，是因为非朋友不一定就是敌人。最后，我还认为，个人的意见不管一时觉得多么正确，其实这还是一个未知数。时过境迁，也许会发现它并不正确，或者不完全正确。到了此时，必须有勇气公开改正自己的错误意见。梁任公说：'不惜以今日之我，攻昨日之我。'这是光明磊落的真正学者的态度。"[3]如何做学问，当然也关系到学风问题，季老主张"必须中西兼通，中外结合，地上文献与地下考古资料相结合"，他说："我个人认为，居今之世而言治

---

[1][2][3] 季羡林.学海泛槎——季羡林自述[M].太原:山西人民出版社,2000:306,307,310,314.

学问,绝不能坐井观天……我们中国学者,包括中国国学在内,对外国的研究动向和研究成果,绝不能视若无睹。那样不利于我们自己学问的进步,也不利于国与国之间的学术文化交流。……因此,我希望我们的年轻学者,不管你是哪一门,哪一科,尽快掌握外语。只有这样,中国的声音才能传向全球。"[1]

季老不服老,古稀之年成了他学术成就最辉煌的时段,让人们懂得什么是"老骥伏枥,志在千里"。他那拼命硬干、锲而不舍、严谨大胆、求真求新、高瞻远瞩、虚怀若谷、舍身求法的治学精神和学风学德,一向为海内外学术界所敬重,真不愧为当代世界东方学的泰斗、一代宗师!

二、季老是现代中国东方学的缔造者、引路人

在季老之前或与季老同辈的中国学者中,已有不少东方学家,只是中国早时候没有"东方学家"这样的称谓。古代的东方学家,如唐代僧人玄奘(602~664),他赴印度取经,历尽艰险,往返 17 年,是中国佛教四大译经家之一,法相宗创始人,译出大小乘经论共 75 部,著有《大唐西域记》一书。当代的东方学家,如中国社科院研究员徐梵澄(1909~2000),曾在印度待了 33 年,有"当代玄奘"之称。据报载:徐通晓国学,精通梵文、拉丁文、古希腊文等 9 种语言,在中西哲学、宗教、文艺和诗歌的每一领域都做过了深入研究,是位集中、印、西学于一身的哲人、学术大师、翻译家,有《徐梵澄文集》16 卷传世。

玄奘献身佛学,翻译大量佛经,有弟子数千。徐梵澄献身文化学术研究与翻译,不收弟子门徒,孤独一生,两耳不闻窗外事,一心做学问。季老和玄奘、徐梵澄有共同之处,都是学梵文,研究佛教,与印度文化结缘的。季老还在求学时就很崇敬玄奘,深受其拼命硬干、锲而不舍、不畏艰险、舍身求法精神的影响,因而有一种"玄奘情结",曾以"齐奘"的笔名写文章,后来在做学术研究遇到什么大困难或挫折时,常以玄奘的"虽九死而犹未悔"的大无畏精神激励自己。季老也西行取"经",不过不是去印度,而是去德国,在几位热爱印度文化的德国教授——东方学家的严格训练和悉心传授下,十年取得了"东方学"真经。季老又与玄奘、徐梵澄两位不同,他没有局限于自己专攻的"术业"佛教梵语与佛教史的研究,而是扩而大之,以传承、弘扬和复兴中国文化和东方文化为己任,关心家事、国事、天下事,胸怀祖国,放眼世界,爱

[1] 季羡林. 学海泛槎——季羡林自述[M]. 太原:山西人民出版社,2000:315~316.

国、爱人类、爱生命、爱自然。

季老深知，要实现自己的理想，单靠自己一个人的力量不行，独木不成林，必须在自己的祖国创建现代中国东方学，造就一支宏大的中国东方学研究队伍。办法有两条：一条是以自己的东方学研究实践和成绩，率先垂范。关于这一条后面还将说到。另一条是通过办教育，从零开始，从打基础开始，着手培养东方学人才。"十年树木，百年树人"，这才是长久之计。所以季老留德归来，北京大学要聘他任教，正合心意，欣然应聘，于1946年在北大创建"东方语言文学系"，是希望利用北大这片园地培育中国东方学家的幼苗，为创建现代中国东方学准备学术力量。

办教育这条路是一条漫长之路，建系初期，连他这位系主任在内才四名教师，四种语言，学生更少，全系师生总共"六七个人，七八条枪"，是北大最小的系。解放初，因国家急需大量东方语人才，北大东方语言文学系迅速发展壮大，至1952年已设有蒙古语、朝鲜语、日本语、印尼语、越南语、缅甸语、泰语、印地语、阿拉伯语等9个专业，不久又增设了乌尔都语和波斯语两个专业。教师100多人，学生500多人，成为北大最大的系，也是当时全国唯一一所培养东方语人才的最高教学机构。季老喜出望外，但系务工作顿时繁忙起来，"每天从早忙到晚，忙得脚丫子朝天"。尽管到改革开放前，东语系的培养目标一直局限于培养东方语翻译人才，而不是直接培养东方学研究人才，但是季老始终满怀信心，筚路蓝缕，辛勤耕耘东方语文系这一亩三分地。因为他深信，只要每年有一批毕业生分配到全国高校、机关团体和科研机构工作，这就好比把一批东方学种子撒向全国，不久这些种子就可能在那里生根、发芽，十年二十年后长成了千万棵挺拔的大树，形成一大片郁郁葱葱的东方学之林。学生毕业时虽然只掌握一种东方语，知识面也不宽，研究能力差，但是他们年轻，又有大学的文化基础和训练，一旦投入所在部门的工作，日积月累，就会逐渐扩大知识面，逐渐提高研究能力，最终成为这个部门，或者说东方学某一领域的业务骨干、专家。有的人再继续努力，更上一层楼，还可能成为东方学多个领域的专家。果不其然，经过几十年的努力，季老的弟子，弟子的弟子，已是桃李满天下，东方学之树蔚然成林。用季老的话说："我们初建系时，在全国是'只此一家，并无分号'，今天则是南北许多大学都有了东方语言、文学、历史、哲学等等的教学和研究机构。我们的同行遍天下了。顺便说一句，这些机构以及外文出版社、中央广播电台、中国画报社等等地方，主管东方语言的大多数也是我们系的毕业生。"[1]的确,在上世纪五六十年代,中国的文化教育系统、传媒出版系统、对外经贸系统、外交系统、军事与情报系统、党团与群众团体系统和社科研究系统,凡是需要东语人才的单位,其头几批创业人,几乎都是北大东方语言文学系的毕业生。这些早期的毕业生,许多人后来成了全国知名的专家、学者、教授,或外交家、军事家、大记者,或部长、局长、院长、所长,组成了现代中国东方学研究的骨干力量和带头人。

季老当了38年系主任,为了创建现代中国东方学,呕心沥血,到1983年他卸任系主任时,现代中国东方学实际上已然建成。系新领导班子的成员都是季老的弟子。在季老的亲切关怀、直接指导和全力支持下,沿着他开辟的东方学航道,扬帆破浪,勇往直前。根据形势的新发展和新要求,抓住机遇,积极主动开展了一系列东方学建设工作:

(一)把系的培养目标由培养东语翻译人才改为培养东方语言文化人才,换言之,就是培养东方学人才。为此,把语言各专业改为语言文化专业,制订新的教学大纲,开设一批新课,以调整学生的知识结构和学习要求。而要实现新的培养目标,关键是要有东方学的教师,因此,把现有的东语教学队伍改造成东方学教学与研究队伍,成为一项十分紧迫的任务。

(二)将一个从事东语教学的系改造成东方学教学与科研并重的系。在这转型的关键时刻,又是季老亲自来和大家座谈如何开展东方学各领域的学术研究,引导和鼓励大家在新形势下要勇于迈开新的步伐,攀登新的学科高峰。于是全系出现一股科研热潮,以教学促科研,以科研提高教学,学术气氛日浓。许多教师,特别是中青年教师,更是积极调整自己的知识结构和科研方向,扩大研究领域。结果,学术视野大大开阔了,学术路子大大拓宽了,学术研究水平迅速提高了,学术成果开始增多了。如印尼语教授梁立基,其科研由语言扩展到文学和文化,其学术成果有:主编《印尼语汉语辞典》《汉语印尼语辞典》,《世界四大文化与东南亚文学》(国家社科基金重点课题),《中国大百科全书·外国文学卷·东南亚文学》、《外国文学简编·亚非部分》、《东方文学史》(副主编),翻译《唐诗一百首》《宋词一百首》,专著《印度尼西亚文学史》和《光辉的历史篇章——15世纪马六甲王朝与明朝的关系》。其所编著的辞典、文学史和翻译的诗词在印尼受到广泛好评。他在印尼、新加坡、马来西亚、文莱参加学术会议,

---

[1] 季羡林. 迈向新的世纪——纪念东方学系建立五十周年[J]. 北京大学学报:东方文化研究专刊,1996.

作的有关中国与这些国家历史上的文化交流的学术报告,引起轰动,名震马来群岛。马来西亚总理巴达维亲自为他颁发"马来西亚中国友好人物奖",以表彰他在语言、文学和文化方面所作的贡献。又如乌尔都语教授唐孟生,其科研由语言扩展到文学、文化、宗教,他的新作《印度苏非派及其历史作用》,在巴基斯坦受到很高评价,穆沙拉夫总统亲自为他颁发国家最高学术奖"贡献奖"。再如波斯语教授张鸿年,其科研由语言扩展到文学、文化和翻译,专著《波斯文学史》,译作有《列王纪全集》《萨迪果园》《萨迪蔷薇园》《鲁拜集》《蕾莉与马杰农》《勇士鲁斯塔姆》《四类英才》《波斯哲理诗》《波斯文学故事集》《波斯古代诗选》(主编)、《波汉辞典》(合作),汉译波有翦伯赞的《中国史纲》等。荣获德黑兰大学波斯语言文学中心的"文学奖"、德黑兰大学建校 70 周年颁发的"杰出学者终身奖"、伊朗总统颁发的"杰出学者奖"、伊朗指导部颁发的"伊朗文化名人奖"、伊朗阿夫沙尔基金会第六届"文史奖"(此奖为伊朗最高学术奖,每届只奖一人)。

总之,我们系已由东语教学系成功地转为东方学教学与研究并重的系。

(三)成立东方文学研究室,目的是把全系各专业的搞文学的教师组织起来,交流教学与研究经验,开展共同科研项目,开展对外学术交流。文研室组织学习文学理论,由季老指导,记得学习内容还包括《文心雕龙》。组织撰写由季老任主编的《东方文学简史》和《东方文学史》,主办高校东方文学教师培训班,筹办多次全国性的东方文学研讨会。文研室实际上成了中国东方文学的研究基地。

(四)增设菲律宾语和希伯来语两个专业,使全系共有 13 个专业,包括梵文、巴利文在内的 15 个语种。

(五)成立与系同级的"东方文化研究所",下设六个分所:伊朗文化研究所、阿拉伯文化研究所、朝鲜文化研究所、日本文化研究所、东南亚文化研究所、泰国文化研究所。系与所结合,专业与分所结合,八仙过海,各显神通。积极组织科研项目,广泛开展校际、国际交流合作,举办校际和国际学术研讨会,以加速我系学术力量的成长。在文化研究所的鼓励下,教师们积极申请国家和省部级的科研基金,有十多个课题获得立项,其中"东方文学史"、"世界四大文化与东南亚文学"和"现代伊斯兰主义"属于国家社科基金的重点课题。朝鲜、伊朗和东南亚三个分所成绩尤为突出。朝鲜文化研究所更是一路领先,与日本大阪经济法科大学合作,在我校举办了多次朝鲜学国际学术研讨会,其中三次规模较大,参加人数分别为 150 人、300 人、800 多人。还组织过百名中国学者赴日本大阪参加一次大型的朝鲜学国际学术研讨会。积极推动成立国际高丽学会,所长崔应久教授连任第一、二届会长。组织所内外力量撰写出版两部大型辞典《朝汉辞典》和《汉朝辞典》及《中国朝鲜民族文化史大系》(约 500 万字,分11 卷:语言史卷、文学史卷、教育史卷、新闻出版史卷、科技史卷、艺术史卷、体育史卷、医疗保健史卷、宗教史卷、思想史卷、民俗史卷)。

东方文化研究所已发展为现在的东方学研究院,东方文学研究室的成员后来重组为现在的东方文学研究中心,被评为教育部人文社科重点研究基地。

由于上述的努力,东方学的建设在各方面取得显著进展,终于时机成熟,水到渠成,1992 年北大校领导正式批准东方语言文学系改为"东方学系"。这是一次重大的改革,对创建现代中国东方学,或称东方学中国学派,具有里程碑的意义。季老在耄耋之年,看到自己用一生心血浇灌的事业结出了硕果,真是深感欣慰,感慨万端啊! 他说:"从前年起,我们又感觉到,光有'语言'和'文学'还不够。社会对我们的要求,世界学术发展的趋势,逼着我们去考虑进一步的问题。我们的结论是:必须继续拓宽我们的视野,扩大我们的研究范围,探讨东方各国文化,建立起真正的'东方学'来。这一次,学校领导的态度很明确,没有费多少事,就同意了我们的请求,将系名改为'东方学系'。"又说:"改为'东方学系'是面对现实又展望未来,用一句现成的话来说就是'跨世纪的'构思的结果。其中有现实主义成分,也有不同于前一个(指东方语言文学系——笔者)的浪漫主义成分。这个名称的确定,表示我们系已经成熟了,表示'东方学'在我们中国已经正式建立起来了。"请听,季老在这里欣喜而庄严地宣告:"东方学在我们中国已经正式建立起来了!"季老为之奋斗半个世纪的创建现代中国东方学的理想终于实现了,这是中国的骄傲,也是东方的骄傲,是一件千秋功德的伟业!

季老对新生的"东方学系"寄予厚望,他说:"尽管谁也说不清下一个世纪究竟是什么样子;但是,国内外都有不少的人认为或者主张或者预言,21 世纪将是东方重现辉煌的世纪。无论是政治,还是经济,以及文化学术,东方都将在继承着西方学术的文化已经打牢的基础上,用自己的文化来济西方文化之穷,大大地发扬自己文化的优势,将人类文化发展推向一个更新更高的水平,为世界文化开辟一个新天地。我们东方学系责无旁贷,义不容辞,应当勇敢地、有先见之明地承担起我们应当而且必须承担的任务,众志成城,通力协作,锲而不舍,坚韧不拔,做好我们的教学和科研工作,使东方学系名副其实地成为中国和世界的东方学研究基地。勉之哉! 勉之哉! 东方学系的同仁们! 我虽已届望九之年,仍将奉陪诸位,共同进入新世纪。"季老情系东方学系,殷殷嘱咐,我们当倍加努力,不负厚望。

回眸季老创建现代中国东方学的世纪历程,环顾今日中国大江南北,各种东方语言文化的教学研究机构和研究学会遍地开花,东方学人才济济,一支由老中青学者组成的宏大的东方学研究队伍已经形成,学术研究水平在迅速提高,将成为21世纪建设中国文化和东方文化的一支重要学术力量。抚今追昔,展望未来,不由得我们更加钦佩和感激现代中国东方学的缔造者和引路人,我们的季老先生!

不过,季老对现代中国东方学的关心并没有到此为止,而是继续关心其后续发展,真是要奉陪到底,共同进入新世纪。所以,在现代中国东方学正式建立起来之后,当他观察到21世纪东西方文化之间的盛衰消长趋势时,便及时地提出了撰写与出版一套巨大空前的文化丛书《东方文化集成》,以期尽快提高现代中国东方学队伍的学术研究水平,加速东方学人才的培养,使一批学有专长的新秀脱颖而出。他亲自担任主编,亲自点将组织编委会和十个分编委会,甚至亲自主持编委会会议,亲自写《集成》的总序,带头出了两部书《文化交流的轨迹——中华蔗糖史》和《东西文化议论集》。《集成》计划主要由中国的老中青学者撰写500种学术专著,涵盖东方各国文化。这是一项世纪文化工程,一项千秋文化基业。《集成》将促使现代中国东方学的研究水平得到进一步提高,队伍进一步壮大;它作为学习资料,将有助于中国人、东方人了解自己,增强东方文化复兴意识,有助于西方人了解中国、东方和东方文化,从而有利于东西方的相互理解、交流与合作;它还将成为东西方文化之间盛衰消长的历史见证。现在,《集成》已出版近90种100册,受到国内外各界的广泛关注和好评;不过任重道远,仍须再接再厉,方能完成这项世纪工程。

三、季老对东方学的创造性的杰出贡献

在研究季老与东方学的关系时,能够突出地感觉到,在季老的大量学术论著中,有一系列创造性的思想观点,对东方学研究有重大的理论意义和实践意义,大大地发展了当代世界东方学。换言之,这是季老对中国文化和东方文化的传承、弘扬和发展具有长远影响的创造性的杰出贡献。

因此,我以为有必要在这里作些探讨。由于这类思想观点较多,限于篇幅,只讨论其中的几个。

(一)给文化下定义,并指出人类文化是多元的。

季老说,给"文化"下个定义,并不容易。现在世界上对"文化"下的定义有几百个。而季老本人认为,"凡人类在历史上所创造的精神、物质两个方面,并对人类有用的东西,就叫'文化'"[1]。又说:"我讲的文化……是广义的文化。广义的文化是什么呢?就是包括人类通过自己的劳动,这劳动包括脑力劳动和体力劳动所创造的一切精神的和物质的有积极意义的东西,这就叫做文化。"[2]又说:"所以我个人理解的文化就是非常广义的,就是精神方面,物质方面,对人民有好处的,就叫做文化。"[3]

季老的定义有其特色,简明准确,强调的是"有用的",或有"积极意义"的,或"对人民有好处的"。想想是这个道理,只有"有用的东西"才能构成人类的文化,推动人类进步,造福人类;反之,无用的东西,坏东西,只会妨碍人类进步,破坏人类文化。若以此定义来观察我们今天的文学界和影视界,有少数作品恐怕是属于"无用的"或"无积极意义"的东西,不能归入"文化作品",而只能叫"文化垃圾",实际上起着妨碍或破坏中国文化的作用。

季老进而指出人类文化的产生是多元的,他说:"在过去若干千年的人类历史上,民族和国家,不论大小久暂,几乎都在广义的文化方面作出了自己的贡献。这些贡献大小不同,性质不同,内容不同,影响不同,深浅不同,长短不同;但其为贡献则一也。人类的文化宝库是众多的民族或国家共同建造成的,使用一个文绉绉的术语,就是'文化多元主义'。主张世界上只有一个民族创造了文化,是法西斯分子的话,为我们所不能取。"[4]

说人类文化是多元的不只是季老一人,但季老与众不同的,是他强调各民族和国家,不论大小久暂,在人类历史上"都在广义的文化方面作出了自己的贡献",同时,季老还明确地反对"世界上只有一个民族创造了文化"的法西斯论调。季老这一观点的深刻意义,在于肯定各民族和各国对人类文化发展都作出了贡献。因此,对待各民族和各国的文化应当是一视同仁,不得歧视,都要尊重。现在,世界上还存在民族文化歧视、民族文化自大主义和民族文化虚无

[1][2][3] 季羡林,张光璘. 东西文化议论集[M]. 北京:经济日报出版社,1997:6,21,111.

[4] 季羡林,张光璘. 东西文化议论集[M]. 北京:经济日报出版社,1997:5.

主义现象,这些都是不符合各民族文化贡献论的。美国教授亨廷顿把"文明冲突"说成是导致战争的原因,而所谓的"文明冲突"的实质,是由于一个民族或国家认为只有自己的文化最优秀、最先进,别的民族或国家的文化落后、不配尊重、更不配存在,因此必须以自己的文化去取代它。这种企图把自己的文化强加于人,其结果必然是造成"文明冲突",乃至点燃战火。事情很清楚,是文化歧视、文化压迫、文化侵略、强制文化同化,才会造成"文明冲突",导致战争。如果能承认其他民族和国家的文化贡献,尊重他们的文化,则不同民族和国家的文化是可以和睦相处的,是可以互相尊重,互相取长补短的,根本不会发生什么导致战争的"文明冲突"。美国总统布什不尊重中东各国人民的伊斯兰文化,要在中东实行"大中东民主改造计划",强行推广美国式民主——美国文化,引起中东各国人民的严重不安和强烈反对,这就是美国文化霸权主义引发的"文明冲突",是中东反美暴力恐怖主义产生的根源之一。美国要想消灭恐怖主义,首先就得消灭自己的文化霸权主义。"9·11"事件发生后不久,布什曾将反恐战争说成是"新十字军东征"。今年是"9·11"事件五周年纪念,布什将反恐战争定义为"为文明而战"。看来,布什是"文明冲突"论的信徒。这就不能不令人担心,"文明冲突"论可能成为美国在21世纪为推行美国式民主而发动侵略战争的一个思想理论根据。

试想,如果有更多的人,更多的民族和国家都理解季老的观点,那必将有助于世界上各种文化互相尊重,和睦共荣;有助于世界各民族和各国和睦相处,友好合作,从而有助于地区稳定和世界和平。

(二)指出了人类文化形成四个体系。

季老说:"文化虽然千差万殊,各有各的特点;但却又能形成体系。特点相同、相似或相近的文化,组成了一个体系。据我个人的分法,纷纭复杂的文化,根据其共同之点,共可分为四个体系:中国文化体系,印度文化体系,阿拉伯伊斯兰文化体系,自古希腊、罗马一直到今天欧美的文化体系。再扩而大之,全人类文化又可以分为两大文化体系:前三者共同组成东方文化体系,后一者为西方文化体系。人类并没有创造出第三个大文化体系。"[1]而"所谓'体系',它必须具备'有特色、能独立、影响大'这三个基本条件"[2]。

历史上曾有一些学者对人类文化作过分类,如英国史学家汤因比在他所

---

[1][2]季羡林,张光璘.东西文化议论集[M].北京:经济日报出版社,1997;5~8.

著《历史研究》中,把各国民族的历史作了个总结,他认为人类共同创造了 23 个或 26 个文明。[1]我国有些学者把人类文化分为东方文化和西方文化,著名的学者梁漱溟在他所著的《中西文化及其哲学》中,把中国文化和印度文化作为东方文化的两大支来看待。[2]而把林林总总的人类文化概括为四大文化体系,进而又一分为二,概括为东西文化两大体系的,唯有季老一人。这是季老创造性研究的结果。他博古通今,站在全人类文化之巅,纵观其产生与发展的历程,几经深思熟虑,才有可能从宏观上作出这样高度的科学概括。季老这一概括的意义我觉得有以下三点:1.如何清楚认识和全面把握一个庞大无比、纷纭复杂的全人类文化,一直是学术界的一大难题,现在由于季老的概括,一下子变得面目清晰,条理明畅,一目了然了。"概括"解决了文化研究的这一学术难题,使文化研究者比较容易明确自己的学术研究方向和对象。因此,"概括"恰似一把可以打开人类文化宝库的钥匙,也是一盏深化文化研究的引路明灯。"概括"把东方学研究提高到一个新水平。2."概括"正确地反映了东方文化在全人类文化中的分量和地位,以及它对全人类文化进步的伟大贡献,有助于东方人在思想意识上克服民族文化虚无主义思想,提高民族文化自信,发扬爱国主义思想和国际主义思想;有助于加强东方文化意识,推动东方文化复兴的新高潮。3."概括"有助于人们认识在全球化新背景下,东西两大文化体系的互动关系及其未来的发展趋势。

(三) 指出了中国文化在全人类文化和东方文化中的分量和地位。

季老说:"我逐渐发现,一方面很多人对文化交流的重要性认识不够;另一方面,不少的人有不少模糊的看法,特别是中国文化在世界文化中的地位问题上,更是如此。他们有意无意地贬低中国文化的价值,神化西方文化。我在很多地方都说到,我不赞成'全盘西化'这个提法,我认为这在理论上讲不通,事实上做不到。世界上没有哪一个西方世界以外的国家是'全盘西化'了的,连以西化著名的日本也不是这个样子……我个人觉得,当前的关键问题是正确地实事求是地认识中国文化的真正价值,扩而大之,认识以中国文化为基础的东方文化的真正价值,中国文化与东方文化的真正价值认识了,有比较才能有鉴别,西方文化的真正价值也就能够实事求是地加以认识。现在有不少的人对于东方文化与西方文化的真正价值认识不全面,有偏颇。贬低东方,神化西方,都

[1][2]季羡林,张光璘.东西文化议论集[M].北京:经济日报出版社,1997:67,140.

是没有根据的。为什么会出现这种现象呢？我个人认为，其原因就在于没有宏观的历史眼光，也缺少宏观的地理眼光。有不少人，中国人和外国人都有，只看到最近一二百年的历史，没有上下数千年的眼光。他们只看到我们的几百万平方公里，没有纵横几万里的眼光，难免给人以坐井观天的印象。这样看问题，当然不会全面的，当然会有偏颇的。如果能够做到从历史和地理两点都能最大限度地用宏观的眼光看待这个问题，则必然能够看到，东方文化和西方文化过去不是现在这个样子，两者之间的关系也不是现在这个样子，用两句通俗的中国话来说，两者间的关系是三十年河东，三十年河西。"[1]又说："大家都知道，中国文化是东方文化的重要组成部分，可以说是它的基础，而古希腊文化则是西方文化的源头。"[2]又说："到了今天，大家都热衷于讨论传统文化与现代化的问题。传统文化就是中国文化，是东方文化的代表与基础，这一点毫无疑义。"[3]

季老这些话的意思，依我的理解，有以下三点：1.文化交流很重要，但目前存在着的问题是多数人对其重要性认识不够，尤其有不少的人有不少模糊的看法，特别是对中国文化在世界文化中的地位问题上，更是如此。他们有意无意地贬低中国文化，神化西方文化。这种情况如不改变，文化交流不可能正常地健康地有效地进行，这对我们中国文化建设是极为不利的，对国人的爱国主义教育也是极为不利的。2.因此季老指出，当前关键的问题是解决如何正确地实事求是地认识中国文化的真正价值，进而认识东方文化的真正价值。而有了对中国文化与东方文化的真正价值的正确认识，才有可能对东西方文化进行比较和鉴别，实事求是地认识西方文化的真正价值，不再没有根据地贬低东方，神化西方。3.为什么要实事求是地认识东西方文化的真正价值，首先必须正确地实事求是地认识中国文化的真正价值呢？这是因为中国文化是东方文化的基础和代表，这个关键问题解决了，其他问题都将迎刃而解。

这里最值得我们注意的是，季老一再指出，中国文化是东方文化的代表与基础。这是季老文化研究一个最基本的观点，也是他认识东西方文化的真正价值和观察东西方文化未来发展趋势的一个基本出发点。当季老讲东方文化时，常常指的就是作为东方文化基础和代表的中国文化。如说："东方文化曾在人类历史上占过上风，起过导向作用，这就是我说的'三十年河东'。"[4]"东方的思维方式，东方文化的特点是综合；西方的思维方式，西方文化的特点是分

---

[1][2][3][4] 季羡林，张光璘. 东西文化议论集[M]. 北京：经济日报出版社，1997：58，59，83，128，129.

析。"[1]季老在这里所说的"东方""东方文化",首先指的就是中国文化。因此,把握季老的这一观点,对了解季老的学术人生、热爱祖国、热爱中国文化的情怀,都是会有很大帮助的。

中国文化在季老心目中有如此重要的地位,所以他非常赞同弘扬中华民族优秀文化。他说:"我认为,中华文化博大精深,传了出去,对世界文化产生巨大的影响。另一方面,我们又善于吸收其他国家的文化,从而更丰富了自己的文化。"[2]又说:"大概是几年前吧,提出了弘扬中华民族优秀文化这个口号,得到了全国人民、海外华人华裔甚至不是华人的外国人的赞同。这证明这个口号提得正确。什么原因呢?就是我们弘扬中华民族优秀的文化,这绝对不是什么狭隘的民族主义。因为我们都认为,外国的一些有识之士,也认为我们的优秀文化中间有些东西,不但对中国有利,对世界也有利,所以我们要弘扬。因此,我自己感觉,这口号提出来以后,这爱国主义和国际主义,完全可以结合起来。有人把国际主义跟爱国主义对立,我感觉到,真正的爱国主义就是国际主义,真正的国际主义就是爱国主义。"[3]正是因为把弘扬中华民族优秀文化看作是爱国主义和国际主义结合的具体表现,季老为东方文化的代表与基础——中国文化的建设与发展做了大量的实际工作,提出了许多深中肯綮的建议和看法。这里仅举数例,也许可以说明季老是一位爱国主义与国际主义精神结合、无私奉献、舍命求法、鞠躬尽瘁的中国的"脊梁"。

季老倡议或参与筹建了许多学术研究会,并担任过名誉会长、会长等职务。对活跃全国学术研究气氛,推动学术交流,促进学术研究力量成长,起了巨大的作用。如中国语言文字学会、中国民族古文字研究会、中国外语教学研究会、中国比较文学研究会、中国文学学会、中国敦煌吐鲁番学会、中国东方文化研究会、中国南亚学会、中国高等教育学会、中国文化书院。

季老为了传承、弘扬和发展中国文化与东方文化,倡议或参与编撰出版许多大型丛书:1.出任《中国大百科全书》的《外国文学》卷的编委会副主任、《语言文字》卷编委会主任;2.主编《神州文化集成》;3.主编《东方文化集成》;4.主编《四库全书存目丛书》;5.主编《传世藏书》。这些都是影响千秋万代的文化大工程。

季老对中国文化建设问题提出了许多建议与看法,这里无法都介绍,只能

---

[1][3]季羡林,张光璘.东西文化议论集[M].北京:经济日报出版社,1997;65,111.

[2]季羡林.学海泛槎——季羡林自述[M].太原:山西人民出版社,2000;213.

讲几条。

1. 对于"中国文化发展战略问题",季老提出"要讲文化发展战略,其中一个很重要的内容,一个非常重要的内容就是文化交流"[1]所以他提出三句话:"开放开放再开放,拿来拿来再拿来,交流交流再交流。"[2]主张"今天,在拿来主义的同时,我们应该提倡'送去主义',而且应该定为重点"[3]。

2. 主张中国通史必须重写。季老认为在教条主义流行的年代写出的那些《中国通史》,不可能不受当时极"左"的影响。有人称之为"以论代史",而不是"以论带史"。关键在一个"论"字。这是带有前苏联印记的"论",而不一定是真正马克思主义的"论"。历史研究,贵在求真,决不容许歪曲事实,削足适履,以求得适合某种教条主义的"论"。因此,中国通史必须重写。[4]

另外,中国古史也应当重写。季老认为"中国过去写历史,基本上都是黄河文化或北方文化中心论。但是,事实上,早在先秦时期楚文化或南方文化,或长江文化,就已经发展到很高的水平……总之,写中国历史必须包括南方"[5]。

3. 主张中国文学史必须重写。季老认为,《中国文学史》的纂写与《中国通史》一样也受到了极左思潮的影响。中国的极左思潮一向是同教条主义、僵化、简单化分不开的。在这样的情况下,文学史和文艺理论的研究焉能生动活泼、繁荣昌盛呢?不错,文学作品有两个标准,政治标准和艺术标准。但却不能只一味强调政治标准,忽视艺术标准。衡量一部文学作品的标准,艺术性绝对不应忽视,甚至无视,因为艺术性是文学作品的灵魂。如果缺乏艺术性,思想性即使再高,也毫无用处,这样的作品绝不会为读者所接受。可惜的是,近几十年来几乎所有的文学史,都忽视了作品艺术性的分析。这样的文学史是不行的。因此,中国文学史必须重写。[6]

4. 建议汉语语法的研究必须另起炉灶,改弦更张。季老认为,无论如何,汉语同西方印欧语系的语言是截然不同的两类语言,这是无论谁也无法否认的事实。汉语只有单字,没有字母,没有任何形态变化,词性也难以确定。汉语有时显得有点模糊,但是,妙就妙在模糊上。而研究汉语的专家们的那一套分析汉语语法的方式,是受了研究西方有形态变化的语言的方法的影响。季老认为,这一条路最终是会走不通的,所以建议汉语语法的研究必须另起炉灶,改

[1][2][3]季羡林,张光璘.东西文化议论集[M].北京:经济日报出版社,1997:11,26.
[4][5][6]季羡林.学海泛槎——季羡林自述[M].太原:山西人民出版社,2000:267,285,287,288,289.

弦更张。[1]

5. 主张美学研究要根本转型。季老认为,在中国古代,美学思想是丰富多彩的,但比较分散,没有形成体系。"美学"这门学问,可以说是一个"舶来品"。新中国成立后,有一段时期,美学成了显学,还形成了一些学派,互相争辩,但争论主要集中在美的性质这个问题上,跟在西方学者后面走,拾人牙慧,不敢越雷池一步,结果走进了死胡同,走进了误区。中国美学家忘记了,中国的"美"同西方不一样。中国学者讲美学,而不讲中国的"美",岂非咄咄怪事!这是让西方学者带进了误区。现在已经有一些美学家谈论美学转型的问题,可惜这些学者只想小小地转一下型,并没有想到彻底走出误区。所以季老主张,美学必须彻底转型,绝不能小打小闹,修修补补,而必须大破大立,另起炉灶。[2]

6. 主张用中国文艺理论为世界文艺理论开辟一个新天地。季老说:"世界上,文艺理论能成为体系的只有四家:马克思主义文艺理论、自古希腊罗马以来的欧美文艺理论、中国文艺理论、印度文艺理论。中国文艺理论,源远流长,丰富多彩,有一套专门名词,有许多不同的学说。"[3]又说,近七八十年来,在世界范围内,文艺理论时有变化,新学说不时兴起。可是令人奇怪的是,在国际文艺论坛的喧嚣闹嚷声中,独独缺少中国的声音,有人就形象地说,中国患了"失语症"。病因很多,季老认为,最主要的原因之一是,我们有一些学者过多地屈服于"贾桂思想",总觉得自己不行;同时又没有勇气,或者毋宁说是没有识见,去回顾我们自己有悠久历史传统的、水平极高的旧的文艺理论宝库。我们传统的文艺理论,特别是所使用的"话语",其基础是我在上面提到的综合的思维模式,与植根于分析的思维模式的西方文艺理论不同。面对一件艺术作品,西方文艺理论家是手执解剖刀,把艺术品分析解剖得支离破碎,然后写成连篇累牍的文章,使用不知多少抽象的名词,令读者如堕入五里雾中,最终也得不到要领。我们中国的文艺批评家或一般读者则截然不同,读一部文学作品或一篇诗文,先反复玩味,含英咀华,把作品的真精神灿然映照于我们心中,最后用鲜明、生动而又凝练的语言表达出来。读者读了以后得到的也不是干瘪枯燥的义理,而是生动活泼的综合的印象。比方说,杜甫的诗被综合评论为"沉郁顿挫",李白的诗是"飘逸豪放"。季老认为,我们中国文艺理论并不是没有"语",我们之所以在国际上失语,一部分原因是欧洲中心主义还在作祟,一部分原因是我

[1][2][3]季羡林.学海泛槎——季羡林自述[M].太原:山西人民出版社,2000:159,285,290.

们自己的腰板挺不直,被外国那一些五花八门的"理论"弄昏了头脑。我们有悠久雄厚的基础,只要我们多一点自信,少一点自卑,我们是大有可为的,我们绝不会再失语下去的。我们必须付出艰苦的劳动,多思考,勤试验,在不薄西方爱东方的思想指导下,才能为世界文艺理论开辟一个新天地。[1]

从上面列举的六个例子,大家从中可以看到季老的远见卓识、敢想敢说和忧国忘身的精神。六条建议或主张涵盖文化交流、中国历史、中国文学、汉语语法、中国文艺理论、中国美学等多个领域,不难想象,这些主张或建议,对中国文化的传承、弘扬与发展,可能产生多么巨大而长远的影响。

(四)指出了文化的一个突出特点是"文化交流",并阐明文化交流的规律与内容。

季老说:"文化有一个很突出的特点,就是,文化一旦产生,立即向外扩散,也就是我们常说的'文化交流'。文化绝不独占山头,进行割据,从而称王称霸,自以为'老子天下第一',世袭珍藏,把自己孤立起来。文化是'天下为公'的。不管肤色,不择远近,传播扩散。人类到了今天,之所以能随时进步,对大自然,对社会,对自己内心认识得越来越深入细致,为自己谋的福利越来越大,重要原因之一就是文化交流。"[2]

季老进而指出,文化交流是文化得以发展的基本条件,并对文化交流作出了明确的界定。季老说:"可以这样讲,从古代到现在,在世界上还找不出一种文化是不受外来因素影响的……可以说没有文化交流, 就没有文化发展……交流总的来说是好的,当然也有坏的。坏的,对人们没有益处的,不能称为'文化'。我是说对人类有好处的、有用的、物质、精神两方面的东西交流才叫'文化交流'。"[3]

季老关于文化交流的内容、规律,以及应该通过文化交流发展中国文化的论述,很丰富很精辟,下面介绍他的五个观点。

第一个观点:文化交流内容有三个层次。

文化交流中把外国的好东西"拿来",季老认为这就是鲁迅的"拿来主义"。但是,能拿哪些方面的东西,认识还是很不一致。季老借用庞朴先生关于文化交流有物、心物和心三个层次的三分法作如下阐述:"第一层次是'物',如啤酒、咖啡等等,只要好的,我们都拿,而且这个比较容易。第二层次是'心物',指

[1]季羡林. 学海泛槎——季羡林自述[M]. 太原:山西人民出版社,2000:291~292.
[2][3]季羡林,张光璘[M]. 东西文化议论集. 北京:经济日报出版社,1997:5~8.

心物结合的。比方说制度,制度我们也可以学习。比方我们的全国人民代表大会、全国人民政治协商会议,这当然不是抄哪一国的,可是也不完全是中国的,我们发展了……我们明确指出,我们的管理制度有的不好,我们要学习外国的。第三层次是'心',一般讲起来,最难的是心的部分。比方说是价值观念,这个恐怕很难拿,思维方式,这个也很难拿。审美趣味,我看倒是不难拿的……我觉得审美趣味拿来并不难,一下子就改变了。道德情操这就难了;宗教情绪、民族性格、价值观念,我看改变这些也很难……我们今天讲文化交流,讲文化发展的战略,不仅物的方面要拿,那不成问题,最重要的还是要拿第三方面的价值观念、民族性格。在这些方面,我看得要改一改,不改的话,我们的社会主义建设、生产力发展就会很难,非常难。"[1]又说:"总而言之,我的意思就是要讲文化交流,要讲文化发展战略,我们就要向别的国家好的地方学习,最容易学的我们都学了,啤酒也喝了,沙发也坐了,可是我们得学最难的,就是我们的价值观念、思想方式,不能马马虎虎,得把弱点克服,要不克服的话,我们的生产力就发展不了。生产力发展不了的话,社会主义建起来就困难了……总而言之一句话,我们要拿比较难拿的。怎么去拿呢?这个问题恐怕不是一年两年,十年八年能够改变的。中共中央的决议里边,建设精神文明里边恐怕也有这层意思。"[2]至于如何拿,季老说:"我们现在讲文化发展战略问题,讲文化交流,讲向外国学习,我们一方面应该看到我们中国的好的方面,就是鲁迅讲的中国的脊梁,这个我们不能丢,无论如何也不能丢,要大胆发扬。另外一方面,要看到我们的弱点,在心理素质、价值观念方面,我们有弱点,刚才我举了好多例子。"[3]季老说了他对鲁迅提的我们民族性的缺点的看法:"我觉得鲁迅是对的,没有错。我们在社会上看到好多现象,就是党中央决议里边讲的严重的消极的东西,这跟鲁迅指出来的,并没有不同的地方。"[4]

第二个观点:文化具有民族性和时代性。

季老说:"文化可分为两部分。第一部分是一个民族自己创造文化,并不断发展,成为传统文化。这是文化的民族性。另一部分是一个民族创造了文化,同时在发展过程中它又必然接受别的民族的文化。这便是文化交流。这是文化的时代性。文化的民族性和文化的时代性,这两个'性'有矛盾又统一。……我现在手里拿着一本刊物叫《文艺研究》,刚出版的。打开书一看目录,文章的题

[1][2][3][4]季羡林,张光璘.东西文化议论集[M].北京:经济日报出版社,1997:40,42,43,46,48.

目有：《关于西方影响与民族风格》、《历史继承与现实创造》等。你看，'西方影响'即'时代性'；'民族风格'即'传统文化'。'历史继承'即'传统文化'；'现实创造'即'时代性'。"[1]正是基于文化具有民族性和时代性，而二'性'又矛盾又统一的观点，季老指出文化在发展过程中接受别的民族的文化并不是一个直接的简单的过程，而是经过两种文化的撞击，传统文化对外来文化必然要加以修正，完完全全照搬的很少。所以"文化交流不是直线的，而是非常复杂、曲折的"[2]。

为此，季老以中国全部历史发展来进一步说明中国文化在文化交流中，通过其民族性与时代性产生的不断矛盾与统一的过程，得到持续的发展。他说："从中国全部历史来看，同外来文化的撞击，大大小小为数颇多。但是，其中最大的仅有两次：一次是佛教输入，一次是西学东渐。这两次撞击所产生的影响，可以说是贯穿在自佛教传入以后一直到今天的全部历史中。外来的文化同中国固有的文化，在长达两千年的历史时期中，边撞击，边矛盾，边和解，边融合，一步步深入，一步步提高，外来文化在改变着中国文化，同时也改变着自己，结果形成了现在这个样子的中国文化。这个过程到今天还没有结束，还会继续下去，永远也不会结束。"[3]

第三个观点：以文化交流发展中国文化。

基于对文化的交流特性、文化的民族性与时代性的深刻理解，季老认为，一个民族文化的发展完全可以而且必然要借助文化交流。联系到中国文化的发展战略，季老说："我自己认为，在我们中国的今天，要讲文化发展战略，其中一个很重要的内容，一个非常重要的内容就是文化交流……今天我们中央的领导人屡次讲'对外开放，对内搞活'。我刚才说了，这个政策非常正确。专从文化方面来讲，我那个提纲上有，我提出了三句话：'开放开放再开放，拿来拿来再拿来，交流交流再交流。'这里边没什么深奥的意思，只是想强调，我们要开放，要拿来，要交流。"[4]季老把"改革开放"与"文化交流直接联系起来，这恐怕是许多人没有想到的。季老把自己对文化交流的研究直接服务于我国当前的社会主义精神文明建设，服务于我们的"改革开放"国策，从文化方面论证其正确性和必要性，从而把东方学的理论研究与发展东方文化的当代实践结合起来，这是一个非常重要的导向，即我国的东方学研究要服务于我国当代的社

---

[1][2][3][4]季羡林,张光璘. 东西文化议论集[M]. 北京:经济日报出版社,1997:11,16,26,125.

会主义精神文明建设,服务于现实社会文明发展的需要。

季老认为,我们国家自改革开放以来,各方面的发展都很快,国家呈现了一片繁荣昌盛的景象。在这种大好形势下,更需要也更有条件开展文化交流,以加强我们的社会主义精神文明建设和发展生产力。所以,他说:"中国几千年的历史告诉了我们一个非常可贵的经验:在我们国力兴旺,文化昌明,经济繁荣,科技先进的时期,比如汉唐兴盛时期,我们就大胆吸收外来文化,从而促进了我们文化的发展和生产力的提高。到了见到外国东西就害怕,这也不敢吸收,那也不敢接受,这往往是我们国势衰微,文化低落的时代。打一个比方,一个胃口健康的人什么好东西都敢吃,决不嘀嘀咕咕什么胆固醇多了呀的。到了连鸡蛋黄和动物内脏都不敢吃的地步,终日愁眉苦脸,怕这怕那:'哎呀,这个吃不得呀!'那也就说明,此人的胃病或者幻想的胃病,已经不轻了。"[1]季老介绍的这条历史经验不但非常宝贵,而且非常有说服力,比喻也非常生动、贴切,不能不令人深深叹服。

第四个观点:"拿来",也要"送去","送"为重点。

对于西方文化,鲁迅当时曾主张"拿来主义",把西方文化里的好东西拿来。季老是很赞同的,但是季老又觉得,时代不同,今天的情况有了很大的变化,应该在"拿来主义"的同时,提倡"送去主义"。这样,有来有往,才是真正意义上的文化交流。季老说:"我觉得,今天,在拿来主义的同时,我们应提倡'送去主义',而且应该定为重点。为了全体人类的福利,为了全体人类的未来,我们有义务要送去的,但我们绝不会把糟粕和垃圾送给西方。不管他们接受,还是不接受,我们总是要送的。《诗经·大雅》说:'投我以桃,报之以李。'西方文化给人类带来了一些好处。我们中国人,我们东方人,是懂得感恩图报的民族。我们绝不会白吃白拿。那么,报些什么东西呢?送去些什么东西?送去的一定是我们东方文化中的精华。送去要有针对性,针对的就是我在上面提到的那一个西方文化产生的'危机'。光说'危机',过于抽象。具体地说,应该说是'弊端'。"[2]如何拯救西方文化面临的"危机",季老认为拯救之方是有的,东方文化的"天人合一"思想可以济西方文化之穷。他说:"我们要送给西方的就是这种我们文化中的精华。这就是我们'送去主义'的重要内容。"[3]关于"天人合一"思想我们还将在后面集中讨论,这里就不多谈了。季老之所以提出"送去主

[1][2][3]季羡林,张光璘.东西文化议论集[M].北京:经济日报出版社,1997:3,11,12.

义"，而且认为应该把"送去主义"定为重点，是因为他一方面深知中国文化和东方文化有许多好东西，一方面发现西方文化产生许多严重的弊端，甚至威胁到了人类未来的生存与发展，而拯救的希望只能寄予东方文化。所以"送去主义"的提出，既表明季老对中国文化和东方文化的高度评价与高度自信，也表明季老对西方文化产生的严重弊端和人类未来生存发展受到严重威胁的忧虑与关切，故而以气冲牛斗之势，为挽狂澜于既倒，提出拯救人类之方。

季老还主张在 21 世纪应该提倡"东化"。他说："今天我们大讲'西化'，殊不知在历史上有很长一段时间讲的是'东化'，虽然不见得有这个名词。"[1]"这世界无非是这样的，东方不亮西方亮。那西方不行的话呢，就看东方。所以要向东方学习。这个话呢，我感觉到，作为一个学术来讨论也可以，没有什么关系，就是不要扣帽子。可现在我们学术界，就这么个现象，别的界我先不说，就说语言学界。你讲西化，他是百依百顺，你讲东化，他认为你大逆不道。我觉得很奇怪，为什么不能东化呢？为什么？这道理讲不通啊。"[2]提倡"东化"，也就是提倡"送去主义"，这在那些崇拜西方，认为西方一切都好，我们自己一切都不行的人，或缺乏民族文化自信，"贾桂思想"严重的人看来，简直是大逆不道，口出狂言；然而，两相比较，不也更显出了季老那中国的脊梁的高大形象吗?！

"送去主义"也好，"东化"也好，不管你同意还是反对，客观上早已开始"送"起来了，"化"起来了，而且日益扩大和深化，这种例子不胜枚举。正在形成的 21 世纪全球中国热就是"东化"的一种具体表现。据新闻报道，世界学习汉语热持续升温，目前已在 36 个国家开设"孔子学院"80 所，不久将增至 100 所。1950 年代埃及只有几个留华学生，学成归国后长期找不到工作。今天，埃及最有名的三所大学均开设中文系，学生 1 200 多人，工作好找，收入也多。"中国制造"的商品，物美价廉，畅销全球。杂交水稻专家袁隆平，计划把杂交水稻推向全世界，造福人类。现在已在国外种植 150 万公顷，希望到 2010 年推广到 1 500 万公顷，至少增产 300 万吨粮食，够养活近 1 亿人口。[3]

第五个观点：以我为主，为我所用。

季老认为："文化交流是有其自身的规律的。两种文化或多种文化互相交流时，产生的现象异常复杂，有交流，有汇流，有融合，有分解，有斗争，有抗拒，有接受，有拒绝。千变万化，很难用一两句话来表达。……一种文化传入另一国

[1][2] 季羡林,张光璘. 东西文化议论集[M]. 北京:经济日报出版社,1997:52,117.
[3] 见《新京报》2006 年 7 月 31 日。

以后,往往有一个适应的过程。有的外国文化不会一下子就被另一国接受。适应往往就意味着改变,它必须根据新的环境改变自己一些特点以适应当地的需要……还有一个以哪个文化为主的问题。我认为,当然以本国文化为主,绝不能反客为主或喧宾夺主。以中国为例,我们首先要继承中国传统文化的精华部分,与此同时,分析、接受外来文化的适合于中国国情的精华部分。我们现在不是常提要建设有中国特色的社会主义新文化吗? 所谓中国特色,我认为,就表现在把中国传统文化的精华保留下来。就算是精华吧,也不能原封不动地保留,也必须加以分析、研究。所谓社会主义新文化,就是根据马克思主义的基本原理(绝不是过去我们搞的那一套僵化的教条),吸收世界各国的先进文化,包括文学、艺术、教育、哲学和科技都在内,使之为我所用。"[1]

季老在这里实际上谈了四条极为重要的原则:第一,强调文化交流有其自身的规律。文化交流是一个异常复杂、千变万化的过程。一国文化传入另一国,能否被接受或接受多少,不取决于外来文化,而只能取决于当地文化。换言之,取决于外来文化能在多大程度上改变自己直到能适应当地文化,才能最后为当地文化所接受,融入当地文化。因此,一国的文化如果别国不需要,切不可强加于人;否则,是注定最后要失败的。第二,文化交流中应以本国文化为主,绝不能反客为主。这才是一条繁荣发展本国文化的正确原则。若违背这条原则,反客为主,就会走上诸如"全盘西化"的歧途。第三,对外来文化的处理,应当是坚持取其精华,弃其糟粕,吸收其先进的东西,使之为我所用,并假以时日,逐渐将其改造,融入本国文化,为本国文化增添一份营养。第四,在正确处理外来文化的同时,也有一个如何继承本民族的传统文化的问题,也是要坚持取其精华,弃其糟粕的原则。在季老看来,有中国特色的社会主义新文化,这特色就表现在把中国传统文化的精华保留下来。当然,这些精华也要根据马克思主义的基本原理加以分析、研究,赋予时代精神。

从以上介绍,可以清楚地看出,季老对文化交流的研究非常深,已经形成了系统的理论观点。学习和掌握季老有关文化交流的理论观点,相信对于发展东方学研究,建设有中国特色的社会主义新文化,复兴东方文化,都会有很大的裨益。

(五)指出东西方文化关系是"三十年河东,三十年河西",21 世纪是东方

---

[1]季羡林,张光璘.东西文化议论集[M].北京:经济日报出版社,1997:2~3.

文化的时代。

季老说:"人类创造的文明或文化从世界范围来说可分为东方文化和西方文化两大体系,每一个文明或文化都有一个诞生、成长、发展、衰落、消逝的过程,不可能是一成不变的。从人类的全部历史来看,我认为东方文化和西方文化的关系是三十年河东,三十年河西。目前流行全世界的西方文化并非历来如此,也绝不可能永远如此,到了21世纪,三十年河西的西方文化将逐步让位于三十年河东的东方文化,人类文化的发展将进入一个新的时期。"[1]又说:"如果说到或想到,在21世纪东方文化将首领风骚的话,那也是出于我们对历史发展的观察与预见,并不出于什么'主义'。"[2]

季老的"河东河西"论一发表,立即在国内外引起了强烈的反响,有完全赞同的,有激烈反对的,也有困惑不解或半信半疑的。季老解释说:"我是从一种比较流行的、基本为大家接受的看法出发的:东方的思维方式,东方文化的特点是综合;西方的思维方式,西方文化的特点是分析。从总体上来看,我认为这个看法是实事求是的。"[3]又说:"简而言之,我认为东西两大文化体系,其根本差异之根源就在于思维模式。东方的基本思维模式是综合的,用一句常用的话表示就是'合二而一'。而西方的基本思维模式是分析的,用一句常用的话来说就是'一分为二'。西方资本主义国家,在一分为二的分析思维模式制约下,近几百年以来,无论是在物质文明方面,还是在精神文明方面,都取得了空前的伟大辉煌的成就。……直至今日,世界各国人民无不蒙受其利,无远弗届……但是,西方一些大国因此就自命天之骄子,作威作福,狂妄蛮横,颇似当年佛祖释迦牟尼,一降生,走了七步,大声说:'天上天下,唯我独尊。'他们忘记了一条根本的历史经验:世界上从来没有永恒不变的东西,当然也就从没有一个永恒不变、万世长存的文化。"[4]又说:"我对哲学几乎是一个门外汉。但是,我最近几年来就感觉到,西方的哲学思维是,只见树木,不见森林;只从个别细节上穷极分析,而对这些细节之间的联系则缺乏宏观的概括;认为一切事物都是一清如水,而实际情况并非如此。我是相信唯物辩证法的。我认为,中国的东方的思维方式从整体着眼,从事物之间的联系着眼,更合乎辩证法的精神。连中医在这方面也胜过西医,西医头痛治头,脚痛治脚,而中医则是全面考虑,多方照顾,一服中药,药分君臣,症治关键,医头痛从脚上下手,较西医更合乎辩

[1][2][3]季羡林,张光璘.东西文化议论集[M].北京:经济日报出版社,1997:14,53,65.
[4]季羡林.东方文学史[M].长春:吉林教育出版社,1995.

证法……因此,我现在的想法是,西方形而上学的分析已经走到穷途末路了。它的对立面是东方的寻求整体的综合,必将取而代之。这是一部人类文化发展史给我的启迪。以分析为基础的西方文化也将随之衰微,代之而起的必然是以综合为基础的东方文化。这种取代在21世纪中就将看出分晓。这是不以人们的主观愿望为转移的社会发展的客观规律。我在这里所说的'取代',并不是'消灭',而是继承西方文化之精华,在这个基础上再把人类文化的发展推向一个更高的阶段。"[1]

季老说,他是用上下五千年的宏观的历史眼光与纵横十万里的宏观的地理眼光,来观察人类全部历史的发展与预见其未来的发展趋势的,几经考虑,慎思明辨,深信不疑后才提出"河东河西"论的。所以,"十分明确地提出了东西文化之间存在盛衰消长的问题的,我可以算是始作俑者"[2]。为了让别人更好地理解自己的观点,季老反复说明。他说:"总之,我认为是西方形而上学的分析已经快走到尽头,而东方的寻求整体的综合必将取而代之。以分析为基础的西方文化也将随之衰微,代之而起的必然是以综合为基础的东方文化。'取代'不是'消灭',而是在过去几百年来西方文化所达到的水平的基础上,用东方的整体着眼和普遍联系的综合思维方式,以东方文化为主导,吸收西方文化中的精华,把人类文化的发展推向一个更高的阶段。这种取代,在21世纪中就可见分晓。21世纪,东方文化的时代,这是不以人们的主观愿望为转移的客观规律。"[3]

看来,季老是非常坚持东方文化在取代西方文化后的东西文化"融合"中的主导地位的。李慎之先生曾表示:"季先生所提出的'三十年河东,三十年河西'论是我最不能同意的。我并不认为有这么一条'人类社会进化的规律'……"[4]他又说:"事实上,人类已经到了全球化的时代,各种文化的融合已经开始了。"[5]对于文化融合,季老回应说:"笼统地说,我是同意这个看法的。因为,文化一经产生并且发展到了一定的程度,就会融合;而只有不同文化的融合才能产生更高一层的文化。历史事实就是如此。在这里,关键问题是'怎样融合'?也就是慎之所说的'如何'(how)的问题。这也就是我同他分歧之所在。他的论点看样子是东西文化对等地融合,不分高下,不分主次,像是酒同水融合一样,你中有我,我中有你,平起平坐,不分彼此。这当然是很理想的,很美妙的。但是,我却

---

[1][2][3][4][5]季羡林,张光璘.东西文化议论集[M].北京:经济日报出版社,1997:56,59,69,95,438,457,458.

认为,这样的融合是不能解决问题的,倒不是因为我们要争一口气。融合必须是不对等的,必须以东方文化为主。"[1]

季老的"河东河西"论,最能说明季老那了不起的学术智慧与气魄,当今世界东方学界唯有他一人独立在人类文化的巅峰,登高望远,就东西文化盛衰和发展趋势,就关乎人类生存与发展这样重大的问题,十分明确而雄辩地向世界断言:目前流行于全世界的如日中天的"河西"的西方文化,不会千秋万岁,到了21世纪将逐步让位于"河东"的东方文化,人类文化的发展将进入一个新时期。这不是一个理论问题,而是一个将由历史的发展进程来证明的事实问题,21世纪中可见分晓。

现在,时间刚到21世纪初的第六个年头,而历史的发展进程已使越来越多的人强烈地感受到,季老的预言正在一天天变成现实。西方文化衰微日显,欧洲不如西方领袖美国,而美国则今不如昔,开始走下坡路;东方文化一片生机,如喷薄欲出的朝日,开始露出万丈光芒,或如星星之火,已成燎原之势。拥有两大文化体系的中国和印度,双双崛起,拉开了新时代和平发展的序幕,一场"把人类文化的发展推向一个更高的阶段"的好戏还在后头呢!

(六)把"天人合一"新解为"人与自然合一"。

季老说:"'天人合一'是中国哲学史上的一个非常重要的命题……对于哲学,其中也包括中国哲学,我即使不是一个完全的门外汉,最多也只能说是一个站在哲学门外向里面望了几眼的好奇者。……什么叫'天人合一'呢?'人',容易解释,就是我们这一些芸芸众生。'天',却有点困难,因为'天'字本身含义就有点模糊。在中国古哲学家笔下,天有时候似乎指的是一个有意志的上帝。这一点非常稀见。有时候似乎指的是物质的天,与地相对。有时候似乎指的是有智力有意识的自然。我没有哲学家精细的头脑,我把'天'简化为大家都能理解的大自然。我相信这八九不离十,离真理不会有十万八千里……谈到'天人合一'这个命题的来源,大多数学者一般的解释都是说源于儒家的思孟学派。我觉得这是一个相当狭隘的理解。《中华思想大辞典》说:'主张天人合一,强调天与人的和谐一致是中国古代哲学的主要基调。'这是很有见地的话,这是比较广义的理解,是符合实际情况的。……我先补充上一句:这个代表中国古代哲学主要基调的思想,是一个非常伟大的、含义异常深远的思想。"[2]

---

[1][2] 季羡林,张光璘. 东西文化议论集[M]. 经济日报出版社,1997:70,71,95.

季老又说:"东方文化的基本思维方式是综合,表现在哲学上就是'天人合一',张载的《西铭》是一篇表现'天人合一'思想最精辟的文章:'乾称父,坤称母,予兹藐焉,乃混然中处。故天地之塞吾其体,天地之帅吾其性。民吾同胞,物吾与也。(下略)'印度哲学中的'梵我一如',也表达了同样的思想"[1]。所以季老认为,"天人合一"思想是东方思想的普遍而又基本的表露,是有别于西方分析思维模式的东方综合思维模式的具体表现[2],也是"东方综合思维模式的最高最完整的体现"[3]。因此,"这个思想非常值得注意,非常值得研究,而且还非常值得发扬光大,它关系到人类发展的前途"[4]。季老在这里连用三个"非常",可见他是如何极力地强调这一思想的伟大而深远的意义的。然而,他觉得这还不够,于是又给我们着重介绍当代国学大师钱穆(宾四)先生对"天人合一"思想的看法。季老说,宾四先生过去对"天人合一"思想没有任何评价,大概是还没有感到这个思想有什么了不起之处。直到他在自己一生最后的一篇文章《中国文化对人类未来可有的贡献》(写于 1990 年 5 月,载于刘梦溪主编的《中国文化》,1991 年 8 月第 4 期)中,对"天人合一"这个命题却有了全新的认识。季老在这里把钱穆全文抄录供大家参考。钱在文中说:"中国文化中,'天人合一'观,虽是我早年已屡次讲到,唯到最近始彻悟此一观念实是整个中国传统文化思想之归宿处。……我深信中国文化对世界人类未来求生存之贡献,主要亦即在此。……中国文化过去最伟大的贡献,在于对'天''人'关系的研究。中国人喜欢把'天'与'人'配合着讲。我曾说'天人合一'论,是中国文化对人类最大的贡献……西方人喜欢把'天'与'人'离开分别来讲。换句话说,他们是离开了人类讲天。这一观念的发展,在今天,科学愈发达,愈易显出它对人类生存的不良影响……以过去世界文化之兴衰大略言之,西方文化一衰则不易再兴,而中国文化则屡仆屡起,故能绵延数千年不断。这可以说,因于中国传统文化精神,自古以来既能注意到不违背天,不违背自然,且又能与天命自然融合一体。我以为此下世界文化之归结,恐必将以中国传统文化为宗主。此事含义广大……"[5]季老远在钱老先生文章写成以前,已开始考虑"天人合一"思想,现在只是发现钱文中有些观点与他"不谋而合"。钱先生在彻悟后对"天人合一"思想的新认识和新评价,确实有力地支持了季老对"天人合一"的新解,也有助于我们深入理解"新解"及分析、研究其深远含义。

---

[1][2][3][4][5] 季羡林,张光璘. 东西文化议论集[M]. 北京:经济日报出版社,1997:11,74,79,80,82.

季老把"天人合一"新解为"人与自然合一"。他说:"天,我认为指的是大自然;人,就是我们人类。人类最重要的任务是处理好人与大自然的关系,否则人类前途的发展就会遇到困难,甚至存在不下去。"[1]季老进而从文化层面考察东西方文化是如何处理人与人的关系及人与大自然的关系的,他说:"在人类社会方面,西方人经常是'兄弟阋于墙'。第一次和第二次世界大战就是最好的例子。杀人成山,血流成河,自己还一个劲儿捉对儿厮杀。如果他们的文化真正是尽善尽美的话,这种兄弟间惨绝人寰的悲剧又怎样来解释呢? 西方有识之士,尽管对自己的文化所产生的根本弊端认识是肤浅的,但已经感觉到,自己的文化是有问题的。第一次世界大战后出版的施本格勒的《欧洲的沦亡》一书,是最好的证明。然而又来了第二次世界大战。这一次大战时间更长,死人更多,破坏更大,影响更坏。西方的有识之士再一次猛省。他们苦思苦虑,想寻求一条出路。然而出路在哪里? 西方不亮东方亮。出路只有一条,就是向东方寻求智慧。"[2]他又说:"在处理人与自然关系方面,东方文化与西方文化是迥乎不同的,夸大一点简直可以说是根本对立的。西方的指导思想是征服自然;东方的主导思想,由于其基础是综合的模式,主张与自然万物浑然一体。西方向大自然穷追猛打,暴烈索取。在一段时间以内,看来似乎是成功的:大自然被迫勉强满足了他们生活的物质需求,他们的日子越过越红火。他们有点忘乎所以,飘飘然昏昏然自命为'天之骄子','地球的主宰'了。东方人对大自然的态度是同自然交朋友,了解自然,认识自然;在这个基础上再向自然有所索取。'天人合一'这个命题,就是这种态度在哲学上的凝练的表述……"[3]他指出:"在西方文化风靡世界的几百年中,在尖刻的分析思维模式指导下,西方人贯彻了征服自然的方针。结果怎样呢? 有目共睹,后果严重……从全世界范围来看,在西方文化主宰下,生态平衡遭到破坏,酸雨到处横行,淡水资源匮乏,大气受到污染,臭氧层遭到破坏,海、洋、湖、河、江遭到污染,一些生物灭种,新的疾病冒出等等,威胁着人类的未来发展,甚至人类的生存。这些灾害如果不能克制,则用不到一百年,人类势将无法生存下去。这些弊害目前已经清清楚楚地摆在我们眼前,哪一个人敢说这是危言耸听呢? 现在全世界的明智之士都已痛感问题之严重。但是却不一定有很多人把这些弊害同西方文化挂上钩。然而,照我的看法,这些东西

[1][3] 季羡林,张光璘. 东西文化议论集[M]. 北京:经济日报出版社,1997;82,84,130.
[2] 季羡林. 东方文学史[M]. 长春:吉林教育出版社,1995.

非同西方文化挂上钩不行。"[1]有没有挽救的办法呢？季老明确地指出："(办法)当然有的。依我看，办法就是以东方文化的综合思维模式济西方的分析思维模式之穷。人们首先要按照中国人，东方人的哲学思维，其中最主要的就是'天人合一'的思想，同大自然交朋友，彻底改恶向善，彻底改弦更张。只有这样，人类才能继续幸福地生存下去。我的意思并不是要铲除或消灭西方文化。不是的，完全不是的。那样做，是绝对愚蠢的，完全做不到的。西方文化迄今所获得的光辉成就，绝不能抹杀。我的意思是，在西方文化已经达到的基础上，更上一层楼，把人类文化提高到一个前所未有的高度。"[2]因此，季老认为，他上面说的千言万语，核心就是这么一句话，"只有东方文化能够拯救人类"[3]。为此，季老语重心长地要求我们正确认识中国文化和东方文化。他说："'风物长宜放眼量'。我们绝不应妄自尊大。但是我们也不应妄自菲薄。我们不应当囿于积习，鼠目寸光，认为西方一切都好，我们自己一切都不行。这我期期以为不可……总之，我认为，中国文化和东方文化中有不少好东西，等待我们去研究，去探讨，去发扬光大。'天人合一'就属于这个范畴。我对'天人合一'这个重要的命题的新解，就是如此。"[4]

季老于1992年对"天人合一"思想作了新解，赋予它时代精神，指出这个作为中国古代哲学主要基调的思想，是东方综合思维模式的最高最完整的体现，是一个非常伟大的、含义异常深远的、非常值得研究的、非常值得发扬光大的思想，是中国文化与东方文化的精华。既可以造福中国人和东方人，也可以送给西方，以济西方文化之穷，克制西方文化给人类带来严重灾害的种种弊端，造福全人类。随着时间的推移，季老的新解，正在被越来越多的人所认同，正在产生日益广泛的影响。最近，我们党中央提出建设社会主义和谐社会，这和谐社会的诸要素中，就有"人与自然和谐相处"的要求。这正好也与季老的"天人合一"思想新解"不谋而合"。

报上曾有人议论，季老是不是国学大师。其实，季老研究的东方学就包括中国文化，他对国学的许多领域有精深的研究和卓著的成就，是一位了不起的东方学大师，一位对中国文化，对东方文化，对人类文化有创造性的杰出贡献的文化学术大师！

（作者单位：北京大学外国语学院）

---

[1][2][3][4] 季羡林,张光璘. 东西文化议论集[M]. 北京：经济日报出版社,1997:12,82,84,85.

季羡林东西文化观与东南亚文学研究

●梁立基

季羡林教授是我国最著名的东方学泰斗。他不但学富五车，著述极丰，而且德行敦厚，智虑致明，是我国东方文化文学研究的带路人。季先生在东语系执教 60 多年，从 1956 年周总理提出"向科学进军"的号召开始，便积极带领我们开展东方文化文学的研究，直到 90 年代他亲自制订和主持我国东方文化研究的跨世纪工程——《东方文化集成》，已为我国培养出一代又一代的东方文化文学的教学研究人才。我自己就是在他的言传身教下，走上东方文化文学研究道路的众多学人之一。

季先生经过长期的探索与思考，对东方文化的研究已经形成一个完整的体系，这特别在他主编的《东西文化议论集》里有比较集中的表述。根据个人的体会，我认为大致可归纳为以下几点：

一、对世界四大文化和东西文化体系的论定

季先生说："文化有一个突出的特点，就是，文化一旦产生，立即向外扩散，也就是我们常说的'文化交流'"。他又说："文化虽然千差万殊，各有各的特点，但却又能形成体系。特点相同、相似或相近的文化，组成了一个体系。据我个人的分法，纷纭复杂的文化，根据其共同之点，共可分为四个体系：中国文化体系，印度文化体系，阿拉伯伊斯兰文化体系，自古希腊、罗马一直到今天欧美的文化体系，再扩而大之，全人类文化又可以分为两大文化体系：前三者共同组成东方文化体系，后一者为西方文化体系。"

二、对东西文化根本差异根源的论定

季先生说："东西两大文化体系有其共同点，也有不同之处。既然同为文化，当然有共同点，兹不具论。其不同之处则亦颇显著。其最基本的差异的根源，我认为就在于思维方式之不同，东方主综合，西方主分析……"季先生说，东方是"合二而一"，西方是"一分为二"；东方主张"天人合一"，人与自然的和谐共存，西方主张征服自然，穷追猛打，暴烈索取。

三、指出东西文化发展的历史轨迹

季先生从东西文化的历史发展过程中得出结论："上下五千年，纵横十万里，东西方文化的变迁是'三十年河东，三十年河西'。"就是说，东方文化在人类文化发展史上曾经有过"三十年河东"的辉煌时期。在上古和中古时期，东方文化曾领先于西方文化，对人类的贡献更大，影响面更广。到了近代，经过文艺复兴和产业革命，西方文化才进入"三十年河西"时期，在世界范围内独领风骚。而东方国家则大部分沦为西方的殖民地和半殖民地，东方文化也从此走向衰微，但不能因此而否定东方文化的历史作用与贡献，对之采取虚无主义的态度。

四、主张"拿来主义"和"送去主义"并举

季先生说："今天，在拿来主义的同时，我们应该提倡'送去主义'，而且应该定为重点。为了全体人类的福利，为了全体人类的未来，我们有义务要送去的，但我们绝不会把糟粕和垃圾送给西方。"

五、主张东西文化优势互补

季先生说："从历史上看，二者实可互补而代兴。'西方不亮东方亮'。东西方有识之士，都能认识这个道理。西方文化出了问题，则乞怜于东方文化，济之于东方文化，是很自然的事。"所以他认为现在应该"以东方文化的综合思维模式济西方文化的分析思维模式之穷"。

季先生关于东西文化的学术观点与主张，对我们从事东南亚文学研究无疑具有指导意义，而东南亚文学的发展历史也充分论证了季先生的上述论断。

世界各个国家和民族文化发展的历史，可以说无一例外，都要受到四大文化中的一个或若干个文化体系的直接影响，而东南亚则更加与众不同，世界

四大文化都汇集于此,对这个地区的文化发展产生了直接的影响。其结果使东南亚的文化别具一格,既受到了世界四大文化深远的影响,又保持着固有的民族文化特性。东南亚文学作为东南亚文化的重要组成部分,无疑也要受到世界四大文化和文学的深刻影响。在东方文化"三十年河东"时期,中国文化和印度文化的影响在先,阿拉伯伊斯兰文化的影响在后。至于西方文化和文学,在那个时期可以说还鲜为人知,要到近代西方向东南亚进行殖民扩张之后,尤其进入现代民族觉醒之后,其影响才显露出来并与日俱增。

为什么"三十年河东"时期东方三大文化体系会对东南亚文化文学产生直接和深刻的影响,原因当然是多方面的。

首先从地缘上讲,东南亚正处于中国和印度的接合部,又是中国和阿拉伯世界海上交通的必经之道。因此,东方三大文化体系能在此地区传播先得于地理之便。

其次,从民族渊源关系上讲,东南亚许多民族的发源地是在亚洲大陆的南部地区(中国西南地区),因此东南亚与中国可以说有着非常深远的民族渊源关系。

再次,从社会文化的发展水平来讲,中国和印度处于大大领先的地位,而东南亚是属于社会文化发展比较后进的地区。当东南亚开始出现早期王朝的时候,中国和印度早已建立起具有相当完备的上层建筑和意识形态的奴隶制和封建制的国家了。因此,东南亚新兴的统治阶级在新建王朝时,必然要向邻近的先进国家中国或印度学习,借鉴他们先进的上层建筑和意识形态,吸收他们先进的文化,以巩固自己的统治基础。所以,东南亚最初出现的国家和王朝都带有中国文化或印度文化的印记,看来绝非偶然。

最后,不同民族之间的文化交流和文化影响并不是平行对等的,处于社会发展阶段更加先进的民族,其先进的文化在相互交流和影响中,总是起着主导作用。整个东南亚文化文学的发展历史都证明了这一点。

诚然,早期中国文化和印度文化对东南亚都有深远的影响,但在一个国家,谁的文化影响最大和占主导地位,这取决于该国的社会发展的需要和统治阶级的选择,同时也受不同文化性质的制约。一般来说,外来文化在东南亚的传播和影响主要通过两个途径,一是政治途径,一是宗教途径。

中国文化基本上不属于宗教文化,早期中国并没有为宗教服务的文化,也没有热心于四处传播宗教及其文化的僧侣和传教士。因此,中国文化在东南亚的传播,最初主要是通过政治途径,是伴随中国的政治势力而来的,其影响所及也多限于中国政治势力所能到达的范围。所以,在东南亚只有越南受中国文化的直接影响最深。

印度文化则不同,它主要属于宗教文化,宗教利用文化,文化为宗教服务,无论是婆罗门–印度教还是佛教,无不如此。因此,印度文化主要是通过宗教途径在东南亚广为传播的。宗教所到之处,为其服务的文化也随之而至,而宗教及其文化又能起精神支柱的作用,这正是新兴的统治阶级所需要的,所以其传播面和影响面更加深广。除越南外,东南亚的其他国家都处在印度教和佛教文化的影响之下。这就是为什么印度虽然不像中国那样与东南亚有密切的民族渊源和宗藩关系,但印度文化对东南亚的影响,在广度上和深度上却大大超过中国文化。

阿拉伯伊斯兰文化在东南亚的传播要晚得多,到 13 世纪以后才端倪渐显,主要也是通过宗教的途径。伊斯兰教的传播,集中在东南亚的南半部,即马来群岛地区。在伊斯兰教取得统治地位的地区,阿拉伯伊斯兰文化的影响便取代了印度文化的影响。而东南亚的北半部地区,如缅、泰和印度支那,则因佛教在那里一直占据统治地位,伊斯兰教难于进入,于是阿拉伯伊斯兰文化也就很难在那里传播,其影响也就微不足道了。

宗教在传播文化方面确实起了非常重要的作用。宗教文化之所以可以对接受这个宗教的国家直接发挥影响,还得力于该国统治阶级的积极提倡和自上而下的推广。他们需要用宗教文化来建立王朝的上层建筑,借以巩固他们的统治地位。由于这个缘故,印度文化和阿拉伯伊斯兰文化在东南亚的影响便占有巨大的优势,能渗透到社会的各个层面。

到了近代,西方国家在经过文艺复兴和产业革命之后,率先摆脱了封建主义的枷锁而进入资本主义全面发展的时代。以人文主义、科学、民主等为基础的近代西方文化从此步入"三十年河西"时期。但不应忘记的是,西方资本主义的迅速发展,是以东方民族(日本除外)作为其牺牲祭品的。从 16 世纪起,西方向东方殖民扩张的结果,使东方的封建国家和王朝逐一沦为西方国家的殖民地或半殖民地。曾经创造过辉煌的东方三大文化的中国、印度和阿拉伯国家也未能幸免。进入近现代之后,处于先进地位的西方文化便超越东方文化而领导世界文化的新潮流。对东南亚来说,西方文化的传播主要是通过政治途径,是伴随殖民主义的侵略扩张而来的。所以在开始的时候,西方文化理所当然地要遭到东南亚各国的敌视和抵制。但先进的西方文化的冲击已无法阻挡,尤其在东南亚迈向市场经济和进入现代民族觉醒的时代,采取"拿来主义"的态度去接受先进的西方文化的影响已成为历史发展的必然和需要。从东南亚文化发展的历史来看,西方文化对东南亚的影响也集中体现在近现代的文化上。这里有必要指出,西方文化的传播和影响具有两重性。一方面它是伴随西方的殖民扩张而来的,为西方殖民统治者对殖民地实行奴化政策服务,具有负面的影响;另一方面它又是代表近现代最先进的文化,其人文主义思想和科学民主理念启发了殖民地人民的现代民族意识,具有正面的影响。西方文化正负面的双重影响贯穿了东南亚的整个近现代史。

下面简单论述世界四大文化对东南亚文学的影响:

一、中国文化的影响

中国史书上有关中国与东南亚交往的记录始于秦朝统一中国之后。据中国史书记载,越南(古称交趾或交州)从公元前2世纪起,已正式纳入中国汉朝的管辖范围之内,从此受中国封建王朝统治1000多年,越南史书称之为"北属时期"。中国同东南亚其他地区的交往也从汉朝时期开始,但更广泛的交流,特别是文化交流,则始于7世纪的唐代。唐朝是中国历史上最强盛的王朝。在同一时期里,东南亚也出现一个最强盛的佛教王朝室利佛逝。唐朝与室利佛逝王朝之间的文化交流主要通过佛教,其开拓者是著名的唐高僧义净。到了15世纪明朝全盛时期,以郑和七下西洋为标志,中国与东南亚的交往进入第二个高潮。明成祖即位后向外积极推行"宣德化而柔远人"的睦邻安邻政策。而东南亚是郑和船队去的次数最多和停留时间最长的地区,也是郑和贯彻睦邻安邻政策最为成功的地区。东南亚出现空前的访华热潮,许多国家的国王亲自率领庞大的代表团到中国进行正式友好访问。首先是渤泥国王麻那惹加那,于1408年亲自率王后王子和陪臣150余人来华;随后是满剌加(马六甲)王朝的第一代王拜里迷苏剌于1411年亲自率领540余人正式来朝;后来还有菲律宾的苏禄国三王于1417年率领340余人来华访问。他们都受到明帝热烈隆重的接待。明朝时期中国和东南亚的大规模人员交往和文化交流,不但在明史里有详细的记载,在马来古典名著《马来纪年》里也有生动的反映。

但从广度和深度来看,尤其在文学方面,中国文化对东南亚的影响还是远不如印度。中国文化对东南亚的直接影响仅及越南,因为越南有1000多年处于中国封建王朝的直接管辖下。公元 939 年越南民族才第一次建立独立的封建王朝——吴朝,但仍与中国维系宗藩关系,沿用中国建制。中国文化的影响通过政权的关系已渗透到越南民族生活的各个领域。汉文是越南民族最早借用的文字,也是官方规定的全国通用文字。越南的早期文学是汉字文学,13 世纪以后,越南建立陈朝,在汉字基础上创建了自己的民族文字"喃字",并由此而产生喃字文学,与汉字文学并驾齐驱。在喃字文学里,中国文化和文学的影响仍然处处可见。

越南以外,中国文化和文学对东南亚其他国家的影响更多是借助于定居当地的华人。他们是中国文化和文学的传播者,也是两国文化交融的积极推动者。随着移民人数的激增,华人越来越关注双方的文化交流和融合。19 世纪以后,中国的古典名著如《三国演义》《水浒传》《西游记》等,便开始被华人译介过去而大行于世。最早翻译介绍《三国演义》的国家是泰国,泰文小说《三国》一面世便大受欢迎,并由此而创立独具一格的"三国文体",开泰国白话散文体小说之先河。19 世纪下半叶,在东南亚的其他国家,特别是印度尼西亚、马来西亚和新加坡,那里的华人用通俗马来语大量翻译改写中国的古典演义小说和民间故事。他们不仅把中国古典文学介绍到马来语国家,而且还用马来语直接进行创作,从而开创别具一格的华裔马来语文学,把中国文化融入到本土文化之中,对促进所在国文学向近代化和现代化发展起了重要的作用。

二、印度文化的影响

印度与东南亚早在公元前就有了交往, 但印度自己的古文献很少提到东南亚。大约在公元 1 世纪,印度的宗教势力开始进入东南亚地区。孔雀王朝时期,阿育王向印度东南部扩张势力,战争迫使大批南印度人逃往东南亚,其中有婆罗门僧侣和刹帝利贵族, 他们利用宗教和婚姻关系与当地新兴的奴隶主阶级相结合,建立印度式的小王朝。据考古发现和中国史书记载,早期影响东南亚的印度宗教主要是婆罗门教。后来,佛教在马来群岛也曾一度兴盛,7 世纪在苏门答腊兴起印度尼西亚历史上最大的佛教王朝室利佛逝,9 世纪在爪哇的夏连特拉王朝则建造了举世闻名的婆罗浮屠大佛塔, 说明佛教在那里曾经盛极一时。但上述王朝后来被印度教王朝和伊斯兰王朝所取代,佛教势力在马来群岛一带便没落了。马来群岛以外,佛教大约在 3 世纪已从斯里兰卡传入缅甸,南传上座部佛教传入下缅甸,北传大乘佛教传入缅甸北部。11 世纪以前,佛教的南传与北传两大教派以及婆罗门教在缅甸境内是同时并存的。1044年阿奴律陀统一缅甸和建立蒲甘王朝之后,才把上座部佛教定为国教。泰国于13世纪建立的素可泰王朝也以上座部佛教为国教。11世纪以后,佛教便在东南亚的北半部占了统治地位,主要是在缅甸、老挝、柬埔寨和泰国;印度教则在东南亚的南半部占统治地位,主要是在爪哇和巴厘。

佛教占统治地位的国家,其文化无疑要受印度佛教文化的直接影响,其中以缅甸和泰国最为典型。拿文学来说,缅甸在蒲甘王朝建立之后,才有见诸文字的作品,那就是著名的蒲甘碑铭文学,大部分为佛事记录。而对缅甸文学影响最深的是《本生经》故事,缅甸人认为"缅甸小说始自550佛本生故事"。佛本生故事在缅甸还被改写成散文小说和戏剧等,成了缅甸文学艺术取之不尽的创作源泉。泰国佛教文化的发展也同缅甸有些相似。1257年素可泰王朝建立后,佛教被定为国教,这时泰国才开始有见诸文字的作品,其中以《兰甘亨碑文》最为闻名。碑文主要记述兰甘亨王的生平事迹和从事的各种佛事活动。后来素可泰王朝五世立泰王根据30部佛典编写了著名的《三界经》。这部以弘扬佛教为宗旨的作品,反映了素可泰王朝时期的繁荣景象,对泰国文学艺术的发展产生了深远的影响。几世纪以来,佛教文化已成了上述国家非常突出的文化特色。

在东南亚的南半部,佛教也曾兴旺一时,但10世纪以后佛教衰落,印度教在爪哇和巴厘占了统治地位。东爪哇王朝的崛起,是以印度教为精神支柱,从那以后直到阿拉伯伊斯兰文化取代之前,为印度教服务的宗教文化文学一直主导爪哇文化文学的发展,历史上称之为"爪哇印度教时期"。印度的两大史诗《摩诃婆罗多》和《罗摩衍那》在10世纪末11世纪初便基本上全译改成古爪哇文了。11世纪初恩蒲·甘瓦创作的《阿周那的姻缘》开创了爪哇宫廷作家自己创作的印度史诗故事,把印度史诗爪哇化,借用印度史诗的人物和故事情节来为本朝帝王歌功颂德,对印度尼西亚的各种艺术形式如戏曲、舞蹈、绘画、雕刻等都产生了深远影响。几个世纪以来,印度宗教文化,特别是两大史诗,一直影响着爪哇文化的发展。13世纪末建立的麻喏巴歇王朝是印度尼西亚最大也是最后一个封建的印度教王朝,随着它的没落和崩溃,印度宗教文化影响占统治地位的时代便步入尾声,逐渐为后来的阿拉伯伊斯兰文化的影响所取代。

三、阿拉伯伊斯兰文化的影响

伊斯兰教是晚来的宗教,一般认为,13世纪以后,随着前来的阿拉伯、波斯和印度穆斯林商人日益增多,在马来群岛商业比较发达的地区,伊斯兰教已经取得了立足点,并逐渐向四周扩展势力。伊斯兰教作为后来者能打入这个地区,固然得力于那些穆斯林商人和伊斯兰教传教士的积极传教,但更重要的还是因为适应了那些沿海新兴的商业地主阶级的需要。他们与内地的印度教中央王朝麻喏巴歇的利益冲突日益尖锐,为了摆脱麻喏巴歇王朝的控制和限制,他们很需要有一个新的精神武器来同印度教王朝相抗衡,而伊斯兰教正好符合了他们的这一需要。

伊斯兰教首先在离麻喏巴歇朝廷较远的苏门答腊北部沿海地区取得进展,可能于13、14世纪已出现最早的伊斯兰王朝——须文答剌·巴赛。15世纪,在马来半岛南部兴起的满剌加(马六甲)王朝成为当时东南亚最强盛的伊斯兰王朝。16世纪,满剌加王朝为葡萄牙所灭,苏门答腊北端的亚齐王朝取而代之,成为抗拒西方殖民入侵的伊斯兰教堡垒。关于伊斯兰教势力同印度教势力的较量,我们多少可以从马来古典名著《马来纪年》和《杭·杜亚传》看到其艺术的反映。当麻喏巴歇王朝的内部矛盾和冲突加剧时,伊斯兰教在爪哇商业比较发达的北部沿海地区也日益得势。16世纪初叶,爪哇第一个伊斯兰王朝淡目的兴起,标志着几世纪以来印度教王朝统治的结束,从此阿拉伯伊斯兰文化的影响在印度尼西亚、马来西亚、文莱等马来民族地区占了主导地位。

阿拉伯伊斯兰文化是宗教文化,和印度的宗教文化一样,它的最初传入是通过传教的途径。所以最先传进来的阿拉伯伊斯兰文学作品大部分与传教活动有关,首先是大力宣扬伊斯兰教先知和英雄们光辉业绩的传记故事,接着是有关伊斯兰教教义教规之类的典籍。之后,随着伊斯兰教势力的扩张和商业的发达,阿拉伯、波斯的神话故事和传奇小说也因越来越受到新兴市民阶层的欢迎而流行起来。

当新兴的马来王朝统治者把伊斯兰教作为精神支柱时,必然也要利用文学作为有效的宣传手段,一面弘扬伊斯兰教,一面歌颂新统治者。所以马来伊斯兰王朝一建立,便开始建立宫廷文学,并把创作的重点放在两个方面:一方面写王朝的历史演变,把马来王族的世系与马来王朝的兴盛同伊斯兰教直接联系起来,以示来历不凡,第一部马来王族的历史传记《巴赛列王传》就是这样一部作品;另一方面写有关伊斯兰教教义教规的论著,如《众王冠》和《御花苑》,向人们灌输伊斯兰教精神,用伊斯兰教规范人们的言行,使社会生活伊斯兰化。正当伊斯兰教在马来地区逐渐占统治地位的时候,从16世纪起,西方殖民主义者把魔爪伸进来了，首先是最大的马来伊斯兰王朝——马六加王朝为葡萄牙所灭，接着荷兰、英国等殖民主义者也纷纷前来争夺殖民地。伊斯兰教势力还没有来得及在东南亚建立起较大的、统一的伊斯兰王朝，便已面临西方殖民主义的侵略瓜分了。在这种情势下，伊斯兰教也就从作为反对印度教王朝的精神武器转变成为反抗西方殖民入侵的精神堡垒。在印度尼西亚、马来西亚等国出现现代民族觉醒之前，反对西方殖民侵略的斗争大都以伊斯兰教作为旗帜，而且往往由伊斯兰教的领袖出来领导。所以，伊斯兰教在那些国家的历史上是有反殖民主义传统的。在反殖斗争中，伊斯兰文化常被当作维护马来民族正统文化的盾牌，以抵御西方文化的侵蚀，这种情况一直延续至今。

四、西方文化的影响

西方文化对东南亚的影响是伴随着西方的殖民入侵而开始的。为西方殖民入侵打头阵的是葡萄牙，于1511年灭马六甲王朝。随后西班牙也于1570年占领了菲律宾，1901年美国又把菲律宾变为它的殖民地。17世纪起，荷兰开始染指印度尼西亚，把整个印度尼西亚逐步变成其直属殖民地。英国也逐步侵吞缅甸、马来西亚和北加里曼丹，而法国则最后霸占了印度支那。到19世纪下半叶，整个东南亚，除泰国作为缓冲国外，都已沦为西方的殖民地了。

西方的殖民入侵始于16世纪，但西方文化的影响一般要到19世纪的下半叶才凸显出来，并逐步取代东方三大文化的地位。这里所说的西方文化首先是指西方反封建和提倡人文主义的近代文化。这样的文化当然不会被东南亚的封建阶级所接受，相反，只有遭到他们的反对和抵制。即使有人有机会接触到西方文化并受其影响而开始萌发反封建的意识，那也只是个别的超前现象，例如近代马来启蒙作家阿卜杜拉·蒙希，在他写的《阿卜杜拉传》里第一个公开宣扬西方文化的优越性和批判本族封建文化的落后性，但并没能形成一股社会的新潮流。在现代的新知识分子阶层产生之前，西方文化在东南亚是难以发挥其主导影响的。

19世纪下半叶，西方资本主义已发展到更高阶段，资本主义世界市场业已形成。这时，东南亚的殖民统治者不得不放弃以直接经济掠夺和贸易垄断为特点的旧殖民政策，改为采取向世界资本主义开放的新殖民政策，把东南亚变成西方资本输出的场所，廉价原料和劳动力的来源以及商品倾销的市场。这样，整个东南亚经济便从封建割据的自然经济逐步地被推向统一的资本主义市场经济,变为西方资本主义经济体系的附属部分。在这经济转轨的过程中,西方殖民统治者十分需要从原住民中培养出一批能掌握现代文化知识、能满足现代行政管理和市场经济发展需要的人才。于是,他们开始兴办现代学校,开展西式教育,从原住民中培养所需的拥有现代知识的人才。东南亚现代的新知识分子阶层就是这样应运而生的。西方殖民统治者本来是想用西方文化进行奴役,培养出为他们服务的洋奴人才,然而这些受西式教育的人,一旦接触了西方文化中的先进思想,却变成了最早的民族觉醒者,后来成为西方殖民主义的掘墓人,可以说是西方殖民统治者所始料不及的。

从封建割据的自然经济向统一的资本主义市场经济过渡,势必导致整个东南亚殖民地社会发生结构性的变化,其中最重要的变化是殖民地民族资产阶级和无产阶级的产生。他们从西方文化所提倡的科学民主、自由平等和人文主义思想中受到启迪和鼓舞,开始用新的观念和思维方式重新审视自己民族的命运和出路,从而萌发了现代的民族意识,后来成为民族运动的先驱者和中坚力量。菲律宾的黎萨尔是东南亚民族觉醒的先锋,也是觉醒文学的开拓者。20世纪兴起的东南亚现代文学是整个民族觉醒和民族运动的产物和组成部分,反殖民主义和反封建主义成了整个文学的主旋律。作品的主题,一是要求个性解放,反对封建束缚和包办婚姻;一是要求民族独立,反对殖民统治。后来,有一部分人受到宗主国无产阶级革命思潮的影响,与本国的无产阶级运动相结合,成了民族运动中代表无产阶级利益的革命派。从此影响东南亚的西方文化便形成两大思潮, 即西方的资产阶级文化思潮和西方的无产阶级文化思潮。在东南亚国家的现代文化和文学运动中,往往可以看到两种不同的思想倾向同时出现,一种是倾向于本民族的资产阶级,一种是倾向于本民族的无产阶级,但二者都属于殖民地民族民主革命的范畴。

二次大战后,东南亚殖民体系总崩溃,被长期殖民统治的民族纷纷宣告独立。但独立后的东南亚国家,在建设民族新文学的过程中,仍然受世界两大对立文艺思潮的影响。特别是在冷战时期,西方资产阶级文艺路线与无产阶级文艺路线的对抗和斗争也影响了东南亚许多国家当代文学的发展。如今在全球化的时代,东南亚文学又面临着新的挑战,那就是在世界强势文化的冲击下,如何保持和发展自己民族文化文学的特性而不至于被融化和淹没掉。马克思和恩格斯在《共产党宣言》中早已指出:"资产阶级,由于开拓了世界市场,使一切国家的生产和消费都成为世界性的了。……物质的生产是如此,精神的生产也是如此,各民族的精神产品成了公共的财产。民族的片面性和局限性日益成为不可能,于是由许多种民族的和地方的文学形成了一种世界的文学。"这对东南亚国家来说也不能例外,只有不断努力去提高自己民族的精神产品质量,把"拿来主义"和"送去主义"结合起来,才能使东南亚文学在继承与创新中跟上时代前进的步伐,成为世界文学不可缺少的组成部分。

今天,在庆祝季羡林教授 95 华诞时,我想献给他老人家最好的寿礼,莫过于努力把他所开创的东方学事业不断加以发扬光大,使之越来越兴旺。

（作者单位:北京大学外国语学院）

拿来·送去与季羡林先生的"送去主义"

——兼论"东方文化集成"的意义

● 叶渭渠

鲁迅先生于 20 世纪二三十年代提出"拿来主义",也论及"送去主义"。季羡林先生于 20 世纪 80 年代提出"送去主义",也谈及"拿来主义"。只是两位大师谈论这个"拿来"与"送去"的时代不同,他们强调的重点不同罢了。实质上,"拿来"与"送去"是一个有机的统一体,可以比喻为承担国与国、地区与地区间文化交流的双翼。有了这双翼,文化交流这只雄鹰才能自由地翱翔。

在鲁迅先生提出"拿来主义"和季羡林先生提出"送去主义"以前,事实上"拿来"与"送去"早已存在。比如,7 世纪的唐高僧玄奘赴天竺取经,引进了古印度佛教文化,就是"拿来"。有文字记载的,公元 3 世纪,我们就"送去"日本《论语》和《千字文》,6 世纪"送去"日本更多的佛典汉籍和汉字。8 世纪唐高僧鉴真赴日弘法,送去了建筑、雕塑、书法诸艺术和医药知识等。特别值得一提的是"丝绸之路",在交通不发达的当时,"拿来"与"送去"范围之广,内容之丰富,促进东西方文化交流和人类文明进步作用之巨大,这是前所未有的。由此可见,"拿来"与"送去",作为文化交流不可分割的形式,1000 年前就已有之,而且延绵不断。

广言之,一部世界文化交流史,也是"拿来"与"送去"不断变化和充实的历史。季先生在《东方文化丛书》总序中就讲过"古希腊和罗马文化、从希伯来起一直到伊斯兰时期的闪族(注:闪米特人)文化、印度文化和中国文化都形成了各自的文化圈","圈内的国家间有着文化的交流,圈与圈之间也有文化交流,总起来看,是一个互相学习、互相渗透的过程"。

到了近代和现当代,这个"拿来"与"送去"更加突显了出来。就我国而言,从封建社会向近代社会过渡,先行的西方近代国家的经验,是值得"拿来"借鉴的。五四运动就拿来了"德先生"和"赛先生"。鲁迅就是针对"五四"以后,当时仍然实行"闭关主义",自己不去,别人也不许来的情况,提出了"拿来主义",强调了"没有拿来的,人不能自成为新人,没有拿来的,文艺不能自成为新文艺"。至于怎样"拿来",鲁迅说:"我们要运用脑髓,放出眼光,自己来拿!"换句话说,鲁迅的"拿来主义",是将"以人为本"、"独立思考"的精神作为基础的。

五四运动的发源地——北大的精神,也就是"科学与民主"的精神,这是北大人应该引以为荣的。我们的老校长马寅初不畏威权,坚持学术上的真,死而后已,这就是实践北大人引以为荣的"科学与民主"精神的典范。《文汇读书周报》的特约记者采访我,就提到某某先生说自己是北大人,会加上一句"我是沙滩那个北大的",问我是哪里的北大呢?我当时只回答说,我是1952年入学,是燕园的北大了。事后我感到惭愧,因为特约记者的提问,实际上有其内涵的,那就是某某先生实际上以沙滩那个北大的"科学与民主"精神而自豪,而燕园的北大精神,已变成泛泛的"爱国主义",意识形态化了。北大百年领导人的讲话,媒体的报道就是如此宣传的。事实上,今天的中国,五四提出的"科学与民主"任务仍未完成,这也是今天我们要继续完成的。光"拿来"科学,是实现不了现代化的。没有民主,也就没有现代化。两者都要"拿来"。正如季先生所强调的,那些妨碍生产力和思想进步的封建主义的东西,应有胆量讲出来,大家都来纠正,这才是拨乱反正(转引《东方学人季羡林》)。的确,"文革"的历史教训,"文革"后的拨乱反正,如果不彻底拔掉产生"文革"突现出来的封建主义的根,是不可能完全"反正"的。当然,光有科学与民主还不够,还需要加上再生的传统文化,否则就是西方式的现代化。加藤周一总结日本现代化的经验教训,就提出了"科技文明+民主主义+传统文化"这样一个现代化的模式。我在"传统文化"补上"再生"二字,因为传统文化有精华,也有糟粕,我们需要的是再生的传统文化。

实际上,在新中国成立后整整实行了30年的"闭关主义"时期,"拿来"和"送去"也都没有间断过,我们拒绝"拿来"一个西方文化,却完全"拿来"另一个西方文化,即从前苏联的集权政治、计划经济到哲学社会科学和文学的模式,都全盘"拿来",食而不化。别的不说,在人文社会科学领域,人文学科与社会科学也是互为作用的,既密切相连,又有所区分。人文学科主要研究人类社会的各种文化现象,特别是研究人的价值和精神;而社会科学则主要研究社会的各种现象及其发展规律,重于意识形态。我们长期以来,就存在重视社会学科,而轻视乃至否定人文学科的现象,直至改革开放以后,经过几场论争和反复,人们才开始重视和肯定人文学科,尤其是新世纪伊始提出"以人为本"的指导思想以后,社会大大关心和研究人文学科,并掀起了一股热潮。

事实上,关于"人文",我国的文献早已有记录,《易经》就曾说"文明以止,人文也","观乎人文,以化成天下"等等,只不过其发生在封建的体制下,神权、皇权的绝对统治,古代人文精神缺乏培育的土壤。倒是14~16世纪欧洲文艺复兴,强调了人的价值,具有普世的价值和意义,并将它确立为文艺复兴的主题,宣扬人、人性、人道主义的精神。尽管其存在历史的局限性,但这种人文精神,不仅促进近代的自我觉醒,文学艺术的繁荣,而且也促进自然科学的发达,产生了哥白尼、伽利略、牛顿等学说,出现表述自然现象的新概念等等。像人类不能没有自然科学和社会科学一样,也不能没有人文科学,它已然形成一个独立的知识领域。因此,在现代化建设中,不能没有人文科学,西方文化这方面的精华,也是要"拿来"的,而不仅仅是某个领导人所提出"拿来"的只有科学技术和经营管理的经验。如果是这样,就会丢掉鲁迅"以人为本"、"独立思考"的"拿来主义"这两者的灵魂。

季先生谈到人文社会学科问题时,以文学学科为例,说明我们的文学史和文艺理论问题,受到前苏联的很大影响,他在《学海泛槎》一书的总结中指出:"不错,文学作品有两个标准,政治标准和艺术标准。但却不能只一味强调政治标准,忽视艺术标准。""艺术性是文学作品的灵魂。如果缺乏艺术性,思想性即使再高,也毫无用处,这样的作品绝不会为读者所接受。"因此,在文学的政治与艺术的关系问题上,我们提出"政治第一,艺术第二",与日共宫本显治提出的"政治首位论"如出一辙,都是将文学从属于政治,作为政治的载体,这无疑都是教条主义的照搬前苏联"拉普"的"辩证唯物论创作方法",从而混淆了世界观和创作方法的区别,将文学创作方法纳入马克思主义认识论的范畴。

实行"闭关主义"时期,尤其是"文革"时期,也没有少"送去"。只不过"送去"的,是极"左"的"革命思想"和"世界革命"的理论,遍布亚非拉。这是众所周知的,毋庸赘言。在这里,还是谈谈在20世纪80年代的新的历史时期,季羡林先生提出的"送去主义"的意义问题。季先生提出"送去主义"的时候,首先强调了对西方的文化而言,鲁迅先生当年提出的"拿来主义"至今也没有过时,过去我们拿来,今天我们仍然拿来,只要拿得不过头。他还主张,在"拿来"的同时,也应该提倡"送去主义",而且应该定为重点。在一次学术对谈中,季先生以泰戈尔为例,说明泰戈尔既是一个"拿来主义者",又是一个"送去主义者",所以他在历史上站得住脚,留得下名。拿来主义,说明他对外国文化态度开放,不封闭,善于消化、吸收。送去主义,说明他自信,有奉献精神,有东西送出去。文化交流是人类进步的动力之一。社会的发展,需要拿来主义和送去主义,不需要关门思想和贾桂思想。泰戈尔对"拿来"和"送去"的关系处理得好,所以在印度文化现代转型中,扮演了一个承上启下的重要角色,是印度现代文化的重要奠基人之一,也是现代中印文化交流的重要使者。

今天,季先生也正像泰戈尔那样,在中国和东方文化的现代转型时期,主张"拿来"的同时,也扮演着一个"送去"的重要角色,而且将"送去"定为重点,我想这是新时代赋予的历史使命。因为近代以来,东方许多国家沦为西方的殖民地,西方殖民国家不仅政治上压迫、经济上剥削,还在文化上奴役东方许多国家和人民。二战结束后,东方国家和人民纷纷摆脱西方殖民的统治,获得政治的独立、经济的不同程度的发展,文化也正在复兴。东方文化,突破了"欧洲中心主义",重新屹立在世界文化之林,东西方文化平等地互相交流,共创人类的文明和世界的和平。我以为这正是季先生提出"送去主义"的初衷,而不是要张扬什么"东方中心主义"。

季先生提倡"送去主义",送去什么呢?季先生说:"除了理论、观点之外,还应包括资料。"季先生正是基于这种理念,主持了跨世纪的文化大工程《东方文化集成》,带领"集成"各编的编委们,在东方学界同人的大力支持下,克服了种种困难,走过了 10 年的曲折历程,完成了出书百余卷的计划。《东方文化集成》的意义是非常重大的。它不仅承担了将中国文化和东方文化向西方和世界"送去"的重要任务,也起到了不可忽视的"拿来"的作用。为什么这样说呢?因为《东方文化集成》计划出书的 500 种之中,中华文化 100 种,其余东方国家400 种,占多数。东方有些国家也有过悠久的辉煌的文化,20 世纪东方国家摆脱殖民统治后,正在走向文化复兴,正在走向现代化,它们创造了许多值得我们"拿来"学习的经验。我们今天需要"拿来"的,不仅是西方的先进文化,也要"拿来"东方其他国家的优秀文化,共同学习,互相了解。正如季先生在《东方文化集成》总序中,谈到他老人家之所以倡议编纂这套"集成"时所说的:"世界人民、东方人民、中国人民的需要,是我们的动力。东方人民和西方人民的相互了解,是我们的愿望。东方人民和西方人民越来越变得聪明,是我们的追求。"

总之,《东方文化集成》以"送去"为重点,"拿来"也不能忽视。我们日本文化编的编委们作为学生，在季先生的教导下，也要像季先生在《东方文化集成》总序中宣示的一样："我们坚决相信，只要能做到这一步，人类会越来越能相互了解，世界和平越来越成为可能，人类的日子会越来越好过，不管还需要多么长的时间，人类有朝一日总会共同进入太平盛世，共同进入大同之域。"

（作者单位：中国社会科学院日本研究所）

季羡林先生的治学精神

● 黄宝生

每个时代都会产生属于自己时代的学术大师。季羡林先生是中国 20 世纪的学术大师之一，那么，我们怎样为季先生的学术成就定位？我在为《中国社会科学院学术大师治学精神学录》撰写的《季羡林》一文中，称季先生为"东方学大师"，并在结语中说："中国东方学有季羡林这样一位大师，实为中国东方学之福祉"。

东方学，顾名思义是研究东方文化的学科。东方指亚洲和非洲。东方学的分支学科包括汉学（Sinology）、印度学（Indology）和埃及学（Egyptology）等等。季先生学术生涯的起点是印度学，主要研究佛典语言。此后，他的研究范围不断延伸扩展，包括中印文化交流史、印度古代文学、印度佛教史和中国佛教史等等。同时，季先生于 1946 年从德国回国，受聘于北京大学，组建东方语文系，为中国现代东方学学科的创立作出了重大贡献。现在，国内常称季先生为"国学大师"，据说有些学者对此持有异议。其实，我们应该注意到，季先生的学术出身是印度学，但他并非单纯地研究印度文化，而是始终与中国文化的研究紧密结合。诸如中印（或中外）文化交流史研究和中国佛教史研究本身就属于国学范围。譬如，季先生主持的《〈大唐西域记〉校注》和撰写的《糖史》都属于国学研究课题。尤其是对中国新疆出土的吐火罗文 A（焉耆文）《弥勒会见记剧本》的释读，堪称国学中的"绝学"。因此，称季羡林先生为"印度学大师"或"国学大师"都是可以的，当之无愧的。而我更愿意称季先生为"东方学大师"。因为他的治学范围和学术成就包含印度学和国学两个方面，而他又是中国现代东方学学科的创建者和组织者，称为"东方学大师"更能体现他的学术特色。

我们今天庆祝季先生 95 华诞，皆在表彰季先生的学术成就，学习季先生的治学精神。治学精神可以说是每位学术大师的学术之魂。学术大师往往学识渊博,治学范围相对广阔,但仍然都会有自己的学术专长和研究重点。我们学习季先生,并不要求都像季先生那样掌握梵文、巴利文和吐火罗文。即使掌握了这些语言,也并不一定要求我们都从事与季先生相同的研究课题。然而,我们都应该自觉地学习季先生的治学精神。因为季先生的治学精神对我们从事的各种学术门类具有普遍意义。我曾为"中国社会科学院学者文选"编选过《季羡林文集》。在"编者的话"中,将季先生的治学精神归纳为三点:一、坚持学术贵在创造的信条;二、重视考证;三、追求"彻底性"。在这里我想对这三点作一些具体的阐释。

一、坚持学术贵在创造的信条

季先生牢记德国导师瓦尔德斯米特在指导他写作博士论文时,要求他删去一切陈言的训示,在学术研究中要求自己凡写论文必有学术新意,或提出新见解,或提供新材料,以填补学术空白、攻克学术难点为己任,以重复前人劳动(炒冷饭)为学术研究大忌。

佛典语言是季先生的学术专长,而通过佛典语言比较研究探索佛教的起源、发展和传播,却是季先生的独创。他确认中世纪印度西北方言的一个重要语法特点是"语尾 am 向 o 和 u 的转化",而中世纪印度东部方言的一个语法特点是"多用不定过去时",再结合其他一些语法特点,便成为判断一些佛典产生的时间和地区的重要依据。譬如,《论梵文〈妙法莲花经〉》一文依据不同梵文原本中残留的俗语语法特点,判断这部佛经最早用印度东部方言写成,后来传到印度西北部,其间经过梵文化过程由印度西北部传入中亚,由中亚传到中国。《论梵文本〈圣胜慧到彼岸功德宝集偈〉》一文依据这部佛经使用的混合梵语具有印度西北方言的语法特点,即语尾 am 变成 o 或 u,说明它虽然是一部早出的大乘般若经,但还不是原始般若经。由此,季先生提出一个重要的新见解,即大乘佛教分成原始大乘和古典大乘两个阶段,而原始大乘起源于印度东部,而非神话传说化(中)的印度南方。又如,《浮屠与佛》和《再谈浮屠与佛》通过 Buddha(佛陀)一词的汉语音译,追溯出佛教传入中国的两条途径:先从大夏(大肢)传入,后从中亚新疆小国传入。《论梵文 td 的音译》则阐明依据汉译佛经中梵文 td 的音译情况,可以将汉译佛经分为汉至南北朝、南北朝至隋和隋以后三个时期。前期汉译佛经的原文大半不是梵文,而是俗语和混合梵文;中期的原文也有很多是俗语和混合梵文,但梵文化程度有所进步;后期的原文是纯粹的梵文。季先生的这些学术见解在中国乃至国际的佛教研究史上都是空前的和开创性的。

季先生在佛典语言研究方面，另一项重要的创造性成果是《吐火罗文〈弥勒会见记〉译释》。早在留学德国期间，季先生跟随西克教授学会吐火罗文后，就利用《福力太子因缘经》的多种汉译异文与吐火罗文本进行比较研究，以解决一些吐火罗词汇的语义问题，令西克教授"大喜过望"，对季先生"奖誉有加"。而从1982年开始，季先生从事中国新疆博物馆所藏的吐火罗文《弥勒会见记》的译释，也是采取平行异本比较研究的方法，尤其是利用回鹘文本，前后历时五六年，完成了全部译释工作。这项研究成果也译成英文出版，可以说是迄今为止规模最大的吐火罗文作品的英译本，使国际吐火罗文研究这门学科提升了一个台阶。

二、重视考证

提出新见解不是靠主观臆想，而要以材料为依据，观点出自材料。有一份材料说一句话。因此，在搜集材料方面，要有"竭泽而渔"的气魄，而在辨析材料方面，又要有"如剥春笋"的精神。

季先生于1944年发表的《中世印度语言中语尾am变为o和u的现象》，依据大量语言材料，诸如阿育王铭文、新疆尼雅俗语文书、和阗俗语残卷、混合梵语佛典乃至阿波布朗舍语、于阗塞种语、窣里语和吐火罗文B（龟兹文）资料，揭示了中世印度西北方言的一个重要语法特点。后来，国外有些学者对季先生的这个观点提出不同意见。然而，这些学者在这个问题上没有下够工夫，以致立论轻率，论证粗疏。季先生在回应不同意见时，则坚持摆事实，讲道理，用材料说话。他不仅利用旧材料，还不断发掘新材料，充实自己的论点。

重视考证的另一个典范例子是糖史研究。早在1978年，季先生撰写的《中印文化关系史论文集》前言中，就已经提出中印两国在制糖上互相交流的过程。1981年，季先生考释一张有关印度制糖法传入中国的敦煌残卷。这张残卷记载了中国工匠制造砂糖和煞割令（即Sarkara，梵语中的"糖"字）的方法，需要考释的问题涉及甘蔗的种类、糖的种类、砂糖和煞割令的区别等等。这激起季先生全面深入研究糖史的兴趣。此后，他发表了一系列相关论文。最终于1996年完成了一部近80万字的皇皇巨著《糖史》，前后历时10多年。从《糖史》中，我们看到书中的大量引证取自中国古代正史、农书、医书、科技书、地理书、游记、方志、类书、笔记、杂著、诗文集以及外国人的游记和著作，举凡与糖史有关的材料,几乎网罗殆尽。面对这部巨著,再想到它是季先生在耄耋之年独立完成的,任何人都会肃然起敬。

三、追求"彻底性"

许多学术问题不是靠一两篇论文就能彻底解决,而是需要不断发掘新材料,加以验证、修订、充实和完善。以"彻底解决"为理想目标,对有些学术问题的探讨和研究,势必会终生抓住不放。

早在 1947 年,季先生的《浮屠与佛》纠正长期以来认为佛是梵语 Buddha(佛陀)一词的音译略称的错误看法,指出佛的译音源自吐火罗语。然而,汉语和吐火罗语的"佛"字固然都是单音节,但"佛"字的汉语古音是浊音,吐火罗语却是清音。这个问题一直留存在季先生的心中。直至 1989 年,也就是事过 40 多年后,季先生又利用新发现的材料,写了《再谈浮屠和佛》修正了佛的译音源自吐火罗语的看法,而确认源自中亚新疆小国的语言,如回鹘文"佛"的发音就是浊音。这样,中国古代将 Buddha(佛陀)译为佛的缘由也就得到了满意的解释。

关于中世印度西北方言和东北方言的语法特点也是季先生一生抓住不放的学术问题。除了 40 年代在德国发表的几篇论文外,回国后继续发表的论文有 1958 年的《再论原始佛教的语言问题》、1984 年的《三论原始佛教的语言问题》和《中世印度雅利安语言二题》、1988 年的《论梵文本〈圣胜慧到彼岸功德宝集偈〉》、1990 年的《新疆古代民族语言中语尾 am>u 的现象》等。

中印文化交流史也是贯穿季先生学术生涯的研究课题。糖史研究是如此,对中国纸和造纸法以及蚕丝传入印度问题的研究也是如此。季先生于 1954 年写了《中国纸和造纸法输入印度的时间和地点问题》、1955 年写了《中国蚕丝输入印度问题的初步研究》、1957 年又写了《中国纸和造纸法最初是否由海路传入到印度去的?》。"文化大革命"之后,季先生继续关注国内这方面的研究进展状况,又写了《中国纸和造纸法输入印度问题的补遗》(1979)和《对"丝"、"纸"两篇文章的补正》等。

以上对于季先生治学精神的认识,只是我长期追随季先生从事印度学研究,亲身感受较深的三点,主要偏重于治学思想和方法。其实,我们还可以从天才和勤奋、考证和义理以及文化理念等视角总结季先生的治学精神,对于 21 世纪中国东方学的发展和学术整体水平的提高具有无可估量的现实意义。

(作者单位:中国社会科学院外国文学研究所)

我们的系主任季羡林教授

● 贺剑城

季羡林先生是 1946 年从德国回到祖国的。他刚一回国便立即被北京大学聘为教授，并受命创办东方语言系荣任系主任。这在北京大学的历史上可能是罕见的。

新中国成立前，东语系的规模很小，先后只招过两届学生，只有季羡林、马坚、金克木、于道泉、金鹏、韩镜清、王森等几位教师。

我曾不止一次听季羡林教授说过，解放前，人们看不起东方，眼巴巴地看着西方，好像西方的月亮也比东方的圆。印度是一个幅员辽阔的文明古国，可是一个人若是得到驻印度大使的官位，别人并不羡慕；如果一个人哪怕是去做一个欧洲小国的大使，别人也会羡慕不已。第二次世界大战结束后，季羡林先生立即决定回国，也正说明他心系祖国，情系东方。

新中国成立后不久，当时在中宣部工作的胡乔木同志约见季羡林主任，共商扩大东语系规模、保证生源、增加经费等问题，并决定把前国立东方语文专科学校、前国立边疆专科学校、前国立边疆学校师范专科和前中央大学边政系合并到北京大学东语系。

本来东语系是北京大学的一个小系，1949 年暑假后忽然变成了文科第一大系，语言增加到 11 种。那时一个系也只有一两个办事员，更没有什么先进设备，不要说电脑，就是仅有的挂在墙上的一部老式电话，也不能自动拨号，全靠人工接线。外线又少，时常打通一个电话，要等上好久。所有新来的 200 多师生的教学、吃住等生活问题，都由系主任跑上跑下，亲自解决。那些日子，系主任实在太劳累了，终日不得休息，然而他毫无倦意。每到同学中间，总是谈笑风生，使人感到非常亲切。我想大概是事业的发展使他忘记了劳累吧！

在我的记忆中，当时的北京大学好像没有回民食堂，至少没有大一点儿的回民食堂。从南京合并过来的师生中有不少是信仰伊斯兰教的，为了解决他们的吃饭问题，系主任和学校领导商定，我们系单独办起了一个简陋的食堂，说其简陋，就是因为它"有食无堂"，只是在"民主广场"的东墙根，垒起锅灶，搭起席棚作为厨房，权且做饭罢了。这样打了饭菜就只能站在操场用餐。其实，这个食堂还不如以前富户人家办喜事和丧事临时搭的席棚呢。因为那种席棚内还有桌凳，而我们的食堂却连桌凳都没有。如果跟今天坐在宽敞明亮的食堂用餐的同学们说起来，他们会像听天方夜谭一样。这段往事在当年用餐者的记忆中恐怕都很淡薄了，甚至已经被当前幸福生活的冲击波完全冲走了。然而食堂虽然简陋，我们当年那些用餐者，却没一个人有意见，发牢骚。大家都知道，就是这个小小的食堂，也是系主任跑细了腿才跑出来的。食堂建成后，给它起了个响亮的名字——"东方红食堂"。不知是借用了一首歌曲的名字，以表示解放后东语系的发展，还是因为它在"民主广场"东隅，早早会见到火红朝阳的缘故。这页不太重要的东语系历史似乎不急于弄清楚，还是留给别人去考证吧！

我是1949年8月进入北京大学东语系朝鲜语专业的。开学后选择专业时我有幸第一次与季羡林主任见面。见面前心里总有些忐忑不安，在门口迟疑了好久才敲门进去。在我这个中学刚毕业的学生心目中，教授都是满腹经纶，不苟言笑的。可是我一见到季老，心中的不安便顿时消失了。他微笑着站起来迎接我，一再让我坐下谈。我想，自己是一个刚入学的学生，怎能和系主任平起平坐呢！可是我不坐，他就一直站着。我只好坐下，与主任谈我选专业的想法。季老非常尊重每个学生的志愿。我记得，那次谈完选专业的事，季老一直送我到楼道。我想，也许正因为季老是个大学者，才那样谦逊，那样平易近人，因而才会令人肃然起敬吧。

1953年我毕业留校，做系秘书兼支部书记，协助系主任工作。那时北大已迁到现址。当时，一座外文楼都分配给我系使用。由于专业多，房子仍不太宽裕，系主任便和我们行政人员都在一个带套间的办公室工作。每天都有很多人来找系主任，无论谁来找，季老都立刻站起来，直到事情谈完，才坐下继续工作。这种谈话方式表现了他内心的谦虚和对别人的尊敬。季老90多岁时，我去13公寓看望过他几次。记得每次与他告别后，他总是由阿姨搀扶着把我送到门外。我一再请他留步，他也不肯。每当这个时候，他年轻时的形象总会浮现在我的眼前，回忆起多年一起工作的往事，我久久不能平静。

和季羡林教授一起工作,我经常可以受到教育,他的很多言行举止对我都是一种鞭策。

季老很爱惜光阴,又善于利用时间。我想,这是他事业成功的秘诀之一,也许古今中外成大事者都是如此吧!

季老的系主任工作很多,另有数十个兼职,需要参加很多会议,这使他每一天总是在繁忙中度过。但是他绝不会虚度一分一秒的时间。他曾对我说:"古人以'一寸光阴一寸金,寸金难买寸光阴'来比喻时间的可贵。如果人家玩儿,你也玩儿;人家学习,你工作。那么你的业务就会落后于人。你要善于利用时间。"同时他还建议我们在他身边担任党政工作的几个教师,早晨先搞业务,九点以后再来上班。我们深切地体会到,季老的嘱咐中既有殷切的希望,又有入微的体贴和关怀。正是由于季老的关心,我虽长期做系党总支书记,却一直也没有放弃业务。东语系的其他党政干部也同样在季老的关怀下,一边努力工作,一边见缝插针,刻苦钻研业务。正因为如此,我们离退休后还能用自己的业务从事一些力所能及的专业研究或其他工作。

季老在德国留学期间,一面从事研究工作,一面同时学习几种外语。他学习的语言既有现代语,又有古代死文字。用他自己的话说,当时的学习"那简直是折磨自己"。我想,也正是这种"折磨",才"折磨"出来这样一位大学者。记得他从年轻时就有失眠症,每天靠安眠药入睡,一种安眠药不行,就同时吃几种。但是晚上超过十点上床,就不知什么时候能入睡了。所以晚上开总支委员会时,我们常请季老提前退席,但他总是不肯。每天不管工作、开会到多晚,他都照例早晨五点开始读书或写作。他说:"9点钟我去办公室时,已经在家里工作4个小时了。有时坐在汽车上,也可以闭上眼睛思考问题。"就这样,季老常以自己的事例告诫我们,要善于利用时间,不要虚度光阴。

如无特殊情况,我们的系主任总是按时来系里办公,他可不是挂名的系主任!那时,季老在套间里屋办公,几位办事员在外间。在紧靠里屋门的地方,横放着一张桌子和一把椅子,这就是季老全部的办公设备。平时工作间歇时,季老总是设法挤出时间搞业务。外间房子经常人来人往,络绎不绝。然而他却不怕干扰,看书、查资料,总是那么聚精会神、专心致志。这种全神贯注排除干扰的能力可是一般人很难做到的。

后来,我们在外文楼腾出一间房子,专门给季老作书房。需要的书籍和搜集的资料都放在书房里,以免丢失。我们作为他的学生,后来都有了一些工作经验,并分别担任了党政领导职务。平时我们都自觉地尽量为他多分担一些第一线的工作,让他有较多时间从事业务工作。可是没想到,季老外边的兼职越来越多,他每天忙得焦头烂额。然而,即使如此,他也能挤出时间搞业务。

我每想到他吃几种安眠药才能入睡,每看到他每天忙碌的情况,而自己却没能抓紧时间,心里总有几分羞愧。后来决心学习他多种头绪,齐抓并进的工作方法。于是我每当做完一件事,就立刻全神贯注地去做另一件事。每天 24 小时工作、学习、休息都安排得很紧凑,晚上总是学习到夜深,节假日也很少休息。由此我慢慢感到,这样快节奏地生活,工作和学习的效率都很高。

回忆在季老的领导下工作和学习的岁月,我由衷地感激季老对我的言传身教。季老不但是我崇敬的好老师,也是我终生学习的榜样。

(作者单位:北京大学外国语学院)

点点滴滴的永恒记忆

● 汪大年

季羡林老师原是我们北京大学东方语言学系的系主任，虽说同在一个系，由于系主任很忙，我们有什么事也都是缅甸语教研室解决，很少直接去见系主任。只有在开全系大会时才能有机会见到他。且由于1955~1956年期间，系里很少开会，加上我生性怯弱，有事也不敢找领导诉说。所以，与季主任见面机会极少。后来，季老当了北京大学副校长，工作就更忙，见面的机会就更难得了。

时至今日，我在东语系也有半个多世纪了，真正与季老的见面也没几回。能说上几句话的机会更少。但是难得的几次见面却给我留下了永远难以忘却的记忆。

人生转折关头的见面

进东语系学习半年以后，由于家庭困难，我决定辍学，去找一份工作。一来可以自力更生，养活自己，二来主要也是为了帮助弟妹们能继续上学，资助家里度过经济困难。那一次是无可奈何之下，硬着头皮敲开了季主任办公室的门。季主任了解了我的困难后，十分关切地说："国家现在需要翻译干部，你中途辍学，十分可惜。有困难我们可以想办法一起解决。"季主任的话透着对我的关怀和理解。他的关心，让我本来十分"坚定"的辍学决心，一下子犹豫了起来。是呀，我们这批学生本来都是服从祖国的需要，改变了自己原来的志愿，来到东语系的，今天遇到一些困难，就想打退堂鼓。国家的需要和个人的困难相比较下，孰大孰小显而易见。我懊悔当初考虑欠周。季主任随即跟我说，"你可以在学校里找一些临时工作（当时的"勤工俭学"一说还未普及），挣一些钱，解决你的困难。"接着，就打电话给当时的校工会职工业余学校校长董乃祥，询问有无可能帮助解决问题。后来,董校长给我找到了刻钢板的机会,帮助解决了一部分困难。后来的寒假和暑假里,我在学校里当小工,刨地、挑土、平整校园,将劳动所得的钱寄回家。虽然劳累,却解决了我的问题。

对于干什么工作,我没有挑拣过,也从来没觉得有高低贵贱之分。然而,我这一生走哪条道路却都是在季主任的热情帮助下,确定了下来。这事让我永远铭刻在心。我深知这并不是季老对我个人"情有独钟",而是他博大情怀的自然表露。通过这事,我体会到了季老对祖国的事业忠心耿耿、对青年和人才的爱护备至和热诚支持。

科研道路上的指路明灯

季老的科研精神和丰硕成果是众所周知的,他的巨部译著《罗摩衍那》和许多文学的论文、语言的论文、文学比较的论著及精彩的散文和杂文都是最好的佐证。当 1956 年党和国家吹响了"向科学进军"的号角,东语系也响应号召,全系召开了大会,由季老亲自介绍进行科学研究的经验。他谈到了"博"与"约","博"与"专"的问题。指出搞科研要扩大自己的知识面,"博览群书","广收博揽",同时也要像钉子一样,"锲而不舍"。还要耐得住冷清,"不怕坐冷板凳"。这一次的见面不仅给像我这样还未出"茅庐"的生手很大的启示,使我初步了解了搞科学研究的基本知识,并且在科研方面需要的素质、科学的方法以及科研所需要的精神等各方面都受到了有益的教育。在会上,季老还具体介绍了方法,要求平时善于积累,就像蜜蜂采蜜一样,通过辛勤的劳动积累资料,要学会记卡片,并且随时整理和利用。常言道:"不听老人言,吃亏在眼前",我倒不是"不听",只是因为没学到家,这么多年来曾经吃过不少苦头。有些资料,看过后当时没有上劲摘录,后来在几十年中,耿耿于怀,想再去找那些资料,终究再也没有找到,留下了终生的遗憾。这些教训和追悔反过来让我更加加深了对那次见面的回忆。

东方语言的研究有很长一段时间处在十分艰难的处境中。首先是得不到人们的理解。很多人认为,大语种的研究很有价值,也有用,看的人也多。而像东语系的许多非通用语种(俗称"小语种"),诸如缅甸语、蒙古语、泰语、越南语等等,好多人认为研究价值不大,加上文字印刷的艰难,且不说写一篇科研文章困难重重,就是费了九牛二虎之力写了出来,也很难有地方能发表。在这种情况下,如果没有一些人怀着"甘坐冷板凳"的精神,非通用语种的研究就只能弃之角落,锁进抽屉。尤其在后来的改革开放时期,在经济大潮的冲击下,在一切"向钱看"的思潮中,没有一点点"耐得住冷清"的精神,很难抵挡得住"热浪"的冲击。我很庆幸,季老的精神让我们系不少搞语言研究的老师坚定了信心。这盏指路明灯必将永远引领着后来人向着语言研究的科学高峰攀登。

继往开来的长者风范

在那一段众所周知的"人妖"颠倒时代,季老的遭遇和心情在他的许多短文和散文集中早已有了精彩的描述。我曾在多次的批斗会上见到季老在那些造反派"英雄"们的拳打脚踢中受折磨。我也曾为他的不幸遭遇感到不解和悲痛,为他遭到身体的摧残感到愤愤。然而,让我钦佩的是,重见天日之后,他没有对那些被蒙蔽和误入歧途的人耿耿于怀,而是给了那些人自己认识错误的良好机会。

季老也是一位继往开来的学者,他不仅使语言研究的传统不致中断,更多的是在研究领域中引入了新的思想。如,有关"糖"的研究,将语言的研究引向了与文化交流结合的跨学科领域;在文学比较中,将研究的领域扩大到东西方文化接触、交流、碰撞、融合的大文化圈中;他还将"天人合一"的中国文化精髓贯注到了文化研究和文化比较中来……这一切的一切都为文化研究开辟了新的道路。他在引领后人不断接受新事物、新思想,参与变革和创新。他的继往开来的精神启迪了多少后来人勇往直前。

"开来"还体现在他对后来人的培育和鼓励上。在这方面,又有一次见面让我永远难忘。那是1989年的一天,季老给了我一本小册子,让我帮着校对一遍。我接过一看,原来是罗常培的专著《语言与文化》。我知道,罗常培是我国著名的语言学家,《语言与文化》一书的篇幅虽然不大,不过180页左右,然而其内容十分丰富,涉及的语言也多。这是罗常培在到了云南这块他称之为"语言学的黄金地"后,在收集了贡山俅语,莲山摆彝语,茶山、朗速、山头、民家等语言后,他的治学道路从汉语研究发展到少数民族语言研究。这是一个划时代的开创性工作。我心里真有些忐忑不安。我能担当起这么重大的任务吗?这个任务我能完成好吗?但是,面对季老的信任和鼓励,我不能打退堂鼓。终于尽自己的努力完成了任务。季老出于对我的鼓励和信任,将此重任交给我,充分体现了他对后来人的信任。

袁家骅先生曾经说过:"莘田先生(罗常培先生)对于培养青年,鼓励后进,那是百分之百地坦率亲切,肯呕心沥血地加以指点的。"我想,这就是大家风范的相通之处吧。正是有了像他们这样的老一辈语言学大师的这种精神,使后来者增加了多少信心,获得了多少鼓励和帮助! 对此,每一个后来人都会永志不忘的。

此地无声胜有声

我与季老最近一次见面是在颁奖大会上。那是在 2002 年 5 月 16 日。由于北京大学出版社的推荐,我的专著《缅甸语概论》荣获"北京大学 2001 年教学成果一等奖"和"2001 年北京市教育教学成果(高等教育)二等奖"。这是非通用语种语言类著作极为难得的获奖机会, 也是学校和政府对我几十年来教学研究成果的肯定。学校为了借鉴和运用获奖成果的经验,进一步加强教学工作,不断深化教学改革,提高教学质量,专门召开了表彰大会。季老正是坐在主席台上的颁奖领导。我上台领奖时正好与季老错开了一个人,只能跟他问候了一声,没有机会说上更多的话。然而,看到他那亲切的问候、慈祥的目光和笑容,我心里涌上许多话,但在当时却无法表达自己的对季老的感激之情。是他引我走上了这条人生的道路,是他给我人生和学术的指导,今天有了小小的成绩,他为我欣慰,露出了满意的微笑。许多情景下,使我顿感许多时候"无声远远胜于有声"。

平时,许多单位和个人希望季老能为他们写些文章,还有许多人都想请季老为自己的著作作序,以求获得季老的肯定。季老很多时候是有求必应的。我也想经常走近他的身旁,聆听他的教诲,但是我不忍。我知道季老是一位"惜时如金"的学者,因此极少去打扰他。有人说季老对你不薄,为什么不常去拜访季老,真有些"忘恩负义"。但是,我宁肯背上这"黑锅",也不愿去占用他那宝贵的时间。我知道,任何贵重礼物对季老来说都不会有太大的价值。只有在心底里对季老的敬仰和感恩才是无价的、永恒的。按照季老的希望,作出自己的努力,去攀登科学的顶峰,以自己的成绩报答季老的关怀,这才是对他的最好问候。我想季老不会不高兴的。这也算是"无声胜有声"的报答吧。

今天,当我们召开"季羡林与东方学学术研讨会"时,我们很多人写了很多文章来彰示季老在创建东方学的丰功伟绩。同时我想大家也不会忘记,季老兢兢业业、踏踏实实、实事求是、精益求精的学风和大家风范值得我们永远学习。

(作者单位:北京大学外国语学院)

季老心中的"春天"

● 孔远志

春天百花盛开,姹紫嫣红,她象征着美丽多姿;春天万物复苏,气象更新,她标志着欣欣向荣;春天把温暖的阳光普照大地,送进人们的心田,她意味着默默奉献。每当春天来临,每当想起春天,在我面前就浮现一位德高望重、学贯中西、诲人不倦的老前辈的身影,他就是季羡林老师。正是他,从1946年到1983年任我们北京大学东语系系主任,1983年后他依旧经常参加系举办的研讨会等重要活动,并作过许多热情的讲话。我是在1956年考入东语系学习的,1961年毕业留校任教。半个多世纪以来,季老对我们中青年教员和广大学生的鼓励和关怀,犹如春天般的温暖和美好,沁人心脾,令人难忘。

对"燕园春天"的赞美

在繁重的教学、科学研究和社会活动之余,季老写了许多清丽优美、感人肺腑的散文。其中,写于1962年的《春满燕园》,是对燕园(即北京大学)老师认真教书与学生勤奋学习的生动描写。

一天晚上,季老见到一位老教师聚精会神伏案备课。翌晨,季老又走过校园。他写道:"这时候,……还看不到多少人走路,但从绿草湖畔,丁香丛中,杨柳树下,土山高头却传来一阵阵朗诵外语的声音。倾耳细听,俄语、英语、梵语、阿拉伯语等等,依稀可辨。在很多地方,我只是闻声而不见其人。但是仅仅从声音里也可以听出那种如饥如渴迫切吸收知识、学习技巧的灼热心情。这一群男女大孩子仿佛想把知识像清晨的空气和芬芳的花香那样一口气吸了下去。我走进大图书馆,又看到一群男女青年挤坐在里面,低头做数学或物理化学的习题,也都是全神贯注,鸦雀无声。"

季老感慨道："年老的一代是那样，年轻的一代又是这样。还有比这更动人的情景吗？我心里陡然充满了说不出的喜悦。"虽然那已是春末夏初、花事渐衰的时节，但季老却写道："我仿佛看到春天又回到园中：繁花满枝，一片锦绣。"作者兴奋和激动的心情，跃然纸上。

1962 年我刚留校当助教不久，面对教学和科研的重任，忐忑不安。我一遍又一遍地阅读季老的《春满燕园》，爱不释手。季老一辈子孜孜矻矻，焚膏继晷，成果累累，桃李满天下。他是我们由衷敬佩的楷模。我暗下决心，一定要发奋努力，做一棵茁壮成长的小草，为燕园增添一丝春色。光阴荏苒，如今我已在燕园任教整整 45 年。45 年来，我一直珍藏着从报上剪下来的《春满燕园》。我还把她推荐给我的学生和儿女。因为季老所写的"春天"，决不囿于北京大学。正如季老在《春归燕园》一文（1979 年 1 月 1 日）中所说，"这个春天不限于燕园，也不限于北京，不限于中国。它伸向四海，通向五洲，弥漫全球，辉映大千。"我想，季老追求的春天，显然是一个无限美好的世界。多少年来，这个崇高的理想一直鼓舞着千千万万人奋斗不息！

热情的鼓励

季老是东方学的巨擘。他一贯主张要加强中国与外国的文化交流。1998 年拙稿《中国印度尼西亚文化交流》（近 30 万字）完成后，我非常希望季老能拨冗写几句话，为文化交流继续发表他的真知灼见，指导我的工作。但想到季老已是年近九旬，每日还是天未破晓就开始写作，加上访客盈门，求教者数不胜数，我不禁犹豫起来。后来我抱着一丝希望，冒昧把拙稿和信送上。没想到季老在百忙之中慨然应允，为拙稿写了近千字的序。

在序言中，季老写道："近若干年以来，我屡次讲到我的一个看法：国际间的文化交流，是促进交流双方或多方文化发展的重要动力，是解放生产力的有力的手段，是推动社会前进的动力，其意义极端重大。"

季老谈到研究文化交流史的有效途径。他说："中国立国于东亚大陆，垂五千年，一直没有中断与周边国家，甚至周边以外距离遥远的国家的文化交流。研究这种交流的历史，有时候并不容易，必须把典籍记载，考古发掘工作结合起来，再辅之以对老百姓日常生活习惯和宗教习俗的细致观察，始克有成。"

谈到典籍记载，季老指出："中国在世界民族之林中，实占有极其独特的地位。中华民族是一个热爱历史的民族，我们史籍之多，之全，世界罕有其四。我们的祖先不但详尽地记述了自己的历史事件,对周边国家的历史事件,也极其关心并加以记录,保存在我们的正史、杂史和野史中者,比比皆是。这些记载神话色彩不能说一点没有;但中华民族是一个崇尚实际的民族,我们的记载基本上是符合实际的,因此是非常有用的。有一些亚洲国家,在写自己国家的历史时,也必须利用中国的史料。可以毫不夸大地说,中国对世界的贡献,除了众所周知的那几大发明之外,还应该加上中国的史籍。"

季老还写道,"中国同印度尼西亚都是亚洲大国,有历史悠久的文化交流的关系,交流的影响表现在许多方面。可惜对这方面的研究,成果还不算太多。法国学者苏尔梦曾写过中国文学在印尼的影响,受到学者的欢迎。我们在这方面还必须进一步努力。"

序中,季老还热情鼓励笔者。他说:"孔远志教授精通印尼语言,又曾在印尼留学数年,对印尼的方方面面有深入的感性认识。他对中国史籍也有比较深入的研究。像他这样具备众长的学者来写中国与印度尼西亚的文化交流,当然会得心应手。我相信,他这一部新著会受到中国、印度尼西亚,以及有关国家学者的欢迎的。"季老这些语重心长的话语完全是对笔者这样的后辈的鞭策,也是笔者今后努力的方向。1999年拙稿由北京大学出版社出版,后获第三届中国高校人文社会科学优秀成果奖。笔者按照季老的指点,对拙稿再次修改、补充,并与另两位学者合作将上述中文修订稿译成印尼文。2005年印尼文专著《中国印尼文化交流》已由印尼最著名的出版集团(Kelompok Gramedia)出版。这是继本人有关郑和下西洋的印尼文专著后又一部在雅加达出版的印尼文专著。我立即向季老汇报,衷心感谢他老人家对我的关心和鼓励。

亲切的教诲

内人杨康善也是东语系毕业后留校任教的。季老说,他熟悉她的外祖父马裕藻教授(1878~1945,曾任北大国文系主任16年)和母亲马珏(1910~1994,前北大政治系学生)。笔者的一儿一女都在燕园长大,他们也都在北大或北大分校学习过。女儿还是北大东语系毕业的。季老曾高兴地对我内人说:"你家四代都是北大人,可庆可贺!"

我们曾在季老居住的北京大学朗润园生活过十多年,都盼着有机会多聆听季老的教诲。1999年春节,在征得季老的同意后,我们一家四口上季老家拜年。由于前来相约拜年者络绎不绝,为了不影响季老的休息,季老的助理李玉洁老师规定我们的拜访不得超过半小时。过去几十年里，我本人拜访过季老家多次。这次见到他家的摆设还是那么简单，只是近年来增加了几个沙发，供接待客人用。好几间房间，不仅和过去一样都是满满的书柜，而且现在连地上和桌上也都堆着书。跨入季老的书房，仿佛坠入茫茫的书海，又宛如进入曲径通幽的书山。

季老接待我们，是那么和蔼亲切。当得悉我女儿正在北大东语系和经济中心读双学位时，他说，他熟悉北大经济中心的几位教授，他们是从外国留学归来。现在每半年在国内任教，半年在国外工作。季老说，这样，他们经常能把国际上最新的知识带回国内，传授给我们的学生。

当知道我女儿对数学很感兴趣时，季老说："这很好。现在有许多新学科是跨学科的。文科的大学生应学一些理科的知识，理科的大学生则应学一些文科的知识。这样才有利于适应世界科技的迅猛发展。"

当听说我女儿在英语"托福"和"GRE"考试中成绩优秀，季老很高兴。他语重心长地说："从今天的世界形势来看，外语中最重要的是英语，它已经成为名副其实的世界语。这种语言，我们必须熟练掌握，不但要能读，能译，而且要能说，能听，能写。今天写学术论文，如只用汉语，则不能出国门一步，不能同世界各国的同行交流。如不能听、说英语，则无法参加国际学术会议。情况就是如此咄咄逼人，我们不能不认真严肃地加以考虑。"

季老还应我们的要求，讲述了他学英语的经历。他说，那时候，正规的小学没有英语课。他是在晚上，也就是利用业余时间学英语的。当时只是学了一点语法和单词而已。在山东济南正谊中学学习时，课后参加一个古文学习班，晚上还要到尚实英文学社学英文，一直到 10 点才回家。这样的学习生活过了 8 年左右。虽然一天要学 10 多个小时，但他并不感到是个负担。

初中毕业后，在正谊念了半年高中，后转入山东大学附设高中。由于在尚实英文学社打下了比较扎实的基础，这时他的英文在班上是名列前茅的。1930年他来北平考大学。他报了北大和清华两所大学，结果都考上了。其中英文考试是将一首中国古诗译成英文。他选了清华，进了西洋系。外籍教授中，讲课都用英语，连中国教授也多半讲英语。课程以英国文学为主，课文都是英文的。

显然，季老的英语是有深厚的根基的。如今他精通多种外语，包括梵文、巴利文和吐火罗文。季老的治学经验是十分丰富的。他的生动介绍和体会给了我们很多宝贵的启示。季老还应我们的请求，高兴地换上了他的"礼服"（中山装），与我们全家合影留念。至今，这张珍贵的照片一直放在我们家的玻璃书柜中。

为了不耽误季老的其他活动，我们依依不舍地向他告别，并衷心地祝贺他老人家春节愉快，万事如意。我们请他留步，他却坚持要亲自把我们送到门口。

在回家的路上，我们都十分激动。大家说，望九之年的季老，依然神采奕奕，和蔼可亲，循循善诱，诲人不倦。他的谆谆教诲，对我们两代人是巨大的激励。

季老总是精神焕发。季老"不老"！这是什么原因呢？我们都不约而同地想起了《春满燕园》那篇扣人心弦的散文。我们异口同声的回答是：季老心中有一个"永恒的春天"！

如今，我女儿已获得澳大利亚国立大学经济学博士学位。她多次打电话要求我们代她向季爷爷问好，感谢他的指点和帮助。

今年是季羡林老师执教60周年暨95华诞。我和我的家人抑制不住内心的激动，衷心祝愿季老青春永驻，长寿再长寿！

（作者单位：北京大学外国语学院）

季羡林先生与北京大学东方学的创建

●李 谋

（一）

  "东方"本是个普通的方位词，而且是与西方相对而言的。欧洲人对与自身（西方）相对而言的东方所作的区分，"似乎早在《伊利亚特》的时代就已很清晰"[1]了。古希腊历史学家希罗多德的《历史》[2]中也对东方有所描述。后来陆续有不少欧洲的旅行家、冒险家、学者、商人，甚至还有士兵到了东方并对它有所接触。英国人与法国人乃至其他欧洲人都习惯把处于欧洲东部的亚洲（包括埃及等在内的阿拉伯地区）泛称为"东方"。14世纪的英国诗人、作家乔叟、曼德维尔等人的笔下就已出现了"东方"这个词语。"东方学的正式出现被认为是从1312年维也纳基督教工会决定在巴黎、牛津、波罗尼亚、阿维农和萨拉曼卡登大学设立阿拉伯语、希腊语、希伯来语和古叙利亚语系列教席开始的。"[3]而英国人和法国人是这一学科的先驱，尤其是在这一地区英法两大殖民网络的存在更使得他们的这一地位难以动摇。从17世纪末到18世纪、19世纪初，英法两国一直是东方学的领跑者和主导者。1809年法国就出现了研究刊物《东方文物》，1822年法国亚洲研究会成立，次年英国皇家亚洲研究会成立。19世纪中叶德国使东方学研究进一步深入，成立了德国东方学研究会。美国的东方学研究则略晚，到了二次世界大战后才开始在这个领域内占了上风。

  可以说初期所谓的"东方学"就是西方人对东方的主观认识与感知，甚至

---

  [1]爱德华·W.萨义德.东方学[M].王宇根,译.北京:生活·读书·新知三联书店,1999:69~70.

  [2]希罗多德(Herodotos 约公元前484~公元前430年),所著《历史》记述了公元前6至5世纪波斯帝国与希腊诸城邦间的战争,是西方最早的一部历史著作。他也被人誉为"历史之父"。

  [3]爱德华·W.萨义德.东方学[M].王宇根,译.北京:生活·读书·新知三联书店,1999:61~62.

包括想象。而后东方学才逐步发展为一个研究东方民族、历史、文化、特征与影响的学科。它又是一个研究领域极其庞杂，而且可以进一步从横向或纵向划分成许多不同分支的学科。所以提到东方学，人们往往得到的是个比较笼统、庞杂和模糊的概念，最多认为是埃及学、印度学和汉学等学科的总和而已。因为"东方不仅与欧洲相毗邻，它也是欧洲最强大、最富裕、最古老的殖民地，是欧洲文化的竞争者，是欧洲最深奥、最常出现的他者形象之一。此外，东方也有助于欧洲（或西方）将自己界定为与东方相对照的形象、观念、人性和经验"。"东方学一词……带有19世纪和20世纪早期欧洲殖民主义强烈而专横的政治色彩。"欧洲人"将东方学视为西方用以控制、重建和君临东方的一种方式"。"正是通过这一学科以政治的、社会学的、军事的、意识形态的、科学的以及想象的方式来处理——甚至创造——东方的。"[1] 这就使得西方人的东方学本身有着"东方主义""欧洲中心论"的内涵，很多论述或结论是带偏见的，具有政治色彩的。但是对于东方学本身西方学者也作出了许多不同的解释。美国学者爱德华·W.萨义德写了一本专著《东方学》，全面地论述了这一问题，该书于1977年年底写成，1980年其法文版译出，后各种文字的译本先后问世，1999年中译本出版。这部书的出版在世界范围内引起了极大的关注和争论。萨义德认为东方学有学术研究学科、思维方式和权力话语方式三个方面的含义。

（二）

我们中国人早就有研究自己的传统——即以前人们常说的"国学"，当然这与西方传统所谓"东方学"中的汉学部分还不大相同。中国人开始研究印度也较西方要早得多，可以说自佛教传入中国高僧们开始译经活动时就发轫了，这和西方人士的"印度学"也有很大不同，关键在于"出发点"是完全不同的。在二战前，虽然源自欧洲的"东方""西方"和"东方学"等词语已传到中国，但只有少数学者真正开始涉足东方学研究。当一些知识分子、学者在西方许多相关著作中看到"东方是非理性的，堕落的，幼稚的，'不正常的'；而欧洲则是理性的，贞洁的，成熟的，'正常的'"[2]时，困惑了甚至是愤怒了。西方人士为什么这样评价我们东方？西方人士眼中的东方到底是什么样的？我们广袤的东方内部相互间有无内在联系？…… 他们在思考这些问题的同时，决心进入这一学科，探

---

[1] 爱德华·W.萨义德.东方学[M].王宇根，译.北京：生活·读书·新知三联书店,1999:2~5.
[2] 爱德华·W.萨义德.东方学[M].王宇根，译.北京：生活·读书·新知三联书店,1999:49.

寻其究竟。季羡林先生就是这些学者中的一位。

季羡林先生生于 1911 年。1930 年进入清华西洋文学系学习，其间选修了朱光潜先生的"文艺心理学"，又旁听了陈寅恪先生的"佛经翻译文学"，受益匪浅。1935 年赴德留学，在哥廷根大学以印度学为主系，学习了梵文、巴利文、吐火罗文等课程，获博士学位。1946 年春夏之交回到祖国。

（三）

回国当年，即 1946 年秋季羡林先生被任命为北京大学教授，兼文学院东方语言文学系系主任。随着先生的到来，当时北京大学的领导胡适之、傅斯年先生以及文学院院长汤用彤先生决定建立"这样一个空前未有的学系"，正反映了我国老一辈学者决心要把中国的东方问题和东方文化研究搞起来的想法。[1]也正好给先生建立了一个实现创建东方学中国学派抱负的工作平台。先生根据当时北京大学图书馆的馆藏情况，先将个人研究目标放在中印文化关系史和比较文学史上。北京大学东方语言文学系建系时，"最初只有教员四人，语言有四种。不久增加了两位教员，代表两种语言。学生的数目更少于教员"[2]。在 1949 年春夏之交经过与从南京迁来的东方语言专科学校、中央大学边政系和边疆学院一部分的合并和 1952 年全国高校的院系调整，北京大学东方语言文学系初具规模。

从 1946 年到"文化大革命"前夕(1965 年)，季羡林先生发表了专著两部《中印文化关系论丛》(1957)和《印度简史》(1957)；译著 5 部，其中 3 部是印度古典名著《五卷书》(1960)、《沙恭达罗》(1956)和《优哩婆湿》(1962)；还先后发表了学术论文 47 篇，其中文学与比较文学方面的占一半，有 23 篇，语言研究 11 篇，文化与文化交流 7 篇，历史 4 篇，佛教 2 篇。[3]虽然我们看来，先生当时身为系主任处于文山会海之中，政治运动不断，还有许多教学和行政事务都需要先生花费很多时间，繁忙紧张可想而知，能写出这么多的论文已经是成就不小了，但先生却不这样看。

在这 10 年中，东方语言文学系在先生的精心培育和领导下也有了很大

[1][2] 季羡林. 迈向新的世纪——纪念东方学系建立五十周年[J]. 北京大学学报；东方文化专刊，1996.

[3]季羡林. 学海泛槎——季羡林自述[M]. 太原：山西人民出版社，2000；80~109. 根据该书所述统计所得。需要说明的是，先生要求很严，一些介绍或含很多资料的文章都没有列入学术论文之列。但我们认为在当时我国东方学研究尚处于起步阶段，这些文章无疑对学科建设有着启蒙的作用也应列入学术论文之中，所以就计入了。但是我们在文中对先生论文的分类并不确切与科学，仅是为了叙述方便，提供一个参考数据而已。

的发展。可以说这是北京大学集聚和培育从事东方学人才关键的打基础的 10 年。在这 10 年中，由于国家考虑到涉外工作发展的需要，对东方学科倍加重视，50 年代中期开始，东语系又迎来了一个大发展的春天。1954、1955、1956 连续三年按绝密专业招收保送学生的办法，从各地共遴选了近 400 名品学兼优的应届中学毕业生进入东语系学习。1958、1959 年又从其他院校学习英语的二三年级本科生中选调若干学生到东方语言文学系一些专业学习，培养同时精通两种外语的人才。从 1954 年开始陆续在印地、日本、朝鲜、印尼、越南和缅甸等专业培养硕士研究生。在系学习的学生总数上升至 800~900 人，这就使得东语系当时成了北京大学文科中数一数二的名副其实的大系。50 年代中期又对先后调入的师资进行了较大的调整：聘请多名各国专家到系任教；提前抽调一批在校的优秀生留校充实教师队伍；大量派遣教师与拟留校的学生出国深造。因此教学与科研力量大增。先生言传身教，不仅亲自给学生们上课，讲授相关的知识，鼓励他们积累所学。也给青年教员们上课，教他们怎样去积累资料，选好课题，学习理论，进行研究。让教员们不仅能将自己的专长教给学生们，还在教学的过程中有更多的积累，有更大的提高。这期间在北京大学东语系任教的教师们在季先生的带领下不仅为学生开出了多门语言课程，也开设了相关国别的文学课程，每位教员在各自的教研室中都有所分工，有自己主攻的研究与教学的方向（当时一般分语言、文学与历史三个不同方向），并写出了一些讲义或文章，翻译了一些资料或文学作品。但是因为当时出版条件所限，语言类论文很难发表，虽然有些报刊能够发表文学类译文或文章，但是因为东方各国尚不为人们重视，所以见诸出版也不易。这 10 年内在东语系任教的教员发表的短篇作品难以统计，长篇单独成册正式出版的有二三十种之多。其中影响比较大的有马坚的《古兰经》(1950)、金克木的《云使》(1956)等，尤其值得一提的是金克木先生译出了印度古典文艺理论名篇《舞论》《诗镜》和《文镜》的片断[1]，他的《梵语文学史》也于 1964 年正式出版[2]。东语系当时实际已成为全国东方学学科发展的基地。我们可以发现我国解放后自己培养出的有关东方学科的首批人才，不论是活跃在涉外战线上的工作人员，还是从事相关问题研究的研究人员，抑或是战斗在培养人才教育部门的教师，绝大多数都先后毕业

[1] 金克木译. 婆罗多牟尼《舞论》檀丁《诗镜》毗首那他《文镜》片断译文[M]//古典文艺理论译丛：第十辑，北京：人民文学出版社，1965.
[2] 金克木先生于 1960 年写出了为学生上课的《梵语文学史》讲义，1963 年修改补充后，1964 年 8 月由人民文学出版社正式出版。

于北京大学的东方语言文学系。今天开设东方诸国专业的院校早已不止北京大学一家,设立专业较多的也有七八家之多,但这些院校在始建相关专业时,均有北大人参加创办。还有些北大本校及兄弟院校教授历史或东方文学的教师也曾在东语系进修过相关课程。在回顾这方面成绩时,我们绝不能忘记作为东方语言文学系系主任的季羡林先生作出的卓越贡献。

(四)

以东方语言文学系为中心的北京大学东方学学科蓬勃发展的良好势头被突如其来的暴风骤雨式的"文化大革命"给打断了。不仅如此,教师们的有关讲稿和发给同学们的讲义都成了他们的"罪证",教师们得到的是"上纲上线"的批判甚至是无情的批斗。但是在大多数教师的心灵深处却仍旧迷恋着自己钻研多年的东方学某些分支学科,其中不少人则更钟情于相关国家的文学,认定他们所了解的许多作品是相关国家文化的结晶与瑰宝,是值得我们借鉴的,并非是邪恶的应该摒弃的东西。所以东语系的不少老一辈教师翻译的东方文学的作品都是在"文化大革命"中"忙里偷闲"译好的,到了80年代初才得以正式发表,季羡林先生译的印度史诗《罗摩衍那》就是一例。"文革"后期,虽然对季羡林先生的"批斗"告一段落,"但处境也并不美妙","个人的未来渺茫得很",他"一个月有几天要到东语系办公室和学生宿舍所在的楼中去值班,任务是收发信件,传呼电话,保卫门户,注意来人"。老先生一直是"准时上班,安心工作,习以为常,并无怨言"。先生就是利用那些日子有限的"业余"时间,从1973年开始翻译这部史诗的。这样的生活一直到1976年年底打倒"四人帮",四年间先生竟以惊人的毅力翻译了大约百万字,占全书的三分之一略弱。"文革"的阴霾散去,"天日重明,乾坤朗朗",季先生也迎来了他学术活动的又一个旺季。[1] 总之,"文革"十年间表面上东方语言文学系的东方学教学与研究活动停止了,但是在那个年代,东语系的教师们却在尽可能的条件下进行了一些素材的收集工作,自己搞了一些翻译,为东方学的教学、研究进一步发展做好准备,蓄势待发。

(五)

1976年"文革"结束,拨乱反正、改革开放的春风逐步吹遍了祖国大地,我

---

[1] 蚁垤. 罗摩衍那:后篇[M]. 季羡林,译. 北京:人民文学出版社,1984:595~612.

国的各个方面尤其是经济方面得到了前所未有的发展。学术界的思想也开始活跃起来,出现了勃勃生机。季羡林先生和他所在的东方语言文学系教师们的学术活动也开始复苏了。从1977到1986年的10年间,先生的行政工作与社会兼职越来越多,从1978年恢复担任东方语言文学系系主任,后又任北京大学副校长,1984年改任北京大学校务委员会副主任;1978年当选为第五届全国政协委员,1983年当选为第六届全国人民代表大会代表,同年被选为六届人大常委会委员;1978年后,全国学术团体如雨后春笋纷纷成立,先生又被多个学会选为领导人。[1]可想而知,这些社会工作与活动占去了先生的很多时间,但是先生在这段时间里的学术成果是非常惊人的。出版译著两种,其一是含18755颂、80000行诗的鸿篇巨著印度史诗《罗摩衍那》(共七卷、八册)[2],另一是《家庭中的泰戈尔》[3]。出版专著《〈罗摩衍那〉初探》,论文集《印度古代语言论集》、《中印文化关系史论文集》和《原始佛教的语言问题》,主持撰写《〈大唐西域记〉校注》,并组织校译了《〈大唐西域记〉今译》[4]。 1978年国务院决定编辑出版《中国大百科全书》,1979年先生受聘为大百科全书总编辑委员会委员、《中国大百科全书·外国文学》编委会副主任并亲自撰写部分词条,1984年又受聘为《中国大百科全书·语言》编委会主任并撰写相关词条。同年季羡林先生又亲任主编,组织东方语言文学系的部分教师编译《东方文学作品选》[5]和撰写《简明东方文学史》[6],写了序言,并撰写了文学史的部分章节。1978至1986年间,先生还撰写了学术论文近百篇,其中有关文学的最多,约有40篇,文化问题的约20篇,还有语言、佛教和历史方面的若干篇。[7]这期间先生对东方学的最大贡献是:提出了世界文化四大体系说和世界文化可分东西方两大

---

[1] 1978年至1986年间季羡林先生担任学术团体负责人有:中国外国文学会副会长(1978)、中国南亚学会会长(1979)、中国民族古文字学会会名誉会长(1980)、中国语言学会会长(1980年学会成立时被选为副会长,1983年学会改选被选为会长)、中国外国语教学研究会会长(1981)、中国东方文学学会名誉会长(1983)、中国敦煌吐鲁番学会会长(1983)、中国教育国际交流协会副会长(1984)、中国高等教育学会副会长(1984)、中国比较文学学会名誉会长(1985)、中国亚洲学会副会长(1986)等。

[2]《罗摩衍那》(七卷八册)人民文学出版社1980、1981、1982、1983、1984年版。

[3] 印度作家梅特丽耶·黛维(Maitraye Devi)所著《家庭中的泰戈尔》(Tagore by Frireside),季羡林先生所译中译本1985年由广西漓江出版社出版。

[4]《〈罗摩衍那〉初探》外国文学出版社,1979年版;《印度古代语言论集》中国社会科学出版社,1982年版;《中印文化关系史论文集》生活·读书·新知三联书店,1982年版;《原始佛教的语言问题》中国社会科学出版社,1985年版;《〈大唐西域记〉校注》中华书局,1985年版;《〈大唐西域记〉今译》山西人民出版社,1985年版。

[5] 由季羡林先生任主编,组织东方语言文学系内16位教师和校外5位同志参加,选编了东方各国的名著名篇多篇,有长篇节选,也有短篇全文,有名家的旧译,也有编选者们的重译,更有占全书篇幅近半数的译文是首次从原文译成汉语的名篇。并在每篇篇首附有作者简介或简short明。全书分上下两册共约117万字。1986年由湖南人民出版社出版。

[6]《简明东方文学史》由季羡林先生亲自策划主持,并组织东方语言文学系的20位教授东方文学课程的教师,并专门邀请北京外国语大学的一位老师(僧伽罗语的邓殿臣)参加,从1984年开始历时3年写成,1987年由北京大学出版社正式出版的。该书的出版,提出了一个崭新的"东方文学"体系,改变了此前人们谈东方文学仅仅是对若干个主要东方国家文学名家名篇的集中点评而已,似乎东方文学并非一个有机存在的学科,也无规律可循等认识。

[7] 季羡林. 学海泛槎——季羡林自述[M]. 太原:山西人民出版社,2000:115~187.

体系说。先后在多篇论文中有所提及,但是最为集中讲明这一观点的是1986年先生所写的《东方文学研究的范围和特点》一文。

同期在北京大学东方语言文学系任教的教师们在先生的率领下做了以下几方面工作:(1)编写出语言类词典12部[1];(2)编写出各种语言的基础教材,但只有四种日语教材在这期间得以正式出版;(3)参与某些大型工具书的编写,如《中国大百科全书·外国文学》《世界各国政党人物历史辞典》等;(4)翻译东方各国作品多部,其中以文学作品居多,也有少量是从中文译成相关国家语文的作品[2];(5)加大了东方学各相关学科的研究力度,写出不少学术论文和若干部专著,内容涉及东方学的语言、文学、历史、文化、宗教、哲学、艺术等多个分支领域[3]。

(六)

从1987年至今北京大学的东方学学科又有了很大发展。早在1978年,东语系为了适应教学与科研的需要就专门成立了东方文学教研室,也曾陆续成立过东方语言研究室、东方社会文化研究室等。1987年以"系所合一"的形式成立了东方文化研究所,并先后设立了日本文化、阿拉伯—伊斯兰文化、印尼—马来文化、南亚文化、东南亚文化、朝鲜文化、伊朗文化、希伯来文化和泰国文化9个研究所。进一步增加语种,除1984年起增设菲律宾语言文化、希伯来语言文化两个专业外,并开始注意增聘一些掌握东方古代语言的教师、学者来校任职,目前除东语系原有的梵文、巴利文外,又有吐火罗语、于阗语、巴列维语、古叙利亚语、苏美尔语、阿卡德语、赫梯语和圣经希伯来语的人才参加到这支研究队伍之中。随着机构的不断完善,人员的增加,研究的深入,"我们又感觉到,光有'语言'和'文学'还不够。社会对我们的要求,世界学术发展的趋势,逼

---

[1] 即指:印地语教研室编《印地语汉语词典》商务印书馆,1962年版;金鼎汉《印地与汉语成语词典》商务印书馆,1988年版;韩振乾编《汉朝动物名称词典》辽宁人民出版社,1982年版;韩振乾编《汉朝植物名称词典》辽宁人民出版社,1982年版;朝鲜语教研室编《朝汉词典》商务印书馆,1989年版;朝鲜语教研室编《汉朝词典》商务印书馆,1989年版;马坚编《阿拉伯语汉语词典》商务印书馆,1966年版;阿拉伯语教研室编《汉语阿拉伯语词典》商务印书馆,1989年版;阿拉伯语教研室编《汉语阿拉伯语分类词汇手册》;波斯语教研室编《波斯语汉语词典》商务印书馆,1981年版;缅甸语教研室编《缅汉词典》商务印书馆,1990年版;梁立基主编《新印度尼西亚语汉语词典》商务印书馆,1989年版等。

[2] 据北京大学东方语言文学系建系四十周年纪念专刊(1946~1986)所载,40年间译作共有122部,但我们知道"文革"前东语系人员所著译作屈指可数,所以可知这期间发表的译作肯定不少于百部。其中有为中国外文出版社从中文译成东方某些种文字的文艺作品等十种左右。这期间东语系有多名教师参加了外文出版社各语种的《毛泽东选集》《毛主席诗词》翻译组工作。

[3] 据北京大学东方语言文学系建系四十周年纪念专刊(1946~1986)载,共发表学术论文292篇。另,据我们所知这期间东语系教师写出的专著有:金克木著《印度文化论集》社会科学出版社,1983年版;金克木著《比较文化论集》生活·读书·新知三联书店,1984年版;安炳浩著《鸡林类事研究》黑龙江民族出版社,1985年版;朴忠禄著《金泽荣文学研究》辽宁民族出版社,1986年版;韦旭升著《朝鲜文学史》北京大学出版社,1986年版;刘安武著《印度印地文学史》人民文学出版社,1987年版等。

迫着我们去考虑进一步的问题。我们的结论是:必须继续拓宽我们的视野,扩大我们的研究范围,探讨东方各国的文化,建立起真正的'东方学'来"[1]。1992 年 10 月,北京大学校领导正式批准东方语言文学系更名为东方学系。"这个名称的确定,表示我们系已经成熟了,表示'东方学'在我们中国已经正式建立起来了"[2] 1999 年 6 月,北京大学成立了外国语学院,东语系分成东方、日本、阿拉伯三个语言文化系纳入其中,另成立了一个东方学研究院。2000年,北京大学组建东方文学研究中心,同年被教育部评为"高等学校人文社会科学重点研究基地"。2000 年,北大外国语学院东方语言文化系的亚洲语种群被评为"国家外语非通用语种本科人才培养基地"。北京大学涉足东方学科的教师们日益活跃在国内外学术舞台之上。据不完全统计,"自 20 世纪 80 年代以来教师们承担了国家、教育部以及国外有关学术机构的科研项目 30 多项,主办了国际学术会议 10 多次"[3]。这期间发表的季羡林先生个人撰写或主编的专著就有 10 多部[4]。先生主编有东语系教师等 40 余人参加写作长达 128万字的"《东方文学史》可以说是 20 世纪中国规模最大的东方文学史著作,许多章节是执笔者在自己的有关国别文学史著作的基础上提炼而成的,可以说是我国东方文学研究成果之精华的集中体现。作者在许多章节中提供了新材料、提出了新观点,并表现出了严谨、朴素的优良学风"[5]。在先生为此书所写的序言里还明确地指出了今日研究东方文化的必要性和重振东方文化光辉的伟大目标[6]。 1987 年以来的 20 年内,先生所写的学术论文篇数难以确切统计,估计在 500 篇左右[7]。 这期间先生提出的"河东河西论""西方分析东方综合论"影响尤大。20 年内,北京大学涉及东方学学科的各系所教师们又参与了许多相关辞书的出版工作,有语言类的,也有其他类别的。仅就东语系而言,

---

[1][2] 季羡林. 迈向新的世纪——纪念东方学系建立五十周年[J]. 北京大学学报:东方文化研究专刊,1996.

[3] 据北大外国语学院网站 2006 年发表的统计数字。

[4] 如:《佛教与中印文化交流》江西人民出版社,1990 年版;《季羡林序跋选》四川人民出版社,1991 年版;《季羡林学术著作自选集》北京师范学院出版社,1991 年版;《比较文学与民间文学》北京大学出版社,1991 年版;《敦煌吐鲁番吐火罗语研究导论》台北新文丰出版公司,1993 年版;《季羡林论印度文化》中国华侨出版社,1994 年版;《季羡林佛教学术论文集》台北东初出版社,1995 年版;《季羡林文化学术随笔》中国青年出版社,1996 年版;《糖史》(一、二)经济日报出版社,1997 年版;《吐火罗文 A〈弥勒会见记剧本〉》英译本在德国 1998 年出版;《季羡林文集》(24 卷)江西教育出版社,1998 年版等。由先生主编的有:《印度古代文学史》北京大学出版社,1991 年版;《东方文学辞典》吉林教育出版社,1992 年版;《东方文学史》(上、下)吉林教育出版社,1995年版等。

[5] 王向远. 东方各国文学在中国——译介与研究史述论[M]. 南昌:江西教育出版社,2001:308.

[6] 季羡林. 东方文学史:上册[M]. 长春:吉林教育出版社,1995:序言.

[7] 先生所著《学海泛槎——季羡林自述》中详细地罗列了 1987 年至 1993 年间先生所写的 123 篇论文的情况,并提到:"从1993 年到今年 1997 这 4 年中我用中外文写成的专著、论文、杂文、序、抒情散文等等,其量颇为可观,至少超过过去的 10 年或更长时间"(先生自述中提到 1984 年至 1993 年写有学术论文 172 篇)。可见 1987 年至 1997 年先生的学术论文应在 300 篇以上。1997 年至今又有 9 年之久。所以我们说 20 年内估计有 500 篇左右。

各个专业的基础语言教材基本全部正式出版，还出版了一些辅助性教材，共20余部；发表了论文960多篇，专著70余部，译著50余部。[1] 1996年开始，先生又组织更大范围的力量包括国内其他单位的专家学者和某些国外人士共同启动出版《东方文化集成》丛书的庞大计划，至今已10年，百部专著问世。其中也有不少作者是北京大学校友或至今仍在北大某些系科工作的人员。

（七）

在我们回顾了过去60年的工作与成果之后，北京大学东方学科的发展脉络也已清晰可见。可以发现，由于先生自1946年回国至今一直在北京大学东语系工作，而且任系主任前后逾30年，所以北京大学东方学科60年的发展与先生回国后60年的学术生涯是密不可分的。

概括过去60年北京大学东方学科的发展，大致可分为四个阶段：

（1）前20年，即1946年至1966年为发轫期。先生回国后被任命为东语系系主任建系。聚合了力量，培养了人才，健全了教学体系，做好了研究所需素材的初步积累，发表了少量译著、专著和学术论文。季先生本人因用于行政工作和参加政治运动的时间较多，发表学术论著相对较少，且主要侧重于比较文学方面。

（2）第三个10年，即1967年至1976年为雪藏期。因为"文化大革命"，东方学学科的发展陷于停滞，但包括季先生在内东语系的教师们暗中却进行了一些译介或研究材料的积累工作。

（3）第四个10年，即1977年至1986年为勃发期。季羡林先生则从1978年起进入了他的学术写作的旺季。东方语言文学系在先生的影响下，学科研究的范围有所扩展，成果数量猛增，但仍以译著和辞书为主，开始注意发挥团队力量和与校内校外兄弟单位人士合作搞科研的问题。

（4）近20年，即1987年至2006年为拓展期。季羡林先生虽已进入耄耋之

---

[1] 据北大外国语学院网站2006年发表的统计数字。其中主要研究成果有：刘振瀛著《日本文学论集》北京大学出版社，1991年版；王邦维著《佛教史话》商务印书馆，1991年版；刘安武著《普列姆昌德和他的小说》北京出版社，1992年版；何镇华《朝鲜文学研究论文集》中国广播电视出版社，1992年版；张鸿年著《波斯文学史》北京大学出版社，1993年版；姚秉彦、李谋、蔡祝生著《缅甸文学史》北京大学出版社，1993年版；张光璘著《印度大诗人泰戈尔》蓝天出版社，1993年版；张殿英主编《东方文化辞典》北京大学出版社1993年版；段晴著《于阗文无量寿经》1993年在德国出版；朴忠禄著《朝鲜文学论稿》北京大学出版社，1994年版；王邦维著《南海寄归内法传校注》中华书局，1995年版；王邦维《唐高僧义净生平及著作论考》重庆出版社，1996年版；李政著《赫梯文明与外来文化》江西人民出版社，1996年版；史习成著《蒙古现代文学简史》台北唐山出版社，1996年版；史习成编《江格尔》台湾蒙藏委员会，1997年版；王邦维著《法苑珠林：古代佛教的百科全书》台湾佛光出版社，1997年版；刘安武著《普列姆昌德评传》中国国际广播出版社，1999年版等。

年,但先生的学术著作仍与日俱增。先生破解了许多难题,提出了不少新论,尤其是先生总结的一些关于东方学总体架构的理论问题影响尤大。东方语言文学系改为东方学系,再一分为四:东方学研究院和东方、日本、阿拉伯三个语言文化系。这一过程也从一个侧面表明了北京大学东方学科建设与发展之迅猛。北京大学相关的科研成果也不再以译著为主,而以专著或论文为主了,涉及领域更宽,数量更大,质量更高,有不少是国家项目的最终成果,还有不少是在国际上有一定影响的力作。北京大学内部涉及东方学学科研究的人员已不仅集中在外语学院,其他院系也有不少教师、学者参与了这一学科的建设,写出了不少专著,出现了不少有价值的成果与力作。尤其是 20 世纪 90 年代中期,在季羡林先生领导下启动的出版大型丛书《东方文学集成》的计划,更加广泛地团结了校内外从事东方学各个领域的学者,集中贡献出了一批重要成果,使我国东方学的百花园更加绚丽多彩。

(作者单位:北京大学外国语学院)

季羡林的"和谐"观

●张光璘

2006 年 8 月 6 日,季羡林 95 岁生日,温家宝总理专程去 301 医院为他祝寿。据报道,在交谈中,温总理特意就"构建和谐社会"问题,与季羡林进行了交流与探讨。温总理在季羡林病中为其祝寿,按常理,应该是说一些安慰祝福之类的话,可是却提出了如此严肃的政治话题,这让许多人感到诧异和困惑。其实,这件事说怪也不怪,温总理恐怕是有备而来的。温总理曾自称是季羡林文章的"忠实读者",那么,季羡林十几年来,先后发表的几十篇谈"和谐"的文章,大概应该是读过一些的,而且早有所感,所以才会有这次颇为令人感到诧异的对话。

季羡林关于"和谐"的问题,究竟说过一些什么话,发表过什么高见呢?下面就来简要地介绍一下。

1998 年,季羡林在《做人与处事》这篇短文里写道:

> 一个人活在世上,必须处理好三个关系:第一,人与大自然的关系;第二,人与人的关系;第三,个人心中思想与感情矛盾与平衡的关系。这三个关系,如果能处理得好,生活就愉快;否则,生活就有苦恼。

这段话,可以看作是季羡林"和谐"观的高度概括。季羡林谈的"和谐",不是从社会学的角度,讲兴邦治国的大道理,而是从个人品德与修养的角度,谈"一个人做人与处事"的原则,也可以说是"人生的和谐"之道。而这一点,正是构建和谐社会的基础。

在季羡林看来，一个人活在世上，要想"生活得愉快"，最重要的就是要处理好三个关系：人与自然和谐相处，人与人和谐相处，个人内心保持和谐的心态。一个人这三个方面都处理好了，生活就愉快了。每个人这三个方面都处理好了，社会自然就和谐了。

下面，我们就对季羡林这段话逐一进行分析和探讨。

人与大自然要和谐相处

关于处理好第一个关系："人与大自然的关系"。

把处理好人与大自然的关系，也当作"为人处世"之道的原则之一，过去我们恐怕是难以理解的。记得前些年，从电视上看见外国绿色和平组织成员，与破坏生态环境的人和事进行顽强的斗争，当时还觉得好笑，以为环保问题离我们还很遥远。但是近年来，随着我国城市环境严重污染，长江洪水泛滥，黄河断流，各地缺水现象日趋严重，新疾病不断滋生，北方沙尘暴肆虐，南方非旱即涝，甚至喜马拉雅山上的万年冰雪也开始融化，等等。面对这一切，谁也笑不起来了，反而对那些有先见之明的环保卫士倍加尊敬。

其实，在这个问题上，季羡林称得上是一位先知先觉者。早在 20 世纪 80年代后期，在那场东西文化辩论中，季羡林就写了十几万字的文章，大声疾呼，警告世人，现代化建设切莫走西方"征服自然"、破坏环境的老路，那是会遭到大自然报复的；应该以我们中国自古以来奉行的"天人合一"思想为指导，与大自然交朋友，处理好人与自然的关系，才能做到"可持续发展"。可惜，季羡林的这些忠告，当时不但没有人听，甚至还遭到一些人的反对和嘲讽。此后十几年中，地方官员和老板们，为了升官和发财，不但不问姓"社"姓"资"，也不问姓"中"姓"西"，滥砍滥伐，滥拆滥建，蛮干胡干，大肆破坏生态平衡，冲昏头脑地又来了一个"大跃进"。结果怎么样呢？结果是："楼上楼下，电灯电话"是有了，"高楼连成片，汽车满街跑"也有了，可就是不适宜人居住。中国现在排放二氧化碳量居世界第一，全世界污染最严重的十座城市，中国占其中八座。国家每年不得不斥巨资退耕还林，退田还牧，治理城市各种环境污染。虽然我国的GDP 连年攀升，然而扣去治污费后，就要大打折扣了。而且，有的生态破坏了，几十年、几百年也难以恢复，有的永远也不能恢复了。这代价岂不太大了吗！

为什么我们在作出重大决策时，就不能听一听那些有识之士的"逆耳忠言"呢？50 年代，如果听了马寅初先生关于"人口论"的建言，今天就不会有 13

亿这样庞大的人口数,我们的日子就会比现在好过得多。"大跃进"时,如果认真接受了彭德怀"万言书"的忠告,就不会给国民经济造成那么巨大的损失。同样,十几年前,我国大规模现代化建设刚刚开始时,如果采纳了季羡林"天人合一"的意见,也就不会付出今天这样惨重的代价。这真是一个沉痛的教训!是后来治国者不能不深思的问题。前两位进言者,不但意见未被采纳,还招来横祸。所幸的是,今天季羡林的意见虽未被采纳,却还未遭到"祸从口出"的厄运,并且还能与总理促膝交流意见,总算有别于前,有了一点进步。

在季羡林看来,"对待大自然的态度,大而言之,是关乎人类生存的问题;小而言之,对个人来说,常常表现为一种品格,一种感情,一种情操"。这是对人与自然和谐相处的更深刻的认识,更精辟的论述。

但凡有仁爱之心的人,对一草一木,一鸟一兽,无不悉心呵护,关爱备至。拿北京人来说,清晨公园里,遛鸟、遛狗的人不在少数,其爱鸟爱狗之态可掬。大杂院里,无论居住环境多么拥挤、简陋,总能在窗台墙角,看见几盆夹竹桃、西番莲、月季、绣球或兰花之类的花木。这是北京人热爱生活的表现,也是对大自然亲近的一种心态。这是一种高雅的情愫,是一种正常人的心态。但是,凡凶残无道之人,对人类尚且仇恨,更不用说对鸟兽虫鱼、花草树木会有什么感情了。10年浩劫期间,养花忽然变成了修正主义。"四人帮"一伙在北大,先批斗人,后批斗花木,把几十年上百年的老丁香树砍伐殆尽,把屡见于清代笔记中的几架古藤萝也斩草除根,最后,把办公楼前两棵颇有名气的西府海棠也连根拔掉。"四人帮"一伙要篡党夺权,整北大的干部和知识分子,可以理解。但是砍伐花木,铲除海棠,就令人百思不得其解了。宋代苏洵在《辨奸论》中说:"凡事之不近人情者,鲜不为大奸慝(音 tè,奸邪之意)。""四人帮"一伙干出砍花伐木之类不近人情之事,足见他们是一伙毫无人性的"大奸慝"。这难道不足以说明,对待大自然的态度,常常表现为一种品格,一种感情,一种情操吗?

季羡林对草木鸟兽的关爱,超出人们的想象。就在上面提到的,北大办公楼前两棵西府海棠被砍伐20年后,他写了《怀念西府海棠》一文。文中写他独自来到办公楼前凭吊西府海棠,幻想着西府海棠之魂能重归燕园:

> 西府海棠之魂归来时,能有什么迹象呢?我说不出,我只能时时来到办公楼前,在翠柏影中,等候倩魂。我多么想为海棠招魂啊!结果恐怕只能是"上穷碧落下黄泉,两处茫茫皆不见"了。奈何,奈

何!在这风和日丽的三月,我站在这里,浮想联翩,怅望晴空,眼睛里流满了泪水。

这是一种多么崇高、博大、真挚的仁爱之情啊!

季羡林不仅爱花木,也爱小动物,尤其爱猫。他家先后养过四只猫。他同每一只猫都有深厚的感情。白天,他亲自为猫们做饭;晚上,他与猫们同眠。他散步,猫便随其身后。猫病了,他辗转难眠。为了让猫能吃下饭,他再累,也要拖着疲惫的身子,走几里路,亲自去海淀肉店,买回牛肉或猪肝来,做给猫吃。猫如果走丢了,他便会失魂落魄,什么事也做不下去。

季羡林对自己这种钟爱草木鸟兽的情结,曾经做过这样的表白:

> 我是一个没有出息的人,我的感情太多,总是供过于求,经常为一些小猫小狗小花小草惹起万斛闲愁。真正伟大的人是不会这样的。反过来说,他们像我这样的话,也决不能成伟人。我还有点自知之明,我注定是一个渺小的人,也甘于如此,我甘于为一些小猫小狗小花小草流泪叹息。
>
> ——《幽径悲剧》

其实真正伟大的人,才会对世界万物充满感情,如太史公所说:"仁者爱万物。"天下怀有博爱之心,富有感情的人,才会具有"爱万物"的高尚情操。正所谓:"大人者,不失其赤子之心者也。"(《孟子·离娄下》)。

宋代大思想家张载曾经对"天人合一"哲学思想说过一句十分精辟的话:"民吾同胞,物吾与也。"这里的"物",即指大自然的万物,包括动物和植物。"与"的意思是伙伴。"物吾与也",意思是说:我们要把大自然万物都看成自己的伙伴。这是中国古代哲学的基础,也是中国对世界的重大贡献。季羡林对动植物情同手足,关爱有加,正是这种思想的一种体现,是一种极其高尚的精神境界。

长期以来,受所谓"斗争哲学"影响,我们只知道"与天斗,其乐无穷;与地斗,其乐无穷;与人斗,其乐无穷"的名言,而忘记了支撑我们中华民族三千年历史而不衰的"天人合一"哲学基础,实在是一件令人痛心扼腕的事。好在近来这种现象已有所转变。最近青藏铁路通车,在建设过程中,国家花巨资为藏羚羊开辟迁徙通道就是一例。这一举措已经受到国内外的关注与好评。但愿这种与大自然和谐相处，共存共荣的思想能够为普天下人所接受，并成为我国现代化建设的指导思想，那样建成的社会，才真正称得上是一个有中国特色的和谐的现代化社会。

人与人之间要和谐相处

再来谈一谈季羡林和谐观的另一条原则："处理好人与人之间的关系。"这当然是一个老生常谈的问题，不过，季羡林有自己处理人际关系的独特见解。他说：

> 至于人与人的关系，我的想法是：对待一切善良的人，不管是家属还是朋友，都应该有一个两字箴言：一曰真，二曰忍。真者，以真情实意相待，不允许弄虚作假。对坏人，则另当别论。忍者，相互容忍也。
>
> ——《做人与处世》

他是这样说的，也是这样做的。他对世人充满了爱心。他爱生养他的母亲，培育他的叔叔，难以割舍的儿女，教过他的老师，不论是德国哥廷根大学的瓦尔特施米特教授、西克教授，还是中国清华大学的陈寅恪教授、朱光潜教授；他爱他的同乡、同学和朋友：臧克家、吴组缃、林庚、李长之、冯至、胡乔木、李广田、沈从文、吴作人、王力等；他同样爱着与他童年时一起割草、玩耍，至今仍然目不识丁的一个叫杨狗的朴实的农民；他爱一切爱过他，帮助过他的人；他还爱那些虽不知道姓名，但正直、善良的可爱之人。在他创作的一百多万字的散文里，他以满腔的热情颂扬他们的高贵品质，抒发对他们的爱心。读他的散文常常被他那真挚的感情所感动。他的文章有的是和着泪写成的，感人至深。这里仅举一例。1993 年，他在《哭冯至先生》一文中写道：

> 近几年来，我运交华盖，连遭家属和好友的丧事。人到老年，旧戚老友，宛如三秋树叶，删繁就简，是自然的事。但是，就我个人来说，几年之内，连遭大故，造物主——如果有的话——不也太残酷了吗？我哭过我们全家敬爱的老祖，我哭过我的亲生骨肉婉如，我哭过从清华大学就开始成为朋友的乔木。我哪里会想到，现在又轮到我

哭冯至先生！"白发人哭黑发人"固然是人生至痛，但"白发人哭白发人"不也同样惨痛吗？我觉得，人的眼泪不可能像江上清风与山间明月，取之不尽，用之不竭。几年下来，我的泪库已经干涸了，再也没有眼泪供我提取了。

臧克家的夫人郑曼女士读了这篇文章后，特地给季羡林写了一封信，信中说："拜读大作《哭冯至先生》，使我热泪盈眶，久久不能平静！冯至先生的谢世，是我国文学界、翻译界、学术界的重大损失。冯至先生走了，他得到了'解脱'，而留给生者的是难以忘却的怀念！他地下有知，也会含笑九泉的。可我们却为您的健康担心，用自己的血泪来写悼文，可一而不可再啊！"郑曼女士这里说的"可一而不可再啊！"是有所指的。她曾在1987年读过季羡林的《重返哥廷根》一文。文中季羡林描述自己在养老院与他的'博士父亲'瓦尔特施米特教授见面时的情景，深夜离别时依依难舍的场面，使郑曼女士感动得泪湿衣襟。她于是打电话告诉季羡林说："我读了您的《重返哥廷根》，都哭了。"季羡林回答说："我是含着泪写的。"郑曼女士担心季羡林这样一次次地用血泪来写文章，有害健康，所以才有"可一而不可再"的话。一周后，郑曼女士收到了季羡林的回信：

郑曼
克家：
    你们的来信收到了，谢谢！
    苏轼的词说："月有阴晴圆缺，人有悲欢离合，此事古难全。"这个道理，我经过八十多年的生活历程，是完全理解的。然而人非木石，孰能无情？每遇到悲离之事，则仍不能排遣，实在无可奈何也。……

季羡林待人的至真至诚，至爱至亲之心，可见一斑。

至于说到"忍"字，也就是宽容之心，例子就更多了。就他个人来说，从没有过私敌。他原谅一切可以原谅的人和事。"文革"中，他被"革命"小将（其实并不一定都小）打翻在地，批斗，抄家，住"牛棚"，吃尽了一切苦头。"文革"后，他否极泰来，"官"运亨通，做了北大副校长、全国人大常委，各种头衔50多个，而与他共事的人,有不少都是当年整过他的人。如果他要报复的话,不费吹灰之力,就能进行报复,但是他没有这样做。为什么呢? 他在《牛棚杂忆·自序》中是这样说的:"同我一起工作的同事一多半是 10 年浩劫中的对立面,批斗过我,诬蔑过我,审讯过我,踢打过我。他们中的许多人好像有愧悔之意。我认为,这些人都是好同志,同我一样,一时糊涂油蒙了心,干出了一些不太合乎理性的勾当。世界上没有不犯错误的人,这是大家都承认的一个真理。""我自己在被打得'一佛出世,二佛升天'的时候,还虔信'文化大革命'的正确性,我焉敢苛求于别人呢?打人和被打者,同是被害者,只是所处的地位不同而已。就由于这想法,我才没有进行报复。"这样的话,说起来容易,做起来难。非大智大勇者,莫能为也。

如何处理好人与人之间的关系,是每一个人都会遇到的问题。对个人来讲,是一个品德问题,也是一个生存之道的问题;对社会来讲,就是一个能否和谐的问题了。季羡林提出的处理人际关系两字箴言:"真"和"忍",其实就是我们传统文化中"待人以诚"和"与人为善"的道德观。这种儒家倡导的"诚信"和"恕道",早已形成了我国传统道德的核心,深入人心,代代相传。而且,正由于这种处世哲学在民间的根深蒂固,才维系了中华民族的长期稳定与和谐,历数千年而不衰。这是我们民族宝贵的精神财富。

遗憾的是,由于种种原因,当今社会,背离这种传统美德越来越远,严重影响了社会的稳定与和谐。试看今日之社会,物欲横流,虚假成风,尔虞我诈,弱肉强食。为一己之私利,贪赃枉法,徇私舞弊,卖官鬻爵,欺上瞒下,罔顾民生,假药、假烟、假酒、假奶粉、假光盘、假文凭、假证件、假论文等等,大行其道,泛滥成灾,何以言"真";为一己之私利,置他人生死于不顾,为非作歹,恃强凌弱,仗势欺人,为所欲为。为鸡毛蒜皮的小事,互不相让,大打出手,甚至致人死命的事,屡见于报端,大家都已经见怪不怪,习以为常,麻木不仁了,又何以言"忍"?

面对如此严峻的现实,季羡林提出的处理人际关系的"真"、"忍"这二字箴言,难道不值得每一个盼望社会和谐的人深思并且身体力行吗?

个人心中要保持和谐的心态

最后,再来谈一谈季羡林为人处世的第三个原则:"个人心中思想与感情矛盾平衡的关系"。这个原则看似个人心态问题,与和谐社会没有多大关系。其实不然。社会是由每一个人组成的,如果每个人都有一个平和的心态,社会焉能不和谐。实际上，个人内心的和谐，较之强制性的法律条文和空泛的口号，对构建和谐社会更为重要。

从表面上看，季羡林永远安详、恬静、和蔼可亲，像一潭平静的池水，似乎他内心从没有过什么痛苦和矛盾。其实不然。他内心的痛苦与矛盾，一点也不比别人少，甚至比常人要多得多。1999年，他在一篇《世态炎凉》的短文中写道：

> 我已到望九之年，在80多年的生命历程中，一波三折，好运与多舛相结合，坦途与坎坷相混杂。几度倒下，又几度爬起来，爬到今天这个地步。
>
> 我可真正参透了世态炎凉的玄机，尝够了世态炎凉的滋味。……一个忽而上天堂，忽而下地狱，又忽而重上天堂的人，哪能没有想法呢？世态炎凉，古今如此。任何一个人，包括我自己在内，以及任何一个生物从本能上来看，总是趋吉避凶的。因此，我没有怪罪任何人，包括打过我的人，我没有对任何人打击报复。并不是由于我度量特别大，能容天下难容之事，而是由于我洞明世事，又反求诸躬。假如我处在别人的地位上，我的行动不见得会比别人好。

"洞明世事，又反求诸躬。"这就是他在遭到那么多大劫难后，仍然能保持心态平衡的"秘诀"。这"秘诀"其实非"秘诀"，不正是孔子当年在回答子贡问"有一言而可以终身行之者乎？"时说的"其恕乎！己所不欲，勿施于人"吗？孔子在这里强调的是"恕道"的永恒意义。孔子这句话，是世人皆知的，不是什么"秘诀"。但是，世人皆知，并不等于世人皆能做到。能做到的人，从来就是很少的，季羡林是其中之一，所以他虽尽经劫难，仍然能保持和谐的心态。

俗话说："人不为己，天诛地灭。"这话听起来有点难听，却一针见血地指出了人类的本性之一——自私。这是事实。人和其他动物一样，都是趋吉避凶的，都是自私自利的，这是不容否认的。但是，人是万物之灵，是高等动物，当然有别于一般动物。诚如孟子所说："人之所以异于禽兽者几希。""几希"者，极少之谓也。那么，这极少一点与一般动物不同之处是什么呢？那就是，人可以通过伦理道德的教化，形成一种道德观念来抑制约束自己自私的本能。古今中外许多仁人志士，他们可以杀身成仁，舍生取义，为国捐躯，见义勇为，甚至为救他人而牺牲自己的生命等等，就是这种"几希"的表现。这些人是人类的楷模，社会的"脊梁",世人的榜样,正因为有这样一批人类的精英和他们的"浩然之气",人类社会才会不断发展,日益文明,繁荣昌盛。这是一般动物不可能做到的。

在季羡林看来,一个人要处理好"个人心中思想与感情矛盾平衡"的关键,就要看抑制自私本性的程度如何。他在《论人生》一文中写道:

> 我认为,能为国家,为人民,为他人着想而遏制自己的本性的,就是有道德的人。能够百分之六十为他人着想,百分之四十为自己着想,他就是一个及格的好人。为他人着想的百分比越高越好。百分之百,所谓"毫不利己,专门利人"的人是绝无仅有。反之,为自己着想而不为他人着想的百分比,越高越坏。毫不利人,专门利己的人,普天之下倒是不老少的。说这话有点泄气。无奈这是事实,我有什么办法?

季羡林这段话,可谓把一个人道德优劣高下的根源,说得再清楚不过了,甚至加以量化了,实在是明白之极,深刻之极,透彻之极。要想保持一个好的心态,就要遇事多为他人着想,不要只替自己打算。要先人后己,不要先己后人;要宽怀大度,不要斤斤计较。总而言之,不要忘记了孔夫子那句古训:"己所不欲,勿施于人。"

季羡林的人生和谐之道,简而言之,就是"三和":与天和谐,与人和谐,与己和谐。一个人能做到了"三和",则个人生活愉快,社会安定和谐。

最后,有一个问题,有些想不通。过去读古书,圣贤们说,"仓廪实而知礼节,衣食足而知荣辱",当时以为是至理名言,是放之四海而皆准的真理。可是现在却开始怀疑了。今天,我们的"仓廪"比过去"实"多了,可是,为什么还不如过去"知礼节"? 今天,我们的"衣食"比过去"足"多了,为什么还不如过去"知荣辱"?

仔细想来,其实邓小平同志早就回答了这个问题,他说:"物质文明建设和精神文明建设,两手都要抓,两手都要硬。"他为什么特别强调"两手都要抓,两手都要硬"? 因为物质文明和精神文明是两个有联系而又不同性质的事物。物质文明只是精神文明提高的基础和前提,但是,物质文明的发展并不能自然而然地提升精神文明。精神文明的提高还要有自己独自的发展道路,还要下大力气去抓。遗憾的是,这些年来,精神文明建设不但远远落后于物质文明建设,甚至连"精神文明"这个词都渐渐被遗忘了。

今日的中国,飞速发展的物质文明与滞后的精神文明之间的矛盾越来越大,社会上出现了种种不和谐的现象,已是有目共睹的事实,它已经严重阻碍了物质文明建设的进一步发展。

"构建社会主义和谐社会"已经成为当今中国社会发展的主题和努力方向,受到广大人民的拥护。当此之时,季羡林提出的"和谐观",从一个新的角度,阐释了自己对"和谐"的看法,给人以启迪,值得一切关注中国社会和谐发展的志士仁人深思。

（作者单位:北京大学外国语学院）

季羡林先生的留学经历与他的学术成就

● 王邦维

　　季羡林先生今年已经是九十五岁的高龄。季先生一生的学术成就,为世所公认,这一点,几乎不用再多说。我们在这里开会,是要探讨季先生的学术思想和东方学学科建设的关系。这方面也已经有过不少的讨论。大家的意见都很好。我这里只是想选择一个过去谈得还不太多的题目,即从季先生的留学经历来思考他的学术成就。下面是我的一些意见。

　　季先生出身平凡,他出生在贫苦农民的家庭,自幼离开自己的家,由在济南做职员的叔父抚养长大。然后上中学,上大学,然后出国留学,然后回国,在北京大学作教授,一直到现在。

　　综观季先生的一生,可以分为几个大的阶段:一、进入清华大学以前;二、清华大学读书;三、留学德国;四、回国到北京大学东语系任教到"文化大革命"发生,其间中国有一次新旧政权的更替;五、"文化大革命"时期;六、"文革"以后直到现在。就学术而言,其中留学德国的经历,对于季先生,无疑是最重要的。这段经历,奠定了季先生一生学术事业的基础,既是季先生学术事业真正的开端,也成就了季先生学术上的一个高峰。如果没有这段经历,很难设想,季先生会是后来的"季先生"。

　　这里主要谈季先生在德国留学的经历以及这一段经历对我们的启发意义。有关的资料来源,主要是季羡林先生的《学海泛槎》和《留德十年》,这是季先生自己的著作,对于讨论季先生的学术经历而言,最为权威,也最为可靠。

　　季先生在青年时代,只是因为学习成绩优异,才有机会进入清华大学。1934年,季先生大学毕业,回到家乡,短时间作过一阵中学教员。1935年,季先生考上清华大学与德国协议互换的研究生,得到到德国留学的机会。1935年夏,季先生到达德国柏林,同年深秋到了哥廷根,进入哥廷根大学。入学之初,季先生并没有一个确定的学习目标。他曾经想到以选修德国语文学作为主系,但一个几乎可以说是偶然的机会,使他选择了梵文作为自己学习的目标。季先生讲:"1936 年的夏学期开始了。我偶尔走到了大学教务处的门外,逐一看各系各教授开课的课程表。我大吃一惊,眼睛忽然亮了起来:我看到了 Prof. Waldschmidt 开梵文的课程表。这不正是我多少年来梦寐以求而又求之不得的那一门课程吗?我在清华时曾同几个同学请求陈寅恪先生开梵文课。他回答说,他不开。焉知在几年之后,在万里之外,竟能圆了我的梵文梦呢?我喜悦的心情,简直是用语言文字无论如何也表达不出来的,实不足为外人道也。"

于是季先生立即果断地作了决定,选梵文。他说:"如果说我毕生的学术研究真有一个发轫的话,这个选择才是真正的发轫。"

事情的确如此。季先生的学术生涯,就从这个起点开始。

这位 Waldschmidt 教授,不仅教授季先生梵文,后来还成为季先生的博士生导师。德国的博士生导师,叫做 Doktorvater,用中文直译,意思是"博士父亲"。季先生对他的这位"博士父亲",怀着终生的尊敬。季先生成为 Waldschmidt 教授的学生时,Waldschmidt 年纪还并不算大,不过他在印度学研究方面已经取得了显著的成就。

从 1935 年末至 1940 年,五年半的时间,季先生在哥廷根大学学习的情况,可以从《学海泛槎》中所附的一份"Studienbuch(学习簿)"看得很清楚。这份学习簿记录的内容非常实在,它显示了季先生在德国留学学习的是些什么课程。其中最主要的,是季先生的"主系"印度学的课程,这些课程包括:

1936 年夏学期

Prof. Waldschmidt　初级梵文语法

1936 年~1937 年冬学期

Prof. Waldschmidt　梵文简单课文

Prof. Waldschmidt　译德为梵的翻译练习

Prof. Waldschmidt　印度艺术和考古工作(早期)

1937 年夏学期

Prof. Waldschmidt 马鸣菩萨的《佛所行赞》

Prof. Waldschmidt 巴利文

1937 年~1938 年冬学期

Prof. Waldschmidt 印度学讨论班：南印度的土地和民族的基本特征

1938 年夏学期

Prof. Waldschmidt 艺术诗（Kunstgedicht）迦梨陀娑

Prof. Waldschmidt 印度学讨论班：Bṛhadāraṇyaka-Upaniṣad 汉学讨论班

1938 年~1939 年冬学期

Prof. Waldschmidt 巴利文：《长阿含经》

Prof. Waldschmidt 印度学讨论班：东土耳其斯坦的梵文佛典

Prof. Waldschmidt 印度风俗和宗教

1939 年夏学期

Prof. Waldschmidt 梵文 Chāndogyopaniṣad

Prof. Waldschmidt 印度学讨论班：Lalistavistara（《普曜经》）

1939 年秋学期

Prof. Sieg 印度学讨论班：Dandin 的《十王子传》

Prof. Sieg 《梨俱吠陀》选读

1939 年~1940 年冬学期

Prof. Sieg 印度学讨论班：Kāśikā

Prof. Sieg 《梨俱吠陀》选读

1940 年夏学期

Prof. Sieg 吠陀散文

Prof. Sieg 讨论班：Bhāravi 的 Kirātārjunīya 讲读

这就是季先生所学习的主要的专业课程。我们看到，在印度学方面，为季先生上过课的,前后只有两位教授,即 Waldschmidt 和 Sieg。Sieg 教授本已退休,但因为在 1939 年末,Waldschmidt 被征入伍,他接替 Waldschmidt 承担了教学的工作。如果不是因为战争,能为季先生上课的,恐怕只有 Waldschmidt 一位教授。学生呢,实际上也只有一位,就是季先生。偶尔有插班进来的其他学生,数量很少,时间也不长。以我们今天中国的规矩,这样安排教学的情形,很难想象。我们总是要求,一个专业,要有多少多少教授,多少多少"博导",多少多少博士生、硕士生。可是到现在为止,我们培养出了像季先生一样或有可能与季先生相似的人物了吗? 我们有这种可能吗?

梵文学习了几个学期以后,Waldschmidt 答应季先生作他的博士研究生。季先生跟 Waldschmidt 商定了论文题目,开始撰写博士论文。在《学海泛槎》里,有一章的题目是"博士论文",详细地讲了这件事。

季先生的博士论文的指导,仍然基本上是 Waldschmidt 教授一个人完成的,没有什么"指导小组",没有什么"梯队"。论文研究和写作,整个过程是在战争时期。Waldschmidt 教授多数时间不在哥廷根,只是在短期回哥廷根休假时给季先生提出一些指导的意见。还有 Sieg 教授,在 Waldschmidt 教授不在的时候,也为季先生的论文作过指导。

季先生的博士论文,题目是 Die Konjugation des finiten Verbums in den Gāthā des Mahāvastu(《〈大事〉中伽陀部分限定动词的变化》)。这样题目的论文,与现实社会毫无关系,可是有学术性,而且是很强的学术性。用另外的话说,是有很高的学术含金量。所以 Waldschmidt 教授完全认可。而且,就是这篇论文,奠定了季先生后来一生学术事业最根本的基础。

1940 年 12 月和 1941 年 2 月,季先生的博士论文顺利通过先后的两次口试,他获得博士学位。但这时战争正在进行中,季先生无法回国。

在这前后几年的时间里,季先生得到机会,跟 Sieg 教授学习吐火罗语。后来,这也成为季先生学术领域里十分为人所看重的一个方面。

季先生自己讲,他一生中,在学术上对他影响最深,他也最感念的老师,有三位,他们是:Ernst Waldschmidt,Heinrich Lüders 和陈寅恪。这当中的 Lüders,季先生没有见过,但季先生特别佩服他的学问。再有,Lüders 还是 Waldschmidt 的老师,也是陈寅恪在德国柏林大学留学时的老师。

陈寅恪不论,我们看这两位德国学者的学术特点。

首先是 Lüders。季先生自己称他为"太老师",从学术的继承性讲,季先生师从 Waldschmidt,也等于师从 Lüders。在 20 世纪前期欧洲的东方学和印度学界,Lüders 的地位和成就众所公认。Lüders 是柏林大学的教授,普鲁士皇家科学院的院士。他以研究印度的语言、古碑铭、宗教,后来又包括在中国新疆出土的梵文佛教文献而著称于世。季先生讲:"他的书,只要我能得到,就一定仔细阅读。"季先生最称赞 Lüders 的著作 Philologica Indica(《印度语文学论集》)。季先生说:"这是一部很大的书,我从头到尾仔细阅读过一遍,有的文章阅读过多遍。像这样研究印度古代语言、宗教、文学、碑铭等的对一般人来说都是极为枯燥、深奥的文章,应该说是最乏味的东西。喜欢这样文章的人恐怕极少极少,然而我却情有独钟;我最爱读中外两位大学者的文章,中国是陈寅恪先生,西方就是 Lüders 先生。这两位大师实有异曲同工之妙。他们为文,如剥春笋,一层层剥下去,愈剥愈细;面面俱到,巨细无遗;叙述不讲空话,论证必有根据;从来不引僻书以自炫,所引者多为常见书籍;别人视而不见的,他们偏能注意;表面上并不艰深玄奥,于平淡中却能见神奇;有时真如'山穷水尽疑无路',转眼间'柳暗花明又一村';迂回曲折,最后得出结论,让你顿时觉得豁然开朗,口服心服。人们一般读文学作品能得到美感享受,身轻神怡。然而我读这两位大师的论文时得到的美感享受,与读文学作品时所得到的迥乎不同,却似乎更深更高。"季先生真是神往于此了。

Lüders 其他的著作还有许多。其中最著名的,可以举出如:Bruchstücke buddhistischer Dramen,Bruchstück der Kalpanāmaṇḍitikā des Kumāralāta,Beobachtungen über die Sprache des buddhistischen Urkanons,Mathurā Inscriptions,Bhārhut Inscriptions。遗憾的是,在中国,即便是在所谓的印度学界,今天知道和了解 Lüders 以及他的著作的人还是很有限。

再就是 Waldschmidt。他是季先生的授业老师。Waldschmidt 一生的成就主要包括两个方面:一是研究中国新疆出土的梵文写本,即德国人称作的 Turfanfunden 或 Turfan-Sammlung;二是研究印度艺术以及印度艺术在中亚和南亚其他地区的传播。在这两方面,Waldschmidt 发表过许多论文,出版过多种著作。他从 20 世纪的 60 年代起,主持了由德国学术研究会(DFG)资助的大型的研究项目,叫做 Sanskrithandschriften aus den Turfanfunden(《吐鲁番出土梵文写本》),全面地整理和出版 20 世纪初德国探险队在中国新疆所掘获的古代写本中梵文文献。同时作为哥廷根科学院的一项研究计划,还编辑出版一套词典,叫做 Sanskrit-Wöberbuch der buddhistischen Texte aus den Turfan-Funden

（《吐鲁番出土佛教文献梵文词典》）。这两项工作一直持续到现在。

1967 年，为了纪念 Waldschmidt 七十岁的生日，在哥廷根出版过他的一部论文集，题目叫 Von Ceylon bis Turfan（《从锡兰到吐鲁番》）。从这个题目就可以看出 Waldschmidt 的研究特点。Waldschmidt 在退休以前，一直是哥廷根大学的教授，中间还担任过柏林的印度艺术博物馆的馆长。Waldschmidt 去世于 1985 年。1980 年，季先生重访哥廷根，最后一次见到了他的这位恩师，当时 Waldschmidt 已经把他与他夫人私人的住宅和藏书全部捐献给了哥廷根大学的印度学与佛教学研究所，夫妇二人一起住进了养老院。三年以后，他的夫人，也是季先生的师母 Rose-Leonore Waldschmidt 也去世了。这位师母，季先生在文章里不时表示出深情的怀念，也是一位研究印度艺术的专家。

陈寅恪先生是季先生在清华时的老师。有关陈寅恪，近年来国内不少人在讨论或谈论，因此这里不再多谈。

如果我们真正是读过季先生的所有学术论文，就可以看到，季先生的学术研究，在不同的方面，不同的程度继承了他的这几位老师的特点。

从完成博士论文，到战争结束，最后回国，季先生还在德国停留了几年，这几年里，季先生写成了四篇论文。这四篇论文分别是：

一、Parllelversionen zur tocharischen Rezension des Puṇyavanta-Jātaka（《吐火罗文本〈佛说福力太子因缘经〉诸异本》）

二、Die Umvandlung der Endung –aṇin o und u im Mittelindischen（《中世纪印度语言中语尾变为和的现象》）

三、Pāli Āsīyati

四、Die Verwendung des Aorists als Kriterium für Alte und Ursprung buddhistischer Texte（《应用不定过去时的使用以断定佛典的产生时间和地区》）

这几篇论文，与季先生的博士论文一样，是季先生在德国学习和研究的成果，也有很高的学术价值。可惜同样的研究工作在季先生回国后，几乎就没有条件再进行下去。不过，在 40 年代后期和 50 年代，季先生发表的几篇在国内学术界极有影响的文章，实际上与季先生在德国得到的学术训练密不可分。至于季先生在 50 年代及 60 年代、70 年代翻译出的大量的梵文文学作品，包括印度史诗《罗摩衍那》，更是以季先生在德国学成的梵文为根本的条件。"文化大革命"以后，季先生有机会得到一批新疆新出土的吐火罗语的残本，他重操旧业，在吐火罗语研究方面取得了崭新的成果，这就是他与一位德国学者、一位法国学者合作，1998 年在德国出版的 Fragments of the Tocharian A Maitreyasamiti-Nāṭaka of the Xinjiang Museum, China（《吐火罗文〈弥勒会见记〉译释》）一书。

季先生在德国完成的这四篇论文，其中一篇发表在德国 Zeitschrift der Deutschland Morgenländischen Gesellschaft（《德国东方学会学报》），另外两篇发表在 Nachrichten der Akademie der Wissenschaft in Göttingen, Phil. –Hist. Klasse（《哥廷根科学院院刊》）。前者是欧洲最著名的东方学刊物之一。后者作为科学院的院刊，熟悉德国学术界情况的人都知道，科学院院刊都是享有至高无上的权威的刊物。几十年来，季先生在国际学术界的影响和地位，实际上最早和最主要就来自他的这数量不多的几篇学术文章。这一点，知道的人似乎不多。季先生自己讲："可惜因为原文是德文，在国内，甚至我的学生和同行，读过那几篇论文的，为数甚少。介绍我的所谓'学术成就'的人，也大多不谈。说句老实话，我真感到多少有点遗憾，有点寂寞。"季先生为此感叹不已。近年来，不少人在介绍和讨论季先生的学术和学术思想，写出了不少文章，出版的书也不止一种，不过这样的情形却似乎仍然没有什么改变。

最后，作一个总结，是本文开头讲的话，如果从季先生的留学经历来思考他的学术成就，只就学术而言，我以为可以得到这样的结论：

一、学习与外国研究相关的学科，不可不出国留学。我们可以设想，季先生如果不到德国，就不会有后来学术上的成就。季先生自己也是这样讲的。

二、出国一定要找到高明的师傅。季先生在德国师从的，都是当时相关学术领域中世界顶尖级的学者，"师法乎上"，才能学到顶尖的学问。这也是非常重要的。其实这也是一个通例。我们看过去一个世纪，在国外留学，学有所成，回国后又真正有建树的中国留学生，几乎无一不是如此。

三、在学有所成后，要在国际学术界，自己的专业领域里展现自己。就像季先生的最早的学术论文，发表在当时欧洲最有影响、最有地位的学术刊物上，所以能为国际上的学术同行所了解，获得高度的评价。季先生几十年来在国际学术界的声望，不是凭空得来的。

明白这些，我们就多少可以知道，季先生是怎样走上研究东方学的道路，以及我们今天应该怎样学习季先生治学的门径。

（作者单位：北京大学东方文学研究中心）

穷搜百代　以竟厥功*

——浅述季羡林先生撰写《蔗糖史》的动机、方法和内容

● 葛维钧

一、一部研究文化交流的学术著作

《蔗糖史》初版时名《糖史》，由于书中所讨论的糖类以蔗糖为主，故在此次单行本出版时改作今名。

《蔗糖史》和《吐火罗文〈弥勒会见记〉译释》，用季羡林先生自己的话说，是"两部在我一生60多年的学术生涯中最完整的、其量最大的专著"。若于两者再作比较，则前者的篇幅明显巨大，约在后者的三倍以上。《蔗糖史》长80余万字，从第一篇论文发表（1981年），到第二卷"国际编"出版（1998年），前后十七年。十七年间，季先生做了门类不同的各种研究工作，发表文章，出版书籍，难以数计，但《蔗糖史》的写作，对他来说，却是念兹在兹，曾未释怀。收集材料，撰写部分章节的工作从来没有停止过，其中1993年和1994年更是完全用于在北大图书馆内查阅典籍，除周日外，"风雨无阻，寒暑不辍"。此书用去了他多少精力，我们很难想象。无论如何，如果说《蔗糖史》是他一生中凝聚了最多心血的浩大工程，当不会错。

为什么季羡林先生会用如此巨大的精力写一部关于糖的历史呢？事情的开始似乎有些偶然，而深想起来，无疑也有其必然性在。季先生很早就注意到欧洲众多语言中与糖有关的字皆源出于梵字 SarkarA 和 khaNDaka，开始意识到欧美原本无糖，糖最初来自印度。后来，一张写有印度造糖法的敦煌残卷落入他的手中，其中的汉文糖字，竟然也是 SarkarA 的音译"煞割令"。残卷的解

---

* 此为应季羡林先生之命，为他的《蔗糖史》单行本所写的介绍性文字，出版时附于该书。本次发表时，为方便印刷，所引梵文的书写采用了变通方式。

析,使他进一步看到了体现在糖身上的物质文化传播。数十年专注于世界尤其是中印古代文化研究,对于不同文化间的互动和影响始终保持着敏锐的感受,如今发现糖这种看来似乎微不足道的东西背后,竟会"隐藏着一部十分复杂的,十分具体生动的文化交流的历史",季先生对于它的兴趣,自然也就浓厚起来。以后,随着眼界的扩大,他的"兴致更高",遂于"怦然心动"之余,发愿考究糖史,后历十余寒暑,终于完成了读者面前这部皇皇巨著。这或者就是注定,就是上面所说的必然吧。

事实上,关心世界不同地域和种族之间的文化交流,注意人类文明发展的规律和趋势,一向是季先生学术活动的重要方面,而自20世纪80年代以来,这种关心则表现得尤为殷切,尤为热情。在季先生看来,人类不同的文化之间是非常需要互相借鉴,互相学习的。无论近在邻邦,还是远在殊俗,只要出现了这种交流,那里人们的生活就会出现进步,得到改善。食糖从无到有,到成为日常必备,其发展的历史,正是说明这一事实的显著例证。季先生希望,通过糖史的研究,使人们充分地认识到"文化交流是促进人类社会前进的主要动力之一",从而鉴往追来,增强同呼吸、共命运、互依互助的意识,共同解决人类面临的重大问题。在鲁迅先生提出"拿来主义"半个世纪之后,季羡林先生又提出了"送去主义"。两种"主义"的目的,都在促进不同文化之间的积极往来,以利于人类社会的共同发展。"拿来主义"提出数十年后,我们还在不断地"拿来"。"送去主义"的卓然成就,恐怕也要经过数代人的不懈努力之后,方能见到。20世纪末,季先生创议并领导出版《东方文化集成》丛书,是他为实现"送去主义"而迈出的坚定而又扎实的一步。《蔗糖史》第一编纳入"集成"首批论著出版,则使我们见到他作为这一持久事业的倡导者,以耄耋之年,亲为发轫。

任何学术著作读起来都不是轻松的,《蔗糖史》也不例外。它是一部内容涉及广泛、讨论问题复杂的鸿篇巨制,而论证所用的资料又异常丰富。季先生自己也曾担忧它是否好读。他把自己的这部著作形容为"原始森林",担心它"林深枝茂,绿叶蔽天,人迹不见,蹊径无踪,读者钻了进去,如入迷宫,视野不能展开,线索无从寻求……"为了帮助读者顺利阅读此书,出版社同季先生商量,希望在这个第一次以单行本面世的版本中,附一导读。季先生欣然同意,并把事情交给了我。写导读我是没有资格的。《糖史》两卷我虽读过,但绝不敢说已经掌握了它的所有内容,透彻理解了它的深刻意义。读一部广博精深的书,固不必等到自己也具备了同等的学识。但学力不逮而强充解人,难免自以为是而逞无知妄说,结果反而乱人耳目,陷读者于歧途。退一步讲,即使侥幸而无大错,仍不免引导其名、胶柱其实,原著中灵动的才思、潜藏的智慧俱遭埋没,终究避不开戕害原作的过失。想来想去,还是写一个读书笔记样的东西,作为一个早读者,介绍我的所见,而所写也局限在季先生的研究动机、方法和本书的主要内容等几个方面。

二、研究和写作方法

用于《蔗糖史》的研究方法,体现着季先生一向坚持的学术理念,即广集材料,严格考证,无征不信,言必有据,最后让事实说话,"于考据中见义理"。季先生为写《蔗糖史》而选来使用的,除一切近人的有关论著外,还有中国古代的正史、杂史、辞书、类书、科技书、农书、炼糖专著、本草和医书、包括僧传及音义在内的佛典、敦煌卷子、诗文集、方志、笔记、报纸、中外游记、地理著作、私人日记、各种杂著、外国药典、古代语文(梵文、巴利文、吐火罗文)以及英、德等西文文献。就类别说,几乎无所不包;就数量说,尽管不是每一类,但其中大多数又都是汗牛充栋。阅读量之大是我们难以想象的。古今典籍中凡他认为可资利用的,务必千方百计找来读过,穷搜极讨,而后心安。至于方式,用他自己的话说,就是用"最原始,最笨拙,但又非此不可的办法:把想查阅的书,不管多厚多重,一页一页地,一行一行地搜索"。他查阅过的图书,总计不下几十万页。然而,尽管季先生在选择访求对象上不乏判断能力,但是真正做到有的放矢却非易事。即如历代笔记,数不胜数,而内容排列又毫无规律,就中爬罗剔抉,"简直像是大海捞针,苦不堪言"。一部书翻检过后所获甚少或者了无所获,是完全可能的。这是一个漫长而又充满艰辛的踏勘过程,甚至还是一个跌宕起伏的情感历程。我们可以想象他既会有碧落黄泉、遍寻无着的深刻苦恼,也会有"片言苟会心,掩卷忽而笑"的由衷快乐。然而其中真正的甘苦,还是如季先生自己多次说过的,诚不足与外人道。正因为古今中外,搜采宏富,所以《蔗糖史》内集中了我们从不知道的有关甘蔗和食糖的种种知识,诸如甘蔗的种类、名称、产地、种植技术及其传播,糖的名称及其演变,糖的典故传说,它的食用和药用,糖的产地分布和贩运,特别是糖的生产发展历史和制造工艺的传播,兼及国外的若干情况如印度的多种糖类和名称等,令人大开眼界。书中提到的甘蔗种类和异名之多,超过《古今图书集成》,其引据的繁博,由此可见。

应该说明的是,季先生在《糖史》中使用的材料,大部分来自中国古代文献。这有两个原因。第一,季先生撰写《糖史》的主要目的,是写一部以中国为中心的文化交流史。第二,世界上已有的一德-英两部糖史,由于缺少汉文资料的支持,无不存在固有缺欠,而对于糖史研究来说,汉文资料却是浩如烟海,量与质皆远胜于其他文字的资料,需要特别重视。

在具体的写法上,本书所有的章节都大体遵行资料先行,阐释、分析、归纳、结论在后的次序安排。资料部分除个别地方转述他人成果外,主要由季先生大量阅读后所得的文献摘录构成,排比罗列,各依门类;间有按语和议论插入,那是作者即时的感受或观点,需要马上提醒读者注意的。由于事实往往已经存在于繁征博引的材料之中,所以结论常常会简短扼要,只起画龙点睛的作用。典据翔实周备,是季先生讨论问题的特点,因此,最后结论的得出,常能给人顺理成章的印象。

为使读者对于季先生的研究工作能有具体生动的了解,我们不妨举个实例,围绕它作一番近距离的观察,看个究竟。这里我们拿他最重视的题目之一——白糖研究来做标本,看看他对于其中涉及的中印文化交流问题是怎样论述的。在这个例子中,他首先为我们罗列了印度古代医籍 SuSruta SaMhitA(公元 4 世纪以前)中五种纯度不等的糖的梵名,其中最为精良的 SarkarA 已较洁白。到 16 世纪,另一部医书 BhAvaprakASa 出现了,书中多了两种糖名:puSpasitA 和 sitopalA。这里 sitA 和 sito(此处的 o 原应为 a,但后面同它相遇合的字首母是 u,故 a、u 相合,变成了 o)都是"白"的意思。又据印度学者 Rai Bahadur 的说法,puùpasità 在孟加拉又称 padma-cānā 和 phul-cānā。Cānā 的意思是"中国(的)"。至于中国,季先生遍搜自唐至清的有关古籍,不但得出白糖至迟到明代已能生产的结论,而且从《闽书南产志》、《物理小识》、《竹屿山房杂部》、《天工开物》、《广阳杂记》、《兴化府志》、《台湾使槎录》等书中钩求而得黄泥水淋脱色法,并证明此法系由中国所发明。这一重要发现为明代已能大规模制造白糖提供了技术依据。至此,再返观恰值明中后期(16 世纪)成书的 BhAvaprakASa 提到白糖,以及孟加拉白糖名称中有 cānā 的事实,则白糖及其制法早在此前已经从中国传入印度这一论断便获得了完满的证明。季先生怎样做学问,我们从这个例子中可见一斑。

三、内容提要

《糖史》"国内编"和"国际编"的章次编排方式不同,前者用断代,后者用论题和国别。如以时代安排,而某一问题又有特别重要的意义,需要专门论述,便将它独立成章,立于相关章节之后。

《糖史》的内容,就我所能概括的,简述如下。

第一编　国内编

季先生著《糖史》,主要讨论的是甘蔗种植和蔗糖制造的历史。因为,如前所述,他的关注点在文化交流,而其他糖类,如麦芽糖、甜菜糖等,由于与所论多不相涉,故基本不谈。

然而,糖毕竟是一个概称,概指人们专为获得甜的享受而生产的某些食品。这些甜品由于形态不同,色味互异,质料各别,制法不一,所以尽管在今天看来全可归在糖的名下,却又各有专称,互不混淆。重要的是,它们往往出现于不同的时代,这就使得它们同历史挂上了钩。说到历史,最早登上中国舞台的并非蔗糖,因此,要讲中国的糖史,便不能不从"蔗前史"开始。饴、[锡]、锡、餹是中国糖族的最早成员。《糖史·国内编》第一章首先提出这四个成员,对其含义予以界定,为古代制糖史的研究提供基础。经过分析比较,季先生用标音的方式总结他的看法,认为先秦时代人工制造的甜物有两种:yi 和 tang,多用米(包括糯米)和小麦、大麦等做成。其性湿、软的称饴或[锡],其性稠、硬,因而相对干些的称锡,或写作餹。至于今天普遍使用的糖字,则相对晚出。

关于周代以迄南北朝时期糖的生产历史的讨论,正是在饴、锡、锡、餹诸概念基本获得定义的前提下展开的,而所采取的方式,则是通过考察四字所代表的实物演变的情况,求得这一时期制糖技术发展的线索。文献表明,先秦时代出现的,只有一个"饴"字。后来"饴"、"锡"混用,见于汉至南北朝的多种典籍。饴的价值至少在晋时还是很高的,但它的制作原料是米和麦,不是甘蔗。"甘蔗锡"的制作,不会晚于三国。甘蔗作为植物,记载一直不少,唯"蔗"字始见于汉,而先秦所用是"柘"。需要注意的是,"甘蔗"一词另有写法多种,往往音同而字不同,由此可见它是音译,其中的"甘"也与味觉无关。这种植物最初是从外国引种的,作为名贵品种,长时间不能走入寻常百姓家。到南北朝时,甘蔗的种植明显普遍起来,但就地域来说,也还仅限于南方。

蔗糖的出现、使用和制作是此部糖史准备重点研究的问题。在进入讨论之前,季先生先辟专章(第三章)就汉至南北朝几百年间"石蜜"的含义作了考证。据他统计,那一时代文献中有十一种不同食品都用"石蜜"来称,其中九种与蔗糖有关。它又常称"西极石蜜",实在已经暗示了它的进口身份,不妨认为就是来自西方的糖。

100

那么中国本土蔗糖的制造始于何时呢？就此曾有二说：汉代和唐代。季先生在广泛征引农书和各异物志乃至汉译佛经的基础上，指出蔗糖的产生时间当在三国至唐之间的某一时代，其中南北朝时期尤其值得注意。"糖"字无论如何在南北朝时已经明确无疑地出现了。

唐代经济文化繁荣昌盛，制糖业也获得了蓬勃发展。季先生在第五章里集中讨论了唐代的糖类应用和制糖问题。检点流传至今的各类典籍，包括正史、医书、佛典、诗文、类书和敦煌遗书等，可知唐代植蔗和用糖均已十分普遍。它们对于糖的来源、性味、食法、药效等都有明确记述。糖的制造，基本方法有二，即曝晒和熬煎。中国虽然早已能够制糖，但是直到唐初水平仍然很低。而印度，据西方学者 Noel Deerr 称，早在公元 4 世纪前即已掌握了熬糖的知识。唐太宗知道印度技术先进后，遂"遣使取熬糖法"，并很快将学来的本领用于实践，使中国的制糖水平迅速提高，以至于产品的色味均能远远超过印度。盛唐时代，中外道路畅通，交流频繁，为中国制糖技术通过师范于邻，求得长足进步，提供了十分有利的条件。

宋朝是甘蔗种植和蔗糖制造都有显著进步的时代。种植甘蔗的地区扩大了，虽然还是仅限于南方。甘蔗的品种也增多了，大概分为赤、白两类。赤色的有昆仑蔗，白色的有竹蔗、荻蔗等。印度和东南亚甘蔗的分类法也是如此。糖的价值不外二途：食用和药用。从大量笔记的记述中可以看出，糖的食用在宋代已经非常普遍。糖品五花八门，种类繁多，已经远非唐代所能比。在糖里加入不同的香料，做成各种口味的糖果，吸引儿童，看来已是寻常无奇的事。对于名目繁多的糖品名称，季先生作了谨慎的分析和归并，指出何为异名同物，何为一名多指。与此同时，季先生也就印度梵语糖名汉译进行了辨析。《梵语千字文》等佛经曾将 guóa 译为"糖"，śarkarà 译为"石蜜"。他认为，准确地说，由于前者的根本义为"圆球"，后者的根本义为"砂砾"，故前者应为糖球，后者应为称颗粒状的糖。相应地，历来所谓石蜜，其含义之一也应该是白砂糖。至于糖的药用，季先生在翻检了六七千页本草和医书后发现，宋代的记载已经不及唐代丰富，内容则同异互见。宋代最值得注意的是第一部炼糖专著——王灼《糖霜谱》的出现。该书在甘蔗的分类和种植、蔗汁的榨取、制糖的程序、品相的鉴别等方面都有详细的叙述。见载于《糖霜谱》和其他类书中的一则传说——邹和尚的故事，也很值得玩味，因为他的身份透露出了制糖术西来的传播途径。由于宋代大食和南海诸国与中国交往频繁，季先生特别举出《宋史》和《文献通考》中的例子,指明它们在砂糖和制糖技术传入中国方面,曾经起过特别重要的作用。

元代享祚较短,各类著述相对较少,但农书很多。《农桑辑要》即有关于甘蔗种植和蔗糖煎制方法的详细记载。甘蔗种植区域的北扩,是这一时代的重要特点。其原因不是气候变化,而是人工栽培技术的提高。蒙军西征,远至报达,蒙古帝国巨大的版图使得东西方交通比以往任何时候都更通畅。随着商贸和文化方面的频繁往来,阿拉伯商贾等大批来华,华化甚深,乃至留华入仕的颇不乏人。东来的阿拉伯工匠将他们的制糖技术带到福州等地,使中国的制糖水平大大提高。他们教中国工人在炼糖时加入树灰,从而精炼出纯白的糖。季先生认为元代制糖技术的提高具有划时代的意义。

对于糖史研究来说,明代是一个资料丰富的时代。《本草》和医书无论在数量上,还是在质量上,都超过了前代。郑和七下西洋的壮举带来了海交的空前发达,地理书和中外游记随之大量出现。此外,伟大的科技著作也相继问世,以总结当时已经极其丰富的生产知识和工艺技术。《本草纲目》《普济方》《瀛涯胜览》《星槎胜览》《天工开物》《农政全书》等不过是其荦荦大者。其中有关医药农工的,多为集大成的著作,它们在糖的分类、特性、制造技术和实际应用上,都有比以往更加精细,更为准确的描述。本草类著作就甘蔗品种所作的区分与前代无大区别,基本为赤、白两类;而对于糖的药性认识,则相对充分而深入。即以《本草纲目》为例,它将蔗与糖的特性明确地区别开来,指出蔗浆甘寒,能泻火热,而一旦煎炼成糖,就变得甘温而助湿热了。因此蔗浆虽能消渴解酒,而砂糖非但不能,反会助酒为热。李时珍发出告诫,称砂糖性温,不宜多食,人们往往贪图其味,而不知阴受其害。前人说它性寒冷利,其实"皆昧此理"。此外,《本草纲目》对于甘蔗种植、蔗种优劣、食糖类别、品色高下、药性辨析、服用禁忌等,也都有详细的说明。《普济方》广收历代方剂、单方、验方等,为空前绝后的医方巨著。季先生从该书中辑出配伍有糖的医方近150种,足见它的医用到明代已经十分普遍。游记和地理书在明代多有名篇巨制,但是一部较小的著作《闽书南产志》却很值得注意。该书除将甘蔗和糖品作了简要的分类外,还提到了未见于他处的制糖程序,如用蛋清促使渣滓上浮,用覆土法帮助增白等。关于后项技术,书中还讲述了它的发明故事:某黄氏宅墙倒塌,压住糖漏,糖色由是转白,他遂于偶然中得此方法。这些记载的意义,在季先生看来,都是十分重要的。类似的说法亦见于各种笔记,如方以智的《物理小识》(用黄土)、宋诩的《竹屿山房杂部》（用山白土）等。在种蔗制糖方面具有划时代意义的著作，是宋应星的《天工开物》。该书将甘蔗明确分为仅供生食的果蔗和用于制糖的糖蔗两类，至于栽培方法，则对行宽、沟深、土厚、灌肥、锄耨等都作了具体规定。关于制糖设备的建造和使用，书内也有详细叙述。特别应当提到的是，宋应星已将糖色漂白的方法称作"黄泥水淋"法。随着产量的增加和价格的降低，糖在明代已经遍见于民间，成为家家常备，人人必食之物。但有一点必须提到，即在制糖技术的进步上，中国曾经长久接受外来影响——唐代来自印度、波斯，宋代来自大食，元代来自阿拉伯；至于对外影响，则迄于明末出于典籍的记录犹未能见。

由于明代糖的生产有了飞跃性的发展，因而季先生不得不单辟一章，专谈白糖的制作问题。在这里，他广泛征引了古代印度典籍《利论》《妙闻本集》和16世纪医书 Bhàvaprakàśa 等有关糖品种类的记载，以及后世学者 Rai Bahadur 有关其等次优劣的研究结果，指出糖的等级，是以纯度高低来划分的，而炼糖的过程，乃是不断除去杂质的过程。印度古代糖类中品色最优者在孟加拉的异称中多有 cānā 字样，而该字的意思又是"中国（的）"，由此经过一系列论证后，季先生提出：中国曾将白砂糖出口到印度孟加拉地区，同时也传去了制糖术，推测时间，当在公元13世纪后半叶。中国制糖技术的明显提高，赖于黄泥水淋脱色法的发明。有关的发明故事已如前述，明清典籍中多见因仍，内容大同小异。在近代化学脱色法出现以前，这一发明在精炼白糖上已属登峰造极。中国明代白糖及其制造技术的输出，正是在此法广泛普及的基础上实现的。

清代有关植蔗制糖的资料，无论在医书、科技或地理著作中，还是在中外笔记、类书中，都有大量内容是蹈袭前代的，正如季先生评论方志时所说，"抄录者多，而亲身调查者少"。其著例如邹和尚传授制糖法的传说、黄泥水淋增白法偶然发明的故事等，数百年来，递相祖述，直到清代，依然如故。然而清代积存的资料无论如何是极其丰富的。资料显示，随着制糖业的扩大和发展，糖品不仅进入了家家户户，其种类亦与现代相似，常见的糖粒、糖瓜、蓼花、芝麻糖、牛皮糖等，皆已出现。开办糖坊已经成为致富捷径。在广东等产糖地区，糖的运输也成了关税征收的重要来源。按照欧美的报道，在19世纪前叶，中国种植的甘蔗已经可供出口，而输往印度的糖不仅数量巨大，且纯净美观，口碑甚好。不过，直到光绪时代，中国还没有用机器制糖记载。至于应用，隋唐以来蔗和糖的药用价值不断下降的趋势，在清代的本草和医书中表现得更加明显，即使见于配伍，亦居臣佐地位。季先生对于中国糖史的扼要总结是：甘蔗产于热带和亚热带，在中国则最先出现于南方。其名多有同音异字,故必为音译无疑。中国制糖业起步较晚,但后来居上,到明代已能将优质糖品出口南亚。糖在历史发展中的表现,总的说来,是产量越来越增,价格越来越低,药用越来越少,食用越来越多,终于由边缘而中心,得以厕身于柴米油盐日常必需之列。制糖技术的发展,体现了文化交流的作用。文化交流是推动社会前进的动力之一,也由此而分明可见。

第二编　国际编

季先生写作糖史,意在探讨体现在植蔗制糖上的文化交流,已如前述。"国内编"虽然重在描述中国国内两千多年以来自身发展的脉络,但是中外之间的交互影响难免也会涉及。为能承上启下,"国际编"先用第一章简要回顾了前编与此有关的内容。这里特别提到:最早的石蜜得自西方;"甘蔗"之名实为音译;唐代遣使往印度取熬糖法;"西僧"邹和尚传授制糖法的传说意味深远;唐宋时代天竺、波斯、大食都是重要的产糖国;元代在制糖术上影响中国的主要是埃及和阿拉伯;黄泥水淋脱色法的发明是中国对于世界制糖业的重要贡献。

谈糖的历史,不可避免也要谈制糖的主要原料——甘蔗的历史,而首先涉及的,便是它的原生地问题。在这个问题上,几乎每一个专门家都有自己的理论,根据植物学的或者源自古代典籍的,结果自然是歧说纷纭。季先生详细介绍了外国——西方和印度——的所有说法。在各种假定中,南太平洋、印度等都在其列。有些语言学上的证据颇为耐人寻味,如孟加拉古称 Gaúóa,而派生出该字的 guóa 意义为"糖";印度远古有甘蔗族,其名 Ikùvàku 源自 ikùu(甘蔗)。此外,印度种植甘蔗的历史很长,其孟加拉地区也有着适合于各种植物生长的地理条件。凡此种种,都使"印度为甘蔗故乡"的观点获得了较多的应和。中国学者亦有主张中国为原产地的,季先生对此并未认同。他坚持"甘蔗"一词为外来语的对音,并认为唐慧琳《一切经音义》所谓甘蔗名称很多,"此既西国语,随作无定体也"一语,非常值得注意。总之,季先生坚信甘蔗的原生地不会是多元的,而目前距原生地问题的最终解决,还很遥远。

另一个涉及产地的是石蜜问题。在中国古代典籍中,石蜜几乎和西极石蜜等义,意味着是进口货。最早提到石蜜的正史是《后汉书》,表明至迟到东汉它已传入,不过,季先生同时认为,其时间早于西汉高祖时代亦无可能。至于"西极"或"西国",从历代典籍和诗文中的证据看,应指天竺、南天竺、波斯、罽宾,实即古代印度、波斯(伊朗);以后还可加入大食(阿拉伯)。唐太宗遣使往摩揭陀取熬糖法所要熬制的,应该就是石蜜。

　　古代印度植蔗制糖以及蔗、糖的应用，始终是本编《糖史》重点关注的问题。原因至少有如下几个，即印度是制造和应用糖品历史最久的国家之一，是在制糖技术上与中国交流最为密切的国家，也是有关的文字资料在中国保存得最为丰富的国家。谈到资料，佛经当然是最重要的一种，而其中的律藏尤其需要注意。佛经的利用无疑也包括巴利文和梵文原典。经检阅，在最古的《法句经》和《上座僧伽他》等经典中有蜜而无糖。由此似可断定，在佛教初兴时人们尚不知以蔗制糖。在较晚的《方广大庄严经》中，石蜜一词开始出现。《本生经》中甘蔗、砂糖、石蜜等词频见，而糖更有糖粒、压碎的糖、糖浆等不同的分类，可见它在本生故事诞生时代印度人的生活中，已经占有重要地位。汉译律藏的内容更其丰富。这里有着关于蔗和糖的各种记载：它们的药用（甘蔗的体、汁、糖、灰等服法各异，石蜜、黑石蜜、砂糖等药效不同）、食用（包括制浆、酿酒）、甘蔗种植（地分田间、园内，方法又有根种、节种、子种等五种），以及糖的制造（加入填料，如乳、油、米粉、面粉等）等等。佛教经典中的丰富资料，在很大程度上深化了我们对于印度糖类应用和制糖技术发展情况的认识，对于我们考虑中国可能在哪些方面受到过影响，也有帮助。

　　中印两国近为邻邦，彼此间的交往源远流长。"唐太宗与摩揭陀"一章专谈中国向印度学习制糖技术的问题。这种学习的前提是一有主观需要，二有客观条件。从印度古代经典的记载看，其蔗糖制造的历史远长于中国，且技术发达。印度典籍有关糖的分类多达五种，而中国仅有两种，在一定意义上说明了中国制糖术比较简单，相对落后，确有学习的必要。在客观上，中印文化交流赖以往还的孔道，无论西域、南海，都很畅通。此外还有尼泊尔路和川滇缅印路可以利用。季先生用一份初唐九十年内的中印交通年表证明，当时两国人员的往来确实极其频繁，且多为实际需要，而非礼仪虚设，所涉方面，政治、经济、宗教、语言、文学、艺术、科技，几乎无所不包。学习制糖法的使者就是在这种背景下被唐太宗派往印度摩揭陀的。此事在正史中的记载始见于《新唐书·西域列传》，后各类史书、类书、本草、笔记等迭相传述，除《续高僧传·玄奘传》记载稍异外，已经得到普遍的承认。但是，更为具体的问题，比如唐人到印度所学的究竟是制造哪一种糖的技术，受资料限制，目前尚无法断定。

　　在中国糖史上与唐太宗遣使摩揭陀同样值得注意的，是大历年间邹和尚在遂宁教民造糖的传说。据称，邹和尚传授制糖法后，中国的糖产便以"遂宁专美"。这个故事，无论是神话，还是历史事实，都说明遂宁的制糖技术是从外国传来的，而且是通过"西僧"，传自西方。季先生根据唐代本草和其他著作的记载，通过考证，认为这一"西方"，当指波斯。他的论据来自以下五个方面。一是按照中国资料，波斯开始制造石蜜和砂糖的时间不晚于 5 世纪末，而不是 Lippmann 所说的 7 世纪。另一是通过年表说明波斯人来华频繁，而从本草等典籍看，波斯方物传入中国的种类也非常多。第三是从正史、方志、诗文、佛书等资料看，当时中波陆海交通方便，尤其是川滇缅印波道路通畅。第四是唐代流寓蜀地的波斯人很多，僧俗皆有，且往往华化很深。第五是孟诜《食疗本草》有"石蜜，自蜀中、波斯来者良"这样的具体记载。第六章最后的推论是：四川的制糖技术（至少有部分）来自波斯，而其最可能的途径则是川滇缅印波道。

关于欧、非、美诸洲的制糖历史，西方人 Lippmann 和 Deerr 在他们的大部头糖史著作中已有详细叙述。季先生在第七章中利用欧美学者不可能找到的汉文材料，特别是魏源的《海国图志》和王锡祺的《小方壶斋舆地丛钞》等，对已有的考证作了重要补充。通过中国典籍得到的结论是：法国是最早制糖的欧洲国家之一，所用原料为莱菔；英国是从中国进口糖的国家；非洲很多地方都曾植蔗产糖；埃及在传播制糖技术方面曾有贡献；马达加斯加和毛里求斯曾是非洲产糖最多的国家；美国的甘蔗移自欧洲；美国的制糖技术高超，可输入粗糖后加工成细白糖出口；美国用枫树制糖；中南美洲产糖普遍，古巴、秘鲁皆是其例；中国在世界制糖技术的传播和提高上起过重要作用，特别是在亚洲。

亚洲，季先生首先关注的是南洋。这或者与他的如下认识有关，即他认为这里非常可能是甘蔗的原生地。从第八章征引的大量资料看，在历史上，南洋曾是重要的产蔗制糖地区之一，当无疑问。泰国、越南、缅甸、柬埔寨、老挝、槟榔屿、苏门答腊、爪哇、吕宋、夏威夷等都是这样的地方。值得注意的是，无论种蔗还是制糖，都有大量的华人参与其生产活动，并起关键作用，婆罗洲、爪哇、槟榔屿、菲律宾、夏威夷等地无不如此。"中国人在南洋蔗糖业方面做出了巨大的贡献"，季先生的这一结论应该说并无夸张。另外需要提到的，是阿富汗产糖的有关记载。这一记载在植蔗造糖技术从印度传往波斯、阿拉伯以及世界其他地方的路线上，补足了一个中间环节。

日本植蔗制糖的历史相对较短，然而其发展道路却令人深思，尤其令中国人反省。日本古代无糖，据黄遵宪《日本国志》称，到 16 世纪末方始有人从中国带去蔗种，并初学制糖，无奈并不得法。而大约与此同时，中国商船携黑糖、白糖航抵日本已见于日方记录。但是，直至 19 世纪七八十年代，日本本国所产糖量不过"足供半额"，其余全靠进口，且什九输自中国。日本政府自不甘心这种状况继续下去，遂制定政策，一方面加重入口关税，另方面鼓励国民自行生产，以图改变。他们终于成功，不再在糖的消费上仰给于他国，特别是中国。中国明末清初以来在制糖业上明显优于日本的形势亦彻底逆转。

琉球即今冲绳，由于产蔗产糖，故本书单列专章予以讨论。在清人的见闻实录中，有当地以甘蔗的成长来说明月令的习俗，以及向中国派驻该地的人员供应甘蔗的记载，可见琉球有种植甘蔗的传统。明嘉靖年间陈侃出使琉球，曾撰《使琉球录》一书，书中引有不少他人对于当地风物的记述。细读这些记述，便可发现：关于花木的部分有甘蔗，而关于饮食的部分却无糖。《四夷广记》亦有类似记载。由此可以推断，琉球的甘蔗仅供生食，而迄于明代仍未用于造糖。到清乾隆年间，在使臣周煌《琉球国志略》对于该地物产的记录中，已见有糖。不过据清代档案，自 1767 年至 1875 年百余年内，琉球多次从中国进口大量白糖和冰糖，有时达三万斤以上，可见其自产不敷食用。所以如此，当地所产甘蔗含糖量低可能是一原因。

波斯和阿拉伯为植蔗造糖技术在世界范围内传播交流的重要环节，已如前述。马可波罗在他的游记中谈到蒙古大汗曾派来自巴比伦的人到福建去传授制糖新技术，可见巴比伦所指的埃及或伊拉克在这方面已经达到了很高水平。后他约 70 年来华的伊本·白图泰则称中国的蔗糖比起埃及所产的有过之而无不及。看来中国的制糖技术在此期间已经有了很大提高。至于阿拉伯地区的早期，至少在穆罕默德创立伊斯兰教之前，并没有蔗和糖见于记载。二者最初是作为商品或医药从印度传来的。到 8 世纪中叶，糖的享用在宫廷中变得越来越普遍，相关的贸易也发达起来。在御医 Al-Razi 的论著中，糖的应用已经十分习见，糖和糖制品种类亦多。后于他的阿维森纳在其著作中也有相同叙述。此时（9~10世纪）阿拉伯地区的炼糖技术显然已经达到了很高的水平。阿拉伯人用糖的实践进一步突显出这样一个事实，即在印度、波斯、阿拉伯，甘蔗和糖最初只作药用，后来才药、食并用；而中国不同，似乎开始即以食用为主，后药用最盛时亦不及阿拉伯广泛，再后则更是大大减少。埃及引种甘蔗在公元 710 年左右，尔后尼罗河畔蔗田遍布，大规模的糖厂也纷纷建立起来。其所产糖量大质优，除供国内几近奢侈的需求外，仍能出口，成为政府税收的主要来源。伊本·白图泰有穷人进入糖厂，可随意用面包蘸食糖浆的记载，埃及糖业的发达，由此可见。

糖史第二编的最后一章，即第十二章，是季先生阅读《东印度公司对华贸易编年史》中译本的札记,属资料性质。该书反映的是 1635~1834 年两地之间的贸易状况,其中也包括从中国购糖。比较值得注意的是,中国出口的只有糖和冰糖两个品种,在近 200 年的糖类交易中,价格上升的幅度并不算大。

国际编所附的《新疆的甘蔗种植和砂糖应用》是对于三部新疆出土的于阗文、梵文和吐火罗文残卷的研究。统计分析结果表明,糖的应用在这些医籍方书中甚为普遍,间接反映出印度、波斯和阿拉伯医学的用药风格。这些残卷对于若干植物所具药性的理解和在具体方剂中的选择使用,与中国传统医学颇多相似之处,胡椒、蒜、莲、藕等都是这样的例子。季先生认为,所有这些,以及多元配伍的用药方式等,都是东方医学的共同特点。

作为《糖史》全书的总结,季先生在国际编后面增加了一个不长的第三编,"结束语"。在这里,他特别提醒读者注意他已经强调再三的写书意图,即他的目的首先不是写一部科技史,而是写一部以中国为中心的文化交流史。他认为,"推动人类社会进步的力量是多方面的,文化交流是其中比较重要的一个方面"。而就在糖这种司空见惯的日常食品背后,在他看来,便正好"隐藏着一部遍及五大洲几乎所有国家的文化交流的历史",尽管它曲折复杂,时隐时彰。季先生要做的,便是从各种典籍,特别是浩如烟海的古代汉文典籍中,挖掘出有用的史料,分门别类,予以整理,进而把"表现在甘蔗和蔗糖上的文化交流史"勾绘出来。结果证明,在糖的发展史上,中国占有自己独特的地位。中国尽管不可能是甘蔗的原生地,而用蔗制糖也起步较晚,但后来居上,终于在白砂糖的制造上取得了一定时期内世界上的领先地位。明末黄泥水淋脱色法的发明对于中国率先制出精纯白糖贡献莫大。由于中国糖工在东亚、南洋、美洲等地的勤苦劳作,中国在甘蔗种植和砂糖制造技术的传播上,也起了重要作用。

《糖史》附录所收的三篇论文中,第一篇《一张有关印度制糖法传入中国的敦煌残卷》最长,也最重要。这篇论文的主要论点是:甘蔗一词,写法很多,唐僧慧琳早已指出"此既西国语,随作无定体也",所以说它是外来语的音译,不会有错。无论在印度还是在中国,甘蔗都有多种,然而粗分起来,不过仅供生食和足资造糖两类。至于成糖,则依品色高下而有多层区分,只是这种区分中国比印度简单得多,仅有砂糖、石蜜而已。石蜜当来自梵文 śarkarà,残卷中的"煞割令"即其音译,为最值得注意的高质糖品之一。此说无懈可击,已成不刊,唯汉译佛典何以不止一次也将梵文 phàōita 译作石蜜,可惜迄无的解。至于制造"煞割令"的具体方法,原件在"小(少)许"前有所脱漏。季先生据印、中古代文献内多处对于造糖所需填料的具体描述,补以"灰"字,遂使原文意旨明了,顺畅可读。文末的"后记"和更后的"补充"虽然在形式上游离于论文主体,但在内容上却仍可视为其有机部分。"后记"300字,解决了一个"挍"字的合理解释问题。"补充"纠正了前者的一句误判,而就自己对于"挍"字的解释,则又提出了大量例证加以证明,卒使论文更趋完善。论文所研究的残卷是20世纪初伯希和从敦煌带走的,数十年辗转于众多中外学者之间,始终可观而不可玩。季先生从"煞割令"入手,一旦明其由来,全文通解无碍。

另外两篇论文谈 cānā 问题。在印度,cānā 这个字有"中国(的)"的意思,同时也用来称白砂糖。季先生在研究文献资料后指出,这是中国曾经向印度出口白糖的证明,其时间当在13世纪后叶。国外学者有关中国糖不曾输入印度的观点应该纠正。

《蔗糖史》的主要内容简述如上,不可能全面,也不可能深刻。至于季先生书中烛幽发覆的精彩论述,只有请读者自己去体认了。我仅有的希望是没有在"原始森林"中乱施斧斤,最后传达了歪曲的信息。

（作者单位:中国社会科学院亚洲太平洋研究所）

继往开来　华梵共尊

——中国现代印度学与季羡林

●郁龙余

随着中国学术从传统向现代转型,中国传统印度学也逐渐转型为中国现代印度学。在这个转型过程中,出现了一批著名学者,如梁启超、陈垣、熊十力、章炳麟、陈寅恪、汤用彤、吕澂、苏曼殊、梁漱溟、季羡林、金克木、任继愈、徐梵澄、巫白慧等等。在这批中国印度学从传统转向现代的先驱中,季羡林云峰嵯峨,以其世界公认的专业学术成果宣告中国现代印度学的正式建立。

季羡林对印度学的研究,既继承了中国的学术传统,又继承了欧洲的学术传统。由于中国古代对印度研究有着极为丰富的成果和经验的积累,一旦和欧洲现代方法相结合,在季羡林身上迸发出巨大的、不可压抑的学术生命力。他从留学德国开始,一直从事印度学研究。令人称奇的是,在他年纪迈入古稀之后,学术研究却走进了持续的丰收期,其重要原因是他明白自己的学术优势和肩负的责任。

除了中西结合所产生的学术优势之外,与生俱来的"杂家细胞"也为季羡林将学术研究做足做强贡献巨大。他说:"我这一生是翻译与创作并举,语言、历史与文艺理论齐抓,对比较文学、民间文学等等也有浓厚兴趣,是一个典型的、地地道道的'杂家'。我原来以为,我成为'杂家'是被环境逼出来的。现在看起来,似乎并非如此,我真像是有一些'杂家细胞'。"[1]

所以,季羡林对中国现代印度学的建立所作的贡献,既有历史因缘、时代机遇,也有别人不可替代的他自身的因素。

---

[1] 季羡林. 季羡林学术论著自选集[M]. 北京:北京师范学院出版社,1991:668.

一、历六十载 创新梵学——现代印度学的创建

季羡林,1911 年 8 月 6 日出生于山东清平县官庄。六岁入小学,除学习《三字经》《千字文》"四书"之类,还开始学习英语。中学阶段,除了学习国文、英语、数、理、生、地、史之外,还学习德语。进入高中,季羡林三年考得六个甲等第一名,成了"六连冠"。在诸多名师的严教和奖掖下,季羡林博览众取,打下了坚实的国学基础。1930 年报考北京大学和清华大学,被两校同时录取。经权衡,他进入出国机会多的清华大学,读西洋文学系。大学期间,他的英语、德语、欧洲文学和中国文学全面进步。而对他影响最大的是选修课朱光潜的《文艺心理学》和旁听课陈寅恪的《佛经翻译文学》。这两门课,对季羡林的学术生涯产生了决定性的作用。他说:"我搞一点比较文学和文艺理论,显然是受了朱先生的熏陶。而搞佛教史、佛教梵语和中亚古代语言,则同陈先生的影响是分不开的。"[1] 1934 年,清华大学毕业后,他应邀回母校山东济南高中任国文教员。班上不少私塾出身的学生年龄比他大好几岁,有的能将四书五经背得烂熟,西洋文学系毕业的季羡林如履薄冰。教是最有效的学。这一年对他的国语是最严峻的考验,同时也得到了很大的提高。1935 年,季羡林根据清华大学和德国签订的交换研究生的协定,考入哥廷根大学,主修印度学,副修英国语言学和斯拉夫语言学。学习了梵文、巴利文、俄文、南斯拉夫文、阿拉伯文等等,教授是世界著名印度学家 Sieg、Waldschmidt、Braun 等。1941 年,以全优成绩获得哲学博士学位。他的博士学位论文是《〈大事〉中伽陀部分限定动词的变化》。

从上述可知,季羡林从高中开始,接受的是中国、德国最好的教育。由于二战,季羡林获得博士学位后不能立即回国,被迫盘桓到 1945 年秋冬之交才有机会到瑞士,第二年秋辗转回到中国。陈寅恪将他介绍给北京大学校长胡适,被破格定为教授,并任命为新建的东方语文学系系主任。在这岗位上,季羡林工作了三十多年。1978 年至 1984 年担任北京大学副校长,1978 年至 1985 年担任北京大学和中国社会科学院合办的南亚研究所所长。1985 年该所分办后,季羡林继续担任北京大学南亚研究所所长至 1989 年。

季羡林高文硕学,不仅是中国当代的学术大家,而且是一位卓越的学术领袖。他在北京大学耕耘半个多世纪,培养了六千多名毕业生,其中不乏卓有

---

[1] 季羡林. 季羡林自传[M]. 南京:江苏文艺出版社,1996:6.

成就的教授、专家、高级外交官。1996年,在"北京大学东方学系建系五十周年、季羡林教授执教五十周年庆祝大会"上,一位毕业生所写的对联概括了他的功绩:

> 半世纪耕耘,广栽桃李功在园丁;
>
> 五十年培育,辈出栋梁根系苗圃。

季羡林学术研究领域广泛,学术兼职众多。他到底有多少学术兼职,多得难以计算,其中重要的就有五六十个。例如:中国科学院哲学社会科学部委员,中国外国文学会副会长,中国南亚学会会长,中国百科全书外国文学卷编委会副主任兼南亚编写组主编,中国民族古文字学会名誉会长,中国语言学会副会长,国务院学位委员会委员,中国外语教学研究会会长,中国大百科全书语言编辑委员会主任,中国大百科全书总编辑委员会委员,中国史学会常务理事,中国教育国际交流协会副会长,中国高等教育学会副会长,中国比较文学学会名誉会长,中国文化书院导师,《东方文化》丛书主编,《神州文化集成》丛书主编,中国亚非学会会长,《东方文化集成》丛书主编,《四库全书存目丛书》总编纂,《传世藏书》总编,《中国的声音》主编,《当代散文八大家》主编,《中华儒藏》总顾问,等等。当今之世,能像季羡林这样兼有如此众多的重要学术职务者,实为罕见。这些兼职,没有一个是他争来的,全是他人给他挂上去的。面对学术领袖供不应求的局面,季羡林表现出非凡的大家风范:能辞让的尽量辞让,辞让不掉的就说明职责,该实者就实,该虚者就虚。年届耄耋,重要兼职越多。但季羡林对该负责的学术工程决不推诿责任,有一次他对同事说:"我在外面挂了许多名,自己也说不清有多少,有些仅仅是挂个名而已,不干事,也不过问……《东方文化集成》不仅对中国,对整个东方乃至世界有着深远意义……这是传世之作,要把这件事抓好,抓到底,对人类作出新的贡献。"[1] 季羡林就是这样张弛有度、虚实结合,竭尽全力地为中国学术服务,赢得了极高的声誉。国内外凡有重大学术工程,都愿意请他主持或担任顾问,他的名字成了工程质量的象征和信心的保证。这是中华千年学术史上少有的现象。有人称季羡林是"北大之宝""中华之宝",实不为过,他确实是中国学术的无价之宝。

---

[1] 乐黛云. 季羡林与二十世纪中国学术[M]. 北京:北京大学出版社,2001:357.

作为学术领袖,除了组织才能之外,季羡林的过人之处更多地体现在他的先进的学术思想上。在漫长的学术生涯中,季羡林在一系列重大课题上发表了高瞻远瞩的见解,如古代印度佛教语言、中亚吐火罗语、敦煌吐鲁番文献、印度学、东方学、印度古代文学、中印文化交流、民间文学、比较文学、文艺美学、语言学、翻译学、中印佛教史、中西文化比较等等,都有大量文章、著作问世,都有掷地作金石声的精辟论断。这些论断或引领时人,或作学术坐标。

最让人震惊的是,季羡林在耄耋之年发表了"三十年河东,三十年河西"论,在学术界引发轩然大波。纵观季羡林的学术人生,"河东河西论"是其最激烈、最鲜明、最先锋的学术思想。"河东河西论"既有重大的理论价值,也有重大的社会意义。此论出自中国当代最具声望的学术领袖之口,其重要性及其带来的震撼异乎寻常。此论是否正确,由历史的发展来检验。季羡林登高望远,深切把握世界文化走向,并对之作出东方式的判断。这个季氏判断以其一生积学和智慧为基础,表述又极幽默而犀利,恰似现代谶语,不少人因学识不逮无法或不敢认同。其实"河东河西论"是季羡林晚年在学术思想上的最大贡献,也是其一生中最重要的理论贡献之一。[1] 它作为中国和平崛起的先兆,昭示着以文化学术复兴为核心内容的中华民族伟大复兴即将到来。

综上所述,季羡林是中国当代学术泰斗,在众多研究领域中作出了多方面的杰出贡献。但是,在他的所有学术贡献中,印度学研究最基础、最重要,开展最早,坚持最久。在季羡林众多称号中,印度学家是最基本的。他正是凭着自己丰硕而精湛的印度学研究成果,和其他学者一道,真正建立起了中国的现代印度学。季羡林不仅是当代中国的首席印度学家,也是世界最重要的印度学家之一。季羡林在《学海泛槎》一书中说:根据我自己还有些朋友的归纳统计,我的学术研究涉及的范围约有以下几项:

1. 印度古代语言,特别是佛教梵文
2. 吐火罗文
3. 印度古代文学
4. 印度佛教史
5. 中国佛教史

---

[1] 关于"河东河西论"的争论,详见经济日报出版社 1997 年出版的《东西方文化议论集》。

6. 中亚佛教史

7. 糖史

8. 中印文化交流史

9. 中外文化交流史

10. 比较文学及民间文学

11. 美学和中国古代文艺理论

12. 德国及西方文学

13. 中西文化之差异和共性

14. 散文及杂文创作[1]

季羡林的学术成就,不仅获得中国学人的高度评价,而且获得印度学人的高度评价。他曾多次应邀访问印度,受到印度人民的热情接待。1985 年 3 月,在印度新德里举行的"印度与世界文学国际研讨会"和"蚁垤国际诗歌节"上,被大会指定为印度和亚洲文学(中国和日本)分会主席。1987 年,获陆文星、韩素音中印友谊奖。1992 年,印度瓦拉纳西梵文大学授予季羡林最高荣誉奖"褒扬状"。季羡林的印度学成就同时获得了巨大的国际荣誉,1980 年,应聘为德国哥廷根科学院的《新疆吐鲁番出土佛典的梵文词典》顾问,1986 年受聘为冰岛大学《吐火罗文与印欧语系》研究顾问。

二、钟情梵典 犹重诗文——印度文学与季羡林

作为一位印度学家,季羡林将极大的精力投放在印度文学特别是古典文学的翻译和研究上。下面是他翻译印度文学的简况:

1956 年,人民文学出版社,迦梨陀娑《沙恭达罗》,1959 年、1980 年列入《外国文学名著丛书》;

1959 年,人民文学出版社,《五卷书》,于 1964 年、1980 年重印;

1962 年,人民文学出版社,迦梨陀娑《优哩婆湿》;

1980~1984 年,人民文学出版社,蚁垤《罗摩衍那》(一至七卷);

1985 年,漓江出版社出版,梅特丽娜·黛维《家庭中的泰戈尔》;

1994 年,人民文学出版社出版《罗摩衍那选》;

---

[1] 季羡林. 学海泛槎——季羡林自述[M]. 太原:山西人民出版社,2000:280~281.

1995 年,中国工人出版社出版《中国翻译名家自选集》,季羡林卷《沙恭达罗》;

1996 年,他晚年花了许多精力的吐火罗文《弥勒会见记》译释终于完成,作为《季羡林文集》的第十一卷于 1998 年由江西教育出版社出版。

季羡林还选译《佛本生故事》七则,曾与他人所译合集出版《佛本生故事选》。今这七则故事和《十王子传》选译《婆罗摩提的故事》一起收入《季羡林文集》第十五卷《梵文与其他语种文学作品翻译》(一)中。

上述情况告诉我们,季羡林几十年来焚膏继晷,孜孜不倦,在印度古代语言、中印文化交流、印度文化历史、佛教、比较文学和民间文学、糖史、吐火罗文、东方文化研究和散文创作、大量序跋写作的同时,还翻译了如此多的印度古典名著,实在令人惊叹。这就印证了他说过的一句话:"不管我其他工作多么多,我的兴趣多么杂,我决不会离开外国文学这一阵地,永远也不会离开。"[1]

季羡林的译作除《家庭中的泰戈尔》之外,都是印度文学史上的第一流的古典名著。

迦梨陀娑的戏剧,标志着印度古典梵语戏剧创作达到鼎盛阶段,并且独领世界戏剧风骚,直到中国元、明戏剧的兴起。《沙恭达罗》和《优哩婆湿》是迦梨陀娑的两个优秀剧作,特别是《沙恭达罗》,在印度人民心中有崇高的地位。印度有一则谚语说:"韵文里最优美的就是英雄喜剧,英雄喜剧里《沙恭达罗》总得数第一。"在世界戏剧史上,它也当之无愧地被列为千古名剧之一。18 世纪末,被译成欧洲文字后,震惊了整个欧洲。

《五卷书》是印度最著名的故事集,具有广泛的世界影响,它的译本之多,仅次于《圣经》。《佛本生故事》是与《五卷书》齐名的印度故事集,在世界各地有广泛影响。《十王子传》是印度文学史上最著名的宫廷诗之一。

季羡林用力最勤、费时最多的,还是《罗摩衍那》的翻译。这部史诗和《摩诃婆罗多》合称印度两大史诗,是古代印度文学的伟大宝库,对印度的影响,无论怎样估价都不会过高。泰戈尔曾经这样说过:"光阴流逝,世纪复世纪,但《罗摩衍那》和《摩诃婆罗多》的源泉在全印度始终没有枯竭过。"[2]两大史诗的西传,与欧洲启蒙运动及浪漫主义密切相关。为了与教会神权、封建专制斗争,宣扬个性解放、人权天赋,欧洲学者对风格迥异的东方文学表现出极大关注。他

---

[1] 季羡林. 季羡林自传[M]. 南京:江苏文艺出版社,1996:277.
[2] 泰戈尔. 泰戈尔论文学[M]. 南京:江苏文艺出版社,1996:144.

们陆续介绍、翻译两大史诗,从中汲取丰富的养分。

总之,季羡林抓住了重点,为中国学者研究印度古代文学打开了正门。

"佛兴西方,法流东国。"由于佛教东传,中国曾经是世界上对印度文化研究最深入、最富成效的国家,翻译的印度经典汗牛充栋。但由于宗教的排他性,属于印度教系统的大量印度古典文学名著未能翻译成汉语。只是极少数夹杂在佛经中的内容,如《梨俱吠陀》中的几句诗曾经汉译,真是吉光片羽。[1] 进入近代,这种局面有所改观,一部分印度古典名著开始被翻译介绍到中国。但是,这种翻译一般都不是根据梵文或其他原文,而往往是根据英、法、日等中介文字转译而来。如《沙恭达罗》在季译之前,焦菊隐曾于 1925 年从英文本转译出第四、第五幕,名为《失去的戒指》;王哲武根据法文本转译此剧;王维克也从法文本转译此剧,于 1933 年、1954 年两度出单行本;王衍孔也根据法文本转译,于 1950 年印行;卢冀野还根据英文本将此剧改编成南曲《孔雀女金环重圆记》,于 1954 年印行。

自 1956 年,季羡林根据梵文原文译出《沙恭达罗》,并由人民文学出版社出版,此剧在中国的翻译才算正本澄源,一锤定音。1957 年和 1982 年中国青年艺术剧院两度根据季译演出此剧,获得巨大成功。

所以,季译标志着现代中国翻译印度古典文学进入了新的里程。

季羡林翻译印度古典名著,特别是翻译大史诗《罗摩衍那》,是在十分困难的情况下进行的。

首先,是外部环境的困难。开始翻译是在"文革"末期,各种帽子、各种禁锢尚未除去。他白天大部分时间要给系里发信、守电话、当门房值班。《罗摩衍那》在当时尚属"毒品"范围,他不敢将原著带到值班的地方,就利用在家里的时间,每天将一小段原文抄在一张张小纸条上,上班干活之余,反复思考构思,打腹稿,如果眼前没有人,再偷偷写下译成的腹稿,下班后再回家赶紧抄写下来。[2]

这种外部恶劣环境带来的心理压力和成倍加大了的工作量,不亲身经历是无法真正体会到的。

其次,是翻译工作本身的困难。

《罗摩衍那》在玄奘取经时有 1.2 万颂,而到当代则发展到 2.4 万颂。季译

---

[1] 郁龙余. 东方文学史[M]. 西安:陕西人民出版社,1994:102.
[2] 蔡德贵. 季羡林传[M]. 太原:山西古籍出版社,1998:519.

根据的是最近的精校本,亦有 2 万颂。他夜以继日,从 1973 年到 1983 年,历十年风雨,呕十载心血,终于译成汉文 9 万行,5000 余页七篇八册的皇皇大作。这个工作量,对于一位六七十岁的老者是何等巨大,季羡林是充分估计到了。所以,在动笔之初,他只计划翻出三篇。后来,外部环境好转,特别是人民文学出版社表示准备出版此书,他受到极大鼓舞,取消了原先只译三篇的计划。1980 年《罗摩衍那》第一篇出版,季羡林喜不自禁,下定决心,锲而不舍,昼夜不息,终于译完全书。

除了工作量巨大之外,翻译本身也遇到了麻烦。大史诗故事情节不复杂,充满铺陈。"这种故事情节简单而叙述冗长、拖沓的风格,有时让我非常伤脑筋,认为翻译它是一件苦事。"[1] 译文体裁也令季羡林大伤脑筋。原文是诗,译文亦必须是诗体,但到底哪种诗体好呢?中国诗歌进入白话诗,已无严格诗体可言。若用古体,无疑是作茧自缚。加上史诗中有许多神名、人名、地名、花木名、武器名,在原文中是合韵的,一译成汉语就头疼。严复说:"一名之立,旬月踟蹰。"季羡林是"一脚(韵脚也)之找,失神落魄"[2]其痛苦实不足为外人道也。译名的统一也带来了困扰。中国历来对其都已约定俗成,若袭用,则不大便。只好自创译名,难之又难。

季羡林对印度文学的贡献,不仅体现在他以身作则,翻译了 450 多万字的印度文学作品里,而且还体现在他对印度文学见解独到的研究中。

以《五卷书》为代表的印度寓言故事,传布世界各地,中国也不例外。最早,是通过佛经汉译传入的,自魏晋以降,中国书籍中可以找到不少源自《五卷书》的故事。进入近代,通过中介语言出现一些转译故事。1959 年,季羡林从梵文直接译出此书并由人民文学出版社出版,使中国读者见到了此书的真实面貌。

在此前后,季羡林对《五卷书》和印度故事展开深入研究。1941 年,他写出《印度寓言自序》;1946 年,写成《一个故事的演变》《梵文五卷书:一部征服了世界的语言童话集》;1947 年,写成《一个流行欧亚的笑话》《木师与画师的故事》《柳宗元〈黔之驴〉取材来源考》;1948 年,写出《"猫名"寓言的演变》;1949年,写出《〈列子〉与佛典》《三国两晋南北朝正史与印度传说》;1958 年,写成《印度文学在中国》;1959 年,写成《〈卡里来和笛木乃〉中译本前言》《五卷书译

---

[1][2] 季羡林. 季羡林自传[M]. 南京:江苏文艺出版社,1996:253.

本序》。

至此,季羡林对《五卷书》的介绍与研究告一段落,并对印度著名故事集、与《五卷书》并称双璧的《本生经》进行译介。1963 年,他在《世界文学》五月号上发表《关于巴利文〈佛本生故事〉》和《佛本生故事选译》。

到 1979 年,季羡林又写成《〈五卷书〉译本重印后记》;1982 年,为《中外文学书目问答》一书写《五卷书》简介;1985 年,为《简明东方文学史》写《五卷书》一节;1988 年写成《〈五卷书〉在世界的传播》。

季羡林对以《五卷书》为代表的印度故事文学的研究,不仅向中国读者对印度故事作出有深度的介绍,而且使其从实践和理论上成为中国比较文学较早的研究者之一。季羡林认为,比较文学作为一门新兴学科的出现,与以《五卷书》为代表的印度故事有关。他说:"《一千零一夜》《十日谈》《安徒生童话》、《拉封丹寓言》和其他许多书籍都有《五卷书》中的故事,有的故事甚至传到了非洲。19 世纪以研究这些故事传播演变的过程,形成了一门新的学科,即比较文学史。"他还认为民间文学与比较文学结下了难解难分的缘分,"甚至可以说,没有民间文学,就不会有比较文学的概念"[1]。

季羡林对比较文学研究,不仅很早,而且甚勤。除了上面所举文章之外,他早在 1947 年写成《从比较文学的观点上看寓言和童话》,以后陆续发表《漫谈比较文学史》《新疆与比较文学研究》《应该看重比较文学研究》《文化交流与文学传播》《当前中国比较文学的七个问题》《比较文学之我见》《对于 X 与 Y 这种比较文学模式的几点意见》等文章。1991 年结集出版《比较文学和民间文学》一书,近 30 万字,是他对比较文学研究的一个总结性成果。

季羡林对比较文学的研究,有以下几个特点:(1)以介绍印度故事为先导,翻译印度故事为后续,两者互为呼应。以中印比较为主,辅以他国故事。(2)中印故事比较以影响研究为主,注重考据,强调与文化交流结合,拒绝简单比附,亦不尚平行研究。(3)以具体的中印故事文学比较为基础,逐渐建立起自己的比较文学理论。这个理论以语言、历史、宗教、文化研究为学术背景,不求完备,但求独具特色。(4)研究由实而虚,从比较文学到比较诗学,是其发展路向。1988 年他发表《关于神韵》一文,是其中印比较诗学研究的重要收获。

当然,季羡林对比较文学的研究是全面的,研究对象除了故事文学之外,

---

[1] 季羡林. 比较文学与民间文学[M]. 北京:北京大学出版社,1991:1.

还包括神话、史诗、小说、戏剧等等。

现代中国比较文学的研究,可以追溯到梁启超、王国维、鲁迅、陈寅恪以及朱光潜、吴宓、钱钟书等人。然而,比较文学中国学派的建立,当推季羡林为第一人。他以半个世纪的辛勤,写下了大量论著的同时,为中国比较文学的发展奔走呼号,呕心沥血。他精通多种语言,通晓中印文学,研究成果丰硕且自成体系,极富中国特色,是当代中国比较文学研究的宝贵财富,对世界比较文学研究作出了重要贡献。

季羡林对《罗摩衍那》的翻译和研究也是并重的。1973 年他着手开始翻译这部庞大的史诗,1977 年译成。他一边翻译,一边进行研究,其成果《〈罗摩衍那〉初探》一书于 1979 年由外国文学出版社出版。在此之后,季羡林对大史诗的研究并不就此止步,而是进一步向纵深发展,于 1984 年写出《〈罗摩衍那〉在中国》、1985 年写出《罗摩衍那》两篇长文。季羡林对《罗摩衍那》的研究,运用的重要方法是比较文学的方法。尤其是《〈罗摩衍那〉在中国》一文,堪称比较文学影响研究的范例。《罗摩衍那》以优良的译文质量荣获国家图书奖,他的研究在学术界也获得了高度评价。季羡林是中国《罗摩衍那》研究的开拓者和集大成者,至今无一人能望其项背,为国际《罗摩衍那》研究注入了新的活力,为中国学术界赢得巨大荣誉。

《弥勒会见记》译释,是季羡林晚年的一项重大翻译研究工程,历时之久,用力之勤,不亚于翻译大史诗《罗摩衍那》。吐火罗文是在我国新疆境内发现的一种古文字,分 A、B 两种,出土于焉耆县的,称吐火罗文 A,又称焉耆文;出土于龟兹县的,称吐火罗文 B,又称龟兹文。世界上通晓吐火罗文者,极为珍稀,所以吐火罗文可以说几成绝学。季羡林是国内唯一真正掌握这门几成绝学之人。他自 1946 年回国之后,由于资料完全缺乏,再也没有机会研究。然而,到了他的晚年,44 张 88 页吐火罗文残卷突然出现在他面前。他知道翻译研究这些残卷难度巨大。接还是不接,进退两难。最后,季羡林以巨大的学术勇气,还是硬着头皮接了下来。于是,当代中国翻译史上,乃至世界翻译史上最精彩的一幕开始了。1998 年在柏林和纽约出版了研究《弥勒会见记》剧本的英文专著,同年在中国作为《季羡林文集》第十一集出版了中英文合体的《吐火罗文〈弥勒会见记〉译释》。在这个合体本中,收录了季羡林研究吐火罗文 A 残卷《弥勒会见记》的英文专著 Fragments of the Tocharian A Maitreyasamiti-Nāṭaka of the Xinjiang Mu-seum, China 和中文的长篇《导言》。

季羡林在耄耋之年，胜利完成《弥勒会见记》剧本的译释，可以说是一个奇迹。首先，他捡起丢了 40 多年的吐火罗文。他找出从德国带回来的尘封已久的吐火罗文书籍，绞尽脑汁，把当年获得的那一点知识从遗忘中再召唤回来，刮垢磨光，使之重现光彩。[1]他将婆罗米字母转写成拉丁字母，转写了不到几页，《弥勒会见记剧本》的书名便赫然在目，顿时喜不自胜。其二，得到了回鹘文译本的相辅。吐火罗文残卷是 27 幕《弥勒会见记》剧本中的一部分，而这个残本由于被火烧过，没有一页甚至没有一行是完整的。然而十分幸运，这个剧本在中国新疆出土了丰富的回鹘文残卷，而中国有回鹘文专家。季羡林像得到了一根拐棍。在中国回鹘文专家耿世民、李经纬等教授的帮助下，季羡林逐渐弄清楚了吐火罗文残卷的内容。这是一件十分费时费力的困难之事，他在《自序》中说："我只能靠着西克师有名的《吐火罗文法》一书的索引，辅之以回鹘文的汉译文，艰难困苦地向前爬行。"[2]有没有回鹘文的相辅，是很不一样的。在德国，早已由 Sieg 和 Siegling 将保存在欧洲的中国新疆出土的《弥勒会见记》的原文及由他们用拉丁字母转写的本子出版了，但是没有任何一位学者译释出版过。因为欧洲学者缺乏一种必要的辅助。季羡林则有这种辅助，他说："对照汉文有关资料，其中最为重要者实为回鹘文译本，若无回鹘文译本，则翻译吐火罗文本，几为不可能之事。"[3]其三，得到了国际友人的帮助。季羡林用十几年的时间，先后译释了若干篇章，用中英文在国内外杂志发表。于是引起国外专家的重视，德国吐火罗文专家 W·Winter 教授要求他将这个剧本残卷全部译成外文在欧洲发表。于是，季羡林在得到中国回鹘文专家帮助的同时又得到德国吐火罗文专家 W·Winter 和法国吐火罗文专家 G·Pinault 教授的大力支持。季羡林在按语中说："现在这个英译本，虽为破天荒之作，倘无上举德法两位专家学者之鼓励，之帮助，则必不能达到现在这个水平，此可断言也。"[4]

以上三个条件合在一起，于是就有了我们今天见到的《吐火罗文〈弥勒会见记〉译释》的中英文合本。说其是奇迹，是破天荒之作，是中外翻译史上的幸事，一点也不过分。而这个成果是他在耄耋之年取得的，不得不令人肃然起敬。

那么，《弥勒会见记》译释到底有何重大意义呢？这部著作的意义有两部分，一是其内在的学术意义，二是其外在的影响意义。

季羡林对吐火罗文《弥勒会见记》研究的学术意义到底表现在哪些方面呢？

---

[1][2][3][4] 季羡林. 吐火罗文《弥勒会见记》译释[M]//季羡林. 季羡林文集：第十一卷. 南昌：江西教育出版社，1998：2,3,140.

首先,搞清楚了吐火罗文《弥勒会见记》的性质。此书在典籍中无载,故在新疆残卷第一次发现之前,谁也不知道有这本书。残卷的出现,学者们大为震惊。但由于残缺,学者们不知道这是一部什么样的书。后来,有学者通过研究,渐渐知道这是一部佛经,是一部文学作品。经过他的译释,则比较彻底地弄清楚了这部书的真面目。

(一)吐火罗文《弥勒会见记》是一个译本,它的原文是印度文,可能是梵文,也可能是印度其他俗语。由于迄今在印度尚未发现原文,这就为不善保存古籍的印度增添了一份文学遗产。回鹘文的《弥勒会见记》是根据吐火罗文译出的。季羡林认真将这两个本子进行核对,发现两者:"虽然在不少地方有一定的距离,但是在另外一些地方则几乎是字与字、句与句都能对得上的。称之为翻译完全符合实际情况。"[1]这样,不但为印度戏剧史和中亚佛教传播史填补了一个空白,而且进一步确定了吐火罗文的历史地位和《弥勒会见记》在中亚的两个译本之间的关系。

(二)确定《弥勒会见记》是一个剧本。由于这个译本颇为特殊,戏剧的特征十分模糊,因而西方学者包括 Sieg 和 Siegling 在内也都否认它是一个剧本。他们说:"从内容上来看,这部作品一点也不给人戏剧的印象。它同其他散文夹诗的叙事文章一点也没有区别。"[2]约 31 年后,Sieg 教授承认《弥勒会见记》是一个剧本。但是怀疑、争议在西方学者中依然存在。季羡林经过译释,特别是将此剧的吐火罗文本和回鹘文本加以对照,确认吐火罗文《弥勒会见记》是一个剧本。季羡林明确指出,吐火罗文剧本无论在形式方面,还是在技巧方面,都与欧洲的剧本不同。带着欧洲的眼光来看吐火罗文剧必然格格不入。当然,这个吐火罗文剧严格来说,是一个羽毛还没有完全丰满、不太成熟的剧本。[3]季羡林的这个结论,不仅廓清了西方学者对此剧的怀疑,而且为我们指证了一个在文化交流中尚未成熟、定型的戏剧样式。这对研究东西方戏剧差异及戏剧在翻译传布过程因接受多种因素的影响而发生变化,是十分有意义的。

第二,搞清楚了《弥勒会见记》的版本情况。季羡林译释的残卷从新疆焉耆县出土,并由新疆博物馆收藏,所以季羡林名之为"新博本"。新博本内容相对集中,大都在 27 幕剧的第一、二、三、四、五幕。虽然剧本内容不全,但意义重

---

[1][2][3] 季羡林. 吐火罗文《弥勒会见记》译释[M]//季羡林. 季羡林文集:第十一卷. 南昌:江西教育出版社,1998:8,12.

大。早在 1983 年,有专家在《文物》上刊文指出:"这次发现吐火罗文 A(焉耆语)本《弥勒会见记剧本》残卷,为研究吐火罗文提供了极有价值的实物资料;对于我国民族史、戏剧史、宗教史等的研究来说,也是弥足珍贵的。"[1]

这么重要的古籍版本流传状况,季羡林是不会放过的。他对流存在各地的本子进行了介绍,其中对"德国本"作了重点分析,并将新博本与德国本进行了对照,使人们对两者的相互位置一目了然。另外,季羡林对弥勒故事在巴利文、梵文、于阗文、粟特文、回鹘文、汉文中的情况作了介绍。其中对巴利文、梵文和于阗文的材料收集尤详。季羡林是梵文、巴利文专家,治梵文、巴利文资料自然驾轻就熟。在此,我要强调的是于阗文资料。于阗文曾流行我国古代新疆的于阗一带,于今已与吐火罗文、回鹘文等一样,成了一种死文字。关于弥勒的资料,保存在一部由一位名叫 Ysambasta 的官员命人撰写因而被称为《Ysambasta之书》的长诗中。此书共 24 章,其中第 22 章《弥勒授记经》的内容,季羡林根据 Emmerick 的英译本将全文译成汉语。这样使我们的汉文佛藏多了一份文学作品,同时为弥勒研究提供了新的极有价值的资料。[2]季羡林如此看重《弥勒授记经》,是因为它的研究价值。在《吐火罗文〈弥勒会见记〉译释》的导言中,季羡林对《弥勒授记经》和鸠摩罗什译的《佛说弥勒下生成佛经》进行了比较研究,并且对这个于阗本故事在新疆及中亚弥勒信仰的传播中所起的作用,亦作出精辟的论述。

第三,对弥勒研究有了新的突破。弥勒是佛教中的重要菩萨。他原出身于婆罗门家庭,后来成为佛弟子,从佛授记(预言)将继承释迦牟尼位为未来佛("当佛")。弥勒救世思想传入中土,与道家某些教义融合,形成三佛应劫救世观念,在中国民间迅速传播。所谓三佛应劫救世,简言之为燃灯佛、释迦佛、弥勒佛,在不同时期应世救难。而弥勒佛在末劫之世降临人间,行龙华三会,救苦救难,度贫男贫女回归彼岸,本是大乘佛教中一派的弥勒净土信仰,不但得到中土上层社会的诚信,而且得到中土下层百姓的追捧,一时势力大增,在一段时间里面几乎直追释迦。人们不仅翻译了大量有关弥勒的佛经,而且杜撰了许多拥戴弥勒的伪经。从造像上也可以看出当时弥勒信仰的情况。据统计,北魏时释迦造像 103 尊,弥勒 111 尊,阿弥陀 15 尊,观世音 64 尊,可见弥勒信仰之盛。从汉末到清代,弥勒救世思想在中国流传不绝,并在相当长的时期里与朝

[1][2] 季羡林. 吐火罗文《弥勒会见记》译释[M]//季羡林. 季羡林文集:第十一卷. 南昌:江西教育出版社,1998:15,97,111.

廷对抗,形成了中国宗教史上的一个奇特现象。

然而,以前对弥勒信仰的研究,所据材料基本上以汉译佛经为主,对弥勒信仰在梵文、巴利文典籍中的记载以及在传播途中的有关情况,由于资料的欠缺而从未展开。季羡林的《吐火罗文〈弥勒会见记〉译释》,则完全突破了这个局限。印度早期佛教中就有多数佛的概念。在巴利文佛典中,就提到了未来佛。弥勒(Metteya)这个巴利文词出现于巴利藏最早的经典之一 Suttanipāta 中。佛教从小乘发展为大乘,弥勒信仰非但未受影响,而且势力愈来愈大。原因是大乘佛教冲破了小乘佛教的各种束缚,形成了"一神论思想""救世主思想""功德转让""在家修行""塑造佛像"等等众多特点,而弥勒集这些特点于一身。季羡林深刻指出:"在某种意义上,他是唯一的神;他在无数的菩萨中是一个特殊的菩萨;在小乘中他只是一个未来佛,通过弥勒 Cult 他成为一个救世主;他有像;他通过自己的功德最终普度众生,使众生皆大欢喜,来了一个最大的大团圆;他是他力的典型代表。"[1]这段论述,不但道出了弥勒的风云际会、扶摇直上,而且道出了佛教从小乘向大乘发展的轨迹。

总之,季羡林的《吐火罗文〈弥勒会见记〉译释》,特别是其中《巴利文、梵文、弥勒信仰在印度的萌芽》一节中所论述的七个问题《巴利文和梵文中〈弥勒会见记〉与〈弥勒授记经〉的各种异本》《Maitreya 这个字的含义》《Maitreya 与 Aajita》《Maitreya 与伊朗的关系》《Maitreya 与 Metrak》《弥勒信仰在印度的萌芽和发展》《弥勒与弥陀》,充满了对弥勒研究的新突破,为我们提供了丰富的新材料和新论点。中外学人再要研究弥勒,应从研究他的《吐火罗文〈弥勒会见记〉译释》开始。

影响意义是建立在学术意义之上的。

中国进入近代,由于西方列强的入侵和封建制度衰亡,积贫积弱,大量文化古籍被盗往国外,敦煌古卷便是典型的一例。于是,敦煌学研究渐渐兴起。不幸的是,由于种种原因,出现了这样一种说法:敦煌在中国,敦煌学在国外。不管这种说法能否成立,总是中国学者面临的尴尬。新的吐火罗文残卷出土了,送到了中国唯一懂吐火罗文的学者面前,怎么办?季羡林经犹豫之后最终接受了任务。此事表面上是新疆博物馆的李遇春突然造访,将新出土的 44 张 88 页吐火罗文残卷交给了他。而我认为,这实际是一种民族的重托,尤其是当弄清

---

[1] 季羡林. 吐火罗文《弥勒会见记》译释[M]//季羡林. 季羡林文集:第十一卷. 南昌:江西教育出版社,1998:75.

了这些残卷的内容及其学术意义之后。季羡林在迟暮之年所以花这么多心血和时间，除了译释工作的学术意义之外，我想不会不考虑其影响意义。现在我们看见的这部《吐火罗文〈弥勒会见记〉译释》中英文合体本，是当今世界对《弥勒会见记》研究的最新成果，代表这一领域研究的最高水平。我可以放言：吐火罗文《弥勒会见记》出土在中国，吐火罗文《弥勒会见记》研究也在中国。季羡林又为中国学术争了光。

季羡林对印度文学的介绍与研究，不局限于古典文学，还包括近现代文学。

其中，推介最力的当数泰戈尔。大概由于文本的原因，季羡林对泰戈尔的推介不是将精力放在作品翻译上，而是利用各种集会发言和写纪念性文章的机会，全面深入地向中国人民介绍这位近代东方最伟大的诗人。泰戈尔在中国有不少好友和崇拜者，不少知名作家受他的影响，如冰心、郭沫若、许地山、徐志摩等等。但对泰戈尔评价最全面、最公正、最有见地的是季羡林。他对泰戈尔及其作品的评价，是中国学者中最具影响的，其中不少已成不刊之论。中国学者研究泰戈尔，必须先研究季羡林的研究。

1961年，泰戈尔诞辰100周年，中国举行隆重纪念大会。季羡林发表了四篇文章：《泰戈尔与中国》《泰戈尔的生平、思想和创作》《纪念泰戈尔诞生100周年》《泰戈尔短篇小说的艺术风格》。以后又写了《纪念泰戈尔诞生118周年》(1979)《泰戈尔诗选序》(1984)《家庭中的泰戈尔》译者序言(1984)《简明东方文学史》之一节《泰戈尔》(1987)《泰戈尔散文精选》前言(1990)等等。他受黛维夫人嘱托翻译《家庭中的泰戈尔》，是为了向广大中国读者介绍泰戈尔更真实、更亲切的另一面。季羡林13岁时在济南见过泰戈尔，高中又读他的作品，并模仿他的作品写过一些小诗。到了中年，对他进行过一些研究，写过论泰戈尔的诗歌和短篇小说的文章。季羡林说："我同泰戈尔的关系，可以说是60年来没有中断。"[1]

季羡林不遗余力地推介泰戈尔，不是为推介而推介，而是为了促进对泰戈尔的研究，提高人们对印度现代文学的认识。只要是事关印度文学，请季羡林作序题字，无不慨允。他曾先后写了《舞台》中译本序(1980)《惊梦记》序(1981)《秘密组织——道路社》序(1983)《佛经故事选》序(1984)《薄伽梵歌》序(1984)《印度印地语文学史》序(1984)《摩奴法典》汉译本序(1985)《中国

---

[1] 梅特丽娜·黛维. 家庭中的泰戈尔[M]. 桂林：漓江出版社，1985：5~6.

普列姆昌德研究论文集》序(1987)《中国民族文学与外国文学比较》序(1988)《印度古代文学史》前言(1990)《北大亚太研究》序言(1991)《汤用彤先生诞生100周年纪念论文集》序(1992)《东方文学名著鉴赏大词典》序(1993)等等。

季羡林耕耘和守望印度文学,达半个世纪,可谓摩顶放踵,吐哺握发,劳苦而功高。他开创了中国印度文学研究的新时代。

三、一代宗师　学术圭臬——季羡林的治学之道

季羡林是当代中国学术的骄傲。在大半个世纪的岁月里,他焚膏继晷,完成了惊人的研究工作。先让我们看一看《季羡林文集》[1]的情况:

第一卷:散文(一);

第二卷:散文(二);

第三卷:印度古代语言;

第四卷:中印文化关系;

第五卷:印度历史与文化;

第六卷:中国文化与东方文化;

第七卷:佛教;

第八卷:比较文学与民间文学;

第九卷:糖史(一);

第十卷:糖史(二);

第十一卷:吐火罗文《弥勒会见记》译释;

第十二卷:吐火罗文研究;

第十三卷:序跋杂文及其他(一);

第十四卷:序跋杂文及其他(二);

第十五卷:梵文及其他语种文学作品翻译(一);

第十六卷:梵文及其他语种文学作品翻译(二);

第十七卷:罗摩衍那(一);

第十八卷:罗摩衍那(二);

第十九卷:罗摩衍那(三);

第二十卷:罗摩衍那(四);

---

[1]《季羡林文集》24卷由江西教育出版社于1998年出版。

第二十一卷:罗摩衍那(五);

第二十二卷:罗摩衍那(六上);

第二十三卷:罗摩衍那(六下);

第二十四卷:罗摩衍那(七)。

一看目录就知道,除散文、序跋、杂文之外,他的学术研究极富有挑战性,不少内容(如吐火罗文)是少有人敢问津的世界难题,24卷1000万字,谈何容易。然而,这只是1994年前的成果,1995年以后的成果,还有待出版续集。季羡林的学术成就是辉煌的,是一笔巨大的精神财富,而他的治学之道同样是一笔巨大的精神财富,值得我们学习借鉴。他的学术生涯,漫长而丰富多彩,他的治学之道别具特色。综观季羡林治学,惜时如金为其成功秘诀,预流弄潮为其不死灵魂,用弘取精为其得心常法,学术道德为其立身之本。

惜时如金　季羡林是个朴拙的老实人,为人做学问都一样。他所以能成为世界知名的大学者,靠的不是聪明,而是锲而不舍、孜孜不倦的精神。惜时如金、以勤补拙,是他的成功秘诀。故而他又是高明的。季羡林看重天才。有人认为:"九十九分勤奋,一分神来(属于天才的范畴)。"他认为这个百分比应该纠正一下,"七八十分的勤奋,二三十分的天才(才能)",更符合实际一点。季羡林从不以为自己有什么天分,所以他非常强调勤奋。他说:"无论干哪一行,没有勤奋,一事无成。"[1]郭应德说:"在我和先生相处的日子里,他经常中午不回家休息。在办公室随便吃点东西,或同青年同志一起,去学校食堂吃饭,然后回到办公室翻译、查材料或写东西。先生分秒必争,常利用会议间隙写作。他善于闹中求静,即使环境杂乱,也能专心致志属文。他宵寝晨兴,夜里三四点钟即起,夜阑人静,辛勤笔耕,数十年如一日。先生的鸿篇巨著,就是这样孜孜不息完成的。"[2]

利用一切可以利用的时间,古今中外许多学者都如此。不过季羡林是更为甚者,珍惜时间到了对自己几近苛刻的程度。古人惜时有"三上"之说,他则利用一切时间的"边角废料",会上,飞机上,火车上,汽车上,甚至自行车上,特别是在步行时,脑海中思考不停。他恨不得每天有48小时,不敢放松一分一秒,不然静夜自思就感到十分痛苦,好像犯了什么罪,好像是在慢性自杀。除了有争分夺秒的惜时之心,还得有巧用时间的妙法。季羡林在几十年间养成了一

[1]季羡林.学海泛槎——季羡林自述[M].太原:山西人民出版社,2000:308.

[2]郭应德.人格的魅力[M].延吉:延边大学出版社,1996:36.

段时间内从事几种研究的习惯,不喜欢单打一。这种歇活不歇人的办法,他屡试不爽,在《罗摩衍那》的翻译中,他获益良多。他说:"除了这件事之外,我还有许多别的工作,特别是后期,更是这样,并且还有许多开不完的会加入进来。这一些繁杂的工作,实际上起了很大的调剂作用。干一件工作疲倦了,就换一件,这就等于休息。打一个比方说,换一件工作,就好像把脑筋这把刀重磨一次,一磨就锋利。再换回来,等于又磨一次,仍然是一磨就锋利。《罗摩衍那》就是我用这种翻来覆去磨过的刀子翻译完毕的。"[1]

是时代造就了季羡林特殊的勤勉不息、惜时如金的性格。他说:"在人类社会发展的长河中,我们每一代人都有自己的任务,而且是绝非可有可无的。如果说人生有意义与价值的话,其意义和价值就在这里。"[2]读了这一段发自肺腑的话,我们对季羡林近乎怪僻的治学之道,就不难理解了。

惜时如金,坚持一辈子不动摇。天道酬勤,季羡林的印度学研究,以及其他学术的研究,获得跨越时代的成就,皆得益于此。

预流弄潮 治学要开创新天地,决不能因循守旧,人云亦云;而必须勇立潮头,不主故常,咸与维新。季羡林对此有深刻体认,而且身体力行。他强调学术要紧跟上时代的新潮流。他说:"近百年以来,在中国学术史上,是一个空前的大转变时期,一个空前的大繁荣时期。处在这个伟大历史时期的学者们,并不是每一个人都意识到这种情况,也并不是每一个人都投身于其中。有的学者仍然像过去一样对新时代的特点视而不见,墨守成规,因循守旧,结果是建树甚微。而有的学者则能利用新资料,探讨新问题,结果是创获甚多。"[3]他非常赞同陈寅恪关于学术研究的"预流"的精辟之见。他说:不预流,就会落伍,就会僵化,就会停滞,就会倒退。能预流,就能前进,就能生动活泼,就能逸兴遄飞。并认为王国维、陈寅恪等近代许多中国学者都是得了"预流果"的。我认为,季羡林本人也是得了预流果的,是中国当代学术的弄潮人。

季羡林学术研究中的弄潮精神,除了受到他的中国老师陈寅恪等的影响外,还得益于他的德国老师瓦尔德斯米特教授。他是一位权威学者,第四学期念完,他就给了一个博士论文题目《〈大事〉伽陀中限定动词的变化》。为了做好博士论文,季羡林花了大约一年多的时间,写了一篇长长的绪论。送给教授,约

[1] 季羡林. 季羡林自传[M]. 南京:江苏文艺出版社,1996;255~256.
[2] 季羡林. 人生絮语[M]. 杭州:浙江人民出版社,1996;233.
[3]《饶宗颐史学论著选》序,上海:上海古籍出版社,1993;8.

一周后退回，整篇文章用一个括号括了起来，被"坚决、彻底、干净、全部"消灭掉了。教授说："你费的劲很大，引书不少。但是都是别人的意见，根本没有你自己的创见。看上去面面俱到，实际上毫无价值。你重复别人的话，又不完整准确。如果有人读你的文章进行挑剔，从任何地方都能对你加以抨击，而且我相信你根本无力还手。因此，我建议，把绪论统统删掉。"[1]

这件事对季羡林的打击很大，但受用终身。"没有创见，不要写文章"，成了他的戒律和衣钵，并传给他的学生。

由此，季羡林对印度学的研究，见解独到，充满新意。我们以他对《罗摩衍那》的研究为例，来看他是如何革故鼎新的。他在专著《〈罗摩衍那〉初探》和论文《〈罗摩衍那〉在中国》《罗摩衍那》中，对这部大史诗作出了自己的解释，新意迭出。对其思想内容的分析，尤见心裁和功底。

他首先将世界上著名的《罗摩衍那》专家的各种见解一一列出，然后指出：以上这些学说或看法，很不相同，也很有趣味，但都没有搔到痒处。看来还有进一步探讨的必要。[2]真是一石投林惊百鸟。接着，季羡林从种姓关系、婆罗门和刹帝利之争、正义和非正义之辨、民族矛盾问题切入，对大史诗的思想内容作出深刻精辟的论述，提出自己独树一帜的一系列新论点，铿锵作响，掷地有声。

追求卓越和不同凡响，是季羡林学术研究的风格和坚持不懈的精神。这种风格和精神在他对印度学的研究中，随处可见。例如，他对《梨俱吠陀》中被西方学者称为"东方神秘主义"的若干哲学诗的新解，特别是对《无有歌》的洞见，真有振聋发聩之感。

《吐火罗文〈弥勒会见记〉译释》一书，更是他宝刀不老、勇攀高峰精神的见证。

季羡林对印度学研究如此，对其他学科的研究也如此。预流创新，是他学术研究的灵魂、生命和价值所在。他呼吁我们："放眼世界，胸怀全球，前进，前进，再前进；创新，创新，再创新。"[3]为此，季羡林提倡了解国外同行的研究动态，阅读中外国杂志，反对闭门造车，反对空喊和国际接轨。他说："不读外国同行的新杂志和新著作，你能知道'轨'究竟在哪里吗？连'轨'在哪里都不知道，

[1] 季羡林. 赋得永久的悔[M]. 北京：人民日报出版社，1996：349~350.
[2] 季羡林. 比较文学与民间文学[M]. 北京：北京大学出版社，1991：255~256.
[3] 饶宗颐. 饶宗颐史学论著选[M].上海：上海古籍出版社，1993：27.

空喊'接轨',不是天大的笑话吗？"[1]

用弘取精 季羡林推崇胡适"大胆的设想，小心的求证"的观点，认为它是不刊之论。为什么要大胆呢？季羡林认为："不要受旧有的看法或者甚至结论的束缚，敢于突破，敢于标新立异，敢于发挥自己的幻想力或者甚至胡想力，提出以前没有人提过或者敢于提出的假设。""没有大胆的假设，世界学术史陈陈相因，能有什么进步呢？"[2] 在这里，大胆假设和预流是相通的，不过大胆假设之后要小心求证。"预流之后，还有一个掌握材料，越多越好。"饶宗颐是这样评价的："他具有褒衣博带从容不迫的齐鲁风格和涵盖气象，从来不矜奇，不炫博，脚踏实地，做起学问来，一定要'竭泽而渔'，这四个字正是表现他上下求索的精神。"[3] 这四个字作为度人的金针，亦是再好没有的。但要真正做到这四个字，必须具备条件："第一要有超越的语言条件，第二是多姿多彩的丰富生活经验，第三是能拥有或有机会使用的实物和图籍等各种参考资料。这样不是任何一个人可以随便做到的，而季老皆具备之；故能无一物不知，复一丝不苟，为一般人所望尘莫及。"[4]

季羡林对材料的求全责备，跟他重考据的学术爱好有关。清代桐城派姚鼐认为，天下学问之事，有义理、文章、考证三者之分，异趋而同为不可废。季羡林认为，考证是他最喜欢的东西，他56年的学术活动，走的基本上是一条考证的道路。

考证的基础是材料。所以对材料的竭泽而渔，是季羡林学术研究的首要追求。但是，这仅仅是事情的一半。有了材料，还要在正确的观点和方法的指导下，绅绎出可靠的结论，使结论尽量接近真理，就是"小心求证"。如果说，尽可能多地占有材料，以至于达到竭泽而渔的境地，是"用弘"的话；那么用正确的观点和方法去指导，绅绎出可靠的接近真理的结论，就是"取精"。季羡林认为，"小心求证"要根据资料提供的情况，根据科学实验提供的情况来加以检验。有的假设要逐步修正，使之更加完善。有的要反复修正十次、百次、几百次，最后把假设变成结论。经不住客观材料考验的假设，就必须扬弃，重新再立假设，重新再受客观材料的考验。这就是小心求证。

综观季羡林的学术成就，无论是印度学研究，还是其他领域的研究，走的

[1]季羡林.学海泛槎——季羡林自述[M].太原:山西人民出版社,2000:313.
[2]季羡林.季羡林学术论著选集[M].北京:北京师范学院出版社,1991:7.
[3][4]饶宗颐.《季羡林传》序[M]//蔡德贵.季羡林传.太原:山西古籍出版社,1998:1~2.

都是用弘取精的路子。首先是大胆假设，收视反听，耽思旁讯，精骛八极，心游万仞，所谓发挥想象力、胡想力；一旦确立假设，就广收博罗，对材料竭泽而渔；接着就是对材料爬梳剔抉，披沙拣金，去芜存菁，用可靠的材料去修正假设；最后将经过修正的假设和挑选过的材料进行博综精思，灵构妙筑，写出学术论著。以《罗摩衍那》研究为例，他写了一本专著和两篇论文。在《〈罗摩衍那〉在中国》一文中，介绍和研究《罗摩衍那》在中国的传播和影响，搜集了梵文、巴利文、汉文、傣文、藏文、蒙文、古和阗文和吐火罗文A（焉耆文）八种语言的材料，给人搜罗备至、叹为观止的感觉。同时，他的绅绎归纳做得很好，许多高妙的绝论令人叹服。

学术道德　以上三点，是季羡林治学思想中的重要内容，但还不是它的全部。他还非常重视学术良心或学术道德。中国学者历来讲道德文章，即强调做人和文风。这个传统到清代还得到较好传承，梁启超在《清代学术概论》中说："隐匿证据或曲解证据，皆认为不德。""凡采用旧说，必明引之，剿说认为大不德。"季羡林对此深表赞同。认为梁启超的"德"与他谈的学术道德完全一致。[1]

对学术道德，季羡林身体力行，而且大声疾呼。他不相信人性本善，但相信学术的作用。"人类社会不能无学术，无学术，则人类社会就不能前进，人类福利就不能提高；每个人都是想日子越过越好的，学术的作用就在于能帮助人达到这个目的。"他就是在这样一个起点上谈学术道德的，看似调子不高，却十分坚实。他对学术骗子给予严厉鞭挞。什么叫有学术良心或学术道德？季羡林认为，通过个人努力或者集体努力，老老实实地做学问，得出的结果必然是实事求是的。这样做，就算是有学术良心。什么是学术骗子呢？他说，剽窃别人的成果，或者为了沽名钓誉创造新学说或新学派而篡改研究真相，伪造研究数据。这是地地道道的学术骗子。对于学术骗子，季羡林给予了严厉的警告：这样的骗局决不会隐瞒很久的，总有一天真相会大白于天下。许多国家都有这样的先例。真相一旦暴露，不齿于士林，因而自杀者也是有过的。季羡林所以大声疾呼，是因为这种学术骗子，自古已有，可怕的是于今为烈。

要求别人做到的，首先必须自己做到。季羡林郑重申明：我可以无愧于心地说，上面这些大骗或者小骗，我都从来没有干过，以后也永远不会干。[2]季羡林认为，正确对待不同学术意见，尤其要敢于公开承认和改正自己的错误意

---

[1][2]季羡林.学海泛槎——季羡林自述[M].太原:山西人民出版社,2000:306~307.

见,这才是光明磊落的真正学者的态度。他坦诚地承认,最初他对不同的学术观点也不够冷静,觉得别人的思考方法有问题,或者认为别人并不真正全面地实事求是地了解自己的观点。后来,他有了进步,认为要求别人的思想方法与自己一样,是一厢情愿,完全不可能的,也是完全不必要的。他还认为,无论怎样离奇的想法,其中也有可能有合理之处,采取其合理之处,扬弃其不合理之处,是唯一正确的办法。尤其可贵的是,季羡林认为,个人的意见不管一时多么正确,其实还是一个未知数。他强调了时间的因素,认为"是否真理,要靠实践,兼历史和时间的检验"。季羡林是这么认识的,也是这么做的。他在选编《东西文化议论集》时,将反对意见的文章,只要能搜集到的,都编入书中,让读者自己去鉴别分析。[1]

谦虚,是学者的美德。季羡林作为一位学术大家对此非常关注。他关注的是真谦虚,而不是"故作谦虚之状"的假谦虚。他将谦虚与否,作为一个道德问题来考量,认为"在做学问上谦虚,不但表示这个人有道德,也表示这个人是实事求是的"。对一些年轻人自视甚高,他深感忧虑。他说:"有不少年轻的学者,写过几篇论文,出过几册专著,就傲气凌人。这不利于他们的进步,也不利于中国学术前途的发展。"人贵有自知之明。季羡林是真正做到了的。他总觉得自己不行,"样样通,样样松","自知之明"过了头,不是虚心,而是心虚了。[2]凡是了解季羡林为人的,都知道他讲的是实话。他写了一辈子文章,累计达千万言,但一直到晚年他写作还是不敢离开字典。这种小心翼翼、如履薄冰的态度,就是"心虚",就是不敢自以为是,就是对读者的尊重和负责,就是学者的道德。季羡林的谦虚可谓数十年一贯制。1947年,已经是教授、系主任的他,听了汤用彤的《魏晋玄学》一年,每堂课必到,听课笔记保留至今。周祖谟当时还不是正教授,季羡林觉得自己中国音韵学知识欠缺,就征得他的同意去旁听他的课。到晚年,他撰写《中华蔗糖史》,为了资料占有的彻底性,他不耻下问,向东语系各专业的教师包括青年教师请教各类糖在各种语言中的说法。

虚心治学和学术勇气相结合,这才是完整的学术道德。坚持真理,敢于向权威挑战,是季羡林的一贯作风。关于原始佛教语言问题,他曾于1956、1958、1984年写过三篇论文,是其在国际学术论坛勇于挑战、敢于胜利的范例。进入耄耋之年,季羡林的学术勇气依然不减当年,他提出中国通史、中国文学史必

---

[1][2]季羡林. 学海泛槎——季羡林自述[M]. 太原:山西人民出版社,2000:310~315.

须重写,美学必须彻底转型,大破大立,另起炉灶。这是何等的见地和勇气!季羡林为何愈老威望愈高,不但得到国内外老一辈的同行学者的敬仰,而且深得青年学者的喜爱?是因为他的道德文章。

季羡林是当今学术界泰斗,一代宗师,其学之富,非五车可喻。张中行说:"他会的太多,而且既精且深,我等于站在墙外,自然就不能瞥见宗庙之美,百官之富。"[1]以上所述,只是对季羡林学术研究的一孔之见,既不深,更不全。然而古人说"见象之牙,知其大于牛也",请读者"以所见占未发"吧。

季羡林在《汤用彤全集》序中说,中国学术史上有许多像章太炎、王国维、陈寅恪、汤用彤这样的"不可逾越"的高峰。[2]我们完全有理由认为,季羡林用毕生的精力,也为我们树立了一座不可逾越的学术高峰,永远令人叹之,仰之。

(作者单位:深圳大学印度研究中心)

[1] 郭应德. 人格的魅力[M]. 延吉:延边大学出版社,1996:3.
[2] 季羡林.《汤用彤全集》序[J]. 北京大学学报,2000(6):142~143.

季羡林先生与印度文学

●薛克翘

在谈到自己学术研究的范围时，季羡林先生用了一个"杂"字，说自己是"杂家"，并列出了这样几项："一、印度古代语言，特别是佛教梵文；二、吐火罗文；三、印度古代文学；四、印度佛教史；五、中国佛教史；六、中亚佛教史；七、糖史；八、中印文化交流史；九、中外文化交流史；十、中西文化之差异和共性；十一、美学和中国古代文艺理论；十二、德国及西方文学；十三、比较文学及民间文学；十四、散文及杂文创作。"[1]季羡林先生在诸多学术领域都取得了卓越的成就，在印度学研究领域的成就更是非凡，这是举世公认的。而在印度学领域中，季先生又与印度文学有着特殊的因缘，这也是我们大家都知道的。今天，我在这里就着重谈谈季羡林先生对印度文学研究的重大贡献。

季羡林先生在留德的十年间，学习和研究了梵文和巴利文（当然还学习和研究了其他文字，如德文、吐火罗文、俄文，等等[2]），这不仅决定了他一生与这门语言的不解之缘，也决定了他与印度古代和近现代文学的不解之缘。也就是说，这决定了先生的命运：一辈子都从事印度学方面的工作，而且义无反顾，勇往直前。用他自己的话说："在哥廷根，我要走的道路终于找到了，我指的是梵文的学习。这条道路，我已经走了60年，今后还将走下去，直到不能走路的时候。"[3]至今，先生在病榻上，在轮椅上，还在走这条路，以致先生在这个领域所取得的成就无人能及。

下面，从译介和研究两个方面来谈谈先生在印度文学方面的成就。

---

[1] 季羡林. 学海泛槎——季羡林自述[M]. 北京：华艺出版社，2005：240.
[2] 季羡林. 学海泛槎——季羡林自述[M]. 北京：华艺出版社，2005：69~72.
[3] 季羡林. 留德十年[M]. 上海：东方出版社，1992：43.

一、对印度文学作品的译介

季先生做了大量的翻译工作。先生主张"研究、创作与翻译并举",但他又说过,自己"搞翻译工作,那完全是出于无奈"。[1]但尽管如此,先生翻译文字的数量仍然很大,质量也决不降低。

现列出先生关于印度文学的主要翻译作品,如下:

1. 《沙恭达罗》(人民文学出版社,1956年)

《沙恭达罗》是印度古代古典梵文时期大诗人和戏剧家迦梨陀娑的诗剧。先生的译文优美而准确。译出后曾多次被搬上舞台演出。他不仅让我们知道了这个戏剧的内容,也让我们知道了印度古典戏剧方面的一些基本知识,知道了印度古典戏剧与古代神话传说的关系。

2. 《五卷书》(人民文学出版社,1959年)

《五卷书》是印度古代一部民间故事集,在世界具有广泛影响,有各种文字的版本在世界各地流传。季先生的汉译本突出了"信"字,因此,该书的汉译对中国学者研究印度民间文学和比较文学具有极高的资料价值。当年西方民俗学者和比较文学研究者就曾经对这部书进行过研究,并取得丰硕成果。该译本出版以后,也为我们国学者的有关研究提供了重要帮助。

3. 《优哩婆湿》(人民文学出版社,1962年)

这也是迦梨陀娑的诗剧,翻译同样优美准确。

4. 《罗摩衍那》(人民文学出版社,1980年~1984年)

这是印度两大史诗之一,号称"最初的诗"。但这部史诗内容庞杂,涉及面广,既讲述神话传说和各种民间故事,又有宗教教诲和道德训诫;既充满了奇异的幻想,又有历史的影子和古代社会生活的片段。史诗分为十篇,长达20000余颂(诗节)。翻译这样的巨著,其工程之浩大,困难之重重,可以想见。而先生翻译该书时,又处在"文革"那样特殊的历史时期。先生在身心都受到残酷折磨的艰苦条件下,独力完成了全部的翻译,历时五年陆续刊出,共七大本。这需要怎样的精神,何等的毅力,岂是常人所能想象。后来,先生在回忆文章中曾多次提起这段经历,其中甘苦,岂是外人所能体验的。

从先生在书中的注解可以看出,先生在翻译时做了许多考释工作,使这

[1] 季羡林. 此情犹思——季羡林回忆文集:第二卷[M]. 哈尔滨:哈尔滨出版社,2006:53.

部史诗既具有阅读价值,又具有研究参考价值。伴随着这部史诗的翻译,先生还写了一部研究专著《罗摩衍那初探》(外国文学出版社,1979 年)。

5.《家庭中的泰戈尔》(广西漓江出版社,1985 年)

这是季先生应原书作者,印度女作家梅特丽耶·黛维之请而翻译的一部关于印度大诗人泰戈尔的回忆录性作品。这部书对于中国读者进一步了解泰戈尔的人格和著作很有好处。

季先生还有不少其他关于印度文学的译著,这里不一一列举了。

从以上所列可见,他所翻译的主要是印度古代的梵文作品,而梵文在今天的印度并不是一种人们日常使用的语言,只是在极少数学者中还偶尔使用。这本身就增加了翻译的难度,就决定了翻译过程中必须伴以研究。

关于翻译,季先生有一篇文章《谈翻译》[1],1946 年写的,表达了他对翻译工作的看法,也批评了一些不严肃、不道德的现象。今天读来仍有现实意义。

我们知道,文学作品的译介工作至少有三大意义:一是满足文学爱好者的审美要求;二是帮助本国民众通过文学作品了解相关国家和人民的文学,并通过文学作品进而了解他们的历史和文化;三是作为外国文学研究的资料。可以说,这是一项最基本、最基础的工作。对这项工作的基本要求,就是前人早已总结出的三个字——信、达、雅,三者缺一不可。而三者中的“信”是第一位的,离开了“信”,就变成了胡诌八扯,其余便无从谈起了,既毁坏了原作的风貌,又欺骗了本国读者。可以说,季先生的翻译做到了信、达、雅这三个字,尤其是“信”。因为他本人不仅是一位翻译家,而且是一位研究者,深知研究工作必须建立在可靠资料的基础上。

我国有多少读者读过季先生翻译的作品,有多少人看过根据他翻译的剧本排演出的戏剧,有多少外国文学教材参考了这些作品,又有多少学者依据这些作品写出了文章,已经多得无法统计了。

二、对印度文学的研究

在印度文学的研究方面,季羡林先生的成就与他自己的研究特点紧密相关。所以这里从谈他的研究特点入手,同时说明其研究成就。

第一,季先生一般不作鉴赏性研究,也很少有那种思想性、艺术性和局限

---

[1] 季羡林. 比较文学与民间文学[M]. 北京:北京大学出版社,1991:13.

性的"老三段"式讨论。即使作了,也决不流于空泛和教条,而是推陈出新,标新立异。先生曾经说过:"没有新意,不要写文章。""单篇论文的核心是讲自己的看法,自己异于前人的新意,要发前人未发之覆。有这样的文章,学术才能一步步、一代代向前发展。"[1]

举个例子。在季先生1963年写的《五卷书·译本序》里,有关于《五卷书》思想性的讨论,但先生并不仅仅指出哪些是书中的精华,哪些是其糟粕。而是结合历史背景,从哲学的高度,从宗教的视角去肯定这些故事的积极意义,批判其消极因素。在1979年写的《五卷书·再版后记》里,同样也有关于思想内容的分析。先生同样也提出了宗教和哲学问题,这就切中了思想内容的核心。更重要的问题是,在《译本序》和《再版后记》里,先生并非仅仅谈了《五卷书》的思想内容,更写了许多我们以前不知道的事情,如版本问题、语言问题等等,有新资料,有新观点,对于我们阅读和研究极有帮助。

第二,季先生对印度文学的研究不限于文学本身,而是广征博引,由文学而扩大到文化,又由文化而扩大到社会。

文学从来就不仅仅是文学,印度文学也是一样,其中包含有丰富的内涵。如果对印度的历史文化不甚了了,只能是看看热闹而不摸门道。由于季先生在印度历史文化方面具有丰厚的底蕴,所以他对印度文学的研究就显得鞭辟入里,而且深入浅出,能使更多的读者看懂受益。"深入浅出"不是人人都能做到的,而真正做到了的,必是大师级的人物。那些玩弄玄虚、玩弄新词、绕着弯子说话的文章,肯定是新手所为,别人看不懂,其实他自己也不见得明白,说明他们还在学术的大门口摸索徘徊。

现在让我们看看季先生的《罗摩衍那初探》。在这部书里,季先生既探讨了文学问题,如主题、人物等,而更重要的是通过这部书探讨了印度古代的文化和社会。

第三,季先生把印度文学研究与比较文学结合起来,成为中国比较文学研究的倡导者和表率。他特别注重文学的比较研究,尤其是中印文学的比较研究。由于他学识广博,精通多种语言,又有极强的记忆力,加上资料功夫扎实,因此,他的成就也足以证明他是我国比较文学界的学术泰斗。10年前,为纪念季先生85岁寿辰,我曾经写过一篇文章,专门谈季先生对比较文学的贡献[2]。

---

[1] 季羡林. 此情犹思——季羡林回忆文集:第二卷[M]. 哈尔滨:哈尔滨出版社,2006:49.
[2] 薛克翘. 中印文学比较研究[M]. 北京:昆仑出版社,2003:295.

文中,我总结出这样几点:第一,他是中国比较文学屈指可数的先行者之一;第二,他是"文革"后中国比较文学最积极的倡导者;第三,他科学地界定了比较文学的研究领域,充分肯定了比较文学研究的意义;第四,他对比较文学的研究方法提出若干精辟见解;第五,他为比较文学中国学派的建立提出了正确主张;第六,他为后代研究者做出了榜样。

第四,季先生不仅仅研究印度古代文学,对印度现代文学也深有研究。这突出表现为他对印度大诗人泰戈尔的研究。在这方面,他既有翻译作品,又有研究文章。翻译作品是前面已经提到过的《家庭中的泰戈尔》,研究文章则主要是长篇论文《泰戈尔与中国——纪念泰戈尔诞生一百周年》[1]。这篇文章写于1962年,1978年底重新抄写、补充。文中,季先生谈了这样几个问题:一、泰戈尔的生平、思想和作品;二、泰戈尔论中国文化和中印关系;三、泰戈尔访问中国;四、泰戈尔对中国抗日战争的关怀;五、泰戈尔对东方文明和中印前途的展望。其中,对泰戈尔思想的论述十分精彩,对于读者理解泰戈尔的哲学思想,并进而理解其作品(尤其是诗作)极有补益。

今年,在季先生95华诞之际,我们回顾他的学术生涯,回顾他在北京大学执教60年的风雨历程,我们深深感到,半个多世纪以来,他就是我国印度学乃至东方学研究领域的一面旗帜。无论是北大东语系的建立,东方学研究院的建立,还是被教育部认可的东方文学研究中心的建立,都仰仗他这面旗帜。在他的带领下,一批重要的古籍、丛书和工具书纷纷问世。我们后来人都是受惠者,我们不能白白受惠,而必须要继承和发扬先生的精神、先生的学风,把印度文学的研究工作做得更好。

(作者单位:中国社会科学院亚洲太平洋研究所)

---

[1] 季羡林. 中印文化关系史论文集[M]. 北京:生活·读书·新知三联书店,1982:137,170.

季羡林与中印文化交流

● 王树英

中印两国自古以来，一直是相互学习，彼此交流的。几十年来，季先生对此不仅作了大量细致认真的研究，他上承前代之余绪，下开一世之新风，独辟蹊径，发前人之未发，有不少很有历史价值的著作问世，其影响巨大，而且他还身体力行，做了很多有关中印文化交流的实事，他不愧为中印文化交流的使者。

季先生一向重视文化交流的研究，他说："我们研究文化交流，绝不是为研究而研究。除了学术意义外，还有现实意义。——全世界各国人民都时时刻刻生活在文化交流中，都从文化交流中既得到物质利益，也得到精神利益。"

季先生认为，中印文化交流历史久远，尤其"佛教于公元前传入中国后，也由于同样的原因站稳了脚跟，并逐渐扩大其影响，不但在群众中流行开来，而且深深地渗透到中国传统思想核心之中，如果不是佛教传入中国，中国的哲学的发展将会迥然不同，这一点我们很难想象。随着佛教在中国的传播，博大精深的印度哲学、文学和艺术等也随之传入进来。所以印度文化对中国的影响，成了一个家喻户晓的现象，十分突出，令人难以忽视"。因此，季先生认为："不研究佛教对中国的影响，就无法写出真正的中国文化史、中国哲学史甚至中国历史。佛教在中国的发展，是一个非常有意义的研究课题。"这些话说得非常精辟和中肯。但是，长期以来，我国在这方面的研究落后，为改变这种状况，季先生多年来致力于这方面的研究，先后出版了几部重要著作，如《佛教与中印文化交流》等。但是，文化交流是相互的，双向的。因此，季先生认为，"如果中印两国之间没有相互学习和交流，两国文化的发展就不可能是今天这个样子"。他就中国文化对印度的影响进行了大量研究，发表过不少著作，诸如《中印文化交流史》《交光互影的中外文化交流》等，填补了这个研究领域的空白。

季羡林治学六七十年,涉及的领域之广之深之杂之多,在国内外实属罕见,很难用一两句话所能包容,涉及印度、中印文化交流等学科的就有很多。概括地讲,主要有以下几个方面:1. 印度学研究;2. 中印文化交流史研究;3. 中外文化交流史研究;4. 翻译著名印度文学作品及印度文学研究;5. 比较文学与民间文学研究;6. 散文创作。

在印度学研究方面,季先生卓有建树,贡献巨大,首屈一指,是他几十年来用力最甚、花时间和精力最多的领域。所谓印度学,包括印度的语言学、文化学、历史学、佛教学等等。他不仅精通英语、德语、梵语、吠陀语、巴利语、吐火罗语,还能阅读法语、俄语等书籍,这为他从事语言学研究提供了重要条件。在印度古代语言研究方面,他突出的贡献是发现并证明了古代印度语言各种形态变化特点,他的论文为判定佛教经典产生的年代、地点、流传情况提供了可靠的依据。他把佛教梵语的研究同印度佛教史的研究结合起来,解决了印度佛教史上的许多问题,发现了佛教梵语的发展规律,为丰富和发展语言学作出了重大贡献,对印度语言发展史的研究意义重大。他通过对语言学的研究,还促进了自己对其他学科的研究。他把语言研究与佛教史实的探索紧密地结合起来,在探讨古代佛教语言时,并不严格限于语言的形态变化,而是努力探究隐蔽在形态变化后面的东西。季先生的大量细致研究获得了丰硕成果,达到了国际一流水平,为世界各国学者所敬重,在世界梵语学界和语言学界受到高度重视。在这方面的代表作有《印度古代语言论集》《原始佛教语言问题》等。

在印度文化学方面,季羡林先生继往开来,功勋同样卓著。他对印度文化的形成与特征、优点与长处、缺点与不足,以及它与西方文化的差异、与中国文化的区别等,都有明确的阐述,对印度文化在世界文化中的突出地位和重大影响,也有科学的说明。他指出:"中印两大文化圈之间,相互学习和影响,又促进了彼此文化的发展,这就是历史,也是现实。"这话千真万确,一针见血。他身体力行,不仅介绍了印度文化,而且还做了大量研究,大大推动了中国对印度文化的研究,促进了中印文化交流和彼此了解。在这方面的代表作有《季羡林论印度文化》《古代印度的文化》《中印文化交流论文集》等。在他的垂范和积极倡导下,我国一批又一批学术著作相继问世。

在历史学方面,季先生高屋建瓴,辨伪辟谬,新义迭出,发前人之未发,这是他的研究特点之一,诸如印度佛教传入中国的时间与途径问题等,就是例证之一。季羡林先生主张,研究历史要有"史德",实事求是,注重考证。"考证的目的在于求真求实,而真实又是历史研究的精髓。对史料不做考证求实的工作而妄加引用,或歪曲原意,或削足适履,不管有意还是无意,都是不道德的行为,为真正有良心的学者所深恶痛绝。"他还主张,研究历史切忌教条主义,他强调指出,"历史研究,贵在求真,决不容许歪曲历史事实,削足适履,以求得适合某种教条主义的'论'"。他不仅对中国历史研究提出了看法,更对印度历史研究发表了高见。关于印度历史,季先生给我们提供了研究印度历史的科学理论和方法,他主张要历史唯物主义地划分历史时期和确定社会性质、用实事求是的态度和科学的比较方法来研究等,他身体力行,为中国学者做出了光辉示范。除了发表过《印度简史》《1857~1859年印度民族起义》等著作外,他还写了许多涉及印度历史的重要学术著作,如《罗摩衍那初探》《中印文化交流史》《糖史》等,在这些著作中,他对许多前人未注意到或没有解决的有关印度历史问题,作了科学探讨,提出了独到的见解,填补了印度历史研究的空缺,起到了开拓印度历史研究的作用,获得了国内外学者的盛赞。

在佛教学方面,季羡林先生是国内外为数很少的真正能够运用原始佛典进行研究佛教学的学者。他用大量的梵文、巴利文、佛教梵文、印度古代俗语及汉译佛典等原始资料进行研究,就原始佛教的语言问题与一些国际学者进行研讨、辩论,最后匡正了一些国际知名学者的错误结论,产生了重大影响。其代表作有《原始佛教的语言问题》《印度古代语言论集》《佛教》(见《季羡林文集》第七卷)等;在吐火罗语言研究方面,他填补了我国这方面研究的空白,引起了国际学术界的高度重视,为中国争得了荣誉。代表作有《吐火罗文研究》吐火罗文《弥勒会见记》译释(见《季羡林文集》第七、十一卷)。

佛教从印度传入中国,但佛教曾又"倒流印度"这一反馈现象鲜为人知。这在印度佛教史上,在中印文化交流史上,甚至在世界宗教史上,是一个很有趣的现象。为什么在佛教中出现这种现象?研究这一问题,对研究佛教史、中印文化交流史、世界宗教史,都有深刻的意义。但至今还没有哪一部佛教史或有关书籍,认真地谈到这个问题。季先生通过研究和分析大量史料,对佛教倒流的现象、原因等作了精辟阐述,对倒流印度的史实作了科学结论,解释了这一特异现象,从而为佛教学的丰富和发展作出了新贡献。(可参阅《季羡林佛教学术论文集》等)

在中外文化交流方面,季先生主张积极开展中外文化交流,既总结过去,又展望未来。他写文章,作报告,办讲座,大力宣传文化交流的必然性和重要性。诸如《文化交流的必然性和复杂性》《中国文化发展战略问题》等，后来他又主编了《东西文化议论集》，所有这些，受到中外学者的重视，影响颇大。他对中外文化交流的研究，其范围相当广，其时间也相当长。但更难能可贵的是，他对中印文化交流史的研究，贡献更大。他用了大量时间和精力，对中印两三千年的文化交流的事实进行了系统的挖掘和整理，并指出其交流的特点："互相学习，各有创新，交光互影，相互渗透。"季先生对印度和中印文化交流的研究，成就卓著，主要代表作有《中印文化交流史》《佛教与中印文化交流》《糖史》和《大唐西域记校注》等等。由于成就辉煌，他被印度文学院授予"名誉院士"。印度驻华大使南威哲先生（V.K.NAMBIAR）在授予他"名誉院士"仪式上的讲话中说："季羡林教授对印度的研究，倾注了毕生的精力，真可谓是一个传奇式人物。季羡林教授也是世界上公认的梵文研究的带头人。他对中印两国历史长期相互交流的研究所作的贡献，时至今日仍然起着先锋作用。"印度文学院院长罗摩坎达·赖特先生（RAMKANTA RATH）在授予季羡林教授名誉院士仪式上的讲话中指出："采取这一史无前例的创举，把名誉院士授予季羡林教授，中国、东方文化学术界的带头人，我对此举备感欣慰。"

在印度古代文学方面，他翻译、介绍了大量印度古代文学作品，并进行了一系列认真研究，作出了突出贡献，填补了中国的印度梵文文学的空白，促进了中印文化的交流，增进了中印两国人民之间的友谊，获得了中印两国学者的交口称赞。几十年来，他陆续翻译了《沙恭达罗》《五卷书》《十王子传》《佛本生故事》等名著。尤其经过十年坚忍不拔的努力，终于翻译完了世界著名的印度大史诗《罗摩衍那》，不但填补了我国梵文文学翻译的一项空白，也是我国翻译史上的空前盛事。因此，得到了国际梵文学界的极高评价和赞扬。在此基础上，他又研究了《史诗》在我国新疆、汉、傣、蒙、藏地区传播的情况，以及它在中国的影响，为中印文化交流研究作出了新贡献。

在比较文学与民间文学方面，季先生勇于创新，不因循守旧，重视比较文学研究。他提出了建立比较文学中国派的主张，得到中国学者们的一致赞同，在中国不断发展壮大，引起了世界文学界的极大关注，如今已成为世界比较文学的一个重要组成部分。他指出了比较文学属文化交流范畴，并强调了"比较"的重要性和必要性以及所使用的方法，把"中国文学纳入比较文学轨道，纠正过去欧洲中心论的偏颇"；他亲自写过一些比较文学论文，指出了目前在比较文学方面存在的问题。他认为："在世界文学史上，东方文学一向占据着很重要的地位,中国、印度、伊朗、阿拉伯、日本以及其他许多东方国家的文学对世界文学产生过巨大的影响,促进了世界文学的发展。但是到了今天,东方文学却远远没有得到应有的重视,习惯于欧洲中心那一套做法,或多或少,有意无意,抹杀东方文学在世界文学中的作用,这不利于世界各国人民之间的互相学习与互相了解。"因此,他强调:"我们进行比较文学研究并不是为比较而比较,真正的目的是通过这种研究,发展我们自己的文学。"现在的问题是对东方文学重视不够,他主张"建立比较文学的中国学派,目的只是想能够较客观地认识中国文学及东方文学的价值和地位,吸收各学派的长处,建立一个科学的有特点的比较文学体系,促进我们文学的发展。但如何才能做好比较研究,季先生强调指出:"一个人如果真想搞比较文学,至少必须通中国文学,另外再通一门外国文学,不能精通,也要稍通。对中外文学理论和发展规律要有一定的理解。具备了这样的基础,就不至于乱比,瞎比,比较的结果,也会有助于中国新文学的发展。"要搞好比较文学研究,应重视文艺理论建设,两者关系密切。"他认为:"中国古代文艺理论、印度古代文艺理论、西方古代文艺理论,是人类文艺理论的三大体系。我们都应该下工夫努力学习,'采得百花成蜜后',必有所得。只有做到这一步,中国的比较文学才能真正有所突破,才能真正立于世界比较文学之林,从而形成我们大家所期望的比较文学的中国学派。"总之,季先生为中国比较文学的复兴和建设作出了巨大贡献。其代表作有《〈罗摩衍那〉在中国》《五卷书》《漫谈比较文学史》《比较文学之我见》《比较文学与民间文学》和《季羡林文集》第八卷。

散文创作。季先生的研究工作有个特点,即几项工作同时交换进行,也是一种积极的休息方法。与此同时,若偶有所感,还写点散文。他写的散文,别具一格,另具特点,在中国 20 世纪的文坛上独树一帜,可读性很强,已为世界所公认。提到季羡林的散文,无人不交口称赞。他既擅长抒情,又擅长写景,偶尔还用典引诗,使文章耐人寻味,给人以无限的美感。因此,读他的散文,既会被他那高尚的人格力量所震撼,又会被那些散文佳作的艺术魅力所陶醉。他"刚正不阿,嫉恶如仇,择善固执",在文章中均有体现,感人至深,读者爱不释手,为众人所称道。他的散文,就像他的为人一样,淳朴、亲切、幽默和睿智,有丰富的内涵和动人的情感。截至目前,已创作出 150 多万字的散文,现汇集成册,出版发行,其中包括对印度的回忆记录,如《天竺心影》等。

中印文化交流是相互的。印度文化传入中国,影响了中国文化,但中国文化，无论物质文化，还是精神文化，也传入印度，对印度文化的发展起了重要影响，这也是事实。因此，季先生说："如果中印两国之间没有相互学习和交流，两国文化的发展就不可能是今天这个样子。"这话千真万确，在世界民族之林中，像中印两大民族文化这样密切，在世界上的确是举世无双的。季羡林先生破除了中印两国单方面学习的成见，创立了"中印文化互相学习，各有创新，相互渗透"的新说。他发表一些文章和专著，对中印文化关系研究作出了重要贡献。

中印之间的文化交流，与佛教的传入有密切关系。印度佛教很早传入中国，但如何传入的？途径如何？传入中国后有哪些改造与发展？佛教传入的同时，对中国的语言、文化、音乐、艺术、医学等到底产生了哪些影响？佛教传入中国后，在中国经过了改造与发展，后来又如何倒流印度？等等。季先生对这一系列问题都进行了认真研究，一一作了回答，解决了很多疑难问题。读了季羡林先生的著作，不仅使许多问题可以迎刃而解，而且还会给读者带来种种启发。

季先生从事中印文化交流研究工作，有其独特的方法，"是从语言现象出发的"，以语言学、历史学等为依据，"最喜欢考证，亦称考据。考据，严格说来，只能算是一种研究方法，其精髓就是：无据不信"。加之，不墨守成规，不故步自封，敢于思考，勇于探索，勤于耕耘，独辟蹊径，发前人之所未发，对中印文化交流的诸多方面进行了大量研究，从而开拓了新的领域，著作丰赡，令人赞叹不已。例如，《原始佛教语言问题》《印度古代语言论集》等，都是重要著作。

那么中国文化对印度到底有哪些影响，季先生同样作了大量研究，成果显著，令人敬佩。其中主要包括以下几个方面：

1. 他对制糖术在中印两国之间交流的历史，进行了研究，通过对大量中外史料查证，他得出了"制白糖的技术"是从中国"传入印度"的这一结论。并且指出，"这一技术是经海路传入的，即使全靠语言学证据也能证明这一点"（详见《季羡林论中印文化交流》第2页）。但他又在中国历史文献《明史》中找到了证据，再次证明，中国的制糖技术传入了印度，地点是孟加拉，时间是明代（详见上书），这是季先生的重大贡献之一。经过多年研究，他又发表了《糖史》这一辉煌巨著，令世上学人叹为观止。

2. 中国蚕丝输入印度的历史，过去还没有人系统地深入地研究过，这在中印文化交流史上无疑是一个重大事件。多少年来，季先生利用中印两国的古代文献，以及考古发掘的资料，确定了中国丝输入印度的时间、输入印度的过程和道路以及输入印度后发生的作用。

"中国丝"究竟从什么时候就输入印度？最早的记录,是季先生在印度古书里发现的。季先生在印度的古代语言和文献中发现了有"中国丝"的记载,例如在 乔胝厘耶(Kautiliya)著的《治国安邦》中有"中国的成捆的丝"的记载,说明公元前 4 世纪传入印度。"大约在公元前 2 世纪至公元后 2 世纪这个时期纂写的《摩奴法论》里有几处讲到丝"(详见《季羡林论中印文化交流》第 104 页)。"著名史诗《摩诃婆罗多》和《罗摩衍那》里也有几处讲到丝"。约生于公元前 4 世纪中叶的语法家波你尼(Panini),在他的著作里用了 Kanseya (即茧产生的东西)这个字。此外,还见于印度古代诗圣迦梨陀娑的《鸠摩罗出世》和《六季杂咏》以及《五卷书》等等。季先生在研究中发现,"最有意思的是'从中国输入的成捆的丝',后来逐渐有了'丝衣服'的意思。再经过几度演变,这个字的两个组成部分 Cina 和 Patta 都可以独立存在,而仍有'丝'的意思。与这个字有关的字 Cinamsuka ,原义是'中国衣服',后来也变成'丝衣服',从这两个字可以看出,印度人一想到丝,就想到中国,一想到中国也就想到丝,在他们的心目中丝与中国简直是一而二,二而一了"(详见《中国蚕丝输入印度问题的初步研究》)。

关于"中国丝"输入印度的情况,在中国的史书中记载更多,最早的记载是《汉书》。季先生研究后指出:"足见前汉时代中国已经由海路通印度。去的目的是买壁流离、奇石、异物。带去的是黄金与丝织品。这是中国正史上关于中国丝输入印度的最早记载。"(详见《中国蚕丝输入印度问题的初步研究》)

季先生研究发现,在西方典籍里也有"中国丝"运到印度去的记载。以后随着社会的发展,时间的推移,中国丝输入印度有增无减,质量当然越来越好。(详见上书)

关于钢铁,中国也传入印度,季先生通过梵文研究发现:"在梵文里,在许许多多的表示' 钢 '的同义词中,却有一个很特殊的字:cinaja, cina 就是支那,指中国;ja 意思是'生'。合起来这个字的意思就是'生在中国的'。这肯定指明了,中国冶炼的钢,在某一个时期,通过某一条渠道,输入到了印度。印度素以产钢著名, 而中国的钢却偏偏传入印度。其间的关系不也同样发人深思吗? "(详见《交光互影的中外文化交流》一文)

季先生还对中国的纸和造纸法何时传入印度、如何传入、影响如何等等一系列问题进行了研究。季先生研究发现,在 7 世纪末叶印度语言里已经有了"纸"字了。纸在 7 世纪末叶到了印度。造纸法输入印度一定晚于纸。等到中国发明了印刷术,不管是直接的,或是间接的,传入印度后,那更是锦上添花,纸

与印刷术配合起来,对文化传播和推进作用就更大了。(见《中国纸和造纸法输入印度的时间和地点问题》一文)

从以上简介可以看出,几十年来,季先生对中印文化交流作了大量研究,成就不凡,令人敬佩。但他对中印文化交流的贡献,不只表现在研究上,体现在著作中,而且他还身体力行,做了大量有关中印文化交流的实际工作。几十年来,他接待过的印度的学者、记者、官员和学生,不计其数;收到过多少访者来信、写过多少回信,无法统计,仅在报纸上、刊物上发表过的,已相当可观。在不同场合的讲演,答记者问,也有很多,其影响巨大,有大量口碑为证,在一些报纸或杂志上也有刊载(见附录)。至于他在家中接待过的印度客人,就更多了,访问者的体会、感受和看法,谁也无法全部收集到,但看到更多的则是他的一些有关回忆文章,已汇集成册,《天竺心影》则是其中之一。

几十年来,季羡林先生参加过无数次国际会议,到过世界上几十个国家,其中先后出访印度多次,访问的时间也长、考察的地方也多,有时以中国友好代表团成员身份应邀访问,有时以中国学者身份应邀出席国际学术会议。时间有长有短,长短不一。长时,达一个半月之久,走遍印度各地;短时,起码在一周以上,参观考察过多个主要城市。不管哪次出访,在印度所到之处,均受到当地人民热烈欢迎,他应邀作过热情洋溢的讲演,介绍了中国文化,带去了中国人民的情谊。回国后,他把在印度的所见所闻和感受等,都一一写在文章里,出版发表,告诉了中国人民,乃至世界人民。

从他的一些回忆录里,可以看出印度的灿烂文化,可以了解到印度过去所受帝国主义列强的侵略和印度人民英勇反帝的斗争精神,更可看出,两千多年来,中印世代友好的历史记载和当今两国人民友好的种种表现。读者从中体会到,季先生对中印文化交流所起的重要作用。季先生到底如何受到欢迎和接待,他有什么样的感受,在他的文章里均有体现,他这样写道:"我们在印度的时候,经常对印度人民说,我给你们带来了中国人民的友谊,我也将把你们的友谊带回中国去,带给中国人民。然而,友谊究竟应该怎么个带法呢?友谊确确实实存在的,但是看不到摸不着,既无形体,又无气味;既无颜色,又无分量。成包地带,论斤地带,都是毫无办法的。唯一的办法,就是用我们的行动带。对我这样喜欢舞笔弄墨的人来说,行动就是用文字写下来,让广大的中国人民都能读到,他们虽然不能每个人都到印度去,可是他们能在中国通过文字来分享我们的快乐,分享印度人民对中国人民的友情。"

季先生是这样说的,他也是这样做的。回国后,他把在印度的所见所闻和亲身感受,都一一写在文章里,发表在刊物上。让中国人民分享他的快乐,感受印度人民对中国人民的友好热情。例如,在谈到 1951 年他初抵德里的情况时说:"机场上人山人海,红旗如林。我们伸出去的手握的是一双双温暖的手。我们伸长的脖子戴的是一串串红色、黄色、紫色、绿色的鲜艳的花环。花香和油香汇成了一个终生难忘的印象。"(详见《初抵德里》一文)场面的确热烈,使人深受感动。

季羡林先生多次访问印度,进行了友好访问和学术交流,他亲自带去了中国人民对印度人民的深情厚谊,带回了印度人民对中国人民的友好情谊。这是非常珍贵的,这将永远教育和鼓舞着中印两国人民。

中印有几千年的友好历史,这在两国的史书中均有不少记载。今天,在现实生活中,也有中印友谊的活见证。

"活的见证就是科钦","机场门外,红旗如林,迎风招展,大概有上千的人站在那里欢迎我们这两个素昧平生的中国人,'印中友谊万岁'的口号声此起彼伏,宛如科钦港口外大海中奔腾汹涌的波涛。一双双洋溢着火热的感情的眼睛瞅着我们,一只只温暖的手伸向我们,一个个照相机、录音机对准我们,一串串五色缤纷的花环套向我们……难道还能有比这更好的更适当的中国、印度两国友谊的活的见证吗?"(详见《回到历史中去》一文)

印度人民对中国人民非常热情友好,季先生对此深有感触,感慨万千,他在自己的文章中这样写道:"在过去一个月的时间内,我们走过了大半个印度,经历的事情比我过去生活过的四十年似乎还要多。……印度各阶层的人士,我们都会见过了。印度人民的情谊把我们每个人的心都填得满满的,简直满到要溢出来的程度。我们又是兴奋,又是感动,我们觉得,我们已经认识了印度,认识了印度人民。过多的兴奋,过多的激动已经使我们有点疲惫了。"

在科钦是如此,在其他地方也是同样,例如他在孟买就是如此,他在文章中这样写道:"记得有一个晚上,邀请我们共同欢度节日……夜已经很深了,我们几次想走;但是,印度朋友却牢牢地抓住我们不放。他们说:'我们现在不让你们睡觉。我们要让你们在印度留一天就等于留两天。你们疲倦,回国以后再去睡吧。我们相信,我们到了中国,你们也不会让我们睡觉的。'我们还有什么话好说呢?印度朋友到了中国我们不也会同样不让他们睡觉吗?现在已经过去了 27 年;但是,当时的情景还历历如在眼前,朗诵声还回荡在我耳边。印度人

民的这种友谊使我们永远难忘。"(详见《孟买,历史的见证》一文)

的确,中印传统友谊,深入人心,感人肺腑的例子很多很多,这里不一一列举。季先生把印度人民对中国人民的友好感情带回了中国,至今,读者每读到这里,无不深受感动,很受教育。(详见《深夜来访的客人》一文)

季先生不仅如实记载了印度人民对中国的友好情谊,而且大谈中印文化交流的悠久历史,同印度人民进行文化交流。他到底是如何与印度人民进行文化交流的,在他的一些文章里均有体现。季先生每到印度,一有机会,就做面对面的交流,这方面事例很多,现在不妨举一个例子。例如,他参观德里大学和尼赫鲁大学时,受到热烈欢迎,他作了热情洋溢的讲话。在他的文章中有这样记载:"主人致过欢迎词以后,按照国际上的不成文法,应该我说话了,但是要说些什么,却是毫无准备。当主人讲话的时候,我是一边注意地听,一边又紧张地想。在这样一个场合,应该说些什么呢? 说什么才算适宜得体呢? 我们两国的文化源远流长,至今益盛,很值得我们两国人民引为骄傲的了。我这一番简单的讲话显然引起了听众的兴趣。欢迎会开过之后,我满以为可以参观一下,轻松一下,然而不能,欢迎会并不是高潮,高潮还在后面,许多教员和学生把我围了起来,热烈地谈论中印文化交流的问题。但是他们提出的问题又不限于中印文化交流。有人问到四声,反切。有人问到中国古代有关外国的记载,比如《西洋朝贡典录》之类。有人问到梵文文学作品的翻译,有的人问到佛经的中文本,有的人甚至问到人民公社,问到当前的教育制度,等等。印度朋友们就像找到一本破旧的字典,饥不择食地查问起来了……只有用满头大汗来应付这种局面。但是我心里是愉快的""深深地被感动了""整个校园都给浓烈的中印友谊的气氛所笼罩了"。

其他例子还有许多,总之,他是在不同的场合、不同的时间,有不同交流方式和交流内容。以上不难看出,无论是季先生的大量研究著作,还是他出国访问时的讲演或谈话,都反映了人民之间的友好情谊和文化交流的事实。我认为,季先生在"交流文化,传递友谊"方面,作出重要贡献,起了很好而别人又起不到的作用,为我们树立了一个良好的学习榜样。

事情不止如此,季先生在他的文章中,谴责了殖民主义者的统治,歌颂了印度人民的斗争精神。

季羡林先生把自己看过的印度名胜古迹告诉了中国人民,写得生动、具体,给人以真实感和形象感。读者读后,不仅了解到印度灿烂的文化,而且仿佛也来到印度,身临其境,例如回忆著名的泰姬陵就是一例。读者读后,仿佛身临其境,世界奇迹之一泰姬陵就在眼前,让读者大开眼界,大饱眼福。

季先生不仅参观了泰姬陵,还参观考察了那烂陀。季先生在文章中告诉读者:"这个地方不仅是佛学中心,而且是印度学术中心。从晋代一直到唐代,中国许多高僧如法显、玄奘、义净等都到过这里,在这里求学。"尤其他提到玄奘时说:"中国唐代的这一位高僧不远万里,九死一生,来到了印度,在那烂陀住了相当长的时间,攻读佛典和印度其他的一些古典。他受到了印度人民和帝王的极其优渥的礼遇。他回国以后完成了名著《大唐西域记》。给当时的印度留下了极其翔实的记载。至今被印度学者和全世界学者视为稀世珍宝。玄奘这个名字,在印度,几乎家喻户晓,妇孺皆知。"

这样,季先生不仅把印度的一些名胜古迹告诉了中国人民,还把中国古代高僧,诸如玄奘等人的历史作用和他们在印度人民心目中的地位也告诉了中国人民。其他例子还有,这里不再列举。

中印之间的文化交流历史悠久,而文化交流促进了我们两国的社会进步,加强了我们的友谊,并给两国带来了福祉。几十年来,季先生在吸收、继承前人研究的基础上,排除万难,独辟蹊径,对中印文化交流开创了多个新的研究领域,硕果累累,受到世人的称赞;不仅如此,他还身体力行,为中印的文化交流在诸多方面做了大量的实际工作,起到常人所起不到的文化交流使者的作用。他是我们学习的榜样,他将永远鼓舞和教育着中印人民。

(作者单位:中国社会科学院亚洲太平洋研究所)

季羡林与东方比较文学

●孟昭毅

季羡林先生半个多世纪的学术研究所形成的学术思想进入学理层面的理论有很多,东方比较文学的思想无疑是他晚年学术思想的重要结晶。所谓东方比较文学是指以包括中国文学在内的东方文学的比较研究。将东方文学尤其是中国文学纳入比较文学研究的范畴,不仅可以纠正欧洲中心论的偏颇,以及法国学派初萌时期法国中心主义的影响,而且正如季羡林先生所言:"没有东方文学,所谓比较文学就是不完整的比较文学,这样比较出来的结果也必然是不完整的,不完全符合实际情况的。"[1]实际情况也如此。中国比较文学发展 20 多年来,无论是当前的发生学研究、流散文学研究、形象学研究、译介学研究等,离开中国文学,离开东方文学,都会成为无本之木,无源之水,失去价值观和道德观上的参照意义。我们从学术史的角度总结季羡林先生的这一学术思想,既有理论探讨意义,又有实践研究意义。

一、东方比较文学思想的形成

早在中国比较文学学会成立大会暨首届学术讨论会的开幕词中,季羡林先生就指出:"现在许多国家的比较学者都承认,讲比较文学而忽视东方文学,这一条路是行不通的。""只有把东方文学真正归入比较文学的研究范围,我们这个学科才能发展,才能进步,才能有所突破,才能焕发出新的异样光彩,才能开阔视野。"[2]为了东方比较文学的研究,他没有停留在文辞上,而是积极倡议付诸行动。在会议期间,季先生委托北京大学东方语言文学系卢蔚秋、韦旭

---

[1][2] 北京大学比较文学研究所《中国比较文学年鉴》编委会. 中国比较文学年鉴[M]. 北京:北京大学出版社,1987:5,29.

升组织张朝柯、许友年、孙景尧、温祖荫、孟昭毅等人召开小型座谈会,商议讨论如何开展东方比较文学研究的问题,准备在适当时机成立东方比较文学研究会。季羡林先生身体力行从中印文学关系入手研究探讨中国周边国家与中国文学的关系,以便缕清线索,发现问题,总结出东方比较文学总体研究的规律。这表明季羡林先生对这一问题已形成自己较为系统的学术思想。

季羡林自留学德国 10 年归来就开始涉足东方比较文学研究。其学术思想明显受到德国学术传统的影响,根源主要在于德国学界历来对东方学有精深的研究。德国自 19 世纪就开始形成研究民俗学、民间文学的热潮,包括相同的主题、母题和题材的神话故事,以及民间传说的热潮,并逐渐成为传统。季羡林在德国 10 年接受了这种学术之风。他曾在《民间文学与比较文学》一书中指出:"在比较文学发展的初期,民间文学与比较文学之间的关系是密不可分的。就以德国为例,在 19 世纪中叶,梵文学者本发伊(Theoder Benfey)发表了他的名著:《五卷书:印度寓言、童话和小故事》,有德文译文、长篇导论和详尽的注释。在导论中,他使用了多种语言的材料,详详细细地追溯了书中故事在欧洲和亚洲等地流传的过程。他从此奠定了一门新学科的基础:比较童话学或者比较文学史,两者都属于比较文学的范畴。"并得出结论:"我们甚至可以说,没有民间文学,就不会有比较文学的概念。"[1]因此,他自 1946 年到北京大学东语系后,主要从事的东方比较文学研究都是从民俗学和民间文学入手的。而此类研究正是比较文学这一学科建立的一个重要的理论和实践基础。很显然,季羡林是深知其中三昧的。1946 年底,他正式开始了在这一学术领域里的研究与探索。最初在《北平时报》上发表了《一个故事的演变》,1947 年 5 月在山东《大华日报》上发表了《一个流传欧亚的笑话》,同年 6 月在《文学杂志》上发表了《梵文〈五卷书〉:一部征服世界的寓言童话集》,9 月又在天津《大公报》上发表了《木师与画师的故事》。同年年底,他又在《经世日报》上发表了这一阶段学术研究的总结性文章《从比较文学的观点看寓言和童话》,找出了从民俗学、民间文学进行比较文学研究的可能性与可行性,并首次将这两个学术领域打通,表现出开始介入学术研究就进行比较文学研究的态势。

1948 年初,他在《申报》上发表《儒林外史的取材考》一文,从题材史、题材学角度研究这部小说的取材。3 月又在《经世日报》上发表《从中印文化关系谈

[1] 季羡林. 比较文学与民间文学[M]. 北京:北京大学出版社,1991:1.

到中国梵文的研究》一文，将中国的印度文学研究放在中印文化的大背景中进行，有了全景式的关照。同年又先后发表了《"猫名"寓言的演变》、《柳宗元〈黔之驴〉取材来源考》、《中国文学在德国》等文章，表现出进行比较文学研究向纵深发表的趋势。季羡林先生1948年4月在上海《申报》上撰写的《"猫名"寓言的演变》一文最具代表性。他在文中指出，明刘元卿的《应谐录》里关于"猫名"的寓言曾流传到日本，被记载于《日本古笑话》中。并进一步考证其源出于印度古代梵文故事集《说海》和梵文寓言故事集《五卷书》中。他指出："我们研究比较文学，往往可以看出一个现象：故事传布愈广，时间愈长，演变也就愈大；但无论演变到什么程度，里面总留下点痕迹，让人们可以追踪出它们的来源来。"可见季羡林先生最初的学术研究是从中印的寓言故事开始并切入比较文学领域的。1942年2月，季羡林又发表了《〈列子〉与佛典》一文，不仅指出许多前辈文人学者都认为"《列子》剽掠了佛典"的观点，而且指出《列子·汤问篇》中关于偃师和机关木人的故事源于佛典《生经》第三卷《佛说国王五人经》二十四的内容，用事实进一步证明了前人的观点。这种用事实联系的方法即实证的方法研究文学，显然也受到德国学术传统的影响。季羡林运用得如此得心应手，表明他在逐步形成自己东方比较文学影响研究学风。

20世纪50年代，季羡林先生沿着自己的治学道路走下去。1954年发表《中印文化交流》，1958年发表《印度文学在中国》，1959年在《北京大学学报》上发表《五四运动后四十年中国关于亚洲各国文学的介绍和研究》等文章。其中，《印度文学在中国》一文，又从语言和神话入手，研究"印度文学在中国所起的一些影响"。他从中国古代大诗人屈原《天问》里发现了印度寓言和神话传入中国的痕迹：即"厥利惟何，而顾菟在腹"。月亮中有一只兔子的说法在中国虽说由来已久，"但是这种说法并不是国产，它是来自印度。从公元前一千多年的《梨俱吠陀》起，印度人就相信，月亮里有兔子"。季羡林先生认为，印度的月兔故事早于中国，至迟在屈原生活的公元前4世纪即已传入中国。他还指出《战国策·楚策》里"狐假虎威"的故事，"曹冲称象"的故事，"鹦鹉灭火"的故事等都源于印度。以及《古镜记》的框架式结构，变文中散文韵文相交错的叙述方式，《黔之驴》的寓言故事，元代戏曲的内容等等，都不难从印度相对应的作品中尤其是佛经中发现源头。季羡林在大量考察了印度寓言故事是如何演化为中国故事的轨迹之后，总结出这样的文学交流规律："印度人民首先创造，然后宗教家，其中包括佛教和尚，就来借用，借到佛经里面去，随着佛经的传入而传入中国,中国的文人学士感到有趣,就来加以剽窃,写到自己的书中,有的也用来宣扬佛教的因果报应,劝人信佛;个别的故事甚至流行于中国民间。"[1]在以后的研究中他沿袭了这一学术思路,并不断用研究成果证明其正确。因此,他在东方比较文学领域的学术之路越走越坚实。

1963年夏,季羡林在改写的《〈五卷书〉译本序》中,从《五卷书》中的寓言和童话在世界广泛流传述起,重点阐述了它和中国文学的关系。他首先举出在汉译佛典里发现的不少《五卷书》中的故事。继而又在佛教以外的书籍中,如《太平广记》《梅磵诗话》《雪涛小说》《应谐录》等书中,发现从印度流传过来的故事,尤其是来源于《五卷书》中的故事。季羡林先生辩证地指出,他不同意"故事同源论"的观点,但也不否认故事确实能够通过各种途径传播的事实。"统观中印两国文化交流的整个情况,随着佛教的传入,印度的一些故事传入中国是完全可以理解的。"可见,到20世纪60年代季羡林已形成自己的独立见解与独特的研究方法,即以影响研究的方法进行东方比较文学研究。正如他自己承认的:"先不管这些思想体系是否完整,思想却终归是有的。简言之,我赞成比较文学研究直接影响的一派。"[2]

在沉寂了十余年之后,季羡林的学术研究扩大了范畴。1978年底,他发表《〈西游记〉里面的印度成分》一文,对中国古典名著《西游记》与印度文学的关系进行了深入探析与梳理。陈寅恪曾经详细论证过玄奘三个弟子的故事演变过程中发现的印度成分,他在此基础上,指出《西游记》中的东海龙王、僧魔斗法、孙悟空杨二郎斗法等,都和印度文学有关联。"这些例子已经足够说明《西游记》中许多故事是取自印度的。"尤为值得提及的是颇有争议的孙悟空的来源问题。他力避陈寅恪和鲁迅的主张,认为:"不能否认孙悟空与《罗摩衍那》的那罗与哈奴曼等猴子的关系,那样做是徒劳的。但同时也不能否认中国作者在孙悟空身上有所发展、有所创新,把印度神猴与中国的无支祁结合了起来,再加以幻想润饰,塑造成孙悟空这样一个勇敢大胆、敢于斗争、生动活泼的、为广大人民所喜爱的艺术形象。"勤劳智慧的中华民族既有很高的创造力,又擅长博取他人之长,并加以补充发挥,化为己有。因此,一部中国文学史可以说是一部中国文学对异域文学的影响接收史,中印文学之间尤其如此。正如季羡林于1982年三联书店出版的《中印文化关系史论文集》的"前言"中所指出的:"我

---

[1]季羡林.中印文化关系史论文集[M].北京:生活·读书·新知三联书店,1982:124~125.
[2]季羡林.比较文学与民间文学[M].北京:北京大学出版社,1991:2.

自己从大学念书起，就对中印文化关系的历史发生了兴趣。浏览所及，陆续搜集过一些资料，作了一些笔记。"他认为："长达两三千年的中印友好具有很多特点，其中最突出的就是互相学习、各有创新、交光互影、相互渗透。在任何一个历史时期，都是这样的。"

1979 年季羡林先生在《社会科学战线》上发表了《泰戈尔与中国》一文，全面总结了泰戈尔与中国作家与文学的关系。同年 9 月，他又在翻译印度大史诗《罗摩衍那》的同时，"读了大量的书籍，思考了一些问题，逐渐对于《罗摩衍那》有关的一些问题形成了自己的一些看法"。他将其中那些"迥乎不同"但又是"深思熟虑"的看法写了出来，写成专论《罗摩衍那初探》。在书中论述"与中国的关系"一节时，钩沉梳理了汉译佛经中诸多有关《罗摩衍那》的内容，以说明这部大史诗通过佛经在中国可能产生的影响。其中重点论及史诗中哈奴曼与西游记孙悟空的关系。进一步强调自己的观点，即"认为哈奴曼就是孙悟空的原型，这个人物最初产生于印度，传至中国，经过改造与发展，就成了孙悟空"。为了进一步支持自己的观点，他用辩论的手法评述说："也许有人会说，《罗摩衍那》没有汉文译本，无从借起。这是一种误会。比较文学史已经用无数的事例证明了，一个国家的人民口头创作，不必等到写成定本，有了翻译，才能向外国传播。人民口头创作，也口头传播，国界在这里是难以起到阻拦作用的。"显而易见，他在这里强调了口头文学的重要性，即作为民间文学、民俗学一翼的口头文学在文学研究中的意义。他还第一次运用了"比较文学史"这一提法，并将它与口头文学相联系，这和比较文学发源于德国民间文学和民俗文学研究及其所形成的题材史研究等学术传统一脉相承。实事求是地分析，到了 20 世纪 70 年代，季羡林东方比较文学的思想与方法已基本定型，并开始形成自己独特的学术视野和学术规范。

二、东方比较文学与"中国学派"

20 世纪 80 年代是季羡林学术思想最为活跃的一个时期，随着改革开放政策的实施，随着比较文学作为一个新兴学科在中国的勃兴，他也积极参与其中，并成为一个重要的旗手，在几十年来积极从事比较文学研究实践的基础上，他提出了比较客观的比较文学理论，从东方比较文学比较文化研究入手，对其规律进行了理论上的总结。首先，他从多年来中印文学关系的研究升华为比较文学理论的探索。其次，他从中印文学关系的研究扩大到中印文化关系的研究。再次，它的学术目光从只关注中印文学文化关系延伸到也关注中日、中朝、中国和东南亚各国以及和阿拉伯地区各国文学文化关系领域，以致最后形成一系列东方比较文学比较文化的研究实践和东方比较文学研究的理论思维。最后，在此基础上，他提出了建构比较文学"中国学派"的学术主张，并积极付诸实践。

1980年，他在《书林》上发表了《漫谈比较文学史》一文，提出"在比较文学史方面，要做的工作还有很多，这几乎是一个空白点"。这对当时学术界有很大的启蒙作用。1982年5月23日，他在《人民日报》上发表了《我和比较文学》一文，其中不仅认为比较文学定义应该有"广义"和"狭义"的两种，而且指出："许多国内的学人和国外的朋友早就提出了建立一个比较文学'中国学'派的想法，这个想法也是不错的。究竟建立起什么样的中国学派现在还无法臆测。现在的问题是起步走。对比较文学有兴趣的同志们同心协力，认真进行一些工作，到了一定的阶段，水到渠成，中国学派会带着自己的特点，出现于比较文学之林，为这门科学增添新的活力。"相继，他在《文汇报》（1982年6月28日）上发表的《比较文学随谈中》指出，"人同此心，心同此理"是文艺理论比较研究的基础。由此可见，他是在对西方文学有深刻了解和丰硕研究成果的基础上研究东方语言文学的，并由此进行比较文学研究，主要是从事东方的比较文学研究，并由此形成了倡导具有特色的中国学派的构想。

1982年，季羡林发表的为"北京大学比较文学研究丛书"第一册《比较文学译文集》做的"序"中明确地指出："在世界文学史上，东方文学一向占据着很重要的地位，中国、印度、伊朗、阿拉伯、日本及其他许多东方国家的文学对世界文学产生过巨大的影响，促进了世界文学的发展。但是到了今天，仅仅在比较文学这个范围内东方文学却远远没有得到应有的重视。""因此，我们想着重提倡一下以东方文学为基础的比较文学的研究。""我们东方文学基础之雄厚，历史之悠久，我们中国文学在其中更占有独特的地位，只要我们肯努力学习，认真钻研，比较文学中国学派必然能建立起来，而且日益发扬光大。"[1]这是他对比较文学"中国学派"较早的论述，也是比较具体的论述，颇具建立比较文学中国学派的实践意义与理论意义。

1983年7月，季羡林在为1984年创刊的《中国比较文学》写的发刊词中，再次鼓励比较文学的学界同人们说："同志们不是常说我们要建立比较文学研究的中国学派吗？对这样一种工作，我们一则感到要当仁不让；二则我们也会感觉

---

[1] 张隆溪. 比较文学译文集[M]. 北京：北京大学出版社，1982：1~3.

到，我们心中的底并不是太具体的。"但是，从东方文学的角度来考察，"我们想建立的中国学派，正是想纠正过去的偏颇，把比较文学研究从狭隘的西方中心小圈子里解放出来，把中国广大的比较文学爱好者的力量汇入全世界比较文学研究的洪流中去。我说，我们是有信心的"。在他心目中，也深知建立比较文学中国学派谈何容易，但是为了打破比较文学研究学术中西方主义的错误倾向，他为中国学者设计了一条攀登学术高峰的艰辛之路，但他充满了信心。这种信心来自于东方丰富灿烂的文化遗产，来自于中国学界同人的学术功底和共同努力。

1984 年 12 月 24 日，季羡林在回答《北京晚报》记者薛涌的提问时，对比较文学的中国学派问题提出了自己的观点。他说："我们建立比较文学的中国学派，并不是为中国文学夺'冠军'，不是义气之争，只是想能够较客观地认识中国文学及东方文学的价值和地位，吸收各学派的长处，建立一个科学的、有特点的比较文学体系，促进我们文学的发展。"他还指出：要建立比较文学的中国学派首先要建构一种理论体系，"我们现在迫切需要一个较完整的文艺理论体系"。这套体系不应是空对空，解决不了实际问题的理论，也不应该完全照搬西方的文艺理论体系，"而应该建立在对中国、印度、欧洲这三个文学传统的充分研究的基础上。这样的理论，才是比较完整、客观和科学的，才是成体系的"。季羡林的这些构想与展望对中国比较文学的发展是极为重要的，因为它打破了中国比较文学界"言必称希腊"的单一学术传统，使中国的比较文学研究有了坚实的立足点，即以包括中国在内的东方文学为基础，去面对比较的对象。这种学术思想是将东方文学作为和西方文学进行比较研究的一个重要对象，指出其存在的不可或缺性，这对中国学派的建立尤其具有明确的指导意义。

1986 年在季羡林先生的学术思想发展史上来讲是个不寻常的年份。他连续写的三篇文章标志着他学术思想的定型与定位，确立了他比较文学研究的整体构想，并将这一本体定位应用于建立比较文学中国学派的理论建构上，具有重要的学术研究价值和意义。在他主编的高等学校文科教材《简明东方文学史》的序言中，他认为："中国文学同东方国家的文学关系密切，从比较文学的观点上来加以讨论，是十分重要十分有意义的工作。这工作我们做得还很差。至于东方文学同西方文学的比较，其意义就更为重要。""从这种比较研究中，我们可以探讨出世界文学，也就是人类整个文学的发展规律。"他还明确地指出："最近，许多国家的学者大声疾呼，说进行文学比较研究，必须把东方文学纳入，否则，比较文学的道路是很难走下去的。这种见解是非常高明的。"[1]可见他将比较文学研究定位于世界文学研究的重要一翼。此书的绪论中,他进一步阐述自己上述学术思想时指出,比较文学中,文学发展与相互交流的三个步骤:"第一,根据本国本民族的情况独立发展。在这里,民间文学起很大的作用,有很多新的东西往往先在民间流行,然后纳入正统文学的发展轨道。第二,受到本文化体系内其他国家、民族文学的影响。本文化体系以外的影响也时时侵入。第三,形成以本国、本民族文学发展特点为基础的,或多或少涂上外来文学色彩的新的文学。"[2]他在文学研究实践中体会到各国或各民族文学之间相互交流和相互影响的复杂性多样性,在此基础上,他指出比较文学研究的这种规律性,这实际上是他建构比较文学"中国学派"的思想基础和理论前提。他在强调包括中国文学在内的东方文学本体要进行比较文学研究的基础上,将其纳入整个比较文学研究中去,这实际是将东方文学作为和西方文学进行比较研究中的一个重要参照系,具有不可或缺的现实意义与理论意义。

在这一段时间里,季羡林的东方比较文学学术思想愈来愈清晰,尤其是比较文学中的"中国学派"等主张。他十分强调比较文学要立足于包括中国文学在内的比较研究,是突出中国文学与东方各国文学交流中的比较文学,是坚持在东方的三大文化体系与西方文化体系之间的文学体系的研究。这些具有前瞻性与挑战性的观点,无疑地扩大与丰富了比较文学的理论范畴与研究时间,对比较文学今后的发展具有开拓性意义。

三、从东方比较文学走向比较文化

季羡林在对东方比较文学与"中国学派"的关系非常关注的同时,就已经注意到比较文学向纵深发展时的文化走向问题。早在1984年,他为《中日比较文学年鉴》写的"前言"中,就在论述"中日学派"之前,提出"比较文学的研究属于文化交流的范畴",像"比较文学所要探索的正是文学方面的文化交流"的问题。表现出他在东方比较文学学术研究领域的先知先觉性。1985年,他为国际文化出版公司出版的《中国传统小说在亚洲》一书写的"序"中,提及"文化交流与文学传播"问题。他指出:"亚洲国家到中国来取的中国文化和中国华侨带出去的中国文化是多方面的,头绪是异常复杂的。中国的文学艺术是其中的重要组成部分。"这些论述进一步强化了他文学传播的本质是"文化交流"的观点。

[1][2]季羡林. 简明东方文学史[M]. 北京:北京大学出版社,1987:2,8.

1987 年,他在为乐黛云主编的《中西比较文学教程》写的"序言"中,再次强调东方比较文学是比较文化的一个重要组成部分,研究比较文学的目的,"绝不是为研究而研究",主要是"为整个人类走向大同之域的理想服务的"。他的视野已由文学走向文化,又进而走向人类,学术与精神境界不断提升。

20 世纪 90 年代,季羡林关于东方比较文学研究的思想进一步成熟与深化,逐渐形成学术思想的积淀。他开始成为倡导探索东方文学、东方文化整体性并寻找其与西方文学、西方文化对峙的比较规律性的哲人与巨人,成为精通东西方文学文化的东方学者。他在任主编的《印度古代文学史》(1990 年)的前言中,不仅指出中印文学"相互影响,至深且巨"的事实,而且进一步指出:"按理说,印度文学应该受到中国各方面的重视。可是多少年来,有一股欧洲中心论的邪气洋溢在中国社会中,总认为印度文学以及其他东方国家的文学不行,月亮是欧美的圆。这是非常有害的。"这是他较早批判欧洲中心论的文章之一,在西方文学与文化在中国大行其道之时,敢于直言学界研究中的积弊,其胆识和精神难能可贵。文中张扬东方文学东方文化和他的比较文学比较文化学术传统一以贯之,逐渐显现出他系统完整的学术思想。他在所著《中印文化交流史》(1991 年)一书的序中说:"最近几年来,我经常考虑一些有关文化的问题。""中国文化是东方文化的重要组成部分。要想了解中国文化,必须了解东方;而要想了解东方文化,必须了解中国文化。东方文化和中国文化,了解必须同时并进,相互对照,相互比较,初时较粗,后来渐细,螺旋上升,终至豁然。"他在这里以中印文化交流为例,解剖麻雀。一是将中国与周边国家的文学交流扩大到文化交流,二是指出要想进行这种比较研究,就必须了解中国文学和文化,以验证其先前提及的观点,即"比较文学的研究属于文化交流的范畴",比较文学实质上是一种文化交流的形式。于是东方比较文学研究实质就是东方文化交流的形式。他的演绎推理得到了明确的结果。

20 世纪 90 年代初,他的学术视野进一步扩大,学术思想进一步完善。他在为《朝鲜—韩国文化与中国文化》(1992)一书写的序言中,就表现出他近年来学术思想的延伸,由对中印、中日文化关系的关注,发展到对中朝、中韩文学文化关系的研究。他历数了朝鲜半岛在历史上与中国和印度的文化交流的事实后说:"我在很多地方都讲到过,文化的传播与交流是促进人类社会前进的重要动力之一。从这个意义上来讲,朝鲜—韩国是对人类社会的进步作出了贡献的。"这种结论表明他已将学术目光向东方比较文学研究领域的纵深投射。

157

继后,他在《东方研究》上发表《文化,东方文化和西方文化(提纲)》(1993),提出自己对"文化的交流""文化的体系""两大文化体系的同与异"等问题的构想与见解。进一步指出东方文化体系相对西方文化体系而言,是个相对独立的可供参照的整体。他还进一步详细划分了东方文化所包括的三个文化体系的范畴:"一、中国文化体系(其中包括日本文化,后者有了某些改造与发展);二、印度文化体系;三、古希伯来、埃及、巴比伦、亚洲以至阿拉伯伊斯兰闪族文化体系。"这种划分无疑较他以前的论述要详细得多,而且是他多年来比较文学比较文化的实践研究与学术思想建构的进一步深化和理论化。

20世纪末的几年中,他以丰硕的成果继续着自己的学术思想与学术主张的探索。1995年,为进一步宣传、实现其东方比较文学比较文化研究的总体思想而积极努力,他在主编的《东方文学史》的序言中,直抒己见:"最近几年来,我曾多方思考,殚精竭虑,写过许多篇长长短短的文章,在国内外一些学术研讨会上,在多次被采访时,我都曾提到了我的新看法。""简而言之,我认为东西两大文化体系,其根本差异之根源就在于思维模式。"经过分析、阐发,他得出自己的结论说:"我们已经看到,世界上许多东方人和西方人都认为,21世纪将是东方文化重放光芒的世纪。""文学是文化的重要的组成部分。东方文学是东方文化的重要的组成部分。"他以极其简洁、明了的语言表达了自己对1986年《简明东方文学史·绪论》中学术思想的新认识、新发展。分析合理,脉络清楚,结论颇具说服力。同年,他在写给《东方文论选》的序中说:"东方其他国家,比如阿拉伯国家、日本、朝鲜(韩国)、波斯等国,都在互相学习,互相交流的基础上,发展了文艺理论。他们在不同程度上受到了中国和印度的影响;也在不同程度上影响了中国和印度。总之,东方各国的共同努力,形成了东方文艺理论体系。内容有同有异,总起来看确是一个庞大而深邃的、独立的文艺理论体系。"只有以东方各国的文艺理论为基础,创造出适合于整个东方文学艺术发展的文艺理论体系,才能提高对东方文学艺术整体的审美与鉴赏水平,才能丰富东方文化的美学内涵。这一年他发表在《传统文化与现代文化》第五期上的文章《古代穆斯林论中西文化的差异》,以读《丝绸之路》札记的形式,联想到古代穆斯林论中西文化差异的问题,并对此进行了深入的理论阐发。他在分析原作引文时认为:"这一个说法中实际上蕴涵着一种中国文化和希腊文化的比较研究。……我所说的'比较研究',是指古代穆斯林们在中西文化的对比中所做的分析和观察,含有非常深的意义,对我们有极大的启发。"在结论中他指出:

"穆斯林们提到了中国人和希腊人。大家都知道,中国文化是东方文化的重要组成部分,可以说是它的基础,而古希腊文化则是西方文化的源头。当时虽然还没有东西方文化这个概念,讲的却就是东西方文化。"他认为古代穆斯林对古希腊和中国的分析判断是准确的。这表明他正是因为重视文化交流,所以,即使在伊斯兰学者的书中也能发现所要追求和阐发的真理,并为之张目。

继后,他在为《外国文学简编》[亚洲部分](1997年)写的序中,再次重申两个问题。一是"文学是文化重要的组成部分,不了解文学是无法真正了解文化的"。二是"几千年以来,人类创造的文化很多,但大别之则不外东西两大体系。二者间,既然同为文化,必有其共同之处。但是,根据我个人的管见,最重要的还是其间不同之处。从历史上来看,二者实可互补而代兴"。实际上这两个问题是他近几年中想得最多的、也是说得最多的问题,并且在国内外造成了相当的影响。直至最近的1999年,他在为《中国印度尼西亚文化交流》一书写的序中明确指出:"中国同印度尼西亚都是亚洲大国,有历史悠久的文化交流的关系,交流的影响表现在许多方面。"同时他再次强调"国际间的文化交流,是促进交流双方或多方文化发展的重要动力,是促进交流双方或多方文化发展的重要动力","能促进人民与人民之间,民族与民族之间的互相认识,互相理解,互相学习,互相帮助。"可见他始终没有忘记文化交流及其重要性、在国际交往中的意义。

总起来看,季羡林东方比较文学相关学术思想的发展脉络还是清晰可辨、特点明显的,并呈现如下的规律。首先,他在继承了中国清末考据学治学方法的基础上,受德国19世纪以来学术传统的影响,进入比较文学领域从事影响研究。其次,他从研究中印文学关系入手,进而强调东方各国内部之间文学交流,并在此基础上提出以东西方对话为标志的比较文学"中国学派"。最后,他在文学交流的实践研究和理论分析的基础上认识到文化交流的重要性;与此同时,他在深入研究东方文学文化的同时又指出与西方文化之间所形成的同与异,由此推断21世纪是东方文化重新发扬光大的重要时期。

通观季羡林先生东方比较文学的学术思想,不难发现他那种严谨而又实事求是的治学风范,那种睿智敏捷并关注学界动态的学术思维,那种不因循守旧和敢为天下先的创新意识。在先生95岁华诞之际,回顾他进行东方比较文学研究的实践及形成的学术思想体系,确实令人感到那是一种难以企及的学术水平和难以超越的大师地位。

（作者单位：天津师范大学）

季老对敦煌文化研究的一大理论贡献

——从敦煌文化的历史定位问题谈起

●颜廷亮

季羡林先生是我特别尊敬的前辈学者之一。作为在多年来的学术研究工作中从季老处得到的关心、支持、帮助和教益良多的后学,我既没有能力、也没有胆量就季老的学术成就发表看法。但是,既然受邀出席这次高规格的"季羡林与东方学学术研讨会",也就不能不说点什么。那么,说点什么呢?想来想去,还是想从季老对敦煌学的重大贡献角度谈一点体会。

不过,季老对敦煌学的贡献是多方面的,我既不想、也不敢对之全面地发表看法,只能就我感受最深的某个方面约略述之。由于 20 世纪末在为季老主持的《东方文化集成》撰写《敦煌文化》一书的过程中从季老处获益最大、感受最深的,是在解决敦煌文化在古代世界文化格局中的地位问题方面,所以也就选取了现在的这个题目,想就季老对敦煌文化研究的一个重大的理论贡献谈点体会。

敦煌文化是在古代敦煌地区出现的一种重要文化现象,它有自己形成的地理历史文化背景,有自己的长消兴亡历史,有自己的特点。在拙著《敦煌文化》中,我首先对敦煌文化的酝酿、形成、发展和消亡的千年历史进程进行了论述,然后论述了敦煌文化的主要类别和载体。最后又对敦煌文化的基本特点从五个角度进行了讨论,其中从最后一个角度论述的就是敦煌文化独特的历史定位,并明确地说敦煌文化是"古代世界文化格局中汉文化圈的西陲硕果"。这个判断主要包括了两个要点:其一,敦煌文化在古代世界文化格局中属于中国文化体系,属于其中的中原传统文化圈;其二,敦煌文化是中原文化圈在其西陲之地的坚实存在。这个判断是否合适?我想,不同意见肯定是会有的。不过,就我所知,敦煌文化研究界有不少专家学者对之还是认可的。对此,我当然是深感高兴的。

不过，作出这个判断却并不是没有遇到过困难的。在此之前的整个研究过程中，确实遇到过不少难题，而其中最大的正是敦煌文化独特的历史定位问题，或者说是应当如何确定敦煌文化在古代世界文化格局中的地位的问题。因为，在历来的敦煌文化研究中，由于研究者们基本上都把注意力放在具体事象的研究上，所以一般都不怎么涉及这个问题；即使涉及的话，那也往往只是指出敦煌是丝绸之路上的咽喉、是发生在丝绸之路上的中外文化交流的一个重要桥梁，敦煌文化是一种体现了中外文化成分兼容并蓄的古代敦煌地区文化而已。总之，并未明确作为历史上的一个相对独立的文化现象的敦煌文化在古代世界文化格局中的地位。不仅如此，而且连敦煌文化这样一个概念的出现，事实上也是在敦煌遗书出土40多年之后，其普遍流行更晚；只是在最近的20来年间，敦煌文化这个概念才开始普遍流行开来。这也就是说，越来越多的研究者承认敦煌文化是历史上的一个相对独立的文化现象，实际上是较近的事情。大约正由于此，敦煌文化的历史定位问题，在绝大多数研究者那里，或者是还未意识到，或者是还未来得及加以思考，或者是尚未形成明确的看法。然而，既然要撰写《敦煌文化》这样一本书，那就不能不提出并回答这个问题，而在这样的情况下，对像我这样的一个学养有限的人来说，回答这个问题实在是很有难度的。因为，除了基本上还没有人进行过这一工作，如要进行，实在缺少可资参考的看法外，更重要的是需要有一个宏观的理论作为指导，而当我开始思考敦煌文化的历史定位问题时，这样一个宏观的理论实际上我还没有找到。

现在回想起来，当我正为此而苦恼的时候，我忽然想起了季老，想起了季老在《敦煌学、吐鲁番学在中国文化史上的地位和作用》一文中关于世界有四大文化体系及其汇流地区所在问题的论断。本来，季老的这篇论文我早就读过，其中关于世界有四大文化体系及其汇流地区所在问题的论断当然也是知道的。不过，大约由于时过境迁吧，一时未能想起，想起来后印象也有些模糊。于是，我便找来季老的这篇论文和别的一些有关论著认真学习，希望确定他的论断能够为我回答敦煌文化历史定位问题指点迷津。

当然，季老关于世界有四大文化体系及其汇流地区所在问题的论断，现在是大家都已经熟知的了。然而，季老的论断并不是一时心血来潮的产物，而是经过深思熟虑而形成的。季老自己说，他对世界文化体系划分的论断，是他"多年观察和探讨的结果"，可见他思考和形成自己的看法当比较早。然而，据我所知,见诸文字最早的,当是写成于 1985 年 10 月 9 日的《敦煌学、吐鲁番学在中国文化史上的地位和作用》,季老在这篇文章中写道:

> 我们知道,世界上历史悠久、地域广阔、自成体系、影响深远的文化体系只有四个:
>
> 中国、印度、希腊、伊斯兰,再没有第五个;而这四个文化体系汇流的地方只有一个,就是中国的敦煌和新疆地区,再没有第二个。

此后,在为黄山书社 1987 年 12 月出版的《东方文化史话》所写的序文中,季先生又写道:

> 在世界上延续时间长,没有中断过,真正形成独立体系的文化只有四个:中国文化体系、印度文化体系、阿拉伯伊斯兰文化体系和从希腊、罗马起开始的西欧文化体系。
>
> 在这四大文化体系中,所谓东方文化,实际上占了三个,是世界文化的四分之三,它在历史上起过重大作用,在今后的发展中还将起更大的作用。这一点我认为是可以肯定的。

紧接着论述世界文化体系之划分的,便是写成于 1988 年 7 月 16 日的《西域在文化交流中的地位》,以及在同年稍后的 8 月间写成的《文化交流的必然性和复杂性——在"东方文化系列讲座"上的报告》、次年 10 月 25 日写成的《从宏观上看中国文化》。在其中的《西域在文化交流中的地位》一文中,季老写道:

> 据我自己多年观察和探讨的结果,真正能独立成为体系、影响比较大又比较久远、特点比较鲜明的文化体系,世界上只有四个:
>
> 1. 中国文化体系
>
> 2. 印度文化体系
>
> 3. 闪族伊斯兰文化体系
>
> 4. 希腊、罗马西方文化体系
>
> 这四个文化体系,还可以再进一步简化为两大文化体系群:前三者属于东方文化体系群,后一个属于西方文化体系群。

西域地处东西两大文化体系群的中间，是东西文化交流的必由之路。在东方文化体系群的内部，各民族之间的文化交流，有时候也要通过西域。世界历史上有名的丝绸之路，就是横亘西域的东西文化交流的大动脉。

到了 1990 年 6 月，在江西人民出版社开始出版的《东方文化丛书》中有一篇季老和周一良、庞朴二位先生合写的总序，这篇总序当中不仅再次谈到世界文化体系的划分问题，而且谈得比较详细：

> 根据我们的观察，在五花八门、纷然杂呈的众多的文化或文明中，显然有文化圈的存在。换句话说就是，在某一个比较广阔的地区内，某一个国家或民族的文化或者文明，由于内部和外部的原因，影响了周围的一些国家和民族，发挥了比较大的作用，积之既久，就形成了这样的文化圈。古希腊和罗马文化、从希伯来起一直到伊斯兰时期的闪族文化、印度文化和中国文化都形成了各自的文化圈，在非常广阔的地区内，在相当长的历史时期中，对圈内的国家产生了或大或小或强或弱的影响。这影响不是单方向的，圈内的国家间有着文化交流，圈与圈之间也有文化交流，总起来看，是一个互相学习、互相渗透的过程。
>
> 这样四大文化圈，又约略可以分为两大文化体系：一个是西方文化体系，指的是从希腊、罗马一直到今天的欧美文化；一个是闪族、印度和中国的东方文化体系。在人类几千年的历史上，这两大文化体系表现出来的情况仍然是互相学习，互相渗透，交光互影，独立发展。这当然也是一种文化交流，是在最大的宏观的基础上的文化交流，而且这两大文化体系的关系是，哪一个文化体系也不是自一开始就占据着关键地位、主导地位、支配地位、垄断地位。

此后，在收入北京大学出版社 1991 年 8 月出版的《比较文学与民间文学》中的《东方文学研究的范围和特点》、1992 年 11 月 22 日写成的《"天人合一"新解》、1994 年 1 月 30 日写成的《中外文化交流漫谈》、1996 年 3 月 20 日写成的《东方文化集成·总序》等文章中，季老又多次谈及世界文化体系之划分问题,重申了自己的看法。

显然,这样的论断是一位学养甚高的学者经过严肃思考而作出的,其中倾注了季老数 10 年学术研究的心血。当再读他的论断时,真是眼前一亮,深感其对研究敦煌文化定位问题来说,不啻是指点了迷津。正由于此,在《敦煌文化》一书下编《神论编》中专门论述敦煌文化的历史定位问题的第五章《古代世界文化格局中汉文化圈的西陲硕果》的开头,我就在引述了季老关于世界文化四大体系划分及其汇流地区之所在的论断之后,写了如下反映了我的真实感受的一段话:

> 季羡林先生(关于世界文化四大体系划分及其汇流地区之所在)的这种看法,真是高屋建瓴、俯察全局之论,简明扼要地讲清了古代世界主要文化体系及其交汇地区之所在,对于认识敦煌文化在古代世界文化格局中的特殊地位来说,无疑是具有指导性意义的。

其实,季老的这种论断,我想绝对不只是对我自己认识敦煌文化在古代世界文化格局中的地位具有重要的指导意义,对所有敦煌文化研究者来说也是具有同样的意义的。

仔细分析可以看到,季老的论断其实主要包含了两个要点:其一是世界文化四大体系论,其二是世界四大文化体系汇流地区之所在。如果再加上季老有关世界文化总体格局的论断中的第三个要点,即"三十年河东,三十年河西"等规律的观点的话,那么季老的论断实际上是对世界文化史研究的一个划时代的重大贡献。对敦煌文化研究来说,当然更是如此。这里,季老论断中的第三个要点即"三十年河东,三十年河西"论,和敦煌文化的历史定位问题关系还不是十分直接,故姑且不说;这里要说的是第一和第二个要点。

《吕氏春秋·用民》云:"一引起纲,万目皆张。"敦煌文化是古代历史上的许许多多文化现象中的一种,是其中的一种重要文化现象。要准确地为敦煌文化在古代世界文化格局中确立地位,首要的当然是要明确古代世界的文化格局。季老论断中的第一个要点,即世界文化四大体系论,作为对世界文化格局的一种总体把握,由于既高屋建瓴,又符合实际,所以也就十分有助于对纷繁多样的世界文化及其历史进行全面深入的研究和宏观规模上的把握。

当然,季老的世界文化四大体系论,并不只是适用于古代世界文化,还包括了对古代世界文化体系的划分和总体格局的把握。因此,他的论断实际上也就成为研究古代世界各种文化现象的纲,有了这个纲,人们才能准确地为古代世界各种文化现象进行历史定位。对敦煌文化的历史定位问题来说,季老的这一论断,无疑也是如此。以往,专家学者们谈到敦煌文化,一般只是说敦煌地区地处中西文化交流之孔道,是中西文化交流的咽喉;敦煌文化作为丝绸之路上一种地域性文化在东西文化交流中具有重要地位。这种看法当然不错。然而,却并未能将敦煌文化放到古代世界文化的总格局中,或者并未将敦煌文化放到一个更为宏观的背景上,为其确定历史地位。现在,有了季老有关世界文化四大体系划分的论断,那么就可以明确:敦煌文化尽管是古代世界一种重要的文化现象,但并不是独立于古代世界四大文化体系之外的一种文化现象。这样一来,在为敦煌文化进行历史定位的时候,便可以把注意力进一步集中到这样一个问题上:敦煌文化是属于世界四大文化体系中的某一个呢,还是为古代世界四大文化体系所共有?

然而,要回答这个问题,就又不能不和季老论断中的第二个要点,即关于世界四大文化体系汇流地区之所在的论断联系起来。不过,季老关于世界四大文化体系汇流地区所在问题的论断,和关于世界文化四大体系划分的论断相比,情况略有不同,因为季老对这个问题的看法,据我所见,文字表述主要的似乎只有三处,而这三处文字表述并不完全相同。这三处按照时间先后是:

一、《敦煌学、吐鲁番学在中国文化史上的地位和作用》。其中的文字表述是:

> 我们知道,世界上历史悠久、地域广阔、自成体系、影响深远的文化体系只有四个……而这四个文化体系汇流的地方只有一个,就是中国的敦煌和新疆地区,再没有第二个。

二、《西域在文化交流中的地位》。其中的文字表述是:

> 西域地处东西两大文化体系群的中间,是东西文化交流的必由之路。在东方文化体系的内部,各民族之间的文化交流,有时候也要通过西域。世界历史上有名的丝绸之路,就是横亘西域的东西文化交流的大动脉。

165

三、《中外文化交流漫谈》。其中的表述是：

> 西域地处欧亚大陆中间偏东的地带，有名的丝绸之路就横贯
> 此地，自古以来就是东西文化交流的地方。人类在过去几千年的历
> 史上共创造了四大文化体系。这四大文化体系在新疆交汇，在全世
> 界这是唯一的一个地方。

显然，归纳起来，季老关于世界四大文化体系汇流地区所在的论断的文字表述，前后并不完全一致，而是实际上有两种：其一，世界四大文化体系的汇流地区"是中国的敦煌和新疆地区"；其二，"西域……是东西文化交流的必由之路"、世界四大文化体系"在新疆交汇"。在这两种表述中，前者把敦煌地区列入世界四大文化体系交汇地区所在之内，而后者并未列入。按照前者，敦煌文化就应当是古代世界四大文化体系所共有的；按照后者，敦煌文化就应当属于古代世界四大文化体系中的中国文化体系了。那么，季老究竟持什么看法呢？

本来，如果不是十分专门而严格地谈论这个问题的话，把敦煌地区列入古代世界四大文化汇流地区之中并不是不可以的，因为敦煌地区毕竟紧邻西域，和西域地区一向有着十分密切的直接联系，古代世界四大文化体系的汇流在这里也有着相当明显的表现。然而，据我的体会，在季老的心目中，敦煌地区并不属于古代世界四大文化汇流地区所在。这不仅是因为季老将敦煌地区列入世界四大文化交汇地区所在之内是在 1985 年（《敦煌学、吐鲁番学在中国文化史上的地位和作用》），而视西域即今新疆为世界四大文化唯一的交汇地区所在是在 3 年后的 1988 年（《西域在文化交流中的地位》）和 9 年后的 1994 年（《中外文化交流漫谈》），时间在后的文字表述当是季老观点的最为深思熟虑和最为确切的表述；而且是由于本来将敦煌地区列入世界四大文化交汇地区所在之内，当系另有原因。这就是：将敦煌地区列入其中的《敦煌学、吐鲁番学在中国文化史上的地位和作用》，本来并不是专门论述世界四大文化体系的汇流问题，而是要说明为什么要把敦煌学和吐鲁番学合在一起，论述其对中国文化史研究的意义的，而要把这个问题讲清楚，所需要的资料基本上是在和吐鲁番地区紧相连接的敦煌地区，特别是在敦煌遗书中；事实上，季老所使用的资料也主要是出自和吐鲁番地区紧相连接的敦煌地区，特别是出自敦煌遗书的。季老自己就这样说：

我之所以把敦煌学与吐鲁番学合在一起介绍，是因为敦煌和吐鲁番这两个地方都是丝绸之路上的重镇，而丝绸之路又是古代东西文化交流的大动脉，对于它的研究，是当今世界上引起人们注意的学问之一，有极其重要的意义。

从人类发展的历史看，文化汇流，能够促进彼此文化的发展，提高彼此人民的物质生活和精神生活水平。从人类发展的远景来看，文化汇流的研究，更有特殊的意义。到了人类共同进入大同之域的时候，各个民族，各个国家分别创造的文化难道还能不汇流在一起吗？目前研究这种汇流现象和汇流规律的地区，最好的、最有条件的恐怕就是敦煌和新疆。

一旦到了专门论述世界四大文化体系及其汇流地区之所在的时候，季老的文字表述便变成只讲西域即今天的新疆地区了。

应当说，季老不把敦煌地区列入是完全正确的。因为，敦煌地区虽然有世界四大文化体系汇流的明显表现，但有这种明显表现并不等于一定属于汇流地区。丝绸之路河西及其以东段上有这种明显表现的地方太多太多了，长安就是其中最具代表性的地方之一，而这些地方就很难说是世界四大文化体系汇流的所在地区，因为这些地方有自己的主体和主导文化，即中原传统文化，属于中原文化圈。只有新疆，一般地说，在古代并不专属于世界四大文化体系中的任何一个体系，而是世界四大文化体系你来我往、自由汇聚、无分主宾、咸被容纳的地方，在古代既不专属于中原文化圈，也不专属于季老所说的印度文化圈、闪族伊斯兰文化圈或希腊、罗马西方文化圈。正如季老自己所说的：世界"四大文化体系在新疆交汇，在全世界这是唯一的一个地方"。而恰恰是季老的这一论断，对于认识敦煌文化在古代世界文化格局中的地位来说，确实具有特别重要的意义。

根据季老的这一论断，我以为可以认定，敦煌文化并不是古代世界四大文化体系所共有的一种文化现象，而是专属于中原传统文化的，是专属于古代中原传统文化圈中的一种文化现象，也就是古代中国文化圈中的一种文化现象；在《敦煌文化》中，我也确实是这样认定的。因为，既然敦煌地区不属于古代世界四大文化体系汇流地区，那么它就必定与西域文化有区别。事实上，正如我在《敦煌文化》下编第五章中所说的，这里虽然有古代世界四大文化体系汇

167

流的明显表现,然而这里的文化内部构成格局和西域并不相同。一般说来,在西域,虽然也有本土文化,但却又有古代世界四大文化体系,有本土文化和古代世界四大文化体系以及这四大文化体系相互间的浑然共存、并行杂处。甚至连今吐鲁番这个在古代西域所有地区中与敦煌地区关系最为密切、在一些专家学者眼中中原传统文化曾经处于主体和主导地位的地区的文化,实际上也是如此。就以中原传统文化影响最大的唐西州时期(唐太宗贞观十四年—唐德宗贞元八年,640~792)来说吧,中原传统文化在当年的吐鲁番地区也并未成为全社会的主体文化,而仅仅是当地多元文化中的一种与他种文化共存并行的文化。我在《敦煌文化》下编第五章论及这个时期吐鲁番地区的文化时,首先讲了中原传统文化、特别是儒家文化在唐西州时期吐鲁番地区的深刻影响;然后又在引用论者对包括唐西州时期在内的古代吐鲁番地区文化情况的看法指出:"我因历代封建王朝大力提倡并奉为圭臬的儒家思想也在高昌广泛流传,成为高昌统治阶级的主导思想。"[1]之后写道:

> 这种看法,应当说是较为切合实际的,因为事实上作为中原传统文化主体的儒家文化虽在这里"广泛流传",但也只是"成为高昌统治阶级的主导思想",并未成为高昌社会的主体文化;即使到了唐前期"传统儒家思想在高昌的广泛流传和影响"是客观事实,那也毕竟只是"广泛流传和影响"。 对于唐西州时期的上层社会以及居民中的汉人来说,其文化上所坚持的自然是中原传统文化,但对于当地的非汉族居民来说,其文化上所坚持的仍然是他们自己的文化传统,尽管他们有汉化倾向。在语言文字方面,他们所使用的仍是自己原来的语言文字。比如,"665 年,高昌居民张玄逸家被盗,案件牵涉到麹运贞家的婢女春香等人。春香在辩词中称'春香等身是突厥',参与审理案件的有 '译语人翟浮知',显然春香等人是不懂汉语的。"[2]在日常生活中,他们坚持的是自己原来的习俗。他们信奉的主要是佛教和祆教;他们的居室建筑,沿用了原有的因炎热多风而形成的挖土留墙、再在墙上凿洞置椽并在椽上铺设木板以为屋顶的建筑方式以及大约只有王室使用的毡帐形式。在社会组织职管称号方面,他们保留了自己原有的社会组织和官号。比如,在阿斯塔那

---

[1][2] 余太山. 西域文化史[M]. 北京:中国友谊出版公司,1995.

509 号墓出土的一件唐玄宗开元十二年(734 年)派人"行水浇灌"的文书中，就可以看到"葛腊啜下游奕首领骨逻拂斯"、"游奕突厥"、"可汗"等文字，其中的"可汗"、"啜"、"游奕首领"等即为突厥原有官号。[1]事实上，唐朝政府在西州地区并未推行什么民族同化政策；西州地区非汉族居民中的汉化倾向，主要的还是一种诸多民族杂居过程中必然会有的文化上的互相交流现象；中原传统文化尽管增大了影响，但并未成为全社会的主体文化，而是和当地非汉族文化共存或至少是并行的文化，或者说是当地多元文化中的一种文化。

在中原传统文化影响最大的唐西州时期尚且如此，在其他时期的情况就当更是如此了。然而，在敦煌地区的文化内部构成格局中，中原传统文化及其体系就不是如此，而是居于主体和主导地位的。正由于此，所以我也才在《敦煌文化》中说敦煌文化专属于中原传统文化，是专属于古代中原传统文化圈中的一种文化现象，也就是古代中国文化圈中的一种文化现象。

当然，在敦煌文化的历史定位问题上，还有更进一步的问题。即敦煌文化在中原传统文化中的地位问题。事实上，从逻辑上讲，这也是必然要提出和应当回答的、也属于敦煌文化定位方面的问题。考虑到敦煌文化作为产生在敦煌地区的一种丰富多样和自身特点鲜明的文化现象，如同前文已经说过的，在《敦煌文化》中，我在将其定位为"古代世界文化格局中汉文化圈的西陲硕果"的同时，又将这个定位具体化为两条加以论述，其一为敦煌文化是"中原文化圈的西陲屏障"，其二为敦煌文化是"中原文化圈坚实的西陲存在"。然而，只有首先明确敦煌文化是古代世界四大文化体系中中原传统文化圈和中国文化圈中的一种文化现象，才能讨论更进一步的问题，而真正指导我解决敦煌文化在古代世界文化总体格局中的地位问题的，恰好是季老关于世界四大文化体系划分及其汇流地区之所在的论断。可以说，如果没有季老论断的指导，我是不大可能像在《敦煌文化》中那样明确地对敦煌文化进行历史定位的。所以，我以为季老的世界文化四大体系及其汇流地区之所在的论断，确实是对敦煌文化研究的一个十分重大的理论贡献。我想，敦煌文化研究界的师友们当也会有同感同识吧！

以上所谈未知对否，尚望季老和与会各位先生批评指正。

（作者单位：甘肃省社会科学院）

---

[1] 余太山. 西域文化史[M]. 北京：中国友谊出版公司,1995.

从阿拉伯伊斯兰文化看东西文化交流

●赵国忠

季羡林先生写的《东方文化集成》总序是集成丛书一篇纲领性、指导性很强的总论,对东西文化的特点作了精辟的分析,对东西文化交流提出了自己独到的看法。文字虽不长,但却剖析了当前学术界的一些主要争论,提出"东方主综合,西方主分析""三十年河东,三十年河西""天人合一"等许多重要学术观点。最后他指出"拿来主义的同时,我们应该提倡'送去主义',而且应该定为重点","送去的一定是我们东方文化中的精华"。这也就是我们编写一套《东方文化集成》的宗旨了。

对季先生写的《总序》我曾读了好几遍,但由于我主要从事中东特别是阿拉伯地区形势的研究,虽涉及一些阿拉伯历史,但对于阿拉伯伊斯兰文化知之甚少。季先生要我和郭英德老师共同负责《西亚·北非文化编》,我只能勉为其难。季先生提出"我们最重要的任务就是学习,就是了解"。本着这一精神,我就读一点阿拉伯伊斯兰文化方面的书籍,并通过看这方面的稿子,增加一些知识。通过学习,有了一点粗浅体会:

一、从阿拉伯伊斯兰文化的发展历程看,他有一个"拿来"和"送去"的历程,也就是继承、消化、发展和交流(送去)的过程。

季先生将世界文化分为中国文化、印度文化、阿拉伯伊斯兰文化和自古希腊、罗马一直到今天的欧美文化等四大文化体系。阿拉伯伊斯兰文化是阿拉伯人在闪族文化基础上继承了古代埃及文化、两河流域文化(巴比伦文化)、波斯文化和希伯来文化,并以 7 世纪创立的伊斯兰教为核心,大量吸收外来优秀文化,诸如希腊罗马文化、印度文化和中国文化,使之融会贯通,在阿拉伯帝国时期形成了一种具有丰富个性的世界性文化。

阿拉伯伊斯兰文化的形成和发展过程就是一个不断吸收外来文化(也就是"拿来")的过程。特别是在阿拉伯帝国阿拔斯王朝(公元750~1258年)的初期,阿拉伯伊斯兰文化发展到一个黄金时期。当时执政的哈里发(君主),非常重视外来文化,将许多重要的外国科技和文学名著翻译成阿拉伯语。如哈里发曼苏尔(754~775在位)曾命法萨里(卒于7世纪末或8世纪初)把印度的天文学和数学论文译成阿拉伯文,从而把印度数字传入阿拉伯地区,再由阿拉伯人传入欧洲。欧洲人所谓的阿拉伯数字,实际上来自印度。所以,阿拉伯数字系由阿拉伯人从印度"拿来",然后"送至"欧洲。又如阿拉伯帝国著名翻译家伊本·穆格法(祖籍波斯,卒于757年)把古代印度哲学家比德拜所著的寓言(后保存在《五卷书》中),从古波斯巴列维文译本译成阿拉伯文,定名为《卡里来和笛木乃》。这部译著被认为其地位仅次于《古兰经》的散文经典名著[1],而《比德拜寓言》梵语原著和巴列维文译本早已散佚[2]。《卡里来和笛木乃》同《一千零一夜》两部作品,集中体现了阿拉伯文学的"承前启后、贯通中西"的特点。

阿拔斯王朝哈里发麦蒙(813~833年在位)曾派智慧馆(由图书馆、科学院和翻译局三个机构组成)馆长萨拉姆等人远至君士坦丁堡(今土耳其伊斯坦布尔),向拜占庭皇帝索取希腊语著作,并鼓励学者把这些著作译成阿拉伯文。他曾用与译稿同等重量的黄金,酬谢翻译家侯奈因·本·易司哈格(809~873),被传为佳话。经过阿拔斯王朝初期200多年的翻译工作,希腊许多重要的哲学和自然科学差不多都译成了阿拉伯文。而当时欧洲正是干戈扰攘、民不聊生、文化低落之时,许多希腊典籍已荡然无存,正是阿拉伯学者通过翻译把大量的希腊学术著作保存了下来。这些译著又通过各种欧洲语言,特别是拉丁语的译本,重新回到了欧洲,对欧洲的文化和学术研究产生了很大的影响。恩格斯说:"古代流传下欧几里得几何学和托勒玫太阳系,阿拉伯人留传下十进位制、代数学的发端、现代的数字和炼金术;基督教的中世纪什么也没有留下。"[3]他又说:"在罗曼语各民族那里,从阿拉伯人那里吸收过来并从新发现的希腊哲学那里得到营养的一种开朗的自由思想,越来越扎下了根,为18世纪的唯物主义作了准备。"[4]所以阿拉伯帝国在"拿来"并"送去"古希腊文化方面是有

---

[1] 仲跻昆. 阿拉伯现代文学史[M]. 北京:昆仑出版社,2004:29.
[2] 郭英德. 阿拉伯史纲[M]. 北京:经济日报出版社1997:170.
[3][4] 恩格斯. 自然辩证法[M]//马克思,恩格斯. 马克思恩格斯选集:第4卷. 北京:人民出版社,1995:263,261.

重大历史功绩的。

阿拉伯帝国初期之所以能将外来文化"拿来",并将自己的文化"送去"主要是由于阿拉伯帝国国力强盛,在 8 世纪上半叶,其疆域西起大西洋的比斯开湾,东至印度河与中国边境,跨有亚、非、欧三洲的土地。它比极盛时代的罗马帝国还要大。当时只有中国(唐代)可以与之匹敌。除了国力强盛外,还由于阿拉伯帝国初期历代哈里发十分重视科技发展和文化事业,他们不计较学者的宗教信仰和民族归属,用重金延聘人才,翻译了大量希腊、印度等国的优秀科学文化著作。将外来文化拿来为己所用,在消化吸收和提高的基础上又送出去。《阿拉伯文学史》作者尼科尔森说:"上至哈里发、下至平民,所有的人仿佛忽然间变成学生或文学的奖励者。一般人为求学而游历欧、亚、非三洲,然后又如蜜蜂一般,载蜜而归,把他们所储藏的宝藏……孜孜不倦地编辑许多典籍,其卷帙浩大与内容之丰富,不亚于现代的百科全书,而其对于现代科学的贡献,远非一般人的想象所能及。"[1]所以,国力强盛和统治集团重视文化是推动东西文化交流不可缺的两个基本条件。

二、从阿拉伯伊斯兰文化的发展历程来看,不同文化之间更多的是相互继承和发展、相互学习和交流、相互吸收和融合,达到共同发展和繁荣。

犹太教、基督教和伊斯兰教都产生于亚洲西部。在伊斯兰教创立前,西亚的叙利亚是信奉基督教的一个中心,也门纳季兰是基督教盛行的城市,阿拉伯半岛北部和东非的埃塞俄比亚都是基督教国家。出生于麦加的伊斯兰教先知穆罕默德在出外经商的旅途中经常聆听基督教传教士的布道和说教,他十分熟悉犹太教、基督教和半岛上的其他各种宗教的思想。由于基督教全盘继承了犹太教的《旧约全书》,使之成为基督教圣经的前一部分。[2]《旧约》中的许多宗教故事和神话传说在西亚地区几乎家喻户晓,因此,伊斯兰教《古兰经》中的某些传说故事与《旧约·创世记》中的某些传说故事类同,并按伊斯兰教教义的需要加以改造和发展是完全合乎情理之中的事。[3]如诺亚方舟的洪水传说,亚当夏娃偷吃禁果的传说等。而上述传说在巴比伦王朝时期(公元前 1700 多年)的泥板书中早有记载。这就说明这三大宗教文化之间存在继承和发展,而阿拉伯

[1] 尼科尔森. 阿拉伯文学史[M]. 剑桥,1956:281.
[2] 基督教圣经包括《旧约全书》和《新约全书》。后者是基督教本身的经典。
[3] 孙承熙. 阿拉伯伊斯兰文化史纲[M]. 北京:昆仑出版社,2001:4.

伊斯兰文化的形成和发展是一个不断吸收外来文化的过程。

文化可分为物质文化和精神(这里主要指有文字记载的)文化。物质文化的学习和交流在古代比较容易,如中国的丝绸及丝织技术在公元前就传到了埃及和叙利亚地区;瓷器及造瓷技术通过海上"瓷器之路"在阿拉伯帝国阿拔斯时期就传到伊拉克、叙利亚和埃及;中国的四大发明(造纸术、印刷术、指南针、火药)、肉桂、巴豆、大黄、沉香等药材传入阿拉伯地区,再由阿拉伯地区传到欧洲。马克思说:"火药把骑士阶层炸得粉碎,指南针打开了世界市场并建立了殖民地,而印刷术则变成新教的工具,总的来说变成科学复兴的手段,变成对精神发展创造必要前提的最强大的杠杆。"[1]而阿拉伯帝国的天文学、数学、医药学和丁香、乳香、木香、芦荟、没药等药材、香料传入中国,对中国的科技和医学发展也起了很大的推进作用。它不可能产生碰撞和冲突。

但精神文化的交流就不同了,特别是宗教的传播具有一种宗教对另一种宗教的排他性。伊斯兰教创立初期,阿拉伯帝国第二任哈里发欧麦尔(634~644年在位)曾把居住在阿拉伯半岛海巴尔的犹太教徒和其他异教徒驱逐到约旦河西岸杰里科等地,把纳季兰的基督教徒赶往叙利亚和伊拉克,从而使阿拉伯半岛更加伊斯兰化。但是,这种宗教信仰并不是一种宗教消灭另一种宗教(偶像崇拜另作别论)。被征服的异教徒只要不抵抗,作"顺民",仍有信仰宗教的自由,不服兵役;如果皈依伊斯兰教,则可免除包括人丁税在内的一切贡税,并可获得福利。这样的政策为伊斯兰教的传播创造了有利的条件。所以,世界性的不同宗教之间既有相互继承、吸收的一面,又有相互排斥的一面,但尚不会发展到一种宗教用武力消灭另一种宗教,事实上也不可能做到。在公元8~9世纪阿拉伯帝国极盛时代,哈里发在西亚北非地区传播伊斯兰教时并没有消灭了犹太教和基督教。

季先生认为:"文化有一个很突出的特点,就是,文化一旦产生,立即向外扩散,也就是我们常说的'文化交流'。"阿拉伯伊斯兰文化是阿拉伯民族创造的,在它形成一种世界性的文化之后,当它离开阿拉伯地区向四方传播的时候,必然与其他地区、其他民族的社会经济文化进行交流和融合,从而形成具有地区和民族特点的伊斯兰文化。中世纪,阿拉伯人沿着"丝绸之路"来到中国。"他们一手拿着珠宝香料,一手拿着《古兰经》,在物质贸易过程中使中国和

---

[1] 马克思. 经济学手稿[M]//马克思,恩格斯. 马克思恩格斯全集:第47卷. 北京:人民出版社,1979:427.

阿拉伯人民有了跨文化的交际和社会文明的交流，最终把伊斯兰文化传播到中国。"[1]阿拉伯伊斯兰文化不仅是一种宗教文化，又是一种生活方式和一种社会制度。它包括宗教的、世俗的、精神的、物质的、科技的多层次的结构，是一个庞大的文化综合体。伊斯兰教自唐代传入中国后，对中国主体民族——汉族并没有产生太大的影响，只在回族、维吾尔族等10个少数民族中传承。宋元明历代君主对阿拉伯天文历算、医药等实用科技给予相当的重视，而属于伊斯兰教教义哲理的精神文化，迟至明末清初才有汉文译著出版。阿拉伯伊斯兰文化在中国历史上从未参与意识形态的斗争，它与中国传统的儒家文化并没有发生冲突，而且它还尊崇儒学中的天命观、伦理道德和积极进取精神，但对佛教的空寂之说和中国道教的清净无为、获取长生的思想不表示赞同。中国伊斯兰文化"一方面包含着以儒家为代表的中国传统文化中某些有价值成果的吸收和改造；另一方面它又吸收、融合了每个民族（指中国10个信奉伊斯兰教的民族）固有的本土文化和社会习俗"[2]。因此，中国伊斯兰文化和中国传统文化是分不开的，但又不是被"儒家化"了。由此可以看出，阿拉伯伊斯兰文化与中国文化这两大世界性文化虽有差异，但在中国的历史上并没有发生冲突，而是进行交流、吸收和融合，产生了一种具有中国特色的伊斯兰文化。

在各种世界性文化交流中，特别应重视翻译的地位和作用。明代冯梦龙所编的《警世通言》中，有一篇《李谪仙醉草吓蛮书》的故事，说的是唐玄宗作皇帝时诗人李白由于精通渤海文字，不仅将"番书"用唐音译出，而且用番文写出了"吓蛮书"，从而避免了一场可能发生的战争，迫使渤海国写了降表，愿年年向唐朝进贡，岁岁来朝。从这一故事中可以看出其作用不同凡响，一鸣惊人。阿拉伯帝国阿拔斯王朝时由于将大量希腊文著作译成阿拉伯文，从而避免了希腊文化的许多精品失传。季先生由于精通梵文，将许多印度梵文名著译成中文，对印度文化与中国文化的交流起了重要作用。季先生在《总序》中说，有扎希兹转载的一种说法是："希腊人除了理论之外从未创造过任何东西。他们未传授过任何艺术。中国人则相反，他们确实传授了所有的工艺，但他们确实没有任何科学理论。"季先生按："最后一句话不符合事实，中国也是有理论的。"从这里可以看出，许多外国人当时对中国人并不了解，其原因可能是，许多中国科学理论和哲学理论在当时并没有将其译成外文，外国人对中文看不懂。所以就说中国"没有任何科学理论"。如果不懂外国语言，就谈不上东西文化以及

---

[1][2]杨怀中,余振贵.伊斯兰与中国文化[M].银川:宁夏人民出版社,1995:3,551.

东方各种文化之间的交流。

北京大学于 1946 年成立东方语言文学系,由著名东方学家季羡林先生担任系主任。在该系又成立了阿拉伯语专业。这是我国有史以来第一所大学设阿拉伯语专业。在此之前,明末清初曾有一批人数不多的阿拉伯语的回族宗教学者如王岱舆、刘智、马注、马德新等人将阿拉伯语的著作译成汉语,但主要涉及伊斯兰教的哲学思想、典礼制度、民常习俗、人物传记,后来又扩及天文历法、地理和《古兰经》的汉译。在新中国成立前的阿拉伯语专业,学生都是回族,学习内容偏重宗教方面。1951 年才扩大招生,有许多汉族学生也学习阿拉伯语。此后阿拉伯语的教学由北大扩及北京外国语大学和上海外国语大学等 15 所大学,现已培养出数千名阿拉伯语的人才。他们在外交、外贸、新闻、文化和宗教等许多部门工作,对促进中国与阿拉伯国家的文化交流起了重大作用。他们不仅将阿拉伯名著如《卡里来和笛木乃》、马哈福兹的《三部曲》等译成汉语,而且将中国的《鲁迅小说集》《日出》和《雷雨》等译成阿拉伯语;另外,还运用阿拉伯语进行新闻传播、学术研究和文艺交流。所以,阿拉伯语人才不仅在促进中阿文化交流方面,而且在增强中阿友好合作关系方面都发挥了重大作用。

三、从阿拉伯伊斯兰文化的发展来看,那种认为东西文化特别是阿拉伯伊斯兰文化、中国儒家文化与西方基督教文化必然发生冲突甚至导致战争的观点显然是站不住脚的。

历史上,1096 年开始的欧洲十字军东征,曾被欧洲和东方的一些历史学家说成是基督教徒与伊斯兰教徒争夺圣地耶路撒冷的战争。这种看法显然是不正确的。实际上是当时在西欧的封建领主和无地骑士为了转移内部纷争、掠夺地中海东岸的沃土和财富,在宗教外衣掩盖下发动的一场侵略战争。

第二次世界大战后西亚北非地区爆发的历次战争,从来不是东西文化冲突所引起的。1948 年巴勒斯坦战争是阿拉伯国家强烈反对犹太复国主义者在美英支持下,在巴勒斯坦土地上建立以色列国爆发的。1956 年苏伊士战争则是英法殖民主义者伙同以色列反对埃及政府收回苏伊士运河主权发动的。1967 年"6·5"战争是以色列因埃及接管加沙地带和封锁亚科巴湾而发动的。1973 年 10 月战争则是埃及和叙利亚为了收复被以色列占领的西奈半岛和戈兰高地而发动的。而 1978 年 3 月的"利塔尼行动"和 1982 年 6 月的"加利利行动"都是以色列为了清剿黎南部的巴勒斯坦解放组织武装力量而发动的战争。这几次战争都不是阿拉伯伊斯兰文化与犹太文化或西方基督教文化冲突引起的。

在20世纪90年代初东欧剧变、苏联解体,两极格局宣告结束,美国成了世界上唯一的、最强大的超级大国。在这一背景下,美国哈佛大学教授亨廷顿于1993年夏提出,冷战后,主宰全球未来的将是"文明的冲突"。他认为世界冲突的基本根源已不再是意识形态,而是文化方面的差异。因为在世界范围内资本主义与社会主义这两种意识形态的斗争已不是冲突的基本根源了。随着美国国力的增强、美国在中东势力的扩大,美国的文化,不仅是先进的科技和管理制度,而且也包括暴力、色情等腐朽的生活方式大量传播,严重冲击这一地区占主导地位的传统的阿拉伯伊斯兰文化。这就必然遭到一些阿拉伯国家的有识之士和宗教人士的抵制。

1991年的海湾战争和2003年3月的伊拉克战争都是美国发动,前者是为了将伊拉克从科威特赶走,后者是为了推翻抗拒美国的萨达姆政权,其目的都是为了维护美国在海湾地区的石油利益。这根本不是阿拉伯伊斯兰文明与西方基督教文明发生了什么冲突。"文明冲突论"有可能掩盖美国企图独霸中东和称霸世界的本质,将美国企图控制阿拉伯和伊斯兰国家、攫取中东石油资源与阿拉伯人民和伊斯兰国家人民反抗美国霸权的斗争称之为阿拉伯伊斯兰文明与西方基督教文明的冲突。2001年的"9·11"事件曾被一些人看成是"文明冲突"的实例。殊不知,其深刻原因正是美国的霸权政策和支持以色列镇压巴勒斯坦人民争取权利的斗争所导致的。"9·11"事件后,美国布什政府将反恐和防止大规模杀伤性武器扩散列为美国优先考虑的全球战略,将一些反美或不听话的国家称之为"无赖国家""邪恶轴心""暴政前哨站"或"支持恐怖主义国家";将中东一些反对美国霸权、反对以色列占领的伊斯兰激进组织,称之为"恐怖主义组织"。甚至将伊斯兰原教旨主义等同于恐怖主义。认为反恐战争就是"一场西方基督教文明对伊斯兰文明的战争"。埃及开罗大学教授哈桑·纳法阿最近指出:"阿拉伯世界和伊斯兰世界的人民感到,美国想利用'反恐战争'改变这些地区的宗教、教育和文化制度。他们同时感到,这不是'反恐战争',而是反对阿拉伯文化和伊斯兰文化的战争,美国的政策更多的是侵略阿拉伯和伊斯兰人民。"[1]2006年8月11日,美国总统布什竟然声称"美国正处于和伊斯兰法西斯主义的战争中"。这种论调是十分荒谬的。这反映了美国统

---

[1]《参考消息》2006年9月7日第10版,纳法阿教授为开罗大学政治科学系主任、埃及外交委员会委员。

治集团一些人对伊斯兰教的敌视和无知，并将广大的穆斯林民众与那些打着伊斯兰旗号从事破坏活动的激进分子混为一谈。而伊斯兰教强调的是"和平"和"顺从"，并不崇尚"暴力""对抗"和"恐怖"。真正的穆斯林不会是恐怖分子。

2004年6月，也就是伊拉克战争之后，美国布什政府提出所谓"大中东民主改造计划"，企图迫使阿拉伯国家进行政治、社会、经济和教育等全方位的改造，也就是"民主"和"自由化"改造，从而"彻底铲除暴政和恐怖赖以生存的环境"，"从源头上改善美国的安全环境"。这一计划也就是将美国的这一套西方民主制度强加给阿拉伯国家，必将遭到一些阿拉伯国家的强烈反对。美国认为，萨达姆政权被推翻之后，利比亚卡扎菲政权已发生转变，目前影响美国在中东推行霸权的是伊朗和叙利亚这两个国家，必欲除之而后快。

季先生说："在过去若干千年的历史上，民族和国家，不论大小久暂，几乎都在广义的文化方面作出了自己的贡献。"又说："人类的文化宝库是众多的民族或国家共同建成的。"世界各国民族众多、政治各异，文化具有多样性。各种文明和文化都是在特定的区域、特定的人群和不同历史时期产生和发展的。各种不同文化的发展有先后之别，却无优劣之分，都应得到尊重和保护。不同文化之间应进行交流和对话，不应互相排斥和对抗。那种认为只有自己的民族是最优秀的民族，自己的文化是最优秀的文化显然是十分错误和有害的。目前在中东地区，不是阿拉伯伊斯兰文化威胁基督教文化，而且美国凭借其强大的政治、经济和军事实力对中东地区进行渗透，包括文化渗透，对那些抵制的国家和组织进行政治和外交孤立、经济制裁，甚至进行军事打击。这不是阿拉伯伊斯兰文化与西方基督教文化发生冲突的问题，而是美国将自己的一套政治制度强加于其他国家的问题。美国对那些接受西方"民主"的国家如以色列，要加强与他们的合作；对那些反对实行美国"民主"的国家如伊朗和叙利亚，则要加大政治压力和经济制裁，甚至不惜动用武力。美国在中东谋求霸权是当前中东动乱最主要的原因。

（作者单位：中国社会科学院西亚非洲研究所）

季羡林先生创造了多少财富

●刘　烜

美国《财富》杂志最近评选出八位"最有眼光的成功人士",他们创造了惊人的财富。比如百事可乐公司执行总裁因德拉·努伊在饮料业年均获利 100 亿美元,导演詹姆斯·卡梅隆利用高精度立体摄像机拍的《阿凡达》全球票房收益 10 亿美元。季羡林先生也是"最有眼光的成功人士",然而他创造的物质财富却十分有限。他的住宅 140 平方米,市价每平方米 3 万元,计 420 万元以上;而他的收入:薪金加稿费的积累,今天再买一套那样的住宅,付清款就不容易了。换一个角度,如果将他用过的木床,或他的每一页手稿加以拍卖,定然火暴,但这是市场现象了。诚然,他还为北大学生设立季羡林奖学金捐款 50 万元,为汶川地震灾区重建小学捐款 10 万元。我们很尊敬他的精神,但总起来他创造的物质财富十分有限,然而他创造的精神财富却是惊人的。他 1995 年以前的著作汇编成《季羡林全集》,共 24 卷,800 多万字。1996 年至 2001 年出版著作 29种,还有大量日记、书信没有整理,他住院期间已 90 多岁,仍然笔耕不辍,创造的精神财富,举世瞩目。下面我分七个方面介绍。

一、印度古代语言,特别是佛教梵文研究

季先生上清华大学西洋文学系,主修德语,那时听过陈寅恪先生讲佛经,对梵文十分向往,想请陈先生开梵文课,没有成功。到了德国哥廷根大学留学,发现那里是世界梵学中心,十分高兴。"道路终于找到了！"从此终生从事这门学问。他 1935 年开始在哥廷根大学攻读博士学位。当时德国梵学正盛。研究方法上的特点是:梵文研究与历史比较语言学相联系,从语言着手推向文化历史领域。因为印度古代历史著作缺乏,于是形成了梵文研究又常与佛教典籍相

联系的特点。他在哥廷根主修印度学,先后学习了梵文、巴利文、印度俗语等语言。博士论文题目是《〈大事〉中伽陀部分限定动词的变格》,1941年通过答辩,获印度学博士学位。论文系统研究了小乘向大乘转化期佛典中混合梵文动词的各种形态变化,得到轰动性的好评。

佛教梵文,也有人称为"混合梵文"或"偈陀语言",因为这些梵文掺杂不少古代方言的文字。在小乘向大乘过渡时期,佛典都使用这种文字写成。其后佛典中方言成分逐渐减少,梵文成分增多,于是称"佛教梵文"。季先生深入研究了中世纪印度西北方言与东部方言在语法上的区别,揭示语言的变化与佛教典籍产生、流传的内在联系,这样,从研究语言出发,延伸到历史、文化领域,论证了佛教流传、发展的途径,对大乘佛教的起源研究做出了举世公认的成绩。季先生几十年坚持研究梵文,在中古梵文形态学上处于世界领先地位。

二、东亚第一位通晓吐火罗文的学者

德国三位教授的通力合作,经过二十多年的努力,1931年出版《吐火罗文文法》,基本上破译了这种语言。这使印欧语系又增加了新语种(最东边的语种),震动了比较语言学界;当然还有未解决的问题,这又令人关注。这种新发现的古代语言有两种方言,即吐火罗文A(焉耆文)、吐火罗文B(龟兹文或西吐火罗文)。

留学时季先生阅读吐火罗文残卷《佛说福力太子因缘经》,因是残卷,破译困难。季先生发现中文《大藏经》中有不少相似的故事,一方面译成德语报告教授,大受赞扬;另一方面以汉语为工具加以对照,解决了不少棘手问题,这时期写的论文已是站在学术前沿取得的新成就。季先生有一个习惯,要选定终生的学术目标,锲而不舍地去努力。吐火罗文研究就是这样的目标。1955年,季先生发表《吐火罗文的发现与考释及其在中印文化交流中的作用》,论证汉语中的"恒河""须弥"等词是从吐火罗文转译过来的。

机遇总会垂青有准备的学者。季先生从1982年开始,接受新疆博物馆委托,对焉耆出土的44张88页的吐火罗《弥勒会见记剧本》进行释读。在20年内先后发表十多篇论文。1993年在台湾出版了《敦煌吐鲁番吐火罗语研究导论》。本书翔实精确,总结了该领域近百年的经验,属集大成之作。1997年完成了《弥勒会见记剧本》的整理、翻译、注释工作。这项工作成果在两位外国教授的帮助下用英文发表。这是世界上第一部规模较大的吐火罗文英译本,对吐

火罗文研究有奠基意义。季先生还为中文读者写了近十万字的导语。这个民族可能最早从西方经长途迁徙，很早就落脚中国，语言受周围民族影响。

三、印度古代文学的翻译与研究

季先生回国后，创办和主持北京大学东方语言文学系。他的工作要求首先要介绍、研究印度文学和文化，由于他面对中国学术界，研究中国自己的文化和中外文化比较自然地进入了他的学术视野。1956 年他从梵文翻译了印度大诗人迦梨陀娑的著名剧本《沙恭达罗》。1959 年出版了从梵文翻译的古代寓言集《五卷书》。1962 年又从梵文翻译迦梨陀娑的《优哩婆湿》。此外，主编多部《印度文学史》《东方文学史》教材，并为《中国大百科全书》撰写了有关条目。

季先生翻译的印度大史诗《罗摩衍那》是最大的工程。这部史诗 18755 颂，近 80000 行，于 1980 年至 1984 年分 7 卷 8 册出版，是中印文化史上的大事，除英译本外，为世界上第二个全译本。翻译工作开始于 1973 年，当时尚在文革中。季先生出了牛棚，还在劳动改造，当系里办公室和学生宿舍的门房，每天做的事是收发报刊、信件、传呼电话。在监管条件下，无法公开治学。但季先生绝不浪费自己的学术生命，每天上班前用字条抄好待翻译原文，身边没有人时，他就翻译，再加工成诗句，晚上回家将译文誊清抄好，第二天再继续，真是世界上难得的"翻译史话奇观"。与此媲美的是，他的老师朱光潜先生在相似条件下精心翻译黑格尔的《美学》。季先生于 1979 年译完全书，此时"四人帮"垮台，该书由人民文学出版社出版，1994 年获第一届国家图书奖。

四、佛教研究

季先生是具有自身理论特色的佛教研究者。他研究的方法是从比较语言学延伸到文化领域，也称历史语文考证学派。

1948 年，他发表第一篇论文《浮屠与佛》，缘由是胡适与陈垣有争论，很激烈。季先生写论文证明"浮屠"与"佛"不是直接从梵语翻译过来的，而是从中亚的吐火罗文转译过来的。那时的诸多佛典也遵循此途径。这就解决了佛教传入中国的时间、途经的问题，受到学界重视，可以说一炮打响。

季先生重视研究大乘，这与中国佛教关系极大。大乘（即大车，意为运送众生去佛国的大轿车）亦称菩萨乘。大乘出现后，贬称早先的原始佛教和部派佛教为小乘，即"劣等车辆"。印度一般认为，大乘产生于 1 世纪，发生于南印度,以后北传。季先生从语言研究着手,考定大乘佛教起源可分为两个阶段:原始大乘与古典大乘。原始大乘使用混合梵语,古典大乘使用梵语。古典大乘起源于东印度,时间上溯到公元前二三世纪。佛教传入中国时,大小乘是同时传入的。语言研究可以解读经典。过去对"大乘上座部"一语不理解,因为"上座部"属于小乘。而通过语言研究才明白,上座部接受了大乘思想才称为"大乘上座部",这里包含了大乘、小乘两部分思想,应属于小乘向大乘过渡时期。

季先生的佛教研究,后期关注整个实际社会状况。他研究印度佛教时重点抓住僧人与商人的关系,利用汉字文献写出十多万字的论文,讨论了印度商人的社会地位及历史作用,商人与僧人密切关系的形成以及商人对佛教的影响,在国际会议上引起很好的反响。僧人主"四大皆空",不准积累个人财富,商人却"唯利是图",两者生活追求南辕北辙。然而这两群人在历史上互相帮助过,这就揭示了僧人面对实际生活时的灵活性、机敏性,也说明研究宗教现象,不能死扣最终的哲学根源,必须在丰富多彩的社会现象中加以考查。僧侣社会行为的合理性,不是教义的抽象图解。合理性是在具体历史的不断展现中显示出来的。他后期的《坛经》研究,禅与诗的关系研究,明显运用社会学和比较文化的方法。我听到他多次说过这个领域的学者的名字,是马克斯·韦伯。

五、中外文化交流研究

以梵语研究为起点,进而破译中亚古代语言,重视西域文明,揭示人类文化复杂多样的交流的真面目。他的学术眼光广阔,审视世界上不同文化体系之间的影响与发展。他对文化交流形成一些思想,比如,各民族文化都是在互相交流中发展的;不同民族文化之间的交流通常是双向的;中国各民族文化的构成是多元的;世界各国的文化当然也是多元的。他的思想影响了国内学术发展的进程。

季先生尤其关心中印文化的交流。他研究了《西游记》中的印度元素,运用佛典中的材料,证明《列子》是伪书,考定成书年代,研究印度寓言对中国的影响,也关注纸张、蚕丝等中国发明的物质产品传到印度的历史。最著名的成果,是80万字的"糖史",研究时间长达10多年。他最初发现"糖"字在欧洲语言中总是外来语,最原始的是梵语,考定糖是从印度传入欧洲的。后来在敦煌文献中发现印度煮糖法残卷,又查到唐太宗派人去印度学煮糖。其后,中国制糖有进步,比印度糖甜,两国互相交流,共同提高。最后生产出的白糖,创造过程涉及 10 多种语言的民族。季先生出版的专著《文化交流的轨迹——中华蔗糖史》,于 1997 年出版,以后,他想恢复书名为《糖史·上编·国内编》和《糖史·下编·国外编》。

六、七十多年的"业余"散文家

对大多数读者来说,认识季先生是因为读了他的散文。从 1933 年发表《枸杞树》,一直到他驾鹤西去,漫长的 70 多年岁月,写散文从不停笔。他只说是"业余爱好"。但这是他与广大读者交流思想、沟通感情的渠道。在广大读者心中,季先生不只是学府中的专业知识分子、专家,首先是一位社会上的公共知识分子。

他创作的《牛棚杂忆》最震撼人心。这本书不到 20 万字,1998 年初版印 8 万册,后多次重印。有人估计这本书加上盗版,在社会上流传的达 80 万册以上。所谓"牛棚"是"文革"中造反派囚禁"牛鬼蛇神"的地方。北大很多著名老学者被定为"反动学术权威",就关进"牛棚"。期间折磨人的黑幕比监狱更恐怖。这些文字是"用血换来","用泪写成的",他说出了"千百万人想说而未说出的话"。这是"文革"血泪史,许多读者是含着泪读完的。这部"文革"信史也记述了季先生屡次受折磨几乎走上自尽之路的惊险历程。这部著作如同一声春雷打破了冰封的思想闸门,开辟了直面历史、反思历史的思想征程。此后,有一批作品相继问世,显示我们民族在历史面前的自信心和责任心。

《牛棚杂忆》的力量还在于揭露黑暗之后,批判的矛头深入到道德层面,深入到人的灵魂深处,着力表现了人的道德力量,人性的向上的支撑力。人性是美好的,这是他的信仰,也是他的爱。即使暂时被扭曲的灵魂,一旦清醒,季先生也希望留下他们的文字。每一个民族都会经历苦难,但是轻易忘却苦难的民族,绝不是健康的民族。如果要为这本书加一个副标题,那就是:"为了不让悲剧重演!"

季先生的散文以率真的语言描绘了知识分子的真实历史,知识分子心灵的发展史,进而因颂扬了美好的人性而具有时代意义。

这样的散文属于典型的校园文化。从《春归燕园》《梦萦未名湖》的题目就知道写的是北大生活,季先生写到在清华园、哥廷根大学、中学的求学经历,回忆各时期的老师,都是以校园为背景的。这是叙亲见亲历之事,抒平民百姓之情。其实,校园的变化也确乎是时代的一面镜子。

阅历的丰富和知识的广博，都是散文家难得的财富。季先生涉足 30 多个国家，足迹遍历祖国大好河山，我们读他的散文，有时感觉如同在旅游。由于散文选入了中学教材，季先生有许多小读者，他的读者面也就十分广。

季先生的散文重"真情"，从身边小事写起，行文谋篇追求艺术化，重视抒情成分。风格朴素中有俊逸，以朴素为主；典雅中有幽默，以典雅为重。我最感动的是季先生散文中有童心，老翁有童心，才是真正的赤子之心，可称"文如其人"。

七、"思想家"季羡林与"送去主义"

最后，我要介绍季先生对中国文化的研究。季先生研究工作的基础是立足于中国文化的，所以上面有许多内容已经涉及中国文化。这里专门介绍季先生的最后一本专著《中国佛教史·新疆卷》。季先生生前对我说过，他希望看到分民族写的中国佛教史。因为中国幅员辽阔，各民族之间的佛教差别很大，要写出佛教的真实面貌一定要顾及到不同地域和民族。他的主张完全正确，没有人反对，但实行起来非常困难。季先生亲自披挂上阵，八旬高龄仍在努力。西域在佛教史上非常重要，可是精通那里的诸多民族语言、历史和有研究积累的，要数季先生。季先生用他最后的生命力量来完成他的事业，令人感动，刻骨铭心的感动。他住院后，很难翻阅材料，只得找亲近的学术伙伴一起完成。季先生生前在"东方文化集成"上发表了出书预告。可惜的是，他工作完成后，却没有能亲眼看到书的出版。我们后辈学者有可能期待真正的季羡林精神再次闪光。

中国的改革开放拥护的人占极大多数，其实，真实的进程绝不平静，可以说是一浪高一浪低地走过来的。季先生在这过程中，一直站在学科开拓的前沿，绝不回避风险。有一次开敦煌学会议，有位日本学者说："敦煌在中国，敦煌学在日本。"引起不满，季先生考虑后表示，中国在"文革"，学术遭到破坏，各国人民的研究精神，我们感谢，但是，"敦煌在中国，敦煌学在全世界"。大家一致赞成。季先生在具体学科研究方面，支持并带头恢复发展了比较文学研究，对美学、文学理论、历史学、中国文学史等学科发展提出根本性意见，为学界重视。

20 世纪 80 年代，报刊报道社会上有"国学热"，从现象上看，学生、教师对中国传统文化更重视，根本问题是在改革开放条件下中国文化如何定位，如何具有民族文化的自主与自觉。季先生又被推到这股浪潮的漩涡之中，好事的媒体给季先生戴上了"国学大师"的帽子，于是又有季先生辞帽子的趣闻。

这里要介绍的是季先生关于中国文化发展的重要思想，"送去主义"。1936年，鲁迅先生提出"拿来主义"的文化主张，即西方思想大量涌入中国，中国人要自主地去拿，拿来之后自主地去用。即打破"闭关自守"，又实行民族文化上的自觉选择、自主发展。1996季先生在《东方文化集成·总序》中指出："今天，在拿来主义的同时，我们应该提倡'送去主义'，而且应该定为重点。为了全体人类的福利，为了全体人类的未来，我们有义务要送去的，但我们绝不会把糟粕和垃圾送给西方……我们要送给西方的就是这种我们文化中的精华，这就是我们送去主义的重要内容。"季先生主编的大型丛书《东方文化集成》就是为了承担这一历史责任。

那么，西方人会关注东方文化吗？这涉及什么是真正的世界眼光。长久以来，流行"欧洲中心论"，将东方文化看成落后文化的代名词。这种传染病不止西方学者有，中国甚至是一些爱国的知识分子，文化上却是民族虚无主义。季先生主张睁开眼睛看世界，历史上形成了四个文化体系：希腊—欧美文化、印度文化、伊斯兰—阿拉伯文化、中华文化。目前西方文化处于强势地位；其他文化暂处弱势，却有上扬的势头。促进世界文化的多元发展，应该是唯一正确的选择。20世纪冷战结束后，只剩下一个超级大国，政治上单边主义、霸权主义抬头，有的学者希望文化上要全球一元化，散布文化冲突来临。季先生提出建立多元化的世界文化格局，改变忽视东方文化的局面，建立东西方之间双向交流的新的文化格局。在全球整体文明格局中审视中华文明，确实可以看到中华文明的贡献。中国人的思维方式重视整体性，在人与环境关系上不过分强调"征服自然"，而希望人与自然和谐相处，主张"天人合一"。人与人关系上不主张"物竞天择、适者生存"的过度竞争，而希望家庭、社会和谐的伦理关系。现代人应吸取和发展古代的智慧。季先生主编的《东西文化议论集》就是为了促进思考文化问题。

季先生于新世纪写过一篇文章《思想家与哲学家》，他表明"崇拜思想家"，他经常写到的是章太炎、王国维、陈寅恪等。这批人是20世纪的学术大师，我以为这个名单也应包括季羡林。这批学术大师到底有什么共同点呢？我们初步认为，他们有非凡的毅力、热情和学术上的坚韧性，崇尚"独立之精神、自由之思想"。他们的学术追求，以推进学术发展为己任，写出论文就"创新"，不是为了"创新"而"创新"。他们知识结构完整合理:学贯中西、兼通古今。有通才式的知识结构,才能有跨学科的学术视野。采用新的实证研究方法,兼顾考古材料、历史材料、语言材料。他们学术上的问题意识从大处着眼,即从整个民族文化发展出发,因此,他们的研究绝不局限于某个具体的学科。今天,我们研究季先生的思想,有切近的现实意义,举例说,季先生团结一大批东方学学者创建和发展了东语系,经过半个世纪的奋斗,使其学科设置齐备,学术力量雄厚,尤其是研究水平之高、学生质量之高有举世公认的影响力,可以说全国首屈一指,国际上享有盛誉。然而不幸的是,在北京大学建设"世界一流大学"的口号声中居然将它拆开打散,这种改革的实质是在形式上模仿国外大学的校、院、系三级构架而损害了北京大学的学术特色,自毁长城,令人有切肤之痛。如若重视季先生的思想和业绩,就可以作出更明智的选择。

我们应该看到,我们是一个需要大师而且尊重大师的时代,大师是以学术为生命的人,不是以学术作为生存工具的人,不是以学术谋取升官发财的人。大师也是人,只是他们贡献的比别人更多,所以才有榜样的力量,他们有不可撼动的道德力量。他们留给后人的精神财富取之不尽,用之不竭,因为物质财富越用越少,精神财富越用越多。后人尊敬季先生,是尊重他的劳动,尊敬他的人格,这样的尊重也是一个时代文明程度的标志。

(作者单位:北京大学中文系)

185

季老给西方送"大礼"

●詹得雄

1996 年,季羡林老人已 85 岁,早已是常人颐养天年的年龄了。可他偏偏在这一年发大宏愿,要做一件既对得起东方文化、又对得起西方文化、更有益于世界文化的大事:出一套《东方文化集成》巨著,让东方人看,更让对东方文化十分隔膜、甚至蔑视的西方人看,以期东西方文化交流融合,从而催生新的世界文化。

十年磨一剑

10 年过去了,101 本有关中国和其他东方各国的专著出版了! 一无红头文件,二无专项经费,这似乎是一件不大可能的事,竟让一位年过耄耋的老人领着一批孜孜不倦的学人,在几乎默默无闻之间做成了! 这是多大的功德,这是多么了不起的成就!

是什么促使季老发此狠心来担当这等艰苦的呢? 还是来听听他在该论文集总序中发出的心声吧:"闭上眼睛的欧美人士,绝大多数一点也不了解东方,而且压根儿也没有了解的愿望。……对西方的文化,鲁迅先生曾主张'拿来主义'。这个主义至今也没有过时,过去我们拿来,今天我们仍然拿来,只要拿得不过头,不把西方文化的糟粕和垃圾一并拿来,就是好事,就会对我们国家的建设有利。但是,根据我上面讲的情况,我觉得,今天,在拿来主义的同时,我们应该提倡'送去主义',而且应该定为重点。为了全体人类的福利,为了全体人类的未来,我们有义务要送去的,但我们决不会把糟粕和垃圾送给西方。不管他们接受,还是不接受,我们总是要送的。"

季老充分肯定近 300 年来西方文化对世界作出的巨大贡献,但同时也尖锐地指出,随着"征服自然"的滚滚车轮,环境污染、大气污染、臭氧层破坏、生态平衡破坏、物种灭绝、人口爆炸、新疾病丛生、淡水资源匮乏等等弊端也可怕地摆在人类面前,难以回避。为了生存,仅凭西方文化是无济于事的,而季老又敏锐地觉察到,主张人与自然和谐相处的"天人合一"的东方文化,正可救时弊、和人心、开太平。所以,让西方人了解东方、学习东方的念头成了老人挥之不去的时代责任感。于是,谁也没给他"派活",谁也没请他"出山",这位 85 岁的老人义无反顾地走上了第一线,一走 10 年,在他 95 岁华诞的时候,他领着一批学者奉献出了 101 本书!

应该一提的是,围绕在季老周围的这批老中青学人,不计名利,筚路蓝缕,有历史的担当,少尘俗的羁绊,甘心吃苦,诚心奉献,实在难能可贵。他们的志向是"为东方文化继传统,为世界文化开新篇"。2006 年 10 月 31 日,北京大学为《东方文化集成》创办 10 周年而举行的《季羡林与东方学》学术讨论会上,编辑部主任张殿英教授自豪地历数克服困难终有所成之后,又宣布 101 部书不是终点,今后还要出 200 部、300 部、500 部……一代一代努力下去。

仅就这 101 部而言,已经是煌煌灿灿,琳琅满目,难以一一介绍,仅列举少数书名便可知其光彩:季羡林的《文化交流的轨迹——中华蔗糖史》,季羡林与张光璘合编的《东西文化议论集》(上、下册),汤用彤的《汉魏两晋南北朝佛教史》(增订本),朱伯崑的四卷本《易学哲学史》,颜廷亮的《敦煌文化》,汤一介的《早期道教史》,乐黛云的《中国知识分子形与神》,梁立基的《印度尼西亚文学史》(上、下册),梁立基、李谋的《世界四大文化与东南亚文学》,叶奕良的《伊朗通史》,张鸿年的《波斯文学史》,林承节的《印度古代史纲》,唐仁虎的《泰戈尔文学作品研究》,薛克翘的《佛教与中国文化》,沈仁安的《日本起源考》,叶渭渠、唐月梅的《日本文学史》(6 卷本),赵常庆的《中亚五国概论》,王晓平的《亚洲汉文学》,孟昭毅的《东方文学交流史》,魏英敏的《当代中国伦理与道德》,宋光华等的《当代中国经济学》,张玉安、裴晓睿的《印度的罗摩故事与东南亚文学》,王宏纬的《尼泊尔:人民与文化》,郁龙余的《中国印度诗学比较》,陈嘉厚等的《现代伊斯兰主义》,孙承熙的《阿拉伯伊斯兰文化史纲》,江淳、郭英德的《中国阿拉伯关系史》……日本著名学者池田大作等人的《佛法与宇宙》也收入其中。

新"程门立雪"

这么多学人自甘淡泊、埋头苦干、夜以继日、呕心沥血,而又无怨无悔做出这等业绩,除了历史的责任感之外,还有一个重要的原因,那就是他们从书稿中抬起倦眼时,总能看到前面有一位比他们更老、更执著的学者在用功著述,那就是季羡林。

北大图书馆的张玉苑教授回忆说,那年一个大雪天,一早有人来敲门,他赶紧迎出去,在白色的世界里出现了季老,他是雪天的第一位读者。匆忙中,张教授问:"季先生,您怎么来的?"他淡淡地说:"哦,走来的。"仿佛怕惊扰读者,其实当时馆内只有他一位读者。为了写中华蔗糖史,季老用近两年的时间天天跑图书馆,来回走五六里路,风雨无阻,寒冬不辍。这真是在学问的殿堂面前,重现了一回"程门立雪",可立着的竟是当时已85岁高龄的北京大学副校长!

对于这样一位老人,能不钦佩和爱戴吗?难怪北大教授袁行霈写道:"一个没有典范的社会是悲哀的,一个虽有典范而不懂尊敬的社会更是悲哀的。我们还有季先生这样一些典范,而我们也知道应当如何敬之爱之,用他们的人格和学问来规范我们自己。这样说来,我们是幸福的!"

季老如此热心地向西方"送大礼",西方会不会领情呢?向西望,今日之西方,昏昏然自我陶醉的人确实很多,由"欧洲中心论"演变而来的"西方中心论"和"美国中心论"仍主宰着政界和学界,要想马上改变,立竿见影,是不可能的。文化之为文化,是潜移默化,不知不觉地化,惊天动地的事少,"润物细无声"的事多。今天,意识到百病丛生而需要向东方学习的西方先知先觉者,已越来越多。

东西和谐好

例如,2005年11月16日,法国前总理拉法兰在我国外交学院发表演讲时说:"如果说中国在世界经济方面的重要性得到了肯定,那么,对21世纪世界思想的发展,中国的重要性也是不言而喻的。因为20世纪思想的主流是对抗的思想,认为只有对抗才能产生真正的活力,而21世纪的思想完全不同,我认为应该是一种和谐的思想。现在法国的很多学者都主张一种复杂思维,他们认为在政治思想方面应当能够把反面的、对立的、冲突的东西都能够纳入进来。这种思维归结起来,其实就是超越的思维,和谐的思维。而我认为,中国的古老文明为世界上和谐思想的发展作出了卓越的贡献。"

他还动情地说:"法国对中国的信任并不仅仅是物质层面的,而更多的是文化和政治层面的,而正是因为这一点,我们对中国的信任才是一种可持续的信任。"

德国前总理施密特最近写了一本新书,题为《邻居——中国》。今年(2006年)9月24日,他在一次层次很高的报告会上向西方呼吁,不要用西方的尺度来要求中国,更不要以西方现在的眼光来衡量世界。他说,中国有五千年的文明,有自己的治国理念,不需要只有200年历史的美国和实现民主也不过才几十年的德国来指手画脚。

基辛格在2005年10月10日的德国《明镜》周刊上写道:"我反对将中国称作国际社会中的恶魔。中国比其他国家更快地理解了全球化的意义和要求,而且中国还学会将其他国家的创新为己所用。此外,印度在这方面与中国的差距并不大。……我经常说,想教中国如何在世界行事的愿望是错误的,在美国出现之前,中国已经存在好几千年了。"

法国总统希拉克2006年10月26日下午到北京大学演讲,他说:"古老的中国有追求和谐社会的传统,这方面的经验可以向全球树立典范。""明天,中国将是世界强国之一,中国正在沿着符合其民族历史及古老文化特性的道路前进,这不仅会改变中国的面貌,也会改变世界的面容。"

不用多引述了。上面这几位名人,可以说是世界上第一等的聪明人,他们热爱并坚守西方文明,但又敏锐地觉察到了世界的潮流,意识到要尊重东方文明。如果相信"文明冲突论",这个世界则永不得安宁,人类的生存都是个问号。

泰戈尔1924年访问中国时说,他访华的目的是"提倡东方亚洲固有文化的复活",西方文化"单趋于物质,而于心灵一方缺陷殊多",西方以相争相杀为能事,而非赋予人类和平和光明,"反之东方文明则较为健全"。他是在第一次世界大战之后说这些话的,又痛苦地看到第二次世界大战爆发和一心"脱亚入欧"的日本侵略中国。在当时的条件下要振兴东方文化难上加难。

今天的情况不同了,中国和印度都在振兴,举世瞩目。美国报纸的文章说中印两国"可能会帮助决定21世纪的发展方向"。"春江水暖鸭先知",学贯中西、胸怀世界的季老得风气之先,一出手就"送"给西方一份大礼,有气魄、有担当、有远见。衷心祝愿季老健康长寿,米寿已过,茶寿可期,亲眼看到一个东西方和谐相处、春风浩荡的新世界款款走来。

（作者单位:新华社）

季先生鼓励、提携和指导我从事尼泊尔研究

●王宏纬

为庆祝季羡林先生 95 华诞、北京大学东方学学科创建 60 周年、《东方文化集成》创办 10 周年，在这里举行"季羡林与东方学"学术研讨会很有意义。学友们对季先生的学术成就的许多方面作了很好的评价和论述。在这里，我想从另一个角度谈一点自己的感受和想法。

1978 至 1985 年，在中国社会科学院–北京大学南亚研究所工作期间，我有幸能与季先生朝夕相处。由于可以随时请教，因而能更好地阅读和领会季先生的一些著作中所包含的丰富内涵和深刻的学术思想。但是，从总的来说，季先生对我影响最大、使我受益最深的，是他在言传身教中所体现的人生态度和治学精神；同时他在具体研究工作中对我的鼓励、提携和指导，也使我受益匪浅。我觉得一时难以全面论述季先生高尚的人生态度和作为楷模的治学精神，只简要谈谈自己在与季先生相处中几件记忆至深的事情——这也许可以反映季先生为发展东方学苦心孤诣培养后辈的一个侧面。

一次难以忘怀的谈话

1978 年到南亚所报到后，我怀着兴奋的心情到东语系楼门口的一间工作室去看望季先生，季先生在百忙中热情地接待了我。当时我虽对能够归队感到高兴，但总觉得机会来得太晚，为往昔 20 余载的"年华虚度"在内心蒙上一层阴影。季先生显然从言谈中察觉到我思想中的问题，径直对我说道："我至少还要干二三十年，你应该可以干五十年！"当时季先生已近古稀之年，但他是如此乐观。这使我大开眼界，并感到振奋。在我还没有完全反应过来时，他又伸出食指作锥子状，指点着地面对我说："只要努力钻下去，必会有所收获……"

季先生的语调十分平和,他说的话在表面上看也很平常,但是处于当时思想状况的我,却感到字字如珠玑,在我那为"文革"禁锢的心湖里激起了涟漪,掀起了波澜。

告别季先生后,我长久地陷入沉思:季先生在"文革"期间受过许多折磨,遭到很大的苦难,但他在那样极端困难的条件下竟然译完了《罗摩衍那》这部巨著,实在令人钦佩;现在,他虽著作等身,但依然壮志凌云,不知休止。

这次谈话对我是个有力的鼓舞。当时的情景,今天依然历历在目,使我难以忘怀。在懈怠时,我每忆及这次谈话,便感到力量倍增,干劲十足。

走上尼泊尔研究的"不归路"

由于我学过几年印地语言文学,所以到南亚所后,自然而然地选择了印度方面的研究。可是不久,季先生在一个偶然的机会对我说,"你是否可搞搞尼泊尔研究"。季先生提出这个问题,可能是出于两方面的原因:一个是当时全所的工作人员,差不多都选择了印度研究,使得南亚所几乎成了一个清一色的印度研究所,另一个也许是由于我在 1963 年访问过尼泊尔,并在《光明日报》上发表过有关尼泊尔的文章。但是,对季先生这个提议,我起初没有在意。可是后来,季先生在不同场合又先后两次提及此事,我才意识到他老人家是在认真地考虑这个问题的。出于从全局的安排出发,我接受了这个建议。

经过一段时间的摸索,我开始感到"麻雀虽小,五脏俱全",想要搞好对尼泊尔的研究,也不是一件简单的事情。随着了解的深入,我进一步感到尼泊尔战略地位的重要性,而学术界对它的关注却很少,不仅远远落后于近邻印度,更大大落后于万里以外的美、英等西方国家。这时,我在内心下定决心:一定要将"尼泊尔研究"搞上去。联系到古人所说的"异人之所同,重人之所轻",何必一定要"随人后"这些有关治学的浅显而明白的道理,进一步促使我认识到季先生的远见,从此走上了尼泊尔研究的"不归路"。

在学术交流中的一次不期而至的挑战

约在 1984 年中,美国驻尼泊尔大使前来访问南亚所。季先生会见了这位大使,并在会见时将我介绍给客人。谈话结束后我顺便将自己的处女作《高山王国尼泊尔》送给了对方。后来听说,这位大使在回国后,将那本书转送给了加利福尼亚洲大学伯克利分校东亚研究所,并将我的情况向该所的学者罗斯

191

(Prof.Leo.E. Rose)作了介绍。罗斯教授是美国最著名的南亚和尼泊尔问题专家，著作颇丰，除从事研究和开设讲座外，还担任《亚洲概览》(Asian Survey)的常务副主编，工作十分繁忙。但是，在1985年初，他居然给我来信，约我在一两个月内，就《八十年代的中尼关系》这个题目，撰写一篇10多页打字纸的文章。

这个突如其来的"约稿"，使我感到有点非比寻常，美国人似乎是要测试和考验一下我这个从事国际问题研究不久的中国学者。据说，世界各国学者给《亚洲概览》的投稿颇为踊跃，该编辑部有一套严格的稿件评审制度，由专家背对背评审，相当严格；而且，据说这也是该杂志第一次主动约请一个大陆学者撰写有关国际问题的文章。对此，我多少有点紧张，生怕写不好，通不过评审，个人面子上尴尬事小，影响中国学者的声誉事大；何况由于是季先生将我介绍给美方的，我的失败自然也会在无形中影响他老人家的崇高声望。

摆在我面前的只有一条路，那就是在最短时间内将文章写好。我暗自下了破釜沉舟的决心，来应付这次挑战。

当时我感到很难集中时间，因为除担任一个研究室的主任外，我还被全所党员选为社科院、北大校党委直属的南亚所党支部的委员，往往得参加两方面党委召开的会议，回来还得向所领导汇报和研究贯彻。那时正处于拨乱反正初期，百废待兴，人们思想比较混乱，而机构却很不完善，所以，作为一个小小的支部委员，却不得不担负起超常的重担，各种事务十分繁忙。我感到骑车从市区到北大六院上班，路上太浪费时间，于是，设法在北大的集体宿舍找了个床位，并放弃了一切休息，力争在最短的时间内完成美方点题要我撰写的文章。

经过30多个日日夜夜，我终于完成了稿件，将它寄给了美方。由于不能肯定稿件的命运，在等待评审期间，我内心七上八下，坐卧不安。但是不久，我总算收到了加利福尼亚大学伯克利分校出版社寄来的1985年5月号的《亚洲概览》，心里才踏实下来。因为我撰写的《八十年代的中尼关系》一文就刊登在这一期上。

此后，我先后接到美国、尼泊尔学者和法国某学术机构的来信，对该文给予了积极的评价和肯定。在国际学术交流中，我总算较好地应对了这次不期而至的挑战；作为季先生的学生，没有辜负他老人家的期望。

一柄无往不利的"撒手锏"

现实是历史的延续。要很好地了解和研究现实，就必须了解和熟悉历史。对当前的中尼关系研究,我虽然下了一点工夫,但却忽视了对古代的了解和研究。

季先生对历史研究有着极深的造诣,我们在与他的闲谈中往往能在无形中获得许多鲜为人知的知识和重要的启发,在不知不觉中受到很大教益。记得有一天,在临湖轩会议室会见外宾前的闲聊中,季先生向我们谈到中外关系史的问题。他当时发表了大意如下的看法,即中国的史籍浩如烟海,其中有关中外关系、特别是有关中国与南亚各国关系的记载,资料十分丰富,这是别的国家所无法比拟的;如果能将它们掌握起来,那可以说是中方在这个领域的"撒手锏"。这大大启发了我,也使我联想起几年来,许多外国学者和使节纷纷前来向季先生请教有关古代中外关系的种种问题的情景。于是,我默默地调整了自己的学习计划,一方面通过各种渠道紧跟尼泊尔当前形势,一方面利用时间尽可能地阅读史书,挖掘我国独有的与尼泊尔有关的历史记载和资料,如饥似渴地寻找和吸收一切有关尼泊尔的信息和知识。

22年后,我在季先生指导下长期付出的努力终于派上了用场。2000年秋,尼泊尔特里布文大学和中国研究中心联合邀请我访问尼泊尔,并参加由后者组织的有史以来规模最大的一次"中尼关系研讨会",由我作主旨发言。我提供了一篇题为《中尼关系的几点思考》的论文。它既谈论了中尼关系的现实情况,也论述了中尼之间悠久的传统友谊,"内容充实,有根有据,论证有力",在加德满都引起轰动。尼泊尔最大的报刊《新兴尼泊尔日报》用整版的篇幅刊载了该文的详细摘要,中国研究中心出版专集予以广泛发行。在会议结束的当晚,前国王比兰德拉特地在王宫单独接见了我,同我进行了十分友好的谈话。饮水思源,是季先生的远见卓识和具体指导使我在这次出访中获得成功。

1985年中,由于机构调整,我怀着惋惜的心情离开了北大"六院",离开了有我一张床位的21楼的那个不起眼的房间。在新单位的安排下,我的研究领域扩大了,先后撰写出《南亚区域合作的现状和未来》和《喜马拉雅山情节:中印关系研究》等专著和一系列有关南亚问题的论文和有关政策建议,其中《喜马拉雅山情节:中印关系研究》一书还于1999年获得首届国家社会科学基金项目优秀成果三等奖,但是我并没有中断对尼泊尔的研究,先后独自或与他人合作,撰写出《尼泊尔民族志》、《列国志·尼泊尔》和《尼泊尔:人民和文化》等著作,和多篇论文及政策建议等。

近几年来,尼泊尔前国王和现国王先后在不同的场合接见过我,我也有机会与包括现任首相兼大会党主席柯伊腊拉先生、尼泊尔共产党（联合马列）总书记内帕尔先生、尼泊尔工农党主席劳西特先生，和尼泊尔共产党（毛主义者）主席普拉昌达先生在内的许多高级领导人进行过接触，请教和讨论有关尼泊尔的问题，交流友好信息。他们之所以乐于会见我这个普通学者，主要是出于希望发展中尼友好关系。自己的研究工作能受到对象国的重视，对一个学者来说，不能不说是一件值得欣慰的事。但是，我清醒地认识到，自己的研究是极其初步的；同时，我也认识到，如果没有季先生的鼓励、提携和指导，对我来说，要取得这极为初步的进展也是难以想象的。值此热烈庆祝季先生 95 华诞之际，我要向季先生表示由衷的感谢，并祝他老人家健康长寿。

（作者单位：中国社会科学院亚洲太平洋研究所）

我与母校北大

●唐月梅

　　母校北大东方语言文学系及日语专业走过了 60 年的路程。我从 1952 年进入东语系日本语专业就读,至今也过了整整 54 年,我亲身经历和亲眼看到我们北大和东语系的巨大变化,不由令人感动不已。

　　1952 年正是全国院校大调整的一年。这一年,北大从沙滩迁到燕园,给燕园带来了科学与民主的精神,支持着艰难前行的北大,也支撑着在艰苦条件下学习的北大弟子。就我们所在的东语系日语专业来说,物质十分匮乏,只能阅读到《赤旗报》,只能收听到中央人民广播电台的对日广播,也只能阅览到不多的无产阶级和批判现实主义作家所创作的文学作品,连外籍老师也只有屈指可数的二三位,且已是长期旅居我国的日侨,谈不到与其他日本学人接触,更谈不上出国修学了。应该说,物质条件是艰苦的。但我们有北大的精神力量在鼓舞,有时任校长马寅初的为人为学的榜样力量在支持,还有我们系和专业的季羡林、刘振瀛、陈信德以及外系的侯仁之、周一良、邓广铭、高名凯等学者的谆谆教导,我们班是在全校唯一连获三年的模范班,我也荣幸地连续获得“三好学生”的荣誉称号。北大的四年教育,这些老先生传授给我的知识,做人求学的典范,可谓终生受用不尽。

　　当时我国的大学是没有学位制度的,不用说硕士、博士的头衔,就是连学士的头衔也没有,可是人们却不计较这些,而在乎实际能力。在其后的几十年里,我无论从事对外文化交流工作,还是从事人文社会科学研究,做了一点点事,尽了自己绵薄之力,都有北大精神的力量在推动我们的脚步向前进。我们每前进一步,都有教授们传授给我们的许多知识在发挥着作用。

　　首先是我们的马寅初老校长的精神力量。我记得多年前记者采访我时曾询问我最崇敬的人是谁？我毫不迟疑地回答说："我最崇敬的是马寅初老校长。"他问为什么？我说："因为从马寅初老校长身上，我看到了真正的爱国主义精神与科学民主精神的完美结合。"

为什么这么说呢？在校期间，我经常聆听到马校长在大会小会上对我们的教导。我离开北大不久，还在北大校长任上的他老人家，出于对新中国现状的忧虑，出于对国家、民族未来的着想，经过艰难的实地调查，以及通过经济学和人口学的交叉研究，实事求是地提出了《新人口论》的科学论断，却遭到权力者的无情批判。他老人家宁可丢"官"（实际上大学校长非官也，可在官本位的国度里，又是属于某一级的"官"），也不肯放弃自己的观点，他不惧权力者施加巨大的压力，铿锵有力地宣誓："明知寡不敌众，自当单枪匹马，出来应战，直至战死为止，决不向专以力压服，不以理服的那种批判者投降。"（《重申我的请求》）最后他老人家以行动实践了这一誓言，就是他敬重的周恩来总理为保护他，让他作适当的"自我检查"，以便好"过关"，他老人家也没有违心地放弃做人的良知和科学的真理，至死也没有向威权的压力屈服，这是难能可贵的，是我们作为后学者永远学之不尽的楷模。尤其是对于前半生在那种政治教育下盲目信仰过"人神"，几乎失去了独立思考的能力，后半生才寻回了自我的我来说，老校长就是照亮我余生继续走求学之路的明灯。

季羡林先生也是我无限崇敬的学术大师。我旅居南洋读中学的时候，季先生留德归国途中路经西贡，曾与几位归国的留德学生一起到我所在的中学讲演，我不仅听了季先生满怀爱国激情的讲演，而且作为学生代表，还与季先生有过面对面的接触，他那份爱国的情怀和朴实的风度，给我留下了深刻的印象。时隔数年，我回国考上北大东方语言文学系，聆听第一个教授教诲的，就是时任系主任的季羡林先生。在校期间，我曾为52届第四届班长，对季先生亲切关怀我们模范班的成长，有着直接而难以言喻的感受。"文革"期间，季先生在身心上遭到极大摧残的情况下，完成了印度史诗《罗摩衍那》这部巨作的翻译。当我看到时任人民文学出版社编辑部亚非文学编辑组组长渭渠复读的这部书稿，透露出的季先生的泪与血，大大地震撼了我。如果不是已将人文科学事业和弘扬世界文明事业化作自己生命的一部分，是很难想象能够在那非人生活的"牛棚"里，出色地完成这一伟大事业的。更让我感动的是，季先生在古稀之年还倡导"送去主义"，并身体力行，主编一套世纪的巨大工程"东方文化集成"，为我国和世界东方学树立了一块丰碑。他老人家并且不顾年迈体弱，亲自执笔撰写了《东西方文化交流的轨迹》，为这套集成增光添色，大放异彩。听说，近三年多以来，季先生身在医院，依然心系学问，仍没有放下手中的笔，如此执著于学术事业而且继续做出非凡的业绩，在眼下的浮躁学界中能有几人？这应是我们后辈学人求真求实的理想追求，也是我余生的奋斗目标。如果能达到其一二，我的人生就没有白走这一遭。

季羡林先生为文如此，为人更是这样。仅举我身历的一例来说，1980 年代初，当有人怀着不可告人的目的，在刊物上公开诬告恩师刘振瀛先生"抄袭"的时候，季先生在百忙中，还亲自过问，不仅派出时任东语系主任的陈嘉厚先生到寒舍向渭渠和我进行调查，其后两年多诬告者拒不在刊物上更正错误，季先生为了恢复"事件"真相在这期间不懈努力，这种主持公道和正义的精神，在我的心中留下了学界美与丑的鲜明对比。季先生的人品之美，人格之魅力，使我深刻地认识到何谓为人之本，何谓北大精神。这是我们后生者学之不尽、用之不竭的。面对我们身边学界的种种现象，不禁使人发问，像季先生那样态度鲜明地捍卫是非公义的学者能有几人？

季先生与我，有师生缘分。也许讲瀚墨缘，对我来说是不够资格的。但几十年来，季先生为人为文对我深远的影响，让我受益匪浅，使我深深感到我对恩师，确确实实是情系翰墨缘。

在日本语专业的老师中，刘振瀛先生是我从事日本文学的启蒙老师。他给我们讲授日本文学课，他对夏目漱石的《我是猫》的精辟分析，大大地吸引了我对日本文学的兴趣。他翻译《我是猫》的传神之笔，让我在翻译日本文学中受到很大的启迪。我从事日本文学翻译和研究工作以后，刘振瀛先生仍是我的引路人。当我有难题求教于刘先生时，刘先生耐心地指引。刘先生由于遭人诬陷的打击病倒了。辞世前夕，我们应刘师母之请，询问刘先生手头遗留的工作时，刘先生以微弱的声音回答说："这些都是身外之物。"说着，两眼含着泪花。刘先生逝世后，刘师母委托我们整理刘先生的遗稿，我们始知刘先生放下自己手头的研究课题，替一个为了评职称的年轻教师校订译稿以便出书。刘先生真是像蜡烛一样，燃尽了自己，照亮了别人啊！

时任校长、系主任、老师的岗位不同，贡献大小各异，但他们都是真正的北大精神的体现者。

北大百年，我重返北大。看到的物质条件丰富了，思想也解放了许多，起码没有禁止收听我们那个年代作为"敌台"的 NHK 的日语广播，没有禁止阅读属于"资产阶级"的日文书刊,同学们与外国老师、同学接触和交流也自由多了。老师的职称、学生的学位制度健全了,出国见习的机会也多了。外文楼保持了古典式建筑外观的同时,也全部翻新了内部,实现了现代化。整个燕园也如此,物质条件发生了翻天覆地的变化,这是令人欢欣鼓舞的。

在北大校园里,我亲自接触到一批中青年老师的勤奋向上和年轻学子的蓬勃朝气,更是让人惊喜万分。可是,也有令人忧虑之处,我听到看到宣传百年北大精神的讲话或文章,只泛谈爱国主义精神,而很少甚至未提及北大的科学与民主精神,有意无意地将两者分离,这样久而久之,就会失去北大精神的核心,失去北大的真正灵魂。更令人困惑的是,我听到看到东语系创立60周年纪念的报道,得意洋洋地宣扬培养了多少大使,却忽略了季羡林先生60年来直接领导和辛勤培养了多少东方学的学者专家和人文社科领域的人才!在这里,我多么期盼我们北大像马寅初老校长那样,我们东语系现今分出来的四个系像季羡林老系主任那样,全面继承和发扬北大的精神,在物质和精神两方面同时推进母校北大的建设,实现百年北大精神,建设一个真正的爱国主义与科学民主完美结合的新北大,来迎接21世纪世界大学教育的挑战啊!

(作者单位:中国社会科学院外国文学研究所)

季羡林教授与主题学研究方法

●王　立

季羡林教授漫长而辉煌的学术生涯中,采用了多种理论方法,但是就比较文学影响研究而言,除了比较语言学等方法之外,恐怕主题学方法是其中最为值得重视的方法之一。这里,谨就目下所及,粗略地加以总结。

一、叙事母题的认知、研究可行性与操作

季羡林教授的研究实践,充分说明了这样一个研究的出发点,即,叙事文学母题跨国界的影响研究,在学理上要求实际上更加严格,不尚空谈,其若言之有理、自圆其说就离不开实证,实证性的操作步骤往往就要从细小的母题、意象着手,从而实践了他"小题大做"的一贯主张。

首先,是对于主题学研究方法之可行性的确信,早在 1948 年季羡林教授就充满信心地说:"我们研究比较文学, 往往可以看出一个现象: 故事传布愈广,时间愈长,演变也就愈大;但无论演变到什么程度,里面总留下点痕迹,让人们可以追踪它们的来源来。[1]

这一点,还表现在以具体的故事母题研究为例证,一次次地演示这一跨文化传播的文学史事实。

其次,是力图追寻特定故事的同源性、跨文体性,兼具本土性和世界文学的视野。根据确凿的材料,他肯定地指出"一个鸡蛋的家当"的故事:"无论怎样,我们总可以看出来,印度就是这个故事的老家,正像别的类似故事的老家也多半在印度一样。……在印度本国这故事已经有了无数的演化。后来它又印

---

[1] 季羡林."猫名"寓言的演变[M]//季羡林.比较文学与民间文学. 北京大学出版社,1991:77.

度出发几乎走遍了世界,譬如在《天方夜谭》里,在法国拉封丹的寓言里,在德国格林的童话里都可以找到,它一直深入民间,不仅只在文人学士的著作里留下痕迹。到了中国,他变成我们民间传说的一部分,文人学士也有记叙。"[1]较多地受到德国主题学研究的"同源性"理论的影响,季羡林教授较为偏爱同源性的实证研究,而这一实证的指向,即追索故事母题跨文化流传的最早源头,即是古代印度及周边地区。因此,从一个流传欧亚的笑话中,季先生分析了母题类型流传的四种可能:一是各不相谋;二是由中至欧;三是由欧至中;四是从第三个地方来的,即印度,这最后的可能性最大,尽管还没有在印度发现。[2]这一观点后来还一再重申,如《〈列子〉与佛典》叙述机关木人的故事,就找出了《列子》与《生经》故事的相似:"我想无论谁也不会相信这两个故事是各不相谋的独立产生的,一定是其中的一个抄袭的另外一个。……不但是从佛典里抄来的,而且来源正是竺法护译的《生经》。"进而推究成书时间:既然《列子》抄袭了晋太康六年译出的《生经》,那么该书纂成不会早于太康六年(285 年)[3]。

在跨文化进行母题研究时,也不是没有某些禁区所带来的困难、顾虑与困惑的。如一些西方比较文学家的观点,就把"比较文学是一国文学与另一国或多国文学的比较"这一点,往往强调到不适当的地步,不承认在多民族国家中不同民族间的文学比较也属于比较文学研究。对此,季羡林教授曾敏锐地注意到可能带来的危害,并及时强调了比较文学中打破禁忌的问题。1986 年北京大学举行"全国首届东方文学比较研究"学术讨论会时,他就明确指出:

> 西方一些比较文学的学者,提出了一个说法:在一个国家中,不能进行比较文学的研究。我认为这是一种洋"塔布"(TABOO,禁忌)。这洋塔布厉害得很,它禁锢了我们同志们的心灵,不敢越雷池一步。去年在深圳会议上就有人向我提出了这个问题,我明确答复说:这是一种洋塔布,必须推翻。有这种主张的是欧美人。他们知道的"世界"只有欧美。在那里很少有多民族的国家,往往一国之中只有一种主要语言,因此,要进行比较研究必须跨越国家。但是像中国,还有印度这样的国家,国内民族林立。在历史上本来也有可能像

[1]季羡林.一个故事的演变[M]//季羡林.比较文学与民间文学.北京大学出版社,1991:23.
[2]季羡林.东方语言学的研究与现代中国[M]//季羡林.比较文学与民间文学.北京大学出版社,1991:35.
[3]季羡林."列子"与佛典[M]//中印文化关系史论丛.人民出版社.1957:81~86.

欧洲那样分裂成众多的民族国家，可是由于某一些机缘，没有分裂，而是形成了一个统一的大国。在这样的国家中，民族文学之间的差别不下于欧洲国与国之间的文学。因此，在中国和印度，民族文学之间是可以而且应该进行比较研究的。[1]

可见，对于形象学探讨中的一些历史上属于不同国家、而如今属于国内不同民族的那些"异国形象"，似也应作如是观。这样，就给不少类似研究拓开了旧有的禁区，具有开一代风气的巨大作用。而且，在中印这样的国家中进行这方面的研究，还有着在实践后进行进一步理论探讨的可能。

其三，始终不渝地关注具体文学母题、意象与套语的印度渊源研究。例如大耳的意象母题，季羡林教授没有局限在文学作品中，而较早注意到三国到南北朝的史书中的人物描写"帝王贵相"母题[2]，认为陈寿写刘备"大耳"，"长臂"，来自于公元初年译经故事。佛经中有"臂长过膝"(STHITĀ NAVANA TAJĀNUPRALAM BABĀHUH)，是奇人的标志，还有"大耳"(PINĀYATAKARNAH)，是圣人的标志。遍布中国各地的释迦牟尼塑像上都能看到这两个特征。这一观点也被国外汉学家所认同吸收[3]。再像猫名寓言的演变，画师与木女故事，《西游记》中龙王形象、变形斗法等，以及《罗摩衍那》中诸故事母题的枯燥多种语言中的传播皆是。

对相关古代中国的兔崇拜与兔预言，也并非没有古代印度文化蛛丝马迹的，季羡林教授曾敏锐地注意到兔的神话并不是国产："从公元前一千多年的《梨俱吠陀》起，印度人就相信，月亮里面有兔子。梵文的词汇就可以透露其中的消息。……此外，印度神话寓言里面还有许多把兔子同月亮联系起来的故事，譬如巴利文《佛本生经》第316个故事。在中译佛经里面，也有不少这样的故事，譬如吴康僧会译《六度集经》二一《兔王本生》；吴支谦译《菩萨本缘经》六，《兔品》；竺法护译《生经》三一《兔王经》；宋绍德慧询等译《菩萨本生鬘论》六《兔王舍身供养梵志缘起》等等。唐朝的和尚玄奘还在印度婆罗痆斯国（今瓦拉纳西（vārānasi））看到一个三兽窣（从穴中突然钻出来）堵波，是纪念兔王焚身

---

[1] 季羡林. 当前中国比较文学的七个问题[M]//季羡林. 比较文学与民间文学. 北京：北京大学出版社,1991：326.

[2] 季羡林. 三国两晋南北朝正史里的印度传说[M]//中印文化论丛. 北京：人民出版社,1957：87~94.

[3] 参见李福清. 三国演义与民间文学传统[M]. 尹锡康,田大畏,译. 上海：上海古籍出版社,1997：18. 当然,学界也有不同意大耳贵相观念来自佛教的,因《吕氏春秋·任数》即有："西服寿靡,北怀儋耳"。汉语中的"儋耳"一词,来源于《逸周书》所载先秦时西北的儋耳族,儋耳当是耳大下垂之意。参见杨琳. 耽耳习俗与猪神崇拜[M]//杨琳. 语言与文化探幽. 长沙：湖南师范大学出版社,1994：70~72.

供养天帝释的。"[1]一般认为,兔的智慧之文本表现,无疑也是民间故事及佛经中兔崇拜的一个重要分支,其对于六朝至唐代成书的史传、志怪和明清小说有关兔为祥瑞、逐兔带来主人公命运转折等相关表现,的确是有很大催奋力的。

时贤论述生命线与克星时,曾注意到:"民俗学上所谓'生命线'(THE LINE OF LIFE)或'生命点'(THE POINT OF LIFE),指特定个人某个秘密的、幻想的,生命、灵魂或 MANA 所寄托的致命部位——它通常黏附着某种巫术,某种仪典以及这种巫术或仪典在语言层次上的再组织,表现为神话、传说或故事。"[2]而季羡林教授则更追溯了生命线母题源头之后的较早中介,指出在古和阗文本有关《罗摩衍那》的故事里,十首魔王(ROVANA)的"致命点"在右脚大拇指上:"十头王抱着悉多(SITA),飞行空中。人们给他占相,知道他那致命的地方是在右脚大拇指上。他们说:'如果你是好汉的话,你就把右脚脚趾伸出来!'他伸了出来,罗摩用箭射中脚趾,十头王倒在地上,人们把他的脖子捆住,套上两条链子。他想往天上飞,又被打倒。"季羡林教授指出,在梵文本《罗摩衍那》里,十首魔王是只能被凡人杀死,"毗湿织因此化身为四,下凡降生,成为凡人,最后除魔"。而古和阗文本却创造性地发展了它[3]。这样,就难能可贵地完善了这项研究,并且提示了中国叙事文学中类似描写的源头所在。

其四,对于主题学与形象学理论结合研究路径的探求。在中古汉译佛经故事中,复仇主题相对集中于表现佛陀与提婆达多的宿怨今报故事。提婆达多,汉语又译作地婆达兜、调达等,是阿难之兄,释迦牟尼堂弟。他追随佛陀出家,勤修十二载,得到佛陀赞扬,后在阿阇世王支持下,提出五法修行,与释迦牟尼分庭抗礼,成为印度佛教史上最早分裂教团的出家人[4]。缘此提婆达多为佛教僧侣们所深恶痛绝,除晚出的少数大藏经典对提婆达多反佛事件有新解之外[5],大多佛经对提婆达多都痛加攻击,极言其毁佛害佛后,身陷地狱。于是在这一兴奋点的作用下,佛经故事套用因果律时很自然地将佛陀与提婆达多归为一对宿世怨家。本生故事多言佛陀前世如何无意得罪提婆达多,还是结了怨,此为俗套,这其实就是关注到了该形象并非反映了该人物的真实历史面

---

[1] 季羡林.印度文学在中国[M]//季羡林.比较文学与民间文学.北京:北京大学出版社,1991:102.

[2] 萧兵.中国文化的精英——太阳英雄神话的比较研究[M].上海:上海文艺出版社,1989:933.

[3] 季羡林.《罗摩衍那》在中国[M]//印度文学研究集刊:第二辑.上海:上海译文出版社,1986.

[4] 季羡林.佛教开创时期的一场被歪曲被遗忘了的"路线斗争"——提婆达多问题[M]//季羡林学术自选集.北京:北京师范大学出版社,1991:609~649.

[5] 这说明提婆达多的信徒还一直存在,并且有活动,甚至其信徒还有美化提婆达多的《法华经·提婆达多品》。参见侯传文.《妙法莲华经》的文学性解读[M]//印度文学研究集刊:第4辑.上海:上海译文出版社,1999:95~109.

貌，而不过是其对立力量有特定目的动机而造出来的扭曲了的形象，是一种"意识形态形象"。在这一角度上，西方比较文学中的形象学理论认为："形象就是对一个文化现实的描述，通过这种描述，制造了（或赞同，宣传）这个形象的个人或群体，显示或表达他们乐于置身其间的那个社会的、文化的、意识形态的虚构的空间。……毫无疑义，异国形象事实上同样能够说出对本土文化（审视者文化）有时难于感受、表述、想象到的某些东西。因此异国形象（被审视者文化）就能将未被明确说出、定义的，因而也就隶属于'意识形态'的各个'国别'的现实，置换为一种隐喻的形式。"[1]此外这项研究大体说来，也接近主题学理论中的"人物母题"，即以某一定型化、类型化的人物作为一种叙事母题；而析言之，则是一种类型，其包孕的内容实大于母题。早年，胡适先生受他所称呼的"母题研究法"的启发，曾概括出古代小说中如包公等形象为"箭垛人物"，就指的是这一类母题。因此，季先生在这一学术背景上，又以具有固定模式及内蕴的"提婆达多母题"作为前提，试图开掘出生成这一母题（箭垛人物）的历史——宗教史成因，不能不说其具有超出论题本身的巨大启发意义。

二、对于叙事母题跨文化传播多种中介的关注

在具体的研究过程中，季羡林教授总是不局限在就事论事上。1947 年他在介绍亚洲多种文化包括伊兰（伊斯兰）系文化对于中国影响时，就指出："到了汉魏六朝，印度文化，尤其是佛教，开始传播到中国来。居间介绍的也多半是伊兰民族；因为据我们现在研究的结果，在初期有许多佛经不是直接从梵文译出来的，而是经过中亚诸小国的媒介，这些小国多半是伊兰系的民族。这我们只要一看最初到中国来的和尚的名字就可以知道。凡是姓安的都是安息人，凡是姓康的都是康居人。真正直接从印度来的很少。……"[2]

不仅如此，对于阿拉伯文学传入中国的中原地区，他也是取这种观点："阿拉伯国家的民间文学通过伊斯兰教和旅行家在南方首先传入泉州等地，在西方传入新疆地区，然后再向内地扩散。"[3]由此，先生特别关注在少数民族地区流传的故事中进行影响研究："印度著名的大史诗《罗摩衍那》，全文没有传到汉族地区，只在佛典的译文中有所反映，然而它的影响是非常清楚的。在云

[1] 达尼埃尔-亨利·巴柔. 比较文学意义上的形象学[J]中国比较文学,1998(4):79~90.
[2] 季羡林.东方语言学的研究与现代中国[M]//季羡林. 比较文学与民间文学. 北京:北京大学出版社,1991:36~39.
[3] 季羡林.少数民族文学应纳入比较文学研究的轨道[M]//季羡林. 比较文学与民间文学. 北京:北京大学出版社,1991:333.

南一些少数民族中,相当完整的罗摩的故事可以找到很多个,在新疆古代语言中有罗摩的故事,在蒙古、在南方的泉州,还有其他一些地方,都有与罗摩故事有关的故事。"[1]此外,有的研究实际上就是在中印文化交流的中介地带——新疆地区文学遗存上展开的,如《吐火罗文 A(焉耆文)〈弥勒会见记剧本〉与中国戏剧发展之关系》一文,该文还从历史地理学上对于陆上的路线进行了分析,并指出了承载异质文化的传播媒介是三种人:"古时候,走丝绸之路的人不外三种:一是朝廷使节,二是宗教僧侣,三是负贩商人。我们可能会认为商人只不过是为了赚钱,原来也有风雅商人。"

中介本身可以分为时间、空间、媒介等不同的、多维多重的层次。其实,中古汉译佛经就是联结中外文学母题、中外文化的中介之一。研究文学、文化交流不可能绕开佛经文献。然而,在建国后相当长的一段时间内,大陆的佛教与小说关系研究基本上停顿了。因此,就严格意义上的佛经文献运用来说,季羡林教授在 80 年代中期就强调指出:"还没有见到充分利用这些资料的文章",为此他"提倡一种利用佛典律藏的风气"。[2]然而,在提倡的同时,他没有忘记佛经传译历史过程的特殊性和时代背景,以期在运用佛经文献时更加符合科学性,并且以旁证的材料来进行必要的论证和补充。

季羡林教授还注意到佛教初入中土时,为了站住脚跟也运用了不少中介手段。例如他指出幻术就是佛教初入中土时的一种生存手段:"为了求得生存,初期的译经大师,如安世高、康僧会之流,都乞灵于咒法神通之力,以求得震动人主和人民的视听。一直到晋代的佛图澄(公元 310 年至洛阳)还借此为弘教手段。不管这些和尚自己是否相信这一套神通咒法,反正他们不能不这样做。《梁高僧传》卷九《佛图澄传》中多次提到佛图澄的神异,说得活灵活现,神乎其神。'(石勒)召澄问曰:佛道有何灵验?澄知勒不达深理,正可以道术为证。因而言曰:至道虽远,亦可以近事为证。即取应器盛水烧香咒之,须臾生青莲花,光色曜目。勒由此信服。'(大 50,383C)从这一个小例子中可见一斑。"[3]对于这些幻术的描述,实际上就生成与丰富了诸如"种植速长"、"一以化多"、"遥测远事"等母题,而诸多幻术的造幻方式为中土人们所借鉴,其效验和功能所带来的巨大收益,也不能不通过佛教本身的传播以及道教等民间秘密宗教,使下

---

[1] 季羡林.少数民族文学应纳入比较文学研究的轨道[M]//季羡林. 比较文学与民间文学. 北京大学出版社,1991:333.

[2] 季羡林.商人与佛教[M]//第十六届国际历史科学大会中国学者论文集.中华书局,1985:104.

[3] 季羡林.佛教在中国的发展[M]//蒋忠新,王邦维.朗润琐言.上海文艺出版社,1997:216.

层民众广受濡染、仿效,于是就不能仅仅注意佛经本身,还要留心传译中的"有意误读"、汉译佛经生成和早期接受过程中,有关史实与文学母题的联系。

广袤的西域地区,或具体到新疆,是南亚故事、习俗文化等由梵入华的一个重要中转站。季羡林教授 1981 年就特意撰写了《新疆与比较文学研究》一文,他以吐火罗文译本的机关木女故事以小见大,认为其"正代表从梵文佛经到中国小说间的一个过桥","说明新疆这个地区实在很富于比较文学的材料"。他还根据英国学者 H. W. 贝利对古和田文残卷研究,介绍了《罗摩衍那》以古和阗语流传的故事,那护沙的儿子为国王,能通解禽兽语。一次他在花园听到两个蚂蚁说话而发笑,王后追问他笑的原因,但他想到透露秘密就死的诅咒,不敢说。他还听到母驴怂恿公驴抢骡子的饲料,母山羊怂恿公山羊到驴背上抢草吃,公羊不愿去,说:"我不是那护沙的儿子,他为了女人的缘故想丢掉自己的性命。"季羡林教授指出,巴利文《本生经》第 386 个故事也有懂禽兽语的事,《高僧传》卷一《安清传》:"乃至鸟兽之声,无不综述。"[1]可见人懂禽兽语,就属于那种中国本土早有, 佛教传入之后类似的观念和叙事又强化了旧有母题的那一种母题,而这一"中转站"的材料描述在研究中起到了相当重要的作用。

三、寻究母题发生、建构及传播的深层原因

文学母题的生成,离不开某一历史时期流行的习俗和价值观念,在其或显或隐的制约下,人们遂对于某一母题产生了趋同心理及创作现象。季羡林教授在探讨某一母题的成因时,往往不是"一元化"的,而是注意多元化地思考,并且突出重点,力图揭示其背后的佛教文化成因。

他关注佛经传译的特定历史阶段中,中土人们的"有意误读"现象,从而在接受改造的环节上寻究原因。如有关正史描述帝王贵相本于印度的母题,他就正确指出:"从三国两晋到南北朝,正是佛教势力很大的时候。中国的统治者为了增加自己的身份,企图在人民群众中造成神秘莫测的印象,好使他们驯服地匍匐在自己脚下, 于是就把西天老佛爷某一些传说的生理现象拉来加到自己身上。……南北朝以后的史书里,这种情况就绝了迹。原因并不是统治者不再企图把自己神秘化,而是佛教的势力在民间已经没有那样大。再要这一套手法,观众就不大感兴趣,只好另想别的办法了。"[2]

---

[1] 季羡林.《罗摩衍那》在中国[M]//印度文学研究集刊:第二辑.上海:上海译文出版社,1986.

[2] 季羡林.三国两晋南北朝正史里的印度传说[M]//中印文化论丛.北京:人民出版社,1957.

又如对金银变化母题中某些内在要素成因，季羡林教授也指出："总起来，我们可以说，僧尼亲自用手拿金子和银子，算是一种不大不小的罪过。为什么禁止和尚和尼姑拿金银呢？我想，原因并不复杂，无非是想让他们丢掉对尘世的依恋。在这一方面，佛典律中有许多规定，规定僧尼不许有私有财产，规定他们只能占有最少量的生活和宗教行持的必需品：身上穿的袈裟、手里拿的乞食用的钵、脚上穿的鞋、剃头用的剃刀、为了防止饮水时把虫子（生物）喝到肚子里去而用来漉水的漏子等等，超过这一些是绝对不允许的。金银自古以来就是财富的象征，僧尼不但不允许占有，连拿一拿、摸一摸也算是罪过。这就是僧尼不许捉金银这一条戒律产生的根源。佛教在督促僧尼抛弃俗物，潜心静修，誓期涅槃，跳出轮回方面，防微杜渐，煞费苦心。《后汉书》卷六十下记载襄楷于延熹九年（公元166年）上书桓帝说：'浮屠不三宿桑下，不欲久，生恩爱，精之至也。'连在一个地方睡上三宿都不行，生怕他们产生了恋恋难舍之心，金子和银子如何敢让他们捉拿触摩呢？"[1]

在介绍巴利文《本生经》时，季羡林教授还特意指出其实际上是一部民间故事集；并概括出其故事类型模式的佛经文学成因："佛教徒，同印度其他教派的信徒一样，为了更有效地宣传教义，把这些民间故事按照固定、死板的模式，加以改造。只需加上一头、一尾，任何民间故事都可以改成一个佛本生故事。"[2]这实际上揭示出佛本生故事的母题化，事实上就是把民间故事以佛之前生因、今生果的特定模式固定化了，其中的内容（民间故事鲜活材料）可以灵活性地填充，而主题自身则稳态化、定型化了。

季羡林教授对于中国传统小说套语的成因，也曾寻究其与印度文学的某种共同性，予以深刻的揭示："……在中国旧日的白话小说里，一碰到描写风景和人物，就容易出用四六句子。在印度也有类似的情形。在像《五卷书》这样的散文著作里，一碰到描写风景和人物，也就出现这种宫廷诗体。这种类似的情形并不是偶然的。在中国的赋和印度的宫廷诗里，有大量的描写风景和人物的现成的句子，借用这些已被成了老套的现成的句子是轻而易举的。于是作家们也就乐得去借用了。"[3]的确，中国古代小说中，也是展卷即见地常常有这类描写的韵文，几乎成了小说景物、人物之类描写的不可或缺的套语。其实，有不

[1] 季羡林.玄奘与《大唐西域记》——校注《大唐西域记》前言[M]//季羡林学术自选集.北京:北京师范大学出版社,1991:500.
[2] 季羡林.印度古代砂糖的制造和使用[M]//季羡林自选集.重庆:重庆出版社,2000:183.
[3] 补哩那婆罗多.五卷书[M].季羡林,译.北京:人民文学出版社,1981:65.

少韵文套语,根本就与小说故事本身的情节无关。但偏偏小说家就是爱借用,而且读者(听众)也乐此不疲。季羡林教授却没有局限在国别文学中,匆促地进行审美价值判断,而是把视野放开,说明印度文学实际上也不例外,从而启发人们思考这是否为东方民族的共性现象,乃至共同的成因,类似的利弊。

四、主题学方法形成、成功运用的成因

季羡林教授能在研究实践中,形成并成功运用的成因是多方面的,除了通晓多种语言的基本条件外,还存在了其他一些主观上的原因。

首先,是学术道路之于学养的积累、视野的拓开。德国,是主题学理论诞生的故乡,季羡林教授在德国攻读多年,受到相关的学术熏陶是很自然的,这从他对于德国学者的熟悉,可见一斑。

其次,是执著的"问题意识"和生活体验的结合。强烈执著的问题意识,是以主题学思路持续思考观察的不懈动力,1988 年,先生《自传》有这样的夫子自道:"只要你脑海里有某一个问题,一切资料,书本的、考古发掘的、社会调查的等等,都能对你有用。……最好脑海里思考问题,不要单打一,同时要思考几个,而且要念念不忘,永远不让自己的脑子停摆,永远在思考着什么。这样一来,你搜集面就会大得多,漏网之鱼也就少得多。"[1]

如关于佛经中提婆达多形象问题,也体现了对于某一问题思考的持久与执著:"我初读佛传时,并没有什么怀疑。但积之既久,便产生了疑虑:难道提婆达多真能这样坏吗?'纣虽不善,不如是之甚也。'中国先贤已经说过了,我打一个可能是不伦不类的比喻。十年浩劫中,常有把一些人,主要是知识分子,'打'成反革命的例子。提婆达多也是被释迦牟尼的忠实信徒'打'成十恶不赦的恶人的。我于是就开始精心收集资料,写成了这一篇论文。"[2]敏锐地发现了佛经中的提婆达多,实际上是一个比较文学形象学理论上讲的"意识形态形象",其实在历史上并非真的是像被描述的那样可恶:"在佛经中他被描绘为十恶不赦的坏人。实际上他是一个非常有才能、威望很高的人。他有自己的戒律,有自己的教义,有群众。他同释迦牟尼的矛盾绝不是个人的恩怨,而是'两条路线'的斗争,在佛教史上是重大事件。"[3]于是他将梵文与巴利文的相关载录排列

---

[1] 季羡林.季羡林自传[M].北京:当代中国出版社,2008.
[2][3] 季羡林.佛教开创时期的一场被歪曲被遗忘了的"路线斗争"——提婆达多问题[M]//季羡林学术自选集.北京:北京师范大学出版社,1991:609~649.

出来,指出其内容几乎完全一致,唯一区别是,梵文是阿难,巴利文是舍利佛。而在中古汉译佛经中,有几句重要的话,却被删掉了,即:"大德,从前我曾赞叹过提婆达多的品质,说,提婆达多是善良的、英俊的、有德的,现在人们将会讥笑我前后矛盾。"……那么,如果我们从主题学的角度看,这实际上就是某一特定的叙事文本多种异文之间的比较。这一爱好和良好习惯,来自对于学术研究不能指望一次性达到理想目标的理性认识:"这也许是我的一种好习惯:在学术上,我平生想探讨的新问题,为数颇多。我探讨了一个之后,决不丢开,而是仍然记在脑中,作进一步的探讨。没有哪一个比较重大的学术问题,是一蹴而就,一下子就能彻底解决的,就能毕其功于一役的。"[1]

其三,另外尤其值得一提的,是季羡林教授对故事究属原创还是传播复制这一问题追索的执著。1947年,他就找出了《黔之驴》故事的来源及其在古希腊、法国的同类型故事,并指出:"它原来一定是产生在一个地方,由这地方传播开来,终于几乎传遍了全世界。……柳宗元或者是在什么书里看到这故事,或者采自民间传说。无论如何,这故事不是他自己创造的。"[2]

其四,是强烈的学术创新意识和学术规范的讲求。学术研究的创新之路与方法,事实上与严格的学术规范、严谨的学风是密切联系的。如许多文章的结尾,都提到该文写成后送给前辈学者和同辈学者帮助和指正,得到了材料和观点上的修正,以示"志谢",这种严谨的学风、实实在在的认真态度,也是令人钦敬和学习的。这些学者有汤用彤先生、向达先生、周燕孙(周祖谟)先生、王利器先生,等等。这与季羡林教授专门撰文回忆自己的老师吴宓先生等,出发点是一致的,值得推重,联想起如今有的博硕学位论文的撰写者,那些不遵守学术规范的做法,更显得弥足珍贵和令人感慨。

(作者单位:大连大学语言文学研究所)

[1] 季羡林.再谈浮屠与佛·新增内容说明[M]//季羡林自选集.重庆:重庆出版社,2000:275.

[2] 季羡林.柳宗元《黔之驴》取材来源考[M]//季羡林.比较文学与民间文学.北京:北京大学出版社,1991:53~54.

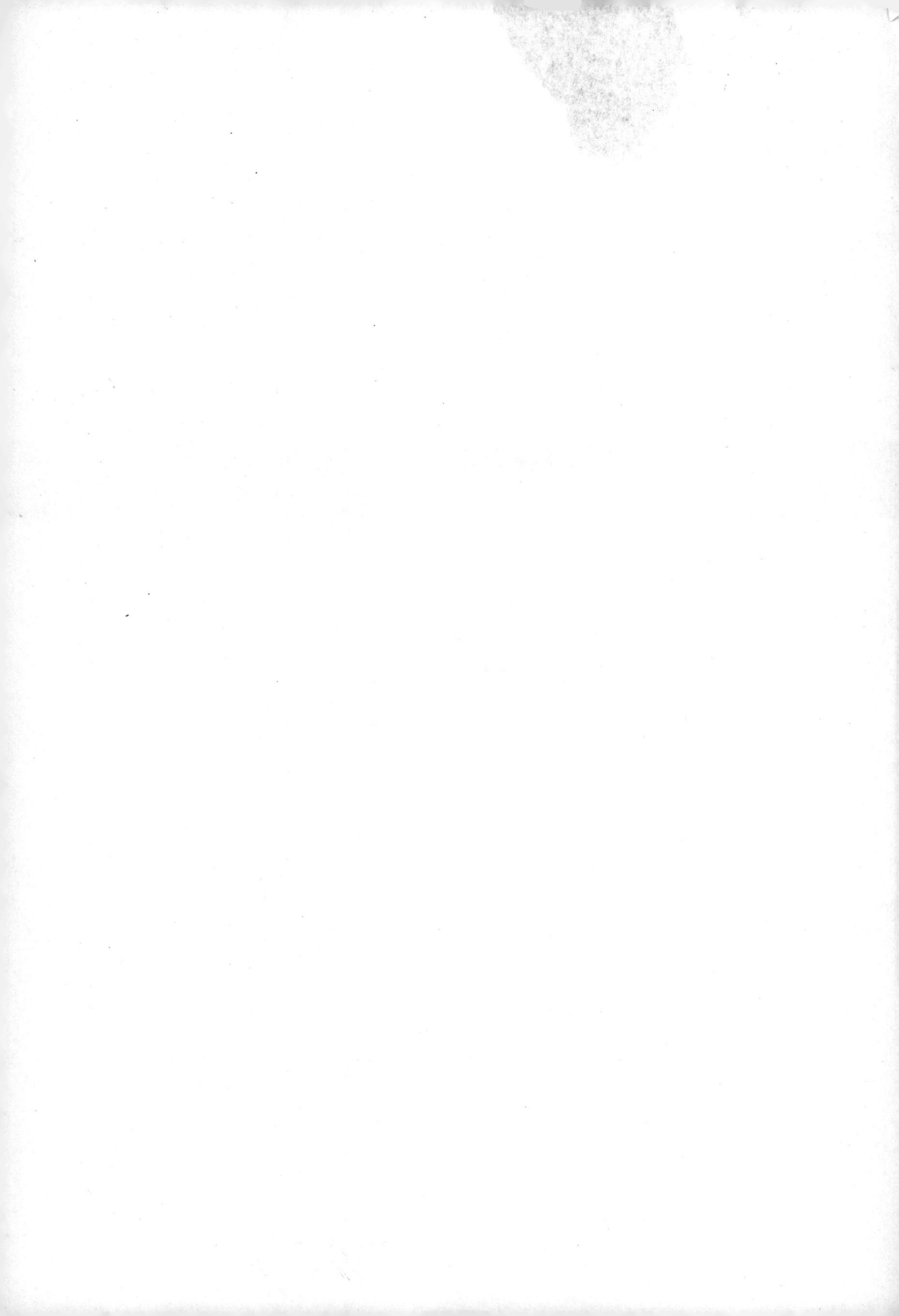

季羡林先生与北京大学东方学 下

黄河出版传媒集团
阳光出版社　王邦维⊙主编

目 录

第二部分

《封神演义》中几个与印度有关的人物

●金鼎汉

《封神演义》(以下简称《封神》)是我国明代著名神怪小说。它对后世影响极大。其中很多故事至今家喻户晓。

《封神》的成书年代约在明隆庆至万历年间(1567~1619)。一般认为它是由许仲琳编辑的。既然是"编辑"而不是"著",当然不是由一个人写成的,而是由编者把很多故事串在一起编成一本书。这从它的结构可以看出,它的很多部分都可以成为独立的故事。

《封神》中写了很多人物,其中一些人物与印度有关。本文就是试图追溯这些人物的来源。通过对这些人物来源的追溯,以了解古典小说的作者是如何"洋为中用"的。过去有些学者对小说中的某些人物如托塔李天王和二郎神等都做过许多研究,我在这里就不赘述了。

一、哪吒

哪吒是《封神》中最有个性的人物。中国老百姓对他十分熟悉。《哪吒闹海》至今仍为很多剧种的传统节目。他成为少年英雄的象征。

"哪吒"这个名字在汉语中是十分特别的。它有三个特点:一、两个字都没有任何意义。汉语中的人名除了皇帝为了让别人避讳常常取一些奇奇怪怪的名字外,一般人的名字总是有意义的。而"哪吒"这个名字的两个字在汉语中都没有任何意义。二、这名字带两个口字旁("哪"有时也写"那")。我们知道,古汉语,尤其是佛经的翻译,往往把外来的字左边加上一个口字旁。如唵、喇、呢、叭、咪等等。直到现在,这一习惯还在继续。如现代汉语中的"哩""呎""吋"等都是外国东西。因此,"哪吒"这个名字在汉语中一看就知道是"舶来品"。三、对

211

他的名字一般只提名而不提姓。虽然《西游记》和《封神》中都说他姓李。但是除了说他出身于姓李的家庭以外,其他地方很少提他的姓。《西游记》中连猴子都有姓,经常提"孙悟空""老孙",而哪吒则很少提"李哪吒"。《封神》也是如此。小说中为了省略起见,也常常把姓氏省掉,如"悟空""子牙"。但是人们在口头上总是说"孙悟空"或"姜子牙",而不把他们的姓氏省掉。唯有哪吒,人们只说"哪吒",而不说"李哪吒"。有些人甚至只知道他的名字而不知道他姓李。这说明他的名字的独立性很强。姓是后加的,显得很不自然。由以上三个特点,我们可以看出,这是翻译成汉语的外国名字。那么,"哪吒"这个名字是从什么地方来的呢?

宋赞宁《宋高僧传·明律·道宣》:"(道宣)于西明寺夜行足跌,前阶有物扶持,履空无害;熟顾视之,乃少年也。宣遽问:'何人中夜在此?'少年曰:'某非常人,即毗沙门天王之子那咤也。'"这里的那咤即哪吒。又,《北方毗沙门天王随军护法仪轨》:"尔时那吁太子……白佛言:'我护持佛法。'"由以上两段文字,我们可以看出:哪吒是佛教护法神,是北方毗沙门天王的儿子。我们应该从这里找出这个名字的来源。

有的学者认为,"哪吒"是从梵文"Natar"翻译过来的。[1]我查了一些梵文辞典,发现"Natar"作为专门名词只有两个意思:(1)一刹帝利种姓名。(2)一条龙名,这条龙后来皈依佛教。这些与毗沙门天王之子毫无关系。有的学者认为,"哪吒"这个名字可能是从"Nada"或者"Nala"翻译过来的。[2]我又查了很多梵文词典,发现"Nada"作为专门名词有两个意思:(1)《罗摩衍那》中一神猴,它与神猴"Nala"一起为罗摩在海上搭桥去征服楞伽岛。(2)《摩诃婆罗多》中达摩衍蒂的丈夫那罗。这些与毗沙门天王也毫无关系。因此,我认为"哪吒"不可能是从"Nata"或者"Nada""Nala"翻译过来的。

据《佛所行赞·第一生品》:"毗沙门天王生那罗鸠婆,一切诸天众皆悉大欢喜。"在这里,毗沙门天王的儿子又叫做"那罗鸠婆"。由此可知,"哪罗"即"那鸠婆"之简译。"那罗鸠婆"为梵文"Nalakuvara"或"Nalakubara"的汉译。据查,其他译名还有"那吒矩跋啰""那罗鸠钵罗""那吒鸠跋罗""那吒俱伐罗""那拏天"等。[3]他是毗沙门天王(又译为"多闻天王",梵文为 Vaisravana)之子。

梵文 vaisravana 的意思是"由毗什罗瓦(visrava)所生"或"毗什罗瓦的儿

[1] 柳存仁. 毗沙门天王父子与中国小说之关系(二)[J]. 新亚学校,1958.

[2] 徐梵澄. 关于毗沙门天王等事[J]. 世界宗教研究,1983.

[3] 慈怡. 佛光大辞典[M]. 高雄:佛光出版社,1989.

子"。毗什罗瓦仙人有两个儿子：一个是印度教财神俱毗罗（Kubera）；一个是《罗摩衍那》中的罗刹王罗波那（Ravana）。因此，Vaisravana有时是指俱毗罗，有时是指罗波那。但是，更多地是指俱毗罗。

据印度古代神话故事记载：毗沙门（即俱毗罗）的相貌非常丑陋。三条腿、驼背、只有一只眼睛，是药叉之王。原为楞伽国王，很富有，后被兄弟罗波那赶出楞伽，成为北方守护神。住在喜马拉雅山上的吉罗湿（Kailasa）。他有两个儿子和一个女儿，大儿子名叫"瓦尔纳加毗"（Varnakavi）或"莫尼格里瓦"（Manigriva），小儿子名叫"那罗鸠婆"（Nalakuvara）或"莫马拉加"（Mumaraja），女儿名叫"米娜克西"（Minaksi）。据《摩诃婆罗多》载：那罗鸠婆有一次跟他的哥哥莫尼格里瓦喝了很多酒后在一条河边上的小森林里与女人作乐，被那罗德（Narada）仙人看见了。仙人非常生气，诅咒他们两人变成树。他们两人被诅咒后变成"双树"（Yamalarjun）。后来黑天（Krisna）把他们两个人解救了。

又据《罗摩衍那》载：那罗鸠婆是罗刹王罗波那的侄子。有一次，罗波那打胜仗回来，经过那罗鸠婆的住地，见到一位名叫兰帕（Rambha）的仙女。罗波那抓住了她，准备强行无礼。兰帕对罗波那诅咒说："你如果强奸任何妇女，你马上会死。"据说，正是因为这一诅咒，才使得罗波那在劫走悉多后没有强奸她。

由以上材料可知：哪吒原为婆罗门教的一位财神兼北方守护神之子，名气不大。到了佛教中，他父亲的身份有些变化，财神的头衔去掉了，成为护法四天王之一的北方毗沙门天王。哪吒的名气仍然不大。

到了元朝，他被道教所吸收，名气开始大起来。元朝无名氏编撰的《三教搜神大全》卷七载："哪吒本是玉皇驾下大罗仙，身长六丈，首带金轮，三头九眼八臂，口吐青云，足踏磐石，手持法律，大喊一声，云降雨从，乾坤烁动。因世间多魔王，玉帝命下凡，以故脱胎于托塔天王李靖。母素知夫人生下长子军吒，次子木吒，帅三胎那吒。生五日，化身浴于东海，脚踏水晶殿，飞身直上宝塔宫。龙王以踏殿故，怒而索战。帅时七日，即能战，杀九龙。老龙无奈何而哀啼，帅知之，截于天门之下而龙死焉。不意时上帝坛，手搭如来弓箭，射死石矶娘娘之子，而石矶兴兵。帅取父坛降魔杵，四战而戮之。父以石矶为诸魔之领袖，怒其杀之，惹诸魔之兵也，帅遂割肉剖骨还父，而抱真灵求全于世尊之侧。世尊亦以其能降魔，故遂折荷菱为骨，藕为肉，丝为胫，叶为衣而生之。授以法轮密旨，亲受'木长子'三字，遂能大能小，透河入海，移星转斗……玉帝即封三十六员第一总领使天帅之领袖,永镇天门也。"

由此可以看出,在元朝,哪吒的故事已经形成:(1)他是道教人物,是玉皇驾下大罗仙。(2)他的父亲是托塔天王李靖,他排行第三,还有两个哥哥。(3)他有三头、九眼、八臂。(4)他神通广大。(5)他闹龙宫杀死九龙。(6)他射死石矶娘娘之子。(7)他割肉剖骨还父。(8)世尊折荷菱为骨、藕为肉、丝为胫、叶为衣而生之。(9)玉帝封他为三十六员第一总领使天帅之领袖,永镇天门。

到了明朝,在《西游记》里,他的名气大增。他被玉帝封为"三坛海会大神",参与了讨伐孙悟空的战斗。书中第八十三回还交代了哪吒的来历,说:"原来天王生此子时,他左手掌上有个'哪'字,右手掌上有个'吒'字,故名哪吒。这太子三朝儿就下海净身闯祸,踏倒水晶宫,捉住蛟龙要抽筋为绦子。天王知道,恐生后患,欲杀之。哪吒愤怒,将刀在手,割肉还母,剔骨还父;还了父精母血,一点灵魂,径到西方极乐世界告佛。佛正与众菩萨讲经,只闻得幢幡宝盖下有人叫道:'救命!'佛慧眼一看,知是哪吒之魂,即将碧藕为骨,荷叶为衣,念动起死回生真言,哪吒遂得了性命。运用神力,法降九十六洞妖魔,神通广大。后来要杀天王,报那剔骨之仇。天王无奈,求告我佛如来。如来以和为尚,赐他一座玲珑剔透舍利子如意黄金宝塔,——那塔上层层有佛,艳艳光明。——唤哪吒以佛为父,解释了冤仇。所以称为托塔李天王者,此也。"

《西游记》与《三教搜神大全》的叙述略有出入,省去了石矶娘娘一节,增加了托塔李天王获塔一节。而到了《封神》中,哪吒成为一个十分重要的人物。小说中有三回(第十二、第十三、第十四回)专门描写他,写得非常生动细致,为全书最精彩的部分。他是灵珠子化身,是道教中阐教太乙真人的徒弟,神通广大。他是周武王伐纣的先锋官,十分活跃,几乎每个战役他都参加。

《封神》对哪吒的描写突出一个"怪"字。他是怀胎三年零六个月才出生,此一怪也;他出生时是个肉球,李靖一剑砍去,跳出一个小孩儿来,此二怪也;他七岁时,还是个小孩儿,就打死了夜叉李艮和龙王三太子敖丙,抽出敖丙的筋做绦子,还拔了老龙王敖广的鳞,此三怪也;他剖腹、剜肠、剔骨肉,还于父母,此四怪也;他借荷叶、莲花化身,很多勾魂术都奈何他不得,此五怪也;他足踏风火轮,非一般坐骑,此六怪也;他作为儿子竟敢追杀父亲,此七怪也;他的形象是三头六臂,此八怪也。

正因为这八怪,再加上他的活动,才使得他的性格显得十分突出,成为《封神》中给人印象最深刻的人物。也正因为这八怪,才使得哪吒这个形象一直流传至今。应该说,现在民间传说和戏剧中的哪吒形象主要是来自《封神》,而不是来自《西游记》,更不是来自《三教搜神大全》。

二、准提道人

《封神》中写了两位西方教主。一位是接引道人,另一位是准提道人。他们两位与元始天尊和老子一道协助姜子牙破了诛仙阵和万仙阵,起了很大的作用。准提还十分活跃,多次出现,收了马元、孔宣、法戒等人。《封神》中点明了准提道人是西方教主。在这里,西方当然是指印度,准提道人当然是从印度来的。那么,准提到底是谁呢?

佛教有六观音,也就是观音的六种形象。佛教各派的六观音名称不尽相同。

密宗的六观音是:(1)千手千眼观音。(2)圣观音。(3)马头观音。(4)十一面观音。(5)准提观音(亦译为准胝观音或尊提观音)。(6)如意轮观音。每位观音都有自己的职责和不同的法相。其中第五位,即准提观音为破人道三障(烦恼障、业障和报障)的大神,有三只眼、十八只手。

我们再看看,《封神》中准提道人的法身也有十八只手。[1]名字相同,法相和法身也相同。应该说,准提道人就是准提观音。至于为什么观音变成了道人,这是《封神》的一贯伎俩。燃灯佛变成了燃灯道人,文殊菩萨变成了文殊广法天尊,普贤菩萨变成了普贤真人。他们的头衔都从佛教的变成了道教的。

那么,准提观音又是从什么地方来的呢? 佛教天台宗的六观音是:(1)大悲观音。(2)大慈观音。(3)师子无畏观音。(4)大光普照观音。(5)天人丈夫观音。(6)大梵深远观音。其中第五个观音即天人丈夫观音就是密宗的准提观音。

据查,佛教经典中一般将梵文的"Deva"译为"天""天人"或者"天众";而梵文的"Natha"一般被译为汉语的"丈夫"或"主"。因此,天人丈夫应该是"Devanatha"的意译。

我们知道,印度教三大神之一的湿婆天神,有几百个名字,其中一个常用的名字就是"Devanatha"。由此可见,天人丈夫就是湿婆。Devanatha 的正确译法应为"神主"。"天人丈夫"在汉语中很别扭,是一种讹译。

我们再看,日本台密认为六观音是:(1)化导饿鬼之千手观音。(2)化导地狱之圣观音。(3)化导畜生之马头观音。(4)化导阿修罗之十一面观音。(5)化

---

[1] 许仲琳. 封神演义[M]. 北京:华夏出版社,2008.

导人间之不空罥索观音。(6)化导天人之如意轮观音。[1]其中,第五观音由"不空罥索观音"代替了密宗的准提观音。不空罥索观音又叫不空王观音。

那么,"不空罥索"和"不空王"又是从哪里来的呢? 据查,"不空罥索"是梵文"Amoghapasa"的翻译,而"不空王"则可能为"不空"(Amogha)加上汉语的"王"这个称号。我们知道,"Amogha"的意思是"从不落空"或者"从不失败",是湿婆天神的一个名字。由这个名字派生出来的"Amoghadanda"(从不落空的惩罚)、"Amoghavikrama"(从不落空的行为)都是湿婆的名字。因此,"不空王"就是湿婆,而"不空罥索"也是从湿婆的名字演变过来的。

那么,"准提"这个名字又是从梵文中什么名字翻译过来的呢? 我们知道,湿婆的妻子雪山神女有一个名字叫做 "Candi"。而湿婆神有一个名字叫做"Candis"(意思是:"Candi"的丈夫)。按照印度教的说法,湿婆的一半身体是雪山神女,两个人是分不开的。因此,准提可能是"Candi"或"Candis"的音译。

还有一个条件可以证明准提就是湿婆,这就是他们的法相。佛教准提观音的形象为三目十八臂,而湿婆则有三目十臂。如此相似的形象也正好说明准提观音是由湿婆演化而来。

由以上分析,我们可以看到:三只眼十只手的印度教天神湿婆被佛教吸收,成为三只眼十八只手的准提观音,或天人丈夫观音,或不空罥索观音。而《封神》的作者把他拿过来,将三只眼十八只手的准提观音写成了二十四首、十八只手的准提道人,并衍生出很多故事来。

三、惧留孙

《封神》中的惧留孙是阐教门下十二代上仙之一,住在狭龙山飞云洞(书中有时为夹龙山飞龙洞)。他参加破十绝阵,在破"地烈阵"的战斗中起了主要作用。后来,他又参加了破诛仙阵和破万仙阵的战斗,破阵时经常与清虚道德真君为伍。他有一根捆仙绳,被徒弟土行孙偷走。土行孙先助纣,后降周,为伐纣立了不少战功,后被张奎所杀。惧留孙为了替土行孙报仇,帮助姜子牙杀了张奎。

书中明确指出惧留孙后来成了佛。第四十四回说:"惧留孙后入释成佛。"第八十三回则说:"惧留孙乃是西方有缘之客,久后入于释教,大阐佛法,兴于

---

[1] 慈怡. 佛光大辞典[M]. 高雄:佛光出版社,1989.

西汉。”

据查，惧留孙即拘楼孙佛。梵文为“Krakucchandha”，巴利文为“Kakusandha”。又译为拘留孙、俱留孙、鸠楼孙、拘留秦、迦罗鸠飧陀、迦罗鸠村驮、羯洛迦孙驮、羯罗迦寸地。法显在《佛国记》中把它译为“拘楼秦”[1]，玄奘在《大唐西域记》中把它译为“迦罗迦村驮”[2]。

惧留孙是一位古佛，是过去七佛中的第四位，又是此贤劫(Bhadrakalpa)的五佛中的第一位。《长阿含经》卷一载，他于此贤劫出世，举行过一次说法集会，有四万弟子参加。

惧留孙佛与婆罗门教或印度教没有什么关系，是一位纯粹的佛。《封神》把他的名字稍加变更，将他写成了一位道教人物。

四、毗芦仙

毗芦仙是截教门下的上四代弟子之一，曾经参加了诛仙阵与万仙阵的战斗。万仙阵战败后，他皈依了佛教。《封神》第八十四回：“毗芦仙已归西方教主，后成为毗芦佛，此是千年后才见佛光。”书中已经点明，毗芦仙就是毗芦佛。但是事实却被颠倒了。事实上，不是毗芦仙变成毗芦佛，而是《封神》的作者把毗芦佛变成了毗芦仙，把他归入道教，而且归入了截教。

毗芦是毗卢遮那或毗卢舍那(梵文为Vairocana)的略称。佛教各派对毗芦佛有不同的解释：(1)华严宗认为，毗卢遮那是报身佛，是莲花藏世界(佛报身之净土)之教主。(2)天台宗认为，毗卢遮那是法身佛。(3)法相宗认为，毗卢遮那是自性身。(4)密宗认为，毗卢遮那是“摩诃毗卢遮那”(梵文为Mahavairocana)，即大日如来，是密宗的本尊。总而言之，毗芦佛在佛教中有着十分重要的地位。

据查，梵文“Vairocana”是从“Virocana”变来的。“Vairocana”的意思是由“Virocana”所生的或“Virocana之子”。“Virocana”的意思是“太阳”“火”或者“印度教三大天神之一的毗湿奴”。因此，“Vairocana”的意思是“太阳之子”“火神之子”或“毗湿奴之子”。

由此可见，印度教中太阳之子(或火神之子，或毗湿奴之子)由于与光明的特殊关系而成为佛教中的一位佛。这位佛传到中国后，又由于他的这一特性

[1]《佛国记》：“……从舍卫城东南行十二由延，到一邑，名那毗伽，是拘楼佛所生处。”
[2]《大唐西域记》卷六，“城南行五十余里，有故城，有窣堵波，是贤劫中人寿六万岁时，迦罗迦村驮佛本生城也。”

而成为各派的大佛。密宗则更是在他的名字前面加上一个"Maha"(大)而把他尊为最大的佛。

《封神》的作者,站在道教的立场上,尊道抑释,把这样一位大佛写成为截教门下的一名小仙。

五、长耳定光仙

长耳定光仙是截教门下的上四代弟子之一。他曾经参与了诛仙阵和万仙阵的战斗。在万仙阵,他还充当通天教主的使者向阐教下战书。但是他与其他截教弟子不同。其他截教弟子都是一心一意地参加反阐教的斗争,而他则很会见风使舵。通天教主为了害死接引道人、准提道人、老子、元始天尊、武王和姜子牙,立了一个"六魂幡",要长耳定光仙看守。定光仙不但不好好看守,反而把它献给了阐教。他的这种行为在阐教看来是改邪归正,而从截教的角度来看,则纯粹是一种背叛。

书中点明他入了佛教。《封神》第八十四回说:"西方教主曰:'吾有一偈,你且听着:极乐之乡客,西方妙术神。莲花为父母,九品立吾身。池边分八德,常临七宝园。波罗花开后,遍地长金珍。谈讲三乘法,舍利腹中存。有缘生此地,久后幸沙门。'西方教主曰:'定光仙与吾教有缘。'元始曰:'他今日至此,也是弃邪归正念头,理当皈依道兄。'定光仙遂拜了接引、准提二位教主。"

从《封神》的一贯手法来看,定光仙应该就是佛教的定光佛。

据查,定光佛即锭光佛,是然灯佛或燃灯佛(梵文 Dipamkar,音译为"提洹竭")的别译。他曾买五朵莲花奉献给释迦牟尼佛,并以头发铺地,给佛走路。定光佛在佛教中是一位十分活跃的人物,名气很大,在很多经书中都经常提到他。

那么,"长耳"又是从哪里来的呢?我认为有两种可能:(1)从"长耳和尚"演化而来。长耳和尚是五代时一位非常有名的和尚,被认为是定光佛的应身。据台湾慈怡主编的《佛光大辞典》载:"长耳和尚(?~950),五代僧。吴越王曾问永明禅师,当代是否有真僧,永明推举长耳和尚。谓系定光佛之应身。"此外,从上面所引《封神》第八十四回西方教主的偈"……有缘生此地,久后幸沙门"也可以得到印证,证明长耳定光仙即长耳和尚。(2)从兔王本生演化而来。很多佛经都说了兔子本生的故事。这是个非常有名的故事,在此不必细说。《六度集经》(二十一)说:"佛告诸沙门,梵志者锭光佛是也,兔者吾身是也。"《生经》(三十一)说:"佛告比丘,欲知尔时兔王者则我是。诸眷属者今诸比丘是,其仙人者定光佛是。"这里的兔子并非定光佛,但是与定光佛的关系十分密切。兔子在梵文中有一个名字叫做"Lambakarna",意思就是"长耳"。《封神》中截教门下大部分为畜类。作者站在尊道抑释的立场上,由于本生故事中定光佛与兔子的关系,有可能胡乱把他们二者扯在一起,放在截教门下。

以上谈了《封神》中五个与印度有关的人物。书中与印度有关的人物还有很多。如:(1)燃灯道人。这是把燃灯佛(即定光佛)变成了道人。由于他收了羽翼仙大鹏鸟[1],因而在他身上投上了大神毗湿奴的影子。因为印度教认为佛是大神毗湿奴第九次下凡的化身,而毗湿奴的坐骑是一只大鹏金翅鸟。(2)文殊广法天尊。这是把文殊菩萨(即文殊师利,梵文为 Manjusri)的菩萨变成了"广法天尊"。由于佛教文殊菩萨的坐骑是一只狮子,《封神》特别安排了一个故事,让文殊广法天尊也骑上狮子。[2](3)普贤真人。这是把普贤菩萨(梵文为 Samantabhadra Bodhisattva)从佛教的神变成了道教的"真人"。由于普贤菩萨的坐骑是一只白象,《封神》又安排了一个故事,让他骑上白象。[3]

另外,还有一些人物,《封神》中点明他们与印度有关,而我们都无从查考。如:(1)马元。《封神》第六十一回载:"'贫道乃西方教下准提道人是也。封神榜上无马元之名讳。此人根行且重,与吾西方有缘,待贫道把他带上西方,成为正果,亦是道兄慈悲,贫道不二门中之幸也,……准提同马元回西方。"(2)法戒。《封神》第七十九回载:"准提曰:'……法戒虽然违天阻逆元帅,理宜正法,但封神榜上无名,与吾西方有缘。贫道特为此而来,望子牙公慈悲。'……准提上前,扶起法戒曰:'道友,我那西方绝好景致,请道兄皈依……'话说准提道人道罢西方景致,法戒只得皈依,同准提辞了众人,回西方去了。后来法戒在舍卫国化祁陀太子,得成正果,归于佛教,至汉明、章二帝时,兴教中国,大阐沙门。"

除此以外,《封神》中还写了很多由畜类修炼成的神仙。如孔宣、乌云仙、龟灵圣母等等。虽然书中说他们后来都到了西方,但这些人物都是作者自己臆造出来的,与印度并没有真正的关系。

从以上考证,我们可以看出,《封神》中与印度有关的人物可以分为三类:

(一)原为印度教的一般神,后来变成佛教的一般神,传入我国,经过民间文学的演变,成为道教的神,其形象逐渐丰满。到了《封神》中,发展成为十分重要的人物,虽然在道教中地位不高但个性鲜明,故事性强,成为后世神话传说

---

[1][2][3] 见《封神演义》第六十三回。

中的著名人物,一直流传至今,如哪吒。

(二)原来是印度教的大神,后来演变成佛教中比较次要的神,传入我国。由于印度教大神的名字很多,翻译者各取所需,造成了一神多名的情况。《封神》写了很多有关他的情节。虽然他的地位很高,但对后世的影响并不大,如准提。

(三)原为印度佛教的佛或菩萨,传入中国,成为中国佛教的佛或菩萨。《封神》中把他们写成道教人物。这一类人物中有的是名字原封不动,只改了头衔的,如燃灯道人、文殊广法天尊和普贤真人等。有的是把名字稍加改动,而变成道教人物的,如惧留孙、毗芦仙、长耳定光仙等。

此外,从对上述人物的分析,还可以明显地看出作者的尊道抑释思想。整个《封神》虽然以武王伐纣为主线,但都贯穿着道教中阐教与截教两派的斗争。阐教被认为是正教,截教被认为是邪教。虽然书中阐教借助于佛教,对佛教也有一些褒词,但是,作者硬把一些有名的、地位很高的佛扯入截教,如毗卢佛、定光佛等等。而且,还把截教门下一些畜类与佛教挂上钩,如乌云仙、龟灵圣母等等。因此,从《封神》一书,我们可以看到明代道释两教的斗争是非常激烈的。

(作者单位:北京大学外国语学院)

《摩诃婆罗多》的正法观

● 刘安武

　　经过了公元前后几个世纪才基本定型的印度大史诗《摩诃婆罗多》,其主题是表现一个王族的两房堂兄弟之间为争夺王位而展开的一场使许多大大小小的王国都卷了进去的毁灭性的大战。这个概括性的说法是可以成立的,人们也是这么说的。进一步说,在大战中有正义的一方,有非正义的一方,最后,正义的一方取得胜利。这样说,我们中国读者就更好理解,而我们在评介这部史诗时就是这么说的。但是当介绍到印度学者和评论家中有很多的人认为《摩诃婆罗多》主要是表现正法的史诗时,我们中有些人则会感到茫然,他们会异口同声地问:什么? 表现正法? 正法是不是就是正义?

　　印度古代有一个重要的概念 Dharma。中国古代的佛教僧侣和佛教学者认为汉语中找不到或不容易找到相应的词,就把它音译成了"达磨"。也许他们认为这样做更忠实于原文,而且既简单,又避免了释义,其实还是避不开这一概念的含义。把它译成"正法"是比较接近原意的,仍然免不了要进行一些解释。那么"正法"或"达磨"指的是什么呢?

　　公元前后成书的《摩奴法论》中说:"《吠陀》、《法典》、善人们的习惯和一个人自己的兴趣,据称这些是正法的四个具体的标志。"用现在的话来说就是,《吠陀》中敬畏神明的思想,《法典》中对行为的各种规范,圣哲的人生道路和个人的生活情趣,合乎以上几种思想言行的就是正法。如果说,古代这个定义还不大好理解的话,我们不妨再来看看几个现代学者的说法。

　　古尔特鲁斯·梅斯在他的《正法与社会》中分析了这一概念,他的看法是:"正法意味着下述任何概念或者全部概念:《吠陀》所包括的真理;那些合乎传统标准的道德上的责任或美德;道德上的模范;大神与绝对的真理;一种普遍

221

的规律或原则；代表神意的正义；关于风俗的与传统的法规或规定；公共的法与普通的法；等等。"凯恩在他的《法论史》中说，正法是"一种生活方式或者是一部行为的法规，它对作为社会一分子和作为一个个人所从事的工作和活动作出规定，以实现人自身不断发展与完善，使他能够达到那被认为是人类存在之目的的目标"。帕格温·达斯在《社会组织的科学》中说："就极广的意义而言，正法即世界之秩序……就科学角度而言，正法是一种独特的品性；就道德与法律之意义而言，它是一种责任；就心理与精神之意义而言，它是一种具有其所有正确含义的宗教信仰；就一般的意义而言，它则是一种正义和法律，但是在此处责任尤高于一切。"

这几位学者下的定义大约可以使我们较具体地体会到正法所包括的内容，特别是最后的概括更清楚。我国学者季羡林翻译印度另一部大史诗《罗摩衍那》时，使用的不是正法，而是达磨。在《童年篇》的注解中他说："达磨意思分为两类，一类是'一切存在的事物'，佛经所谓'万法皆空'的'法'就是这个意思。一类是'法规''规律'，指的是万事万物的内在法则，有点类似中国的道，西方的 1ogos，《罗摩衍那》中的'达磨'都是第二个意思。"我国另一位学者金克木在所著《梵语文学史》中说："大史诗里的正法思想后来也随社会发展而改变了……适应奴隶社会的正法观念转而结合了宗教，到后来（以至现代）正法这个词的含义便被解说为宗教，严格服从宗教的规定便是正法。"

以上这些学者对正法或达磨所下的定义或解释，无论是抽象的还是比较具体的，无论是简单的概括还是多方面的概括，其含义大体上比较接近汉语中的天道、大道、天理、天职等词的词义。与正义比起来，它广泛得多，也丰富得多，正义只是它的一部分，而不是全部。今天，所谓正法或达磨，的确已经转化为宗教或教义了。

既然评论家们认为大史诗就是形象地体现正法，那也就是说，大史诗要表明天道、大道、天理在人世间的推行。黑天这位大史诗中最重要的人物、三大神之一毗湿奴的化身自己也说，当人间的正法受到破坏时，他就要下凡来重建正法，从而让人世间能够恢复正常的理想的社会秩序，让所有生灵能够成长、发展、生机勃勃。大史诗的另一个重要人物坚战，他的言行就是要树立正法的准则和天职的范例，让世人有所遵循，能够履行自己神圣的职责。

按照印度的传统观念，产生大史诗的时代背景是人类的世界已进入了争斗时代，即罪恶当道的时代。印度传统认为，人世间要经历许多劫或劫波，每一

222

劫或劫波又分为四个时代，即：一、圆满时代；二、三分时代；三、二分时代；四、争斗时代。四个时代合在一起共432万年。这种历史的循环论认为最好的时代就是圆满时代，人间没有任何罪恶。三分时代次之，人间开始出现罪恶，《罗摩衍那》就产生在这个时代。罪恶出现的结果，有了驼背宫女进谗和小王后吉迦伊的要挟老王，演出了宫廷政变的一幕，但作者小心翼翼地不让政变流血，让各方面当事人自我克制。作者同样也非常巧妙地把其他许多罪恶分别记在猴子国和罗刹国的头上。三分时代如此，二分时代就更差了，最坏的是争斗时代。而现在人类正处在这个时代，这个时代是从公元前3102年开始的。这个时代一结束，罪恶的世界就毁灭了，一个劫或劫波就算过去，新的美好的圆满时代就又开始。这种颂古非今的复古主义理论被古代印度的各种宗教或教派不同程度地接受了。所以，为了要在罪恶的世界上重建新秩序，需要正法；为了树立新的道德模式，需要代表正法的人物，于是大史诗《摩诃婆罗多》就应运而生了。

更具体地说，《摩诃婆罗多》反映的时代，那时天魔、邪神都纷纷投生到人间，在人间兴风作浪、兴妖作怪。为了剪除妖孽，天神也纷纷下凡或通过化身投生，特别是黑天，他要驾驭整个事态发展的进程。经过复杂的较量和斗争，人间恢复了社会新秩序，重建了正法。《摩诃婆罗多》在这种总的背景下承担了这样的任务，即起了宗教经典的教化作用，而且它不是通过枯燥无味的说教，而是通过艺术化的人物形象生动地表现出来的，所以《摩诃婆罗多》是当之无愧的印度教推行教化的经典。

《摩诃婆罗多》是如何建立正法、规范社会新秩序、倡导个人履行天职的呢？这就要从头说起。

在《初篇》里，故事交代了俱卢族国王福身，娶了银河下凡的恒河女神为妻，恒河女神留下了一个名叫毗湿摩的儿子后走了。毗湿摩是受贬谪的天神下凡，少年时被立为太子，但他为了让父亲续娶一个渔家姑娘为妻，答应女方让将来的异母弟继王位，同时为了杜绝自己的后代起来争夺王位的可能性，他发誓自己终身不婚。这个后母即贞信后，她生了两个儿子，大儿子花钏未成年就战死了，二儿子奇武即位后，娶了两个妻子，没有留下后代就故去了。眼看着王室就要绝后，贞信太后提出当时习俗认可的并被后来的法典承认的借种生子的办法为王室留下后嗣，即死者的遗孀可以和死者的兄弟或相同辈分的其他夫族的至亲交合生子，这样生下来的孩子被认为是死者的合法继承人。在毗湿摩坚持自己的誓言的情况下，贞信太后并没有让奇武的堂兄弟充当借种人，而让她自己在出嫁前和一位仙人生的私生子毗耶娑来担任借种人的角色，结果和两位遗孀以及一名宫女先后生了持国、般度和维杜罗。持国是天生盲人，当王不便，维杜罗是社会地位低下的宫婢所生，故王位由般度继承。般度因故不能和两个妻子交合生子，绝望之余，他把王位交给持国后，带领两个妻子到森林修行。他让他的两个妻子在他健在的情况下采取借种生子的办法为自己生育后代。他的两个妻子既不找持国和维杜罗，更不找奇武的堂兄弟的儿子们。他的第一个妻子贡蒂在待字闺中时就曾使用仙人教给的咒语召请过太阳神和她生了迦尔纳。现在，她先后召请了正法之神、风神和神王因陀罗，依次生了坚战、怖军和阿周那。她又把咒语教给了般度的第二个妻子马德利，召请了一对双生子天神双马童生了一对双生子无种和偕天，这五个人就是般度五子或称般度族五兄弟。与此同时，持国生了一百个儿子，他们以难敌为首，被称为俱卢族百子。后来，般度死在森林里。

这里应该交代两个比较特殊的人物了，一个是维杜罗，另一个是坚战。维杜罗的出生带有偶然性。当初，毗耶娑和奇武王的大王后交合，大王后很不情愿，紧闭双眼，结果毗耶娑预言将生一个盲孩子。贞信太后认为盲人将来当国王多有不便，再一次叫他去和大王后交合生子。这一次王后吩咐一个首陀罗宫婢代替自己，于是宫婢生了维杜罗（顺便说一句，为了把借种生子办成纯事务性的工作，尽量减少其中的欢乐成分，故借种人不仅服装难看，而且面目以及全身也打扮得异常丑陋，污秽不堪）。维杜罗是谁投胎转世呢？他就是执法的正法之王阎王投生到人间。

阎王或阎摩王是公正执法的天神，被称为法王或正法之王。有一位修道仙人误被一位国王当作窝藏强盗的罪犯，几乎被折磨至死。他不怪国王的轻率，而怪管因果报应的阎王的惩罚毫无道理。他质问阎王，他犯过什么罪受这么残酷的报应呢？阎王说他童稚时曾弄死过鸟儿虫儿。修道仙人大怒说，我当时幼稚无知，你的惩罚太过分了。接着他诅咒阎王投生到低贱的人的肚子里去人间充当凡人，于是阎王投生到宫女的肚子里来到尘世间，他就是维杜罗。维杜罗懂得全部正法，深知一切善恶，智慧超群，言行总是合乎正法。

那么，贡蒂王后不是用咒语召请正法之王来和她生子，结果生了坚战吗？那位法王是谁呢？贡蒂召请的正法之神，并不是阎摩王，而是梵天大神（也被称为正法之王）的一个儿子。所以史诗开始这两个人物是分别刻画的，但后来却合在一起了。史诗最后，当坚战即位后，维杜罗到森林里修行，后死在森林里，坚战去看望他,他的灵魂投入到坚战的身体里,最终这两个原本不同的人物合二而一了。这就意味着,当初贡蒂召请的正法之神就是阎摩王,而不是梵天大神之子。这样一来,细心的读者也许会提出问题:阎王既然投胎为维杜罗,那谁来应贡蒂的召请呢?这里涉及印度神话和中国神话的某些不同点。在中国的神话中,某位天神或星宿下凡或下凡投生,那原来的位置就空缺了,只有在他完成任务或摆脱凡身后,才去归位。印度的神话则不然,毗湿奴大神多次化身下凡,他的化身在人间积极活动,而他的真身仍在天界起作用。同样,正法之王阎摩王可以部分地投胎到人间,他本人仍然可以应招到贡蒂身边来,何况他掌握着人世间生灵的生生死死的进程本来就一刻也不能停止,仍然需要他始终履行职责呢!

我们还是继续来谈两位代表正法的人物。所以,维杜罗的出生是借种生子这种习俗意想不到的结果。虽然他是持国和般度的弟弟,但是他的地位远在他俩之下。他说起来是贵族,实际上他是处在贵族行列中最不显眼的地位。他的身份虽然不算低下,但是不值得人们羡慕。他没有王位的继承权,也没有攫取王位的野心。他名义是刹帝利,可是他既不是武士,更没有上过战场。他一生经常性的工作,是给他的哥哥持国充当顾问。

他处在俱卢族和般度族的政治风暴旋涡之中,一方是他的哥哥和被称为俱卢族的一百个侄子, 另一方是已故的另一个哥哥和被称作般度族的五个侄子。从亲情的关系来说,这两房侄子都是一样的。由于他的社会地位(在中国,有嫡出庶出之分,而他连庶出也算不上),他本人既没有觊觎王权的野心,他的儿子们更不可能有这种非分之想, 于是他心甘情愿地担当王室的顾问和管家的角色。他能从维护王室的利益出发,而不带任何自我的印记。他敢于直言,提出一些批评性和建议性的意见。他有超群的智慧,深谙古今典籍。就像我国以史为鉴的博学的谋臣,他从种种神话、传说、史实和寓言中,归纳出经验教训和利害关系的忠告提供给持国。有时还引起持国的不快,因为忠言总是逆耳的。有一次持国甚至下了逐客令,他也无怨无悔,坦然出走;当持国醒悟过来要把他接回,他也心安理得地返回朝廷。

当两房堂兄弟矛盾激化但还没有达到不可收拾的地步的时候,维杜罗总是提醒持国要防微杜渐,缓解冲突,设法让他们和平相处。当维杜罗看到持国为避免冲突让般度族五兄弟和他们的母亲住到京城外的多象城时, 他怀疑难敌会乘机设置陷阱。后来是他通风报信,使他们逃离险境,并转移到安全地带。他接着又积极支持毗湿摩:议分一半国土让般度族五兄弟自己立国、治国。在

225

印度历史上，至少在两大史诗里，与我国古代的裂土分封不同。我国周代所分封的大小诸侯，虽然有某种程度的独立性，但还要承认周天子是各诸侯国的共同君主。汉以后的分封，实际上某种程度的独立性也没有了，只有封号，是一种地方政权，虽然有一些诸侯国形成了与中央政权分庭抗礼的割据局面。印度古代的分封是一种对遗产的分割，就像分割家产一样。对整个王国首先不是保持统一，不是维护其完整，而是各占一方，完全独立自主，不存在宗主国和附属国的关系问题。比如《罗摩衍那》中罗摩四兄弟，各有两个儿子，最后罗摩王朝一分为八，由一个统一的大王国化作八个小王国，彼此独立，虽然这八个小王国包括了后来拓土开疆扩充来的国土。《摩诃婆罗多》最后定型比《罗摩衍那》晚，所以最后结局不是分封，而是维持了原来统一的王朝。从这一点来说，《摩诃婆罗多》有统一的思想倾向，但主要还是表现出裂土而治的思想，在解决俱卢族和般度族的矛盾过程中，就曾运用过这一理论，结果就成立了两个独立的国家。维杜罗在当时的形势下，赞成独自立国是解决矛盾的可行办法。后来，他还预感到难敌邀请坚战进行赌博的可怕后果，并一再表示反对。果然不出他所料，赌博的结果，出现了难以收拾的局面。总之，在朝廷里，维杜罗与毗湿摩、德罗纳、慈悯等形成了一个反对派，他们对持国抑制他那些桀骜不驯的儿子们不力感到不安。维杜罗承认他同情般度族五兄弟，因为当时他们没有受到公正的对待。最后，他的忠告、警告、劝慰，一切的一切都归于无效。大战爆发了，他无能为力，他既不能制止这场毁灭性的战争，也不能拿起武器，为他认为正义的一方出力，只能看着无情的厮杀肆虐，造成尸骨成山、血流成河的惨景。维杜罗个人的言行维护着正法，虽然他的作用有限，但是他是正法的象征。

坚战与维杜罗相比大不相同，不仅是两人的处境，更重要的是所承担的历史责任不同。他作为五兄弟的老大，处于长兄为父的地位，他有维护其他兄弟正当权利的义务，也有维护他们安全的责任，还要和其他兄弟一起侍奉寡母，但更重要的是，他同样有权继承原来由他父亲居有的王位。虽然他的父亲把王位交给了持国，后又死在森林里，但是，持国以后王位是应该回到般度的儿子手里，还是应该由持国的儿子继承下来，这可能会有很大的争议。但毋庸置疑的是，他至少是有充任候选人的同等权利的，如果不是比其他人权利更多的话。

根据血统来定，谁血统最近就由谁继承王位，这也不失为解决王位继承问题的办法。但这已经不适用了，双方的血统已经混乱不清，实际上自奇武王死去之后，福身王这一支已经中断了。那么，看谁有功于民族或国家，谁就可以继承王位行不行呢？可惜双方都没有作出有利于民族、国家和人民的贡献，都是在那里等待分割遗产或全部继承遗产。于是，按天下以有德者居之的原则，谁有德，谁有正法，谁遵守和承诺履行天职者，则由谁居之。那是谁呢？

史诗的作者们显然认为是坚战，他们也的确细心地刻画了这一人物。在大战进行期间，有一幕颇令人深思。这是在持力仙人的儿子德罗纳任俱卢族一边的统帅的时候，德罗纳正取得优势。这种局面急坏了般度族一边的军师和谋士黑天。黑天出生在雅度族王国的贵族家庭，他的母亲是公主，他的姑母贡蒂就是般度族五兄弟的母亲，所以他和坚战等是表兄弟。他看到般度族一方正受到威胁，而他要遵守诺言，即他将自己的全部军队交给难敌之后，他自己帮助般度族五兄弟时只出计谋而不拿起武器。

这里要说明一下，史诗的作者们采用了不可理喻的逻辑，甚至有点荒唐可笑。既然黑天认为俱卢族一方代表了邪恶势力，那他为什么要用自己的军队加强邪恶势力呢？为什么当分别代表了正法的势力和邪恶的势力向他求助时，他表现出"公正"的态度，将自己的军队作为一份，他个人作为一份，由双方挑选？这种公正不是有点荒唐吗？邪恶的一方挑选了军队，这就意味着，黑天的全体武士要为邪恶而战，这不是助纣为虐吗？从另一角度来看，不是把他们推进了火坑吗？既然如此，黑天又何必在大战中一而再、再而三地采取不正当的手法打击对方呢？看来只有一个解释，那就是作者们的善恶同源论的哲学观点使然。作者们认为，善从这个本源吸取力量，而恶也从这个本源吸取力量，就像善人和恶人共同享受自然所提供的雨露阳光一样。黑天这位大神的化身正好是这个本源。这个问题暂且放下，先继续谈黑天正急切考虑如何除掉德罗纳的办法。黑天迫使坚战说谎，导致德罗纳死于非命。坚战的谎言一出口，他的战车车轮着地。在此之前，他的战车车轮总是离开地面一定距离，一尘不染，超凡脱俗。车轮落地意味着他的道德标准堕落了。史诗的作者们写出这一细节在于说明，坚战到这时为止，始终是以正法为准则，身体力行，然而他最终在紧要关头，仍避免不了世俗利益的诱惑。应该看到，给坚战这一警告或降格处理的又是谁呢？而后来在大战结束时，最主要的反面人物难敌被怖军非正法地击断大腿倔强地死去时，从天上为他洒下了阵阵花雨，又是谁安排的呢？显然不是黑天或其真身毗湿奴大神，因为提醒怖军打击难敌大腿的正也是黑天，这只能解释为是作者们有些愤愤不平，对不守正法的抗议。本来，这是在大史诗描述的具体环境里才产生这样的问题。如果离开当时的具体条件，在其他一般情况下，在战争中撒谎和击断敌人的大腿又算得什么啊？在中国有所谓"兵不厌诈"，即在作战中能使用欺骗手段取胜或巧妙地击中对方要害才算高明呢，不仅不会受到指责，反而会受到赞赏，这种例子在《三国演义》中比比皆是。这时道德的标准就是另一回事了，似乎在战场上不存在任何道德，一切残忍、残酷的行为都视为正常。如果有人讲道德，还会受到非议和唾弃，《东周列国志》中的宋襄公不是被嘲笑为"假仁"吗？不过，史诗《摩诃婆罗多》的具体条件不同，双方在大战前曾达成协议，其中包括不加害放下武器或手中没有武器的人。另外，在一对一对打时不能打击对方的下身，就像今天的拳击比赛一样。

史诗的作者们并没有把他们精心刻画的代表正法的人物过分美化，而是点出了他身上也存在着缺陷。不过，他的人生哲学和行动准则的确是大异于常人的。他为什么行善、积德、做好事，为什么要为自己提出高的道德标准，这是因为这样做是他的正法或天职。他认为如果有人为了求得回报而行善、积德、做好事，以备在今后某一时候甚至下一辈子急需时享用，这种人其实是道德贩子或道德商人。本来，在一个社会里，为了激励人人做好事，不做坏事，宗教家、圣人、贤人劝人行善：做好事吧，积德吧，会有好报的，善恶终有报，只争早与迟。如果每个社会成员从这一目的出发，做好事，积德，不做坏事，这样，社会井然有序，社会成员相安无事。可见这乃是宗教家、圣人、贤人追求的理想，其标准已经不低了。坚战的目标却超过了这一水平，他不图回报。如果行善积德就应该得到报酬，这不也是一种交换吗？不也是一种生意经吗？天职要求自己该做什么，不该做什么，神圣的义务要求自己做好事不计报酬，不要求善报，更不要求来世享用。这种思想就是今天的只求奉献，不求索取，摆脱了狭隘功利的局限，而达到了高尚人格的境界。

那么，坚战是怎样对己对人和履行他的天职的呢？他受到不公正的对待时总是宽大容忍，避免伤害他人。在赌博中受骗，输掉了一切，导致他们共同的妻子黑公主受辱。在长期流放中，他忍受怖军和黑公主的一再埋怨、指责，仍信守诺言，不去向难敌报复，相反，他还以德报怨。有一次，难敌和飞天作战，被飞天的王画军俘虏。坚战得知，他动员几个弟弟去解救难敌。弟弟们不肯，说王画军正好替他们出了一口气。坚战说，对外人来说，我们是一百零五个兄弟，结果他们从飞天的王那里把难敌解救出来了。一般来说，弟弟们的情绪不是很自然吗？是呀，我们为什么去解救我们的仇人呢？我们不直接报复就够客气了，我们不站在飞天一边落井下石就够义气了！的确，超越私仇和私利是多么不易啊！

也是在他们流放期间,有一天他们因天热口渴难忍,坚战先后叫四个兄弟去找水源。他们都死在水塘边。最后坚战亲自来到水塘边,他听到声音说,要先回答问题,不然就会像前面几个人一样死去。于是他正确地回答了罗刹所提出的一系列问题,罗刹很满意他的回答,不仅让他喝了水,还说可以让他从四个弟弟中选择一个活过来。坚战选择了偕天,这使罗刹大惑不解,说,怖军和阿周那是将来他复国的依靠力量,为什么不选择他俩中的一个活过来?坚战说,他父亲有两个妻子,贡蒂和马德莉,他的生母贡蒂生了他们三兄弟,他的庶母生了偕天和无种。他对两个母亲一视同仁,有他在,贡蒂总算还有一个儿子,如果偕天和无种没有一个活过来,那么庶母马德莉就没有一个儿子了。罗刹见他心地善良、高尚,让他所有四个弟弟都活了过来。这是对坚战的一次考验,作为有权继承王位的人所面临的第一项任务是复国,是从难敌那里收回自己的国土,眼看要进行一次战斗,力大无穷的怖军和有万夫不当之勇的阿周那正是他的依靠。然而,他把这长远的根本的但属于个人的利益弃置一边,而要让偕天活过来,虽然这对未来的事业无补,但对他那庶母的在天之灵,他的这种公正的做法是多大的安慰啊!

大史诗最后的一幕也表明了坚战的仁义之心。他在统治了若干年后,渐渐地又萌发了出世的思想。于是他把王位交给了阿周那的孙子环住,自己带着四个弟弟、黑公主和忠于他的一条狗向喜马拉雅山进发。途中,其他人先后死去,只剩下了他和那条狗。当他俩登上高峰时,神王因陀罗坐着神车出现了。因陀罗让坚战登车,但拒绝了让那条狗登车的要求。坚战不愿扔下忠于他的狗,不肯登车。好在这时考验他的那条狗不见了,留下的是坚战的一片忠厚仁义之心,一个连忠于他的狗也不肯背弃的人,他的一生曾背弃过什么人吗?

现在,该继续谈谈黑天了。不错,维杜罗和坚战作为正法之神的代表的确体现了正法的精神,在大史诗中占有重要甚至举足轻重的地位。然而,处于核心地位的不是维杜罗,甚至不是坚战,而是黑天。黑天只身做了阿周那的驭者,实际上他为坚战一方驾驭整个战争的进程。当战争即将开始,双方的武士列成阵势的时候,阿周那看到敌阵里有他的祖辈、父辈、兄弟辈,还有他的师长以及其他亲属,他不忍心开战了。黑天发现阿周那消极悲观,开导他,鼓励他,对他进行了合乎正法的行动哲学的长篇说教。

大战开始后,俱卢族一边的三任统帅和其他几位包括难敌在内的极重要的人物的阵亡与黑天直接有关。第一任统帅毗湿摩是俱卢族兄弟和般度族兄弟共同的伯祖父,是德高望重的老英雄。他的自我牺牲的精神是独一无二的。当黑天看到他异常勇猛,无人可敌时,就急不可待地要亲自动手,甚至托出自己的神盘来。这是大神采取行动的迹象。在大史诗中,黑天这个人物,人的作用和神的作用不时交替发挥,而且多次向人展示自己就是整个宇宙的法身,别人也多次颂扬他的种种与史诗所写事件有关或无关的化身事迹,而他听这种颂扬之词也习以为常。甚至有时他自己说,如果他愿意,他可以毁灭整个宇宙。也许有人会说,既然他的使命是下凡来剪除妖孽,为什么他不甩出他的神盘,轻而易举地将一切邪魔外道消灭干净呢?何必让人大动干戈呢?这个问题就像有人看了《西游记》后,说到西天取经完全没有必要那么折腾,由观音菩萨或孙悟空半天之内就可以从灵山把全部所需要的经书运到长安。这类问题的答复也许就是:神不需要也不应该代替人的作用和人的主观努力。现在黑天已身不由己,忘记了自己不拿起武器参战的诺言,还是阿周那提醒和劝阻了他。黑天知道毗湿摩不屑于跟妇女作战,于是他找一束发战士(其前身是女人,投胎转世后先是女人,后来转化为男身)作为掩护,让阿周那在其身后用暗箭把毗湿摩射倒。毗湿摩的倒下顿时使天摇地动,天昏地暗,日月无光,云端里的天神默默向他合掌致敬。这是一个为非正法而战的武士倒地的场面吗?显然不是,其中隐含着作者们的同情。第二任统帅德罗纳,他是双方的老师,也是一位德高望重、武艺超群的英雄,这在前面已经交代过了。第三任统帅是迦尔纳,这位被认为是车夫之子的英雄几乎是天下无敌。他那从娘胎里带来的盔甲和耳环是他战无不胜的保证,可惜被阿周那的父亲因陀罗骗走了。在大战中,他的战车车轮陷进了泥里,不能正常作战。按战争规则,应该等他搜出车轮后再战,而他也曾这样请求阿周那和其驭者黑天公正地履行战争规则。黑天拒绝了,理由是他支持了难敌,从而失去了得到公正对待的资格。黑天历数他的过失,如果对照战前黑天争取他投奔般度族一边时列举他的英雄业绩,前后黑天判若两人,而在黑天的嘴里,迦尔纳也判若两人。后来,迦尔纳在极不利的情况下被阿周那射杀了。广声也是俱卢族一边的著名英雄,他是持国的从兄弟,当他的右臂被黑天纵容阿周那不正当地用暗箭射断,他无奈,终止了战争行动,在战场上打坐入定时,般度族一边的大将善战将他杀死。战场上空观战的天神和飞天同声祝福了广声,战场上双方的战士都谴责善战的不义之举。总之,般度族一边的许多做法和战前双方宣誓要遵守的协议是不相符的,前面交代过的打断难敌的大腿也是突出的例子。

　　是不是俱卢族一边没有这种不合乎正法的做法呢?也不是。俱卢族这一边最后绝望了,眼看着在十多天的时间里,他们的统帅一个个被不正当地杀害了,有几员大将也冤枉地丢了性命,最后几乎全军覆没,只剩下三员大将,就是马勇、慈悯和成铠。马勇要为父亲报仇,要和般度一方战斗到底,难敌在阵亡前任命他为第五任统帅。马勇他们三人夜晚偷营劫寨,把对方未阵亡的战士像砍瓜切菜一般加以杀害,接着又放火烧营,也几乎将对方全部消灭干净,只剩下不在营里的般度族五兄弟、黑天等七八个人。这是最严重地违反正法的行为,黑天诅咒马勇永远被排除在人类之外,千百年流落在人世间流血流脓。其实这是五十步笑百步,因为是黑天一次又一次采取非正法的手段,破坏了战争的协议,激起了对方下更大的毒手,能把罪责都归在马勇的头上吗?值得注意的是,黑天在难敌断气后当着般度族五兄弟的面承认,用合乎正法的办法是战胜不了对方的,所以他才一次又一次使用"手腕"(即非正法的手段)战胜了毗湿摩、德罗纳、迦尔纳、广声、难敌等人。

现在的问题是,目的本来是合正义和正法的,为了达到目的,是不是可以不择手段呢?代表天意推行正法的黑天都认可了,而且自己带头采用了非正法的手段,还不行吗?看来是不行的。不正当和非正法的手段不仅可以使正法的性质有所改变,还会失掉民心、同情心,甚至可以走向反面,这种例子在历史上是不难找到的。我们看到,史诗的作者们对毗湿摩的死,对广声的死,让在天上云端里的天神和飞天出面表了态。特别是对难敌的死,作者们的态度起了微妙的变化。在战前和大战中,难敌一直是作为反面人物刻画的,他是"争斗时代"的精神代表,即罪恶的象征,他贪婪、野心勃勃、嫉妒、专横霸道。在和怖军一对一的铁锤战中,受到违反正法的打击,两条大腿被打断,倒下去后怖军仍怀着复仇的心理,踢他那灌了顶的头颅。天神们对此却洒下阵阵花雨,覆盖这位垂死的战士,飞天在空中奏乐,仙女唱赞歌,四面八方顿时大放光明。这说明什么呢?这说明既是对难敌个人的惋惜和同情,但更重要的是对这一类被非正法地杀死的人的惋惜和同情。毗湿摩和德罗纳都公开宣称,他们不会杀害五兄弟,迦尔纳战前也曾向贡蒂保证,她将永远有五个儿子,只是不是阿周那死就是他迦尔纳亡。然而,他们都被杀死了,毗湿摩和迦尔纳甚至直接死于阿周那之手,现在难敌又遭般度兄弟的残害了,这种接二连三地发生的悲剧激起了作者们的惋惜和同情。难敌作为个人,他为什么从一个受憎恨的人物成了令人惋惜和同情的对象了呢?特别值得指出的是作者们安排了最后一幕,坚战到喜马拉雅山顶峰坐神车到了天堂,看到难敌端坐在那里,仪态安详。读者会奇怪:难敌死后如果不下地狱,仍然当他的天魔、邪神好了,他为什么竟然成了天神呢? 实际上是得到了晋升,由天魔、邪神晋升为天神,他又有什么功绩和善德可言呢? 这不是与原来史诗中所表示的要在人间剪除妖孽、重建正法的目标大相径庭吗? 纵观难敌,当然不是一点优点或长处也没有,他也曾一度让迦尔纳帮助他拓土开疆、征服四方,他没有浸透贵族偏见的那种血统论,不以出身种姓低微而鄙视人,这在那贵族占绝对优势的时代是没有人理会的。在今天看来,这就像曹操不以"贩履小儿"而歧视英雄的开明态度一样。另外,他知人善任,具有不妥协、不屈服的韧性。但客观地说,这在他整个的功过品德中只能占次要的地位,那为什么有这种变化呢?

我们可以进行一些探索,大战开始以后,深深为读者景仰的毗湿摩,他的倒下本来就震撼人心,作者们更让大自然变色、天神致敬,促使读者心理产生微妙的变化。越到后来,这种微妙的变化越明显。甚至后来马勇和另外两员战将残杀了包括般度族五兄弟的五个儿子在内的许许多多战将和武士,也不像怖军那样嗜血,那样令人毛骨悚然和反感。怖军砍断难敌的头颅、撕裂他的胸膛,喝着从他喉管和胸腔中喷出来的鲜血,狂呼乱叫道是最好喝的饮料,并取他的血用做头油给公主梳发。作者们让战场上的战士们大喊"魔鬼,魔鬼",以此来表示对怖军的嗜血行为的愤慨。这种嗜杀、嗜血的行为是英雄行为吗? 我们在《水浒传》中看到武松请来四邻,在众目睽睽之下行凶,割下了潘金莲的头颅,总是心惊肉跳。用非人的残酷手段夺取到的胜利是什么胜利啊? 达到的目的合乎正义和正法吗? 人们也会公正地衡量难敌及其兄弟的罪过,他们的确曾打算把般度族五兄弟连同其母烧死在紫胶宫里,也曾企图在大庭广众之中剥光黑公主的衣服,但他们都没有得逞。就是说,在他们的手上没有对手的血迹,在他们的刀剑下没有对手屈死的冤魂。但是结下了私仇,而且不小,可是般度族五兄弟中的老二怖军不是把俱卢族那一百个堂兄弟都置于死地了吗(其中还有反对侮辱黑公主的奇耳)? 私仇已经报了,超过若干倍地报了,看来读者也会认为是有些过分了的。公仇呢? 接管了包括他们原有国土的整个王国,取得了宝座,当上了国王。敌人不存在了,亲人也剩下很少了,难怪坚战战后看到所付出的代价那么惨重时是那么消极悲观,这种情绪终于导致他统治若干年后离开王位,想通过到喜马拉雅山去朝圣获得精神上的安慰和解脱,对于这位象征正法的人物的这种情绪不是完全可以理解的吗?

也正因为大战的这种结局,西方的评论者中有些人认为大史诗的主题被倒置了。他们认为,原来大史诗的主题是反对外来的侵略,主题被偷偷改变的结果,入侵者成了受迫害者,原来所歌颂的俱卢族抵抗外来入侵的英雄,后来成了谴责和讨伐的对象了。这就是史诗在几百年形成的过程中最大的改动,由于改动得不彻底,所以还留下某些痕迹或细节。这种"主题颠倒"的理论虽不为广大学者所接受,但绝不是毫无根据的揣测。

总之,在史诗中,作者们的有关正法的观点可以表述如下:作者们认为产生史诗的时代背景是正法泯灭的时代,社会充满罪恶和非正义,某些人物就是罪恶和非正义的象征,史诗把他们形象地贬为天魔、邪神的化身或转世,同时天神也纷纷化身或转世到人间,他们象征着或代表着正义或正法。这两股势力的斗争正如同某些印度学者所揭示的那样,在人类历史上具有典型意义,因为正义和非正义,正法和非正法,善和恶之间的斗争从来就存在,而且贯穿过去一切时代,未来也将永无止息,大史诗揭示了人类最伟大的真理。在具体化为俱卢族和般度族的长期斗争中,矛盾和冲突没有缓和,更没有化解,而是越来越尖锐,终于以最尖锐的军事斗争形式表现出来。在战争前后和战争过程中,作者们并没有完全按照某种固定的模式去表现,这种模式即大神所做的一切,都是无可非议的,神意决定一切。他们也没有按照一种机械的逻辑方法去刻画,即正法的一方为了达到目的可以不择手段。史诗的作者们认为大神的所作所为不是无可指责的,而为了达到正法的目的,不是一切的手段皆可采用。不过,他们不是采取正面否定的方式,而是采取侧面的通过大自然的反应、空中观战的天神的态度以及战场上双方的战士的反应来表现的。另外,大战后黑天所属雅度族族内互相残杀自取灭亡,未尝不是史诗作者们给予的一种变相的惩罚,这灭亡的信号来自战争结束和整个史诗的结局时丧失了百子的母亲——持国王的王后甘陀利对黑天的诅咒。读者在读到大战结束和整个史诗的结局时的心情与以前是有很大的不同的,根本的原因还在于:在人与人的关系中,一切合乎人性的、人道的、善良的思想感情毕竟是人类最根本的东西,而那些残暴的、冷酷无情的行为举止,作为一种平衡的反作用(如复仇),必要时在一定程度上可以接受,超过这个限度,就会被人们所唾弃、不齿。这就是大史诗或明或暗地给人的启示和所作的结论。

(原载 1998 年 5 月《外国文学评论》第 2 期,后收入《印度两大史诗研究》2001 年 5 月)

(作者单位:北京大学外国语学院)

穆罕默德·伊克巴尔

（Muhammad Iqbal，1877~1938）

●李宗华

　　穆罕默德·伊克巴尔是印度著名诗人、哲学家,被尊称为阿拉玛,意为大学者、大师。他是印度现代著名的思想家和社会活动家。巴基斯坦立国后,也尊称他为巴基斯坦的诗人和思想家。其实,这些称呼并没有能够完全概括出他在印度和巴基斯坦的穆斯林中,以及他在某些亚洲伊斯兰国家中的整个形象。如果能让每个称号赋予某种"预言家"或"先知"的宗教因素,这样的概括将比较完善。他用诗歌阐述掺杂着西欧现代哲学观念的伊斯兰哲学和伦理学,被认为是印度穆斯林复活的象征,在一些亚洲的穆斯林国家中有一定的影响。

　　穆罕默德·伊克巴尔 1877 年 11 月 9 日出生在今属巴基斯坦的旁遮普省锡亚尔科特城的一个从事商业的中产阶级家庭。祖辈原是印度克什米尔地区的婆罗门,17 世纪皈依了伊斯兰教,父母都是虔诚的穆斯林。伊克巴尔早年接受的是伊斯兰的传统伦理观念。他 1895 年毕业于锡亚尔科特城苏格兰教会办的默里学院。在校期间,接受了导师、著名波斯学者赛义德·密尔·哈森的影响,在波斯文学及苏菲主义学说上有了坚实的基础。1897 年,他以优异的阿拉伯语成绩取得了拉合尔公立学院文学学士学位。在学院中,他结识了他的导师、英国教授托马斯·阿诺德爵士。在阿诺德的启发和影响下,他对哲学产生了浓厚的兴趣。1899 年,以优异的成绩取得了拉合尔的旁遮普大学文学硕士学位,并获金质奖章。他开始在旁遮普大学哲学系任讲师,从事哲学的教学与研究工作。这时,他的兴趣已集中到伊斯兰宗教史、东西方哲学和文艺理论,并且开始积极地参加保卫伊斯兰协会在拉合尔举办的诗会。

　　伊克巴尔生活在 19 世纪末 20 世纪初的暴风雨时代。那时, 正是亚洲各国饱受帝国主义、殖民主义侵略、压迫、掠夺和欺凌的年代。同时又是世界各族人民,尤其是东方各国被压迫、被奴役的民族和人民日益觉醒,民族解放运动风起云涌,反抗压迫和剥削,争取民族独立和自决,并从帝国主义、殖民主义的魔爪下解放自己的英勇斗争的年代。民族革命的浪潮席卷了整个亚洲,无产阶级革命的历史进程正在不断加速。饱受欺侮的英属印度也不例外。殖民统治造成英国与印度在政治和经济利益方面的尖锐冲突,使动乱不断加剧。印度人民抓住英国在第一次世界大战后的经济危机,先后成立了各种政治党派团体,发起了基拉发运动、不合作运动等民族自治运动,有力地冲击了英国统治印度的根基。印度穆斯林看到西方的现代科学文化能与伊斯兰教传统结合,以适应印度资本主义日益发展的社会需要,以阿里格尔穆斯林大学为中心,一是以赛义德·阿赫默德·汗为代表的文学派,他们主张传播启蒙思想,学习西方的经验,更新诗歌中的创作题材和艺术手法,还有以赛义德·阿克巴尔·侯赛因·里兹维为代表的激进派,他们主张尊重东方文化与文明,实行东方政治与经济改革,用革命手段医治殖民地印度的溃疡。这两派所倡导的伊斯兰宗教思想和社会改革运动,业已取得了很大的进展。

就是在上述社会背景下,伊克巴尔登上了诗坛。他早期的诗是用乌尔都语写的,具有明显的英国浪漫主义与波斯苏菲主义色彩。从 1899 年在保卫伊斯兰协会在拉合尔举行的诗会上朗诵的处女作《孤儿的呻吟》(可译作《孤儿怨》)起,至 1905 年赴英国学习前夕在《宝藏》等文学月刊上发表的大量诗歌中,只有 61 首作为第一部分,收在 1924 年出版的他的第一部乌尔都语诗集《驼队的铃声》中。该诗集用 1901 年写的《喜马拉雅山》开篇,这是一首按波斯六行诗体古韵,带有英国诗风格的祖国颂诗。全诗分 8 节,共 48 行。诗中借喜马拉雅山之峥嵘,回顾了印度的光荣历史,期待着光明的未来:

啊,喜马拉雅山! 啊,印度斯坦的干城!
苍天俯首在你额上亲吻。
岁月何曾给你留下暮年的印记,
在日月交替循环中你永葆青春。
对于西奈山的摩西你曾是灿烂的光辉,
对于明察秋毫的锐目你是夺目的光芒。

这首诗既有魅力,也反映了人民的心声,一直广为传诵,但是还不是诗人

235

的代表作。从思想和艺术两方面最能代表诗人早期爱国主义激情的有三首诗：《痛苦的画卷》(1904)、《印度人之歌》(1904)和《新湿婆庙》(1905)。当时,伊克巴尔尚未满30岁,颇具年轻人的朝气。社会上英国与印度的民族矛盾相当尖锐,而宗教和教派之间的矛盾尚未突出。诗人提倡印度教徒与伊斯兰教徒团结,为印度民族的存亡去奋斗。《痛苦的画卷》按波斯古韵,分8节,共138行,是首抒情诗。诗人面对英国殖民当局大肆掠夺,加紧剥削压迫,印度社会满目疮痍,悲愤地喊出:"啊,印度!你的容颜催我下泪。"造成这样的重要原因是教派纠纷给殖民者以可乘之机:

> 折花人！你在花园里没留下一片花瓣,
> 折花人真幸运,因为园丁们正争斗不息。

诗人为国家和民族所面临的生死攸关的严峻局势痛心疾首,又为人们的愚昧、疏忽和不觉悟愁眉锁眼。他不禁疾呼:

> 关心国家吧,无知的人们！灾难终将降临,
> 在天上正策划着毁灭你的计划。
> 你还要沉默到几时?你要有勇气去控诉！
> 你虽在大地上生存,但呼声已响彻天宇！
> 你再不醒悟就必将被毁灭。啊,印度人！
> 在民族史中甚至不容收进你的故事。

比起《痛苦的画卷》,《印度人之歌》的笔调要明快,用词也朴实。这是一首以颂歌和启示的形式,按波斯古韵和传统手法写的抒情诗。全诗只有18行:

> 世界上最好的地方是我们印度斯坦,
> 我们是她的夜莺,她是我们的花园。
> 即使身在异国,我们的心仍留恋故乡,
> 我们永远在我们的心所在的地方。
> 她是巍峨的山峰,她是蓝天的毗邻,
> 她是我们的卫士,她是我们的哨兵,

千百条江河在她的怀抱中嬉戏，
我们繁茂的花园让天国乐园也美慕，
啊，恒河的滔滔流水！你可曾记得，
我们的大篷车队来到你岸边的年月？
我们信仰的宗教并没有教我们互相憎恨，
我们是印度人，我们的祖国是印度斯坦。
希腊、埃及、罗马都已从大地上消逝，
但我们的名字和标志依旧留存至今。
我们的标志不灭自然有其原因。
尽管时代变迁，我们多次抵御过入侵之敌。
唉，伊克巴尔！这人世间没有我的知心，
有谁能理解我的一片赤诚？

诗人要求人们摒弃教派纠纷，团结奋斗，争取美好的未来。诗的尾联与全诗似不协调，它暗示了对甘地当时的不合作运动的某种疑虑。事过不久，诗人转而支持扎凯尔·侯赛因博士为首的穆斯林联盟。

《新湿婆庙》是最能代表诗人这个时期的思想情操的一首。诗分两节，共18行。诗人一开始就直接抨击宗教上层的狂热分子闹事：

啊，婆罗门！倘若你不介意请容我直言，
你神庙里的神像早已陈旧不堪。
从神像那里你学会了自相残杀，
真主也默示他的布道人明争暗斗。
我深感厌恶，终于把神庙和清真寺全抛弃，
布道人放弃布道，你舍弃讲经。
你把每座石雕塑像视若神明，
你把每撮家乡泥土供作神祇。

诗人进而号召印度教徒和伊斯兰教徒要以民族利益为重，要视祖国的存亡高于一切：

来吧！把猜疑的帷幕再次揭去，

让被隔离的人重新团聚，抹去分歧的裂纹。

心灵的深处已被长久废置荒芜，

来，在这国度里重修一座湿婆庙。

让我们的神庙超越世界上一切神庙，

让新神庙的尖塔高接云天。

每日清晨神庙传出甜蜜的圣歌，

给全体信徒都斟上爱的美酒。

信徒的赞美诗蕴含和平与力量，

世间居民在爱中可以重获新生。

诗人提出"爱的信仰"，要求在"爱"的基础上力挽狂澜。他将欧洲资产阶级倡导的"自由、平等、博爱"的人道主义精神，与伊斯兰教苏菲主义的神秘的爱调和起来，改变成东方伊斯兰教能接受的"爱"的哲理思想，正是顺应了印度穆斯林中产阶级踏上政治舞台的时代要求。

伊克巴尔这个时期已经有了名气，他诗中表达了印度人民在殖民主义统治下的呻吟，对外来侵略和压迫的反抗，充满了印度穆斯林传统的印度情感和自豪感，具有强烈的民族主义和爱国主义思潮，并且已预示了他日后逐渐形成的哲学观点。在美学和创作思想上，他既受到了波斯诗人鲁米即莫拉维的苏菲主义思想的影响，又接受歌德和但丁的资产阶级人道主义思想及阿里格尔运动文学派的唯理性美学的影响。他认为"旋律应该是用火燃烧起来的，不为自己人民服务的艺术是毫无意义的"。进而他又接受了阿里格尔运动激进派的观点，认为美是现实事物的品质，而不是某些永恒理念的品质。文学与社会是不可分割的。他反对颓废主义，认为诗人"既可以培植民族生命的根基，也可以毁坏民族生命的根基"。因此"文艺的颓废倾向对一个民族具有更大的破坏性。一个民族的精神文明，更多是依靠从诗人和艺术家那里得到的种种鼓励"。因此只有那些"熟悉民族的脉搏，并以自己的艺术医治民族病症的人，才是真正的文学家、艺术家"。在艺术风格上，他接受波斯古风和印度各种流派的风格的影响，同时还接受西方文化和英国诗的风格的影响。他这个时期的诗，显然是以仿效和移植为主，处于试验和探索阶段，可以看到不成熟的痕迹，尚未形成自己的风格。1905年，在英国导师托马斯·阿诺德爵士的鼓励下，伊克巴尔赴英国和欧洲深造。先后在海德堡和剑桥大学学习，研究法律和新黑格尔主义哲学。1908 年，他以《波斯玄学发展史》这篇论文，取得了德国慕尼黑大学的哲学博士学位。同年获英国剑桥大学的哲学荣誉学位。这部博士论文著作中包含着后来发展成为伊克巴尔的哲学观点的许多萌芽。同年，他取得了英国林肯律师协会的律师执照和会员资格，成为伦敦合格的律师。在欧洲旅居的三年间，他广泛地接触到西方资产阶级的各哲学流派和文学，开阔了视野。他看到了印度和世界上许多国家的穆斯林正面临解体的危机。这些一直被他忽视而亟待解决的宗教问题，迫使他去寻求答案。他意识到民族主义存在某种弱点，只有改变民族主义的狭隘性，才能对抗欧洲的侵略。他开始鼓吹泛伊斯兰主义，作为团结伊斯兰世界的政治目标。这个观念也成了他的诗歌的重要核心。欧洲三年游学，对伊克巴尔的世界观的最后形成，有着重要和深远的影响。1908 年 9 月，他返回印度后不久，就加入了旁遮普省拉合尔市律师协会，在拉合尔成为开业律师。这职业他一直从事到 1934 年，因身体不佳才退休。1910 年他写的英文注释《迷惘的沉思》一书中的观点表明，他非常关心政权与宗教之间的关系问题。1911 年他曾短时间地回到拉合尔公立学院，任哲学、英国文学和阿拉伯语的兼职教授。不过很快他就辞去教学工作，悉心从事政治、哲学研究和诗歌创作等活动。1912 年~1913 年的巴尔干战争几乎是决定他的世界观的重要因素。他发表了一系列标志着他的思想变化的诗篇。1909 年在保卫伊斯兰协会的诗会上，他发表了第一首具有改良风格的诗《抱怨》，全诗 31 节，共 186 行。形式和内容都是仿诗人哈利的六行诗。诗中诉述了心目中只有自己国家的光荣和财富的穆斯林的种种抱怨。

现在是外人喜欢这个世界，
给我们留下了想象的世界。
我们离去，世界让外人控制。
别怨世界上一神教不复存。
我们活着是为你英名永存，
失去斟酒人，酒杯岂能长在？

继 1912 年 2 月发表的著名长诗《蜡烛与诗人》之后，他为募集巴尔干救济金，发表了长诗《对抱怨的答复》，全诗 36 节，216 行。诗中表示真主已感受到穆

239

斯林的抱怨,同时又指出穆斯林的罪行和缺陷。这首诗引起当时宗教界的大毛拉·穆罕默德·阿里的关注。他称伊克巴尔为印度穆斯林的杰出榜样,说:"穆罕默德·伊克巴尔博士用可能是用最强烈的方式和诚挚的语调,宣布了他的信念。就是说,作为一种精神力量的伊斯兰,总会有一天统治这个世界,并且将以伊斯兰的淳朴的民族主义,涤除迷信和无神论的唯物主义的错误……"

1919 年的巴尔干战争使土耳其四分五裂,埃及等一些穆斯林国家逐步落入英国手里,叙利亚、伊拉克等也先后依附于帝国主义势力。印度穆斯林发起的支持土耳其战争的基拉发运动,这时已接近尾声。在这种历史背景下,诗人怀着悲愤的心绪,写下了这首自欧洲返国以来最重要、最具有代表性的长诗《指路人黑哲尔》(1921)。他亲自在保卫伊斯兰协会的诗会上,流着泪朗诵。诗的基调较低沉,主要是揭露和解剖欧洲文明和政治家风度,第一次较深刻地揭露了帝国主义奴役和压迫弱小国家、弱小民族和劳动人民的罪行,被认为是现代乌尔都语诗歌的一个划时代的里程碑。全诗分 2 章,11 节,172 行。第一章《诗人》共 30 行诗,对现状提出一连串费解之谜。

　　　　黄昏,我站在河畔被景色陶醉,
　　　　心中却深藏着人间的烦恼。
　　　　夜色宁静,微风习习,河上泛微波,
　　　　令人心潮起伏,这是江河还是幅水乡画!
　　　　……
　　　　生命的秘诀是什么? 国家又算什么?
　　　　在资本与劳动之间又有什么裂痕?
　　　　亚洲古旧的大氅正被撕成碎片,
　　　　年轻的新国家披上时新的服饰!
　　　　尽管亚历山大在寻找永生泉时一直受挫,
　　　　亚历山大的后代至今仍跃跃欲试!
　　　　哈什密出卖穆斯塔法信仰的荣誉,
　　　　固执的土耳其人已经受战火的血腥洗礼!
　　　　到处是战火,亚伯拉罕的子孙,纳姆鲁德!
　　　　这又是谁希望对谁的严峻考验?

不停息地传递着芳醇的生命之酒，
噢，无知的人！这就是生命永恒的秘密！
要生命永存就要自己创造自己的世界，
生命是人类的秘密，是世界的象征！
在奴役下生命好比干涸的溪流，
在自由中生命却如无垠的大海！
生命显示出征服宇宙的巨大力量，
尽管生命是隐匿在泥捏的躯体里。
人像泡沫从生命的海洋里冒出，
在这灾难丛生之地，生命是对你的考验。
只要你尚未煅烧，你依然是一堆泥土，
你一经煅烧，就成了一把犀利无比的剑！

诗人进而揭示帝国主义的本质，启示人们切莫被诱人的现象所迷惑。

政权是支配民族的魔法。
一旦庶民从梦境中稍事觉醒，
统治者的魔法会使他们重入梦乡。
西方的共和制正是那古旧的乐器，
它的琴弦拨出耳熟的恺撒的乐章。
暴政的恶魔披着共和的长袍在舞蹈，
你却以为他是自由的蓝宝石仙女。
立宪议会，改革，宪章，权力，
西方药典里全是裹着糖衣的安眠药！
参议员在议会上激昂地辩论，
这也是资本家的黄金贸易之战！
你把华丽的幻景理解为花园，
唉，白痴！你竟把鸟笼错认作安乐窝。

啊，狡猾的资本家已把你们吞噬，
你们的酬劳多少个世纪都拴在鹿角上！

241

种族、民族、信仰、国家、文化、肤色，
"老爷们"精挑细选将它们制成迷魂酒。
啊，蠢人！为这幻想的神灵你毁灭自己，
在品尝醇酒时你的生命的真谛被夺走。
资本家靠欺骗赢得了这场竞争，
工人只因极端愚昧和憨厚终于败北，
起来！现在的人间又是一度沧桑，
在东方和西方你们的时代已经开始。

　　诗人不仅对劳动人民的遭遇表示无限的同情，而且盛赞十月革命的胜利为"从宇宙的子宫中诞生了新的太阳"，要求穆斯林不能再自相残杀，不能使"穆斯林的鲜血已成了廉价的清水"。"穆斯林要团结成一人"才能重新立足世界，不要互相抱怨，要看到"旧世界灭亡后将诞生新的世界"，穆斯林要胸怀大志去奋斗。

　　这首颂诗无疑是诗人心目中建设伊斯兰民族的纲领，诗中的战斗性有明显的加强。它标志着诗人从一名朴素的爱国主义者向革命者的方向转变。紧接着另一首重要诗篇是1922年的《伊斯兰的崛起》。当时正值因政变导致协约国从君士坦丁堡撤军，诗的基调高亢有力，充满喜悦，已具有号召穆斯林行动起来的显著特征，也录下了诗人对第一次大战及战后局势的反应。他已逐渐从一个为民族命运忧心忡忡的爱国诗人，转变为一个具有斗争精神、奋力开拓民族前途的改革派诗人，从力主印度教徒与伊斯兰教徒团结奋斗的立场，转向更强调挽救整个伊斯兰民族脱离民族危亡的方向。为探索一个泛伊斯兰主义的世界性制度，作为振兴伊斯兰民族的韬略，诗人提出一整套纲领，为民族探索一条生存和发展的新路。为使自己的信念超越政治疆域和地理界限，传布到印度以外的亚洲各地穆斯林中，他在发表《蜡烛与诗人》(1912)之后不久，开始改用波斯语写诗。他认为只有波斯语才能更接近伊斯兰的心脏。其实这完全是出于诗人自己的感觉和想象。最初的波斯语读者只扩大到阿富汗，却失去了大批不懂波斯语的印度穆斯林。他在第一首波斯语叙事诗《自我的秘密》(1915)的序诗中谈了改变的原因。

　　尽管印度语言甘甜优美如蜜糖，

242

波斯语的表达方式比它更甜美。
我的思潮被它的魅力所陶醉，
我的笔锋像挂满枣实的果枝。
我认为波斯语才配我的崇高思想，
我认为波斯语最适合我的天赋。
啊，聪明人！不必挑剔酒杯的瑕疵，
你不如倾心品尝杯中酒的醇厚。

　　伊克巴尔的波斯语诗，在风格和韵律上显然是仿照波斯著名诗人、苏菲主义大师鲁米（即莫拉维）的。诗中的意象全按伊斯兰苏菲主义的正统，简朴易懂。当代的文学界较多地偏重于诗人早期的诗中表露的爱国主义和民族主义思想，同时越来越冲淡诗中尤其是后期诗中的宗教哲理。其实，伊克巴尔更倾向于做一位哲学家。他只是按古旧的传统，用诗的形式阐述自己的观念。他将欧洲现代哲学，主要是柏格森和尼采的某些论点，以及新黑格尔主义，与东方传统的伊斯兰哲理综合起来，用诗的形式重新解释伊斯兰教义。虽然他的哲理不系统，有的还自相矛盾，缺乏逻辑推理和说服力，但是他的诗还是具有吸引力，只是不易为人赏识和理解。伊克巴尔主要是以对后代进言的改革家的面目出现的：

我不需要当代人的耳朵，
我是明天的诗人的声音。

　　他按波斯传统，要求斟酒人给他的杯里斟满酒，要求月亮将光芒倾泻到他的思想的黑夜中来。

这样我可以引导流浪者返回家园，
让懒散的旁观者急不可耐，
急切地要去从事新的探索，
成为一名新精神的著名战士。

　　他的哲理诗可以形象地比喻为旧瓶装新酒，没有多少创新。只是除了波斯传统的形式和手法外,还能看到浪漫主义思潮影响的痕迹。1915 年发表的《自我的秘密》和 1918 年发表的《无我的奥秘》这两首长叙事诗,比较系统和集中地体现了他的哲学观点。前者探索人的"自我本性",后者研究伊斯兰社会结构,以及它与"自我"的关系。

早在 13 世纪,波斯著名诗人鲁米(即莫拉维)就提出"自我"与"无我"。这概念并非伊克巴尔首创。

> 进入自我,离开混淆的理智,
> 只敲"心扉"之门,不必敲每扇门。
> 真主说:我只器重心灵,不重肉体,
> 因为肉体只是水和土。

伊克巴尔尊鲁米为自己的"精神导师"。但是并没有全盘接受鲁米的伊斯兰泛神论神秘主义和自我放纵的灵性感受的主张。他诗中的"自我本性"或"自我肯定",不仅是指某种超自然的幻觉的"自我意识",即苏菲主义通过修炼达到寂灭、与真主合一的精神境界;而且主张重新认识和体现人的价值,人的主观能动性和战斗精神,不能只是限于内在真实。

> 生命是一种向前同化的运动,
> 它产生希望和理想以清除前进中的障碍。

诗人认为生命是一种运动形式。个性是人的生命的中心。个性的最高形式是"自我"。"自我"是点燃一切物质的生命之火,是"燃点",是社会历史发展的动力。"自我"的核心是"爱","自我"的净化是修炼,最后达到"无我"的境界。

诗人在完善"自我"学说的基础上,提出了人类最高的类型——"完人"的学说。这是他承袭了柏拉图、亚里士多德的理念哲理和尼采的"超人"哲学,在不违背伊斯兰教教义和信仰的基础上,提出了伊斯兰"完人"学说的新解释。他提出这个将伊斯兰精神与道德人格化的概念,企图树立新时期的伦理道德的价值判断标准和行为准则。

> 只因世间的生命来自"自我"的力量,

它虽然无影无形，却能岿然独存。

伊克巴尔指的"人的本性"，已超出"自我"概念的内涵，具有灵魂本性的含义，指人的神性。诗人认为具有神性的人类这个认识，可以促使人们努力去修炼，以求变得神圣。让穆斯林认识到自身蕴藏着神性，奋力修炼成"完人"，伊斯兰民族才可能在世界上生存、发展和壮大。

寻求永生的秘密，将视线转向"自我"。
单独和众多，隐蔽与公开。

为解决个人与社会集团之间的矛盾，使"自我"学说能适应当时正处于变革中的社会，诗人发表了《无我的奥秘》，解释了"无我"学说。他将"自我本性"运用到民族问题上，成为民族集体的"自我'，也就是"无我"。为确立民族集体的"自我"，个人的"自我"有必要作出牺牲。"无我"是肯定民族性，个人要以伊斯兰民族的生存和权益为重。

个人一旦消失在集体中，
宛如水而变成无垠的海洋。

这两首长叙事诗的发表，正值世界各地出现革命风潮，东方民族日益觉醒，印度许多改革派诗人、作家、记者等，正在展开基拉发运动和不合作运动的斗争之时，诗人用唯理主义和人道主义批判了形式主义和命定主义，并对伊斯兰教教义作出新的解释。它极大地震动和鼓舞了印度穆斯林，同时也使得西方，尤其是英国那些具有反神秘主义和支持侵略与殖民的东方学学者感到焦虑不安。英国政府于1922年，以奖励其诗歌创作与学识渊博为名，赐给这位东方诗人以"爵士"封号。他的哲理观念虽然属于主观唯心主义范畴，很接近柏格森的《创造进化论》的观点，但在号召人们摈弃，并且抨击禁欲遁世的禁欲主义和自我克制的来世报应等说教的旧价值观念，强调创造性的"自我肯定"是穆斯林的基本德行，强调民族和个人都要始终处于"生命脉动"的绵延，提出"爱"能导致个性的扩大或增长等，在协调当时伊斯兰教教派间的矛盾，促进伊斯兰民族的团结方面，都起过积极的历史作用，具有一定的进步意义。

诗人为了让自己的哲理能从多方位、多层次地得到不断的完善和发展，接连发表了答歌德的《西东合集》的一组抒情诗《东方信息》(1923 年)、哲理诗《波斯雅歌》(1927 年)，仿但丁《神曲》的"天堂篇"，用喜剧风格写的《永生篇》(1932 年)，访阿富汗随感《旅行者》和《啊，东方民族，我们应做些什么？》(1936 年)等波斯语诗集。诗中用大自然的被动与静态，与人类生命的进化与冲动对比的形式，说明生命没有受到失败主义者哲学的阻碍时，将处于最强点，处于无止境地发展和生长的冲动状态。

> 在星星那边将另有世界，
> 尚有别的场所可检验爱情。
> 在这太空中并不缺少生命，
> 那边同样有千百列商旅队。
> 切莫迷恋着这个花花世界，
> 别处同样有花园与巢穴。
> 即使失去一处巢穴亦无须悲伤，
> 同样还有可供你叹息与恸哭的地方。
> 你是苍鹰，你的使命是翱翔太空，
> 在你上方还有无垠的宇宙。
> 何必纠缠在这日月更迭的世界，
> 你同样还有另外的时间与空间。
> 我独自在协会消磨终日，
> 现在我这里已另有知己！

诗人重视人间现实和生命的价值，而不把理想寄托于来世。他相信人具有无限的创造力，强调发展人的个性，认为人高于大自然，人是世界上最伟大的创造力，人可以凭借自己的智慧、远见和力量，超越环境，按自己的需要来铸造世界。诗人强调发展人的个性，给诗歌带来了文艺复兴的信息。

1932 年后，伊克巴尔恢复用乌尔都语写诗。1935 年发表了他写得最成熟的一部诗集《杰伯列尔的羽翼》。他借用苏赫拉瓦迪·麦克吐尔(?~1191)的观点，即人间的一切生灵都是在大天使杰伯列尔的羽翼扇动时发出的嗡鸣声中诞生。诗集的命题含有启示性。诗集的诗有较少哲理味，最能代表诗人的个性

和特色。不少诗还洋溢着战斗的激情,揭露资本主义制度的腐朽,抨击资本主义社会的弊端,披露西方文明背后的阴暗:

> 东方的上帝是欧洲的白人!
> 西方的上帝是闪烁的金属!
> 科学技术的光辉笼罩着欧洲,
> 其实它是没有生命之泉的黑窟!
> 雅致的建筑,豪华、富丽堂皇,
> 巍峨的银行大厦耸立在教堂之上!
> 外表是在做交易,其实是在赌博,
> 一人得利换来数十万人无辜死亡!
> 这就是科学、哲理、策略、政府!
> 喝的是鲜血,唱的是平等!
> 失业、淫逸、酗酒、贫困,
> 欧洲文明的胜利品何止这些?
> 你全能而公道,但在你的世界里,
> 劳苦大众的日子多么痛苦难熬。
> 资本统治的帆船何时沉没?
> 你的世界在等待报应日的到来!

《列宁》

在《侍酒歌》中,诗人欢呼亚洲新时代的到来,"沉睡的中国人正在觉醒,喜马拉雅山的喷泉开始沸腾!"赞誉俄国十月革命为"诞生了新的太阳!"诗人相信社会主义是医治受难人性的一服万灵药。诗人假设列宁是穆斯林,正代表贫苦人向真主祈祷。诗人一面赞扬十月革命,说它在消灭剥削、压迫和各种伪宗教方面迈出了第一步,同时批评俄国革命,说它没有随后迈出第二步,没有向人们指出肯定有主,唯一的真主,心中的真主,以及人神合一等。并且指出,伊斯兰本身就是社会主义。这种观点正是苏菲主义在国家学说上的典型运用。诗人呼唤穆斯林要行动、要反抗,塑造了一个很突出的叛逆英雄伊卜利斯。这是仿歌德的《浮士德》传说中的魔鬼靡菲斯特,并给这形象染上苏菲主义色彩。

伊卜利斯对杰伯列尔说：

> 正因我满怀壮志，人间尘俗才出现乐趣，
> 我的暴动披着理智与智慧纵横交织的外衣；
> 你只是从岸边遥望着善与恶的冲突，
> 谁在经受暴风雨的冲击，是我还是你？
> 如果你一旦有机会上殿，你就问问真主，
> 是谁的血把人类的历史染得如此鲜艳夺目？
> 我像一支荆棘扎进造物主的心房，
> 你却只会呼唤：啊真主，啊真主，啊真主！

诗人歌颂伊卜利斯的叛逆精神，是看到了只有通过反抗才能获得创造真正生活的必要力量，他设想伊斯兰也能经历一次狂飙运动，正是诗人吟咏"自我"的真正意义。

> 我们在刀光剑影下成长壮大，
> 弯如匕首的新月是我们民族的象征。
> 让我们的宣礼声响彻西方的峡谷，
> 谁也无法阻挡我们前进的洪流。

> 让我们在战旗下奋勇前进，
> 用敌人的鲜血染红我们的战袍。

> 满怀激情、充满活力的商旅队，
> 你今到达哪片山谷，哪座驿站？
> 日耳曼人目睹宗教改革的狂飙，
> 它没容旧秩序留下任何痕迹！
> 法国人目睹一场大革命，
> 它使西方国家的世界天翻地覆。
> 罗马人的国家曾因守旧被削弱，
> 它也因追求革新又重获振兴。

今日穆斯林的心绪正烦躁不安，

这是神灵的秘密，言词无法表达。

让我们看海底深处将飞跃出什么！

蔚蓝色的天空将会变成什么颜色？

《侍酒歌》

这种叛逆思想在《格利姆的一击》(1936 年)中(可意译为《摩西之剑》，暗示摩西创造的擎石击海等奇迹)有了进一步的完善和发展。对东西方政治、经济、社会、教育、妇女、文学艺术、宗教信仰等问题，倾诉了自己的观点，呼吁人们为建立公正美好的社会行动起来。

无论在亚洲或欧洲，生命已全无活力，

这里是"自我"的基地，那边是良心的坟场。

人们的心中产生了革命的激情，

可能这古老的世界已濒临死亡！

《革命》

伊克巴尔晚年的诗歌没有抒情诗，其诗虽富有战斗气息，却显得沉闷。显然诗人的宗旨在于完善自己的哲理和发表政治宣言。因此，诗中哲理味道更浓郁，寓意更深了。

昨日黑哲尔在河畔对我讲，

是你在寻找欧洲毒液的解药？

我那里有一点，它像一柄利剑，

磨得飞快，光亮闪闪。

异教徒见到它就消失在地平线上，

完人见到它，地平线就消失在它里面！

《异教徒与完人》

伊克巴尔通过现实生活去窥测宇宙的奥秘，自己"像火炬那样生活；点燃自己去照亮别人的眼睛"。他的诗像明镜，反映了伊斯兰民族渴望独立自由，摆

249

脱愚昧和奴役，要求民族振兴的心愿。诗人怀着憎恶和反抗的精神，揭示和谴责了社会上的不平现象和世界上的妖魔，启示穆斯林要为自己的生存去团结、战斗，征服自然，主宰世界。在诗人的哲理或思想核心中，有两个极重要的组成部分：一个得到全面发展的"完人"和一个得到高度发展的、理想化的社会。他的这一思想与英国诗人雪莱有某种相似之处。他在诗中提到的伊斯兰世界和伊斯兰民族，实际是超越国界和种族的教族。他所依据的哲理无疑是一种具有乌托邦色彩的空想。他在提倡爱国主义，主张民族独立，揭露社会上存在剥削、压迫和外来侵略等方面，有一定的现实意义，也起过积极的历史作用。

伊克巴尔从20世纪20年代起，开始积极投身到穆斯林联盟等政治活动中去。1926年他当选为旁遮普省议会的议员。在任省议员期间（1926~1929年），他积极倡导实行社会改革和教育改革。1928年，他访问了印度的马德拉斯、迈索尔、海德拉巴德和阿里格尔，发表了一系列的演说，其中六篇演说于1930年编辑成集，以《伊斯兰宗教思想的重建》的书名出版。1930年12月，他当选为全印穆斯林联盟阿拉哈巴德年会的主席。在这次年会的开幕词中，他为解决印度的政治僵局，发表了长篇演说，突出的一点是他主张穆斯林从印度分离出去，首次提出了为印度西北地区的穆斯林建立一个完全独立的巴基斯坦国的政治主张、设想和理论，对巴基斯坦的建国起过指导作用，被后人尊为巴基斯坦精神上的国父。巴基斯坦建国后，将他的诞辰定为"伊克巴尔日"，每年都要举行纪念活动。1931年，伊克巴尔作为全印穆斯林联盟的代表，应邀出席了在英国伦敦举行的第一次英—印圆桌会议，为印度制定宪法大纲。在返印途中，他出席了耶路撒冷举行的伊斯兰会议。1932年，他重返伦敦出席第二次英—印谈判的圆桌会议，并顺道访问了法国的巴黎、意大利的罗马和西班牙的科尔多瓦的大清真寺和伊斯兰文化遗迹。1933年应邀访问了阿富汗。他晚年病魔缠身，于1938年4月21日晨逝世，终年61岁，遗体安葬在拉合尔皇家大清真寺院门一侧。

伊克巴尔在诗体方面没有作多少创新或探索。他仅是按古老的传统，用诗表达具有现代内容的哲理思想。这种形式不免会显得过于狭隘，容易给人一种深奥莫测的神秘感，不易让人理解诗中的真实含义。他的诗充满传统的用语、意象和比喻。人物形象刻画得比较完整、细腻。诗人充分利用韵律作为表达思想感情的手段，创造独特的音乐节奏，烘托形象，渲染意境，增强诗的艺术效果。他的诗风格多样、简洁、严谨，思路敏捷、朴实、通俗。诗人提倡爱国主义，主张民族独立、自由，号召团结、斗争等方面，曾获得"新时代诗歌的中流砥柱""印度人民新的意图和愿望的热情歌手""赋予抒情诗与韵体诗以新的生命力的伟大诗人"等美誉。同时，在宗教、泛伊斯兰主义、印巴分治和社会主义等问题上的观点，诗人也受到一些批评和指责。应该承认，伊克巴尔诗中的一些艺术技巧，以及政治、宗教、哲理上的一些观点，确有值得斟酌或不足之处。但是，他在文学上的地位和所发挥的历史作用，还是应该给予肯定的。

附：伊克巴尔主要著作书目

《波斯玄学发展史》

《自我的秘密》

《无我的奥秘》

《东方信息》

《驼队的铃声》

《波斯雅歌》

《伊斯兰宗教思想的重建》

《永生篇》

《杰伯列尔的羽翼》

《格利姆的一击》

《旅行者》

《啊，东方民族！我们应该做些什么？》

《汉志的赠礼》

（作者单位：北京大学外国语学院）

字里行间

——汉译佛经所反映的梵文隐性现象初探

● 段 晴

一

《梨俱吠陀》4. 58. 3(第4章第58节第3首,以下皆同)的诗文读来好似一个谜语,内容如下:

catvári śŕṅgā tráyo asya pádā　　duvé śīrṣé saptá hástāso asya |[1]

trídhā baddhó vṛṣabhó roravīti　　mahó devó mártyāṃ áviveśa ||

译文:"它有四支角、三只蹄,两个脑袋,手数七;一头公牛遭三匝禁锢而咆哮不已;大天神进入凡夫俗体。"

这首诗文隐含着一个比喻,描述的是印度古代的语言特征:"四支角"代表词汇的四个类别,分别是名词(nāma)、动词(ākhyāta)、近置词(upasarga)和投词(nipāta)。"三只蹄"比喻语言的三种时态:过去(bhūta)、未来(bhaviṣyat)和现在(varttamāna)。"两个脑袋"比喻声的两种本质:恒常(nitya)以及结果(kārya)。其中"恒常"不大容易理解。依照11世纪学者Kaiyaṭa对《大疏》的注解,所谓"恒常",即隐性的(vyaṅgya),而"结果"是表象的。再有后人注释曰:所谓"恒常",所谓"隐性的",即sphoṭa,指永恒不变的传达意义的声之集合体。所谓"表象的",系指如ka等字符。[2]"手数七",指梵文名词的七个格。"公牛"比喻的是语言。"三匝禁锢"则指发音的三个部位:声音的产生要经过胸腔、喉咙以及头部的紧缩张合等动作的协调。"大天神进入凡夫俗体"句则点出印度古代人

---

[1] 原文见:*Rig Veda*, edited by Barend A. van Nooten and Gary B. Holland, Harvard Oriental Series, Volume 50, published by the Department of Sanskrit and Indian Studies, Harvard University, 1994, p. 201.

[2] Mahābhāṣya, pp.30~31.

252

对语言的敬畏之情。印度的古人认为，如果人掌握正确的发音和语法，便可以达到天人合一的境界，一切愿望可以通过语言而得到满足。

同样来自亘古的时代，还有这样一首诗，即《梨俱吠陀》1.164.45：

catvári vák párimitā padáni　　táni vidur brāhmaṇá yé manīṣiṇaḥ[1]

gúhā trīṇi níhitā néṅgayanti　　turíyaṃ vācó manuṣyá vadanti ‖

译文："言语构成依四支，梵学智者皆通晓，三分隐藏恒无变，众人唯说四之一。

诗中所喻语言的四支，仍是上首诗中所谓"四支角"，指名词、动词、近置词和投词四类词汇。后两句，则体现了古代印度人对语言深邃的探究。印度古代的语言学家认为，人们交往演说时使用的言语，是语言的外部表象，仅占语言总体成分的四分之一，而四分之三的语言成分，隐藏在人的思维过程中，不为凡人所觉察。

以上两首诗，反映出古代雅利安人对语言本身的思索与探究。在雅利安人看来，语言是神圣的，完美无谬的语言甚至具有魔力。在古印度，语言服务于祭祀活动。若是司祭者不能正确地发音、运用语法，所诵祭文不但不能获得福祉，还可能招致灭顶之灾。《大疏》写下这样一个故事：一个婆罗门仅仅因为念错了一个复合词的重音，便引来杀身之祸，大神因陀罗杀死了他。或许是缘于古代印度人对于语言的神圣感，抑或是出于古印度人对准确无误的表达方式的追求，人类历史上第一部语法应运诞生在印度。

这两首诗蕴藏古代印度人对语言的认识，第一首中涉及语言的恒常特性，属于语言的哲学范畴，第二首所谓能为"梵学智者"明白晓畅的隐性成分，则涉及现代应用语言学的范畴。在公元前 4 世纪诞生的梵文文法学著作《八章经》（又称《波你尼经》）中，语言隐性的成分得到集大成的归纳，上升为体系。在这个体系当中，一个词语的语法变化过程获得淋漓尽致的描述。这一部诞生于实际语言的语法著作进而推动了梵文的规范化，历史上运用梵文写作的大家，如佛教界的世亲（约公元 4 世纪），梵文长篇抒情诗的代表者迦梨陀娑（约公元 5 世纪）等，皆为波你尼语法的驾轻就熟者。

历史上大量的用梵文写作的佛教经典曾被翻译成汉语。以现存的可以进

---

[1] 原文见：*Rig Veda*, edited by Barend A. van Nooten and Gary B. Holland, Harvard Oriental Series, Volume 50, published by the Department of Sanskrit and Indian Studies, Harvard University, 1994, p. 99.

行比对的经典为判断依据,大多数佛经特别是大乘佛经使用的并非是正规无误的古典梵文,以《妙法莲华经》为例,其中有很多俗语的成分,俗语的词形变化,因此,通常把这一类的佛经语言称为混合梵文。混合梵文,定位仍然在梵文。用这样的语言写就的经文如《妙法莲华经》,尽管一些词形的变化不规则,但是依然在梵文体系的制约之下。如果将《梨俱吠陀》的诗文所描述的语言特征,用来评点这类经文所用的语言,结果依然有效。这些佛经的语言依然具备七个格,多种时态,以及动词、名词、近置词和投词。这些是表现在外的语言形式,而在字里行间也可以看到一些隐性的成分。由此便可生发出一个接一个有趣的问题,例如经过翻译之后,佛经原典语言中各类词汇如何体现在汉语之中?尤其是,在梵文佛典中的隐性成分如何体现在翻译出的语言当中?这些问题皆是梵汉对勘过程中值得关注的。

二

在读经的过程中,确实遇到显性的以及未显性的语言现象,上面引文中第一首诗文提及的"手数七",即名词的格应当是显性的,是梵文重要的外在特征之一。

众所周知:所谓格,梵文有七个,古译"七例句"[1]、"七啭声"[2],又作"七转声"。这些译法中,玄奘的"七例句"颇耐人寻味,透视出他对印度传统文法体系的晓畅之深。《瑜伽师地论》有不完整的梵文本传世,而涉及语法内容的一节文字,不在传世的文本范围之内。参照玄奘译出的其他著作,仍可推断出,"七例句"中的"句"字,对译的是梵文词 pada[3]。传统梵文语法体系对 pada 有明确的定义:一个已完成语法变化的词,即在句子中已经担任了角色的词是为 pada。pada 是已经完成变化的形态,而完成的形态是显性的,但在完成变化之前还有一系列的过程,过程是隐性的,唯有学习过波你尼语法体系的学者知晓。名词在未变格前称为 prātipadika,现代译作"名词词基";动词词根叫做 dhātu,古译作"界";名词和动词在与格尾和词尾结合前叫做 aṅga,玄奘译作"支""支节""分"[4]。根据玄奘给出的音译例词(见注 2),再看"七例句"之名相,由

---

[1] 这是玄奘的译法,"此即七例句,谓补卢沙,补卢衫,补卢崴攀,补卢沙耶,补卢沙额,补卢杀娑,补卢铩;如是等。"引自玄奘译《瑜伽师地论》,T30, p. 289.3.

[2] 这是玄奘之弟子的诠释,例如:"七例句者,即八转声除第八呼。泛声有三:一男,二女,三非男女。一一各有八:一体,二业,三具,四从,五从,六属,七依,八呼。今此即是。男声中之一声,诠目丈夫之七啭声。" 引自窥基传《瑜伽师地论略纂》T43, p.18.3.

[3] 《俱舍论索引》第 223 页。

[4] 广泽隆之,横山纮一. 瑜伽师地论·佛教语辞典[M]. 东京,1997:4.

此可判断出,玄奘之所以选择如此的译法,是因为这些例词已经附加了格尾,符合 pada 的范畴,应以"例句"相称,而不能选择其他术语。由此也可知,玄奘熟悉印度传统的语法体系和规则。用现代术语替换"七例句",则为"七格"。

然而反过来,pada 并不相当于梵文的名相"格"。依据上文引《梨俱吠陀》,相对于格的梵文词汇是 vibhakti。[1]然而,无论是古译 "七啭声""七例句",还是今译"格",都无法一言以蔽之地再现 vibhakti 所涵盖的内容。依据印度传统语法,vibhakti 之概念所辖,包括名词的格尾、定式动词的语尾,以及一些构成副词的词缀。

梵文的名词类词,加上 vibhakti 类的词尾,构成古之所谓"例句"或"转声",今之所谓"格"。对于梵文名词变格的重要作用,唐代人已有评说,《大方广佛华严经随疏演义钞》云:"西域国法,若欲寻读内外典籍,要解声论此八转声,方知文义分齐。"(T36, p.395.3)。毋庸置疑,唐代以前,从事译经的僧人们如法显等,必定已掌握梵文文法,否则无法从事译经。但是,明确地概括出梵文的格所表达之意义,并根据各格所表达的旨意进而为梵文各格命名之事宜,是在唐代完成的。而源自唐代的这些名称沿用至今。格的名称便是"体、业、具、为、从、属、依"以及由体格所派生的"呼"。质而简的几个字,却也道出了梵文"格"的基本意义。

"例句"或者"格"是显性的,具有明显的标记,所以基于梵、汉可比佛经而对两种语言进行比较研究时,梵文的"格"往往是探究者最先观察到的现象。北京大学中文系博士王继红以《阿毗达磨俱舍论》之部分内容为例,撰写出《基于梵汉对刊的佛教汉语语法研究》,探讨了汉语对梵文格标记的各种翻译模式,是一次不错的尝试。然而,在进行梵汉对刊比较的过程中,更应当注意的是梵文语言的隐性部分。

三

印度古代的语言学家认为,语言中所谓隐性不可知的成分,仅仅针对一般人而言,而高明的语法家可以辨析出不显露在语言表面的成分。这些隐性的成分,主要是指词缀以及词缀携带的各种符号,以及它们与词结合时发生的过程。正因为这些词缀以及符号的存在,语言、词汇虽千变万化,却依然有规律可

---

[1] Mahābhāṣya, p.30.

循。若是设身处地，回到古代译者的语境，可以想象，从事梵文佛经翻译的大师们务必通晓这些词缀所附加给词汇的意义，才能准确地翻译出原文的意义。

梵文的词缀非常丰富，统而言之，分为六种，[1]其中之一名曰 kṛt 词缀，或称作"直接后缀"。这一类词缀的功能是：词缀直接加在动词之后，将动词转换为名词。而梵文的动名词类词，大多是由这一类词缀构成的。动词在加上 kṛt 词缀之后，可以构成具有主动意义的名词，表现施事者的行为。略举几例：

1. ṇvul，ṣvun，vun

这里给出的三个词缀形式仅仅出现在印度传统讨论语法的论著之中，是所谓隐性的符号，不为说话者所觉察。ṇvul 的 ṇ 以及 l 起到提示的作用。这些符号提示，凡是附加这些词缀的词根，其元音要发生三合元音的变化，重音在词缀之前的音节上。ṣvun 的 ṣ 符号表示，由这个词缀构成的词之阴性要以 ī 为末音，而尾部的 n 符号提示重音在起始音节上。由这一类词缀构成的词表达对于某种行为的专精。例如：√nṛt"跳舞"，可以构成 nṛttaka、nṛttakī（阴性）"（擅）舞者"；√ranj"染色，上色"，构成 rajaka、rajakī"（男女）洗衣者"。vun 词缀表示行为的重复，例如 saraka"行者"，lavaka"收割者"。同时这个词缀还有表达"希望"的意义，例如古代印度传说中的名医师名曰 jīvaka，音译"耆婆"、"祈婆"或者"时婆"。这个词实际上正是动词√jīv-（生活）后加 vun 词缀构成的名词，含有祝福一层意义。如果根据词义翻译，应作"祈生者"[2]。同样属于这一类的词还有nandaka"使快乐者"，等等。这三个词缀的共同之处在于 vu，vu 在实际语言中表现为 aka。

由 aka 词缀构成的主动态词在梵文中十分常见。例如：

anughrāhaka 能增益，能益（真谛），能益（玄奘）[3]

mahāvināyaka 大尊雄（竺法护）[4]

vināyaka[5] 佛（初闻佛所说，心中大惊疑）（《妙法》T9, p.11.1）；大圣（《正法华》T9, p.74.1）

saṃtaraka[6] 能度（《妙法》T9, p. 1.3）

---

[1] 段晴. 波你尼语法入门[M]. 北京：北京大学出版社，2001：69.
[2] 笔者将另撰文专门讨论这个词。
[3]《俱舍论索引》，第23页。
[4] SDP, p. 44, vers 1；译文自《正法华》T9, p.73.2
[5] SDP, p. 46, vers 15.
[6] SDP, p. 1, line 24.

saddharmaparigrāhaka 能摄正法（玄奘）[1]

pṛcchaka[2] 能发问者（《妙法》T9, p. 6.2）;敢发问者（《正法华》T9, p.68.3）

yājaka 祠祀（支谦）;大施主（罗什、玄奘）[3]

upasthāyaka 侍者（罗什、玄奘）[4]

naranāyaka[5] 导师（《妙法》T9, p.2.3）;导利众庶（《正法华》T9, p.64.1）

lokavināyaka[6] 导师（《正法华》T9, p.64.3）;佛（《妙法》T9, p.3.1）

dharmabhāṇaka 法师（法护、罗什）[7]，直译"善说法者"。

2. lyu

lyu 同样是表示主动的直接词缀,也是一种隐性的词缀形式,l 指示重音在本词缀之前的音节上,而 yu 代表-ana,体现在实际语言当中的形式是-ana。如此构成的词汇主要有:

sādhana 能立（玄奘）[8]

vardhana 长,增,增长（真谛）;增进（玄奘）[9]

ṣobhana 可（真谛）;为善（玄奘）[10]

dhāraṇa 能持（真谛、玄奘）[11]

udvahana 堪能忍受[12]

rūpaṇa 可变坏（真谛）[13]

praṣamana 除（昙无谶、义净）,能灭[14]

3. 一些复合动名词后也可附加主动态动词缀。复合动名词,指原句中宾语与动词搭配组合而成的名词性词汇。

需要说明:梵文的第二格,古称"业",因为在句中多是宾语,现在习惯上也称"宾格"或"宾语"。但是,依照传统印度语法体系,宾语不等同于"业"

---

[1]《梵汉对照〈维摩经〉》,第4、5页。
[2] SDP, p. 24, vers 23.
[3]《梵汉对照〈维摩经〉》,第174、175页。
[4]《梵汉对照〈维摩经〉》,第192、193页。
[5] SDP, p.6, vers 21.
[6] SDP, p.6, vers 21.
[7] SDP, p.14, line 14.《正法华》(T9, p.66.2);《妙法》(T9, p.5.1)。
[8]《俱舍论索引》,第397页。
[9]《俱舍论索引》,第318页。
[10]《俱舍论索引》,第357页。
[11]《俱舍论索引》,第201页。
[12]《佛教语辞典》,第76页。
[13]《俱舍论索引》,第310页。
[14] 梵文见 Suvarabhāsasūtram, (vyādhi-praśamana-parivartaṇ) p. 93. 汉文见《金光明经》(T16, p. 351.2 ; T16, p. 447.2) 另见《梵和辞典》,第875页。

（karman）。"业"的概念包括三层意义：① 可以被制造出来的（nirvartyam）；② 可以被改变的（vikāryam）；③ 可以被接受的（prāpyam）。梵文的一部分主动态词缀加在携带宾语的动词之后，构成动名词，但此时作为宾语的词只能属于"业"的概念范畴，脱离这个范畴的宾语不能和动词搭配，不能构成主动态的复合动名词。

例：kumbhaṃ karoti "他制作罐子"，可以构成 kumbhakāra，"罐子的制作者"，真谛译作"陶师"，玄奘译作"陶家"[1]。罐是生产制造出来的，所以可以和动词√kṛ搭配，构成动名词。又，śara-lāva"断箭者"，由动词√lū"割、断"加宾语 śara"箭"构成，这里"箭"是被改变的，属于业的范畴。又，vedādhyāya"学习吠陀，诵读吠陀"，吠陀是可以获取的知识，因此也可以作为业和动词学习构成一个词。

但是，下列情况便不可以构成一个词，例如：grāmaṃ gacchati"进入村庄"，ādityaṃ paśyati"看见太阳"等。在梵文的句子当中，"村庄""太阳"都是宾语，但是这样的宾语不属于所谓"业"的范畴，因为"看"和"走"不能改变太阳和村庄，如此一类的宾语不可和动词搭配构成一个词。应强调的是，在传统印度语法体系范围之内，使用 karman"业"，已经足以排除如"看太阳""进城"一类的宾语，因为"业"在语法体系中有明确的概念定义。

常见的加在附带宾语的动名词之后的主动态词缀约略有如下几种：

体现在词面上的是 a，例如 kumbhakāra"陶师"，vāyubhakṣa"食风"（真谛、玄奘）[2]，goda"赐牛"。这些词看似皆以 a 为末音，但印度传统语法师认为，实际上词后附加的是不同的词缀，它们的原形分别是 aṇ，ṇa，ka。其中的辅音是隐性的符号，例如 aṇ的ṇ表示词干需要发生三合元音的变化，而 ṇa 的ṇ另外还表示如此构成的词，阴性的末音应为 ā，而不是 ī。 go-da，来自 go 和动词 dā，ka 词缀专门针对以长音 ā 为末音的、不带投词（前缀）的动词。

动词 sthā（站，有，停留）虽不是及物动词，不能支配所谓"业"，但依然可以和它支配的一个名词联合，加 a（ka）词缀，构成一个主动态的复合动名词。这样的例词在佛经中十分常见：

dharmāsanastha（SDP, p.15）于法座上（《妙法》T9, p.4.2）

---

[1]《俱舍论索引》，第 132 页。
[2]《俱舍论索引》，第 321 页。

ekāsanastha（*SDP*, p.17）不起于此座（《妙法》T9, p.5.1）

antarāskandhastha　在中阴，住中阴，在中有（真谛）。住中有，中有中（玄奘）。[1]

–stha 是加词缀 ka(=a)而来的，前面的词多具有第七格的意义。根据所附加的词缀，整个词汇所限定的是处于主动态的名词。

如此把表示主动意义的词缀所构成的梵文词汇排列在一处，并且对比汉译，有些规律便凸现出来。一些古代译经大师明显经历过针对梵文构词规则的学习训练，他们在从事汉译过程中，有意识地将词缀的意义带出，以强调原文词语的主动结构。古代译者再现梵文主动态的方式似可归纳出如下三种：

① 以"能""可"来表现。"能"字表主动的特征尤为鲜明，例证是大量而且充分的。

② 以专有名词的方式，如"佛""陶师""法师""导师"等，属于这一类。其中"师"字体现梵文主动态词缀的用法颇为有趣。从对比来看，"师"并不对译梵文中表示"师长"的词，而是对部分含主动意义的词缀的再现。真谛与玄奘的不同用词如"陶师"与"陶家"，则进一步证实，"师"在古汉语中确有表示"专精某种技艺的人"一层意义[2]，而这一层意义与梵文–aka 词缀所表达的意义恰好相符合。再现主动态词缀还可以用"者"字，例如"侍者"。对比之下，其实"师"字还有敬语一层含义。

③ 以非及物的方式，如上文"长""增长"，以及复合名动词"在……""住……"等，属于这一类。

需要加以说明：主动与被动的概念，似是针对动词而言，名词无所谓主动与被动。然而在梵文，许许多多的名词从动词诞生，是词缀成就了名词。由动词生成的名词，依然保留动词的某些特征，例如，还可以支配宾语，不过此时，它的宾语可以第六格出现，或者构成复合词，例如 lokavināyaka, loka（世）是 vināyaka（调教）的直接宾语。

以此为线索，还可以观察一些有趣的现象：例如 loka-nātha（*SDP*, p.15, vers 60；√nāth "做主，控制" + 主动态词缀 ac 构成 nātha "主人"），竺法护译作"导利世者"，鸠摩罗什译作"佛"。竺法护的译文明显携带原著的构词特征，而罗什却在努力淡化异域的特征。细论起来，"导师"其实不大符合汉语的构词

---

[1]《俱舍论索引》，第 30 页。

[2] 罗竹风. 汉语大词典[M]. 上海：上海辞书出版社，1993：715.

习惯。按照《现代汉语大词典》的释文,"专精某种技艺的人"的"师"字本身已经含有动词的成分。"师"字在古汉语中确实多与名词性词相结合,例如"琴师""乐师""陶师"。而"导师"则是一个动词与"师"字的结合。可以观察到竺法护、鸠摩罗什在译文中表现出的犹豫,同样一个词,时而译作"导师",时而译作"导利众庶",时而译作"佛"。佛经中之"导师"是梵文动词附加主动态词缀而生成的名词,译者依此生出汉语词汇,便得到动词加"师"字的构成。为使佛经的译文更为汉化,选择"佛"等专有名词,便是解决问题之途径。由此,可以推知,"导师"原本是带着洋味的汉语词,而"文革"中常见的"伟大导师",实际上是对佛家语汇的借用。顺便提及,今天人们常说的所谓"博士生导师",并非佛家的"导师",应该是"博士指导教师"的缩写。

四

分析过 lyu 一类表示主动态意义的词缀之后,如果再见到以 -ana 形式出现的词,千万莫以为都是表示主动意义的。除了表示主动意义的词缀以外,梵文中确实还有一批词同样表现为以 -ana 结尾,但如此所构成的词仅仅表示行为本身,或者表示行为造就的结果,含被动意义。如此构成的词不容易从形式上与表主动意义的动名词相区别。仅以 lyuṭ 词缀为例。[1]

lyuṭ 词缀:上文已说,l 是指示发音的符号,ṭ 是指示阴性形式的符号,而真正体现词缀部分 yu,等于 -ana。这一个 -ana 词缀不表现主动意义,为原词所附加的意义有三:一、表示工具、途径,即为原词附加第三格的意义。例如 śravaṇa,来自√śru-"听",附加 -ana 词缀后词义作 ①耳朵;②听;③典籍。词中工具格的意义十分鲜明,耳朵确实是听的工具。二、表示场所,即为所形成的名词附加第七格的意义。三、表现行为本身。以此 -ana 词缀所形成的词通常是中性名词。有些是十分熟悉的词,例如:āsana 座,从词根√ās-"坐";śayana 卧处(真谛),床座(玄奘),从词根√śī"睡觉,躺",而从词缀所获得的第七格意义十分明显;śaraṇṇa 皈依,归,从动词√śri"前往"。

除此类词缀以外,梵文中另有大量词缀也不表主动,仅表达行为本身,或者表达行为直接引发的"业",即行为的结果。用此种词缀所构成的动名词再与动词,甚至是同源的动词搭配,形成梵文行文中常见的表达方式。从观察看,这

---

[1]《迦湿伽》,第 217 页。

种表达方式可能曾作用于汉语，可能在历史上促使汉语内部原有的结构更加发达起来。先看下面几个例句。

罗什译《妙法》(T9, p.3.3)：

"今佛世尊欲说大法，雨大法雨，吹大法螺，击大法鼓，演大法义。"

法护译《正法华》(T9, p.65.3)：

"今者如来，当敷大法，演无极典，散大法雨，击大法鼓，吹大法螺，讲无量法。"

无论罗什还是竺法护的译文，若是当时人读来，一定能感觉到句中弥漫的"西域语趣"。最为典型的是"散……雨"，或者"雨……雨"结构。相应的梵文如下（已省去不对应汉译的梵文原文）：

mahādharmaśravaṇasāṃkathyam idaṃ … … tathāgatasya kartum abhiprāyaḥ, mahādharmavṛṣty-abhipravarṣaṇaṃ ca mahādharma-dundubhi-saṃpravādanaṃ ca … … mahādharma-śaṅkhābhiprapūrṇaṃ ca … … mahādharma-nirdeśaṃ ca adya……tathāgatasyakartum abhiprāyaḥ [1]

文中关键结构比较：

罗什：欲说大法

法护：当敷大法，演无极典

mahādharma-śravaṇa-	sāṃkathyam	kartum（动词 kṛ 的不定式）	
大法，典	敷，演，说		
mahā-dharmavṛṣty-	abhipravarṣaṇam	（kartum）	
大法雨	雨，散		
mahādharma-śaṅkhā-	abhiprapūrṇam	（kartum）	abhiprāyaḥ 欲，当
大法螺	吹		
mahādharma-dundubhi-	saṃpravādanam	（kartum）	
大法鼓	击		
mahādharma-nirdeśaṃ		（kartum）[2]	
大法义，无量法	讲，演		

Mahādharma-śravaṇa-sāṃkathyam 是一组复合词，用现代汉语直译作"对

---

[1] SDP, p.11. 括号部分为汉语中缺省的内容。
[2] 原文中这个动词并未重复出现，根据梵文省略的原则而合理缺省，以括号示意。

261

大法即大典籍的演说"。复合词中 śravaṇa 表示"典籍",而 sāṃkathyam 是从动词√saṃkath(演说)派生的动名词,kartum(做,不定式)实际上仅仅起到辅助的作用,所谓轻动词。原文中相应"大法雨"、"大法鼓"以及"大法螺"的文字皆是复合词。abhipravarṣaṇaṃ"雨"、abhiprapūrṇaṃ"吹"、saṃpravādanaṃ"使发声"虽是名词,却仅限于表达行为本身,为地道的动名词。从上表可以得到梵文习惯表达模式与汉语表达模式的对比:梵文动名词+轻动词=汉语一个动词。

进一步分析,"大法雨""大法鼓"以及"大法螺"在句子的逻辑意义中皆是宾语的成分。梵文复合词"大法雨"是持业释复合词,直译作"大法如雨",或"大法即雨"。这是印度传统修辞手法的特点,把两种可比的事物排列在一个复合词内,主体在前,喻体在后。而把这样形成的持业释复合词直接译成汉语,便形成散发异域风格的语言特色,诸如"法雨""法螺""法鼓"完全是随着佛经的翻译而进入汉语的表达方式,其根源是梵文的持业释复合词。

"雨"字在梵文是 vṛṣṭi,从动词√vṛṣ加 ktin 而构成。ktin 是梵文中十分常见的词缀,既可以表达动作本身,也可以表达动作的直接结果。翻译在汉语中,这个"雨",正如句中的"鼓""螺",是受动名词支配的宾语。"雨雨""散雨"的译出,是因为原文中有表示"降雨"的行为和表示"雨"的结果的两个词。今天读来,例如"击鼓""吹螺"是再地道不过的汉语,似乎见不到梵文特有的结构对汉语的影响,然而"雨雨"的译法,尤其是竺法护的不大合乎汉语习惯的"散雨"则反映出译者对原文的模仿。

涉及"雨",地道的古汉语表达方式如下:

> 将欲美之,有风雨作。[1]
> 王出郊,天乃雨,反风,禾尽起。[2]
> 风雨暴至,休于树下,因封其树为五大夫。[3]
> 大雨雪,深二尺五寸。[4]

这里录入的例句中,"雨"字既用作名词,也用作动词。"雨雪"句显示,"雨"可以作为纯粹功能性动词,支配直接宾语,相当于后来的"降"字。古汉语中先

---

[1] 国学整理社. 诸子集成:晏子春秋[M]. 北京:中华书局,1935:44.
[2][3][4] 司马迁. 史记[M]. 北京:中华书局,2003:1523,242,233.

已潜在的用法可以允许"雨雨""散雨"的搭配诞生。不过,法护与罗什因相对忠实原文而译得的"散雨""雨雨"却从一个侧面说明,这一看似微不足道的语言现象曾经历历史的变迁。至少在法护和罗什译经的时代,"降雨"这六朝以降才见通行的搭配组合此时还未形成。

诸如动名词 + 功能动词的结构,在梵文的佛典中比比皆是。再示几例。

例一

dadanti dānāni tathaiva kecid (*SDP*, P.5–V.14)

罗什译:或有行施。 (《妙法》T9, p.3.1)

法护译:或有放舍诸所财业而行布施。 (《正法华》T9, p.64.2)

例二

natasya saṃtrāsana kaści kuryāt (*SDP*, p.171, vers37)

罗什译:又无怖畏。 (《妙法》T9, p.38.1)

法护译:无能为彼, 造怨怖事。 (《正法华》T9, p.108.3)

例三

praviśya kāryāṇi kurusva kṣipram (*SDP*, p.126, vers99)

罗什译:汝等入此城,各可随所乐。(《妙法》T9, p.27.1)

法护译:今日得至,于此大城,入市所娱,所欲之具。(《正法华》T9, p.94.1)

"布施"一词很早便存在汉语中,并非外来语汇,用来对译佛教的一种善行,十分妥帖。例如《韩非子》[1]:"今上征敛于富人以布施于贫家,是夺力俭而与侈惰也。"西汉文献《春秋繁露》[2]:"风行令而一其威,雨布施而均其德。"例句中的"布施"为动词。这是个先秦语汇,然而在佛典中也得到了发展。中土非佛家文献,最早只用"布施",而无需"行"字的搭配,"行布施"之用法最早出现在东汉译出的佛经之中。在这一短语的动宾结构中,"布施"已经是名词。而将法护和罗什的译文对比原典, 梵文中 dāna 恰好是从动词 dā 加词缀而构成的动名词,即表示"给予"的行为,也表示行为"给予"的直接客体,译作"布施"再好不过。"行"字译出原句的动词。"行布施"显露出译家对原典语言的模仿。

这里需要说明,"行"字作为功能性动词在佛经到达中国之前,便已经出现在汉语中。《淮南子》:"夫为君崇德行霸"。孔晁注《逸周书》大戒解第五十,商务印书馆《丛书集成初编》:"本敬行天道""行惠于小"。《战国策》张仪说秦王

---

[1] 国学整理社. 诸子集成:韩非子[M]. 北京:中华书局,1935:352.

[2] 董仲舒. 春秋繁露[M]. 北京:中华书局,1991:163~164.

曰："今秦出号令而行赏罚,不攻无攻相事也。"又如卷十三·齐六:"今公行一朝之忿,不顾燕王之无臣,非忠也。""效小节者不能行大威"不胜枚举。这些句中之"行"字便是轻动词的用法,它本身无意义,而搭配动(名)词,如"赏罚",特别是搭配情绪化的名词,如"大威""一朝之忿"等等。这里给出的例句表明,当把表示行为的词用作客体时,当表达某种情绪时,汉语需要轻动词来构建句子,"行"字便是古汉语中常见的充当轻动词的字。一方面,在佛经传入之前,汉语中原已存在轻动词的成分,当汉语接触到梵语的习惯表达方式时,汉语便可调动自身系统,以相应的成分对译梵文的句子,如是便能产生如"行布施"等合情合理的搭配。但是,梵文佛经偏爱轻动词与动名词的搭配,完全有可能加强了汉译佛经中轻动词的使用。

例二句显示,罗什译文显示追求地道汉语的倾向,而竺法护则更倾向于反映原文的结构。竺法护的"造"字直译梵文动词√kṛ,而"怨怖事"所对译的saṃtrāsana,正是一个既表示行为,又表达行为之业的动名词。其实在梵文完全可以用一个动词来表达"使怖畏",但是,采取动名词与轻动词如"做"等相组合的表达方式更适合书面语言,如此组合在梵文经文中是大量的。"造"字在古汉语中并非轻动词,使用"造"字与"怨怖事"结合成句便携带着太浓厚的异域之腔。

例三句与上句异曲同工,罗什的译文彰显力求符合汉语表达习惯的本意。kāryāṇi kuruṣva源自同一动词词根。kuruṣva:词根√kṛ的单数第二人称命令语气;kāryāṇi:中性复数第二格,从词根√kṛ加含被动意义的kṛtya类词缀构成。这是梵文中十分常见的一类词缀。中性词kāryam的基本词义作"事",因果关系的"果"。Kāryaṃ kṛ–组成习惯用语,表达"做所需的事情"。罗什的"各可随所乐"没有拘泥原文,却译出原文的风骨,而法护的"所欲之具"则似乎连原词的构架也译出来了。

经过一番比照,可观察到古代佛经的译者风格虽有不同,虽曾以不同的方式处理梵文动名词和一个轻动词的组合,但梵文原典中大量如此结构的语句,或多或少地影响到译者的语言。语言的变化其实如微风细雨,不易觉察。然而,一个微弱的变化实际上往往影响到语句结构的变化。例如"雨雨"的形成,直接涉及形容词以及状语在句中的位置,试将佛经中常见的"雨大花雨",改写作更符合古汉语表达方式的"天乃雨花",或者"大雨花",如此之改变显然不如前者更能准确地表达原文的意义,只有"雨大花雨"才更符合原文的意义。为准确表达原文的意思,句式的调整势在必行,语言的细微变化也随之展开。诸如

"行布施""雨雨"等结构,一方面有利于佛经常见的四字格式之诗文的形成,更有利于其他成分如形容词等的添加。

五

以上从词缀游移至短语搭配,从汉译经文的字里行间,可观察到隐性的梵文词缀和原文表达习惯的蛛丝马迹。印度传统语法体系通过译者的深思熟虑而影响到汉译文的形成。今天,梵文属于印欧语系,已是众所周知的常识。只要学习过英语,便已经熟悉诸如过去分词、现在分词等语法术语。接受了西方学者惯用的语法术语,习梵文者往往以学习英文等西方语言的经验去理解被标志上现代西方语法概念的梵文语法现象。而实际上,印度传统语法体系对某些语言现象的解释与现代语法学概念之下的意义多有差异,例如对现代分词的理解。

印度传统语法体系如《波你尼经》认为,处于第一格的现在时分词具备对句中主要行为的修饰作用,分词表示行为的特征或者原因。[1]例如对主要行为的修饰:śayānā bhuñjate yavanāḥ"异族人躺着享受。"表示原因:adhīyāna vasati "因学习而住下。"这两层意义隐含在作为第一格出现的梵文现在时分词当中。

在阅读罗什译《妙法》的过程中,可以观察到他对动词现在时分词所隐含的意义把握得十分准确。以下录入《妙法·火宅品》中一段话:

bheruṇḍakā dāruṇa tatra santi	狐狼野干,咀嚼践踏,
maṇuṣyakuṇapāni ca bhakṣayantaḥ|	龂啮死尸,骨肉狼藉,
teṣāṃ ca niryāṇu pratīkṣamānāḥ	由是群狗,竞来搏撮。
śvānāḥ śṛkālāś ca vasanty aneke ‖ 45 ‖ [2]	(T9, pp.13.3 14.1)

---

[1]《波你尼语法》第三章第二节第 126 条规定:在表达"行为的特征和原因"的动词词根之后附加现在时分词词缀。《迦湿伽》,第 189 页。

[2] bheruṇḍakā[不规则的阳性复数体格]野兽。罗什:"狐狼野干"

　dāruṇa[形容词,不规则的阳性复数第一格]凶残的,残暴的

　tatra[副词]那里

　santi[现在时复数] < √as 有,是,存在

　maṇuṣyakuṇapāni[中性复数第一格]人的尸体。罗什:"死尸"

　ca[连词]并且,和

　bhakṣayantaḥ[现在时分词,复数体格] < √bhakṣ– 罗什:"咀嚼"

　teṣāṃ[代词,第三人称复数属格]

　niryāṇu[不规则的中性单数业格]罗什:"骨肉狼藉"。(需要说明:这个词在古典梵文中作"出路、死亡",而无"残剩物"一层意义。但无论从上下文以及罗什的译文看,这个词应含有"残剩物"一层意义。)

　pratīkṣamānāḥ[现在时分词,阳性复数体格] < √pratīkṣ– 觊觎,盯住。罗什:"竞来搏撮"

　śvānāḥ[阳性复数体格]罗什:"群狗"

　śṛkālāś[阳性复数体格]豺

　vasanty[现在时复数] < √vas– 居住

　aneke[形容词,阳性复数第一格]许多。罗什:"群"

这段话两处用了现在分词，如下划线处。第一处，原词义作"吃，咀嚼，啃啮"，作为句中主要动词 santi（有，存在）的修饰成分。直译成现代汉语："那里有凶残的野兽，啃啮着人的尸体。"而罗什在译文中忽略了没有实际意义的主要动词，直接采用咀嚼践踏、蹄啮，生动地再现了原文所要渲染的场景。如此译文的背后，是译家对梵文现在分词功能的充分把握。第二处，原典中本无表示"缘由"的词，这一层意义由分词带出。现代汉语直译："很多狗和豺，期待着残余物而住下来。"这里，古代译家译出隐含的分词意义，当然很可能还有追求四字句诗歌的需要，但译者能够选择如此的译文，却是因现在分词之形式本来带有这一层意义。译文揭橥译者对印度传统语法的谙熟。

有学者曾全面地研究支谦所译佛的名号，其中"阿罗汉"的异译最多，如"阿罗汉""阿罗诃"，或者"罗汉"，以及"真人""至真""应真"，也有译作"应仪""应供"以及"无所著"的。[1]这些歧义的名词皆是对梵文词 arhat 的翻译。

竺法护和鸠摩罗什的译经时代晚于支谦，但明显可以见到，这两位翻译大家对这一名词的认可与翻译曾作过认真的思考。竺法护秉承康孟详、支曜、支谦、康僧会等人开启的传统，把小乘经过修行而到达的境地称为"罗汉"，而绝不用"阿罗汉"。如果涉及佛的名号，则用"至真"，例如"如来至真等正觉"[2]，对译梵文 tathāgata arhat samyaksaṃbuddha。到了罗什译经的时代，他的译文更显露出辞旧出新的风格。其原因可能是：一来他所见到的原典佛经更趋于梵文化，行文更加符合古典语法规则；二来是罗什的梵文水平超过了他的前辈。依据《高僧传》的记载，罗什曾补习印度传统的声明学，曾系统学习过印度传统的辞源学和语法学。可以见到，法护使用"罗汉"的地方，鸠摩罗什使用"阿罗汉"，因为这个音译词才更符合 arhat 一词的发音。对于佛的修饰语 arhat，鸠摩罗什采用了"应供"。"应供"的译法，再次折射出印度传统语法的踪影。

《波你尼经》第三章第二节第 133 条说明[3]：附加现在时分词词缀"在（词根）arh 之后，表示赞扬"。《迦湿伽》给出的例句如：arhann iha bhavān pūjām "您应在此受到供养"。动词√arh"应该，值得"，如果取其贬义的成分，则不能用这个动词的现在时分词形式。

至此，仿佛可以触摸到罗什以及他的前辈在选择对译 arhat 一词时的思维

---

[1] Jan Nattier,"The Ten Epithets of the Buddha in the Translations of Zhi Qian 支谦" in: Annual Report of the International Research Institute for Advanced Buddology at Soka University for the Academic Year 2002, Tokyo 2003, pp.212~218.
[2] 《正法华》(T9, p.63.3)
[3] 《迦湿伽》，第 190 页。

脉络了。Arhat 作为佛的修饰语,是一个现在时分词形式,而这个形式本身便携带着褒扬一层意义。然而,这一层隐含在形式当中的意义若是不明白地译出,便无法体现在汉语之中,因此译者选择添字的方式译出这个词,这便是"应供",意思是一个"值得受到供养的人"。"应"是明显的意义,而"供"隐含在形式当中。[1]

以上试图从几个侧面探寻梵文隐性的语言现象如何反映在汉译佛经的字里行间。唐代以前的,在古人所流传至今的文献中,汉译佛经占有相当大的份额。汉译佛经的语言尤其值得重视,因为这批文献是两种语言甚至多种语言接触之后而产生的。一种完全不同于汉语的印欧语系的语言,将它的语言习惯、词汇通过译者而融入汉语之中,潜移默化地为汉语的发展起到推波助澜的作用。从梵汉的对比而审视这些文献,似可触摸到语言的变迁。而古代译师的高明,常令人为之一振,对于今天从事印欧语系语言的译家也还是具备借鉴作用的。

鸣谢:
汉语语言学研究中心"梵汉对刊"课题组。

缩略用语一览

《梵汉对照〈维摩经〉》=大正大学综合佛教研究所《梵汉对照〈维摩经〉》 *Vimalakīrtinirdeśa*, tranliterated Sanskrit Text collated with Tibetan and Chinese Translations.

《梵和大辞典》=荻原雲来博士编纂,台北:新文丰出版公司影印版,1979 年。

《金光明经》=昙无谶译《金光明经》大正新修大藏经第 16 册,第 663 号;义净译《金光明最胜王经》大正新修大藏经第 16 册,第 665 号。

《俱舍论索引》=Akira_Hirakawa, 《阿毗达磨俱舍论索引》,*Part one Sanskrit–Tibetan–Chinese*, Tokyo, 1973.

《迦湿伽》=*Kāśikā*, the Chowkhamba Sanskrit Series Office, Banaras, 1952。

Mahābhāṣya = Patañjali: *Vyākaraṇa Mahābhāṣya*, edited by Pt. Nandkishore

---

[1] 在汉译佛经中,也可以见到不将隐含意义译出的译法,如《大方广华严经》皆隐去"供"字。例如于阗三藏法师提云般若译《大方广佛严经修慈分》中有"如来应正等觉"之句(T10, p. 959.1),"应"显然对译佛的修饰语 arhat。

Shastri, Delhi, 1999, vol. 1.

《妙法》= 鸠摩罗什译《妙法莲华经》,大正新修大藏经第 9 册,第 262 号。

T =《大正新修大藏经》

SDP= *Saddharmapuṇḍarīkasūtram*,Bauddha–saṃskṛta–granthāvalī 6, published by Dr. P. L. Vaidya, Mithila Istitute, Bihar.

《正法华》= 竺法护译《正法华经》,大正新修大藏经第 9 册,第 263 号。

Suvarṇabhāsasūtram = Suvarṇabhāsasūtram, Buddhist Sanskrit Texts No. 8, edited by Dr. S. Bagchi, published by the Mithila Institute, 1967.

（作者单位:北京大学东方文学研究中心）

苏菲诗人法利德丁·甘吉·谢格尔

● 唐孟生

内容提要：法利德丁·甘吉·谢格尔是次大陆苏菲契什提教团的第三代传人，著名的苏菲诗人。他的诗歌造诣深，影响大，给后人留下了十分宝贵的精神财富，他也因此被誉为印度苏菲第一诗人。本文着重以诗歌来解读诗人的宗教观和生死观。

关键词：苏菲诗歌　宗教观　生死观

13 世纪，南亚次大陆出现了一大批苏菲圣人，法利德丁是最早通过诗歌传达苏菲神秘主义思想的苏菲大师之一。他的诗歌造诣深，影响大，给后人留下了十分宝贵的精神财富，他也因此被誉为印度苏菲第一诗人，又因他是最早使用旁遮普语写诗的苏菲，所以又被称为旁遮普语苏菲诗坛的首位诗圣。

法利德丁全名为法利德丁·甘吉·谢格尔（Farid-ud-din GanjiShakar 1173~1266 年）。"甘吉·谢格尔"或"巴巴·法利德"（Baba Farid）都是信徒们对他的尊称。

法利德丁是印度苏菲契什提教团的第三代传人。他于 1173 年出生在木尔坦的格特瓦尔（现巴基斯坦境内），其父是突厥贵族的后裔。法利德丁早年在家乡接受了伊斯兰宗教教育，青年时在木尔坦拜契什提教团苏菲大师库特卜丁·巴赫蒂亚尔·卡吉（Qutb-ud-din Bakhtiyar Kaki）为师，后来到占西进行传教活动。巴赫蒂亚尔死后，法利德丁成为契什提教团的精神领袖，并在旁遮普的阿焦潭建立了修道堂。法利德丁一生经历了多个苏丹王朝，他不仅活动于民间，穆斯林统治者也是他关注的对象，他以苏菲派融合主义的主张劝说和感化他们，在一定程度上减缓了穆斯林统治者与印度教徒之间的冲突。法利德丁的学识和修行造诣为广大穆斯林所公认，前来投奔他的人络绎不绝。在他去世以后，仍然为后世穆斯林所景仰、尊崇和礼拜，他的教义至今仍影响着次大陆的穆斯林。不仅如此，他有116首诗歌被收在锡克教的圣典《阿迪·格兰特》中，成为锡克教教义的一部分，为锡克教信徒留下了不朽的教诲。

目前已收集到的法利德丁的诗歌有"136首，有的说177首"。[1]非常遗憾的是，法利德丁早期用阿拉伯语、波斯语和突厥语创作的大量诗歌已流失，现在可以见到的都是他用旁遮普语或初期乌尔都语写的诗歌。其著作有《修炼者的受益》、《圣徒的秘密》和《谱系》。

作为苏菲契什提教团的第三代传人，法利德丁继承了该教团创始人姆因丁·契什提及第二代传人库特卜丁·巴赫蒂亚尔的教义和修炼方式。姆因丁·契什提在"遵法"、"阿利夫的条件"、"修炼及其方式"、"修炼要求"、"乐舞"、"宽容"等方面都有自己的理论。库特卜丁·巴赫蒂亚尔则进一步提出：修炼者在修炼的道路上不能怕苦，否则将会失去爱的希望，他还强调要隐藏真主的奥秘，一个"完人"从不暴露朋友的秘密；在苦修的道路上，要有持久的毅力和恒心；在任何情况下，都不能违反教法。

法利德丁则在前人思想的基础上提出了苦行僧十四条，其中最为主要的是爱主、遵法、忍耐、苦修、永恒和寂灭，以及善待真主追随者等。他的这些思想都是后人从他的《言行录》及诗歌中总结出来的。从时间上看，法利德丁的诗歌主要创作于他的后半生，诗歌体裁以双行诗为主，诗歌主题则反映了其宗教观及生死观。

（一）宗教观

法利德丁的诗歌中关于神爱和遵法等宗教观念最为突出。

他在一首诗中这样写道：

> 真主像熟透的椰枣，
> 似蜂蜜一样的甘甜。
> 人活在世间一天，
> 生命自然少一天。[2]

---

[1] 阿卜杜尔·穆吉德·辛迪. 巴基斯坦苏菲运动[M].拉合尔，1994:245.
[2] 布尔文特·辛格·阿南迪. 巴巴·法利德[M].拉合尔，2004:55.本节所引诗歌均出自此书。

在这里,法利德丁认为人的生命是短暂的,过一天就少一天,因此,人应该在有限的生命里充分感悟和体验真主带给的美好而甜蜜的生活。

又如:

> 甜点甜,蜜糖甜,
> 牛奶也甘甜。
> 是啊,都是甜美的食物,
> 但更甜美的是真主的本源。

法利德丁还以真主的口吻,向人们传达神爱的重要意义。如:

> 如果你梳妆打扮好来会我,
> 你会因见到我而心旷神怡。
> 法利德丁啊,如果你成为我,
> 那世界的一切都将属于你。

在法利德丁看来,虔爱真主高于一切,胜于一切。他尊敬那些虔爱真主的人,而鄙视那些表里不一的人:

> 信徒的虔诚在心里,
> 对真主的挚爱要彻底。
> 有人表里不一致,
> 信仰上欺人又欺己。

> 真信徒全心爱真主,
> 而永远忘记他自己。
> 对真主漠然置之者,
> 是这个世界的累赘。

> 心中有主人人尊重,
> 生命价值与众不同。

> 你是养育者,深奥莫测,
> 我崇拜得到你的真谛者。

法利德丁把那些热爱真主的人视为成功者,并且非常崇拜他们,而视对真主漠然置之者为"世界的累赘"。在他看来,热爱真主者才是得到真谛的人,因此,真正的穆斯林应是在真主之光的照耀下坚持走爱主之路的人,他一旦爱上真主,就应是坚定的、无欲的和义无反顾的:

> 法利德啊,相信真主,
> 要拔除一切疑云迷雾,
> 苏菲的长老更应如此,
> 要像坚韧挺拔的大树。

> 法利德,
> 要想不落得两手空空,
> 就要抓住他毫不放松。
> 没谁能胜过至上真主,
> 无论是今世还是来生。

作为苏菲圣徒,法利德丁一生都沉浸于对真主的挚爱中。他认为,作为真主的信徒就不能对真主有丝毫怀疑,也不能对真主之外的任何信仰存有好奇之心,而应坚信真主,紧随真主,因为真主是万能之主。

法利德丁把真主看做是解决世上一切难题的钥匙,认为如果没有真主的圣赐,人便难以生存。因此,活在世上的人都必须笃信真主:

> 世界深奥难以辨认,
> 像火团掩盖于灰尘。
> 多亏真主给予圣赐,
> 否则我会化成灰烬。

一般而言,苏菲信徒在信仰方面更为自由,并不严格遵法,但是我们在读法利德丁的诗歌时会发现，他的诗歌中很多地方都强调遵法。在他看来，虔爱真主就要遵法：

> 为何不行每日五拜？
> 请你说个明白。
> 难道是狗不懂礼拜？
> 这个习惯实在太坏。
>
> 不给真主叩头的人，
> 留着脑袋有何必要？
> 不如把它当作柴火，
> 放在锅灶底下燃烧。

13 世纪时，虽然苏菲圣徒通过自己的言行使很多印度教徒都皈依了伊斯兰教，但此时伊斯兰教在印度还没有完全站稳脚跟，尚处于初传和寻求发展的时期，其群众基础及思想基础并不稳固。法利德丁在这一时期的传教过程中，强调神爱的同时也明确指出遵法的重要性，显然针对的是新皈依的穆斯林乃至尚未皈依伊斯兰教的印度教徒。在这一时期，虽然其他苏菲大师在宣扬苏菲神秘主义教义的同时也指出了遵法的重要性，但都没有法利德丁这样执著和坚定。

(二)生死观

法利德丁诗歌的另一重要主题是死亡，苏菲神秘主义者称之为"寂灭"。苏菲派修炼的最终目标是实现人主合一，而人主合一的方式又有三种：一种是短暂的、瞬间的，另一种时间较长，但是非永久的，第三种则是永久的。人主合一的终极目的是人在真主的本体中消失，也就是"寂灭"，进而实现与真主合一的"永存"。法利德丁在其诗歌中围绕"寂灭""永存"等观念进行了生动而深刻的描述。首先，他认为人生必有一死，无人可以避免。他在诗中这样写道：

> 法利德！
> 白鹭栖息在河边自由自在，
> 突然一只老鹰从苍穹扑来，

白鹭的欢乐已成过去，
顷刻间一切都被更改。
这一切都是真主的意愿，
绝不是任何人可以安排。

这里，法利德丁用老鹰对白鹭的突袭喻指死亡的突然降临，而白鹭的全然不知则暗示死亡对于人来说不仅是必然的而且是不可预见的。下面这首诗也包含了同样的意味：

人间花园里的鸟儿，
你仅是世间的过客。
当黎明的鼓声响起，
你也快要起飞了吧。

谢赫法利德老态龙钟，
浑身上下颤抖不停，
即使长寿至数百年，
死后还是泥土尘蒙。

哎，法利德，
你的父母在哪里？
是他们把你带到这里，
先辈们都已离开这世界，
你怎就不明白其中道理。

人来到这个世界上，就如同鸟儿来到美丽的花园，二者都只是过路的旅人，到了规定的时间就要离开。法利德丁在此告诫人们：无论世界多么美好，人迟早是要离开的，暗示人们不应贪恋尘世生活，而应寻求与真主的合一。他的另一首诗也传达了同样的内涵：

河边杨柳枝繁叶茂，

274

洪水面前支撑何时？
未烧制的泥罐盛水，
究竟能保存多久呢？

又如：

我的眼和耳，我的牙和脚，
全都变得无用，变得衰老。
我的身体在痛苦地诉说，
嗨，所有爱我的人都已把我抛掉。

人生有限，而当生命即将结束时，人还将面临衰老带来的种种痛苦，既然人生短暂而痛苦，又何必留恋呢？那么，又该如何避免这种痛苦呢？

哎，当你有时间的时候，
却不去检查自己的船帆，
先进入惊涛骇浪的大河，
最后怎么才能闯出险滩？
幸福短暂像番红花一样，
有人触摸就会凋谢枯干。

法利德！
人的躯体由无数部件组成，
但是灵魂只有一个。
无论是国王、贫民，还是谢赫，
他们总要离开这个世界，
渐渐变成泥土而泯没。

也就是说，人生虽然短暂但并非了无意义，如果人们能认识真主、确立信仰，最终能脱离人生的苦海；虽然人们的身体都将化作泥土，但信仰真主者的灵魂最终将与真主同在。

275

又如：

> 法利德！
> 你可知芝麻的稀罕，
> 双手紧捧不可丢失。
> 生活伴侣倘若稚嫩，
> 那就对他少点骄矜。

这首诗意在指出，人们应该知道珍惜人生，但珍惜人生的目的并非享受世俗的幸福，因为生命的真谛完全掌握在真主的手里，因而仅仅注重世俗人生是毫无意义的，人们应远离世俗的诱惑而信仰真主，并将自己完全交托给真主。这种观念在下面这首诗中也有所反映：

> 法利德！
> 你要远离家庭、豪宅和宫殿，
> 当沉重的泥土落在你身上时，
> 你不会有任何朋友，
> 瞧瞧那片墓地，
> 想想你将要去的地方，
> 那才是你最终目的地。

因此，人们不应贪图世俗的享受，而应明确人生的真正目的在于认识和皈依真主，否则在死后也将饱受痛苦和煎熬。

> 火狱之桥细如发丝，
> 难道你没听说只言片语？
> 法利德，你的邀请已到，
> 可别在无知中毁了自己。

> 法利德，沉睡于大地之下，
> 坚硬的砖头将是你的睡枕。

蛆虫咀嚼你的躯体，

你将辗转忍受几个世纪。

法利德，死亡就在河的彼岸，

传说在对岸燃烧的火狱里面，

箭头穿梭般呼啸地射出，

有些人已感到火狱的残酷。

那就应该检讨今世的言行，

到另一世界我们将被举证。

与基督教教义相似，伊斯兰教教义中也有末日审判的说法。当世界末日来临时，所有死者都将复活并逐一接受真主的审判。受审者须经过通往天国或地狱的"天桥"，该桥窄如发丝，利如刀剑。生前行善者可顺利通过，作恶者则将坠入火狱。但法利德丁将善与恶的区分替换为是否信仰真主的区别。又如：

我的道路上充满了恐怖，

它比剑锋还要寒光逼人，

一条狭窄的路，我必须从上边走过，

谢赫法利德，你要为过路做好准备。

喂，亲爱的朋友，热爱真主吧，

躯体终将变成泥土，那是它的归宿。

如果你能控制住发热的头脑，

那你就有可能得到真主。

如果我知道将会死亡，

不会再次返回这个世界，

我就不会留恋这虚幻世界，

而且我绝不会自我毁灭。

法利德丁还通过诗歌告诫人们：真主对所有人都是公平的，进入天国或火狱取决于个人的行为，而爱真主则是唯一的解脱之路：

　　　　豪宅宫殿变得空旷凄凉，

　　　　最终一切都将沉睡泉壤。

　　　　可怜灵魂要徘徊到末日来临，

　　　　哎，谢赫，为真主献出全部身心，

　　　　祈祷吧！无论是今世还是来世，

　　　　热爱真主直至生命的最后时辰。

　　法利德丁以神爱和死亡为主题创作了很多诗歌，从中我们不难看出他对虔爱真主的执著，可以说神爱是他诗歌的灵魂。这种神爱观使真主由敬畏的对象进一步成为爱的对象。法利德丁的生死观完全是以神爱为基础的，这也使他的诗歌作品呈现出较强的主题统一性。从其现存作品来看，法利德丁在诗歌创作中对其他宗教题材也有所涉及，但数量不多。应该指出的是，法利德丁的诗歌作品大多创作于其晚年，这也是其诗歌中谈论生死问题较多的一个重要原因。

　　法利德丁在这部分诗歌创作中使用了大量的印度方言，这是他向印度当地人传教的需要。但这也提示我们，乌尔都语的"混合语"诗歌在法利德丁时代就已经产生了，而一般认为乌尔都语"混合诗"始于阿米尔·胡斯鲁，目前来看，这个问题是值得商榷的。

　　　　　　　　　　　　（作者单位：北京大学东方文学研究中心）

美国外语非通用语种的教学与研究

● 刘曙雄

内容提要：美国国家外语非普遍教学语种理事会近年来在促使美国政府高度重视外语非通用语种的教学和人才培养方面表现十分活跃。美国将 2005 年定为"语言年"，布什政府于 2006 年启动了"国家安全语言行动"计划。这些重大举措无疑与美国在进入新世纪后面临的国家安全形势有着密切的关系，充分表明美国对外语非通用语种人才的迫切需求。从美国加州大学伯克利分校南亚研究中心的教学与研究分析，可以看到，美国非通用语种的教学与研究从过去的重研究、轻语言教学开始朝着加强语言教学和不断拓展研究领域的方向发展。然而，保持良好的研究传统，以非通用语种作为研究工具，加强地区研究，加强跨学科研究仍是美国大学非通用语种教学、研究和人才培养的基本格局。

关键词：美国外语教学　非普遍教学语种　非通用语种

一、美国国家非普遍教学语种理事会

美国国家非普遍教学语种理事会 （National Council of Less Commonly Taught Languages, USA 缩写为 NCOLCTL）是一个类似我国"教育部外语专业教学指导委员会非通用语组"和"中国外语非通用语教学研究会"的组织，为美国政府就非普遍教学语种的教学和人才培养开展调查研究和提供咨询服务，秘书处设在威斯康星大学(麦迪逊)。

美国非普遍教学语种的含义与我国的非通用语种的含义有相同的地方，也有不同的地方。"10 多年前，我国外语教学界产生了'非通用语种'的概念。它的基本含义是指那些在国际交往中使用范围不是很广泛的外国语言，它的

279

特定含义是指英语、俄语、德语、法语、西班牙语、日语和阿拉伯语之外的其他所有语种。"[1]

"非通用语种的共同特点是多用于一个国家或人口数量较少的地区,适用范围窄,有一定局限性。"[2]非通用语种的表述有着较强的主观色彩,是我国外语教学界为了便于工作和操作约定俗成的,就其含义而言还可进一步探讨。用非普遍教学语种来概括非通用语种,比较客观,而且不会引起潜含的其他指向意义上的争议。

美国外语非普遍教学语种理事会由 18 个成员单位构成:美国阿拉伯语教师协会、美国朝鲜语教师协会、美国斯拉夫语言和东欧语言教师协会、美国突厥语言教师协会、美国俄语教师理事会、美国非洲语言教师协会、美国日语教师联合会、美国广东话协会、美国中小学汉语协会、美国汉语教师协会、美国东南亚语言教师协会、北美凯尔特语教师协会、国际捷克语教师协会、全国希伯来语教师协会、全国自修语言项目协会、全国日语教师理事会、北美挪威语研究者和教师协会、美国南亚语言教师协会。下面一段话也可以帮助我们理解哪些是非普教语种:"在美国的中学和大学,91%学习外语的学生选修法语、德语、意大利语或西班牙语,只有 9%的学生选修占世界绝大多数人使用的阿拉伯语、汉语、日语、约鲁巴语、俄语、斯瓦希里语等语言。然而,许多非普遍教学的语种对我国 21 世纪的利益却非常重要,入学率低对相对少的现存项目造成极大的生存危机,而且还限制了美国大多数学生学习语言的机会。"[3]

美国国家非普遍教学语种理事会成立于 1995 年,并于当年举行了第一次学术研讨会,以后通常每年举行一次。学术年会作为一个论坛,其目的是分享非普教语种领域的成就和探讨存在的问题。理事会第八次国际学术年会于 2005 年 4 月 14 日~17 日在威斯康星州麦迪逊召开,本次年会的主题是"语言年: 拓展非普遍教学语种的现状"(The Year of Languages: Expanding the Presence of Less Commonly Taught Languages)。来自新加坡、香港、英国和美国各地的 200 余名代表参加,会议由全国非洲语言资源中心承办。会议分 4 段,发表论文 50 篇,论文涉及的内容包括:研究、资料、教学计划、教师的发展、测试和技巧。另举行了 4 个座谈会和 9 个小型展览。主题演讲:"外语非普教语种

---

[1][2]姜景奎. 外语非通用语种教学与研究论[M]. 北京:北京大学出版社,2006:63,43.

[3] http//www.councilnet.org 美国国家非普教语种理事会网站导语。

的非常时机"(An Uncommon Moment for Less Commonly Taught Languages by Rush Holt)演讲者 Rush Holt 是国会议员,他认为非普教语种对美国的国家安全和未来在国际社会的作用具有关键性意义,强调应该加强外语尤其是非普教语种的教育。

在这次年会上,美国国家非普教语种理事会主席 Michael E. Everson 的讲话很值得一读。他为非通用语种教学受到重视感到欢欣鼓舞,题目是"这是我们的时代"。他说:"过去何时曾有人将一整年献给我国外语教学的专业工作者?今年是我们的年份,因为美国参议院的一项决议把 2005 年正式定为'语言年'。我们的努力和贡献正在逐渐得到认可,人们逐渐认识到我们一直明白的一点,即培育和开发我们国家丰富的语言资源对我国的国内和国际利益都是很重要的。我们应该为这样的进步感到骄傲。"这篇讲话为我们提供了丰富的信息:美国对非通用语种的教学给予了前所未有的重视,参议院通过决议将 2005 年定为"语言年";美国非普遍教学语种理事会将年会主题定为"拓展非普遍教学语种的现状";为说明非通用语种对美国的国家安全具有重要意义,列举阿富汗和伊拉克的例子,说明"军事和政治两方面的计划制定者都更加强调培养掌握这些地区语言的人才的必要性";以俄语为例,说明非通用语种容易由于某种原因,管理者由于缺乏长远目光而被忽视;以太平洋海啸为例,说明非通用语种人才在灾后重建的作用,强调非通用语种人才不仅应该具有语言能力,而且也应该具有专业知识。

这个讲话的背景是,美国众议院 2005 年 3 月 8 日通过了由新泽西州民主党议员 Rush Holt 和俄亥俄州共和党议员 Patrick J. Tiberi 提议的众议院第 122 决议,宣布 2005 年为美国的"语言年",并提请布什总统发布总统文告,以支持"2005 语言年"。

美国众议院第 122 号决议从八个方面阐述了加强非通用语种人才培养的必要性:1. 鉴于美国人民与国际社会有着不断增进的社会、文化和经济联系,这对于美国寻求与来自使用不同语言和文化背景的国际伙伴之间的沟通和理解提出了新的挑战;2. 鉴于美国各地的社团正在迎接来自世界各国的众多新的邻居、朋友、雇员和居民;3.鉴于加强语言学习是至关重要的国家利益,并且这对于维持美国在全球市场中取得的经济优势是必要的;4. 鉴于培养熟练掌握各种语言并理解不同文化的劳动力对于进行国际贸易是至关重要的;5.鉴于 2000 年考克斯委员会和国家情报局的报告,外语方面的专家的缺乏,特别是缺乏亚洲和中东地区语言的专家，这严重阻碍了美国情报系统的情报收集和分析;6. 鉴于学习其他语言已经被证明有益于加强认识能力、提高学习成绩以及更好地了解他人，并且还提供了终身的学习机会;7. 鉴于21世纪的语言教育包含了一个漫长的外语学习的过程，从低年级开始并且贯穿一个人的整个学习生涯，以达到与国内外来自其他文化(地区)的人们进行有效沟通的必要的熟练程度;8. 鉴于美国外语教学理事会及其附属机构正在强烈呼吁公众支持加强对学生的外语教育，这将扩大成人学习者的文化和文学视野，巩固加强美国在全世界的地位和安全。根据这些情况，众议院认识到语言学习不仅促进学生的知识积累和社会发展，并且有益于美国的经济和安全。因此应当在美国确定某一年为语言年，在此期间，在小学、中学和更高的教育机构、商业领域和政府规划中促进和扩大语言学习;同时还提请总统应当发布文告，号召美国人民鼓励和支持促进并扩大语言学习的行动，并以适当的仪式、计划和其他活动来庆祝语言年。

二、美国"国家安全语言行动"计划

美国前总统布什于2006年1月5日发布了"国家安全语言行动"计划（National Security Language Initiative 简称 NSLI），该计划旨在通过教育,特别是提高外语技能,进一步加强国家安全和促进21世纪的繁荣。NSLI计划将通过新项目和扩大项目的形式,在从幼儿园到大学直至职业领域内,大幅度增加美国学习阿拉伯语、汉语、俄语、印地语和波斯语等急需的外语语种的人数。布什在2007财政年度要求拨款1.14亿美元支持这些项目。

美国9·11后国家安全的一个重要组成部分是具有能力使外国政府和人民,特别是在关键地区,从事鼓励改革、增进了解、表达对其他文化的尊重,并为增进了解美国和美国人民提供机会。为此,美国公民必须能够使用其他语言交流,这是一个我们还未曾准备好的挑战。

外语教学赤字对美国的国家安全、外交、执法、情报和文化理解造成负面影响,使我们与外国媒体环境无法有效沟通,损害反恐努力,使我们丧失与冲突后地区的政府和人民合作和增进相互理解的能力，在建立有效联系和增加海外市场方面的商业竞争力受到制约。为满足这些需求,根据总统的指示,国务卿、教育部长、国防部长和国家情报局长制定了一项综合的国家计划,以新的项目和资源扩展美国从幼儿到正规教育直至工作领域的外语教育。这些机构还将寻求与学术机构、基金会和私营部门的合作,从各方面援助这一行动,包括 K-16 语言学习、提供就业机会和鼓励这些项目的毕业生。

"国家安全语言行动"计划制定了三大目标。

一、扩大掌握急需语种的人数,从更小的年龄开始,措施如下:1. 重新调集教育部外语资助拨款,提供 2400 万美元,鼓励教学急需语种。2. 拨款 2700 万美元,建立一个持续的学习急需语种项目,从明年起在 27 所中学开始,以后再增加中学数量。3. 至 2009 年暑期,使用国务院暑期、学年或学期奖学金,派遣 3000 名高中生短期留学。4. 2006~2007 学年,扩大国务院 Fulbright 支持外语教学项目,邀请 300 名急需语种的外籍教师来美国大学和中学任教。5. 在国家教师交换项目中增列一部分,每年资助 100 名急需语种的教师出国学习。6. 加强外语非普遍教学语种的教育,2007 年派遣 400 名学生和 400 名教师分赴 5 个国家,至 2011 年,派遣 3000 名学生和 3000 名教师分赴更多的国家。

二、突出急需语种,增加高水平外语教师的数量,措施如下:1. 将"国家旗舰语言行动"(NFLI)扩展为一个 13200 万美元的项目。2. 至 2009 年实现拥有 2000 名掌握阿拉伯语、中文、俄语、波斯语、印地语和中亚语言的高水平人才。3. 至 2008 年,每年增加 200 名本科生出国留学,学习急需语种。4. 开设新的国务院暑期强化学习项目,每年增加 275 名大学生学习急需语种。5. 每年增加 150 名 Fulbright 奖学金学生赴海外学习。6. 增加对国外语言学习中心的支持。

三、增加外语教师数量,为他们提供资源,措施如下:1. 为能够熟练使用急需语种服务国家的美国人建立一个国家语言服务团体(NLSC),人员来自为联邦政府工作,以及(或者)在民间语言工作者保存团体(CLRC),以及(或者)加入一个新建立的语言教师团体,在我的小学、中学和高中教授语言。2. 这一项目在 2007 财政年度拨款 1 400 万美元,实现在本年代末民间语言工作者保存团体拥有 1 000 名志愿者,中学拥有 1 000 名教师。3. 建立一个新的投资 100 万美元的全国网络远程教学库,由教育部向全国教师和学生提供外语教学资源。4. 2007 年投入 300 万美元,由教育部负责全国广大外语教师的学术研讨和培训。

美国之所以由国家立法机构通过决议,最高行政决策机构采取措施,保障非普遍教学语种的教学和人才培养,完全出于国家利益至上的原则,立足于全球战略和长远利益这一基点。其基本方式是既强调扩大规模(expanding presence），又强调增强能力（expanding capacities）。我们在关注的同时也可以从增强教师和学生的"国家利益"观念，国家外语非通用语种教学和科研的可持续发展，适度扩大规模、统一专业布局、增加语种数量，坚持非通用语种教学模式的多样性和人才模式的多样性、坚持衡量人才培养质量的重要标准——外语水平以及重视教师队伍建设和高层次人才培养等方面得到启示。

三、跨学科研究的趋向

相对于非通用语种的教学和人才培养，美国对于国际问题和地区的研究从来都是予以高度重视的。我们以美国加州大学伯克利分校的南亚研究为例作一探讨。

美国在一些大学如加州大学伯克利分校和威斯康星大学（麦迪逊）都设有南亚研究中心，每年都举办南亚研究的学术年会。加州大学伯克利分校2005年年会于2月11日~12日在校内举行。研讨会分八个时段，每个时段一个半小时，发言按相同或相近的专题组合，一个时段安排三四个发言，每个时段安排两个小组同时发言和讨论。与会注册代表66人，主要来自美国的大学，也有少量代表来自南亚国家和其他地区。还有不少的旁听者，大都是学生和社区的居民。

研讨会给我们留下的突出印象是一个"新"字。这个"新"具有"新颖"和"创新"的双重含义：研究题目的新颖和研究领域的开拓。我们今天常常提到"创新"，要求学生的学位论文要有新观点、新思想，希望培养创新型的人才，这是无可厚非的。但是，人文社科研究者又常常苦于难以创新，或许我们从加州大学伯克利分校的这届南亚研究学术年会上能得到某些启示。

会议提交的论文所涉及的范围非常广泛，包括历史、文化、语言、文学、宗教、哲学、人类学、政治学和科学技术等专题。这些专题看上去只是些传统的研究领域，如"关于印度宗教文学典籍研究"，与我们通常进行的研究似乎没有多大的区别。然而，大量的论文注重在传统的研究领域所进行的研究工作对现代的影响，这样就将新的活力注入了传统研究课题。威斯康星大学（麦迪逊）南亚研究中心主任、人类学系主任 J. Mark Kenoyer 教授为研讨会作主题讲演，他演讲的题目是《南亚考古学及其现代实用性》（Archaeology of South Asia and its Modern Relevance）。演讲者运用现代批评理论和人类对上古时期的主要考古发现，对南亚人类的起源、印度河流域文明的源头和历史变迁、印度—雅利安人入侵的模式以及印度河文明、吠陀文明和早期历史文明之间的连接等问题作出新的解释，并且强调应在南亚历史文化当前的教学中密切联系这些新的研究成果。哈利是印度穆斯林启蒙运动中的一位乌尔都语诗人，他的《六行诗——伊斯兰的兴衰》是南亚乌尔都语文学史上的一部重要作品。来自英属哥伦比亚大学的 Abhishek Kaiker 的论文以《哈利六行诗中的知识、传统和现代性》为题，着重揭示哈利为唤醒印度穆斯林民众所发挥的重要作用及其对南亚现代历史进程的影响。

开拓新的研究领域是研讨会的第二个特点。印度的电影业素来很发达，然而过去对电影的研究尚未得到研究者的重视。本次会议安排了一个关于电影的专题，提交的论文有诸如《透视他民族：印度电影和文学中的空间、地域和性别》《孟买电影和跨国家庭产品》等，有的论文还具体地评述一部电影或从一部电影中的人物讨论电影对现代社会生活的影响。研讨会组织者发给代表的学术资料中有一份《南亚电影指南》，由加州大学伯克利分校南亚研究中心编辑。《南亚电影指南》详细记录了该校收藏的从 50 年代以来南亚国家发行的500 多部电影（这也只是很少一部分）。这些电影涉及的语种有孟加拉语、英语、法语、古吉拉特语、印地语、马拉雅兰语、马拉提语、尼泊尔语、旁遮普语、乌尔都语、僧伽罗语、泰米尔语和泰卢固语等，对南亚电影研究的重视可见一斑。

对文化的关注是研讨会的第三个特点。从美国学者亨廷顿提出以文明之间的冲突作为考察国际政治的思维架构，由此形成较有影响的"文明冲突论"以后，学术界对文化研究在持续的热潮中似乎找到了一种新的价值。本次研讨会上发表的论文有《现代南亚宗教和政治文化》和《叙述的悲剧：巴基斯坦的苏非政治》等直接讨论政治关系的，而大量的是从国家之间、民族之间的文化关系上讨论政治关系，如《关于殖民地时期印度文化认同问题》《北印度殖民地时期宗教论争的策略》《想象的信德：信德民族的东方主义、民族主义和后民族主义建构》《我们从此拥有一个新的国家和新的人民：印度殖民地史和英国民族利益》《印度：雅利安种族的古代印度教文明》《19 世纪印度的法国历史记录》《现代泰米尔纳德邦的政治和语言文化的转变》《性暴力：后殖民报告中的记录》《重新想象的民族：印度古吉拉特的妇女组织》等，也有从历史文化的比较中探讨政治的论文，如《政治理论的 INs and OUTs：泰米尔人和希腊人比较溯源》。

我曾在 10 年前参加过美国威斯康星大学（麦迪逊）南亚研究中心举办的

第 29 届南亚研究学术年会,相比之下,这一届伯克利南亚学术年会的研究题目充分地显示了研究的细化趋向。研讨会上有四篇论文与讨论印度的农业有关:《从农耕的角度看南印度的土邦王国》《英国干预海得拉巴土邦:农业社会经济结构的改变》《迈索尔种植业及其社会经济作用》和《Expansion of Wet Agriculture and the Rise of Vokkaligas(印度吠舍种姓中的一个副种姓,类似于一个民族)in the Princely State of Mysore》。研究题目的细化意味着研究内容的深化。首先,从南亚研究的角度看,讨论印度的农业显示了研究工作越来越走向深入的趋势。其次,在讨论印度农业问题时,学者们选择的题目非常细小。这不仅证实了"小题目和大文章"这一研究传统的辩证关系,更重要的是为我们提供了一种创新性研究的思维方式。当我们苦于寻找创新性研究的"门路"时,其实保持好优良的学术传统就保持了创新的基础,唯有在优良传统的基础上才有可能实现突破和创新。再次,高科技时代追求的技术创新和发展无形中带给了人们一种追求事物细化的新的思维模式,这次会议显示的研究题目的细化趋向印证了人文社科研究与科学技术研究趋同的客观规律。我曾在一次关于古代语言教学的专题研讨会上提出过,我们培养的人才不仅应该是高层次的,而且应该是深层次的。所谓深层次,就是要让学生学习和掌握深入细致地观察事物、发现问题和解决问题的方法。在参加了这次南亚研究学术年会后,我一方面愈加感到"细小"的可贵,另一方面也感叹研讨会的这一鲜明特点。

会议的第五个特点,也是给我印象最为深刻的一点,就是关于现代科学技术的讨论。一个人文社科类的学术研讨会开辟了一个讨论计算机技术应用方面的专题,本身就具有非同寻常的意义。当我们悉心地阅读会议的论文时,我们能更加清晰地看到美国的南亚研究真正体现了跨学科研究的特色,伯克利分校的南亚研究中心真正成为了一个跨学科研究的机构。如果说《印度专家和科学技术史》和《印度电子业服务于人的发展的趋势》一类的论文还未完全体现这一特色的话,那么伯克利分校计算机科学系两位教授发表的论文《Akshaya(政府为穷困学生而设计的一项基本保障):印度第一个电子文化区基础设施》和《将设备带给大众:巴西大众化电脑和印度便携式电脑的比较研究》以及麻省理工学院科学、技术与社会项目 Richa Kumar 先生的论文《处于竞争中的商人和农民:印度的电子集市》便可以毫无争议地体现了这一特色。电子集市 e-Choupal 是印度科学家创造的一个词语,指通过一个电子贸易平台为农产品创造一个乡村市场,choupal 在印地语和乌尔都语里是印度乡村聚会场所的意思。印度的电子业发展速度惊人,而将这一技术推广运用到广大的印度乡村更是一个奇迹。印度的农村正迎接着数字化时代的到来和酝酿着一场深刻的从政府管理到经营和耕作的技术革命。美国的科学家注意到了这个问题,美国的人文学者也注意到了这个问题,这样才引来了在南亚研究的学术会议上科学家和人文学者的对话和讨论。这充分体现了加州大学伯克利分校南亚研究中心对大学功能的理解和大学对一个国家社会发展的重要作用的理解。它使我们看到,美国的南亚问题学者不是坐而论道,海阔天空,而是把握了影响南亚经济社会发展的脉搏,他们研究的最终成果将服务于本国的经济建设和社会发展。

美国加州大学伯克利分校南亚研究中心是一个综合性的学术机构,担负组织教学、举办学术讲座、资助研究南亚的学者和学生的学术活动、鼓励有关南亚问题的跨学科研究、接待外校和外国的南亚问题专家的访问和学术交流、制定研究项目、编辑和组织出版语言教材和南亚问题的研究成果以及支持与南亚研究有关的文化和社区活动。有关南亚的教学活动从 1906 年教授梵文开始,现有印地语、乌尔都语、孟加拉语、泰米尔语、旁遮普语、尼泊尔语和梵语。中心收藏有历史学、政治学、艺术史、经济学、文化人类学、宗教学、社会学、音乐、人种音乐学和地理学等领域的大量图书和音像资料。这里的学术活动十分活跃,2005 年 1 月至 4 月的学术活动包括:由新闻学院主办的"巴基斯坦安全研讨会"(1 月 28 日), 与南亚和东南亚系联合举办的有关孟买一贫民窟实地调查的讲座(2 月 4 日),加州大学伯克利分校第 20 届南亚研究学术年会(2 月 11 日~12 日),《印度教徒报》农业问题编辑 P.Sainath 讲座"大众媒体与大众现实"(2 月 22 日),与机构和管理中心合办的以"处在十字路口的尼泊尔"为主题的研讨会(3 月 12 日),讲座"锡克教和苏菲主义的比较研究"(4 月 20 日~21 日)和"泰米尔文学研讨会"(4 月 30 日)。此外,按照惯例每月的第一个星期四有一次研究生学习报告会。

这个中心不招收本科学生,本科生主要在南亚和东南亚系注册,从事南亚语言、文学、宗教和哲学的专业学习,而以侧重南亚研究的跨学科教育则在人类学、艺术史、经济学、环境科学、政策和管理学、地理学、历史学、政治学、社会学等系或学院注册。学校开设的有关南亚研究的课程很多,以 2003 年秋季学期为例,开设的南亚课程可以分为三类。语言类课程有 7 门:初、中级印地语,现代印地语阅读,初、中级梵文,初级泰米尔语,中级旁遮普语;文学类课程有 5 门：印地语文学、梵文文学阅读、乌尔都语诗歌、泰米尔诗歌和文学、泰米尔文学研究；文化类课程有 8 门：中世纪和近代印度、南亚和东南亚艺术中的和平与战争、印度早期宗教、印度教神秘主义、印度艺术研究、印度表演艺术理论、南亚研究、南亚和东南亚研究方法论。该中心在印度、巴基斯坦和孟加拉等国设有研究所，用以安排美国公民或拥有在美永久居留权的学生和学者学习南亚语言和提高语言水平并为研究工作开展田野调查。如在巴基斯坦拉合尔设有"伯克利乌尔都语项目"（The Berkeley Urdu Language Program in Pakistan）。由于近年来该地区局势紧张的原因，从 2005 年起，这一项目改为由美国印度研究所(The American Institute for Indian Studies)负责在印度勒克瑙实施，勒克瑙也是乌尔都语中心地区之一。

（作者单位：北京大学东方文学研究中心）

早期佛经中的偈颂翻译

——以支娄迦谶的译经为例

●陈　明

　　内容提要：偈颂是印度佛教文学的重要组成部分，对中国古代诗歌产生过影响。要了解偈颂的翻译情况，必须从与中土语言风格迥异的早期佛经开始梳理。本文以东汉时期支娄迦谶的佛经翻译为例，在确定支娄迦谶的现存译经之后，就其对偈颂的处理情况进行了分析。支娄迦谶对原典中的偈颂采取了比较灵活的处理，或译成诗体，或译成散文。他首次将 gāthā 一词译为"偈"，然而总体而言，他的偈颂翻译手法尚未成熟，不及三国时期支谦的成就。

　　关键词：偈颂　支娄迦谶　佛经翻译

　　韵散结合是印度佛教经文的一个主要的文体特点。作为经文中的主要构成部分，而且作为便于"口口相传"的主要手段，在东汉末期，随着早期佛经翻译的开展，佛教诗颂也开始传入我国，并逐渐对中国文学产生影响。要了解偈颂的翻译情况，我们必须从与中土语言风格迥然相异的早期译经开始梳理，这样才能对日后偈颂的发展有清晰的认识。笔者在《"从后说绝"：安世高译经中的偈颂（gāthā） 翻译》一文中[1]，以《道地经》等为例，通过与其异译本（《修行道地经》）的比较，归纳出安世高翻译中表达偈颂的引语方法至少有九种："从后说绝"（"说是绝"）"从后缚束说"（"从后缚束"）"从后束结说" "从后现说""从后敛说""从后现譬说""从后说说""从后来说""后有说"。这九个表达法中，"从后说绝"使用次数最多，见于《杂阿含经》（T101）和《佛说七处三观经》之

---

　　[1] 陈明."从后说绝"：安世高译经中的偈颂（gàthà）翻译[M]// "第二届中国俗文化国际学术研讨会"论文.四川成都,2007.另见齐藤隆信. 漢訳経典におけるgathaの訳語とその変遷——絶·縛束·偈·伽他 [M]// 印度学佛教学研究：第五十四卷第一号,2006:37~42.

中。除"从后敛说"见于《佛说四谛经》之外,其余的多见于《道地经》之中。这九种表达法的共同点是:均有"从后"或者"后"字,明确表明以后的部分原为诗歌,尽管他没有译成诗句。再者,这些表达法只有安世高使用,可以作为判断是否为安世高译经的标志之一。

比安世高稍晚的另一位东汉佛经翻译名家是月氏人支娄迦谶,简称支谶,其梵名可以还原为 Lokakṣema[1]。本文以支娄迦谶译经为例,来考察早期佛经中偈颂(gāthā)的翻译情态。支娄迦谶所翻译的经文不算太多,梁代僧佑《出三藏记集》卷二列举了支娄迦谶所译经的目录,如下:

《般若道行品经》十卷(或云《摩诃般若波罗经》,或八卷,光和二年十月八日出)

《首楞严经》二卷(中平二年十二月八日出,今阙)

《般舟般三昧经》一卷(旧录云《大般舟三昧经》,光和二年十月八日出)

《伅真陀罗经》二卷(旧录云《屯真陀罗王经》[2],别录所载,安录无,今阙)

方等部《古品曰遗日说般若经》一卷(今阙)

《光明三昧经》一卷(出别录,安录无)

《阿阇世王经》二卷(安公云:出《长阿含》,旧录《阿阇贳经》)

《宝积经》一卷(安公云:一名《摩尼宝》,光和二年出。旧录云《摩尼宝经》二卷)

《问署经》一卷(安公云:出方等部,或云《文殊问菩萨署经》)

《胡般泥洹经》一卷(今阙)

《兜沙经》一卷

《阿閦佛国经》一卷(或云《阿閦佛刹诸菩萨学成品经》,或云《阿閦佛经》)

《孛本经》二卷(今阙)

《内藏百品经》一卷(安公云:出方等部。旧录云《内藏百宝经》,遍校群录,并云《内藏百宝》,无《内藏百品》,故知即此经也。)

---

[1] 汤用彤. 汉魏两晋南北朝佛教史[M]. 增订本. 北京:昆仑出版社,2006:62~67.
[2] 该经全名《伅真陀罗所问如来三昧经》,梵名 Drumakinnararāja-paripṛchāsūtra。

右十三部,凡二十七卷。汉桓帝灵帝时,月氏国沙门支谶所译出。其古品以下至《内藏百品》,凡九经,安公云:似支谶出也。[1]

经过许理和(Erik Zürcher)、辛岛静志[2]等学者的考证,现存支娄迦谶的译经共有九部,即:

1.《道行般若经》(Aṣṭasāhasrikā Prajñāpāramitā)十卷(T224)[3]

2.《佛说兜沙经》一卷(T280)

3.《阿閦佛国经》一卷(T313)

4.《般舟三昧经》三卷(Pratyutpannasamādhisūtra)(T418)

5.《文殊师利问菩萨署经》(Mañjuśrī-paripṛcchāsūtra)一卷(T458)

6.《遗日摩尼宝经》一卷(T350)

7.《阿阇世王经》二卷(Ajātaśatru-kaukṛtyavinodanasūtra)(T626)

8.《佛说内藏百宝经》一卷(T807)[4]

9.《阿弥陀三耶三佛萨楼佛檀过度人道经》二卷(T362)

之所以要详细列出支娄迦谶的译经,就是为了给相关的偈颂讨论提供一个比较准确的时间坐标,不至于将后出的经文当作安世高、支娄迦谶等前代高僧的译作。如果对那些托名前人之作信以为真的话,那么在论述中就会犯时空错乱、自相矛盾的错误。比如,黄先炳在论证支谦译《法句经》不是中国佛教偈颂诗的源头时,将《五阴譬喻经》《佛索阿难问世佛吉凶经》《佛说温室洗浴众僧经》等数部佛经当作了安世高的译作,证明其中的偈颂要早于《法句经》,恰

[1] 僧佑. 出三藏记集[M]. 苏晋仁,萧炼子,点校. 北京:中华书局,1995;26~27.
[2] 许理和. 关于初期汉译佛经的新思考[M]// 汉语史研究集刊. 第4辑. 成都:巴蜀书社,2001:286~312. 辛岛静志《〈道行般若经〉和"异译"的对比研究——〈道行般若经〉与译及梵本对比研究》《汉语史研究集刊》第4辑,巴蜀书社,2001年,第313~327页(主要参见第324页的注释1)。不过,辛岛静志在另一篇论文的批注中,将《忸真陀罗所问如来三昧经》列入支娄迦谶名下(Seishi Karashima, "Underlying languages of early Chinese translations of Buddhist scriptures", in: Studies in Chinese Language and Culture: Festschrift in Honour of Christoph Harbsmeier on the Occasion of his 60th Birthday, ed. by Christoph Anderl and Halvor Eifring, Oslo, Hermes Academic Publishing, 2006, pp.355~366。汉译文:辛岛静志《早期汉译佛教经典所依据的语言》,徐文堪译,《汉语史研究集刊》第十辑,巴蜀书社,2007年,第293~305页,主要见第301页批注5),但该经的译者尚存争议。另见史光辉《从语言角度判定〈忸真陀罗所问如来三昧经〉非支谶所译》《汉语史学报》第五辑,上海教育出版社,2005年,第280~286页。
[3] T224表示《大正新修大藏经》中编号为第224号的佛经,下同。
[4] Paul Harrison, "Sanskrit Fragments of A Lokottaravādin Tradition", in L.A. Hercus, et al., eds., Indological and Buddhist Studies, Volume in Honour of Professor J.W. de Jong on his Sixtieth Birthday, Canberra: Faculty of Asian Studies, 1982, pp. 211~234.

恰犯了颠倒时间的错误,为自己的论述提供了反证[1]。

《出三藏记集》卷七所收的"《合首楞严经记》第十",乃支愍度所写,对支娄迦谶的译经特点与门徒传承有所介绍:

> 谶,月氏人也。汉桓灵之世,来在中国。其博学渊妙,才思测微。凡所出经,类多深玄,贵尚实中,不存文饰。今之《小品》《阿闍贳》《屯真》《般舟》,悉谶所出也。又有支越字恭明,亦月氏人也。其父亦汉灵帝之世,来献中国。越在汉生,似不及见谶也。又支亮,字纪明,资学于谶,故越得受业于亮焉。越才学深彻,内外备通。以季世尚文,时好简略。故其出经,颇从文丽。然其属辞析理,文而不越。约而义显,真可谓深入者也。[2]

在《出三藏记集》卷十支娄迦谶的传记中,僧祐指出其翻译作品,"凡此诸经,皆审得本旨,了不加饰,可谓善宣法要、弘道之士也"。对支娄迦谶的译经风格,许理和总结如下:

> 这些译经独具风格而内部一致,自成一类,与安世高等人的译文不大相同。和安世高的译文相比,其语言更自然更容易理解,某些段落甚至相当生动流畅,白话成分丰富。这一类译文的另一个特点是喜欢音译专名和术语,有时12个音译字连在一起,这使叙述语言难以卒读。这些译经中还没有中国式文学的特征,但已出现了无韵的佛教诗句的端倪,译者在此显得犹豫不定:在同一部经中,原典语句整齐的部分有的被译成了散句,而另一些段落又被翻译成句式整齐的五言或六言、七言的汉语偈颂。[3]

与安世高相比,支娄迦谶的译经语言要流畅一些,但仍然比较质直。在进行了《八千颂般若经》的若干段落的梵汉对勘比较之后,党素萍发现支娄迦谶的译本《道行般若波罗蜜经》风格比较质直,偏重音译。有些段落"在行文翻译

---

[1] 黄先炳. 也谈《法句经》的偈颂及其文学性[J]. 中国韵文学刊,2005(2):28~34.

[2] 僧祐. 出三藏记集[M]. 苏晋仁,萧炼子,点校. 北京:中华书局,1995:270.

[3] 许理和. 关于初期汉译佛经的新思考[M]//汉语史研究集刊:第4辑. 成都:巴蜀书社,2001:294.

时,顺着梵文的语序,一个一个词直译下来,排列成句,倒也不失原意"。还有些段落"谶本过于质直,有时不免让人不明其意"。[1]

支娄迦谶翻译的《佛说遗日摩尼宝经》是早期佛教大乘经典之一,对应一百二十卷《大宝积经》(*Ratnakūṭa-sūtra*)中的一品,名为《迦叶品》,现存梵本名为 Kāśyāpaparivarta。它有三个异译本,即(1)晋代失译的《佛说摩诃衍宝严经》(一名《大迦叶品》);(2)失译附秦录,后由唐代菩提流志勘同编入《大宝积经》卷一一二之《普明菩萨会》第四十三;(3)宋代施护译《佛说大迦叶问大宝积正法经》。《遗日摩尼宝经》并没有任何偈颂部分,但对应的梵语平行本、藏语译本和汉文异译本《佛说大迦叶问大宝积正法经》,却有不少的偈颂,而且这些偈颂多属于"重颂"类型。按照一般的常理,"重颂"类型的诗歌用 geya 来表示,而梵本《迦叶品》中却非常简略,并没有提到与 gàthà 和 geya 相关的词汇。现选取一段略加说明如下。

例 1. 梵本《迦叶品》中的第 21 叶正背:

1u(p amo) –panyāanirdeśās te kāśyapa nirdekṣyāmi yai <r >upamopadnyāsanirdeśebhiḥ bodhisatvo mahāsatvaguṇānv(i)jñāpa〔y〕(et)

2 tadyatha kā śyapa iyaṃ mahapṛthivī sarvasatvopajīvyā nirvikārā niṣpratikara

3 evam eva kāśya(pa) prathamacittotpādiko bodhisatvo yāvad bodhimaṇḍ aniṣadanā tāvat sarvasatvopajīvyo nirvikāro(ni)–ṣpratikāro bhavati

4 tatredam ucyate//

pṛthivī yathā sarvajanopajīvya

pratikara nakaṃkṣati ni(r)〔vi〕kara/

citte tathadye sthita bodhisatvo

yāvan na boddho bhavita jinottama/

anuttara sarvajanopajīvyo

pratikara nakaṃkṣati nirvikaro/

putre caśatruṃhi ca tulyamanaso

paryeṣate nitya varagrabodhim//

佛言:"迦叶,譬如地。一切人随其所种。其地亦不置人也。如

[1] 党素萍.《八千颂般若经》若干章节的梵汉对勘研究[D]. 北京大学硕士生学位论文,2004:13~14. 另外,有些论文也泛泛涉及支娄迦谶译经的风格。比如,刘长庆,王桂琴. 论我国早期的佛经翻译特点[J]. 襄樊学院学报,2006(4):83~88.

是,发意菩萨,自致乃成佛,饶益十方人,亦适无所置也。"

——《佛说遗日摩尼宝经》

复次,迦叶,我当为汝说喻,智者以喻得知。譬如地界为一切众生而无有二。如是,迦叶,菩萨从初发意以来至于道场,为一切众生亦无有二。

——《佛说摩诃衍宝严经》

复次,迦叶,菩萨福德无量无边,当以譬喻因缘故知。譬如一切大地众生所用。无分别心不求其报。菩萨亦尔,从初发意至坐道场,一切众生皆蒙利益,心无分别,不求其报。

——《大宝积经》卷一一二之《普明菩萨会》

佛告迦叶波:"我为菩萨,说譬喻法,令彼知见为菩萨德。"迦叶自言:"其义云何?""迦叶,譬如地大,与一切众生。为其所依令彼长养。而彼地大于其众生无求无爱。菩萨亦然。从初发心直至道场,坐得成菩提。于其中间,运度一切众生无爱无求,亦复如是。我今于此而说颂曰:

譬如地大　与诸众生　依止长养　于彼众生
无求无爱　菩萨亦尔　从初发心　直至道场
成无上觉　运度有情　无求无爱　无冤无亲
平等摄受　令得菩提

——《佛说大迦叶问大宝积正法经》

通过对比,我们发现梵本《迦叶品》中的"tatredam ucyate"是一个标志。"tatredam ucyate"的意思是"它被如此说"或"于此它被说"。就此一段而言,在"tatredam ucyate"之前的是散文部分,在它之后的是诗歌部分。前后的内容基本一致。这种用诗句将前面的散文(长行)内容重复一次的体裁,就是"重颂"。

汉文的前三个译本均无偈颂,其原因可能是所对应的梵文母本当时尚未有偈颂,偈颂也许是后世添加上去的。与前三部译经比较,宋代施护翻译的《佛说大迦叶问大宝积正法经》有一个很大的特点,就是它有偈颂部分,现存的梵文本和藏文译本也有这样的诗句,然而前三部译经基本上没有这么多数量的偈颂与其对应。当然,前三部译经中,并不是一首偈颂也没有。我们可以找到如下的例证。

例 2. 梵本《迦叶品》中的第 68 页正背：

atha bhagavāṃs tasyāṃ velāyām imāṃ gāthām abhāṣataḥ//

naśīlavantasya m(alaṃ)na kiṃcana

naśīlavantasya mado na niśrayaḥ

naśīlavantasya tamo na bandhanam

naśīlavantasya rajo na[d](oṣaḥ) ‖ 1 ‖

śāntapraśānta–upaśāntamānaso

kalpaḥvikalpāpagato niraṃgaṇaḥ

sarveñjanāmanyanavipramuk(t)aḥ

(sa)śī(lavā)–n kāśyapa buddhaśāsane:‖ 2 ‖

na kāyasāvekṣi na jīvitārthiko

hy anarthikaḥ sarvabhavopapattibhiḥ

samyaggat(a)ḥ s. + + + pratiṣṭhitaḥ

saśīlavān k [ā] ṣyapa buddhaṣāsane‖ 3 ‖

na lokapipto na ca lokaniṣrito:

ālokaprāpto amamo (aki) –ñcanaḥ

na cātmasaṃjñī na pareṣu saṃjñī

saṃjñā parijñāya viśuddhaśīlaḥ‖ 4 ‖

yasyā na （’） pāraṃ na ca pāramadhy （aṃ

a） –pūrapāre ca na jātu saktaḥ

avabaddh （’） asakto akuho anāsravaṅ

saśīlavān kāśyapa buddhaśāsane‖ 5 ‖ （下略）

　　尔时佛说曰：戒无瑕秽着也，戒者无奢、无瞋恚，安定就泥洹，如是为持戒。不爱身，亦不爱命；不乐于五道，悉晓了人于法，于佛法中是故为戒。适不在中边止也，中边不着，不着不缚。

——《佛说遗日摩尼宝经》

　　于是世尊说此颂曰：

持戒不有亦无垢　持戒无惓而不倚　持戒不暗无所缚　持戒无尘无污秽

究竟止息无上寂　无想不想亦无秽　诸恼众倚一切断　是为迦叶持佛戒

不着身口不倚命　不贪一切受生死　以正去来住正道　是为迦叶持佛戒

不着世间不倚世　得明无暗无所有　无有己想无他想　断一切想得清净

无此彼岸无中间　于此彼岸亦不着　无缚无诈无诸漏　是为迦叶持佛戒

——《佛说摩呵衍宝严经》

尔时,世尊欲明了此义,而说偈言:

清净持戒者　无垢无所有　持戒无憍慢　亦无所依止
持戒无愚痴　亦无有诸缚　持戒无尘污　亦无有违失
持戒心善软　毕竟常寂灭　远离于一切　忆想之分别
解脱诸动念　是净持佛戒　不贪惜身命　不用诸有生
修习于正行　安住正道中　是名为佛法　真实净持戒
持戒不染世　亦不依世法　逮得智能明　无暗无所有
无我无彼想　已知见诸相　是名为佛法　真实净持戒

——《大宝积经》卷一一二之《普明菩萨会》

尔时世尊而说颂曰:

所持离垢戒　非住我人相　无犯亦无持
无缚亦无解　微妙甚深善　远离于疑惑
迦叶此戒相　如来真实说　所持无垢戒
而于彼世间　非为自身命　普济诸群生
同入真如际　迦叶此戒相　如来真实说
所持离垢戒　于彼我人中　无染亦无净
无暗亦无明　无得亦无失　不住于此岸
不到于彼岸　亦非于中流　缚脱而平等
无住如虚空　非相非非相　迦叶此戒相
如来真实说　所持无垢戒

——《佛说大迦叶问大宝积正法经》

例 2 的梵本中有"imāṃ gāthām abhāṣataḥ",四个汉译本分别译为"说曰"、"说此颂曰"、"而说偈言"和"而说颂曰",可见 gāthā 对译为"颂"和"偈言"。支娄迦谶没有译出 gāthā 一词的意义,也没有将这一段偈颂译为诗体,因为这一段偈颂能够对应四个汉译本,这说明它不是后来添加上去的,而是最古老的梵本中原有的。这也印证了前文的说法,即支娄迦谶将偈颂部分,有些译作了诗体,有些译作了散文。

通篇考察和对比梵文本《迦叶品》,则可发现《佛说大迦叶问大宝积正法经》中的"重说颂曰"所引导的诗体部分还有以下几个特点:

(1)从形式上来看,梵本一般前面为长行,叙述一个问题(常常用"先问后答"的方式),然后用诗体将前面回答的内容再重复一遍。这是属于一般所说的"重颂"体裁,施护译本也是如此。

(2)梵本在长行和诗体之间基本上没有任何交代诗句的话语,除用 tatredam ucyate 表承接外,直接将诗句置于长行之后,而施护译本中间有承接语,即除用"我今于此而说颂曰"来对译"tatredam ucyate"之外,还用"我今于此重说颂曰"等来译之。施护特别是用"重说颂"来表明此处为一种"重颂"体裁,而梵本中并无与"重颂"或者"颂"相对应的词语,因此,可以断定,在有些段落中,施护根据经文的内容和形式而意译(或增译)了"颂"这样的词语。

(3)梵本的诗句一般为四句,而施护的译本多用五言诗来翻译,也有用四言诗的形式,而且诗句的数目不等。比如,上引的例 1 这一段就是用 14 句(实际上是七组)四言诗来对译的。

(4)梵本诗句多用韵,而施护所译诗句基本上不押韵。比如,上引例 1 的梵本这一段诗句使用了 Triṣṭubh 类的音律。Triṣṭubh 是佛教众多偈颂的一种,一般为每两行二十二至二十四音节(每句十一或十二音节)所组成。例 1 中的这一 Triṣṭubh 音律,并没有像中土诗歌那样押尾韵。施护译本显然采用了无韵诗形式来翻译偈颂。

(5)现存梵本《迦叶品》有些段落没有诗体,而施护的译本和藏文本却有偈颂部分,这说明现存梵本与施护的译本有一定出入,二者并非严格的母本与译本的对应关系。

虽然《佛说遗日摩尼宝经》中没有翻译诗句,但是支娄迦谶在其他的经文中有过翻译诗句的经历。许理和认为,最早用"偈"(＊g'itāt)对译 gāthā 见于支娄迦谶的《般舟三昧经》。经查,支娄迦谶的其他八部经文中并未见有"偈"字。

《般舟三昧经》是《大方等大集经·贤护分》的早期译本。现存《般舟三昧经》有两种[1]:一卷本(T417)、三卷本(T418)。经过对比,发现前者并不是一个独立的译本,而实际上是节缩后者而成,时间大约在 4 世纪初。[2] Paul Harrison(何离巽)在其未刊的博士学位论文《藏译本〈般舟三昧经〉的英译批注本》(堪培拉,1979)中仔细地分析了三卷本《般舟三昧经》的复杂语言现象。其结论为:"高丽藏本的 1~6 节是支娄迦谶原来的译文,7~26 节的散文部分也大致是支娄迦谶所译,而其中的偈颂则是稍后的人所译。T418 的 1~6 节以外的各节是另一种早期译本,Harrison 从行文风格着眼认为不是竺法护的译文。"[3]如果这样的结论成立的话,那么,《般舟三昧经》中的哪一处"偈"是支娄迦谶首译,尚待厘清。

《般舟三昧经》中一共有三种形式的偈颂,即五言偈、六言偈和七言偈。《般舟三昧经》卷上"行品第二"中有一首五言偈:

> 佛尔时颂偈曰:
>
> 心者不知心　有心不见心　心起想则痴　无想是泥洹
> 是法无坚固　常立在于念　以解见空者　一切无想念[4]

像这种五言偈,还见于该经卷中"四辈品第六"和卷下"劝助品第十三"。又,卷中"四辈品第六"有两首六言偈。卷上"譬喻品第四"、卷中"无著品第五"中各有一首较长的七言偈。卷中"授决品第七"有佛与阿难对答的二首七言偈,佛陀一般用"即颂偈曰",而阿难的诗颂是用"以偈赞曰"而引出;又,卷中"拥护品第八"有佛陀单颂的一首七言偈。卷中"羼罗耶佛品第九"也有一首七言偈;卷下"请佛品第十"有三首七言偈;"无想品第十一"有一首七言偈;"十八不共十力品第十二"则有一首七言四句短偈;"师子意佛品第十四"和"至诚佛品第十五"还各有一首七言偈。经统计,该经共有十三首七言偈。对这些七言偈,陈允吉认为:

> 七言偈是我国翻译之佛典中出现甚早的一种偈颂译文形式,

---

[1]汪维辉. 从语言角度论一卷本《般舟三昧经》非支谶所译[J]. 语言学论丛:第 35 辑. 北京:商务印书馆,2007:302~322.

[2] Paul Harrison, "The Earliest Chinese Translations of Mahàyàna Buddhist Sutras: Some Notes on the Works of Lokakṣema," Buddhist Studies Review, Vol. 10, No. 2, 1993, pp. 135~177.

[3] 许理和. 关于初期汉译佛经的新思考[M]//汉语史研究集刊:第 4 辑. 成都:巴蜀书社,2001:308.

[4]《大正新修大藏经》第 13 册,第 906 页。

泊于东汉支娄迦谶所译的《佛说般舟三昧经》里，就已经有数量不少的七言偈存在，而且其中有些句段在篇幅上亦具备一定的规模，它们把若干四句偈串合在一起，构成了七言偈颂比较完整的译文体制。[1]

笔者认为，这种《佛说般舟三昧经》里的七言偈是稍后的人增译，不能看作是东汉末期的产物。像这种成熟的七言偈的翻译当不出自支娄迦谶的手笔。有关支娄迦谶对偈颂的处理，前引许理和论文中还指出："支娄迦谶有时也试图采用汉语的无韵诗形式翻译偈颂，而在别的地方，甚至同一段经文中，又把原文的诗节翻译成散文句。"《般舟三昧经》三卷本中有些部分[2]就是用散文翻译原经的gāthā，而在其异译本中则被翻译成了常见的偈颂。这些都说明支娄迦谶在佛经翻译实践中，尚未有一整套成型的翻译偈颂的方法，带有一定的随意性。

从支娄迦谶之后，佛经翻译时，根据原文的韵散结合的形制而在汉译中体现出的所谓"诗歌化固定格式"，得到了广泛的运用，翻译偈颂的手法也更为丰富。支谦就是一个很好的例子。《高僧传》卷一"康僧会传"记载了支谦译经的情况：

> 谦以大教虽行，而经多梵文，未尽翻译。已妙善方言，乃收集众本，译为汉语。从吴黄武元年至建兴中（223~252），所出《维摩》《大般泥洹》《法句》《瑞应》《本起》等四十九经，曲得圣义，辞旨文雅。又依《无量寿》《中本起》，制菩提连句梵呗三契。[3]

比起安世高和支娄迦谶来，支谦的汉语水平更高，因此，所译的经文"文质兼重"，能够沟通梵汉两种文化，达到了"曲得圣义，辞旨文雅"的地步[4]。他翻译的《法句经》就是佛教史上最简明扼要的重要诗体著作之一[5]。吕澂先生特别肯定支谦翻译《瑞应本起经》的价值。他指出"这一翻译不但丰富了佛传文学的内容，而且通过赞呗的运用影响到后来偈颂译文的改进，也是值得

[1] 陈允吉. 中古七言诗体的发展与偈颂翻译[M]//中华文史论丛：第52辑.上海：上海古籍出版社,1993:201~225. 收入陈允吉. 古典文学佛教溯源十论[M]. 上海：复旦大学出版社,2002:23.
[2] 高楠顺次郎,渡边海旭. 大正新修大藏经：第13册[M]. 1934:906~907.
[3] 高楠顺次郎,渡边海旭. 大正新修大藏经：第50册[M]. 1934:325.
[4] 相关的研究参见佐藤义博《支谦译经典の特征について——特に原始佛教圣典を中心に》,《印度学佛教学研究》第43卷第1号,1994年,第327~323页. 朝山幸彦《支谦译经中的中国化改形的一例证及其在思想史上的意义》,《历史文献研究》总第18期,1999年,第251~258页.
[5] 黄先炳. 也谈《法句经》的偈颂及其文学性[J]. 中国韵文学刊,2005(2):28~34.

提出的"[1]。支谦深谙音律,不仅翻译偈颂,而且留意经文中赞颂的歌唱,自己创作出了三首可以吟诵歌唱的连句梵呗,对后世中土文人的诗歌创作(特别是赞呗艺术)产生了深远的影响。

在齐藤隆信的系列研究"汉语佛典中偈颂的研究"中,他从韵律使用的角度,重点讨论了支谦所译偈颂的特点,并且根据"偈颂中的韵脚"方面的共同特点,判定《法句经》(吴·维祇难、竺将炎合译)、《般泥洹经》(东晋,失译)、《鹿母经》(西晋·竺法护译)、《演道俗业经》(西秦·圣坚译)[2]。虽然作者的结论还有待验证,但他这种根据音韵来判定译本的方法,对以往根据经录记载、词汇(和语法)来判定译者及年代,无疑是一个较好的补充。

总之,佛经偈颂的翻译是随着译经事业的发展而成熟的,其中既要切合印度梵语(或西域胡语)的内容和音韵特点,又要迎合中土人的诵读习惯,在两种(或多种)语言文化的交汇中找到最能表达偈颂神韵的方法。周一良《论佛典翻译文学》中指出:"佛典的体制固然是依照原本,但就是译成汉文,多少要受汉文文学的影响。譬如佛典里的偈语,不问原文音节如何,大抵魏晋六朝时所译以五言四言为多,七言极少。而隋唐以后所译偈语,什九是七言,五言极少,四言简直看不到了。"[3]魏晋以后,译师们对这些翻译偈颂所采取的办法,陈允吉《中古七言诗体的发展与偈颂翻译》一文中作了比较好的归纳,特征引如下,作为本文的结语:

> (一)多用同格的语句铺排叙列,以力求其译文一气贯注;(二)碰到长篇的七言偈颂,则在各个四句偈的末尾套用同一个名相事数;(三)以几组韵部不同的汉字在偈颂偶句末尾参差交替使用,彼此映衬间隔,使之体现出一定的韵律感;(四)在极个别的七言偈颂零星短章里,还出现过一些隔句押韵的例子,这犹如当时的四言、五言诗一样,碰到偶句时在其句末押上韵脚。[4]

(作者单位:北京大学东方文学研究中心)

[1]吕澂《中国佛学源流略讲》的"附录"部分,有关"支谦"的词条。收入吕澂. 吕澂佛学论著选集:卷五[M]. 济南:齐鲁书社,1991:2877~2881.

[2]齐藤隆信《支谦所译经典中偈颂的研究——四部经典中偈颂的汉译者》,《法源》第19期,2001年,第63页以下。另外参见齐藤隆信《支谦と鸠摩罗什佛典における偈の诗律》,《佛教史学研究》第43卷第1号,2000年,第70~91页;《汉语佛典における偈の研究——有韵の偈》,载《香川孝雄先生古稀纪念论文集》,永田文昌堂,2001年;《汉语佛典中偈颂的韵律与〈演道俗业经〉》,《法源》第18集,2001年(该文附录了《汉译佛典有韵偈颂一览表》);《礼赞偈的韵律—诗的评价和原文校订一》,《净土宗学研究》26号,京都,2000年。

[3]周一良. 论佛典翻译文学[M]//周一良文集:佛教史与敦煌学. 沈阳:辽宁教育出版社,1998:214.

[4]陈允吉. 中古七言诗体的发展与偈颂翻译[M]//中华文史论丛:第52辑. 上海:上海古籍出版社,1993:201~225. 收入陈允吉. 古典文学佛教溯源十论[M]. 上海:复旦大学出版社,2002:26.

菲尔多西和《列王纪》

●张鸿年

《列王纪》是伊朗伟大诗人菲尔多西(940~1020)用 35 年时间创作的波斯民族英雄史诗。我国读者比较熟悉印度史诗和希腊史诗,而对同属印欧语系的伊朗史诗则相对生疏。其实,《列王纪》在世界文坛上早已为人瞩目,甚至有的文学家认为其中的某些精彩章节在希腊史诗里也找不到。

产生于 10~11 世纪之交的《列王纪》卷帙浩繁,人物众多,内容丰富多彩,文化内涵深厚。诗人菲尔多西从雅利安人西支伊朗民族起源写起,一直写到公元 651 年,即阿拉伯人入侵伊朗并推翻萨珊王朝为止。其间包括伊朗传说中和历史上四大王朝 50 个国王时期的盛衰兴亡大事。有威武雄壮的战争场面,也有缠绵悱恻的爱情故事;有治国安邦的举措方略,也有独具色彩的异域风情。

直到 18 世纪,《列王纪》都被认为是波斯帝国的正史。随着历史学的发展,伊朗古代史的面貌逐渐清晰地呈现出来。两相对照,这才最终确定《列王纪》的民族英雄史诗的地位。

古代的伊朗是东方大国,具有雄厚的国力和高度发展的文明。它雄踞于亚非欧交界地带,在东西方各民族的关系中占有举足轻重的地位。伊朗的历史与东方的印度、中国和西方的希腊、罗马以及侧翼的阿拉伯有着密不可分的联系。史诗《列王纪》里波澜壮阔的历史画面就是通过伊朗与这些民族的密切联系展现的。

《列王纪》产生于 10~11 世纪之交不是偶然的,实际上,菲尔多西的《列王纪》只是当时多部同类作品之一。阿拉伯人推翻萨珊王朝后,直接统治伊朗。他们实行民族压迫政策。民族灾难激发了伊朗人的爱国热情。他们强烈要求恢复自己民族的历史地位和文化传统。诗人菲尔多西属上层德赫甘阶层,德赫甘是伊朗的贵族阶层,即土地所有者。这个阶层也掌握文化。菲尔多西又恰恰生于这样一个伊朗民族精神复兴时代。他幼年受到很好的教育,学识渊博,具有驾驭语言的能力,更为重要的是他具有高度的爱国热情,所以经过前半生的认真准备,谱写了一曲高亢的伊朗民族精神的颂歌。

菲尔多西大约于公元 975 年着手《列王纪》的创作,1009 年完稿(有的学者称他在去世前又进行了一次修改)。这时,距阿拉伯人入侵已经有 300 年之久。伊朗人在远离阿拉伯人统治中心(巴格达)的本国东部、东南部、东北部和中部建立了相对独立的地方政权。这些地方政权的建立本身就是伊朗民族意识觉醒的体现。它们一经建立就更加推动了反抗阿拉伯人统治的运动。地方王朝的统治者虽然表示臣服阿拉伯哈里发,实际上他们在自己的势力范围内自行其是,在不同程度上,在文化思想领域鼓吹民族精神,宣扬波斯文明的优越性,培养伊朗人的民族自信心。当时,在各被统治民族中掀起了一股反对阿拉伯人压迫的"舒毕思潮"。"舒毕"是一个阿拉伯词,意为"部族""种族"。该词源于一段《古兰经》文(49 章,第 113 节)。伊朗人和其他被阿拉伯人征服的民族以此证明伊斯兰教不应由阿拉伯人所垄断,凡信教者应一律平等。在伊朗,这一思潮表现得特别强烈。

"舒毕思潮"在文化领域内的反映之一就是伊朗地方统治者提倡以波斯民族语言写作,以抵制阿拉伯语的冲击。伊朗萨珊王朝时使用的语言是巴列维语(中古波斯语)。阿拉伯人入侵后竭力推行阿拉伯语,限制巴列维语,因而巴列维语势衰。但是阿拉伯语终究未被伊朗人接受。一种伊朗地方语法尔斯语兴起,成了伊朗的通用语。这种语言称为达里波斯语(近代波斯语)。菲尔多西的《列王纪》就是以达里波斯语创作的。

关于伊朗地方王朝统治者提倡撰写本国光荣历史这一事实,菲尔多西在《列王纪》的开头已经提及。这部分有一段对伊朗萨曼王朝的描写。萨曼王朝是统治河中地区和霍拉桑的地方王朝。这一王朝对恢复伊朗传统文明有突出贡献。霍拉桑总督阿布·曼苏尔·穆罕默德下令四方求贤,寻访熟知波斯帝国历史和民间传说的人,编写了一部散文体《王书》。此外,菲尔多西还写到萨曼王朝宫廷诗人塔吉基(卒于公元 977 年)。这位诗人曾奉国王之命创作诗体《王书》。据史料记载,菲尔多西创作《列王纪》之前已有多人写过同一题材。

同一时期多人创作有关波斯帝国光荣历史的题材,这是"舒毕思潮"与伊朗的修史传统相结合的明证。"舒毕思潮"给帝国古老的历史注入了新的生命，使这一时期创作出的《王书》带有强烈的反抗异族侵略的色彩。虽然有许多人写过同一题材，但是给后世留下一部伟大的民族史诗的只有菲尔多西一人。

菲尔多西的《列王纪》分三大部分：

一、神话传说部分。从凯尤玛尔斯国王当政开始到法里东国王出生。

二、勇士故事部分。从铁匠卡维起义到鲁斯塔姆被害。

三、历史故事部分。从凯扬王朝覆灭到阿拉伯人推翻萨珊王朝。

神话传说部分包括雅利安族早期迁徙的传说以及衣食的获取，国家的形成，宗教的出现，节日的确立。对研究人类早期历史文化有参考价值。勇士故事部分是全书的主干。这部分基本是描写勇士鲁斯塔姆率领众勇士反抗敌国土兰的侵略，保卫祖国的英勇事迹。这部分约占全书的二分之一。历史故事部分大体相当于全书的三分之一。这部分也有不少着意之笔。特别是写到萨珊王朝（224~651）奠基人阿尔达希尔和这一王朝的国王阿努席尔旺施政治国的方略，反映了伊朗的先进的政治制度和丰富的施政经验。总的看来，历史故事部分比较接近史实。全书越到最后现实成分越多。

《列王纪》中虽然写了 50 个国王时期的大事，但是，并不是平均使用笔墨，而是有简有繁。详细处超过 1 万行诗，简略处一笔带过（如写安息王朝诸王）。全书大小精彩故事达 30 余个。

《列王纪》问世 1000 年来，它的文化内涵、史学价值和艺术魅力已经为越来越多的人所认识。不仅世界文学爱好者阅读欣赏，各国学者也都多方面多层次地对它进行研究。综观全书，我们认为这部史诗有如下四方面的成就：

一、《列王纪》是一曲伊朗民族精神的高亢的颂歌；

二、《列王纪》是伊朗文学的宝库；

三、《列王纪》是新兴的达里波斯语的基石；

四、《列王纪》是波斯文明和伊朗古代社会生活的百科全书。

首先，《列王纪》是一曲高亢的伊朗民族精神的颂歌。《列王纪》问世以后，在团结人民和激励人民的爱国热情方面发挥了无可替代的作用。诗人笔下的充满爱国激情的诗句鼓舞了一代代伊朗人。在史诗结尾，当伊朗和阿拉伯双方决战前夕，伊朗军队统帅鲁斯塔姆·法拉赫扎德预感到亡国危险，他在给兄弟的信中写道：

我为伊朗人而伤心痛哭，

我为萨珊王朝覆灭而焦灼痛苦。

多么令人痛心，我们将失去王位王冠，

多么令人痛心，我们将失去好运和尊严。

今后，阿拉伯人会把我们击败，

我们的命星将失去它的光彩。

正义与公道将一去不返，

皇家的王座将被一举掀翻。

当阿拉伯人一旦征服伊朗，

耶兹丹的子民就会罹难遭殃。

在伊朗，每当外族入侵时，人们为出征的战士送行，就朗读《列王纪》中的诗句，以壮行色。据《文苑精英》(ChaharMashale)[1]记载，古尔王朝(1148~1215)国王阿劳丁·古利(卒于公元1160年)率军出征伽色尼城时，就命人朗读《列王纪》。《史集选》(Tafikh—e Gozide)载[2]，塞尔柱王朝(1037~1194)最后一位国王托格拉尔·伊本·阿尔萨兰(1168~1193)在迎战敌人花剌子模沙赫时也命人朗读《列王纪》。这两位国王都是突厥人。他们临战时都朗读《列王纪》激励士气，可见史诗的巨大影响和鼓舞作用。在伊朗各朝的宫廷和大户人家都有《列王纪》的诵读人，城乡节日集庆或平日茶馆酒肆都能看到朗读《列王纪》的情景。可以说，《列王纪》已经完全融入伊朗各阶层人们的日常生活之中，不仅是他们喜爱诵读的文学作品，而且是他们生活的指南。

其次，《列王纪》是伊朗文学的宝库。从达里波斯语文学的发展上看，《列王纪》是一部承上启下的里程碑式的巨著，是达里波斯语诗歌创作的第一个高峰。它继承了伊朗古代的文学传统，又为后世诗人提供了丰富的创作素材和想象力驰骋的广阔天地。菲尔多西是在丰厚的文学遗产基础上创作《列王纪》的。伊朗古代琐罗亚斯德教古经《阿维斯塔》中，已经包括大量古代神话传说和早期祭神的诗歌。这是伊朗文学创作的源头。到萨珊王朝时期，巴列维语文学已高度发展。产生了像《阿尔达希尔巴巴康的业绩》那样的传记文学作品，产生了

---

[1]《文苑精英》是古尔王朝宫廷诗人内扎米·阿鲁兹依写的一本文人笔记。成书于1157年，记述文翰、诗歌、天文和医学四个方面的杰出文人的事迹。

[2]成书于公元1320年，是阿姆杜拉·莫斯突非·喀兹文尼撰写的一部历史书。实际上是拉什杜丁·法兹罗拉(拉什特)的名著《史集》选本。

长篇爱情抒情诗《维斯与朗明》、英雄史诗的雏形《缅怀扎里尔》，还产生了成为《一千零一夜》的基础之一的《一千故事》。上述《阿维斯塔》中的神话传说、阿尔达希尔和扎里尔的故事都在菲尔多西的《列王纪》中有更加充实和丰满的反映。除此以外，菲尔多西的《列王纪》中，至少还包括另外两方面素材。一是萨珊王朝的历史，一是流传在民间的口头传说。比如诗人就把古籍所不载的鲁斯塔姆和他父亲扎尔的故事写入《列王纪》。而且这一组故事构成了全书的主干，也是全部史诗的最精彩的篇章。甚至有的学者说，如果没有鲁斯塔姆，《列王纪》就不成其为《列王纪》了。

在《列王纪》中所涉及的三个时期中，诗人都塑造了许多给人以深刻印象的人物形象。其中有三组人物形象是十分突出的：其一就是一系列公正贤明的君主，如法里东、哥巴德、霍斯鲁、阿尔达希尔和阿努席尔旺等；其二是一系列忠心耿耿勇敢无畏的勇士形象，如鲁斯塔姆、夏沃什、苏赫拉布、埃斯凡迪亚尔和比让等；第三组形象则是纯洁娴雅忠于爱情的贵族妇女，如鲁达贝、塔赫米娜、法兰吉斯、玛尼日以及女扮男装上阵厮杀的少女古尔德法里德。此外还有大臣谋士、鬼怪神魔、达官贵人、平民百姓。其中很多形象直至今日仍然活在人们的心中。

曲折的故事情节、细腻的心理描写和大量生动活泼的人物对话，构成了史诗《列王纪》艺术成就的主要特色。

比让与玛尼日的故事情节颇似近现代小说。从两人一见钟情，玛尼日把比让偷带回土兰王宫，到比让被囚在枯井，以及到鲁斯塔姆化装与玛尼日取得联系，救比让出险，夜袭土兰王宫，抗击追兵，一环紧接一环，始终吸引读者的注意力。其他如法里东故事、苏赫拉布故事、夏沃什故事、巴赫拉姆故事、阿尔达希尔故事、阿努席尔旺故事以及穿插在大故事中的许多小故事，都写得有声有色，曲折动人。

细腻的心理描写是这部史诗艺术成就的另一特点。正是由于这部史诗的许多故事情节跌宕起伏，大喜大悲，人物命运瞬息巨变，所以主人公的感情变化也是剧烈的。菲尔多西在这些人物命运的转折关头恰如其分地表现了主人公的心理活动。如鲁斯塔姆亲手杀死儿子的悲痛，夏沃什被迫离开祖国，远走土兰辞别兵将时的凄凉，苏赫拉布两军阵前陷入情网时的怅惘，苏赫拉布的母亲惊闻儿子被杀后的绝望的心情，都表现得淋漓尽致，使读者如临其境地感受到主人公的心理变化和感情波澜。

305

《列王纪》艺术上的另一特色是全诗充满了人物对话。许多章节几乎都是人物对话,而完全没有对话的章节几乎找不到。对话使史诗语言生动流畅,朴实自然。诗人通过人物对话叙述故事,描绘场景,塑造人物,揭示主人公内心感情活动。

《列王纪》问世后引起诗人和作家们的极大的关注,成为他们模仿和学习的标本。写作《列王纪》式的叙事诗成为时尚。13世纪大诗人内扎米·甘贾维(1141~1209)闻名于世的《五卷诗》中,有两卷的题材取自《列王纪》。至于后世《列王纪》的散文体本和改写本更是不胜枚举。直到现在,这部史诗的简写本、改写本仍在世界各国不断涌现。

再次,《列王纪》是新兴的达里波斯语的基石。《列王纪》一经问世便为新兴的达里波斯语奠定了牢固的基础。在异族统治下,民族语言的兴衰是民族精神和民族文化兴衰的标志。上文已经指出,达里波斯语是在巴列维语和阿拉伯语斗争的背景下兴起并成为伊朗的通用语的。一种新兴语言的传播是需要人民群众所喜闻乐见的文学巨著支持的。从这个角度看,《列王纪》的问世真是恰逢其时,应运而生。不仅它的歌颂祖国光荣过去的内容符合伊朗各阶层的需要,而且史诗篇幅很长,内涵丰富,情节曲折,故事生动。它的清新活泼的语言和行云流水般的韵律强烈地吸引了人们,所以传唱和诵读《列王纪》便成了伊朗人生活中必不可少的享受。

《列王纪》的语言是早期达里波斯语文学风格"霍拉桑体"的典范。"霍拉桑体"的特点是质朴洗练,明白晓畅,即所谓"平实质朴,臻于化境"。菲尔多西的诗句优雅精巧而不造作,平易质朴而不落于卑俗。在菲尔多西之后创作了叙事诗《戈尔沙斯帕传奇》的诗人阿萨迪·图斯(1010~1072)在这部叙事诗的前言中说:

> 妙语如珠的菲尔多西,
> 创作了一部《列王纪》。
> 过去的诗人无人能与他相比,
> 他的书中写了许多勇士的战绩。

他又说:

> 菲尔多西胸怀珠玑，
> 写出一部出色的长诗。

诗人内扎米称赞菲尔多西说"他把语言装扮得如同新娘一样光彩照人"。诗人伊本·亚明（1286~1367）说："语言已从宝座跌落平地，是他把语言重新安置在宝座里。"关于《列王纪》的语言成就，最确切的评价还是出自菲尔多西本人。他自豪地说：

> 我三十年辛劳不倦，
> 用波斯语拯救了伊朗。
> 只要他有理智、见识和信仰，
> 我死后定会把我热情赞扬。
> 我不会死的，我将会永生，
> 我已把语言的种子播撒遍域中。

用波斯语拯救了伊朗，这是对史诗《列王纪》的语言成就最准确的表述，也是对《列王纪》在伊朗人民政治生活中的巨大作用的最准确的说明。

最后，《列王纪》是波斯文明和伊朗古代社会生活的百科全书。《列王纪》是一部典型意义上的民族英雄史诗。全书内容的时间跨度在4000年以上。从地域广度上看，以伊朗为中心，涉及全世界各主要民族。在史诗的研究者中，有一种意见认为其内容主要包括两个方面，即战争（Razm）和饮宴（Bazm）。的确，《列王纪》中描写了许多战争和饮宴的场面，但是如果把全书内容概况为这两个方面，显然过于狭隘。整部《列王纪》洋洋洒洒，诗人笔锋所至，天上地下，陆地海洋，人间鬼域，宫阙内苑，政经文化，世风民俗，天文地理，巫卜历法，道德伦理等涵盖了古代人类社会生活的各个层面。比如，伊朗萨珊王朝是世界历史上典型的高度发展的封建制大帝国。其典章制度、政府组织和施政举措在当时世界都属于前列。《列王纪》中对萨珊王朝的各项制度、统治经验和统治者的个人品质、能力都有详细的描述。在《阿尔达希尔施政治国》一节里，菲尔多西叙述了这一王朝的奠基者的施政经验和举措，包括建国治军，用兵御将，擢选官吏，接待使节，确立税制和传播文化等各个方面，阿尔达希尔这样告诫臣民：

首先应知有一个主宰在天地之间，
天地间的主宰就是圣洁的耶兹丹。
其次不论是一国之主还是平民百姓，
都不能忽视知识的作用。
第三，一个有知识有学问的人，
会永远把先辈箴言牢记在心。
第四，要教育人们不作奸犯科，
教化胜于国王的牢狱和绞索。
第五，不要让小人的谗言
损害正直之士的名声和颜面。

对统治一个国家的国王也有明确的要求：

一国之主应时刻关注国政民情，
不要让祸国殃民的事情发生。
如若发现手下的官吏或将军
行为不轨，做事祸国扰民，
若不加制止就不是仁德的国王，
皇冠就不应戴在他的头上。

《列王纪》中充满了对知识和理智的赞誉，这部史诗开宗明义，在赞扬真主
之后，就是对理智的颂词：

理智是真主的最慷慨的赐予，
颂扬理智是人间最大的善举。
理智乃是历代君王的王冠，
理智乃是仁人贤士的冠冕。
理智具有生命，它永驻长存，
理智支持生命，理智是生命之根。
理智指引方向，理智启迪心灵，
理智伴人走向彼世，步入今生。

在《阿努席尔旺第三次赐宴》一节中,一位祭司问智者布扎尔吉迈赫尔:
"什么是世界上最好的东西,这东西能给人们带来光明,能解除人们的痛苦？"
智者答道:

> 一个人若有了智慧,
>
> 他就能在两个世界受惠。
>
> 又问:如若没有智慧,又该怎样?智慧毕竟是主恩赐的盛装。
>
> 智者回答:
>
> 那么知识便是最好的东西,
>
> 有知识的人无人可以匹敌。
>
> 在另一处,我们读到这样的诗句:
>
> 凡掌握了知识的人,
>
> 便是伟大而坚强的人。
>
> 无知无识者比泥土还要卑贱,
>
> 这种人无所作为,无从行善。

在这些闪耀着智慧光辉的诗句中,我们仿佛听到一个熟悉的声音:知识
就是力量。东方诗人菲尔多西比提出这一论点的弗兰西斯·培根(1561~1626)
早6个世纪就以鲜明的语言强调了知识的重要性。从这点上也可以看到《列王
纪》确实内容丰富深刻,是一座人类文明的宝库。

数百年来,在《列王纪》研究中,诗人菲尔多西与伽色尼王朝(999~1037)
国王玛赫穆德的矛盾和纠葛始终是不能回避的焦点问题。菲尔多西是民间诗
人。他没有像塔吉基那样受命创作《王书》,也不从任何官府领取俸禄。当他着
手创作时,家境尚差强人意。但是经过几十年的时间,诗人已感财力不支,甚至
不得不接受朋友的支持资助。这点在《列王纪》中有所反映。按照当时的惯例,
诗人创作了一部作品,要献给一位当权者,希冀得到一份赏金。同时,也可使作
品易于流传。公元1009年,《列王纪》完稿,正值萨曼王朝被葛逻禄推翻,伽色
尼王朝国王乘机入主伊朗霍拉桑。菲尔多西别无选择,只好把《列王纪》献给这
位国王。但事与愿违,国王并不欣赏《列王纪》。于是就产生了流传千年的诗人
与国王冲突的故事。

所谓故事是因为这段纠葛源自《文苑精英》的一则记载。其情节大体是这

样的:《列王纪》完稿后,菲尔多西去伽色尼献给玛赫穆德。玛赫穆德听信了宫廷诗人的谗言,只赏了两万银币(有传说是国王曾答应每联诗句赏一枚金币)。诗人不满,把这笔赏钱分赠给浴室主人和卖饮料的人,扬长而去,逃到塔巴里斯坦,投奔当地国王沙赫里亚尔。并写了一首讽刺诗谴责玛赫穆德。沙赫里亚尔出钱买了他的讽刺诗,并加以销毁。一次,玛赫穆德征讨印度回程,听有人朗诵一句诗,甚为雄壮,问是何人所作。大臣答是菲尔多西所作。国王这时才意识到当时没有给诗人应有的赏金。于是派人携重礼去补偿。当驮礼金的驼队进入图斯城的一座城门时,诗人的遗体正被送葬的人们抬出另一座城门。人们把赏金交给诗人的女儿,但是她说:"我不需要这笔钱。"后来国王就命人用这笔钱修建了图斯城的一座驿站。

这段记载虚实参半。就诗人与国王的关系看,基本真实。所谓基本真实是指玛赫穆德不欣赏这部史诗。这可能有如下四点理由:一、诗人和国王属于不同的教派。诗人属伊斯兰教什叶派,而国王属逊尼派。什叶派和逊尼派是伊斯兰教内的两大主要派别。这两派的分歧主要表现在继承人的问题上。什叶派主张只有哈希姆家族(圣族)的阿里的直系后裔才是先知穆罕默德的合法继承人,而逊尼派则主张阿布·伯克尔、欧玛尔、奥斯曼和阿里都是先知的合法继承人。二、先前向国王推荐诗人的大臣后来失宠,因而影响了诗人与国王的关系。三、宫廷诗人们因担心菲尔多西的《列王纪》得到国王赏识而影响自己的地位,进了谗言。四、最重要的是民族的、政治的原因。玛赫穆德是突厥人,入主伊朗。他好大喜功,唯我独尊。《列王纪》中对古代伊朗国王和勇士的赞颂,对入侵者的谴责肯定是这位国王所不能容忍的。有一则记载说,当玛赫穆德听到宣读鲁斯塔姆的功勋时说道:"像鲁斯塔姆这样的英雄在我军中足有一千。"这个故事见于巴哈尔核校的《锡斯坦史》。另一方面,从这个故事的一些细节上,可以看出作者不少的"匠心安排",不能不对它的真实提出质疑。比如诗人把两万银币赏金分赠给别人,然后出逃。又比如塔巴里斯坦国王出钱买下讽刺诗。比如,玛赫穆德居然后悔而补上赏金,而赏金送到之日恰是诗人出殡之时。还有一点值得怀疑:按《文苑精英》记载讽刺诗已然销毁,但是,在以后的年代又出现了104个联句的讽刺诗。104个联句的讽刺诗见于15世纪著名的巴耶松卡尔(帖木尔之孙,1399~1434)主持抄写的《列王纪》抄本。在这首后出的讽刺诗中,菲尔多西对玛赫穆德的出身进行谴责(说他是女奴所生),对他不肯提供赏金,口出怨言。这些未必是怀有崇高目的创作史诗的诗人真实人格的写照。所以《文苑精英》中的这段记载的某些内容,一直受到伊朗国内外《列王纪》研究者的质疑。有幸,去年我们读到伊朗研究《列王纪》著名学者达毕尔·西亚基博士(Dr. Dabir Syaghi)新著《菲尔多西列王纪故事集》。他在此书前言里斩钉截铁地指出:"与所有传说和作家们写的诗人传记相反,菲尔多西从未受玛赫穆德之命创作《列王纪》,也没有把书送到伽色尼,也没有与玛赫穆德约定每联诗句得一个金币。玛赫穆德也未失约,给他两万个银币,诗人更未从伽色尼出逃,没有先逃到卡赫斯坦,后逃到塔巴里斯坦,没有逃到伊斯法罕和巴格达,没有写诗歌颂哈里发,没有随后去德里,没有因未获赏而写讽刺诗谴责玛赫穆德,也没有客死他乡。这一切一切都是一些人出于政治、宗教目的,甚至是个人动机而发的想象之词。有些人嫉妒诗人的不朽巨著;另一些人则以此为借口,发泄心中对强暴王权的不满。或者是由于宗教信仰不同而向这种强权泼洒的污水。"达毕尔·西亚基博士指出:诗人确曾通过别人把《列王纪》献给玛赫穆德,并对这位国王怀有某种企望,幻想能得到一笔资助,改善晚年生活,但是:

> 他对这些故事连看都不看,
> 都是命运不济有人进了谗言。
> 如今,我已年届八十高龄,
> 我的希望都已化为泡影。

因此,为世界留下一部不朽史诗的诗人顿感失望,抑郁而终。

菲尔多西由于创作了伊朗民族精神的赞歌《列王纪》而进入世界第一流诗人的行列。俄国杰出的民主主义者车尔尼雪夫斯基(1828~1889)高度评价菲尔多西的《列王纪》。他指出:"从有人证明《荷马史诗》不过是希腊民间诗歌的结集以后,一切有识之士终于发现民间诗歌有极高的诗学价值。菲尔多西的优美的作品《列王纪》也是如此,只不过这是改写过的民歌集。在《列王纪》里有许多章节,它们的美甚至在《伊里亚特》和《奥德赛》里都找不到。"[1]《列王纪》中的许多章节超过希腊史诗并不是言过其实。首先它比希腊史诗晚1000余年。且伊朗也和希腊一样是一个具有悠久文化传统和丰厚民间文学土壤的古国。此外,《列王纪》的作者菲尔多西是一位具有高度爱国热情和高超艺术才能的

---

[1] 车尔尼雪夫斯基. 车尔尼雪夫斯基论文学:下卷[M]. 上海:上海译文出版社,1982:62~63.

伟大东方诗人。

《列王纪》最早的译本是阿拉伯文译本。译者名班达里,时为 1223 年,距诗人去世仅 200 年。从那时到今,这部史诗不断被译为世界各主要民族文字。主要的有:

土耳其文译本,1510 年,译者:塔塔尔·阿里·阿凡提。

英文译本,1774 年,译者:琼斯(S.W.Jones)。

英文译本,1832 年,译者:杰姆斯·埃特坎森(James Atkinson)。

法文译本,1838~1878 年,译者:莫尔(J.Mohl)。

德文译本,1851 年,译者:弗里德里希(Adolf Frisedris)。

德文译本,1851 年,译者:夏克(Schack)。

意大利文译本,1886~1888 年,译者:皮齐(Pizzi)。

拉丁文译本,1887 年,译者:兰达耶尔(Landauer)。

英文译本,1905~1925 年,译者:阿泽尔·乔治·瓦尔内尔和埃德蒙德·瓦尔内尔(Aahur G.Warner,Edmond Warner)。

俄文译本,1957~? 年,翻译组主持人为伊朗著名诗人拉胡蒂和他的夫人。

据译者所知,目前《列王纪》的全译本有土耳其文、法文、英文、德文、意大利文和俄文译本。

俄国东方学家茹科夫斯基(1783~1852)和英国诗人阿诺德(1822~1888)都以鲁斯塔姆和苏赫拉布这一悲剧故事为题材,用他们各自的民族语言创作了叙事诗。德国诗人歌德高度评价菲尔多西,他有一首诗题名《菲尔多西说》(《西东诗集》),这首诗的开头,引用了菲尔多西的诗句:"世界啊,你对世人多么不公,你养育了世人但又使他们丧生。"另一位德国诗人海涅十分同情菲尔多西不幸的遭遇。他写了一首长诗名为《诗人之死》。在这首诗中,他盛赞菲尔多西:

> 红花十七次绽放,
> 又十七次枯萎凋落。[1]
> 十七次夜莺放声轻唱,
> 又十七次归于沉默。
> 在这漫漫长年,诗人独居一隅,

---

[1] 这里十七次恐系误解,菲尔多西写《列王纪》用了 35 年。

　　在他思维的纺车旁,日夜辛劳不息,

　　编织着他的绚丽的诗歌。

　　诗人把他祖国的往昔,

　　把古代伊朗诸王的业绩,

　　以他的惊人之笔,编织在他的诗里。

　　在诗的结尾, 海涅写到迟到的玛赫穆德的赏金驼队进了图斯城的西门, 而诗人的送葬队伍出了东门:

　　这时,整个图斯在向诗人告别,

　　图斯城在为诗人送行。

　　人们伴送图斯的菲尔多西

　　一个伟大的诗人远去。

　　西方伟大诗人的这些动人的诗句,对这位东方诗人是最好的安魂曲。

　　中国文学界开始认识菲尔多西的《列王纪》可能是在 1927 年。在这年出版的郑振铎的《文学大纲》一书中,作者对菲尔多西和《列王纪》作了比较详细的介绍:"他(指菲尔多西——译者)的诗名极高。在欧洲人所知道的波斯诗人中,他是他们所熟知的第一个大诗人,如希腊之荷马一样。《帝王之书》(即《列王纪》——译者)包括波斯古代至弗达西(即菲尔多西——译者)之前代,即阿拉伯人入侵时为止。他所用之文字是波斯文字的最纯粹者。阿拉伯字用得极少。《帝王之书》中有许多节是非常美丽的,其描写力之伟大与音律之谐和,没有一个诗人可以比得上他。"

　　1934 年伊朗举行菲尔多西诞生千年祭。我国文学界也有反应。《文学》杂志(第三卷第五号)发表伍实的文章《波斯诗人菲尔多西千年祭》,并从英文译出《列王纪》中的一个故事《真犀德和曹亚克》(即《贾姆希德和佐哈克》)。此文详细介绍了菲尔多西,高度评价史诗《列王纪》。这一故事的发表,标志着我国文学界开始接触史诗的内容。

　　1949 年以后,诗人菲尔多西和《列王纪》开始进入我国外国文学教学的课堂。1964 年出版了《列王纪》中最著名的悲剧故事《鲁斯塔姆与苏赫拉布》(潘庆舫译自俄文)。早在 20 世纪 50 年代,史诗《列王纪》已经列入我国"外国文学

313

名著丛书"出版计划。1991 年人民文学出版社出版了《列王纪选》(张鸿年译自波斯文)。同年,伊朗召开《列王纪》问世千年纪念国际学术讨论会,我国学者多人应邀出席,并发表论文多篇,展示了我国学者研究这一伟大史诗的成果。

　　最后,应该指出,《列王纪》不论在思想内容上还是在艺术形式上都有些不足之处。比如诗人歌颂本民族英雄人物的同时,往往流露出狭隘的民族主义情绪。把伊朗描绘为世界的中心,认为伊朗人高于其他民族。由于《列王纪》是长篇叙事诗,其中有的内容难免显得冗长重复,令人读了有沉闷之感。有些诗句也未脱出陈词套语的窠臼。书中有些城市和地区的方位也不尽符合实际。

(作者单位:北京大学外国语学院)

纳吉布·马哈福兹的创作道路

● 仲跻昆

  2006 年阿拉伯(也许是全世界)文坛最大的损失是埃及作家纳吉布·马哈福兹于 8 月 30 日逝世,享年近 95 岁。

  埃及总统穆巴拉克在痛悼作家时,对他作出这样的评价:"纳吉布·马哈福兹用他的笔表述了他对埃及人民及其历史、事业的热爱,用他的创作表达了人类的共同价值,并用他的作品宣扬了不要执迷、偏激而要教化、宽容的价值,他荣获诺贝尔文学奖表明了一种承认,承认阿拉伯思想对人类文明及其现代遗产作出的贡献。"总统称纳吉布·马哈福兹"是思想、文化的一面旗帜,是一位卓越的小说家,一位启蒙的思想家,是一位标新立异的笔杆子,是一位让阿拉伯文化、文学走向了世界的作家"。

  约旦国王阿卜杜拉二世在致穆巴拉克总统和逝者家属的唁电中说:"文豪的逝世,使我们损失了一位伟大的创作者、一个阿拉伯文学最杰出的栋梁,他在阿拉伯现代文学史上已构成一座里程碑。"这位国王还在唁电中指出"马哈福兹的文学杰作丰富了阿拉伯和世界的文库,表达了人类社会的忧患,获得了世界各国文化界的赞赏"。

  科威特埃米尔说:"阿拉伯大文豪纳吉布·马哈福兹在阿拉伯小说世界的丰功伟绩使他得以站在已获得广泛的世界声誉的阿拉伯文学家的最前列。"

  阿联酋总统谢赫哈利法·本·扎伊德说:"纳吉布·马哈福兹的作品在世界上取得了杰出的引人注目的地位,丰富了阿拉伯与世界的文库,他获得诺贝尔奖是当之无愧的,是值得我们骄傲和自豪的。"

  联合国秘书长安南声称"纳吉布·马哈福兹的逝世是欣赏其高尚文学的人类的巨大损失"。

315

美国总统布什则称纳吉布·马哈福兹是"一位不凡的艺术家,他成功地将丰富多彩的埃及历史、社会摆到了世界面前",布什进而说,"马哈福兹的作品将会继续把他热爱的埃及介绍给美国人和世界各国的读者。"

法国总统希拉克在闻知噩耗后称:"纳吉布·马哈福兹非常认真、仔细,现实主义地描绘了埃及社会,他是第一个于1988年获得诺贝尔文学奖的阿拉伯作家,为埃及文学和古老的埃及天地赢得了世界性的声誉,在那片天地里,他度过了童年,并从中获取了创作的灵感。"希拉克称纳吉布·马哈福兹是一位"和平、对话和宽容的人"。

在此我们不妨回顾和简略地探悉一下这位作家的创作道路。

在将1988年的诺贝尔文学奖授予这位埃及作家的授奖评语中,我们可以读到这样的评价:"他通过大量刻画入微的作品——洞察一切的现实主义,唤起人们树立雄心——形成了全人类所欣赏的阿拉伯语言艺术。"瑞典科学院常任秘书斯图尔·艾伦先生在颁奖词中还指出:"纳吉布·马哈福兹作为阿拉伯散文的一代宗师的地位无可争议,由于在他所属的文化领域的耕耘,中长篇小说和短篇小说的艺术技巧均已达到国际优秀标准。这是他融会贯通阿拉伯古典文学传统、欧洲文学的灵感和个人艺术才能的结果。"[1]

埃及著名文学评论家赖佳·纳加什(Rajā' an-Naqqāsh)早在1970年就曾这样评论过纳吉布·马哈福兹:"纳吉布·马哈福兹是一个伟大的民族主义作家。他对于我们阿拉伯人来说,犹如狄更斯之对于英国人,托尔斯泰之对于俄国人,巴尔扎克之对于法国人一样。"[2]

纳吉布·马哈福兹(Najīb Mahfūz)于1911年12月11日生于开罗杰马利叶区。父亲是个小职员,后弃职经商;母亲是个典型的贤妻良母。这个家庭最主要的两个特点是:笃信伊斯兰教,关心国家大事和民族命运。作家曾回忆说:"我在童年时代所学到的基本价值观念就是爱国主义。我父亲当时在家总是热情地谈起民族英雄,非常关注他们的消息。我是生活成长在这样一个家庭里:在这家里提起穆斯塔法·卡米勒、穆罕迈德·法里德或是扎格鲁勒的名字时,就好像是在谈起一些最神圣的事。在家事与国事之间没有隔阂。在我们日常生活中,每件小事都会将我们社会生活中发生的事情引到家里来。出了这件事,是

---

[1] 斯·艾伦. 诺贝尔文学颁奖词[J]. 郁葱,译. 世界文学,1989(2):200.
[2] 见埃及《新月》月刊,1970年2月号,第5页。

因为扎格鲁勒说了些什么，或是英国佬做了些什么。因此，从我很小的时候起，家庭与世界的密切关系就印在了我童年的生活中。"[1]

生活本身是培养作家最好的学校。当时作家所处的大环境是：埃及人民生活在英国殖民主义统治和土耳其以及本国封建势力的压迫下，但他们又不甘心于这种命运而进行斗争。纳吉布·马哈福兹对自己的祖国有清醒的认识："没有哪一国人民像埃及人民受到那样的压迫。这种境遇使埃及人民体现了一些应保持的优点，也沾染了一些应摈弃的缺点。压迫使埃及人民发扬了他们从农业文明中学会的坚韧精神，使他们更加不屈不挠。这种精神往往会导致一个民族的永存而不是灭亡。受压迫使这个民族不能去侵略和奴役他人，于是，侵略和野蛮的天性逐渐削弱，代之以人道主义、宽厚待人和与人和平共处的精神，而这些都是人类在解决难题，摆脱厮拼与战争所需要的品德。但长期受压迫也导致了对这种压迫习以为常、委曲求全和满足于对压迫仅是冷嘲热讽的做法。因此，往往应当呐喊时，他们却沉默；应当斗争时，却仅是嘲讽；在至少应当沉默时，却曲意逢迎。这些缺点，我们必须老老实实去克服。"[2]

作家所处的小环境——杰马利叶区则是一个中下层人民混杂的居民区。五光十色的生活、三教九流的人物形象都成了作家日后取之不尽、用之不竭的创作素材。作家曾说："通过直接相处，我熟悉了居民区的妇女。我只要坐在杰马利叶区我家门口就行了。她们都来找我母亲：这个卖鸡，那个算卦，还有保媒拉纤的。有些妇女，在我们搬到了阿巴西耶区后还常来看我们。我听着她们同母亲聊天，向她讲述新闻逸事，从她们中，我熟悉了不少成为我以后小说的典型人物。"[3]

纳吉布·马哈福兹曾说："我是两种文明的儿子。在历史上的一个时期里，这两种文明结下了美满姻缘。第一种是已有七千年历史的法老文明；第二种是已有一千四百年历史的伊斯兰文明。"[4]

作家从小是在宗教和传统文化的氛围中成长的。法老时代就流传下来的《亡灵书》、各种优美的神话、传说、故事，《古兰经》《卡里莱和笛木乃》《一千零一夜》、玛卡梅体故事、各种传奇，还有阿拉伯人引以为荣的诗歌……使自幼

[1] 纳吉布·马哈福兹. 我对你们谈[M]. 贝鲁特：回归出版社，1977：80~81. 穆斯塔法·卡米勒(1874~1908)、穆罕迈德·法里德(1868~1919)、扎格鲁勒(1857~1927)皆为埃及著名的反英殖民主义的民族主义领袖。
[2] 纳吉布·马哈福兹. 我对你们谈[M]. 贝鲁特：回归出版社，1977：53.
[3] 杰马勒·黑塔尼. 纳吉布·马哈福兹回忆录[M]. 贝鲁特：迈西莱出版社，1980：110~111.
[4] 纳吉布·马哈福兹. 在诺贝尔奖授予式上的讲话[J]. 郁蕙，译. 世界文学，1989(2)：193.

就喜好文学的纳吉布·马哈福兹从民族传统文学的土壤中吸取了充足的养料，为他打下了坚实、深厚的语言、文学功底；培养了他熟练地驾驭阿拉伯语言的能力。

纳吉布·马哈福兹1930年入开罗大学学习哲学，1934年毕业。在校期间，他曾学习、研究过各种哲学思想、流派，并深受当时埃及新文学运动和社会主义思潮的影响。

纳吉布·马哈福兹从中学时代就迷恋上了文学，与文学结下了不解之缘。为文学，他放弃了可能成为足球明星的机会；为文学，他舍弃了可能使他跻身于哲学家行列的专业，而甘当苦行僧，在文学这条崎岖坎坷的道路上，始终执著如一地追求、探索、献身。

作家本人曾生动、形象地描述过自己在舍弃哲学，走上文学道路时的思想斗争："我当时一只手握着一本哲学书，另一只手拿着陶菲格·哈基姆或是叶海亚·哈基或塔哈·侯赛因的小说。各种哲学派别要闯进我的脑海，与此同时，小说的主人公则从另一边也进来了。我觉得自己在哲学与文学之间进行严酷的斗争。这种斗争没有经历过的人是无法想象的。我要么是作出一个决定，要么就得发疯。陶菲格·哈基姆描写的《洞中人》的主人公们、叶海亚·哈基刻画的邮差、塔哈·侯赛因的小说《日子》中那个所熟悉的天地仅限于插在水渠边上的篱笆之内的小农民，还有迈哈穆德·台木尔小说主人公的很多人物，一下子全都在我的脑海里展现出来，好似在进行一场游行示威。我决定舍弃哲学，同他们一道走。"[1]

而埃及著名文学评论家尤素福·沙鲁尼（Yūsuf ash-Sharūnī 1924~ ）在谈起纳吉布·马哈福兹的创作道路时则说："纳吉布·马哈福兹是一个不断发展、不断创新、不知停顿的艺术家。也许他成功的最大原因——除了他的天赋之外——正是他认识自己的道路，并一直走下去，荣誉的闪耀和物质的光彩都没有使他左顾右盼。在他为之献身的事业中，这种艺术苦行为他提供了成功的方法。"[2]

纳吉布·马哈福兹大学毕业后，曾在校务处做过书记员，后在宗教基金部任过秘书，又先后在文化部任过艺术司办公室主任、电影企业管理委员会主任、文化部顾问等职。直到1971年年底退休后，才应聘为《金字塔报》的专职作

---

[1][2] 尤素福·沙鲁尼. 三位长篇小说家[M]. 埃及书籍总署, 1980: 9, 20.

家。长期以来,他一直是业余从事创作的。在这方面,曾将自己与美国作家海明威做过对比的他,不无感慨地说:"他过着自己的生活,再将这些生活详详细细地传述给人们,缺少什么经历,他可以去寻求,可以飞往地球任何地方去体验,再把它写出来。而对于我来说,写作却是一种撕裂神经的受罪过程:我的政府工作占据了我白天的大部分时间,只有在夜晚我才能动笔,最多写上两小时就熬不住了。人们把我写出的东西称为文学作品,而我则要把它称为职员的文学作品。"[1]

就在这种情况下,纳吉布·马哈福兹为阿拉伯文坛奉献出 50 多部作品,其中 30 多部作品为中长篇小说,余者为短篇小说集,总发行量达上百万册。其作品往往先发表在报刊上,然后出单行本,再改编为广播剧、电影。通过这些传播媒介,纳吉布·马哈福兹其人、其作品及其作品的主要人物在阿拉伯世界几乎家喻户晓,妇孺皆知。作家于 1957 年获国家文学奖,1962 年获一级勋章,1968 年获文学方面国家表彰奖。作家的一些重要作品已被译成东西方各种文字,在世界各国广为传播。其作品的中译本也有 10 余种,他是作品译成中文最多的阿拉伯作家。

纳吉布·马哈福兹从学生时代就开始写作。他最初开始写诗,也写过侦探小说,发表过一些哲学论文。在 20 世纪 30 年代至 40 年代初,他写了大量短篇小说。据说,他因认为不满意而撕掉的有 50 篇左右,发表的约有 80 篇,其中约 30 篇集选于其第一部短篇小说集《狂人呓语》中。这些短篇小说多是揭露当时社会的种种黑暗、腐朽、丑恶现象的。其中很多是作家日后创作的中长篇小说或其中某些情节的雏形。曾任埃及文化部部长的著名文艺批评家艾哈迈德·海卡尔(Ahmad Haykal)曾对这些小说给予过很高的评价:"事实上,由于这些抨击帕夏、贝克和王公大臣的小说,纳吉布·马哈福兹被认为是对当时旧时代的腐败表示愤怒谴责的革命文学先驱之一;同时,由于他在小说中体现了阶级社会的弊端,表明了对穷人和劳动人民的同情,及对封建主和资本家的抨击,他被认为是在埃及文学中最早为社会主义现实主义铺路的人之一。"[2]埃及著名的左翼文学批评家迈哈穆德·艾敏·阿赖姆(Mahmūd Amīn al-'ālam)也说过:"《狂人呓语》的大部分短篇小说是社会批判,揭露了贵族阶级的丑恶,也暴

---

[1] 1957 年 12 月 31 日《广播杂志》访谈录。转引自尤素福·沙鲁尼. 三位长篇小说家[M]. 埃及书籍总署,1980:20.
[2] 艾哈迈德·海卡尔. 埃及小说与戏剧文学[M]. 知识出版社,1971:103~104.

露了由于贫困和阶级差别产生的种种弊端。"[1]

短篇的创作,对于纳吉布·马哈福兹来说,不过是牛刀小试,中长篇才是他的拿手好戏。发轫之作是三部以法老时代的埃及为题材的历史小说:《命运的嘲弄》(1939)、《拉杜比斯》(1943)、《底比斯之战》(1944)。这一阶段被认为是纳吉布·马哈福兹的浪漫主义历史小说阶段。作家实际上是用春秋笔法借古讽今地对当时英国殖民主义和土耳其王室这些外来的侵略者及其统治进行抨击,并表达了人民追求自由、独立、民主、幸福的理想。著名的文学批评家加里·舒克里(Ghālī Shukrī)曾问起过他:"使你以历史小说开始你的文学生涯的根本原因是什么?有的评论家把那归结为赛拉迈·穆萨个人对你思想生活的影响;有人认为那可能是一种寓言,用以借古讽今;还有一种说法是:那是用文艺形式表达了当时埃及的思想,你是怎样看的?"他答道:"这三种意见都对。这些正是促使我那样做的因素。"[2]这里需要提及的是赛拉迈·穆萨(Salām Mūsā1888~1958)是对纳吉布·马哈福兹思想最具影响的人物之一,他是费边社会主义文艺思想在埃及与整个阿拉伯世界的传播者,倡导"科学""社会主义""人民的文学""斗争的文学"。在与文学评论家萨布里·哈菲兹谈起自己写历史小说的动机时,纳吉布·马哈福兹曾说过:"当时,埃及的民族主义情绪正如火如荼,有一股真正的法老热。这股热潮是有客观理由的,因为针对我们当时所处的既受英帝国主义欺辱又受土耳其统治的倒霉时代,法老时代是唯一光辉的时代。……在我写一部与英国佬或土耳其人无关的纯粹是法老时代的小说时,其实,我是满腔怒火,既恨英国佬,又恨土耳其人的。"[3]

纳吉布·马哈福兹像英国名作家司各特(Walter Scott,1771~1832)和阿拉伯擅长写历史小说的杰尔吉·宰丹(Jarjī Zaydān,1861~1914)那样,花了很大气力去研究历史,有一个写埃及历史的选题计划,共选定了约40个题目。但后来,他说:"我对历史的偏爱一下子就消失了,就好像一下子死于心肌梗死似的,尽管我当时还准备写30部小说。但这只是表面上中断了,至于那些历史小说所要表现的思想却永远没中断过。"[4]至于原因,作家曾作过这样的解释:"看来,我发现历史已经不能让我说出我想说的话了。通过历史,我已经说出了我要说的主题:废黜国王,梦想一场人民革命,实现独立。此后,我似乎本该进

---

[1]迈哈穆德·艾敏·阿赖姆.细察纳吉布·马哈福兹的世界[M].埃及图书总署,1970:137.
[2][3][4]纳吉布·马哈福兹.我对你们谈[M].贝鲁特:回归出版社,1977:58,88,89,60.

入帝国时代,但实际上,我们当时却是处于屈辱的时代。"[1]

从此,作家进入了一个新的文学创作阶段:现实主义社会小说的阶段。他先后发表了《新开罗》(1945)、《汗·哈里里市场》(1947)、《梅达格胡同》(1947)、《始与终》(1949)和著名的《宫间街》《思宫街》《甘露街》三部曲等。这些小说主要反映了半封建、半殖民地的开罗中产阶级即小资产阶级的生活。作家往往通过一个街区、一个家庭和一个人的悲惨遭遇,表现当时整整一代人的悲剧。对当时社会的种种弊病及其制造者进行了无情的揭露和批判。作品往往具有相当的深度和广度。如《新开罗》写了一个穷苦的大学毕业生为了生存,并向上爬,不惜与荒淫无耻的官僚政客的情妇结婚,甘心戴绿帽子,当王八,结果身败名裂。《梅达格胡同》则是通过英军占领下一条胡同的一些善良、淳朴的居民的人性如何被扭曲,美好生活如何遭到破坏,控诉了西方及其文明带给人民的种种灾难。《始与终》也是一部悲剧:以失去父亲的兄妹四人与他们的寡母一家人在贫困中挣扎、渴望爬上更高的社会地位开始,以姐弟二人蒙羞含恨自杀告终。

这一时期创作的《宫间街》《思宫街》《甘露街》三部曲,虽发表于1956、1957年,但实际上,早在1952年4月,即埃及革命前三个月已完成。这部巨著被认为是阿拉伯长篇小说发展的里程碑,是作家引以为荣的代表作之一。全书通过一个开罗商人阿卜杜·贾瓦德一家三代的遭遇、变迁,生动、形象地描写了从1917年至1944年埃及革命前夕这一历史时期整个埃及的政治风云变化和社会风貌,刻画出当时形形色色众多人物的群像。

"三部曲"每部侧重描写一代人的生活,并以这一代人居住的街区为书名。第一代阿卜杜·贾瓦德是位性格复杂的人物:他在家里道貌岸然,独断专行,实行严厉的家长式统治;在外却又放荡形骸、纵情酒色;同时,他又是一位民族主义者,不满英国的压迫、剥削,具有反帝爱国意识。大儿子亚辛成日寻花问柳、醉生梦死;二儿子法赫米积极投身民族解放运动,牺牲于反英游行示威中。在第二代中,作者着力刻画的是小儿子凯马勒:自幼的家教使他笃信宗教,但随着激烈的时代变革、西方思潮的影响,特别是达尔文进化论的影响和对哲学的研究,动摇了他对宗教的信仰。对真理、科学的追求与传统价值观念的束缚、理想与现实的矛盾,常使他感到苦闷、迷惘,从而陷于感情、信仰、精神的危机中。第三代人则明显地表现出他们的政治分野:外孙阿卜杜·蒙伊姆成了穆

[1] 纳吉布·马哈福兹. 我对你们谈[M]. 贝鲁特:回归出版社,1977:92.

斯林兄弟会的骨干分子,他的兄弟艾哈迈德及其女友苏珊却走上了革命道路,成为马克思主义者,积极传播社会主义思想。小说既反映了当时人们进行的反帝爱国的民族斗争,更反映了新思想如何引导新一代向陈旧的封建、传统、保守势力的冲击、斗争的过程。作家自己曾指出,他写"三部曲"的目的是"为了分析与评论旧社会"。纳吉布·马哈福兹的"三部曲"很容易使人联想起我国大作家巴金的《家》《春》《秋》三部曲。两者确有异曲同工之妙。作家的这一"三部曲"被阿拉伯作家协会选为 20 世纪 105 部阿拉伯最佳中长篇小说之一。值得注意的是纳吉布·马哈福兹曾说过:"在'三部曲'里——像我曾说过的那样——有很大一部分我自己,体现在凯马勒这个人物身上……凯马勒的危机就是我的危机,在我笔下,他相当多的遭遇就是我的遭遇。由此,我喜爱'三部曲',怀念它。"[1]由此不难看出,"三部曲"带有很大的自传性质,这一点也与巴金的《家》《春》《秋》三部曲相似。

埃及著名诗人法鲁格·舒舍(Falūq Shūshah)曾问起作家:"《从新开罗》到"三部曲",你的长篇小说创作有一定的思想发展。你是否可将这一发展分成几个阶段,指出每个阶段突出的特征是什么?"作家答道:"这一段时间有思想发展过程,也有一个固定不变的想法。思想发展过程是:开始是爱国主义,因为当时人们关心的就是民族问题。这促使我以法老时代的埃及为创作题材,因为那是埃及民族的根。此后,便是对社会思想的明显的关心,其原因是出于经济和政治上受压迫的感觉(《新开罗》《汗·哈里里市场》《梅达格胡同》《始与终》)。最后一个阶段则以"三部曲"为代表。它是对直至今天的现代史的一项研究。这一历史的结晶是社会主义。那是我们发展的目标,也是医治我们社会苦难的一剂良药。在所有这些阶段中,固定不变的想法是笃信艺术的真髓。绝不可为了某种目的或主义去牺牲它的美的价值,因为美的艺术与高尚的目的是并不矛盾的。"[2]

埃及革命后,纳吉布·马哈福兹认为革命后的艺术应与革命前的不同,应该深思熟虑、慎重对待。为此,他辍笔达 5 年之久。1959 年发表的《我们街区的孩子们》标志着作家又进入了一个新的阶段。作家本人将这一阶段称之为"新现实主义"阶段,以别于传统的现实主义,并说明两者的区别是:"传统的现实主义的基础是生活:要描述生活,说明生活的进程,从中找出其方向和可能包

---

[1][2] 杰马勒·黑塔尼.纳吉布·马哈福兹回忆录[M].贝鲁特:迈西莱出版社,1980:68,44,45.

含的使命；故事从头到尾都要依赖生活、活生生的人及其详尽的活动场景。至于新现实主义，其写作的动机则是某些思想和感受，面向现实，使其成为表达这些思想和感受的手段。我完全是用一种现实的外表形式表达内容的。"[1]在这一阶段中，作家借鉴了许多西方现代主义的表现手法，如内心独白、联想、意识流、时空交错、怪诞的卡夫卡式的故事等。

《我们街区的孩子们》是一部现代寓言小说，也是纳吉布·马哈福兹的重要代表作之一。小说以象征主义的手法，以一个街区的故事，寓意整个人类社会历史的演进过程，反映了以摩西、耶稣、穆罕默德为代表的先知时代直至此后的科学时代，人类为追求幸福、实现理想而坚持不断的努力。表现出在此过程中善与恶、光明与黑暗、知识与愚昧的斗争。作者借书中人之口，指出象征创世主的老祖宗杰巴拉维早就与世隔绝，不管他的子孙——人间事了；又写出象征科学的阿拉法特闯进了杰巴拉维——创世主隐居的所在，造成了这位老祖宗的死亡。这一切无疑激怒了宗教界的头面人物，于是《我们街区的孩子们》在埃及成为禁书，1969年才得以在黎巴嫩贝鲁特出版。作家本人在谈到这本颇有争议的小说时说："《我们街区的孩子们》没给人类的哲学补充什么新东西。但我什么时候说过我是个名副其实的哲学家呢？哲学家才会对人类的哲学补充新东西。至于貌似哲学家的文学家则不过是用文艺形式来表达他从这种哲学中学到的思想，并以此对这一哲学思想作出贡献。因为他是把这一哲学从一种哲学家及其追随者特有的思想公式变成了活生生的经验，让它生活在人们的心中。莎士比亚、纪德、易卜生或是萧伯纳给人类哲学补充了什么？什么也没有。文学并不创造思想，而只是处理它。如果有一种文学，同时对思想增添了新东西，那是因为作者是哲学家，又是文学家，如萨特。但《我们街区的孩子们》的艺术形式是什么？也许——我说的是也许——它是一种同斯威夫特那著名的游记相反的东西。斯威夫特是通过神话去批判现实，而我这里则是通过现实去批判神话。我给神话穿上现实的外衣，以使我们加深对现实的理解与期望。"[2]

《平民史诗》（1977）是作家运用象征寓意手法，从哲理的高度总结人类斗争经验的又一力作。小说侧重表现了劳苦大众对幸福的追求。它通过11代人几百年的斗争历史，告诉人们：人类对美好理想的追求从来未停止过；人类在

[1] 尤素福·沙鲁尼. 三位长篇小说家[M]. 埃及：埃及图书总署，1980：17.
[2] 纳吉布·马哈福兹. 我对你们谈[M]. 贝鲁特：回归出版社，1977：70~71.

争取一个公正、合理、幸福的社会的斗争道路上,从来不是一帆风顺的;但只要他们坚持不懈、勇往直前,胜利终将属于他们。

在"新现实主义"阶段中,即使反映 1952 年革命后的社会现实生活的作品,作家也赋予它以更深的哲理与象征寓意。如《盗贼与狗》(1961),批判了种种只能同甘不能共苦、背信弃义的机会主义者。《尼罗河上的絮语》(1966),表现出埃及知识分子在动荡的年代、变革的现实中的惶惑、迷惘、牢骚满腹。《米勒玛尔公寓》通过复调叙事的结构,通过旧时代的遗老遗少、新时代的权贵、机会主义者、失意的革命者……从不同的角度、不同的立场,反映他们对象征埃及的女佣宰赫拉的感情、态度。

这一阶段其他主要作品还有《鹌鹑与秋天》(1963)、《道路》(1964)、《乞丐》(1965)、《镜子》(1971)、《雨中的爱情》(1973)、《卡尔纳克咖啡馆》(1974)、《我们街区的故事》《深夜》《尊敬的先生》(1975)、《爱的时代》(1980)、《千夜之夜》(1982)、《王座前》、《伊本·法图玛游记》(1983)、《生活在真理之中》(1985)、《日夜谈》(1986)等等。

纳吉布·马哈福兹的作品在思想内容方面的共同特点是:

首先,作家紧随时代前进,其作品紧随时代脉搏跳动。作家曾说:"记得有人把文学家分成过去式、现代式和将来式。我细想一下自己,我发现自己是现代式作家,是当代的作家。我不喜欢写过去,对预言未来也不感兴趣。"[1]

其次,作品表现出作家对政治的强烈参与意识。他曾说:"在我写的所有作品中,你都会发现政治。你可能会发现有一篇小说没有写爱情,或是别的什么,但却不会没有政治,因为它是我们思想的轴心。政治斗争总是存在的。甚至就是在你可以把它称之为形而上学小说的《我们街区的孩子们》中,你也会发现斗争是存在的。1952 年 7 月革命后,我曾涉及很多非常敏感的题材,如:《米勒玛尔公寓》《尼罗河上的絮语》……"[2]他还说过:"政治情绪与反应是我的艺术经历的基本根源。你甚至可以说,政治、信仰和性是我的作品围绕的三个轴心,而政治则是这三个轴心中的根本轴心。我的每部小说都少不了政治。"[3]一个作家心目中的政治,当然首先关心的是国家、民族的命运。文学评论家赖佳·纳加什在评论这一点时,曾说道:"纳吉布·马哈福兹所写的作品从始至终都是着

---

[1][3] 纳吉布·马哈福兹. 我对你们谈[M]. 贝鲁特:回归出版社,1977:92.
[2] 杰马勒·黑塔尼. 纳吉布·马哈福兹回忆录[M]. 贝鲁特:迈西莱出版社,1980:78.

眼于埃及。他一直倾听着埃及的脉搏,写它的历史,它的现实。他的文学作品与这个历史、现实从没有任何隔阂。纳吉布所写的一切都是与埃及及其历史、它的人民,以及它的未来息息相关的。他的文学——从这个意义上讲——是带有崇高的政治文学色彩的。这个有力的基点,把他同我们民族的历史牢牢地联系在一起,并使他跻身于真正的埃及阿拉伯民族感缔造者的行列中。"[1]

第三,作家虽关心政治,但其作品不取媚于政治,作家始终不渝地和他作品的主人公一道为追求真理、宣扬科学而斗争。他是一位社会批判家,对国家、民族,对世界、人类的命运有强烈的忧患意识。他曾说:"我并非故意伤感,但我们确是伤感的。我是属于这样一代人:即使是在欢乐的时刻,也往往是忧心忡忡。这一代人中,只有玩世不恭或是脱离人民的上层人物才会感到幸福。我们写忧伤小说,这并不奇怪,相反,若写欢乐故事倒是一件怪事了。"[2]

第四,纳吉布·马哈福兹具有鲜明的立场和观点,是一个负有历史使命感的作家。他追求公正、合理、幸福美好的社会,尽情地揭露、批判、鞭挞人世间一切暴虐、不义、邪恶、黑暗的势力。但由于政治和社会现实的复杂性,他往往利用不同的表现手法、不同的艺术表现形式表达自己的种种见解。作家在其著名的"三部曲"中,曾借年轻的女革命者苏珊之口说过这样一句意味深长的话:"写文章,清楚、明白、直截了当,因此是危险的,至于小说则有数不清的花招,这是一门富有策略的艺术。"这句话可以看作是了解这位作家每部作品深层中的政治内涵和哲理寓意的钥匙。

为了更深刻地理解纳吉布·马哈福兹作品的政治思想内涵,我们不妨引述作家在小说之外表达的一些政治观点:

"如果让我在资本主义与马克思主义之间作一选择的话,我会毫不迟疑地(选择后者)。但这能意味我是一个马克思主义者吗?……

……也许,现在在我的心中唯一的信仰就是科学和科学方法。

为了说得更明白些,我要承认,我的信念是:

1. 人类应从阶级及其从属的诸如世袭遗产等特权中解放出来。

2. 人类应从各种形式的剥削中解放出来。

3. 个人的地位应按其先天和后天的才能确定。

4. 人应按需取酬。

---

[1] 见《新月》月刊,1970年2月号,第5页。
[2] 纳吉布·马哈福兹. 我对你们谈[M]. 贝鲁特:回归出版社,1977:45.

5. 个人应在一项统治者与被统治者都要服从的法律保护下,享受思想和信仰自由。

6. 不折不扣地实现民主。

7. 缩小中央政府的权力,使其仅限于在安全与国防范围之内。

这就是马克思主义社会的写照。在我看来,其目标就是要达到个人自由与幸福。并且,一切都要依靠科学。也许最终将导向认识最高真理或是参与创造这一真理。"[1]

"我是个忠诚的穆斯林。我认为伊斯兰教是主张社会主义的。我同马克思主义的分歧仅仅在于它的唯物主义哲学部分。同时,我也拒绝任何一种专制主义,哪怕它答应我进天堂。"[2]

"事实上,我对马克思主义提出的社会公正、全面的人道主义观点和以科学为基础,是赞赏的。但我不同意它的专政和它的唯物主义哲学。"[3]

纳吉布·马哈福兹预言人类未来的命运时说:"我相信未来是社会主义与宗教信仰的统一。"[4]

他概括自己对价值的信念有三:"社会主义、自由和无限价值的真理。"[5]

在艺术手法方面,由于作家博览群书、学贯东西,并随时代前进,具有变革创新意识,因而我们可以看到,他既继承发扬了埃及、阿拉伯民族古典文学传统的各种表现手法,也借鉴了西方的浪漫主义、自然主义、现实主义,以及包括诸如表现主义、结构主义、解构主义、意识流、荒诞派,乃至拉美的魔幻现实主义在内的各种现代主义和后现代主义的表现手法。正如作家自己所说:"通过这些作品,我可以说,自己是烩诸家技巧于一鼎的。我不出于一个作家的门下,也不只用一种技巧。"[6]传承、借鉴、创新,贯穿于纳吉布·马哈福兹的整个文学创作历程中。作家晚年为创作民族化的小说所作的努力是值得称道的。正是这样,纳吉布·马哈福兹的作品是将现实主义、现代主义及本民族传统文学融会在一起,共同孕育的产物。因此,它既有民族性,又有世界性,最能体现现当代文学的风采。

---

[1] 见《新月》月刊,1970年2月号,第41页。

[2] 见《鲁兹·尤素福》周刊,1976年第2期,87页。

[3] 与纳吉布·马哈福兹对话[J].阿拉伯天地,1976(2):10。

[4] 见贝鲁特《文学》月刊3月号,第112页。

[5] 见巴格达《文学先锋》1977年2月号,第10页。

[6] 纳吉布·马哈福兹. 我对你们谈[M]. 贝鲁特:回归出版社,1977:95.

纳吉布·马哈福兹的创作道路实质上体现了阿拉伯现代小说发展的历程。他的得奖,标志着阿拉伯现当代文学登上了世界文学的高峰,并占有一席不可忽视的地位。

纳吉布·马哈福兹的逝世,无疑是埃及、阿拉伯世界乃至整个世界文坛的一个无可弥补的损失。但他为世人留下的作品却将永存于世;他的创作道路也具有启迪作用,令人深思,供人借鉴。

(作者单位:北京大学外国语学院)

阿拉伯音韵图谱

● 张甲民

　　诗能陶冶情操，这不仅在于它凝练的语言饱含着作者的感情与想象，而且还在于这种语言具有可以感知的音韵节律。思想、语言、音韵构成诗歌不可或缺的三大要素，音韵更有其独特的地位，阿拉伯古代诗歌尤其如此。

　　阿拉伯诗歌最早的作品可上溯到伊斯兰以前那尚无文字记载的时代。那些诗歌词语古奥难解，意境深邃辽远，但至今依然朗朗上口令人百读不厌，一大因由便是它的字里行间总是滚动着一种独具特色的阿拉伯音响节律。

　　阿拉伯诗律多达 16 条，但历来的诗坛巨子中都无人表示他们曾如何用心去加以套用。在他们看来诗是诗人的心灵之镜，历来的经典佳作和不朽名句不过是他们心态的自然折射，因此也就自然认为诗歌字里行间的音韵不过是诗人心灵震荡的一种回响，一言以蔽之，音韵感者人之天赋也。而音韵问题说到底则是一个语音结构问题，因此人们要对之有所了解，就不能不从结构角度去对它作一番推敲。

一、阿拉伯诗歌的框架结构

　　阿拉伯诗歌一首少则寥寥数语，多则百行不止，但大多一行一句，但分作前后两个分句。在阿拉伯语里"诗句"和"住屋"是同音词，都读作［bait］。这里颇有神形兼备的意思：帐幕是人掩蔽身躯的场所，而诗歌则是人寄托心灵的空间。于是阿拉伯人便将一句诗的两个分句分别与帐幕左右的两个门帘相比，而称作"前扇"和"后扇"。而古典阿拉伯诗歌无论是形式还是内涵还都有那么一点对仗的意味，就像中国的对联。从这样的理解出发，一行诗书写和吟诵时，前后两半之间自然就要留出些许间隔或保持一定间隙，但借用国际音标转写或

译作其他语种时,由于音符占幅加长,这前后两"扇"就不得不分行书写了。如:

[音标] qifaa nabki min ðikraa ħabiibin wa manziḷii [1]

[直译] 站住 我哭 为 纪 念 情 人 和 居 所

[音标] bi Siqṭḷ ḷiwaa bainad daxuuḷi fa ħaumaḷii

[直译] 在 (地名) 位居…之间 (地名) 和 (地名)

[意译] 停下啊,停下啊,见景生情怎不让我泪珠滚滚落,

姐虎里、侯貍里,当间那细沙地曾有我情人的家!

这是被列为世界名诗的公元 6 世纪阿拉伯《悬诗》开篇的《乌姆鲁·盖斯》。这首长诗的首句——一位王子因国土沦丧而前往北方强邻求援的途中,路过当年情人住地而从驼背上向随从发出的一句呼号。诗人也就是这位王子由痛吊情人旧居发端而追忆往日的种种遭遇和不幸,进而记述了途中因偶遇羚群而从逐骑追猎中得到一丝慰藉,但随后迎来的却是荒原遭遇洪水洗劫的一片惨相,如此千里奔泻一腔愁绪统统注入了一首结构十分严谨的长诗,不仅 80 余行同受一条诗律的统制,而且从首句到末句都收音于同一个韵脚。

二、音节、音长与书写格式

阿拉伯文字是一种拼音文字,基本元音共有[a]、[i]、[u]三个,但没有字母形态, 而仅在必要时在辅音字母上加标特定的符号以作一种音节识读的提示。至于辅音则 28 个全都有对应字母,如[k]就是其中之一。

阿语最短的音节必须包括一个辅音和一个元音, 如:[ka]、[ki]、[ku],但由于阿语元音无字母形态,所有文字中基本音节的外观只出现辅音,如音标[ka]、[ki]、[ku],其对应音节只能以"k""k""k"的形式出现,而三个相应元音通常则只能从文字结构或上下文中去加以释读。

韵律学的起点是记录音长,符号只有两个,一个是"动符",用斜杠[／]或平杠[—]表示;一个是"静符",用小圆圈[。]表示,各自的音长都为 1 时间单位。元音或辅音在单个存在的情况下,即互不拼合成一个短音节时,用静符[。]记录 ,音长保持 1 时间单位不变。但一个元音和一个辅音结合成一个音节时则用动符斜杠[／]或平杠[—]作记录符号,因为元音和辅音同在一个时间发声,所以合成音长仍为 1 时间单位。

---

[1] 原文: قفا نبك من ذكرى حبيب و منزل   بسقط اللوى بيــن الدّخول فحوْمَل

长元音是短元音的延长,其标写形式为[aa]、[ii]、[uu],也可写作[a：]、[i：]、[u：],其记录符号实际应为[。。],音长是 2 时间单位。而如果一个辅音与一个长音拼合时则构成一个长音节,其音律合成状况是[。]+[／。],即:

([。]+[／])+[。]=[／]）+[。]=[／。],最后结果是 2 时间单位。

文字中辅音如果与前面的音节相连,则这个辅音的音律记录也用静符[。],如此不管是长音节尾部的元音的延长符还是短音节后面附加的一个辅音,其记录符号都是[。],与前面的短音一起都会形成 2 时间单位即两拍的效果。如:[kaa]、[kii]、[kuu]或[kak]、[kik]、[kuk],这两组的音长记录全都是[／。]或[— 。]。

阿拉伯语还有两个复合元音[ai]、[au],和长元音一样,它们的音长值也相当于两个短元音之和,等于 2 时间单位。

阿拉伯诗歌不管文字多么繁复,其运行节奏都可以通过这几个简单的符号来作出如实的记录,如前面引诗的音长可作出如下记录:

［音标］qifaa nabki min ðikraa ħabiibin wa manziℓii

（音长）／／。／。／ ／。   ／。／。   ／／。／。   ／ ／。／／。

bi Siqtℓ ℓiwaa bainad daxuuℓi fa ħaumaℓii

／ ／。／。 ／／。 ／。／。   ／／。／。／   ／ ／。／／。

三、音步的基本形态

音节是音律的最小单位。不同音律可划分成形态不同的音节组合,称为音步,是构成诗律的基本元件。

前已提及在阿拉伯语里,诗句与住屋互为同音词,而住屋在游牧人那里就是帐篷。于是把诗句文字音节搭配的不同形式想象为帐篷的不同组件,于是将记述音节状态的"1 动 + 1 静"[／。]想象为一头粗、一头细的短绳,称为"一头轻";"1 动+1 动" 想象为两头一般粗的短绳,称为"两头一般沉";视"2 动"[／／]+"1 静"[。]为帐幕周边紧挨着的桩,称作"连桩";而"1 动+1 静+1 动"[／。／]则称为"分桩"。此外,还有三四个动符相连的所谓"小段""大段"等术语。再说吟诗的"吟"在阿拉伯语里与"咬嚼"一词也为一对同音词。实际上阿拉伯人的许多不朽诗篇就是他们在沙洲的行进中,这么时紧时慢、时前时后地踩着"一头轻、两头沉、连桩、分桩、一小段"的音步,"咬出""嚼出"来的,可以说这是一种与游牧生活密切相关的颇具"直观"效应的音步。

　　另外一种音步则是一种建诸文字构架形态的文字音步，基本表现不外八大类。为便于读者了解这些形式，这里还需就阿拉伯文字结构的特征再做一点交代。

　　阿拉伯语作为一种综合型语言，词的内部呈屈折变化状，其表现是：以[f]、[ʔ]、[l] 3 个辅音为基干组成框架"—[f] —[ʔ] —[l] —"。这一结构的前端(画横线部位)加上由[ʔ]、[s]、[t]、[m]等音素构成形式各异的前缀，在它的后端加上以[n]为主的后缀，而后再在中间空隙即横线处填进不同的元音，从而构成负载具有某种语法意义的词形模式。

　　人们可酌情将辅音加元音构成的动符[／]转写成短音节，如：[f]、[ʔ]、[ʔ]、[ʔ]、[l]分别加上[a]、[a]、[i]、[u]、[a]等元音，构成[fa]、[ʕa]、[ʕi]、[ʕu]、[la];短音节[／]+ 元音或长音符号，如：[fa]、[ʕu]、[la]+ [a]、[u]、[a]可转写成[faa]、[ʕuu]、[laa]三种。具体讲，根据基本音长不变的原理，音步开头的短音[／]可转写成[ma]、[mu]、[ta]等不同形式，而长音[／]则可转写成[mus]、[taf]，在结尾处则可转写成[lun]等等。同时由于阿语辅音除非缀于末尾，否则都不可单独存在，因此"1 个音节+1 个辅音"同样可通过长音转写的方式加以处置。

　　如此由动符和静符的结合引出文字符号，进而又由文字符号的组合引出与某些词类雷同，而成为方便记忆的固定的程式——音步，而这种步子进一步运行的结果便是诗律。

　　经反复考证，阿拉伯诗韵学发现的音步共有以下两类共 8 支：

　　(一)五母音步[1]

　　1. faaʕilun　等于 ／。—//。或／。／—／。

　　一头轻　连桩　分桩　一头轻

　　2. faʕuulun　等于 //。— ／。

　　连　桩　一头轻

　　(2)七母音步[2]

　　1. mafaaʕiilun　等于 //。—／。—／。

　　连　桩　一头轻　一头轻

---

　　[1] 这样的音步在阿语的文字里短元音被辅音覆盖，可显现的字母只有 5 个，其中包括长音符号。

　　[2] 字母计算方法同上。

331

2. mustafʕiḷun　等于 / 。—/ 。—// 。
一头轻　一头轻　连 桩

3. faaʕiḷaatun　等于 / 。—// 。—/ 。
一头轻　连 桩　一头轻

4. mafaaʕaḷatun　等于 // 。—/// 。
连 桩　两头沉　一头轻

或 // 。—/// 。
连 桩　一 小 段

5. mutafaaʕiḷun　等于 / / 。—// 。
两头沉　一头轻　连 桩

或 /// 。—// 。或 / /—/ 。—/ 。
一小段　连 桩　两头沉　分 桩 一头轻

6. mafʕuuḷaatun　等于 / 。—/ 。—/ 。
一头 一头轻　分 桩

音步是一些衡量和记载诗歌文字节拍组合状况的基本尺度,而某个音步单独排列或不同音步混合排列的状况则决定诗歌韵律的异同。

[音标]Wa qaaḷuu	ḷaanaa ʔnnḷ	Muħbba	ʔðaa dnaa[1]
[直译]人说	对我确实	情郎	如果近前
[音长]/ / 。/ 。	// 。/ 。/ 。	/ / 。/	// 。// 。
[音步]faʕuuḷun	mafaʕiiḷun	Faʕuuḷ	mafaʕiḷun
[音标]sajasluu	Wa ʔnnaḷ	buʔda jaʃii	minaḷ wadʒdii
[直译]淡忘	和 的确	距离 使痊愈	从相思
[音长]/ / 。/ 。	// 。/ 。	/ 。/ / 。	// 。/ 。
[音步]faʕuuḷun	mafaʕiiḷun	faʕuuḷun	mafaʕiiḷun

[意译] 谁都说男人奔你而来他不管不顾

　　　　离你而去昔日情意便会烟消云散

对照上列后半句的字符和音节,可以清楚看到音步打破诗文字词固有界限而按自身要求对音节实施新的组合,并由此决定诗歌的音律结构,从而进

一步表明诗歌既是一种见诸文字形式也是一种见诸音乐元素之上的艺术形式。

四、五大律盘与韵律的推演法则

公元 8 世纪阿拉伯语言学家海利勒走进阿拉伯半岛腹地,寻访从未受过外族语言影响的阿拉伯部落,广泛搜集和研究他们的诗篇,发现阿拉伯诗文音节的运行不外上述 5 母音步与 7 母音步的搭配或各类音步的单独组合。这两类结构的环循往复,进而由此绘出五大律盘,并由其中推演出诗歌韵律 15 条[1]。这里不妨以第一律盘为导引,将这五大律盘的情况分别说明如下:

(一)五七混步盘

此律盘由 5 母音步和 7 母音步搭配而成。盘周分作 24 等分,每一等分代表 1 音长,按顺时针方向依次在各等分内填入 5 母音步和 7 母音步的动静符。"动符"上方即律盘外或下方即律盘内标出的各辅音音标全都代表一个辅音节,而其中的元音音标从略以显示阿语元音隐现的特点;"静符"上方或下方也加写相应音标,分别代表单纯辅音、长音符号,或复合元音的后一半,由此发现这一律盘可容纳或推演出的韵律共 3 条。

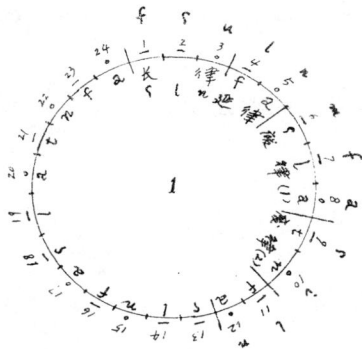

1. 长律 5 母音步//。/。/。faʕulun 从 1 填到 5,7 母音步//。/。/。mafaaʕiilun 从 6 填到 12,反映长律运行半程的图迹,从 13 到 24 将上述程序重复一遍,完成五七混合音步的一周运动,由此推演出长律的运行图迹为:

(//。/。+//。/。/。)×2×2

文字表述为(faʕuulun + mafaaʕiilun)×2×2

---

[1] 后又由阿赫法希补充发现补充了第 16 条,参见本文 5 母单步盘。

2. 延律 在保持圆周 24 等分不变的前提下，从圈内第二行 4 开始完成四周运动，形成音长图迹的理论形式：

(/。//。。/。 +/。//。)×2×2

文字表述为：(faaʔiɭaatun + faaʔiɭun)×2×2

3. 简律 从圈内第三行 9 开始再回到原点完成 1 周运动，形成(/。/。//。+/。//。)×2×2，按照动、静符和文字音节的转换关系，此律形式为：(mustafʔiɭun+faaʔiɭun)×2×2。

除上列三条，还可推演出另外两条音节运动的图迹，因其在阿拉伯诗歌中无实例可寻，而统归为废律，但又因各自的特点而有自己的专名。如：

1. 反长律 从 6 开始转四圈，形成 (/。/。/。 +//。/。)×2×2，即 (mafaaʔiilun + faʕuuɭun)×2×2，音步排列顺次与长律音步的排顺正好相反。

2. 反延律 从 11 开始转四圈形成(/。//。+/。//。/。)×2×2，即(faaʔiɭun + faaʔiɭaatun)×2×2，音步排顺与延律相反。

(二)七母单步一盘

此盘 21 等分，可装进 2 种 7 母音步，容纳 2 条诗律。

1. 丰律 从 1 开始把节奏(/。//。)亦即音步(mufaaʔaɭatun)按顺次填进各等分，重复三次回到1，完成一周运动，再重复三次完成第二周运动，形成(mufaaʔaɭatun)×3×2。

2. 全律 从 4 开始运行两圈，绘出 (///。//。)×3×2 的图迹，完成诗律(mutafaaʔiɭun)×3×2。

(三)七母单步二盘

周边 21 等分，装入另外 3 种 7 母音步，容进 3 条韵律。

1. 雷滚律 从 1 开始，装进 7 母音步，形成：

（//。/。/。）×3×2，即（mafaaʕiiḷun）×3×2。

2. 跛足律　从 4 开始连转两圈，形成：

（/。/。//。）×3×2，即（mustafʕiḷun）×3×2。

3. 编织律　从 6 开始，两圈，组成：

（/。//。。/。）×3×2，即（faaʕiḷaatun）×3×2。

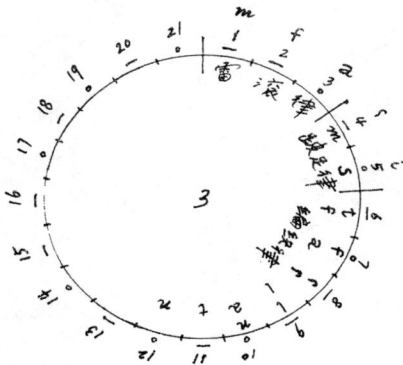

（四）七母混步盘

21 等分，装入 4 种混合 7 母音步，汇集 6 条韵律。

1. 迅律　从 1 到 21，两圈，组成：

（/。/。//。 +/。/。//。 +/。/。/。 /）×2， 即 （mustafʕiḷun + mustafʕiḷun + mfʕuuḷaatu）×2。

2. 仰律　由 8 转到 7，重复一次，组成：

（ /。/。//。 + /。/。/。。/ + /。/。//。 ）×2， 即 （mustafʕiḷun + mafʕuuḷaatu + mustafʕiḷun）×2。

3. 轻律　由 10 至 9，两圈，组成：

（/。//。 /。 +/。/。 //。 +/。//。 /。 ）×2，即

（faaʕiḷaatun + mustafʕiḷun 十 faaʕiḷaatun）×2。

4. 近雷律　从 12 至 11，两圈，组成：

（ //。/。 /。 + /。/。 //。 +//。/。 /。 ）×2，即（mafaaʕiiḷun+faaʕiḷaatun+ mafaaʕiiḷun）×2。

5. 割律　从 15 开始，两圈，组成：

（/。/。 /。 / +/。/。 //。 +/。/。 //。 ）×2，即（mafʕuuḷaatu+mustafʕiḷun+ mustafʕiḷun）×2。

6. 切律 从 17 开始,两圈,组成:

(/。 /。 //。 + /。 //。 /。 + /。 //。 /。)×2,即(mustafʕiʆun + faaʕiʆaatun
+faaʕiʆaatun)×2。

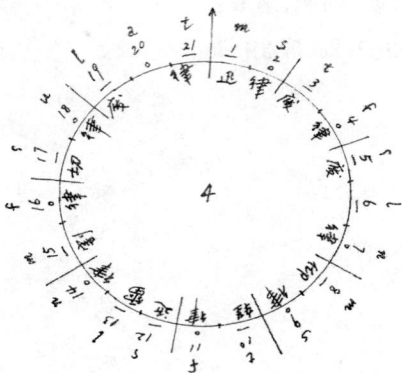

（五）五母单步盘

此盘之 20 等分装进 2 种 5 母音步可推演韵律 2 条。

1.约律 (//。 /。)×4×2,即(faʕuuʆun)×4×2

2.补律 (/。 //。)×4×2,即(faaʕiʆun)×4×2

补律是后添的,由一位叫做埃赫法希的语言学家从海利勒第五律盘中推演出来的。

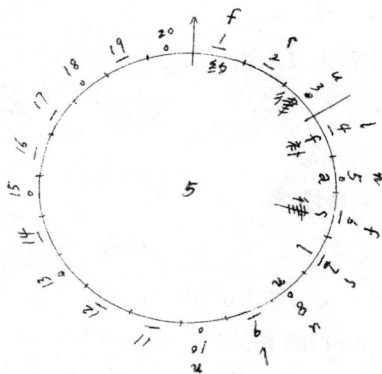

五、阿拉伯韵律的历史渊源与音步变异

阿拉伯人世代以游牧为生,那被称为沙漠之舟的骆驼,在走向草地和水源的行程中,伴着时长时短的驼铃声响,在沙浪的峰巅和谷底,间歇有致地踏

出行行蹄印。尽管这声响和印迹会随着风吹沙移而湮没，但年复一年这无形的铃声和有形的蹄印，却通过人们的心灵反映到阿拉伯语由无字母形态的元音和有字母形态的辅音组合成有形态特色的音步中，成为负荷他们情感和储存他们运行节奏的一种特有的音韵体制——阿拉伯诗歌韵律16条。

但这16条只可在五大转盘上进行演示的理论形式，与诗歌创作的实际并不都时时吻合。正如骆驼在行进过程中铃声和脚步会随着它自身心态及蹄下地面状态的种种变化而变化一样，阿拉伯诗歌的音步也会时时发生变异，并由此而产生韵律的变体。如此，更不用说诗人内心感情的起伏变化了。据统计，阿拉伯诗律的变体大大小小有一百数十个，从而能够充分反映人们情感节律变化的实际。如，丰律的标准形式是（mufaaʕaḷatun+ mufaaʕaḷatun+mufaʕḷatun）×2，但在一首韵尾音节为"nuniija"的45行诗中，这条韵律的腰步、底步和某些音步都发生了变异。其开头两句是：

［音标］[1]　　ʕa faatima qabḷa bainiki mattiʕiinii

　　　　　　wa manʕuki maa saʔaḷtu kaʔan tabiinii

　　　　　　fa ḷaa taʕidii mawaaʕida kaaðibaatin

　　　　　　tamurru bi ħaa rijaaħuṣ ṣaifi duunii

（译文）　　法蒂玛啊，行前请让我享有，

　　　　　　拒不理会形同眼下就已分手。

　　　　　　可别对我虚情假意言而无信，

　　　　　　假话定会被夏日的风儿刮走。

［音步与诗律］[2]

mufaaʕaḷatun	mufaaʕaḷatun	faʕuuḷun（腰步）
⁄⁄ ○ ⁄⁄⁄ ○	⁄⁄ ○ ⁄⁄⁄ ○	⁄⁄ ○ ⁄ ○
mufaaʕaḷatun	mufaaʕaḷatun	faʕuuḷun（底步）
⁄⁄ ○ ⁄⁄⁄ ○	⁄⁄ ○ ⁄⁄⁄ ○	⁄⁄ ○ ⁄ ○ ⁄
mufaaʕaḷatun	mafaaʕiḷu	faaʕiḷaatun（腰步）
⁄⁄ ○ ⁄⁄⁄ ○	⁄⁄ ○ ⁄⁄⁄	⁄ ○ ⁄⁄ ○ ⁄ ○
mufaaʕaḷatun	mafaaʕiiḷun	faʕuuḷun（底步）
⁄⁄ ○ ⁄⁄⁄ ○	⁄⁄ ○ ⁄ ○ ⁄	⁄⁄ ○ ⁄ ○

[1] 原文：أفاطمُ قبلَ بينِك مَتّعيني وَمنعُكِ ما سألْتُ كأنْ تبيني
فلا تعِدي مَوَاعدَ كــاذباتٍ تمُر بها الرِّياح الصّيْف

[2] 原文：مفاعلة مفاعلة فعولْ   مفاعلة مفاعلة فعولْ
مفاعلة مفاعلة فعولْ   مفاعلة مفاعلة فعولْ
مفاعلة مفاعيل فاعلاتْ   مفاعلة مفاعلْ فاعلاتْ
مفاعلة مفاعيلْ فعولْ   مفاعلة مفاعلْ فاعلاتْ

对照丰律里的标注结构（mufaaʕaḷatun）×3×2，上列两句的腰步、底步及第二句前后两扇的中步等音步的变异显而易见，原因是它们与丰律的标准音步相比，都出现了音节的减损，后按照音节转写原则进行重新排列而成为现在的样子。

诗歌韵律在运行过程中发生变异与诗人吟诗的客观环境和主观心态关系密切。如果永远只有一个格式，音韵就会呆板凝滞而难于和人们心灵的变化相呼应。变异常常发生，这种变异可以是音步失去部分元音或辅音，或者二者兼而有之，而导致自身形态的变化；也可以是韵律整体失去某种局部而发生更大的形态变化。不过一般说来，传统诗句左右两扇音步的数目原则上应当相等，以保持整体平衡。

阿拉伯语音韵结构反映了阿拉伯古诗音节、音步的运行状态，而进一步的研究又证明这种结构在阿拉伯近、现代诗歌乃至民歌的创作中依然起着编排词语的作用。由此可知，阿拉伯诗歌语言的编排不仅在纵向上有它的历史继承性，而且在横向上也可打破传统诗歌和民歌的界限，表现它的普适性。无论是过去还是现在，无论是诗坛还是民间，阿拉伯民族这种沙海行舟的传统节律都一直在诗与歌的字里行间震荡，成为一种生命力很强的节律体系。

六、阿拉伯韵律的数码模式与长短格

动符和静符都是短音，音长都是 1 时间单位，叫做短拍；长音或复合元音的音长则相当于一个动符与一个静符的音长之和，叫做长拍。现以数字 3 代表短拍、6 代表长拍，那么阿拉伯诗歌的音步和韵律便可增加两种新的吟诵方法。如：faʕuuḷun 可写作 ╱ ╱ ｡ ╱ ｡ 读作"３６６"或"短长长"；mafaaʕiilun ╱ ╱ ｡ ╱ ｡ ╱ ｡ 读作"３６６６"或"短长长长"；faaʕiḷaan ╱ ｡ ╱ ╱ ｡｡｡ 可读作"６３９"或"长短长…"，让最后一个音符再拉长一拍。

这样，下列延律变体诗句的音步与诗律便可读作：

[音标] [1]	wa qd ra?ai fa maa ?araa	tur ridʒaala miθ‸azaidin
[音步诗律]	天　下　男　子 宰　德　那　样	我　见　得　多 的　未　见　过
	mafaa?i‸un /　/。　/　/。 3　6　3　6 短　长　短　长 mafaa?i‸un /　/。　/　/。 3　6　3　6 短　长　短　长	faa?i‸aatu /。　/　/。　/ 6　3　6　3 长　短　长　短 faa?i‸aatun /。　/　/。　/。 6　3　6　6 长　短　长　长

　　阿拉伯诗歌既有这类长短不一的节律,自然就可借用丝弦和鼓点去加以表现,从而形成诗和乐的统一,因此阿拉伯历史上曾有很多诗篇被谱曲传唱,其中一大部分曾于公元 10 世纪收入《诗歌集成》,成为阿拉伯文学史上一部包罗颇广、价值很高的"乐府诗集"。

七、阿拉伯韵律的发展变化

　　由于阿拉伯语言词尾形态的可变性,古典诗关于韵尾的要求多种多样,但简单说来也可归结为三点:a.一首诗各句需以同一音位结尾。b.以该音位为起点,包括该音位在内,倒数的几个音节元音相同。c.首句的腰和底应满足以上两个条件。此种要求可图示如下,其中标共同符号"△"者为共同韵尾所在。

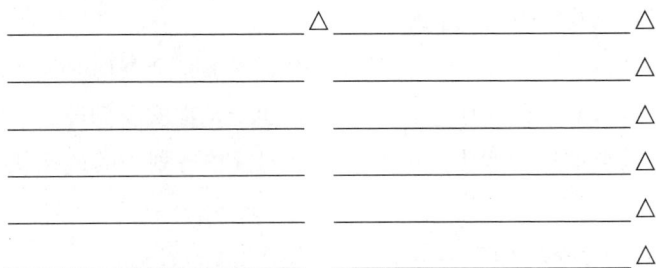

　　但阿拉伯中古时期,特别是他们统治伊比利亚半岛的所谓安达卢西亚时期(3~15 世纪),诗歌和音乐相互影响而出现一种可用于演唱的"彩链诗"。这种诗体少则 3 句,多则 7 句,每句可按音步划成若干小节,不同步节押不同韵

---

[1]原文: وقَدْ رَأَيْتُ الرِّجَالَ فَمَا رَأَيْتُ مِثْلَ زَيْدٍ

尾,而首句与末句各韵尾则需协调一致,以示首尾相接反复轮回而形如彩链或彩帘的诗篇。为具体说明,这里特举最简单的三行诗一首为例,便可管中窥豹足见一斑。

[音标][1]

1. ħaḷ tus taʕaad △△△	ʔa jaamuna biḷ xaḷidʒ ooo	wa ḷa jaaḷiina □□□
2. ʔiðjus taʕaad △△△	min nasiimi ʕarii dʒ ooo	musku dardiinaa □□□
3. wa ʔið jakaad △△△	ħusnu makaanin ooo	ʔan juħjiinaa □□□

[音步]

1. / ◦ / ◦ / / ◦◦ faʕlun faʕuuḷ △△△	/ / ◦ / / ◦ / ◦ / / ◦◦ mufaa ʕaḷatun fa ʕuu ooo	/ / / ◦ / ◦ / ◦ faʕaḷun faʕḷun □□□
2. / ◦ / ◦ / / ◦◦ faʕlun faʕuuḷ △△△	/ ◦ / / ◦ / / / ◦◦ faaʕiḷaatu fa ʕuu ooo	/ ◦ / ◦ / ◦ / faʕḷun faʕḷun □□□
3. / / ◦ / / ◦◦ faʕaḷ faʕuuḷ △△△	/ ◦ / ◦ / ◦ faʕḷ faʕuuḷuu ooo	/ ◦ / ◦ / ◦ / faʕḷun faʕḷun □□□

(意译)

1. 是不是啊,这里正重现着海湾的时光?

2. 这里的轻风给我们送来家园的馨香,

3. 这里的景色给我们唤起新生的希望。

上列三行短诗的译文未按步分节押韵,因而难于完全表现原作各部节都押韵的形式。然而不管有没有这个译文,人们也能从原文及韵律布局的外观上看出各句的分节韵尾或音步韵尾那种和谐配置整齐划一的链条状或链带状。

三行诗如此,七行诗如下图所示岂不更令人眼花缭乱?!

_____ △ _____ □

_____ △ _____ □

---

[1] 原文:

وإليانا   أيّامُنا بالخليج   هل تُستَعاد
مُسكُ دارينا   مِن نسيم أريج   إذ تُستَعاد
أن يُحيينا   حُسنُ مكان بهيج   وإذ يكاد

———————————○———————————
———————————○———————————
———————————○———————————
———————————△——————————□
———————————△——————————□

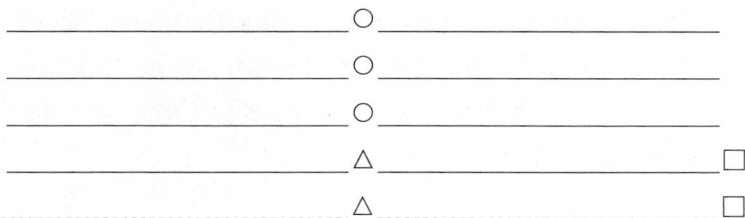

　　像这样的一首七行诗,首尾相接反复吟咏,自然就既是一幅华丽的诗轴,又是一首动听的乐章。这就不能不让人联想到同一时期安达卢西亚和马格里布伊斯兰建筑物上那装饰墙壁的多彩图案和镶嵌工艺。几下对照,诗、乐、画三者竟形神兼通,令人不能不为之叹为观止! 但叹服之余人们又不禁想到,如此刻意雕砌的彩链结构面对人类云水翻滚、变幻无穷的感情世界,岂不要真的成为一根名副其实的链条! 如此看来,历史上的阿拉伯彩链诗一般只限于宫阙艺苑而未能进入广阔天地的缘由也就不难理解了。

　　彩链结构自不待言,就是原本相对单一的音韵结构随着时代的发展也不能不成为一种抒情障碍, 人们要流畅自如地表达自己的感情也就不能不有所回避。因此,到了近现代,阿拉伯音韵结构的改革便终于进入了诗歌创作的天地。概括地讲,这种改革总的走向不外两种。一种为总体继承局部改良,即作诗仍旧按部就班遵循一条韵律,但允许隔三差五地更换一个韵尾,而不再坚持传统诗歌一韵到底的做法。这便为感情的表达大大松了一下绑。另一种则为拆乱旧律整体,对音步作出新的安排,即作诗不求韵律齐全,但求随意自如,音步可一个一行,也可几个一行,步与步之间也不讲究什么类型。同时,断句也不再拘泥于陈规旧习,而只要求在重点音步之末安上一个铿锵有声的韵脚,这就把音韵结构的发展推向了一个全新的时期, 使人的感情表达进入一个更少受限的阶段。

　　音步作为音节的组合单位和韵律的构成部件是在语言的发展和创作的实践中自然形成的,它既给人以乐感又有一种潜移默化的力量,使人的情操得到陶冶。 因此,阿拉伯音韵结构的最新发展可以认为是一种颇含韵味的自然回归。而从更广阔的历史角度看,人们还会发现阿拉伯民族的这种音韵结构在它漫长的历史演进中,还曾随着这个民族的脚步越出阿拉伯半岛进入亚、非、欧大片地域,对许多民族的诗歌韵律产生影响。一些语言学家看到阿拉伯民族的这个音韵结构不仅可在她的姊妹语言希伯来语诗歌中, 而且也可在诸如突厥语和乌尔都语等与阿拉伯语并无亲属关系的民族语言的诗歌中找到它的踪迹,足见其传播之广,影响之深。当然。从另一个角度看,这些语言要接受这种影响也必定要在音律上和阿拉伯语有某种相通的地方。就音节长短这个意义而言,不同语言在音节划分中找到共同节律的可能性很大很大。这实在是为音乐无国界这个意念再次添加了一个旁证!

参考资料

各种版本《阿拉伯音韵学》《阿拉伯文学史》《安达卢西亚文学史》《悬诗》《阿拉伯古诗选集》等。

(作者单位:北京大学外国语学院)

阿拉伯伊斯兰文化产生的历史根源及其特点

●孙承熙

7世纪初,阿拉伯人的先知穆罕默德(570~632)在阿拉伯半岛的希贾兹地区创立了伊斯兰教。嗣后,伊斯兰教教徒——穆斯林在穆罕默德率领下以传播伊斯兰教的名义积极向外开拓,进行了大规模的军事扩张行动——穆斯林圣战。7世纪30年代初,穆罕默德在基本实现了对阿拉伯半岛的统一后,创建了第一个阿拉伯伊斯兰政权,定都麦地那。穆罕默德去世后,他的继承人——四大哈里发时期(632~661)及以后的倭马亚王朝(661~750)和阿拔斯王朝(750~1258)前期(750~850),穆斯林继续凭借伊斯兰教强大的武装力量驰骋南北,拓展东西,建立了以地中海东岸和中东为中心的地跨欧、亚、非三洲的大帝国。它的版图西自法国南部边境的比利牛斯山脉,东至中国西部边陲中亚的帕米尔高原;从而阿拉伯人基本上实现了把古代世界的西班牙、北非、埃及、托罗斯山脉以南的拜占庭领土和波斯领土连成一片的军事目标。这一大片土地大致相当于现在的阿拉伯半岛、叙利亚、巴勒斯坦、伊拉克、小亚细亚、伊朗、中亚、亚美尼亚、埃及、北非和西班牙等地的面积。自此之后,阿拉伯民族疾步登上了中世纪政治、经济、军事、宗教、文化的世界舞台,为世界各族人民所瞩目。

随着阿拉伯伊斯兰帝国的建立和壮大,在阿拉伯半岛孕育的伊斯兰文化由萌发走向成熟。至阿拔斯王朝前期,阿拉伯伊斯兰文化(为行文需要,下文简称为"阿拉伯文化"或"伊斯兰文化")以其鲜明的个性、独特的风采、崭新的面貌和丰富的内涵展现于世,令人耳目一新。伊斯兰文化开创于阿拉伯半岛希贾兹地区的麦加和麦地那。它是伴随着伊斯兰教的诞生而诞生的。马克思主义认为:"……随着每一次社会制度的巨大变革,人们的观点和观念也发生变革,这就是说,人们宗教观念也要发生变革。"[1]因此,阿拉伯民族变多神教为信奉一神的伊斯兰教绝不是偶然的,而是阿拉伯半岛社会制度发生巨大变革时期的产物,它是与阿拉伯人急需寻求一种新的生产关系和新的社会组织形式来替代行将崩溃和解体的氏族经济和氏族社会的需要相适应的。同样,与此相关的伊斯兰文化的孕育、诞生和成长也不是偶然的,而是在阿拉伯半岛的经济、政治、文化、种族、语言、地域等诸因素的制约下脱胎成形的。如果单纯从文化的角度来考察,那么,伊斯兰文化则是在古代闪族文化的基础上吸收外来文化,如希腊、罗马、拜占庭、叙利亚、波斯、印度、中国等古代文化的营养成分,并与之相辅相成,融会贯通,有机结合的产物。下面我们先就阿拉伯伊斯兰文化的核心——伊斯兰教的经典《古兰经》中所保留的创世神话为例,探索它与古代闪族文化的历史渊源,以说明伊斯兰文化是闪族文化的接续和发展。

公元7世纪,在阿拉伯半岛的麦加和麦地那,穆罕默德以受"安拉启示"的名义传播伊斯兰教及其经典《古兰经》。这一现象的出现与7世纪前后阿拉伯半岛的宗教现实状况有着密切的联系。众所周知,犹太教、基督教和伊斯兰教都产生于亚洲西部,具体地说,就是从阿拉伯半岛西北方向的耶路撒冷沿红海向东南至半岛的麦加这一狭长的地带,南北相距约1500公里。诚然,在1000多年前没有先进的交通工具情况下,1500公里的路程不是轻易就能通过的;但是这条沿红海的道路历来是古代阿拉伯半岛著名的贸易商道,行旅商队熙来攘往十分活跃。穆罕默德本人就不止一次从麦加前往半岛北部的叙利亚等地经商。伊斯兰教诞生前,作为拜占庭帝国一部分的叙利亚曾是信奉基督教的一个中心。由于基督教全盘继承了《旧约圣经》,因此随着基督教在西亚的广泛传播,《旧约》中的许多宗教故事,特别是《创世记》中关于上帝创造世界的神话传说几乎成了家喻户晓、妇孺皆知的世界性传说了。据史载,穆罕默德在创立伊斯兰教前曾不止一次地亲耳听过基督教传教士的布道和说教。不言而喻,《旧约》中的创世传说也经常是传教士津津乐道的一个题材。

伊斯兰教创立前,不仅半岛的北部是基督教国家,而且半岛西南方向的埃塞俄比亚王国(隔狭窄的曼德海峡与半岛西南部的也门相望)也是一个基督教国家。因此,基督教从南北两方面同时对阿拉伯半岛施加影响。据史籍记载,也门的奈芝兰曾是基督教盛行的城市。公元6世纪,也门一度被埃塞俄比亚人占

---

[1] 马克思,恩格斯. 马克思恩格斯全集:第7卷[M]. 北京:人民出版社,1972:505.

领,基督教在半岛西南部的势力也就愈加强大了。

因此,《古兰经》中的某些传说故事借鉴于《旧约·创世记》并按伊斯兰教教义的需要加以改造和发展是情理之中的事。我们不妨举《旧约·创世记》中著名的关于挪亚方舟的洪水传说与《古兰经》中关于努哈的洪水传说作一简要的比较,就能清楚地看出后者在前者基础上接续和发展的痕迹。

《创世记》中的洪水传说说:"耶和华见人在地上罪恶很大,终日所思想的尽都是恶,耶和华就后悔造人在地上,心中忧伤。耶和华说:'我要将所造的人、走兽、昆虫,以及空中的飞鸟,都从地上除灭,因为我后悔造了他们。'唯有挪亚在耶和华眼前蒙恩。挪亚是个义人,在当时的世代是个完全人。"神对挪亚说:"……你要用歌斐木造一只方舟,一间一间地造,里外抹上松香。方舟的造法是这样:要长三百肘,宽五十肘,高三十肘。方舟上边要留透光处,高一肘;方舟的门要开在旁边;方舟要分上、中、下三层。……我却要与你立约,你同你的妻子、儿子、儿妇,都要进入方舟。凡有血肉的生物,每样两个,一公一母,带进方舟,好在你舟中保全生命。飞鸟各从其类,牲畜各从其类,地上的昆虫各从其类,每样两个,好在你舟中保全生命。你要拿各种食物积蓄起来,好作你和它们的食物。"挪亚就按照神的吩咐这样做了。《创世记》接着说,2月17日那天,洪水来临,大海的泉源裂开了,天上的窗户也敞开了。共下了四十昼夜的大雨。凡地上各类生物,连人带牲畜、昆虫,以及空中的飞鸟,从地上消灭了。洪水在地上泛滥了一百五十天。7月17日,水势渐退,方舟停在亚拉腊山上。挪亚开了方舟的窗户,放出一只乌鸦。乌鸦飞来飞去,没有发现干地。他又放出一只鸽子。鸽子找不到落脚地,又飞回方舟。挪亚又等了七天,又放出一只鸽子,"到了晚上,鸽子回到他那里,嘴里叼着一个新拧下来的橄榄叶子,挪亚就知道地上的水退了。他又等了七天,放出鸽子去,鸽子就不再回来了"。于是,挪亚和家人及其他带去的动物都相继出了方舟。挪亚并在山顶上"为耶和华筑了一座坛拿各类洁净的牲畜飞鸟献在坛上为燔祭"。"挪亚方舟"传说引自《新旧约全书·创世记》(圣经公会,1940年)。

在《古兰经》中,关于努哈的洪水传说散见在许多章节中,如第11、第23、第29等章中都有记述。记述在第11章中的洪水传说比较详尽。经中说:"努哈奉到启示说:'你的宗族中除已归信者外,绝不会再有人归信你,故你不要为他们的行为而悲伤。你应当在我的监督下,依我的启示而造船。你不要为不义的人们而祈祷我,他们必定要被淹死。'他正在造船。他的宗族中的贵族们每逢从他面前走过，都嘲笑他，他说：'如果你们嘲笑我们，我们也必定要像你们嘲笑我们一样嘲笑你们。……'等到我的命令来临而洪水从地面涌出的时候，我说：'你把每种动物各拿一对放在船里，并使你的家属——除已被判决者外——和信道的人们一起上船去。'只有少数人同他一起信道。他说：'你们上船去吧！这只船的航行和停泊都是奉真主之名的。……'那只船载着他们航行于山岳般的波涛之间。努哈喊叫他的儿子——那时他远在船外——说：'我的孩子啊！你来和我们一道乘船吧！你不要同不信道的人们在一起。'他儿子说：'我要到一座山上去躲避洪水。'……波涛隔开了他们俩，他就被淹死了。有人说：'地呀！把你表面的水咽下去吧！云啊，散开吧！'于是洪水就减少了，事情就被判决了。船停泊在朱迭山上。有人说：'不义的人们已遭毁灭了。'努哈祈祷他的主说：'我的主啊！我的儿子确是我的家属，你的诺言是真实的，你是最公正的判决者。'"[1]

上述《古兰经》中的洪水传说与《旧约·创世纪》中的洪水传说有异曲同工之妙，说前者取材于后者并不牵强附会。最明显的例证是：《古兰经》和《旧约》中的洪水传说，它们的主人公是同一个名字，前者叫做"Nūh"（汉译"努哈"），后者叫做"Nōah"（汉译《旧约》译称"挪亚"，与希伯来语的发音相差甚远）。"Nūh"与"Nōah"之间的读音差别，只是反映了阿拉伯语与希伯来语之间的语音差别，因此可以肯定："Nūh"来之于"Nōah"。

其次，《古兰经》中的努哈是真主（即上帝）的一个使者，因他的族人不愿归顺上帝才遭到上帝的惩罚而把他们统统都溺死于大水之中。因此，《旧约》和《古兰经》中记述的洪水事件的发动者也是同一个神——上帝即真主。而且，发动洪水的原委虽有所差别，但基本原因是一致的，都是由于地上的人不按照上帝的意志行事，犯了"天条"才遭此严厉的报应。

不仅仅从保存在《古兰经》中的洪水传说可明显看出它与《创世记》中记载的洪水传说有着接续和发展的关系，而且在《创世记》中所记述的有关上帝用土造人，上帝创造天地万物，夏娃因在伊甸园偷吃禁果后与亚当被上帝逐出伊甸园等创世神话也同样能在《古兰经》中找到经过改编的类似内容，所不同的只是《古兰经》中的记述更趋简单明了，往往作为教谕的例子作提示性的讲述。夏娃偷吃禁果的故事，在《古兰经》中有多处提到，其中保留在第7章中的这个故事是比较详细的一则。"主说：'阿丹（《古兰经》中对亚当的译称）啊！你

---

[1] 马坚，译. 古兰经[M]. 北京:中国社会科学出版社,1981:11:36~45.

和你的妻子同住乐园吧,你们俩可以随意吃园里的食物。但不要临近这棵树;否则,就要变成不义者。'但恶魔教唆他俩,以致他为他俩显出他们俩的被遮盖的阴部。他说:'你俩的主禁止你们俩吃这棵树的果实,只为不愿你们俩变成天神,或永生不灭。'他对他俩盟誓说:'我确是忠于你们俩的。'他用欺骗的手段使他俩堕落。当他俩尝了那棵树的果实的时候,他们俩的阴部便对自己现露出来了,他们俩就用乐园里的树叶遮盖自己的阴部。他俩的主喊叫他们俩说:'难道我没有禁止你们俩吃那棵树的果实吗?难道我没有对你们俩说过,恶魔确是你们俩的明敌吗?'他们俩说:'我们的主啊!我们已自欺了,如果你不赦宥我们,不慈悯我们,我们必定变成亏折者。'主说:'你们互相仇视地下去吧。大地上将有你们暂时的住处和享受。'主说:'你们将在大地上生活,将在大地上死亡,将从地下被取出来。'"[1]

《古兰经》中记述的这个偷吃禁果的故事与《旧约·创世记》的记载作一比较就会发现两者的轮廓和内容大同小异,但也确有改编而不尽相同的地方:比如引诱他俩去偷吃禁果的不再是蛇而是恶魔;也没有突出女人——夏娃是首先受引诱去偷吃禁果的第一人,而且根本没有出现夏娃的名字。

通过上述对《旧约》和《古兰经》中的创世神话所作的简单比较分析后,是否就能说,由于《古兰经》比《旧约》晚出许多世纪,因此阿拉伯人的创世神话只不过是犹太人的创世神话的翻版。如果就此即得出这样的结论,显然是失之偏颇的。因为问题还不那么简单。问题的症结就在于:同属于闪族文化系统的希伯来文化和阿拉伯文化究竟与闪族文化有怎样的历史渊源?这个问题若要给予简单的回答则是:出现于西亚盛极一时的古代闪族文化是"源",而后起的希伯来文化和阿拉伯文化仅仅是它的"流"。"源"和"流"之间自然有着隔不断的联系,即使由于历史上的种种原因而发生"断流"现象,但表现在文化上两者之间的关系即使不说是"千丝万缕",至少也是"藕断丝连"。下面我们就简单提一提关于闪族文化的形成历史。

据近代考古资料研究,闪族文明的形成,经历了漫长的历史过程,而且与阿拉伯半岛的历史变迁有密切的关系。远古时代的阿拉伯半岛并不像现在这样:土地贫瘠、沙漠无垠,而是雨量充盈、沃野千里、草木葱茏。因此古代历史学家把远古时代的阿拉伯半岛喻为"人间乐园"。今天的巴林岛,在古代苏美尔人

---

[1] 马坚,译. 古兰经[M]. 北京:中国社会科学出版社,1981;7;19~25.

和巴比伦人的神话里被称作"神道乐土"。可是在人类历史最后一次冰期即第4次玉木冰期(约公元前7万年~公元前1.8万年)之后,世界气候发生了巨大变化。阿拉伯半岛的气候由温和湿润变得酷热干旱,许多地区终年无雨,江河干涸,沃野沦为沙漠碛地。为了生存和寻觅水源与牧场,半岛的居民被迫弃家迁徙。他们选择的迁徙方向主要是半岛以北地区,即近人所称的"肥沃的新月地带"(今巴勒斯坦、叙利亚、黎巴嫩和伊拉克等地)和著名的两河流域。据学者考证,半岛的第一批迁徙者在公元前约6000年代就到达了两河流域的北部地区,[1]即今叙利亚境内的幼发拉底河流域。迁徙者和当地居民结合后在叙利亚境内创造了"西部闪族文明"。历史学家认为,在叙利亚境内的这部分最早的定居者,很可能就是后来在地中海沿岸出现的历史上有名的迦南人、阿摩列伊人和腓尼基人的祖先。

与"西部闪族文明"有亲缘关系的,是公元前5000年在今伊拉克境内出现的"东部闪族文明"。据考古资料证明,定居于两河流域的这部分部族,除直接来自半岛的迁徙者外,有相当一部分则属于定居在叙利亚境内的最早迁徙者由北向东南回流的部族。显然,他们在回流过程中,把"西部闪族文明"带入了两河流域。考古学家认为,"西部闪族文明"的南移,大致发生在新石器时代的晚期(约公元前5000年~公元前3500年)。

据考证,"闪族"这个名字,源出于犹太教经典《创世记》中关于挪亚的传说,"闪"即是挪亚的长子。近代学术界对"闪族"的定义,则是指古代阿拉伯半岛迁徙两河流域、巴勒斯坦、叙利亚、尼罗河三角洲和北非、东非等广大地区的游牧民。18世纪下半叶,奥地利东方学者根据中近东地区古代语言——巴比伦语、亚述语、古叙利亚语、阿拉米语、腓尼基语、希伯来语、迦南语、阿拉伯语的近缘关系,首先提出了"闪含语系闪语族"这一学术名词。在这以后,"闪族"和"闪语族"这两个名词被学术界认可并沿用至今。从上述"闪族"形成的简要历史中还需要指出的一点是,半岛的迁徙者在迁徙、游牧或定居的过程中,绝不是孤立的"封闭式"运动,而是不时地和沿途的部落民发生广泛交往的过程。因此,"闪族"实际是半岛迁徙者和上述古代西亚地区部落民的结合体;同样,"闪语族"也是迁徙者和当地部落民在杂居过程中衍生的多种形态的语言现象。但是它们又多少仍保留了半岛居民固有的某些母语特征,这就构成了闪语

---

[1] 艾哈迈德·苏萨. 阿拉伯文化及其历史分期[M]. 巴格达国家图书馆,1979.

族中各种语言的近缘关系。

　　闪语族中各语言现象的近缘关系只不过是闪族文化中的一个特色而已，至于它所孕育的各文化分支如巴比伦文化、亚述文化，或希伯来文化、阿拉伯文化等其他领域中出现的近缘现象显然也是无可避免的。由此可见，上述我们提到的《旧约·创世记》和《古兰经》中创世神话的雷同，这对于同属于闪族范畴的希伯来人和阿拉伯人来说是不足为奇的。无独有偶，近代学者在成功地解读了两河流域的楔形文字泥板书后，发现《旧约·创世记》中的某些创世神话与泥板书中保留的巴比伦时期的某些创世神话的内容相似，有的简直如出一辙。例如《旧约》中"挪亚方舟"的传说，与19世纪在伊拉克尼尼微发现的亚述语洪水泥板就是一个雷同的典型例子。[1] 1872年，英国考古学家乔治·斯密斯在伦敦考古学会宣布他发现了"洪水泥板"时，曾轰动了欧洲学术界。这一发现有力地证明了西亚古代文化传统的共有性及人文思想的互渗性和互补性，从而也动摇了欧洲教会所宣扬的基督教圣经的"权威性"。洪水泥板被发现的重要意义还可从恩格斯于1877年发表的重要著作《反杜林论》中得到印证。恩格斯在批判杜林反对达尔文的关于物种通过自然选择、适者生存而发生变化的论断时，曾引用了亚述洪水泥板的例子。恩格斯说："杜林先生发明这个原始生物，只是为了通过把它同原始犹太人亚当对比而尽可能地加以丑化；可是对他即杜林先生来说，不幸的是他一直不知道，由于乔治·斯密斯关于亚述的发现，这个原始犹太人原来是原始闪米特人，而圣经上有关创世和洪水的全部故事，都被证实是犹太人同巴比伦人、迦勒底人和亚述人所共有的古代异教徒宗教传说的一部分。"[2]恩格斯所作出的"所共有的古代异教徒宗教传说的一部分"的结论，非常生动地揭示了《创世记》中的创世神话也是延续并发展了古代闪族宗教神话后的衍生作品。

　　纵观闪族文化的发展过程，似可分为三个具有代表性的里程碑，这就是巴比伦文化、希伯来文化和阿拉伯伊斯兰文化。这三大文化对世界文化的发展都产生过巨大的影响。尤其是阿拉伯伊斯兰文化，它在闪族文化，首先是希伯来文化的基础上，以7世纪创立的伊斯兰教为核心，大量吸收外来优秀文化，使之融会贯通，合为一体，终于发展成为一种具有丰富个性的世界性文化，至

　　[1] 孙承熙.《吉尔伽美什》史诗、《旧约》和《古兰经》中的洪水传说及其相互关系[J]. 中国比较文学，1988（3）.
　　[2] 马克思，恩格斯. 马克思恩格斯选集：第3卷[M]. 北京：人民出版社，1995：413.

今仍发挥着重要影响。

阿拉伯伊斯兰文化的发展和形成过程即是一个不断吸收外来文化的过程。自倭马亚王朝建立始至阿拔斯王朝，阿拉伯穆斯林始终没有间断对外来文化的潜心研习和吸收。无论是人文科学或自然科学，思想领域或物质领域，他们都涉足研究，然后又在伊斯兰精神的规范下通过提炼和改造，有的作出了新的解释，有的赋予了新的内容。经过了100多年的努力，阿拉伯人终于确立并完善了伊斯兰文化的思想和物质体系。

阿拉伯穆斯林吸收外来文化的途径与他们的军事扩张——以传播伊斯兰教为名进行的"圣战"——联系在一起。至倭马亚王朝，阿拉伯穆斯林占领了半岛、叙利亚、巴勒斯坦、伊拉克、伊朗、中亚、亚美尼亚、埃及、北非和西班牙等在古代世界具有灿烂文明的地区，建立了横跨亚非欧三大洲的阿拉伯伊斯兰大帝国。为了巩固伊斯兰政权和迎接其他意识形态的挑战，阿拉伯穆斯林面对境内复杂的人种、繁多的民族、形形色色的生活方式和五花八门的意识形态和文化传统，采取了较为明智、豁达的方针。他们首先宣布伊斯兰教为国教，阿拉伯语为官方语言；对统治区内皈依伊斯兰教和改学阿拉伯语的异族居民表示竭诚的欢迎并给予他们与阿拉伯穆斯林同等的待遇。尤其是对那些学有专长的异族知识分子，帝国更采取了特殊的优惠政策，吸引他们努力为帝国的政治、经济、宗教特别是文化学术活动服务。有的学者把阿拉伯穆斯林虚心学习外来文化的热情描述为："他们毕恭毕敬地端坐在被他们征服的异族人面前求知。"[1]阿拔斯王朝前期（750~850）是阿拉伯伊斯兰文化的飞速发展时期。拉希德哈里发（786~809）和其子麦蒙哈里发（813~833）时代，被史界赞誉为阿拉伯伊斯兰文化发展的黄金时代。阿拔斯王朝建朝时由于受到外族人的鼎力相助而素有崇尚外来文化的传统。中央政府实施不问民族、不问信仰、博采诸家、兼收并蓄的文化政策。在帝国境内广泛招聘真才实学的有识之士，给他们提供种种方便，让他们安心于各类学科的研究和著述；与此同时，大批著名的古代著作被译成阿拉伯语后介绍到了阿拉伯的世界。这些内外相结合的大规模学术活动，为伊斯兰文化的繁荣和成熟奠定了扎实的基础。

通过翻译活动了解和掌握外来文化，是阿拉伯伊斯兰文化形成过程中富有特色的学术活动之一。阿拉伯的翻译活动起自倭马亚王朝。最初的翻译活动

---

[1]琼斯·巴杜. 无与伦比的阿拉伯文化·阿拉伯人在创立伊斯兰文化中所起的作用[M]. 阿联酋文献和学术中心，1977：22.

以自发的个人译述为主,缺乏统一的规划和领导;至阿拔斯王朝,翻译活动除个人进行外,重要的学术著作则是在帝国中央政府规划下有组织、有领导地开展起来的。由于国家的重视,不久在帝国境内就出现了一个独立的翻译阶层。他们像诗人、文学家或其他著述家一样,受到国家和社会的极大尊重。译成阿拉伯文的著作中,希腊语著作占首位,其次是古叙利亚语、波斯语、梵语、希伯来语和奈伯特语著作。麦蒙哈里发为了更好地组织全国的译述和科研活动,在首都巴格达创建了帝国的最高学术机构——益智馆(又译哲理馆或智慧馆)。阿拉伯人通过较长时期的对外来学术著作的翻译、研究、订正和诠注等工作,终于对古代文化有了较全面的了解和掌握;在此基础上他们针对自己固有文化的薄弱环节,又着重研究了希腊古典哲学中的新柏拉图主义,拜占庭的典章制度,罗马法典,古代叙利亚的科技成果,波斯的文学艺术,印度的数学、天文学和中国的造纸、火药、印刷术等。有了这样较厚实的研究根底,阿拉伯人终于脱颖而出,创建了自己的阿拉伯哲学、哈里发行政管理制度、伊斯兰法典、伊斯兰艺术、阿拉伯医学、数学、天文学、物理学、化学等等在中世纪独辟蹊径的阿拉伯伊斯兰文化体系。

纵观阿拉伯伊斯兰文化的内涵,它具有下述三个明显的特点。

它的第一个特点是"宗教本位"。"伊斯兰文化",实质上是一种以宗教——伊斯兰教为本的文化。伊斯兰文化的宗教性是由它的萌发、产生的过程所决定的。众所周知,如果没有 7 世纪伊斯兰教的诞生,就没有伊斯兰文化的问世。正如我们在上文提及的那样,阿拉伯伊斯兰文化并不是一种孕育于古代的文化,如中国、印度、希腊文化,而是产生于中世纪,由闪族文化和外来文化融合后的结晶。但是促成结晶的凝固剂无疑就是阿拉伯人所创立的伊斯兰教。所以伊斯兰教既是伊斯兰文化的核心,也是伊斯兰文化的灵魂。说它是核心,是指它是伊斯兰文化的主体部分;说它是灵魂,是指它渗透于伊斯兰文化的各个领域。这就是所谓的"伊斯兰精神"。阿拉伯帝国初创时期,为了巩固伊斯兰教政权的需要,对早期伊斯兰文化提出的首要任务,就是确立和巩固伊斯兰意识形态,因此对诸如教义学、教法学、伊斯兰伦理学、《古兰经》注释学、圣训学等的研究集中了大量的人力和物力。在帝国境内大规模修建的清真寺,其目的固然是为了传播和普及伊斯兰教,但在实现这个目的的同时,清真寺教长通过对教义、教法、伦理道德观念的阐述却又丰富了伊斯兰思想体系。阿拉伯帝国境内的清真寺实质上就是早期的伊斯兰学校。教长常常收留部分优秀的青年信徒作为他们的学生，通过重点培养的方式造就他们的接班人——哈里番或宗教学者。许多伊斯兰教教义、教法学派的著名学者几乎都是在清真寺内受的启蒙教育。例如早期伊斯兰教最著名的教义学派之一——穆尔太齐赖派，就是由于清真寺教长——老师与学生之间对某些教义的理解发生分歧，通过辩论发展起来的一个教派。

因此，我们可以说，伊斯兰文化"宗教本位"特点的形成有其强大的物质和精神基础；其物质基础就是无所不在的清真寺，其精神基础就是无时不念的《古兰经》。在这方面，清真寺的作用与基督教堂相比，前者远远超过后者是显而易见的。

一种文化的强大或深刻与否，主要表现于对人的影响程度。伊斯兰文化对穆斯林的影响既深刻又全面，主要赖于"宗教本位"思想的作用；其结果就是伊斯兰精神浸润到穆斯林生活——物质和精神——的诸方面，以致学者认为，"伊斯兰教不区分宗教和世俗领域"（《简明不列颠百科全书》："伊斯兰教"条），"伊斯兰教是一种总的生活方式，宗教是政治、国家、法律和社会必不可少的组成部分"[1]，这是考察伊斯兰文化时不容忽视的一个观点。伊斯兰精神对穆斯林心灵影响的深刻性在当代许多阿拉伯作家的小说中有诸多描写。下面我们就举当代埃及著名作家伊哈萨·阿卜杜·库杜斯的短篇小说《上帝至爱》中的部分描写作为这方面的一个例子。《上帝至爱》是一篇描绘发生于不同民族、不同宗教信仰间男女青年的恋爱悲剧。男青年是科卜特人，信奉基督教；女青年是埃及人，随家庭信奉伊斯兰教。男女青年相爱甚笃。为了缔结姻缘，根据阿拉伯世界的习俗，两人中，有一方必须改宗信仰对方的宗教。于是两人通过类似抓阄儿的方式决定了女青年改奉基督教，并商定次日去教堂履行有关改奉基督教的手续。当晚，女青年思潮起伏，辗转于床榻而无法入眠。作家用如下的笔触描绘了她的内心感受："她一夜未睡。当她作为穆斯林时从未意识到的伊斯兰教，在那天晚上她却完全感知了；而且她觉得，她以往的生活及她所能记忆起的全部事情无不都与宗教有关。她记起了经历过的件件小事包括那些早已淡忘了的琐事，可是正是这些小事和琐事构成了她生活的一部分！她记起了她父亲幼时的保姆梧姆·易卜拉欣哈吉，每个星期都要抽空上她家来看望她并忙活着焚香熏屋；她高举着香炉在她头上转悠，而且嘴里喃喃不绝地念着《古兰经》

---

[1]约翰·L·埃斯波西托. 中东政治生活中的伊斯兰教[J]. 中东,1987(22):21.

的片段或祷词……她又记起了孩提时的梳头娘梧姆·阿卜黛带她去澡堂子洗澡;她一面不时地搖着水从她头顶上浇水并用手揉擦她细嫩的肤体,一面嘴里念到:'愿真主赐福与他使他平安……你说,我求庇于曙光的主,免遭嫉妒者嫉妒时的毒害'(《古兰经》113 章《曙光》中的第 1 节和第 5 节)。她又记起了去墓地时在她父亲墓前念《法谛海》(《古兰经》首章《开端》)。她又记起了斋月末尾全家人企待着开斋炮的响声、节日的欢宴和从无线电中传出的铿锵有力的诵经声……她又想起了,她发誓时,在任何场合都好用'先知'之名起誓;那么,现在她若要发誓,又是以哪位先知之名呢? ……"

接着的一段描述,作家发表了一段耐人寻味的个人议论。他说:"她尽管是个穆斯林,但她并不清楚地意识到伊斯兰教在她生活中所处的重要地位。是的,她既不礼拜也不把斋,但是,伊斯兰教中却包含了一种比礼拜和把斋更深的东西。这种东西已与她的血液混同一体,与她呼吸息息相关;这是人所无法感知的,就像人无法感知血管中流淌的血液或感觉不到无时无刻都在呼吸一样。"

这就是对伊斯兰文化的主体部分——伊斯兰教世俗化的生动描绘,从中可看出阿拉伯伊斯兰文化不同于世界其他文化体系的一个重要特点。

阿拉伯伊斯兰文化的第二个特点是"承上启下"。这是指它继承了古代世界的优秀文化如希腊、罗马文化,同时它通过自身的发展和创新为近代文明的兴起提供了有益的经验。

伊斯兰文化诞生时所占有的天时地利有助于它负有承上启下的特点。7 世纪阿拉伯穆斯林从阿拉伯半岛崛起时,当时西亚的两大霸主——拜占庭和波斯萨珊王朝因连年对外战争,国力空虚,走向衰微,这在客观上给穆斯林的军事扩张减少了阻力,使阿拉伯人顺利地越过阿拉伯半岛进入拜占庭帝国所统治的叙利亚、巴勒斯坦、两河流域、埃及等地以及波斯和印度西北部。众所周知,这些地区都是古代东方文化的主要发祥地,而且自公元前 334 年马其顿国王亚历山大东侵后已在上述诸多地区建立了"希腊化"城市,其中有的成为东方的希腊学术中心,如有名的亚历山大(在今埃及亚历山大市)、纳绥比(在今叙利亚)、安塔基亚(在今土耳其)、鲁哈(在今叙利亚)、哈兰(在今叙利亚)、君迪·沙普尔(在今伊朗西南部的胡泽斯坦)等。

"近水楼台先得月,向阳花木易为春。"上述学术中心遗留下来的希腊著作、文化传统和科研人才成为 7 世纪阿拉伯穆斯林直接了解希腊文化的珍贵财富和发展伊斯兰文化的有效养分。

例如君迪·沙普尔学术中心，在5世纪末曾收留了许多基督教聂斯脱利派的学者，从而一度成为传播基督教文化的重要中心。公元529年，由于雅典柏拉图学园被封，一批新柏拉图主义学者因在雅典的活动受阻，而被迫转移至东方的君迪·沙普尔。他们在那里受到波斯萨珊王朝的热情欢迎并被安置在君迪·沙普尔学园继续他们的哲学研究。同时，在这些希腊哲学家的帮助下，许多著名的希腊古籍如柏拉图和亚里士多德的著作被译成波斯语等东方语言，在东西方学者携手翻译的过程中，又促成希腊哲学与东方哲学——印度哲学、叙利亚哲学、波斯哲学的交流和结合，从而推动了东西方的哲学研究，相互获得了取长补短的效果。640年，阿拉伯穆斯林进驻萨珊王朝的胡泽斯坦，同时也接收了君迪·沙普尔学术中心的科研成果和研究人才。据史载，762年阿拔斯王朝新都巴格达建成后，有一部分君迪·沙普尔的学者移居巴格达，在那里继续从事希腊文化的研究工作；聂斯脱里派的著名医学世家——白哈梯舒家族由君迪·沙普尔迁往巴格达后就成为阿拔斯朝的宫廷御医，自曼苏尔哈里发起在朝廷供职几乎达3个世纪。

又如在叙利亚的鲁哈和哈兰的学术中心，其中有相当部分的医学、哲学和伦理学等方面的希腊著作在穆斯林占领时已经被译成了古叙利亚语。在阿拉伯统治者的倡导和鼓励下，许多既精通古叙利亚语又精通阿拉伯语的叙利亚学者用较短的时间转译成了阿拉伯语，而且阿拉伯文译著随着中世纪阿拉伯语上升为国际性语言而广泛流传于世界各地，甚至有的译著因希腊文原本的散失而成为后世各国学者了解希腊古本的重要依据。

再如历史最悠久的位于埃及的亚历山大学术中心，对阿拉伯穆斯林发展伊斯兰新文化也提供了极为重要的古代文化知识。亚历山大城始建于公元前332年马其顿亚历山大大帝东侵埃及时，后成为埃及托勒密王朝的都城。公元前3世纪初建立了规模宏大的博物馆和图书馆，许多学者慕名前来讲学或从事研究工作，使亚历山大成为具有国际性的文化学术中心。公元前30年亚历山大城随埃及并入罗马帝国版图后，经济、文化仍有很大的发展，并成为在东方的基督教神学研究中心。自3世纪初至6世纪上半叶亚历山大哲学派兴起而闻名于东方。7世纪中叶阿拉伯穆斯林占领亚历山大。许多学者认为，亚历山大图书馆的绝大部分藏书都毁于战火，保存下来的图书和文献凤毛麟角，但这些有限的资料仍对阿拉伯人创立伊斯兰哲学和阿拉伯人在中世纪十分热衷于研究的炼金术和炼丹术提供了初步知识。阿拉伯炼金家和炼丹家虽然没能从贱金属中炼出黄金，或炼出长生不老的"仙丹"来，但他们从事的大量实践活动却为他们通过化学变化——合成或分解——取得某种物质积累了丰富经验。在这方面，阿拉伯人在中世纪取得了领先地位，而且造就了一批最初的化学家。如9世纪初著名的阿拉伯炼金家和化学家札比尔·伊本·哈扬的化学著作《化学之奥秘》《化学要素》等均被译成了拉丁文流传西方。近代西方学者通过对他的阿拉伯文原著的研究认为："他好像制造过（用现代的术语讲）碳酸铅，并且由砷和锑的硫化物中分析出砷和锑；他叙述了金属的提炼，铜的制造，布与皮的染色，以及蒸馏醋而得到醋酸的方法。他认为当时所知的六种金属所以不同是由于所含的硫和汞的比例不同。"[1]由此西方学者得出了下列结论："一世纪亚历山大里亚的炼金家可以说是最早认识到和探讨化学问题的人。但那时以后，工作就陷于停顿，六百年后的阿拉伯人才重新拾起他们的工作。"[2]因此，阿拉伯炼金家和化学家在中世纪所取得的有关化合和分解的经验为近代化学和药物学的诞生提供了可资借鉴的知识。在其他自然科学方面，如数字系统、代数学、物理学、生物学、医学、天文学等，阿拉伯人在中世纪也作出了重要贡献。他们所取得的成就，是当时正处于愚昧的基督教教会统治之下的欧洲所无法比拟的，正如恩格斯所说："古代留传下欧几里得几何学和托勒玫太阳系；阿拉伯人留传下十进位制、代数学的发端、现代的数字和炼金术；基督教的中世纪什么也没有留下。"[3]

阿拉伯人通过近百年(8世纪中至9世纪中)的翻译运动如饥似渴地吸取古代世界各个领域所遗留下来的文化学术成就，但他们并没有满足于从翻译所取得的知识而驻足不前；相反，他们只是借鉴于古代世界的成就，仅仅把它当作开启未来世界的一把钥匙。这种继往开来、承上启下的特点同样明显地反映在翻译过程本身。他们在翻译的同时，做了大量的注释、评论、质疑、补正等方面的工作。这种类似"借题发挥"式的学术研究却为新文化的发端起了引发作用。例如曾经在伊斯兰文化史上产生过重大影响的阿拉伯哲学的兴起就是一个典型的例子。许多哲学史研究者认为，阿拉伯人在创立伊斯兰教之前，哲学领域里的成就微乎其微；在创立伊斯兰教时期，阿拉伯思想界虽然也出现了

[1][2] W.C. 丹皮尔. 科学史及其与哲学和宗教的关系[M]. 北京：商务印书馆，1975.
[3] 恩格斯.自然辩证法[M]//马克思,恩格斯.马克思恩格斯选集：第3卷.北京：人民出版社,1995:447.

几位有影响的学者,但是他们对于主客观世界的阐述还谈不上是属于纯粹的哲学范畴。因此,他们在古代思想界中,尤其是在希腊人、印度人、波斯人所涉及的种种哲学命题中都没能占有一席之地。但是,至阿拔斯王朝,情况与前就迥然不同,伊斯兰哲学思想迅速兴起,并得到了长时期的蓬勃发展。追溯它的原因,则首先得益于对希腊古典哲学的大量翻译。阿拉伯人在接触了亚里士多德的哲学思想后,对哲学发生了浓厚的兴趣,他们几乎翻译了当时凡能寻觅到的全部亚里士多德的哲学著作,在翻译过程中,他们进行了详细的版本校勘、注释和评析。在这个过程中,阿拉伯思想界自然地被分成了两派:一派是亚里士多德哲学思想的积极鼓吹者,对他的哲学思想全盘接受,不加任何批判;另一派则不然,他们在评注过程中,对他的某些观点提出了质疑,甚至提出新的论点予以批驳。于是,两派就展开了争论,他们在长期的争论中不断完善各自的论点,最后终于形成了自己的学派,开创了伊斯兰哲学的新篇章。据史载,阿拔斯王朝时期,伊斯兰哲学著作像雨后春笋那样破土而出,处于北非、西亚和安达卢西亚的伊斯兰哲学家曾多次在开罗、巴格达和科尔多瓦召开了哲学辩论会。在辩论会上,各派畅所欲言,各抒己见,自由探讨的学术气氛十分浓厚,呈现了哲学领域百家争雄的繁荣气象。

新兴的阿拉伯哲学以其活跃的思想冲击着欧洲思想界,从而为欧洲近代哲学思想的崛起赋予了活力。正如恩格斯所说:"在罗曼语族各民族那里,从阿拉伯人那里吸收过来并从新发现的希腊哲学那里得到营养的一种开朗的自由思想,越来越深地扎下了根,为18世纪的唯物主义作了准备。"[1]由此可见,许多东西方学者所提出的,中世纪兴起的阿拉伯伊斯兰文化为欧洲学术界点亮了一盏明灯,并为14至16世纪在欧洲发动的文艺复兴运动给予了催化作用的论点,从多方面考察还是持之有故,言之成理的。

阿拉伯伊斯兰文化的第三个特点,是"连贯东西"。所谓"连贯东西",是指东方文化或西方文化通过中间媒介——阿拉伯伊斯兰文化的消化、吸收和传播的过程。诚然,这种传播有时是机械式的"搬运",如植物种子、药材、图书资料等;但有时则是经过了阿拉伯人的加工提高后的传播,如十进位制、现代数字系统等。因此,阿拉伯穆斯林在沟通东西方文化过程中,不仅作为文化使者而嘉惠于人,同时也丰富、宣传了伊斯兰文化本身,并提高了阿拉伯人的国际

---

[1] 马克思,恩格斯. 马克思恩格斯选集:第4卷[M]. 北京:人民出版社,1995:261.

声望而成为受益者。在这方面最突出的一个事例,莫过于现代数字系统即所谓的"阿拉伯数字"通过阿拉伯人传入欧洲的故事。

我们知道,原始的阿拉伯记数法只用文字表示,这有点类似中国的"一、二、三、四、五……"和"一、十、百、千、万"等数词。而目前世界通用的"1、2、3、4、5"等阿拉伯数字符号及位置数系统的十进制数系,则源于印度,但经过阿拉伯人的阐述和介绍才得以传入欧洲和世界各地。8世纪下半叶,印度天文学传入阿拔斯王朝的首都巴格达。在印度天文学中包含了印度数字系统的知识,但当时很少有人了解其中的奥秘。直至820年,阿拉伯数学家和天文学家花拉子密(约780~850)受麦蒙哈里发之命着手翻译印度天文学著作时,他认真研究了印度数字系统和印度算法。他十分推崇印度的9个数字符号加"0"符号的十进制算法,并运用于自己的数学著作中。花拉子密的数学著作通过西班牙的阿拉伯人传入了欧洲。当时欧洲人并不了解这套数字源于印度,只以为是阿拉伯人或花拉子密的创制,故称其为阿拉伯数字;如英语中称其为"Arabic numerals"(阿拉伯数字),但英国人有时也把它称为"Algorism"(阿拉伯数字系统),这个词实际就是阿拉伯语"花拉子密"的音译。至于零号(0)的名称在欧洲语言中也大都采音于阿拉伯语的"sifr",如英语叫"cipher"或"zero",法语叫"chifre",等等。

阿拉伯天文学和天文仪器的东传,也同样经历了学习、发展和传播三个阶段。古代阿拉伯人没有留下什么重要的天文学著作,阿拉伯人对天文学的重视也是在阿拉伯帝国建立之后。他们首先接触到的是古代埃及、印度和希腊的天文学知识。他们在学习和研究上述古代天文学的基础上,进行了长期的天象观测和天文运算,从而培养了一大批既有天文学理论知识又有实践经验的天文学家。为了大力发展天文事业,东部的阿拔斯王朝和西部的后倭马亚王朝在帝国境内的巴格达、大马士革、开罗、法斯、托勒多、科尔多瓦、塞维勒、撒马尔罕、麦拉厄等城市均建立了观察天文台;而且,从麦蒙哈里发时期开始,在天文台里即开始运用各种简易的天象观察仪器。巴格达天文台(750~1450)曾连续观察了整整700年,取得了许多极为重要的天文资料。由于阿拉伯天文学家在中世纪作出了重要贡献,因此,他们所命名的星宿专有名词大部分被欧洲天文学界所接受。据统计,欧洲所使用的星宿名称中有300多个是直接从阿拉伯语移植过来的。

阿拉伯人的天文学知识和天象观测仪器对中国的天文学发展也起过有益的影响。13世纪中,阿拉伯著名天文学家札马鲁丁应忽必烈之召来到中国。他于元世祖至元三年(1267年),制成万年历(又称回回历);他还在当时的北京天文台制造了多环仪、方位仪、斜纬仪、平纬仪、天球仪、地球仪和观象仪等7种天文仪器。1271年，元朝政府还特设了以札马鲁丁为提点的回回司天台。

阿拉伯伊斯兰文化所具有的连贯东西的特点，它的形成首先得益于阿拉伯帝国所处的地理位置介于欧亚非三洲，即古代世界的中心；其次则得益于阿拉伯人的价值观念中十分推崇的经商活动。阿拉伯人自部落时代开始就有长途经商的传统，至中世纪阿拉伯帝国建立后，这个传统得到了进一步的发扬，许多阿拉伯商人成了国际贸易的行家，他们在国际经商活动中既沟通了东西方的物质生活也沟通了东西方的精神生活；同时也传播了他们所创立的伊斯兰教及其文化，从而在中古文明史上留下了他们不同凡响的一页！

（作者单位:北京大学外国语学院）

纳吉布·马哈福兹"三部曲"中的女性人物

●倪　颖

内容摘要：埃及作家纳吉布·马哈福兹创作的"三部曲"，被誉为阿拉伯长篇小说的里程碑。小说围绕一个中产阶级家庭三代人的变迁，反映了埃及社会的风云变幻。作家以细腻的笔触塑造了众多女性人物形象，其中一些形象颇有典型意义。本文将以这个家庭三代妇女为代表，通过她们在反殖民主义、反封建主义斗争中的立场与态度，在恋爱、婚姻及家庭道路上的不同追求，反映她们生活境遇、社会地位以及思想观念的逐步改变。

关键词：纳吉布·马哈福兹　三部曲　女性人物

纳吉布·马哈福兹（1911~2006），埃及当代著名作家，1988年诺贝尔文学奖获得者。在近70年的创作生涯里，这位多产作家为读者奉献了大量脍炙人口的名作佳篇。于1952年完成创作的"三部曲"（《宫间街》《思宫街》《甘露街》），无可争议地位列作家最著名的代表作之中，这部鸿篇巨制是作家现实主义小说阶段创作的巅峰之作，堪称阿拉伯长篇小说的里程碑。

"三部曲"以现实主义写作手法，通过艾哈迈德·阿卜杜·贾瓦德这个中产阶级家庭三代人的变迁，真实地反映了1917~1944年间埃及社会变幻多端的政治风云、形象万千的社会风貌。"三部曲"是纳吉布·马哈福兹最为钟爱的作品之一，也是一部备受阿拉伯读者欢迎的文学名著，自1956~1957年在埃及面世以来，小说多次再版发行，在阿拉伯国家影响甚广。

作为一部100多万字的巨著，"三部曲"年代跨度大，事件描写多，涉及了政治、经济与思想等方方面面，是埃及近代社会的一个缩影。整部小说出场的人物达60人之多，其中一些主要人物颇具典型意义，尤其值得注意的是，作家以相当的篇幅与细腻的笔触塑造了众多女性人物形象，充分表明作家对社会的另一半——女性命运的关注。

"事实上，我现实生活里的女性与文学创作中的女性是一回事，在我的生活中女性曾经起到了很大的作用。"[1]马哈福兹笔下的女性人物形象丰富，性格各异。他本人在谈论妇女时总是非常友善，在他看来："妇女就是社会的一切。她们是妻子、母亲，是下一代的培育者。因此文学工作者必须重视她们，因为生活就是男人和女人。妇女在我的作品中占有重要的地位，有的还是主人公……总之，妇女是家庭的基础，我必须花很大的笔墨对她们加以描述。"[2]在"三部曲"中，作者描写了妇女在 1919 年革命前后，在反殖民主义、反封建主义斗争中的立场与态度，在恋爱、婚姻及家庭道路上的不同追求，反映了她们生活境遇、社会地位以及思想观念的逐步改变，揭露了那个时代埃及社会父权、夫权至上，女性为奴的不平等制度。令人欣慰的是，作品中的三代女性，随着埃及民族独立运动的深入，随着西方文化的渗透，逐渐认识到自身的价值与生存的意义，继而走向觉醒，为自由、为解放而战。可以说，包括埃及妇女在内的阿拉伯妇女的解放运动，正是"在争取民族独立的斗争中发展"[3]。

我们根据这些人物的阶级地位，大致将她们分成四类：中产阶级妇女，包括唯丈夫马首是瞻的艾米娜、温柔美丽的阿漪莎和泼辣丑陋的海迪洁；资产阶级贵族妇女，以清高孤傲的富家小姐阿漪黛为代表；生活在社会底层的妇女，有年轻时风光无限、老来沦落街头的妓女祖贝黛，精明老练的老鸨贾丽莱以及从良从善的琵琶女祖努白；无产阶级妇女，以热情豁达、积极追求马克思主义的工人之女苏姗等。作家采用对比的手法，将这些性格各异的女性人物描写得形象生动，栩栩如生。在男权至上的阿拉伯社会里，纳吉布·马哈福兹有着与众不同的想法，他认为在自己的生活与文学中，"女性作用之大无论怎么下定义也许都不为过。女性是文学中一个永恒的话题，因为我们无法想象缺少女性的生活会是怎样。因此，在每一部长篇小说或短篇小说中，女性都在发挥着其作用。在作家的身后，女性既要养儿育女，还要指引人生；她激发了作家心中的爱，启迪了他心中的灵感，在任何制度下，她都是作家梦寐以求的幸福"[4]。

[1] 杰马勒·基塔尼. 纳吉布·马哈福兹在回忆[M]. 今日消息出版社,1987:149.

[2]《马哈福兹访谈录》,www.islamzs.com,2002 年 11 月 30 日。

[3] 范若兰. 阿拉伯女权运动与西方女权运动的比较研究[J]. 西亚非洲,1992(2):70. 转引自张嘉南. 蒙昧与觉醒[J]. 国外文学,1995:102.

[4] 纳比勒·法尔吉. 纳吉布·马哈福兹的生活与文学[M]. 埃及图书总署,1986:94.

中产阶级妇女是作家最为关注的女性群体,这大概与作家本人也属于中产阶级有关。"三部曲"中的中产阶级妇女形象体现了埃及妇女的总体风貌。[1]因此,本文选取了艾哈迈德这个中产阶级家庭里的三代妇女进行分析,试图从她们三代人社会地位与思想意识的变化中, 透视出在1919年与1952年两次革命期间,整个埃及社会妇女家庭地位的改善、社会地位的提高以及争取独立与自由意识的加强。

第一代妇女的代表——艾米娜

"三部曲"里的艾米娜是纳吉布·马哈福兹众多作品中颇具典型意义的一个妇女形象。作家曾经说过:"类似艾米娜的人很多,不管是在她这一代还是以后。只有在女子接受教育时,艾米娜这样的人才会有所改变;女子接受教育并且可以参加工作,这种改变就会更大。"[2]"三部曲"对艾米娜这个人物不吝笔墨,第一部《宫间街》便是以她等待丈夫夤夜归来开始,最后一部《甘露街》以她去世与亚辛女儿凯里麦孩子出生这种"生命轮回"[3]结尾,可以说艾米娜是一个贯穿"三部曲"始终的人物。

如果说,艾哈迈德是家庭绝对威严的象征,那么艾米娜无疑便是绝对慈爱的化身。从家庭角度看,她是一个温顺的妻子、一个慈祥的母亲、一个能干的家庭主妇、一个虔诚的宗教信徒,集温良恭俭让于一身;从社会层面讲,她是一个深受封建传统道德压迫的典型妇女形象,未经丈夫允许,她竟然连家门也不敢迈出。正如恩格斯所说:"妻子则被贬低,被奴役,变成丈夫淫欲的奴隶,变成单纯的生孩子的工具了。"[4]

她人如其名[5],对丈夫忠贞不贰,对孩子悉心关爱。邻居们送给她"蜜蜂"的雅号,可以看做是对她辛勤操劳一生的形象比喻。她不到十四岁便嫁给了艾哈迈德,孤独的她对于精灵世界的了解,远远超过对人类世界的认识。当孩子们早早上床睡觉后,她还要独自等待醉生梦死至凌晨方才归来的丈夫,侍候他更衣换鞋,打水擦洗,从不敢多说一句话。对于生活多年的开罗城,艾米娜几乎一无所知,屋顶平台是她与外界的唯一联系,"四分之一个世纪过去了,她一直被囚禁在家里,很少外出。仅有的几次外出也是在先生陪伴下乘马车看望哈兰福什

---

[1] 塔哈·瓦迪. 当代小说中的妇女形象[M]. 埃及:知识出版社,1984:267.

[2][3] 拉杰布·哈桑. 纳吉布·马哈福兹如是说[M]. 埃及图书总署,1993:102,106.

[4] 恩格斯. 家庭、私有制和国家的起源[M]//马克思,恩格斯.马克思恩格斯选集:第4卷. 北京:人民出版社,1995:4.

[5] 阿拉伯语里"艾米娜"的意思为"忠诚的""忠实的"。

的母亲"[1]。生活在如此不幸的境遇下,艾米娜没有也不敢表现出任何不满与抱怨,这种不见天日的境况恐怕比旧时中国妇女的悲惨生活有过之而无不及。

在丈夫面前,她是一个温顺驯服的小羊羔,每天深夜等待寻欢作乐后归来的丈夫,成了她生命中一个重要的组成部分。她毫无怨言地服侍丈夫,对他唯命是从。仅有一次因委婉表示不满遭到丈夫揪耳朵呵斥后,艾米娜终于明白:"她应该无条件地服从;她也确实服从了,并在服从中作出了牺牲。"

不过,艾米娜也有"造反"的时候。在孩子们的一再怂恿之下,她趁丈夫出外办事,拜谒了令她心驰神往的侯赛因陵墓,归途中不幸被车撞伤。自知闯下大祸的她不敢向丈夫隐瞒实情,结果付出了惨重的代价——被休回娘家,即便这样,她也不认为丈夫有什么不对的地方。这种逆来顺受性格的形成,一方面是遗传所致——艾米娜继承了母亲谦恭、温顺的个性,另一方面也是更重要的一方面,是深受当时夫权至上思想的毒害,艾米娜的母亲就是这种封建思想的卫道士,正是她不断地向女儿灌输这种思想,麻痹、泯灭了女儿原本还存在的反抗精神。例如,婚后不久,艾米娜对丈夫的夜生活表示不满,曾向妈妈诉苦,妈妈却这样好言相劝:"他毕竟只要了你一个妻子。你倒应该赞美真主呢。"(一册,6页)女儿被休回家后,她还是开导女儿,要顺着丈夫的性子做事。对于母女俩的相似性,作家运用了遗传法则与时间法则进行了分析,从而让人确信,艾米娜温顺驯服的品性,是从母亲那儿继承来的,她简直就是母亲的翻版。在丈夫的高压政策下,一向温顺贤良、热爱家庭与孩子们的艾米娜也只好委曲求全。

丈夫在外的所作所为艾米娜一无所知,对于社会上发生的事她也只能从丈夫与儿子们的讲述中略知一二。作为一个家庭主妇,她总是把厨房作为自己施展才能的天地,把家中收拾得井井有条。伺候好丈夫与子女、管理好家务事、将自己所有的宗教知识传授给孩子们,便是她全部的责任;从早到晚、上上下下、屋里屋外地忙碌一整天,看着孩子们熟睡,再等待丈夫归来,便是她所有的义务。在丈夫的眼中,她是个合格的妻子,是温顺女子的典范;但在笔者的心里,她却是一个封建夫权制社会中受压迫的妇女典型。

可悲的是,艾米娜不仅没有意识到自己遭受压迫,反而主动地依照封建道德去行事做人,并且教育自己的女儿也要如此这般。"对这种逆来顺受的处境,

---

[1] 纳吉布·马哈福兹. 宫间街[M]. 朱凯,李唯中,李振中,译.长沙:湖南人民出版社,1986:34.本书译文部分皆参考引用"三部曲"之《宫间街》《思宫街》《甘露街》,以下不再单独标注。

她从未后悔过。任何时候回顾自己的生活，她总感到幸福和愉快。"她自觉维护传统道德，不能接受任何性质的离经叛道。当亚辛带妻子泽娜白出去看戏时，她对泽娜白的反感和气恼上升为厌恶与憎恨，她"骇然发现泽娜白破坏了传统礼教，做了她认为只有男人才能做的事情"。就在那个晚上，艾米娜原本纯洁、宽宏的心却蒙上了愤恨的灰尘，她似乎"对世上的一切都漠不关心，她所关心的只是维护家庭的传统免受破坏和侵犯。她对礼节表示出一种近乎疯狂的热情，她把自己细腻、温厚的感情以忠诚、美德和宗教的名义埋葬在内心深处，以便摆脱良心的痛苦的折磨"。

随着社会的变革与进步，埃及妇女的社会生活地位也发生了相应的变化，父权制的影响日渐式微，妇女享受的权利也越来越多。在两个女儿相继出嫁、次子法赫米牺牲后，艾米娜获得了一些行动自由，凯马勒对她说："您不像过去那样总被关在家里了。只要您想出门，随时都可以去看望海迪洁、阿漪莎或去清真寺礼拜。"不仅如此，原先颐指气使、骄横跋扈的丈夫艾哈迈德此时也放下了架子，经常心平气和地与妻子聊聊家常，听听她的意见。以前从来不敢多嘴的艾米娜，在凯马勒就择校问题与父亲产生分歧时，竟然从自己的宗教知识出发，勇敢地站在儿子一边。阿漪莎的女儿努埃曼难产致死，丈夫因病被困家中，艾米娜倒成了天天外出的人，是她给先生带来了世界局势的最新消息，告诉他希特勒发动进攻了。此时的艾米娜与1919年革命时的艾米娜相比，真是天上人间之别：早时的她犹如身陷囹圄，足不出户，不知道伦敦在哪里，也不知道维多利亚女王早已作古，却想在家庭聚会上发表自己的意见和看法，常常引起家人的嘲笑和同情。真可谓命运弄人：过去只能透过阳台小孔窥视外部世界的艾米娜，现在整日走街串巷；以前整日谈笑风生、不醉不归的艾哈迈德，如今却只能在家焦急地等待妻子回来，好从她的口中了解外面的世界。

尽管艾米娜行动上有了更多自由，但她的思想仍旧是传统的、奴性的，她的一生仿佛只是为丈夫而生，她没有自己的欢乐，也没有自己的思想。丈夫离世后，她感到失去了世间的一切，"这个世界与我再没有什么关系了，也没有再要我做的事情了。我每天从早到晚时刻都在想念着死去的丈夫，从我知道生活的那天起，他就是我生活的轴心，整个生活都是围绕着他转的，现在他连个影子都没有了，这种生活我怎么受得了呢！"由此可见，尽管随着时代变迁，艾米娜的家庭地位发生了变化，但在她的内心里，对丈夫的忠诚却从未改变，对丈夫毫无条件地服从是她始终心甘情愿的。

在孩子们眼里,艾米娜始终是位慈祥仁厚的母亲,她用爱心去对待每一个孩子,包括丈夫与前妻所生的儿子亚辛。亚辛要娶玛丽娅时,为了避免伤害艾米娜,便搬到思宫街的住宅,他曾经对弟弟表示,自己最不愿伤害的人就是继母。当若干年后两人握手言和,亚辛激动地说:"这位女性是多么善良!谁对她不好,真主就不会宽恕他。"所有的子女都对艾米娜有着超乎寻常的依恋,尤其是凯马勒。当她被丈夫休弃回娘家后,孩子们仿佛一下子失去了生命的依靠,三个儿子当天就来看望她,并允诺一定尽早想办法让母亲回家。为了能让母亲早日回家团圆,孩子们没有少动脑筋。作为母亲,艾米娜对孩子们不仅慈爱有加,而且宽容大量,总是包容他们出于天性的一些小小的"过错",并在丈夫面前替他们隐瞒遮掩。她爱每一个孩子,包括亚辛,她喜欢微笑着听子女们诉说心事,分担他们的喜悦与忧愁,为他们的幸福日夜祈祷。在艾米娜温顺的性格中,还潜藏着一份固执。法赫米牺牲后,似乎从无怨恨的她,变成了一个每听到"英国人"三个字便会咒骂的人,甚至听说亚辛欲迎娶曾与英国兵有染的玛丽娅时,她一改往日的心平气和,怒不可遏地冲着亚辛说:"你别叫我妈妈!我是你的母亲,可你不是我的儿子,也不是我儿子的哥哥!"致使亚辛不得不搬离宫间街的家,直到艾哈迈德去世,两人才取得和解。

由于出生在一个宗教家庭中,艾米娜自小就是一个虔诚的宗教信徒,并以生长在这样的家庭中感到自豪。父亲是一位有名的伊斯兰学者,从他那里继承下来的文化知识更为她增添了信心,她不仅不认为"在她的宗教、历史、民族知识里还需要补充什么新的东西",甚至"总是怀疑学校向孩子们传授的知识,对为什么要规定给孩子们讲授这一类知识感到困惑不解……"此外,从《宫间街》开篇她对于精灵的一大篇想象中,从她对于那些寓意深远的宣礼塔的神往中,获得外出自由后每天不厌其烦地去清真寺祈祷,以及她对幼年凯马勒的教育上(给他讲述一些宗教的传说和故事),我们都可以看出她对真主的忠诚、对宗教的虔诚。凯马勒择校时,当艾米娜听说他想学的知识与宗教关系密切时,不禁喜形于色,在她看来,与宗教相关的知识,是最高尚的学问。

作家为我们塑造了这样一个可悲、可叹、可亲、可敬的妻子与母亲的形象。小说真实地反映了艾米娜在夫权统治下被奴化、被扭曲的心灵,反映了她在时代的召唤下逐步摆脱封建体制的束缚,慢慢获取自由与解放的过程。她的性格形成固然有遗传因素,但更多的何尝不是这个社会、这个环境逼迫的呢?从这个人物身上,我们深深感受到作家对埃及社会妇女的同情与关爱,以及对那种歧视压迫妇女的封建制度的有力抨击。

也许有人不禁要问，艾米娜这样的人物真的存在吗？是完全虚构的，还是有原型的呢？作家就此回答说："我所写的人物，都是从现实生活中选取的。每个人物都有原型，但是在小说中会有些出入，因为他要变成一个小说人物，我仅仅对他进行艺术加工。"[1]经过艺术处理的小说人物，恐怕更具有典型性，难怪有人对艾米娜这样评论道："对于这个人物在生活中的愚昧、漠然，作家予以了嘲讽，不过作家同时赋予了她应有的爱与尊严，因为在这个人物身上，兴许有作家母亲不少的影子。这个人物几乎是当时埃及妇女总体形象的真实记录。"[2]

第二代妇女的代表——海迪洁与阿漪莎

如前文所述，艾米娜是封建夫权压迫下第一代埃及妇女的代表。她的两个女儿海迪洁与阿漪莎，由于婚后积极争取自由，境况已大有改观，因而在一定程度上代表了当时追求自由、要求解放的第二代女性。

与母亲一样，海迪洁与阿漪莎从小被禁锢在闺阁中，没有机会上学。她们生长在父权至上的家庭环境中，接受的是母亲那套逆来顺受的封建教育，出于对父亲的畏惧，或者说慑于父权的威力，她们从不敢为自己抗争，包括内心极其向往与憧憬的美好爱情。在这样一个封建家庭中，姑娘们没有粉盒，没有描眉墨，也没有口红，更没有婚姻的自主权："在这个家里，一切都盲目地服从着一个最高的意志——像宗教的统治一样具有无限控制力的意志。"有人来求婚，姑娘们还要接受求婚者严格的考试，以至于活泼胆大的海迪洁都忍不住感叹："法院都比正在等着我的这个房间更加宽宏大量。"

对姐妹俩的形象塑造，作家始终采用对比的手法：海迪洁相貌平平，壮实丰满，阿漪莎容颜秀丽，体态娇弱；海迪洁长于家事，手脚麻利，勤快能干，阿漪莎懒散安逸，好打扮，爱唱歌；海迪洁嘴上尖刻，不放过任何挖苦人的机会，阿漪莎乖巧宽厚，不擅言辞。虽然姐妹两人时有口角，但终究手足情深。妹妹出嫁时为姐姐尚未找到婆家而担心甚至自责，姐姐尽管心存妒忌，却也仔细地为妹妹缝制结婚礼服；轮到姐姐出嫁时，妹妹则为她精心化妆。因此说，姐妹二人各

[1] 拉杰布·哈桑.纳吉布·马哈福兹如是说[M]. 埃及图书总署,1993:101.
[2] 塔哈·瓦迪. 当代小说中的妇女形象[M]. 埃及:知识出版社,1984:287.

有各的可爱之处。

颇有戏剧性的是,姐妹两人嫁给了兄弟俩,从此她们又在同一个屋檐下、在同样的环境下生活,因而她们的爱情、婚姻以及家庭生活始终处于对比之中。

说她们出嫁后获得了前所未有的自由,应该不是夸张。她们的婆家肖凯特家族,是一个没落的贵族家庭,那里的环境相比自己的娘家则要宽松得多,开放得多。先来说说妹妹阿漪莎。其实在阿漪莎的性格中,隐藏着某种叛逆性。婚前,她就无视教规,做礼拜"从来没有连续坚持过两天",斋月里封斋也仅仅是"装装样子"而已。婚后,天性爱美的她可以毫无顾忌地穿上短袖裙子,还不顾宗教的禁忌,与丈夫一起吸烟饮酒,她不仅教漂亮的女儿努埃曼跳舞,而且鼓励她上学读书,可见她的思想已然超越了上一代人,跟上了时代的步伐。她喜欢出门拜访亲戚邻里,无视传统规定的束缚。总之,她在婆家做了以前做梦都不敢想的事,在她柔弱的外表下,隐藏着一颗向往自由的心。

可惜好景不长,阿漪莎接连遭遇人生的重大打击,两个儿子和丈夫身染伤寒相继离世,其后,被她视为生命支柱的女儿也因心脏病难产而死,灾难一重接着一重,犹如雪上加霜,陷于无限悲痛的她就像一朵鲜花顿时枯萎,头发开始脱落,牙齿也被全部拔掉,"现在除了她的名字,其他都已完全不是原来的样子了。"她失去了小家庭里所有的亲人,孤独、寂寞、绝望、无助,不再对生活抱有任何希望与幻想,只期待着与那些幽冥世界的亲人团聚。当然这一系列灾难的发生,都是有一定象征意义的,从总体上来说,阿漪莎的不幸代表了埃及在追求自由的过程中遭遇的坎坷与艰难。

相比阿漪莎,婚后的海迪洁似乎要幸运得多,而且她的形象似乎更丰满也更厚实一些。在她的身上,既有保守的一面,又有进步的一面;既有尖酸刻薄的一面,又有宽厚仁爱的一面。她泼辣、能干,与母亲一样虔诚信教,恪守宗教教规,因而对妹妹的享乐主义生活方式时常予以批评指责。在与婆婆发生矛盾时,由于妹妹未能与自己并肩"战斗",她深感恼怒,便暗中向母亲告状诉苦。她为人有十分刻薄的一面,婚前就喜欢给别人起外号,出嫁后也没有改掉这个习惯;她还喜欢与亚辛斗嘴,喜欢说长道短,被妹妹称作"长舌妇"。但是不管怎么说,对于自己的家人海迪洁怀有深厚的感情,她是一个富有同情心与爱心的姐姐,在阿漪莎的丈夫不幸离世时,她主动劝说自己的丈夫放弃遗产继承权,以便给妹妹更好的生活。她十分维护娘家的利益,不容许婆家说娘家的不好,哪怕确有其事。出嫁前,她就是家中咖啡会议的灵魂,是家人们紧张压抑生活的调剂品,以至于她出嫁后,咖啡会议失去了灵魂,变得索然无味。

在她的身上,体现了第二代女性要求独立的精神。自她嫁入肖凯特家,家里的一切必须由她安排,从用的家具,到吃的喝的,再到仆人,两个儿子甚至丈夫,都得听从她的指挥。更为大胆的是,她不断挑起婆媳间的战争烽火,闹独立,将一个家分成两个家,并单独起炉灶过日子。从她的身上,不难捕捉到埃及妇女思想与行动独立意识加强的痕迹,但从本质上来看,她仍是一个深受传统文化影响的女性。当许多女子开始走出家门,走进学校时,她却认为"一个女人不需要读书、写字,因为她也不需要情书!"而且女人根本用不着出去工作,"只有那些长得丑的、粗手笨脚的、找不到人家的女人才去工作"。强烈的门第观念,令她不能接受工人阶级出身、代表全新思想的苏姗为儿媳妇,她也反对蒙伊姆娶亚辛的女儿,理由就是姑娘的母亲祖努白曾经沦为娼妓。因此,第二代妇女思想上的落后与局限性在她身上不无体现,也许海迪洁这个人物更能代表当时受到西方文化冲击、无论思想还是行为均在传统与现代中间游移的埃及妇女形象。

对海迪洁与阿漪莎这两个人物的描写,再次印证了纳吉布·马哈福兹驾驭作品人物的高超技巧。生活在同一屋檐下的姐妹俩,无论是为人女,还是为人妻,都有着各自鲜明的性格特征。在待人接物方面,两人常常背道而驰,于是更加深了两人之间的对比。

第三代妇女的代表——苏姗

艾米娜和两个女儿所处的时代,妇女没有接受教育的权利,当然也不能参加工作,因而没有独立的经济来源,这恐怕是当时包括埃及在内的整个阿拉伯国家妇女社会地位低下的一个主要原因。但是到了小说中的第三代人时,情况就完全不同了,女子不仅走出了家门,走进了学校,还可以男女同校,更可以出双入对地逛公园,具有独立意识的女子,则走上了工作岗位。

埃及《国家宪章》提倡:"女性一定要与男性平等,一定要打破束缚她们自由行动的剩余枷锁,以便她们能够深入而积极地参与创造生活。"[1]"三部曲"中苏姗·哈马德这个女性人物便是这种自由解放精神的体现。

---

[1] 塔哈·瓦迪.当代小说中的妇女形象[M].埃及:知识出版社,1984:287.

苏姗无疑是作家刻画的一个新时代的新女性形象,虽然着墨不多,但是作家却给予了她特别的关注。因为在这个人物身上,体现了作家对艺术、对人生、对社会的诸多思考,也寄托了作家的希望与梦想。马哈福兹认为,20世纪阿拉伯妇女最重要的收获就是"获得了教育与工作的权利。她们适合所有工作,从最基层的到部长级的。她们已经赢得了知识的光芒,赢得了公共生活的参与权,赢得了经济的独立,不再是居于次席的附属品。阿拉伯妇女应该努力实现的目标是,改变那些无处不在、世代相传的关于女性的传统观念,要想根除这些观念,只有依靠女性勤勤恳恳的工作、出类拔萃的社会服务,以及自身具有的良好品行与正确观念。如果她们能成功做到这几点,那么诸如多妻制及离婚等问题,便会迎刃而解,更何况宗教并不鼓励多次结婚,也不主张随意离婚。女性的解放,四分之一靠法律,四分之三掌握在她们自己手中"[1]。由此可见,作家为新时代的阿拉伯女性获得自由与解放指明了方向。

正是基于这种认识,才有了小说中新女性的代表形象——苏姗。作家并未对她进行全方位的塑造,只着重表现她的现实思想与社会主义倾向的意识形态。她的思想意识可以说是超前的,是那些只接受过传统文化教育的中产阶级妇女无法企及的,她不仅是爱哈麦德的生活伴侣,更重要的是他的思想伴侣,甚至可以说,是他的思想启蒙老师。她对社会、对政治、对资本主义制度具有非同一般的理解,是一个理想化的人物,是一个"女性先锋"[2]人物,她的出现,不仅代表了埃及妇女争取自身解放的方向,也代表了埃及人民争取民族解放的方向。

苏姗是一个用马克思主义思想武装自己的新女性,她在《新人类》杂志社工作,实现了自身经济上的独立,她清楚地意识到,只有实现经济上的独立,才能实现女性的自我独立与完全解放。结识爱哈麦德后,她用先进思想征服了他。不仅如此,她还精辟地指出作家和文学家的真正使命,懂得要用委婉的文学方式来针砭时弊,在她看来,"文学创作应该具有具体目标,它的最终目标是发展社会,把人类引导到进步和解放的道路上去。人类永远处于不断的斗争中,一个真正的称职的作家应该站在这场斗争的前列"。不难看出,纳吉布·马哈福兹是在通过苏姗之口,表达了他自己对艺术、哲学、政治以及社会主义的先进

---

[1] 纳比勒·法尔吉.纳吉布·马哈福兹的生活与文学[M].埃及图书总署,1986:95~96.
[2] 塔哈·瓦迪.当代小说中的妇女形象[M].埃及:知识出版社,1984:287.

思想,抒发了自己的胸臆,从而达到了创作就是要批判时政的目的,并且将人们引向自由与解放,引向和平与进步,可以说,作家本人就是现实生活中站在这场斗争前列的一位先锋。

纵观全文,除了揭露那个时代埃及妇女的悲惨命运外,作家还在弘扬一种积极向上的精神,弘扬一种为自由不懈奋斗的精神:厚厚的面纱与父亲的淫威并不能阻止阿漪莎对外部世界与美好爱情的向往,她勇敢地站在窗户后面,偷看自己的意中人;海迪洁在取得厨房独立后才感到获得了存在的价值,而置婆婆的暴怒与父亲的威胁于不顾。还有亚辛的第一任妻子泽娜白,大胆地与亚辛一起去剧院看戏不说,更颠覆了只有男人才能决定婚姻的传统惯例,为自己争得了离婚的主动权。琵琶女祖努白一心希望从良,竭力维护家庭的安定,并积极鼓励女儿上学受教育。在这些女性的身上,无不透露出她们希望早日打破封建枷锁、走向社会、走向自我独立的美好愿望。通过这些女性人物的塑造,作家似乎也在向世人呼吁,只有通过不断探索、不断奋斗,人类才能获得真正的自由与解放。

（作者单位:北京大学外国语学院）

中国小说对越南文学的影响

● 颜　保

汉语作为越南的书面语言，一直沿用了很多个世纪。这对越南文学必然产生了深远的影响，甚至使中越两国文化在许多方面有着千丝万缕的联系。在越南民族文字——字喃产生前，越南的成文文学都是使用汉语，而越南语只局限在口语范围。字喃，这种由汉字演变而来的民族新文字，只有在15世纪初期胡季犛和18世纪光中皇帝时曾受到朝廷的重视，而他们执政的时间又很短。再说，字喃这种文字也不能真正满足那些企图使书面语言与口头语言相一致的愿望，因为要使用字喃的话，实际上必须懂得汉文。不过这种新形式的文字（字喃）无疑倒颇受士大夫阶层中一些人的欢迎。他们曾用字喃撰写了很多尚未摆脱中国文学影响的诗歌和韵文小说。后来汉字、字喃，这两种原为士大夫所特有的文字被所谓国语（即拉丁化越南语，完全是基于19世纪法国对越南进行军事侵略后才产生的）所代替。国语的出现还曾经激起过越南抗法爱国人士的强烈反对。1865年，第一张用国语印刷出版的报纸——《嘉定报》，在越南出现，这是法国殖民者创办的杂志。同时，1919年，法国还制定了越南的教育制度，将原有的科举制废除了。

我们认为应当重视中国文学对越南汉语文学、字喃文学的影响，尤其要重视对拉丁化越南语文学的影响，因为正是由于这种拉丁化越南语的出现才掀起了翻译中国小说的热潮。值得人们注意的是，法国用拉丁化越南语代替汉字的实质是要割断越南文化与中国文化的联系。

一、越南的汉语小说

汉语在交趾支那（今越南）的使用可追溯到汉朝。到了唐代，许多越南士子被派遣到中原学习汉语,后来在那里做官,其中最有名的当为官至谏议大夫的姜公辅。公元 939 年,越南第一次宣告成为独立国家,但并没有改变汉字在越南的地位,正如儒学仍被视为正统思想一样,它亦仍然作为官方语言来使用。同时,佛教正是通过中文译本传入了越南。

和中国同一时期的情况一样,越南散文的写作也和历史有一定的联系。最早的文献是皇帝的手谕、大臣的奏本、士大夫的策论。当时传奇故事尚未出现,直到 13、14 世纪才出现了新的文学样式,它们是受到中国六朝志怪和唐代传奇影响的传记性散文。其中最早的残本有 1329 年李济川的《粤甸幽灵集》,这是一部共有 27 篇用传记体写的故事集,另有一本同类书是 1493 年陈世法的《岭南摭怪》。

这本搜集各式各样见闻的集子,已经处在传记和传奇故事的分水岭上。不过,只有在《传奇漫录》出现以后才算是真正进入文学史上的传奇故事时期。该书作者是阮屿,16 世纪初出生于一个儒学家庭。他会试高中,曾一度任青全县知县,后因对政治动乱感到灰心失望,托故要照顾老母辞官归里。他模仿中国瞿佑(1347~1433)的《剪灯新话》进行创作。《剪灯新话》在中国流传颇广,第一部模仿作品是李昌祺撰写的《剪灯余话》,接着又出现不少模仿作品,1592年邵景詹的《觅灯因话》就是其中之一。毋庸置疑,“剪灯”这一类传奇小说在越南也是备受欢迎的。阮屿的模仿作品为我们提供了有力的佐证,说明“剪灯”早在 16 世纪初就已为人们所熟悉了。《传奇漫录》是最早的一部越南讽刺小说,它曾多次再版,值得注意的是其中有一部附有 1783 年写的序,并有字喃说明和多种注解。该书颇得学术界的好评,他们公认作者是他们时代知识分子阶层的代言人,表达了他们对社会动乱的不满,并预示 16 世纪的越南将有新兴的社会阶层崛起。书中让鬼狐幻化成文人学士来向统治者进谏,或通过它们化成的美女之口来攻击儒教的信条,这样,作者就可以提出意见而不冒任何风险了。此书的续篇叫做《传奇新谱》,系段氏点(1705~1748)所作。段是一位教师兼女作家。她还因把 18 世纪初邓陈琨写的汉文诗《征妇吟曲》译成字喃诗而闻名。

有一些作者也模仿中国,撰写了以越南社会为背景的历史散文小说。《皇越春秋》是其中的一本,该书还用国语译出,1971 年在西贡出版。他们还写了一些笔记散文。这种文体曾长期被人们忽视,直至最近才引起学术界的注意。

二、喃传或用字喃写的韵文小说

喃传很受读者的喜爱,直到 20 世纪初,它们仍以手抄本或木刻小册子形式流传于世。直到国语(拉丁化越南语)被广泛使用之后,这种抄本才逐渐消失。尽管这些附有译注和解释的国语版本,绝大多数至今还在流传,但要想找到它们的原作则是十分不易的, 而且所有这些文学著作至今都还没有一个系统的目录。现存版本的大多数都是不早于 19 世纪下半叶的,或者甚至可以说,再也没有发现更早的版本了。此外,这些小说中的多数是无名氏所作,这更增加了对它们考订的困难。

韵文小说进入黄金时代是在 18、19 世纪,这是比较清楚的,但它形成于何时却很难确定,在这个问题上,专家们也常有不同见解。这种随着时代的发展而变化的韵文形式及其语言本身可能有助于确定作品产生的年代。诗人们汲取民间文学的精华,用一种六八体和双七六八体的新诗代替了韩律,因为韩律格律很严,它妨碍了表达生动活泼的思想感情和复杂内容,也不易为百姓所理解。新诗的格式则相当简单,易于和韵,诗行不受限制,诗人可以更自由地抒发自己的感情,表达丰富多彩的内容,并可任意敷衍长篇故事。18、19 世纪的许多作品,于是就采用这种六八诗体写成,有些诗竟长达几千行。

尽管这种六八体诗形式逐渐从中国诗体的模式中解脱出来,但中国文学与越南这种新文学形式仍保持着密切的关系。因为喃传的内容多数是取自于中国文化宝库,有的是取自于中国编年史中的轶事。如《苏公奉使传》就是以汉朝苏武出使匈奴被软禁 19 年的故事为依据的,《王嫱传》则是以汉朝王昭君许配给匈奴王的故事为蓝本的, 又如袁氏的故事是根据中国唐朝传奇的内容改写的,故事叙述化为美女的白猿使书生孙恪坠入情网的故事,也可能是从元明杂剧中采撷改编而成的, 如潘生与翘莲的爱情故事就是取自明代作家高濂的《玉簪记》。总之,这些韵文小说是可直接取材于明清故事或小说的。对这些专著所进行的多方研究,使我们有条件说明大部分越南作品都不免和中国作品有关,或有些作者受到了中国某作品的启迪等等。例如,大家所熟知的越南古典文学名著《金云翘传》,就是阮攸(1765~1820)——阮朝的勤政殿学士,1813~1814 年间曾奉命出使中国,在出使期间,受到了一位笔名为青心才人编次的二十八回散文体小说《金云翘传》的启迪而写成的。这部汉文小说的出版年月至今还不详,但我们知道在 1754 年它已经传入日本,并受到读者的欢迎。它可能产生于 17 世纪末或 18 世纪初。阮攸改写此作的确切年代也还不能确定。不过,多数人认为阮攸是在出使中国回来以后完成这部巨著的。中国《金云翘传》何时传入越南,也尚待查考,但大家也都认为在阮攸改写本问世之前,已有些越南人读过中国的《金云翘传》。

总的说来,有关中国小说流入越南情况的资料并不多。可以设想是由中国移民带进去一些,也可能是由书商传入的。郑氏封建集团(今越南北方)在 1734 年曾下令地方要出版更多的书籍,并禁止从中国输入书籍。这一措施说明在两国间曾存在过一定数量的书籍贸易。而且,在 19 世纪后期的 40 年中,大量字喃作品是在广东,特别是在佛山县印制的。许多书的扉页上,还注有中国出版者的姓名和出版地点,同时也印有西贡发行者的名字。

近来,对韵文小说的研究,根据其韵律形式看,似乎可以证实喃传产生年代是很早的。如描写王昭君悲剧的《王嫱传》,有些人认为产生于 15 世纪或 16 世纪,它并未受到某一本小说的直接影响。据考证,这部越南无名氏的作品是受到两方面的影响。4 世纪《西京杂记》的部分故事情节,尤其是元代马致远所写的杂剧《汉宫秋》。同样,有人认为产生于 16 世纪或 17 世纪的叙述苏武在匈奴被囚禁生活的《苏公奉使传》,则似乎完全受《汉书》中《苏武传》的影响。《林泉奇遇传》(又名《白猿孙恪传》)是 150 首七言律诗,大约也产生于 16 世纪或 17 世纪,很可能是受唐代传奇故事《孙恪传》的直接影响而写成的最早的一本传记。《孙恪传》今见于宋辑《太平广记》,越南的改编本保留了原作的轮廓,只是对个别地名、人名作了些更改。特别是它使白猿变成美女袁氏,因思念孙恪而神思恍惚,最后毫不迟疑地再次下凡与丈夫、子女团聚。这本小说成为后来出现的抒情韵文小说的先导。越南知识分子阶层对中国才子佳人类的作品有浓厚的兴趣,而越南作者又擅长于感情的描绘,特别重在以结构、修辞和艺术技巧的安排来表现个人的才华。因此,他们对借用别人著作的内容并不感到有什么不安,只不过对他们说来是方便的。事实上,这种想法也是一些中国作者所具有的。他们的许多作品就常选取共同的题材。况且,深受儒家思想影响的越南作家也在追寻文以载道的目的。

对这些小说进行一番仔细的考察是必要的。我们要列举的几部作品中的第一部就是《花笺传》,它的作者阮辉似(1743~1790),出身于簪缨世家,中过会试。这本韵文小说取材于一部用广东格调创作的中国无名氏作品《花笺记》,目前所知这部作品的最早版本附有 1713 年写的前言,其内容是叙述美貌女子杨瑶仙与文武双全的英俊青年梁芳洲的爱情故事。越南的《花笺传》是一部共有 1800 行的六八体长诗，基本上保存了原作的面貌。其次为《女秀才传》。这部无名氏的作品，基本上保持了凌濛初(1580~1644)所著《二刻拍案惊奇》中的《女秀才移花接木》的情节，内容描述一个少女用箭来卜定她应从两个学友中选哪一个做她的丈夫。最后一个例子是《玉娇梨新传》，它的作者李文馥（1785~1849）是一位高级官吏，并且是一位既能用汉语又能用字喃写作的华裔越南作家。其《玉娇梨新传》即取自才子佳人类名著《玉娇梨》的内容。

儒家思想对越南作家的深刻影响，使他们无法对历史小说，甚至对颇受广大市民群众欣赏的志怪小说产生兴趣。至今没有发现几本这类小说的改编本，而且这些改编本的语言也往往不够规范，致使有人认为它不是出自士大夫之手，而是由一般平民所著。事实上如流传极广的《西游记》和《观音出身南游记》的改写本情况就是如此。它们都是无名氏所作。根据写作的风格看，《西游记》的改写本约成书于 18 世纪，它虽仅保留了原著的某些情节，却沿袭了原著的叙述风格。后者的改写本有好几个书名，其中的《佛婆观音传》，即为了适应越南读者的口味，偏离了原作，特别还改动了地名，并把观音改成了一位越南女神。另外，至少还有一部历史小说的改写本，如阮乔（对其生平所知甚少）的《军中对歌》源于《隋唐演义》。事实上，我们不能说越南文人不欣赏中国历史小说。这类小说传入越南后，曾使一些人在 17、18 世纪时，用字喃写出了一些模仿作品，考察一下它们模仿的范围，也是一件值得做的事情。无论如何，在结束这段简短的叙述时，我们不能下结论说，凡是用字喃写的小说都是取材于中国，因事实上也还有一些小说，大部分是民间小说，并不取材于中国文化宝库。

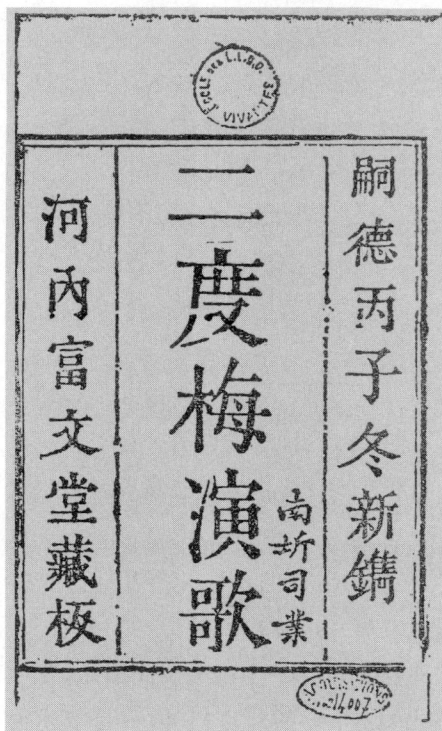

三、译成拉丁化越南语的中国小说

为了能够充分评价在越南国语（拉丁化越南语）被普遍推广使用以后出现的译介中国小说的热潮，笔者列出了以小册子形式出版的小说译本的览目表（附后），并参照了考第埃尔和布德（Boudet）出版的书目及拉蔫太太（Mme. Ragueau）所制作的微型胶片书目。该书目列出了从1922年制定版权法以来，直到1954年的所有被保存在法国国立图书馆内的国语（拉丁化越南语）书刊。这份资料后来又加了个续集，它把该图书馆1922年前的藏书都包括了进去，这样这个书目几乎就是完整的了。尔后，在苏尔梦女士的协助下，笔者又有机会间接地看到了法国远东研究院图书馆的一份卡片目录，里面载有第二次世界大战后出版的刊物，同时也看到了法国东方学院的卡片目录。这个罗列了316部翻译作品（再版书不计算在内）的书目表只包括那些已找到原著的译本。毋庸置疑，这个数字比实际拥有的要少。然而笔者认为它对自1905年左右开始并延续到日本入侵时为止的这个翻译热潮还是有一定的代表性的。第二次世界大战标志着出版活动的中断。不过这个书目表尚未能将二次世界大战前已翻译出版的和再版的以及新译的书全部包括进去。

要了解这一个翻译热潮的萌生和成长的过程，必须记住拉丁化越南语曾

375

使潜在读者的数量猛增,这种新文字曾很快得到了越南人自己的组织,如东京义塾(东京指今日的河内,义塾指私立学校)的赞同和鼓励。同时,也还应注意到当时用拉丁化越南语写的作品尚为数不多,在这过渡时期,主要靠法国人出版的一些刊物。许多从法文和汉文译过来的作品都是首先在报刊上发表。这就意味着,当时报刊成了越南新文学的论坛,而记者却承担了翻译者的角色。与此同时,现代印刷事业的发展,也对出版事业起了促进的作用。为了鼓励读者,出版者还分章回以单行本形式发表这些小说和翻译作品,它们往往很快就被抢购一空。翻译小说的印数,仅按书上所记载的数字就达到1000~2000册,这说明了为什么常常需要重印,甚至还需要新的译本。古汉学家和新闻记者潘继柄(1875~1921)曾明确地表示过他为什么感到有必要尽量多译介一些作品给越南读者。他本人就是《三国演义》(附书目第177号)的最早译者之一。他在这部译作的序言里,写道:

> 我们安南人现在已经有很多人学习国语了,这是多么可喜的事啊!过去,我国的男子要经过多年的辛勤努力,耗费父母大量的钱粮,才能达到手捧书卷、高吟低诵的地步,其实也未必能够心领神会。可是现在,不仅男子,就连妇女,甚至年轻的姑娘和天真的儿童也都能捧起书来读了,而且读一字懂一字,念一句就能体会其中的意味,可以说是心领神会了。……但遗憾的是,文字是易学了,人人都懂了,可是到哪儿去找书来读呢?读完了《宫怨吟曲》,又读《翘传》,全部加起来也不过几十种,读得快的人三天就读完了。
>
> 由于上述原因,我们才决定出版这套丛书,名之为《喃译外书》,每周出版一本。……

起初用国语写的故事通常是字喃作品的改写本,它大约产生于19世纪80年代。就中国小说而言,似乎本世纪初才开始出现第一部翻译作品。我们所发现的唯一一本是1905年(附书目第299号)的作品,它出自我们并不十分了解的冯皇枪之手。后来,我们又发现了9名翻泽家,其中值得人们注意的有:交趾支那新安学校汉语教师陈丰稿和1900年由南越创办的《农古抵谈报》(译音)主编阮政瑟(1869~?)。几年间,就出现了流传很广的历史小说的大量译本。《三国志演义》在河内(潘继柄译)和在西贡(阮廉锋、阮安居合译)几乎同时被译出。这一事实就可以说明当时该书流传的实际情况了。确实,越南和中国一样,人们非常崇拜小说中的主人公之一关羽。许多地方建有关帝庙,很多家庭供奉关羽的画像。这部小说无论是场面或人物形象都给越南人民留下了特别深刻的印象。越南人民对小说的人物是如此熟悉,甚至在日常生活中竟把他们的名字当做形容词来用了。最近,越南学者邓台梅先生曾有一段自述,是关于他童年时读《三国》所留下的深刻记忆:

我的祖父曾对我的叔父们说,'金圣叹好评小说,人多薄之。'可是我发现大人们仍喜欢看小说,所以我也看起小说来。开始,我顺手抓到《三国》,真太好了,我完全被它迷住了!……记得有一次,夜已深了,我还在读,祖母醒过来把书抽走,逼我上床才算罢休……我还记得,第一次我读到关云长死去的时候,我痛哭起来,只得把书搁置几天。可是再拿起来读时,读到那段又哭起来,只好再停下。这样反复了一个月的时间,我的痛苦逐渐减轻了,才又继续读下去。可是读到张飞死去的段落,我又哭了,又只好停下来。……结果花了好几个月的时间,才把这部书读完。

不仅是《三国》,其他历史小说和才子佳人小说也都备受各界欢迎。细查20世纪初,出版这些翻译作品的出版者清单,可以发现出版者首先是法国殖民政府的官员,其次是商人。前者包括印度支那研究会职员阮友生、政府办公厅秘书黄克顺和杜文华。商人中包括美荻的黄智富、新安的珠宝商阮成纪及西贡的自行车修理商和国语书刊经售人丁泰山(又名发算)。起初,北方和南方的印刷厂都掌握在法国人手里。

伴随着1920~1930年城市人口的增长,当地印刷事业得到了空前的发

377

展,1925 年前后又出现了新的文学样式"武侠小说"。这种武侠小说的主要译者之一是笔名为华人的李玉兴。这个笔名意味着译者是有中国血统的。在1927~1941 年间,他至少翻译了 16 部武侠小说(附书目第 62、103、124、129、149、155、156、159、173、258、263、266、278、280、300、312 号)。很明显,在越南人迷恋武侠小说的时候,中国大城市的人也同样喜欢读这类小说。直到第二次世界大战,人们对抒情小说需求量仍然很大,对 20 世纪在上海开始流行的以徐枕亚为代表的"鸳鸯蝴蝶派"小说也很需要。徐枕亚的作品至少有三部已被译成越南文(第 277、291、294 号)。这个时期的译者有阮杜牧(1866~约 1948),他是《中北新闻》(1913 年创刊)的新闻记者,在 1922~1935 年期间他翻译了不少各种体裁的作品(附书目第 1、10、26、46、52、157、199、206、270、302 号)。第二次世界大战后,从实际情况判断,抒情小说开始让位给经久不衰的历史小说和武侠小说。我们可以找到阮安姜(第 63 号)和阮政瑟(第 298 号)的某些较早期作品的重印本:但总起来说都是新的译作,或至少是旧译经过修改加上新译者名字的。只要对各种译本,如果有的话,做一番比较研究,就可以看出这些作品之间的关系。例如业已发现的最早的译本,根据考第埃尔的书目,足田冯皇苍和阮政瑟合作译成的宋代将军岳飞的故事(附书目第 299 号)。1928 年又出现了阮政瑟译的新版本,他自称是一人独译的,但这并不意味着他没有参照1905 年的译本。

从这里可以看出,尽管语言和文字发生了变化,但越南文学始终和中国文学保持着密切的联系。首先中国俗文学是越南汉语文学和字喃文学创作灵感的源泉。在国语(拉丁化越南语)广泛传播使用后,中国俗文学也还被视为翻译文学遗产中珍贵的一部分。如此大量的中国作品被译成越南文,和法国译作一样,对越南现代文学的发展产生了相当的影响。很明显,对作品的各种不同译本的语言按时代先后进行研究是很值得的。《三国》和《三下南唐》即为这种研究提供了第一流的材料。

(作者单位:北京大学外国语学院)

从越南喃字诗歌的语言表达
看中国传统文化的影响

●傅成劼

一、越南喃字诗歌的产生与发展

越南喃字诗歌是指越南文人在 13 至 19 世纪之间用喃字写成的诗作。从古至今,越南先后使用过三种文字:汉字、喃字和国语字。汉字作为国家的正式文字,在越南使用长达千年。喃字是越南人以汉字为基础创造的民族文字,但一直未能取代汉字成为国家的正式文字。国语字即越南现在使用的拉丁字母拼音文字,1945 年越南民主共和国成立以后, 国语字被正式规定为国家的统一文字。

喃字是一种依照汉字格式创造的用来记录越南语的方块文字。从结构上看可分为两类。一类是假借,完全借用原有的汉字。有音义兼借,字音略变的。[1]如:“文”,读[văn],“符”,读[buo²]。有借音改义的。如“半”,读[ban⁵],义为“卖”。第二类是仿造,利用原有汉字和偏旁构造新字或改变汉字形体成为新字。如左“口”右“安”组成一字,读[ăn],从口,安声,义为“吃”。在“买”字右边加“<”,使汉字改形变成喃字,义为“新”。

喃字是何时出现的,现有的历史资料尚不能提供确切的结论。越南和其他国家的学者经过考证研究之后认为,喃字出现的时期大约在 10 世纪。因为喃字主要是按汉越音来读的,汉越音是唐代输入越南的汉字读音,是在唐音基础上经过“越化”而成的,与我国的中古音系统(以《广韵》为代表)有很整齐的对应关系。汉越音系的形成约在 10 世纪初(我国唐代),因此喃字的始创不可

---

[1] 音义兼借的假借字就是越南语中的汉语借词,有的学者认为此类假借字不应算做喃字。

能早于此。从越南已发现的较早的历史资料来看,1173 年刻制的"奉圣夫人黎氏墓志"碑中有 8 个喃字,1210 年刻制的北越永富省安浪县塔庙寺"报恩禅寺碑记"中有数十个喃字。根据这些碑文可以断定,大约在 12 世纪(越南李朝),用来记录人名、地名的喃字已在越南的汉文文章中夹杂使用。据越南古代史书记载,1282 年(越南陈仁宗时), "时有鳄鱼至泸江,帝命刑部尚书阮诠为文投之江中,鳄鱼自去。帝以其事类韩愈,赐姓韩","诠能国语赋诗。我国赋诗多用国语,实自此始"。可见到公元 13 世纪,越南陈朝时,喃字已开始用于文学创作。阮诠的《披砂集》、陈士固的《国音诗赋》、朱文安的《国音诗集》都是陈朝时期喃字诗歌的代表作品,可惜的是这些作品都已散佚。15 世纪,胡朝皇帝胡季犛和黎朝皇帝太宗、圣宗大力提倡喃字文学,喃字诗歌得到进一步发展,16 世纪、17 世纪,喃字作品逐渐增多。15 世纪、16 世纪、17 世纪可以看做是喃字文学的成长时期。这一时期的代表作家和作品有阮鹰的《国音诗集》,阮秉谦的《白云国音诗》,无名氏的《王嫱传》《苏公奉使传》《白猿孙恪传》。以上作品大都是采用我国唐代的格律诗体写成的。格律诗在音韵方面要求严格,对越南人来说,创作受到很大局限。为了冲破这种束缚,越南文人吸取民间文学的优点,创造了自己民族的诗体——六八体和双七六八体,深受各阶层人民的欢迎。从此,用喃字进行诗歌创作大为盛行,到 18 世纪、19 世纪,喃字诗歌进入了成熟的阶段。除了继续用格律诗体进行创作外,还出现了大量的六八体和双七六八体诗作。这一时期的代表作家和作品有:段氏点(或潘辉益)的《征妇吟曲》,阮嘉韶的《宫怨吟曲》,阮辉似的《花笺传》,阮攸的《金云翘传》,阮廷炤的《蓼云仙传》,胡春香、阮公著、清关县令夫人、阮劝、陈济昌等人的诗。此外,还有许多无名氏作品,如《潘陈》《二度梅》《范公菊花》《范载玉花》《观音氏敬》《芳华》等。

二、中国传统文化对越南喃字诗歌语言表达的影响

众所周知,越南长期受汉文化的影响。在越南创制喃字以前,所有书面创作,包括史书、诗词歌赋、散文都是用汉文写成。13 世纪开始出现喃字作品,15 至 17 世纪喃字作品逐渐增多,但仍以汉文作品为主,18 世纪、19 世纪可以说是汉文文学与喃字文学并举并茂。

喃字文学是用越南民族文字进行创作的,但从内容到语言表达都深受中国文化的影响。从内容来看,中国儒学、佛教、道教的理论与主张在喃字文学中

都有明显的反映。不少作品取材于中国的著作,如越南最著名的古典文学作品《金云翘传》就是从中国清初的章回小说《金云翘传》移植过去的。从语言表达来看,中国文化对喃字诗歌的影响也是十分明显的。除了大量使用汉语借词外,比较突出的有以下几个方面。

1. 文体

喃字诗歌主要采用两种文体:中国旧体诗(古风和近体诗)和越南本民族诗体(六八体和双七六八体)。此外还有筹歌。

(1)中国旧体诗中近体诗最为常用,五言七言的律诗、绝句都有,相比之下,古风使用较少。这是因为中国的旧体诗主要是唐代传入越南的,而唐代的近体诗才是律诗的标准体。越南把这种诗体称作"唐律"。押韵、平仄、粘对、节奏都依照唐诗格律。稍有差别之处是五言诗中,中国的是首句不入韵的常见,而喃字诗是首句入韵的常见。

除了采用古风和唐律外,喃字诗还使用其他一些体类。如六言体(中国称杂言)、首尾吟、连环、顺逆读(中国称回文体)、歇后、杂名体、截下、尾三声、双叠。最后三种是越南自创的。

六言体是在七言诗中加一句或几句六言的诗句,越南陈朝、黎朝时常用。如阮廌、阮秉谦的诗作中常用六言体诗。中国的杂言体诗以三、四、五、七言相杂者为多,而喃字诗多固定为六言体。如:

Am cao am thap⁵ dat⁶ doi² tung²,

Khap⁵ khenh³ ba lan² tro³ lai⁶ bang².

Quet⁵ truc⁵ buoc⁵ qua long² suoi⁵

Thuong² mai ve³ dap⁶ bong⁵ trang.

Phan² du leo⁴ deo⁴ thuong que cu⁴,

Tung² cuc⁵ bu² tri² nho⁵ viec⁶ hang².

Mot⁶ phut⁵ thanh nhan² trong thuo³ ay⁵,

Thien kim uoc⁵ doi³ duoc⁶ hay chang? [1]

(阮廌)

---

[1] 本文中的越南文都不标声调符号,音节后右上角的 2、3、4、5、6 分别代表越南文的玄声、问声、跌声、锐声和重声,不标数目字的为横声;越南文字母上的特殊符号一律取掉。

首尾吟是一首诗的首句与末句相同；连环是两首以上的诗，围绕一个主题，上首诗的最后一句与下首诗的第一句完全相同或部分相同；顺逆读是顺读、倒读均成诗；杂名体是有意把某些事物的名称嵌入诗中；歇后是一首诗四句，最后一句只有一个词；截下是一首诗的每句都是半截话，但实际上读者完全可以理解每句诗的意思；尾三声是每句最后三个字是语音相似的音节；双叠是每句诗中都有两个叠音词。最后两种诗体都是利用越南语丰富的谐音词创造的。限于篇幅，每种诗体不举诗为证了。

（2）越南本民族诗体中具有代表性的是六八体和双七六八体。有的学者认为这两种诗体是中国的格律诗与越南民间歌谣相结合的产物[1]。笔者认为这种观点的根据不足。笔者的意见是这两种诗体是越南本民族的诗体。理由如下：第一，六八体和双七六八体都有两种押韵方式，一是脚韵，一是腰韵。中国格律诗只有脚韵，没有腰韵。《云南民族语文》1997年第3期、第4期两期连载一篇文章，题目是《壮侗语族民歌共同的韵律特征》，该文指出，壮侗语族民歌在格律上有两个共同的特征，一是押腰韵，二是五言体。壮侗语诸民族属我国古代的"百越"，越南民族的祖先称"雒越"，也是"百越"的一支，越南六八体押腰韵，也是古代"百越"族民歌格律的体现。第二，双七六八体的双七两句完全不同于中国的七言格律诗。越南的双七两句本身押腰韵，又与其上下的六八体押腰韵和脚韵。即上句七言句的第七字与下句七言句的第五字押韵（仄声韵）；上句七言句的第五字与其上的八言句的第八字押韵（平声韵），下句七言句的第七字与其下的六言句第六字押韵（平声韵）。中国的七言格律诗从不押腰韵，也没有既押平声韵又押仄声韵的格式。中国七言诗的节奏通常是4/3，而越南双七句的节奏通常是3/4。而且两者的平仄安排也不相同。中国七言格律诗有四种句式：

①平平仄仄平平仄
②仄仄平平仄仄平
③仄仄平平平仄仄
④平平仄仄仄平平

越南双七句的句式通常是：

0 仄仄平平仄仄

[1] 季羡林. 东方文学辞典[M]. 长春：吉林教育出版社，1992：542，864.

O 平平仄仄平平

第一字平仄均可。

O 代表第一个客

现举一段诗为证：

Vi² dau nen noi⁴ do³ dang,

Nghi⁴ minh² minh² lai⁶ them thuong noi⁴ minh²

Trom⁶ nho⁵ thuo³ gay hinh² tao6 hoa⁵,

Ve² phu² dung mot⁶ doa⁵ khoe tuoi

Nu⁶ hoa chua mim³ mieng⁶ cuoi²,

Gam⁵ nang² Ban da⁴ lat⁶ mui² thu dung.

（《宫怨吟曲》）

（3）筹歌是越南的一种歌唱艺术，源于宫廷歌舞，后逐渐发展到民间，由歌女演唱，乐工配乐，歌辞多由文人创作。创作歌辞逐渐形成一种固定的诗体，越南称之为"说唱"，即有说有唱。一首"说唱"一般是十一句，分成三段：首段、中段和末段。首段和中段各四句，末段三句。每句一般是七言或八言，也有四言、五言或十二言、十三言的，最后一句一定是六言。第五、第六句常是五言或七言唐律诗（汉文诗或喃字诗）。每句的平仄也有规定，但不十分严格，七言句大体上与双七六八体中的双七相同。押韵方式有两种：脚韵和腰韵。脚韵如下：第一句最后一个字是仄声，不入韵，第二、三句押平声韵，第四、五句押仄声韵，第六、七句又换平声韵，第八、九句仄声韵，第十、十一句平声韵。腰韵如下：偶数句有腰韵，第二句的倒数第三或第四字与第一句的最后一个字押仄声韵，第四句的倒数第三或第四字与第三句的最后一个字押平声韵，第八句的押韵方式与第四句相同，第十句与第二句相同。举例如下：

Hong² hong² tuyet⁵ tuyet⁵,

Moi⁶ ngay² nao² chua biet⁵ cai⁵ chi chi.

Muoi² lam nam tham⁵ thoat⁵ co⁵ xa gi²,

Chot⁶ ngoanh³ lai⁶ da⁴ den⁵ ky² to lieu⁴.

Nga⁴ lang du thoi² quan thuong⁶ thieu⁵,

我浪游时君尚少

Quan kim hua⁵ gia⁵ nga⁴ thanh² ong.

君今许嫁我成翁

Cuoi² cuoi² noi⁵ noi⁵ then⁶ thung²,

Ma² bach⁶ phat⁵ voi⁵ hong² nhan chung² ai⁵ ngai⁶.

Rieng mot⁶ thu⁵ Thanh Son di lai⁶,

Kheo⁵ ngay ngay dai⁶ dai⁶ voi⁵ tinh².

Dan² ai mot⁶ tieng⁵ duong tranh.

（杨奎）

笔者认为"说唱"是中越文体相结合的产物。这种诗体盛行于阮朝,著名文人阮公著、高伯适、阮劝、杨奎都写过许多优秀的"说唱"。但从诗歌创作整体来看,"说唱"的数量不多。原因有二:一是这种诗体要求作者既要有汉文格律诗的深厚功底,又要有创作越南民族诗歌的精湛技巧,因此能进行"说唱"创作的人有限。二是"说唱"是为歌女演唱而写,不少文人不屑于创作此类作品。随着越南社会的变革,到1945年以后歌女演唱艺术逐渐消失,已不再有人创作"说唱"了。

2. 用典

与中国旧体诗一样,越南喃字诗歌经常使用典故或引用古诗古书中的词语。由于汉文化对越南的深刻影响,越南喃字诗歌所用典故可以说几乎全都出自中国。如越南文学名著《金云翘传》中,采用中国诗歌20次,典故27次,《诗经》46次,其他典籍50次。[1]文学名著《宫怨吟曲》用典更多。越南学者阮禄写道:"在《宫怨吟曲》中,不用汉越词的诗句很少,不用(中国)典故的诗句也很少……"[2]有的作品中,一句诗就连用几个典故。如《金云翘传》2211~2212句:Trai anh hung² gai⁵ thuyen² quyen, Phi³ nguyen² sanh⁵ phuong⁶ dep⁶ duyen cuoi⁴ rong².sanh⁵ phuong⁶用"卜凤"典,cuoi⁴ rong²用"乘龙"典。为此,越南学者杨广含感叹道:"在我国的古文中,不但是汉文作品,连喃字作品在内,作者经常引用的是中国诗词、文章、史书、传记中的典故和词语,很少引用我国史书、俗语、民谣中的词句……这也是一个深感遗憾的缺点!"[3]

越南喃字诗歌中使用中国典故大体可分成下列几种情况:一是原封不动

[1]纪念阮攸诞辰200周年论文集[M].河内:社会科学出版社,1967:362.转引自中越《金云翘传》之比较[J].中国东南亚研究会通讯,1997(1).

[2]吟曲选:第1集[M].河内:越南教育出版社,1994:127.

[3]于在照.越南文学史略[M].河内:越南国家教育部,1950:178.

照搬汉字。如：Nghin² vang² goi⁶ chut⁵ le⁴ thuong², ma² long² Phieu⁵ Mau⁴ may⁵ vang² cho can.(《金云翘传》2347~2348 句)句中的 Phieu⁵ Mau⁴(漂母)即出自韩信以千金报答漂母之恩一事。我国古诗词中常用此典，如唐李白《赠新平少年》诗：“千金答漂母，万古共嗟称。”再如：Phan⁴ du leo⁴ deo⁴ thuong que cu⁴, Tung² cuc⁵ bu² tri²nho² viec⁶ hang²（阮廌“言志”诗)Phan²du 即“枌榆”，是汉高祖的家乡，后泛指故乡。清郑江《四溪草堂图》诗：“仙源在枌榆，余胡久淹留？”二是译成喃字。如：Hien sau treo san⁴ cam⁴ trang, Voi⁶ vang² sinh da⁴ tay nang ngang may².(《金云翘传》467~468 句)tay nang ngang may² 是从“举案齐眉”译出的。再如：Va⁵ troi² gap⁶ hoi⁶ may nam ve³, Lap⁵ be³ ra cong dat⁵ mot⁶ hon². （陈济昌诗：Gui³ ong thu³ khoa Phan）“补天”译为 va⁵ troi²，“填海”译为 lap⁵ bien³，用女娲补天和精卫填海之典。三是照搬汉字和译成喃字并存。如 hong² diep⁶（红叶）与 la² tham² 并存，xich² thang²（赤绳）与 chi³ hong²（to hong² to dao²）并存：用“红叶题诗，赤绳系足”之典。诗句见 Nang² rang²:Hong² diep⁶ xich⁵ thang²，Mot⁶ loi² cung⁴ da⁴ tieng⁵ rang² tuong tri.(《金云翘云》459~460 句） Du² khi la⁵ tham⁵ chi³ hong²，Nen chang thi² cung⁴ tai⁶ long² me⁶ cha.（《金云翘传》333~334 句）再如 tang thuong（沧桑）、thuong hai³ tang dien²（沧海桑田），与 be³ dau（dau be³)并存。 诗句见 Da⁵ van⁴ tro gan cung² tue⁵ nguyet⁶, Nuoc⁵ con² cau mat⁶ voi⁵ tang thuong. （清关县令夫人诗：Thang long hoai² co³）Trai³ qua mot⁶ cuoc⁶ be³ dau, Nhung⁴ dieu² trong thay⁵ ma² dau don⁵ long².(《金云翘传》3~4 句)

在上述三种用典方式中，照搬式出现最早，这种方式常使诗句晦涩难懂。如《金云翘传》1831~1832 句，Sinh rang²:Hieu⁵ Phuc⁶ vua² xong, Suy long² trac⁵ di⁴ dau long² chung thien 句中的 trac⁵ di⁴（陟岵)源出《诗经·魏风·陟岵》：“陟彼岵兮，瞻望母兮。”意为“思念母亲”。再如胡春香诗 Tranh To Nu⁴: Xieu⁵ mai chi dam⁵ tinh² tang gio⁵, Bo² lieu⁴ thoi danh² phan⁶ mong³ manh.句中 xieu⁵ mai（摽梅)出自《诗经·召南·摽有梅》，比喻女子已到结婚的年龄。

翻译式易懂，有的译句已成为越南的现代用语。如“山盟海誓”一语，有用照搬式的，如《金云翘传》603 句 De² loi² the⁶ hai minh son，也有用翻译式的，如《金云翘传》731~732 句 Ngay² xuan em hay⁴ con² dai²，Xot⁵ tinh² mau⁵ mu³ thay loi² nuoc⁵ non.越南诗人伞沱的一首诗作的题目就是 The² non nuoc⁵。把“山盟海誓”译为 the² non nuoc⁵，非常贴切。越南人使用这个词语时，不但理解为“山盟海誓”，而且还含有对祖国忠诚的意思。再如汉语的“沉鱼落雁之容，闭月羞花之貌"，越南文学名著《宫怨吟曲》，译为 Chim² day⁵ nuoc⁵ ca⁵ lu² du² lan⁶, Lung³ lung troi² nhan⁶ ngan³ ngo sa. Huong troi dam⁵ nguyet⁶ say hoa,Tay Thi mat⁵ via⁵, Hang² Nga giat⁶ minh². 这几句译诗富有创造性，可以说是锦上添花：把"沉鱼落雁"译为"鱼儿迟钝地沉入水底，大雁呆滞地从半空中落下"。译句中加上"迟钝"和"呆滞"两个形容词，把鱼儿和大雁在美貌的女子面前惊讶、迷醉的神态描写得惟妙惟肖，"闭月羞花"译为"月迷花醉"也是很形象化的。chim sa ca² lan⁶ 现已成为越南语中的一个成语。

也有些典故虽然用的是翻译法，但由于典故本身不常使用，因此也造成理解上的困难，如阮廌诗：Truc² nhat⁶vun, tiec⁵ chau⁵ rong². chau⁵ rong² 是从汉语"龙孙"译出的，"龙孙"是笋的别称。单从 chau⁵ rong² 的字面义，越南人是很难理解其真正含意的。

喃字诗歌还常引用中国古诗、古书中的词语，引用唐诗最多。有的是逐字翻译，有的是取意而用。总的来看，译诗是确切和富有诗意的。举例为证。

阮廌诗：Bui co⁵ mot⁶ long² trung voi⁵ hieu⁵,

　　　　Mai² chang³ khuyet⁵, nhuom⁶ chang³ den. 第二句是逐字翻译《论语·阳货》中的"磨而不磷……涅而不缁"。

《宫怨吟曲》9~10句：

Trom⁶ nho⁵ thuo³ gay hih² tao⁶ hoa⁵,

Ve³ phu² dung mot⁶ doa⁵ khoe tuoi .

Ve³, phu² dung mot⁶ doa⁵ khoe tuoi 是据白居易《长恨歌》中的"芙蓉如面柳如眉"点化而成。

《金云翘传》中更是不乏优美的诗句。

Truoc⁵ sau nao² thay⁵ bong⁵ nguoi²,

Hoa dao² nam ngoai⁵ con² cuoi² gio⁵ dong.

（2747~2748句）

这是借用唐崔护《题都城南庄》诗："人面不知何处去，桃花依旧笑春风。"作者阮攸把"桃花依旧"改为"去年桃花"，强调了翠翘的形影已深深铭刻在金重的记忆之中。

Bong⁵ trang da⁴ xe⁵ hoa le lai⁶ gan².

（438句）

这句出自清江永诗"月移花影玉人来"。阮攸的诗中没有出现"玉人来"，而是用了"梨花近",这使得意境更加含蓄蕴藉。

唐高适《邯郸少年行》中的两句诗"未知肝胆向谁是,令人却忆平原君",被阮攸巧妙地嵌入翠翘与徐海的对答中。

Chut⁵ rieng chon⁶ da⁵ thu³ vang²,

Biet⁵ dau ma² goi³ can truong² vao² dau?

……

Tu² rang² :"Loi² noi⁵ huu⁴ tinh²

"Khien⁵ nguoi² 1ai⁶ nho⁵ cau Binh² Nguyen Quan ……

(2187~2188 句,2191~2192 句)

脍炙人口的诗句 Tieng⁵ kboan nhu gio thoang³ ngoai²,tieng⁵ mau sam² sap⁶ nhu troi² do³ mua(483~484 句)是脱胎于唐白居易《琵琶行》中有名的诗句"大弦嘈嘈如急雨,小弦窃窃如私语"。阮攸把"窃窃如私语"换成"缓缓如清风拂拂",也是颇有新意的。

Guom dan² nua³ ganh⁵ non song mot⁶ cheo²(2174 句)是译自唐朝农民起义领袖黄巢的诗"半肩弓箭凭天纵,一棹江山尽地维"。阮攸把"弓箭"改为"剑琴",仅一字之差,却给徐海这个英雄人物平添了多情的一面。

Co³ non xanh tan⁶ chan troi²,Canh² le trang⁵ diem³ mot⁶ vai bong hoa. (41~42 句)是借自古诗"芳草连天碧,梨枝数点花"。阮攸增添了一个 trang5(白)字,就使得梨花的白色突显出来。

3. 修辞手段

诗歌中常用的各种修辞手段,如比喻、比拟、借代、夸张、对偶、排比等在中越两国的古典诗歌都被广泛运用。在喃字诗歌中,比喻和借代受中国诗歌的影响比较明显:比喻分明喻、暗喻和借喻三类。明喻是本体、喻体、喻词都出现,喻词是"像、如、似"等。诗歌中也常用起兴的方式,不用喻词。暗喻也是本体、喻体、喻词都出现,喻词是"是、变成、等于"等。借喻是不说出本体,或不在本句说出,而是借用喻体直接代替本体,在古典诗歌中常用的是明喻和借喻。喃字诗歌中也常用比喻,借用中国的比喻是其特点之一。举例如下:

明喻

《金云翘传》中写翠翘的琴声有四句诗全用的是明喻。

Trong nhu tieng⁵ hac⁶ bay qua,

Duc⁶ nhu tieng⁵ suoi⁵ moi⁵ sa nua³ voi² .

387

Tieng⁵ khoan nhu gio⁵ thoang³ ngoai²,

Tieng⁵ mau sam² sap⁶ nhu troi² do³ mua

（481～484句）

上文已经谈到，后两句诗是脱胎于唐白居易《琵琶行》中的两句诗。越南学者黎文槐认为这四句诗是出自中国的古诗：初疑飒飒凉风动，又似萧萧暮雨零，近若流泉来碧嶂，远若玄鹤下青冥。[1]

阮公著的诗《Vinh6 nhan sinh》（《咏人生》）中的诗句 Oi! nhan sinh la² the⁵ ay⁵, Nhu bong⁵ den², nhu may noi³, nhu gio thoi,nhu chiem bao. 一连用了四个明喻，其中的"nhu mav noi³, nhu chiem bao"显然是借用中国的"人生如浮云""人生如梦"。

借喻

喃字诗歌中常用的中国借喻有：Chau(珠)比喻眼泪，hoa(花)、ngoc⁶(玉)比喻女子，to lieu⁴(弱柳)、bo² lieu⁴(蒲柳)喻柔弱女子，ong buom⁵(蜂蝶)喻轻浮男子，thu ba(秋波)喻女子的眼神，Sam⁵ set⁵(雷霆)喻人发脾气，truc⁵mai(竹梅)象征真挚的情义，tung² cuc⁵(松菊)象征高风亮节，mat6trang, khuon trang(月亮)喻女子的面颊，net⁵ngai²(蛾眉)，net⁵ lieu⁴、may² lieu⁴(柳眉)喻女子的细眉，1ua tam(心火)喻生气，guong(镜)喻月亮，da⁵vang²(金石)喻坚贞，da⁵ thu³vang²(试金石)喻可靠的检验方法，than trau ngua⁶（做牛做马）喻来生还债，ngay² xuan(春天)喻青春年华。

使用借喻常采用两种方式。一是照搬汉字，如 hoa（花），tung² cuc²（松菊），thu ba（秋波），bo² lieu⁴（蒲柳）。其中，有的因为常用，已成为越语的基本词汇，如 hoa,ngoc 等；有的已变成古词语，现已不用，如 thu ba,bo² lieu⁴ 等。二是译成喃字，如 ong buom⁵（蜂蝶），Sam⁵ set⁵（雷霆），ngay² xuan（春天），net⁵ ngai²(蛾眉)，than trau ngua⁶（做牛做马），da⁵ tha³ vang²(试金石)。其中，有的在现代越语中仍用，如 da thu³ vang²,sam⁵ set⁵,ngay² xuan 等；有的已成古词语，如 net⁵ ngai²,ong buom⁵ 等。

借代是不直说某人或某事物的名称，借用同它密切相关的名称去代替。喃字诗歌也常用这种修辞手段。举例如下：

用 ma⁵ hong²,ma⁵ dao²,ma⁵ phan⁵,hong² nhan（红颜）代替美貌女子，用 tho³

---

[1] 金云翘传注解[M]. 河内：越南国学书社，1953：101.

（兔），ngoc⁶ tho³（玉兔），bong² Nga,guong Nga（嫦娥）代替月亮，mat⁶ troi²（天颜）代替皇帝，ac⁵vang²，kim o（金乌）代替太阳，ba tac⁵ luoi⁴（三寸舌）指能说会辩的口才，tinh ky²（星期）指婚期。从上面的例子中可以看出喃字诗歌使用中国的借代也有多种形式，有的照搬，如 hong² nhan（红颜）、Kim o（金乌）等；有的译成喃字，有时一个词有多种译法，如"红颜"译成 ma⁵hong²，ma⁵ dao²,ma⁵ phan⁵;有的一种事物可用不同的借代，如"月亮"可用 tho³，ngoc tho³，也用 bong⁵ Nga,guong Nga。其中，有的现代越语仍用，如 ba tac5 luoi4；有的已成历史词语，如 tinh ky²。

三、喃字诗歌受中国文化影响的原因

当今世界，没有任何一种文化是完全孤立、一成不变的。国家之间、民族之间的文化接触是经常发生的，在文化接触过程中，相互影响，相互采借就是很自然的现象了。喃字诗歌深受中国文化的影响，究其原因，以下几点是特别重要的。

第一，越南长期受中国传统文化的影响。

中越两国之间的交往，有信史可考者，至少在两千年以上，两国的文化交流源远流长。在这长久的历史交往中，总的来说，中国文化对越南的影响是主要的，而且是全方位的，可以说越南传统文化渊源于汉文化；当然越南在吸取汉文化时，也注意与越南本地文化相结合，形成了有自身特点的越南民族文化。在这样的社会—文化背景下来考察喃字诗歌接受中国文化的影响就是很容易理解的了。

第二，越南科举制度产生了深远的影响。

越南科举制度始于1075年，一直延续到20世纪初叶（1919年），其考试形式、内容及组织方法等均效法中国。越南历代科举考试的内容虽各个朝代略有增删，但大体上是相同的。试以1434年黎太宗制定的考试内容为例。整个考试共分四场：第一场考经义，以"四书""五经"的文句为题，用八股文体；第二场考制、诏、表，用骈文四六体；第三场考诗、赋，韵律规定比日常诗赋更为严格；第四场考策一道，以经书旨意之异同、历代政事之得失为问。越南文人学士为能榜上题名，求得一官半职，必须熟读中国古代经典著作，并学会运用各种文体进行写作。因此，越南文人用唐律作诗，在喃字诗歌中引用中国典故、古诗古书就不足为奇了。

第三,汉语和越语是类型相同的语言。

从语言类型学来看,汉语和越语都属孤立语。两种语言有许多共同之处,比较明显的有下列几点。

1. 音节界限分明,每个音节都有一个声调,于是形成了音乐性强的特点。

2. 单音节语素多。

3. 缺少形态变化,词序和虚词是表达语法意义的主要手段。正是由于有这些相同点,越语借用汉语诗体和词语就非常方便。中国格律诗的节奏、平仄、韵脚和喃字唐律诗是完全一致的。越南民族诗体六八和双七六八也讲究平仄,越语平仄与汉语平仄有很清楚的对应关系。

	平	仄
越语	横声、玄声	锐声、问声、跌声、重声
汉语	平声	上声、去声、入声

在用典和运用比喻、借代等修辞手段时,或照搬或翻译也都是比较容易的。以"红颜"一词为例,汉语是双音节词,越语照搬过去也是双音节:hong² nhan,翻译成喃字也可以是双音节:ma⁵ hong²,ma⁵ dao², ma⁵ phan⁵,只不过是把语素的次序颠倒一下而已。

中国传统文化对越南的影响是全面的,从语言的角度研究这种影响,对揭示中越两国源远流长的文化交流关系也是很有意义的, 并且大有文章可做,本文不过是抛砖引玉而已。

(作者单位:北京大学外国语学院)

儒释道在越南传播的特点

●王　彦

内容提要：儒学、佛教和道教相继传入越南，并成为越南文化的重要组成部分。一种外来思想或宗教要想在当地得到广泛的传播和发展，在诸多的因素中有两个最基本的要素：抑或得到当地统治者的支持与倡导，自上而下地进行全面推广；抑或与当地文化有相似之处，易于与当地文化相融合。只有这样，外来思想或宗教才能为当地人所接受，才能融入当地文化。对于越南来说，儒释道均为外来思想和宗教。儒释道在越南的传播与发展恰恰印证了上述这一点，并因此而各具特点。依靠统治者的倡导与推行是儒学在越南传播中的一个主要特点；借助当地的原始宗教与民间信仰是道教在越南传播的中一个主要特点；既得到统治者的倡导又借助当地的原始宗教与民间信仰是佛教在越南传播中的一个主要特点；而"三教合一"的倾向则是儒释道在越南传播中的一个共同特点。

关键词：儒释道　越南　传播特点

越南学者陶维英在其《越南文化史纲》一书中写道："综观我国思想学术史就会发现从古至今只盛行三种学派，即孔学、佛学和老学。"[1]这里所谓的孔学、佛学和老学也就是指越南的儒学、佛教和道教[2]。

儒学、佛教和道教都是中国传统文化的重要组成部分。儒学本是中国古代的一个重要学派，但其思想后来成为长达两千多年的中国封建社会的正统思想，因而儒学几乎成为中华民族传统文化的代名词。佛教虽然是外来宗教，

---

[1] 陶维英. 越南文化史纲[M]. 文化信息出版社,2000:285.
[2] 越南人常把道家与道教联系起来,甚至合为一谈。

但其在传播过程中,吸收了儒学、道教等汉民族的传统文化,变成了一种中国化的宗教,因此中国传统文化也包括佛教文化。道教则是中国土生土长的宗教,在中国传统文化中同样占有重要的一席之地。而作为中国传统文化重要组成部分的儒学、佛教和道教都相继传入了越南,并成为越南文化的重要组成部分。

一种外来思想或宗教要想在当地得到广泛的传播和发展,在诸多的因素中有两个最基本的要素:抑或得到当地统治者的支持与倡导,自上而下地进行全面推广;抑或与当地文化有相似之处,易于与当地文化相融合。只有这样,外来思想或宗教才能为当地人所接受,才能融入当地文化。对于越南来说,儒释道均为外来思想和宗教。儒释道在越南的传播与发展恰恰印证了上述这一点,并因此而各具特点。

儒释道当中传入越南最早的当数儒学。这一点我们不仅可以从中国古籍的记载中得到明确的答案,也可以从儒学、道教产生的时间以及佛教开始向亚洲各地传播的时间上推断出来。在道教产生和佛教开始在亚洲各地传播之时,儒学在中国已经取得了"独尊"的地位,而当时中国文化也早已开始影响到今天越南的北部和中北部地区。有关儒学传入越南的具体时间,无外乎有这样几种观点:赵佗建立南越国时期,即公元前 207 年至公元前 111 年;公元前 111 年汉武帝平定南越后;公元初年锡光、任延任交趾、九真太守之时;公元前 111 年至公元初年的这段时期内;等等[1]。之所以在儒学传入越南的时间上有较大的差异,主要是因为中国儒学在越南的传播经历了一个较为漫长的过程,而这也正凸显出儒学在越南传播的特点。

笔者赞同梁志明教授《论越南儒教的源流、特征和影响》一文中的观点,即儒学在越南的传播"首先是依靠国家政权的倡导以及地方官吏的推行,其次是南迁的中原士大夫们的弘扬和中原移民与当地居民的密切交往。此外,作为汉文化的载体汉字与儒学同时输入越南,更推动了儒教在越南的传播。"[2]而笔者要强调的是,在这诸多的因素当中,"国家政权的倡导"和"地方官吏的推行"对儒学在越南的传播起着至关重要的作用。

儒学在开始传入越南之时,越南尚处于原始社会末期。首先,当地的生产力水平十分低下,"其田从潮水上下"[3],且"以射猎为业,不知牛耕"[4]。其次,

---

[1][2] 梁志明. 东南亚历史文化与现代化[M]. 香港:香港社会科学出版社有限公司,2003:180~182.
[3]《水经注》卷三七,《检榆河》条所引《交州外域记》。
[4]《后汉书》卷七六,《任延传》。

当时尚未产生阶级,"王同耕作,父子同沐于川,不分界限,不分辈次"[1],"人如禽兽,长幼无别"[2]。此外,人们"无嫁娶礼法,……不识父子之性,夫妇之道"[3],而且"言语各异,重译乃通"[4]。由此可见,当时越南的社会状况不仅与当时中国的社会状况相去甚远,甚至与儒学产生时中国的社会状况都不可同日而语。因此,已经把原始社会中的亲亲关系、原始巫术信仰中的祭祀活动升华到"仁"与"礼"的层面的儒学,在开始传入越南时很难找到与当地固有文化相适应的一个切入点,而较为自然地与当地文化相融合,为当地人,特别是当地下层民众所接受。然而,儒学最终为越南人所接受,儒家思想最终成为越南封建社会的正统思想,儒家文化成为越南文化的重要组成部分,这首先应该归功于国家政权的积极倡导和地方官吏的大力推行。

纵观越南整个北属时期,无论是赵佗"令二使典主交趾、九真二郡人"[5],"以诗书而化训国俗,以仁义而固结人心"[6],还是汉武帝平定南越设置交趾、九真、日南三郡后,以儒学为中心的汉文化开始广被其地;无论是从两汉之交,以交趾、九真太守锡光、任延为代表的循吏积极推广汉文化,使"岭南华风"渐盛,还是东汉马援平定二征起义后,在交趾实行了一系列申明汉制、汉律的改革;无论是三国时交趾太守士燮守境安民,礼贤下士,使交趾成为"通诗书,习礼乐"的"文献之邦"[7],还是唐朝科举制传入安南,当地人才与中州并举;等等,从中我们可以发现,这一时期儒学在越南的传播和发展过程中,无不彰显出国家政权的作用。实际上,这一点不难理解。中国封建王朝开始对交趾、九真地区实行统治管辖、经略开发之时,以儒家文化为中心的汉文化自然而然地被带到这一地区。但以当时这一地区所处的社会状况而言,要想在自然演进下使当地人接受儒家文化,恐怕需要一个比较漫长的时间。因此,这当中统治者的积极倡导和地方官吏的努力推行就显得至关重要,必不可少。也正是在先进汉文化的影响下,使这一地区实现了跨越式的发展,从原始社会末期直接过渡到封建社会。这不仅为儒学更加全面、深入地融入当地社会创造了条件,也为越南自主封建国家建立后最终选择儒家思想作为封建统治的正统思想奠定了基础。

---

[1] 潘辉注:《历朝宪章类志》。
[2] 《后汉书》卷八八,《南蛮西南夷传》。
[3] [4] 《后汉书》卷七六,《任延传》。
[5] 《史记》卷一一三,《南越列传》。
[6] 黎嵩:《越鉴通考总论》,转引自《大越史记全书》。
[7] 吴士连:《大越史记全书》,外纪卷三。

越南自主封建国家建立后，儒学在越南经历了一个从遭受忽视到受到重视，再到取得独尊的过程。越南封建社会建立初期的丁朝（968~980）和前黎朝（980~1009），统治者政权未稳，需要利用宗教来帮助维护其刚刚确立的统治秩序，因此实行崇佛的政策，朝臣中多为僧人，儒学在越南的发展受到短暂的抑制。越南封建社会发展到李朝（1010~1225）和陈朝（1225~1400），统治者虽然仍然崇尚佛教，但随着封建统治机构的逐渐健全、封建统治秩序的不断完善，他们越来越认识到儒学"尤重人与人之间伦理关系，并将这种伦理关系运用到政治实践之中，成为其指导性的原则"[1]的特征非常符合越南封建统治者维护、稳定其统治政权的需要。他们开始重视儒学。1070年，李圣宗在升龙（今越南河内）首建文庙，内塑孔子、周公和四配（颜子、曾子、子思、孟子）像，画七十二贤像，四时享祀。1075年，李仁宗"诏选明经博学及试儒学三场"[2]，这是越南自主封建国家建立后第一次开科取士。1076年设立国子监，1086年又成立了翰林院，1126年在京城举行庆贺《诗》《书》《礼》《易》《春秋》的仪式。1253年，陈朝设立国学院，"诏天下儒士入国学院，讲四书五经。"[3]陈朝的科举制度也日益完善，基本上以儒家经义作为考试内容。因此，越南官僚队伍中儒生逐渐占有主导地位，逐渐掌握朝纲，儒学的地位在越南也日益得到提高。短暂的胡朝（1400~1407）则明确实行"限佛尊儒"的政策，开越南封建统治者力图完全按照儒家思想治理朝政之先河。越南封建社会鼎盛时期的黎朝（1428~1788）和衰落时期的阮朝前期（1802~1858），统治者更是出于统治的需要，均大力地提倡儒学，越南儒学也因此而处于独尊地位，进入鼎盛时期。无论是黎圣宗颁布的《二十四训条》、黎玄宗申明的教化四十七条，还是阮朝明命帝颁布的《十条训谕》，都从国家、政府、法律的层面上把儒家的伦理观念、道德规范申明、固定下来，并向全国推行，自上而下地推广到政治生活与社会生活的方方面面。这不仅使儒学逐渐根植于越南社会，而且成为越南封建社会的正统思想。另外，黎、阮时期的科举制度趋于完善，更加制度化、规范化，无论开科次数，还是取士人数都远远超过前朝，使越南儒士阶层的人数迅速增加。黎朝、阮朝的教育体系也更加完备，不仅有国学，还有府学、州学、县学，而且无论官学还是私学，均以儒家经典为教材。为了大力宣传儒家思想，黎朝、阮朝统治者还大量印刷、翻刻儒家经典。如黎圣宗"每年颁书于各府，如四书、五经……学官据此讲学，科举

---

[1][2][3] 王健. 儒学三百题[M]. 上海：上海古籍出版社，2001.

据此选人"[1]。阮朝统治者则更是奉儒家思想为正统,视西方天主教为异端邪教而加以禁止。可见,不同时期越南封建统治者对儒学的不同态度对儒学在越南的传播与发展起着举足轻重的作用。也正因为如此,随着越南封建制度的衰落,为越南封建统治者所大力倡导,作为维护越南封建统治的儒家思想也注定随之走向衰落。

综上所述,儒释道中儒学虽然传入越南的时间最早,但并非一经传入就得到迅速而广泛的传播,而是随着越南封建社会的形成、发展,越南封建制度的确立、完善而逐渐传播、发展,并最终融入越南社会,成为越南封建社会的正统思想。虽然促进儒学在越南传播、发展的因素很多,但在每一段传播与发展时期,统治者的积极倡导与大力推行可以说是其中最主要的因素。从儒学在越南的传播过程中,不难看出带有一种自上而下的政府行为的色彩。依靠统治者的倡导与推行是儒学在越南传播中的一个主要特点。

道教传入越南的时间在公元2世纪末3世纪初。其主要依据是牟子《理惑论》序中的一段记载。牟子是东汉苍梧(今广西梧州)人,2世纪末曾与母亲避乱于交州。牟子《理惑论》序云:"是时灵帝崩后,天下扰乱,独交州差安。北方异人咸来在焉,多为神仙辟谷长生之术,时人多有学者。牟子常以五经难之,道家术士莫敢对焉。"这充分说明当时已有许多道家术士在交州进行活动,黄老阴阳之术的道教思想在当地也颇为流行。

道教的传入,一方面是通过当时避难于交州的中国人以及一些政府官吏的传播,另一方面是得助于当地的原始宗教信仰。而后者对道教在越南的传播尤为重要。在儒释道传入越南之前,当地人已经有了自己的原始宗教信仰。《安南志原》卷二载:"交趾旧俗,信尚鬼神,淫祠最多。人有灾患,跳巫走觋,无所不至。信其所说,并皆允从。"而道教中的某些信仰,特别是符箓派道教中,由古代巫术演化而来的鬼神崇拜、画符念咒、驱鬼降妖、祈福禳灾等,与当地人的原始信仰有相似之处,故能一拍即合。越南学者陈文饶在其《十九世纪至八月革命前越南思想的发展》一书中写道:"对越南影响最强烈、最持久的两种中国宗教是道教和儒教。对于从前我国多数人来说,不是儒教,而正是道教,其影响最早最深。"他认为,这是因为首先传入越南的中国道教是符箓派道教,与当地的原始宗教信仰有相似之处,老百姓不学即会,而儒学开始传入时则没有这种社会

[1] 黎贵惇:《见闻小录》。

基础。所以,道教自传入越南后,"与越南人固有的信仰(巫术、方术)相适应,吸收了某些原始公社时期遗留下来的风俗、习惯,因此它发展非常迅速,并与人民的一些习俗相融合"。[1]尤其在越南民间、越南下层广大民众中得到广泛流传。中国道教所信奉的一些俗神:城隍、关公、土地、灶君等,至今在越南百姓中仍受到普遍的供奉,道教的阴阳卜筮之术、堪舆风水之说更是深得越南人的信仰。

越南封建统治者对于道教的态度虽然经历了一个从支持到排斥的过程,但基本比较平和,既没有大力弘扬,也没有完全禁止。越南自主封建国家建立初期,道教同样被用来维护其封建统治秩序,道士位列朝班。儒学占主导地位后,道教受到排斥。但不论是在优礼道士的丁、前黎、李、陈时期,还是在排斥道教的黎、阮时期,越南封建统治者对道教的醮仪方术都十分崇信,请道士设醮祈福禳灾之事在越南史书中多有记载。

由此可见,与儒学相反,道教虽然传入越南的时间晚于儒学,但一经传入就得到颇为迅速而广泛的传播。虽然道教在越南从未得到过统治者的鼎力支持与倡导,但道教在越南民间的影响并不亚于儒学与佛教。正是由于道教中的某些信仰与当地的原始信仰的相似之处,道教易于被当地人所接受,并与当地文化相融合,成为本地文化的一部分。借助当地的原始宗教与民间信仰,与当地的原始宗教与民间信仰相适应、相融合,是道教在越南传播中的一个主要特点。

众所周知,佛教在印度盛行后,从南亚次大陆向东亚和东南亚的传播沿着两条路线:陆路,北传经中亚进入中国,然后再传播到朝鲜半岛和日本;海路,南传至斯里兰卡,然后再传播到中南半岛和印度尼西亚诸国。而越南所处的地理位置正是上述两条传播路线的交汇处。越南著名学者陈文玾认为"佛教的传入越南,实有两途:一由中国,一由印度洋"。[2]即北传的佛教传到中国后再继续南下传至越南(时称交州),而南传的佛教也传到越南,甚至经过越南继续北上到达中国。陈文玾通过对越南陈朝僧人撰写的《禅苑集英》中所记述的四位早期在越南弘传佛教的人物:牟博(牟子)、康僧会、支疆梁和摩罗耆域的考证,认为"佛教输入安南应在二三世纪,一方面是由于189年汉灵帝死后,至交趾避难的中国人所传播,而另一方面,由于康居、月氏、天竺求法僧的传

---

[1] 陈国旺,何文晋. 越南封建制度史:第1集[M]. 教育出版社,1963:33.
[2] 陈文玾. 越南佛教史略(上)[J]. 黄轶球,译. 东南亚研究资料,1985(1).

播"。[1]因此,佛教传入越南的时间应与道教传入越南的时间大致相同。越南早期佛教既受小乘佛教的影响,也受大乘佛教的影响。而后来盛行于越南的佛教则是大乘佛教,特别是中国的禅宗。中国禅宗最早传入越南的时间为公元6世纪末。越南学者陈文珥把越南古代佛教分为四个时代:3世纪初至6世纪末是越南佛教的萌芽时代;6世纪末以后是禅宗传入的时代;9世纪时是纯粹禅宗的时代;11世纪左右是越南禅宗的时代。[2]可见,中国禅宗传入越南后,即得到广泛而迅速的传播,并一直为越南人所信奉。正因为如此,越南佛教有别于东南亚中南半岛的其他国家,属于北传大乘佛教系统。

越南人自古崇尚巫觋,道教的传入更加深了这种崇信。因此,佛教要想得到广泛的传播,就不能与当地的信仰习俗相对抗。佛教在越南早期传播时往往借助一些道教的内容。正如越南史学家陈国旺、何文晋在《越南封建制度史》(第1集)中所谈:"由于生产力低下,技术不发达,封建社会时期的人仍然受大自然的制御,所以方术仍然是一个重要的信仰。道教与方术结合,或者正确地说,道教是有系统的方术,所以它在群众中已经具有很广泛的影响。……因此,佛教想在人民中具有威力,不能不带有道教的色彩。"陈文饶也认为:"佛教本身也必须得有一些非常重要的'道化'内容,和尚得经常使用道士用以治病、驱邪的方术等,这样佛教才能在素有巫术信仰的人民中站住脚。"[3]《禅苑集英》记载了摩柯禅师去爱州弘法,当地百姓让他先治好一个麻风病人,然后才从其教的故事。这反映出"佛教要想在人民中具有广泛的影响,必须得能代替一些百姓中旧有的'天神',必须得能做一些诸如符咒治病、求嗣、投胎、求雨等带有方术性质的事情。"[4]可见,佛教在越南的传播也需要借助当地的原始宗教信仰。

越南封建统治者对佛教的态度则经历了一个比较大的从优崇到排斥的转变过程。丁、前黎、李、陈时期,佛教得到了越南封建统治者的极大优崇和提倡,特别是李、陈时期。李朝的国王李圣宗、李英宗、李高宗分别为越南"草堂禅派"的第一、三、五代弟子;陈朝的国王陈太宗是"安子禅派"第二代传人道圆禅师的弟子,陈仁宗禅位后出家,成为"安子禅派"的第六代传人,并在此基础上创立了越南"竹林禅派"。正是由于统治者的倡导和推崇,这一时期,越南佛教几乎被尊崇为国教,一度凌驾于儒、道之上。李朝甚至出现"百姓大半为僧,国内

[1] 陈文珥. 越南佛教史略(上)[J]. 东南亚研究资料,1985(1).
[2] 陈文珥. 越南佛教史略(下)[J]. 东南亚研究资料,1985(3).
[3] 陈文饶. 十九世纪至八月革命前越南思想的发展:第1集[M]. 北京:社会科学出版社,1973:461.
[4] 陈国旺,何文晋. 越南封建制度史:第1集[M]. 教育出版社,1963:421.

到处皆寺"[1]的现象。"竹林禅派"不仅在陈朝时得到迅速的发展,而且一直到若干世纪以后,仍然是越南佛教的主要流派。

越南佛教走向衰落,则与黎、阮时期的统治者奉儒家思想为正统思想,实行抑制佛道的政策有直接的关系。实际上早从陈朝后期(14世纪末),儒学已经开始在越南逐渐兴起,儒士们对统治者优崇佛老一事就多有抨击。到黎、阮时期,统治者更需要的是一种可以合理解释并维护稳定其封建统治的思想理论,而不是宗教。因此独尊儒学,对佛教、道教则采取了一系列抑制的政策,如考试僧道,不中者勒令还俗;严禁擅造寺观、佛像;僧道不得与内宫后庭交往等,佛教也因此被排除于国家政治生活之外。失去了统治者的支持与倡导,越南佛教开始逐渐走向衰落。从某种程度上说,越南封建统治者对待佛教的态度对越南佛教的兴衰起着决定性的作用。

佛教在越南的传播曾得到统治者的鼎力支持,使其在儒释道中一度占有优势。失去统治者的支持,越南佛教走向衰落,但其影响仍然很大,至今佛教仍然是越南最大的宗教。这恐怕要归功于佛教在传播过程中努力与当地原始宗教和民间信仰相适应、相融合的一面。既得到统治者的倡导又借助当地的原始宗教和民间信仰,是佛教在越南传播中的一个主要特点。

还有一点必须要提及的是,儒释道在越南的传播还具有一个共同的特点就是"三教合一"的倾向。这一方面源于中国传统文化的影响,另一方面源于越南人在宗教信仰上所具有的特性。

牟子《理惑论》序中关于牟子避乱于交州,"既修经传诸子",亦"读神仙不死之书",最终"锐志于佛道,兼研《老子》五千文"的记载不仅是佛教、道教传入越南的佐证,同时也是当时的交州思想界正值儒释道各家争鸣的时代的佐证。中国传统文化在当时的影响由此可见一斑,其后禅宗、理学在越南的盛行就更加证明了中国传统文化的影响力。实际上,自魏晋南北朝以来的中国传统文化已经不再是纯粹的儒家文化,而是儒释道三家汇合而成的文化形态。其中对越南社会产生深刻影响的中国禅宗、理学本身就是儒释道相互渗透、相互融合的产物。因此,中国传统文化中"三教合一"的思想必定对越南社会与越南文化产生深刻的影响。

越南人信奉宗教多属于感性范畴。对于大多数越南人来说,当生活中遇

---

[1] 吴士连:《大越史记全书》,本纪卷二。

到困难、挫折，对现实生活失去信心时，往往就到宗教中去寻求精神寄托、寻求解脱、寻求希望。许多宗教信徒对其所信奉的宗教的教义、教理知之甚少，甚至加入信徒的行列也只是由于从众心理或者是由于受到某种动员、宣传。因此，越南人在接受各种宗教时具有较强的包容性。也正是越南人在宗教信仰上的"实用主义"特性，使其可以同时接受不同的宗教，并糅合在一起。

历史上，越南封建统治者对待儒释道一般采取"并举"的政策，即使是优崇佛教的李、陈时期或是独尊儒教的黎、阮时期，对儒学、道教或佛教、道教虽然有所抑制，但并非绝对的摒弃或禁止。从丁朝"初定文武僧道阶品"[1]到李、陈统治者"试三教子弟"[2]，以及黎、阮统治者独尊儒学的同时对佛道祈福禳灾的崇信，可以说为儒释道在越南的共同传播与发展提供了一个相对宽松的环境。

在越南，许多僧人是佛道兼修。曾助李太祖登基的名僧万行即赅贯三学。李仁宗《僧万行》诗云："万行融三际，真符古谶诗。"[3]三际即指儒释道三教。另据《安南志原》卷三载："道行禅师，石室县僧。尝遍历丛林，访求知识，道录既熟，法力有加，能使山禽野兽群来驯扰，无不灵应。"又《大越史记全书》本纪卷三载，李仁宗会祥大庆七年（1116年），"僧徐道行尸解于石室山寺"。正因为徐道行佛道兼修，又传说他重新投胎而为李仁宗的弟弟，后继位为李神宗，因此在河内城外慈廉县的昭禅寺里，供有徐道行分别为道、为佛、为王的三座塑像[4]。创立了越南佛教"竹林禅派"的越南陈朝第三代国王陈仁宗出家后号竹林大士。《石渠宝笈续编》在介绍《竹林大士出世图》时载："大士……学通三教而深于释典……时有中国道士林时雨，亦相从大士往来诸方。"

另外，在越南"很少有寺院完全只有佛像，很少有道观完全只有神像。常常是在一个屋檐下既有佛教供桌，又有道教神台，两个神殿相邻；不同时期，佛和神的座次不定，像是兄弟。有些地方，在正殿中间摆放佛像，老子、孔子像分立两旁。"[5]越南儒释道三教的相互影响、相互渗透、相互融合由此可见一斑。

"三教合一"的思想在诸如朱文安、阮廌、阮秉谦、黎贵惇等奉儒家正统思想的越南封建士大夫、儒士文人的诗文中也多有体现。他们或因自身的遭遇而

[1] 吴士连：《大越史记全书》，本纪卷一。
[2] 吴士连：《大越史记全书》，本纪卷三、卷五。
[3] 越南汉字文学翻译组. 皇越诗文选：第 1 集[M].文化出版社,1957:30.
[4] 张正,邓德超. 越南文化手册[M].劳动出版社,298.
[5] 陈文饶.从十九世纪至八月革命前越南思想的发展：第 1 集[M].社会科学出版社,1973:463~464.

感到世态炎凉,或因社会的动乱而对现实不满,发出一些世事无常、人生如梦的感叹,产生置身于世外的隐遁思想,到佛老中去寻求精神安慰。而这种思想在 18 世纪的越南思想界更具有代表性。如黎朝末年(18 世纪)郑橲所著的《三教一源说》就用"谁言三教有别,释迦、老子、儒同宗"来结束全文,提出了三教同源的主张。

可以说,与中国相同,越南人的思想是由儒释道三教共同来维持的。所不同的是,中国三教的并存和相融,始终是以儒学为主体的,而越南三教的并存与融合中,佛教曾一度占有优势。

纵观儒释道在越南的传播,三者既各具特点,又有共同之处,而佛教则兼有儒学和道教之特点。

较之儒学,佛教和道教虽然传入越南的时间要晚,但由于宗教本身就是一种普遍的信仰,容易被人接受,特别是被广大的下层民众所接受,加之佛教和道教在传播过程中所具有的相同特点,使它们很快就能被越南人所接受,并得到迅速而广泛的传播。而儒学在越南虽然被称为儒教,但它毕竟不是通常意义上的宗教。儒学传入越南的时间虽然远远早于佛教和道教,但由于它缺乏与当地原始宗教信仰相互吸收、相互融合的契机,所以就其传播的速度来看,较之佛教和道教要相对缓慢。

另外,正由于儒学和佛教在传播过程中所具有的相同特点,它们能在越南历史上的一段时期内分居儒释道之首,甚至是独尊的地位。而道教则自始至终都没有享受到这种"礼遇"。

儒释道相继传入越南后,由于各自在传播中的特点,其发展的程度、对越南社会的影响亦有所不同。但在传播过程中三者相互影响、相互补充、相互融合,并成为越南文化的重要组成部分。

（作者单位:北京大学外国语学院）

缅甸的两次文学改革运动

●姚秉彦

实验文学运动

一、起因与形式

俄国十月社会主义革命的胜利，大大激励了全世界无产阶级的斗争豪情，同样也鼓舞着世界上一切被压迫、被奴役民族的反抗斗争。20世纪初期缅甸民族的觉醒，民族运动的高涨，特别是国民教育运动，启迪人们对本民族、社会、文化等方面的问题进行认真的思考。

当时的缅甸文坛出现了一批优秀作品，鼓舞着人们为民族独立而奋斗。德钦丁创作的慷慨激昂的《我缅人歌》等多首歌曲，就是非常突出的一例。作者回顾缅甸的光辉历史，鼓动人民为独立而战，唱出了高亢的音调，因而得以很快在全缅流传，成为反帝斗争中的有力武器。但另一方面，有不少文学作品严重脱离生活实际，其中很大一部分是把某些外国二三流的作品改写成缅文小说，正如作家德班貌瓦指出的，当时诗歌"不是'郎君赞'，'少女赞'，就是'雨颂'，'天堂颂'之类，使人无意再看，厌烦至极"。同样，小说"大多写的是恋爱，经常是汽车司机和阔小姐，富翁的儿子与卷烟女工相爱，可现实根本不可能是这种情况"。这种颓废的倾向，缠绵的情调，必然把文学引入死胡同。

1921年到1922年间，缅甸学者吴佩貌丁（1888~1973）从英国归来，担任仰光大学缅文教授。深感大学缅文教学水平低下，与一个觉醒起来的民族极不相称。因此，一方面聘请有较高缅语造诣的学者在大学任教，另一方面积极组织力量整理缅文古籍，为编写大学的缅语教材作准备。不久，仰光大学开设缅

401

文高级班,开展对缅甸古典文学、特别是对蒲甘碑铭的研究工作。

1930 年前后,在仰光大学学习工作的年轻人,在民族运动的推动下,由于受到德钦哥都迈等老一辈作家的爱国主义思想的影响,传统文学的熏陶,以及阅读大量英国、印度、中国等国的诗歌,因而对缅甸文学现状产生不满,强烈希望改变这种状况,于是纷纷在仰光大学刊物及其他刊物上发表诗歌和短篇小说。这些作品在形式和内容上都富有新意,受到广大读者的欢迎,为很多人模仿,形成一股强劲的势头,直到二次大战战火蔓延至缅甸时才暂告中断。

在吴佩貌丁的倡导下,缅甸教育传播会将这些青年们的创作汇编出版,题名为《实验文学作品选》。吴佩貌丁在序言中说,作者们本着“探索时代的喜好”,进行创作试验,故取名为“实验文学”。后来评论家便把这一文学创新活动,称之为“实验文学运动”。

二、重要作家及其创作

实验文学运动的参加者多半是当时仰光大学的青年教员及高年级学生,他们当中的大部分后来又都成为缅甸文学界的中坚力量和著名学者。

蜚声缅甸文坛的“实验文学三杰”——德班貌瓦、佐基、敏杜温,不仅是实验文学的开拓者,也是受到人们普遍尊敬的作家、诗人和学者。

德班貌瓦(1898–1942),原名吴丁盛,仰光大学缅文高级班首届学生,曾留校任教,后任区长,是位多产作家。在文学评论方面也颇有见地。他的文体似小说又似报道,别具一格,被称为“小说文章”。

例如,其《穷乡僻壤》,一开头就说小村庄的村名叫“一尺高的印度人”。作者向村中长老请教村名的渊源,但未能如愿。接着介绍村子坐落的位置,村民与鸡、猪等家禽、家畜同住在破茅屋内,以及大多数村民以捕鱼为生,只有昂佩和吴波辛两人务农的情景。然后又描写渔民与农民间的纠葛,最后导致波及全村的大殴斗。这次殴斗不仅伤二十余人,连村中的和尚也不能幸免,和尚因无人布施斋饭而不得不忍饥挨饿。这位和尚在平时能因地制宜地讲经布道,说尽管一生杀生作孽,只要死前能忏悔求恕,仍可超度,所以深受渔民欢迎,因而寺庙香火鼎盛,斋食丰裕,学生众多。可和尚对学生完全采取放任自流的态度,由他们在山野溪流中恣意玩耍。作者最后幽默地说,“谁能断言,四五十年后,这群孩子中不会出个总统,只要大家同意,不就能当上总统了吗?”这真是十分辛辣的讽刺!

在德班貌瓦的作品中,经常用区长貌鲁埃作为主人公,采用特写手法,描写他耳闻目睹的事实,揭示社会现实。在《投票之前》中,作者极其风趣地描写了人们为印缅分治问题争执不休,而实际上,所谓"印缅分治"只不过是英国殖民当局愚弄人民的一种伎俩而已。

佐基(1908~1990),原名吴登汉,是位著名诗人,文学评论家。曾任仰光大学图书馆馆长、缅甸历史委员会主席、缅甸文学宫文学奖评选委员会委员。他的诗音调铿锵,富于想象,清新、朴实,充满爱国情感,代表了实验文学的风格。

在著名的诗作《我们的国家》中,明确指出缅甸虽然土地肥沃,物产丰富,但人民却过着贫困的生活。他号召人民团结一致,依靠自己的智慧和力量,使国家成为自己的国家,使土地成为自己的土地。

《金色的缅桂花》是诗人的代表作之一。这首诗一开头便描写在芳菲时节,缅桂花盛开,像一张张充满生命力的笑脸,为全诗渲染出热情洋溢的气氛。然后用拟人手法,细腻地写出花瓣在微风中起舞的姿态。碧蓝的天空下,金色的花在微风中轻轻摇曳,像初恋的少女,抑制不住幸福和喜悦,顾不得旁人在身边,羞涩地俯在情人的耳边,喃喃细语。诗人最后唱道,阳光下的金色缅桂花闪闪发亮,温暖着人们,像身披袈裟的佛,给人间带来希望和吉祥,花期不歇,花香不断,像生命、希望和吉祥永远伴随着人们。

他的诗感情细腻而真诚,用词力求朴实自然,"以情动人"是这位诗人的一个明显特点。

佐基的小说同样具有语言简练、生动幽默、寓意深刻的特点。

短篇小说《他的妻》描写一个既无谋生技艺、又无理家心思的懒汉,为求清静,躲入佛门。他的妻子是位泼辣能干、任劳任怨的劳动妇女,她体贴丈夫、疼爱儿女,为了让丈夫还俗,分担家务,她佯装搬家离村,扬言若找到合适的人,便另立门户,这才迫使丈夫当即还俗回家,把一个懒汉的形象描写得淋漓尽致。穿袈裟入佛门仅仅是为了偷闲清静,不劳而获,这种题材在缅甸文学中实不多见。

短篇小说《蒲甘集市》《金锣声》《爱情和战争》都歌颂了缅甸民族传统的爱国主义思想。《波玛廷》则反映了作者对民族传统文明的歌颂和留恋。

敏杜温(1909~),原名吴温,曾任仰光大学翻译出版部主任、缅文系主任,主编过大学缅语词典。他是位诗人,也是位文学评论家,还曾写过大量儿歌。

他喜欢用婉转的手法、优美的文字表达自己的爱国热情,因而很受读者欢迎。

20 世纪 30 年代,青年们为了表示对自己民族的热爱,积极提倡穿缅甸土布上衣。他们在报刊上发表文章,在群众集会上热情号召。不久,穿土布衣上便蔚然成风,成为爱国的象征、进步的标志,寄托着人们对民族文化复兴的希望。《亲爱的姑娘》这首诗反映了时代的风尚,倾诉了爱国热情。诗中并没有政治说教,只是通过小伙子对自己心上人的情意绵绵的交谈形式,达到宣传和动员穿土布上衣的目的,使人感到既自然又亲切。

一年一度的泼水节,是缅甸人民送旧迎新的节日。在这喜庆的日子里,青年人总是喜欢邀集相好的朋友,穿着节日盛装,走上街头巷尾,尽情地嬉乐,衷心地祝福。年轻人憨直无忧的笑声和歌声感染了大家。但在《新年的水》这首诗中,诗人着重描写一位与情人分离的小伙子在佳节思念恋人的心情。感情真挚,互相信赖的恋人坚信圣洁的水一定会泼洒在远在他方的恋人心上。

这是敏杜温有代表性的一首抒情诗作。诗中浓郁的民族气息以及现实主义与浪漫主义相结合的创作风格给人留下了深刻的印象。

敏杜温的短篇小说也富有特色。其中《昂大伯骗人》和《扎耳朵眼仪式》等篇最为脍炙人口。它揭示了上层社会的权势和黑暗。

另外,德格多貌丹新(原名吴埃貌,曾任仰光大学缅文系主任)、貌纽、固达等人也都是实验文学运动积极参与者。当然,也有学者认为貌廷、吴登佩敏等也属实验派作家。

三、运动的意义及其不足

吴佩貌丁在《实验诗集》一书的序言中说:"诗歌不仅能陶冶人们的情趣,还应像历史一样记录时代的实情。研究信摩诃蒂拉温达等同时代学者们赋写的'比釉'诗(四言叙事长诗),人们就可以了解当时国家以及僧侣们的情况。同样,通过阅读本书发表的实验诗篇便可以了解当代国事在诗人们思想上的反映。"

文学应该反映时代的生活,成为时代的镜子。这是一个进步的文艺思想。实验文学作家们的这个创作思想,不仅指导了他们自己的创作,同样也影响了缅甸文学的发展。

实验文学以它炽烈的爱国热情,简练、清新、朴实的写作风格,浓郁的生活气息,突破了传统形式的种种羁绊,冲击了消闲文学的那种不良倾向,推动了缅甸文学的发展。

实验派作家们也受到英国文学作品的影响,认为在写作内容上无巨细之分。只要作家自己有感受就可以写。他们常以云雀、水、风信子等为题材抒情作诗,唱出诗人对生活美妙的遐想,这对缅甸现代诗歌的发展影响很大,形成了独具风格的一派。

如果说实验文学诗歌偏重于抒情,并富有浪漫主义色彩,那么,其散文、小说则偏重于对现实的描写和反映。

实验文学运动的开拓者在文学评论方面也作了不少的努力,对推动缅甸文学评论工作的发展有着不可磨灭的功绩。

作品不够成熟是实验文学的不足之处,这是有其原因的。它是1930年缅甸民族独立斗争蓬勃发展时期所出现的文学运动,由于参加者大多数是在仰光大学校园内,在图书馆中从事他们的文学创作的,而没有直接把文艺作为武器投入轰轰烈烈的反帝、反殖民斗争,所以著名作家达贡达耶曾说:"实验文学诗歌虽富于幻想,但忽视了反映时代的内容。虽然力求从封建主义文学中挣脱出来,但还没有进一步觉醒,没有能提高到反帝的高度"。这一评价是很中肯的。

红龙书社

一、产生的社会文化背景

随着民族独立运动的深入开展,为了把运动引向最后的胜利,人们都在寻找真理。

1923年1月10日出版的《京城》杂志,发表署名"金枪"的两篇文章,《何谓共产主义?》《社会主义是何种主义?》,这是迄今发现最早的谈及社会主义的文章。尔后,虽有人在报纸杂志上撰文介绍,但都是零星的、不系统的,加之英国殖民当局严厉禁止进步书籍进入缅甸,因而科学社会主义思想在缅甸的传播受到了很大的限制。

1931年,太阳报记者吴吞佩利用农民起义领袖塞耶佩的一笔稿费,向国外订购了一批马克思列宁主义经典著作及其他进步书籍,建立了纪念塞耶山图书馆。它成了寻求真理的人们阅读和研究马克思、恩格斯、列宁等人著作的中心,成为议论缅甸和世界形势的一个场所。

当时,人们还偷偷传阅约翰·里德描写十月社会主义革命的《震撼世界的十日》等书籍,这对争取独立而战斗的缅甸人民来说,有着极大的启迪和鼓舞作用。

世界范围反法西斯斗争的高涨,进一步激发了缅甸青年读书的热忱,1936年,英国出现的左派读书俱乐部以及他们发行的有关反法西斯的书籍很快传播到缅甸。介绍西班牙爱国者反法西斯斗争经验的书,描述法国进步力量以人民阵线形式抗击反动势力的书,揭露墨索里尼并吞阿比西尼亚(埃塞俄比亚)的书纷纷流入缅甸。埃德加·斯诺介绍中国人民在中国共产党领导下进行抗日斗争的《西行漫记》,备受人们欢迎。

1937年,巴莫政府上台,禁止进步书刊进口的命令被撤销,使进步书刊开始公开进入缅甸。

在这种形势下,一部分我缅人协会成员、大学罢课斗争领导人以及进步作家、学者,诸如德钦努、德钦丹东、德钦梭、德钦巴当、吴登佩敏,《缅甸时代报》吴翁钦、《缅甸新光报》吴丁等人便模仿英国左派读书俱乐部的模式,于1937年11月4日正式成立了红龙书社。

二、宗旨、指导思想及其活动

红龙书社在其成立宣言中说:"为了促使缅甸独立斗争目标早日实现,以使每个人都能过上人的生活,书社将每月出版一本介绍独立斗争策略的书,激励人们为争取独立而斗争的小说、剧本,或使人奋发向上的传记。"它在征集社员的通知中说:"缅甸充满着贫困、疾病和愚昧,红龙书社将向您提供消除上述三种罪恶和弊端,建设一个自由、进步、和平的新社会所需要的知识。"并明确宣布书社的六条宗旨:1.向全体缅甸人民灌输争取独立的思想;2.引导人民早日实现民族独立的目标;3.反对限制言论自由、争取自卫的权利;4.要求建立、巩固和发展为多数人拥护的、公平合理的管理制度;5.反对使劳苦大众贫困,少数资本家发财的战争;6.主张人人享有最基本的生存权利。

书社提出的口号是:"用十安钱的钥匙打开世界银行宝库!"意思是每个社员每月缴纳十安钱书费,书社每月为他提供其出版价值2元的书籍1本。

书社的宗旨和指导思想受到人们的欢迎,社员人数由成立时的200人增加到1939年的3000人。

书社出版的书籍,有政治理论书、反帝反法西斯书籍,也有论述国内外大事的小册子。此外,还出版了传记、小说和剧本。政治书籍以宣传社会主义思想为主。如德钦梭的《穷人主义》、吴漆貌的《独立斗争》、德钦丹东的《新缅甸》、吴巴概的《缅甸政治史》、德钦努翻译的《资本论》部分章节等等。

书社出版的小说——吴登佩敏的《摩登和尚》、达贡达耶的《梅》、德钦巴当的《班达·玛沙乌》等都是缅甸文学史上有一定影响的作品。

《班达·玛沙乌》虽是根据英国哈代的优秀小说《德伯家的苔丝》翻译的，但译者非常巧妙她把缅甸中部地区风土人情揉进了作品中，读者很难发现它是翻译作品。小说主人公农村姑娘玛沙乌遭受迫害以致毁灭的悲剧，引起人们极大的同情。《梅》通过一位女大学生的遭遇，揭露了社会黑暗。《摩登和尚》把披着宗教外衣，招摇撞骗、荒淫无耻的花和尚的真相暴露于光天化日之下。书社还出版了《列宁传》和《吴龙传》(即《德钦哥都迈传》)。

为了扩大宣传和阐明对时局的观点，书社还出版了《红龙杂志》(半月刊)、《红龙新闻》(月刊)等刊物。

三、书社的巨大影响——文艺为反帝斗争服务的思想

书社的实践完全实现了它成立时的初衷，宣传社会主义、培养政治干部以及在思想文化战线开展反帝斗争。书社成员积极撰写文章，或运用自己的影响，在其他报刊上宣传社会主义思想。这使当时的民族运动带有浓厚的进步色彩。缅甸史学家波巴信在谈及红龙书社历史功绩时就说："这些进步书籍，无疑给缅甸国内人民，特别是给青年以一种新的政治教育和一种新的鼓舞力量。"

显而易见，红龙书社的整个活动也就是缅甸文学革命运动的一个组成部分。在它的影响下，缅甸文学界有了很大变化。

最突出的例证是缅历一三〇〇年(1938)运动时期，广大作家亲身投入反帝斗争，他们撰文著书，动员人民参加斗争，在斗争过程中，鼓舞人民坚持斗争，在斗争告一段落时，又总结回顾、激励人民继续奋勇前进。在这一时期，文学为反帝斗争服务的思想得到了具体而生动的体现。

爱国诗人德钦哥都迈此时虽已年逾花甲，但仍站在民族独立斗争的最前列，口诛笔伐殖民主义和民族叛徒，号召人民团结斗争。摩诃瑞继《咱们的母亲》后，又发表了旨在反帝的改良社会的《泽秋人》(1937)、《叛逆者》(1938)、《出征人》(1938)、《叛逆者之家》(1939)等小说。作家瑞林容(即加尼觉吴漆貌)的《他》(1938~1940)，描写一个品德高尚的医生哥敏貌不谋私利，舍己为人的动人故事。吴登佩敏的《罢课学生》(1938)全面地记载了1936年第二次学生大

罢课的情况,阐述了罢课起因和目的,揭露了英国殖民主义者施行奴化教育的罪恶,它是文学作品中直接反映群众斗争的一部小说,博得了缅甸读者的喜爱。

第二次世界大战的战火蔓延到缅甸前夕,由于遭到英国殖民当局的迫害,领导人大部分被捕入狱。书社被迫停止活动,所以,书社前后仅存在4年,但它使革命文学创作出现了繁荣景象,新词、新语和新的表现形式不断涌现。书社在缅甸独立斗争中,尤其在普及反帝思想和社会主义思想方面仍有着不可磨灭的功劳。

(作者单位:北京大学外国语学院)

从《琉璃宫史》看东吁王朝的皇族婚姻

●杨国影

内容提要:在封建社会,王室婚姻不仅具有一般的社会意义,还具有政治上的意义。本文通过对缅甸最权威史书《琉璃宫史》中对东吁王朝王室婚姻状况的梳理,不仅对当时的王室婚制、婚礼、婚姻观念等进行文化意义上的分析,并进一步分析王室婚姻对政治和社会的影响。

关键词:东吁王朝　王族婚姻

Abstract: During the feudal society period, the royal marriage had not only social meaning, but also political meaning. In this article the author analyzed the system, the wedding ritual and the conceptions of royal marriage of Daungngu(Toungoo)Dynasty and further more set forth its influence on the politics and society.

Keywords: Daungngu Dynasty; Royal Marriage

东吁王朝是缅甸封建社会历史上一个重要的时期,它起着承前启后的作用,开创了第二缅甸帝国,封建制度进一步完备。按照广义的定义,蒲甘王朝之后即为东吁王朝,即1287~1752年,但狭义的定义则从1531年德彬瑞梯王登基开始至1752年结束。考虑到婚姻作为一种文化现象和社会现象具有较强的传承性和不变性,因此这里的朝代定义选取广义的1287~1752年这一时期,以获得一个更加全面的印象。《琉璃宫史》中关于这一时期的资料也最为翔实和可靠,作为一本帝王史,书中关于国王、王妃、王子、公主等的情况都有比较详细的记载。

婚姻作为一种社会关系是人们为了维持正常的社会生活、社会风俗而具有一定规范的社会关系、社会行为，是人类社会生活的一项重要内容，封建时代王族的婚姻无论对于王族内部还是对于一个国家来说都是大事，影响深远，因此东吁王朝时期王族对于婚姻有诸多讲究，以维护婚姻的尊严，更重要的是维持其血统的纯正。本文拟从王族的婚制、后妃身份、婚礼、婚姻观念与和亲等几个方面对东吁王朝时期的王族婚姻进行一个初步的研究。

一、王族的婚制

东吁王朝的王族婚制主要有以下几种形式：

1. 一夫多妻制。一夫多妻在任何一个民族中的王族中都不算什么新鲜事，差别只在于数量的多寡和后妃们地位的不同而已。缅甸的王族并没有规定国王可以拥有多少个后妃，一般王后可以有 4 位，顺序分别是正宫、南宫、中宫、北宫等，以正宫为大，妃子数量则不限。后妃等级也不是很多，只有王后和妃子的区别。各位国王也都有自己的偏好，多的有选 6 位王后的，少的只选 3 位王后，有的只有 2 位甚至 1 位。在东吁王朝时期拥有后妃最多的恐怕是缅甸历史上最有名望的君王之一——莽应龙了，他拥有王后 3 位，嫔妃 44 位，生育王子 38 人，公主 59 人，共 97 人[1]。

2. 血缘群婚。这是远古血缘婚的残余，指包括同胞兄弟姐妹在内的同一辈分的人既是兄弟姐妹关系，同时又是夫妻关系的这样一种婚姻制度[2]。在东吁王室不仅表兄弟姐妹和堂兄弟姐妹之间缔结婚姻，甚至同父异母的同胞兄弟姐妹之间缔结婚姻的也比比皆是。仅在莽应龙的 97 个子女中就有 12 对互相结为夫妻，占了 1/6 左右，这种同胞兄弟姐妹之间的婚配比例实在高得惊人，但在王族看来这是维持王族血统纯正的手段，其他王子公主间的婚配也基本上是堂兄弟姐妹或表兄弟姐妹。东吁王朝的血缘群婚不仅出现在同辈之间也出现在长辈和晚辈之间。1400 年，信漂辛德勒帕耶即位为王，信漂辛德勒帕耶之妃是央米丁侯底拉瓦与舅母苏勃赖所生之女，这是舅母和外甥之间的婚姻。在1555 年，"为了保持本王族释加族的纯正，按兄弟姐妹之间可以结亲的传统，将阿杜拉地里摩诃亚扎黛维往后所生的公主许配给了王弟阿瓦王德多明

[1] 李谋，译注. 琉璃宫史[M]. 北京：商务印书馆，2007：828.
[2] 潘晓梅，严育新. 婚俗简史[M]. 北京：中国社会科学出版社，2004：3.

绍"[1]。这是叔叔和侄女间的婚姻。同样是莽应龙的女儿,还嫁给了自己同父异母哥哥的儿子,即姑姑嫁给了侄子。从以上实例看出,原始社会氏族群婚在东吁王族婚姻中的残留不是星星点点,而是非常普遍。

3. 姐妹婚。姐妹婚也是古代群婚制度的残余,指在男权占统治地位之后,一个男子可以同时娶姐妹几个为妻,甚至娶不同辈分的女子为妻,这在东吁王族时期屡见不鲜。有姐死妹替的,如:1555年,王弟莫塔马王明耶西都去世,留下一子二女,二女先后与若开王弟底里达马道加婚配(姐死后妹又与之婚配)[2]。也有姐妹同时嫁给一夫的,如1581年即位的南达波印王共有5位王后,"正宫王后为德彬瑞梯王的公主,南宫王后为东吁九十万之主明康王之公主明漂,中宫王后为明阿推公主,即明漂之妹,北宫王后为明布,即明漂的二妹。"[3]再如,1714登基的德宁格内王,封三姐妹为后,大姐号摩诃敏加拉黛维,二姐号底里黛维,三姐号山达黛维[4]。这样的例子还有很多。另一种形式是两兄弟娶两姐妹,1485年,明兹那与摩诃丁克亚之女明拉妙成婚,而明兹那的弟弟明克米和明拉妙的妹妹明班结婚,形成两兄弟与两姐妹的婚配关系[5]。还有不同辈分的女子共侍一王的,如,德彬瑞梯的妹妹和女儿都嫁给了莽应龙,即姑侄女两个嫁给同一个人。

4. 收继婚。又称逆缘婚,和姐妹婚一样也是古代群婚制的残余。它起源于氏族族外婚时期。表现为兄亡嫂嫁给弟,姐亡妹续嫁给姐夫,嫡子继承父妾,弟亡弟媳转嫁给兄,伯叔母转嫁给侄儿等形式[6]。在氏族社会时期,人们更倾向于把嫁过来的女子当成财产,不仅属于夫家,而且属于整个氏族,若改嫁,对氏族来说就失去了财产和劳动力,通过收继婚则可以将其约束在本氏族内。在中国历史上,由于受少数民族婚俗的影响,收继婚习俗一直存在,而缅甸的这种习俗也一直传承下来,在东吁王朝时期,收继婚现象比比皆是,有的甚至被一再收继,历经几位国王。如,1421年继位的底哈都王不仅继承了嫂子,还继承了庶母。王储底哈都与王妃佛堂施主苏明拉一起继位,并立父王之后苏波玫为后。而苏明拉就是底哈都的哥哥明耶觉苏瓦的妃子。1501年,小王子明翠称王,将其兄摩诃底哈都拉之后,封为南宫王后,行灌顶礼[7]。还有老的缅王依然在世,但把宫娥后妃转给继位王储的,如,1468年缅王那腊勃底王将王位让给

[1][2][3][4][5][7] 李谋,译注. 琉璃宫史[M]. 北京:商务印书馆,2007:656,859,1080,560,494.
[6] 王绍曾,罗青. 中国古代婚姻[M]. 济南:山东教育出版社,1996:35.

儿子时说:"文武大臣及宫娥妃子但凭王儿作主选用。"[1]1602 年 11 月,南达勃印的儿子继位,广为封赏,"并将原汉达瓦底中宫王后许配给次子,并将小妹原汉达瓦底王北宫王后赐给三子,并将御妹原汉达瓦底北宫王后所生的汉达瓦底王之女钦瑞东许配予幼子。"[2]虽然收继婚在东吁王朝普遍存在,但并不能把它等同于通常理解的"乱伦",它有严格的收继顺序,而且一般来说收继之后都立为王后,地位不低,因此我们更应该把它看做一种婚俗,一种自古以来延续下来的古老的婚俗。

从东吁王朝的婚制分析来看,其王族婚姻保留了相当多的古代氏族婚姻的残余,实行的是内婚制和外婚制并行但内婚制优先的原则。从文化人类学的角度来看,婚姻关系就是一种交换关系,这种交换不仅仅是婚姻当事人双方之间的事情,还与他们各自所属的集团紧密联系在一起。参与交换的群体可以按自己的意愿,同时或先后实行异族通婚和族内婚,前者可以使结合多样化并从中得到好处,后者则使已经得到的好处巩固和持久。父系亲属以妇女索取者的名义占据着族内婚主要赋予他们的最有利的地位,因为他们为自己的利益实行这一制度,不至于使财富因妇女出嫁而流落到外人或敌人之手。而与外族的联姻总是使父系亲属或索取妇女者能够通过外娶的妇女得到以陪嫁物方式带来的土地遗产。同样的情况出现在东吁王朝早期,通过娶阿瓦的公主东吁得到了有发达灌溉措施的富庶的叫栖地区,大大增强了实力,为东吁王朝日后统一全缅并开创第二缅甸帝国奠定了基础。内婚制优先也是血统的优越性的体现。

二、后妃身份分析

东吁王朝没有形成系统的选妃制度,纵观东吁王朝的后妃们的来源,大致可以看出她们有以下几种身份:

1. 王室内部的公主们。这是最主要的来源。从上面的王室婚制我们可以看出,为了维持王室血统的纯正,大量的婚配发生在王族内部。就王后的身份来说,虽然大多选择嫡出的公主,但因为东吁王朝内部争权夺利的斗争时常出现,而且经常以流血冲突结束,导致庶出的王后也有很多。

2. 将相臣侯家的女儿。就王子和公主们对应的数量来说,大体是相等的,但对于实行一夫多妻制的王室来说,公主的数量显然就不够了,这样,将相臣

---

[1][2]李谋,译注. 琉璃宫史[M]. 北京:商务印书馆,2007;511,861.

侯家的女儿们就是一个不错的选择。因为她们知道贵族礼法,地位也不低;更重要的是她们会被选入宫中从事一些高级的服务工作,有接触到王族的机会。

3.各属国和少数民族土司进贡的公主。东吁王朝是缅甸历史上一个较强盛的王朝,北部的掸族、南部的孟族、西部的若开族、东部的傣泰民族都曾臣服于东吁王朝的统治之下,曾一度统治了中南半岛的半壁江山。这些属国和少数民族表示臣服的手段之一就是要进贡,除了金银财物、粮食、象马、税收等物品之外,进贡公主几乎成了一个惯例。进贡来的公主大多被缅王收为妃子,偶尔缅王也会将她们赐给王弟或王子。这在后面的和亲部分再详述。

4.有吉祥信息的普通良家女子。这种多为可遇不可求。东吁王朝并没有从民间选妃的传统,但这并不排斥民间女子有进入后宫的机会。她们或因貌美,或因有吉祥之兆,还有一个前提条件是要被缅王遇到。1372年,明基苏瓦绍盖王在出征路上收米贝扎为妃就是因为占卜师说她结婚之日粮仓会满[1]。东吁王朝德彬瑞梯王的母亲也是平民出身,但在身怀六甲之时梦到太阳入怀,后来母以子贵也被封为王后[2]。德彬瑞梯王也有一位平民出身的孟族妃子[3]。

从以上后妃们身份的分析可以看出,虽然东吁王朝的统治者们强调保持释加族血统的纯正而鼓励王室内部通婚,但实际上是内婚制和外婚制并行的,对血统也并非像他们所宣称的那样看重,比如,上述两位平民王后所生的王子最终也都继承了王位,并成为非常有德行的国王。与其说是对血统的重视倒不如说是对身份和地位的重视。

三、王族的婚礼

婚姻是男女两性之间的结合,这种结合除具有基本的生理意义之外,还具有社会意义,要获得来自社会层面上的认可和支持。这种将婚姻关系的确立告之于众,将婚姻关系的意义从个人层面上升到社会层面的标志性活动就是婚礼仪式。婚礼是婚姻的一个组成部分。作为人类社会生活中的一种特殊的文化现象,婚礼仪式在婚姻文化体系乃至人类赖以生存与发展的整个文化体系中都扮演着重要的角色。

《琉璃宫史》中卷详细地记载了一个王室婚礼,那就是莽应龙王将自己的

---

[1]李谋,译注.琉璃宫史:上卷[M].北京:商务印书馆,2007:344~345.
[2]李谋,译注.琉璃宫史:中卷[M].北京:商务印书馆,2007:565.
[3]李谋,译注.琉璃宫史:中卷[M].北京:商务印书馆,2007:603.

公主嫁给弟弟阿瓦王德多明绍的婚礼，从中我们可以看出在东吁王朝强盛时期一个王族婚礼的主要流程。[1]

1. 婚房的布置。从记载来看，缅甸王室举行仪式似乎都要新建一个建筑，无论是加冕典礼、婚礼或其他重大仪式都是如此。因为婚礼在宫中举行，所以一般建在宫中。房屋为镏金尖顶阁，阁顶为白色，这显然也是王室成员才能使用的颜色。"大殿中心柱用花丝绒裹缠，中心柱四周的柱上包着挑花纱巾，墙角柱用绿缎装饰，内屋顶棚为白色。天花板正中悬挂了金丝纱边并3层琉璃球金榕叶。下面是一张描金龙床，龙床上铺着长5肘尺2迈、宽2肘尺1迈（约2.6米×1.05米）的丝绒褥子。"婚房以白色、绿色和金色为主，显得典雅豪华。婚房的布置还有很多讲究，这些讲究或许与当时的一些婚姻习俗有关。"尖顶阁周围的园内种植甘蔗和香蕉，挂着椰子串和香蕉串"，"尖顶阁楼下面放养同色的母牛和小牛"。这或许意味着祈求多子多福，不仅和生育有关，往往还是求富的手段，期待繁荣，或仅仅为了丰富，是多种动机的混合。而甘蔗有步步高、节节甜的寓意。婚房内的布置也有很多寓意："褥子下面有一缅斤（约1.6公斤）银子包，尖顶阁上方朝东处放置了盛米的暖锅，东南方挂赶象用的象鞭和弓箭，正西方是一群姑娘怀抱金银。"这些应该都和祈求财富有关。"南面有欢喜天神像、研粉石、研杵，阁楼正中放置佛像和三藏经书。"这和他们的宗教信仰有关。"西南角上放着两根象牙，西北角设有各色食品的宴席，正北方放盛满水的法螺，东北角上放七口盛满水的冷水缸。"[2]这些应该是当时比较时尚的和符合皇室身份的摆设，尤其是冷水缸的设置，应该还有消防功能。

从婚房的布置来看，首先显示了与其王室身份相称的布置，另外物品的选择和摆放都有着吉祥的寓意。

2. 舀水仪式。和下面的两个仪式是在同一天举行，所舀之水是为了给公主沐浴和婚礼时洒水之用，不是一般的水，而是圣洁之水，因此不仅要到专门的吉祥水池去取，舀水仪式场面也非常宏大，动用的人员众多。"8名婆罗门挑着担子，后面跟着7个12岁的父母双全的大臣女儿，束着鬓发，项颈上挂着花环，佩戴金项圈、手镯、臂镯等，怀抱瓶口上嵌红宝石的金长颈瓶，由一群年轻人挑着这些姑娘们父亲的钦赐仪仗礼品跟随而来。他们按长幼次序列队来到

---

[1] 李谋，译注. 琉璃宫史[M]. 北京：商务印书馆，2007：656~659.
[2] 李谋，译注. 琉璃宫史[M]. 北京：商务印书馆，2007：705.

名叫甘尼达迈的吉祥水池边上……4 名开道官领路,后面是 1 000 名骑士、100 名青年臣子、歌舞伶人队、55 名士兵、1 000 名身穿华服戴白耳环的骑士,后面跟随 40 名富绅、14 名婆罗门占卜师、执赞词的书童、念赞词的司仪、108 名壮士扛着 108 只水罐,再后面是侯王、朝臣百官带了仪仗骑马相随这样一个舀水仪式。"动用的人员起码在 2 500 人左右,到达后,祭拜过护池神才能取水,之后沿原路按顺序返回。

3. 洗头仪式。洗头仪式在专门的尖顶阁中进行。"阁顶上有 5 层围栅,每层围栅的四面八方都放置有祭神供品,每一层都有持刀带矛的卫士守卫。天花板上的漏水口画有符箓,挂满了嵌有九宝的金花束。用金水罐向插天帝像的法螺中灌水,从尖顶阁屋顶向下倒水,由与新娘八字相合的姑娘来倒水,此后是婆罗门占卜师倒水,此时,击一阵鼓,弯琴女、吹笙女齐奏乐,取百宝树上的物品布施,一切按古代风俗进行。与新娘八字相合、穿戴着礼服饰物的贵妇人搀扶着公主走过另一尖顶阁,又祭拜一番。用名门官家姑娘们舀来的水沐浴更衣。衣服要由与新娘八字相合的女仆送来侍奉。更衣时又要击一阵鼓,祭拜一番。在尖顶阁中,由八字相合的女仆送上宝衣,按古风祭拜后才来到婚礼彩楼前。"

从这里看出,公主的每一个动作都伴随着一阵鼓乐和祭拜仪式,除了开始的布施似乎应该是布施给僧侣之外,其他都没有提到是祭拜什么神,而是一再强调一切按古代风俗进行,说明王室的婚俗有较长的历史传承。另外还反复强调侍奉公主的女性一定是和公主八字相合的,连服侍之人都要八字相合,更不用说对所选配偶了,这反映出当时人们对生辰八字的迷信,也反映出王家对婚礼的神圣性和吉祥性的追求。

4. 婚礼仪式。婚礼仪式主要由四个步骤组成:喂饭、洒水、拴线和祝愿。喂饭,即新婚夫妻共吃一个盘子里的食物,这食物也不是普通的食物,而是"金银饭",即由 7 种良种新稻米煮成的金饭和由 7 种牛奶、奶油等白色物做成的银饭,饭上还撒有鸡蛋制成的金色和银色的碎末。喂饭时要由八字相合的人喂 7 口,喂时要喊:"下金雨,下银雨,落下绸布好做衣。"之后还要撒饭粒祭神。新婚夫妇共食是很多民族都有的一个古老的婚俗。其象征意义主要在于强调夫妻彼此间的结合和约束,即以后有福同享。洒水仪式和婚礼仪式之前的洗头仪式一样,其主要目的在于身心的净化,同时也有祈求神灵保佑新婚夫妇及其子女的意义。拴线仪式是用金线缠绕新人的手,意在表示当事者之间的结合,强调彼此姻缘的连锁。祝愿仪式由婆罗门扮成的梵天来进行："我本天地混沌初开时的梵天王是也。今我等为公主成婚。祝愿两贵人长命百岁,永生永世为佛门兴隆谋众人利益、倡盛世太平。"祝愿之后,梵天王还要为新人洒水。婚礼仪式的几个步骤主要意义都含有吉祥和祝福的寓意,是强调新婚夫妇两者的结合,强调彼此联系的加强。如果联姻是两个部族或两个国家,还具有政治意义,即加强部族或国家间联合的意义。

婚礼仪式有着丰富的象征意义,它是使婚姻公之于众的最好最直接的办法。从整个王族婚礼的过程看,场面宏大,人员众多,显得神圣庄严,但又非常琐碎,讲究细节。用这种繁琐的场面宏大的仪式来赋予婚姻合法性,显示王族的与众不同。

此外,在婚礼之后,缅王还会根据成婚者的身份予以赏赐。有送给新郎新娘两个人的,也有单赏给公主的,包括侍奉人员、象马以及御用仪仗等等。根据公主或王子的身份和地位赏赐会有所不同,但差别不大。上面婚礼中的阿瓦王结婚后要离开都城到食邑的阿瓦居住,缅王特地嘱咐"可以建造白色屋顶的不带雕花的三层宫殿居住"。显然,这里对所建造宫殿进行了特别的规定,只能是白色,不能是金色,因为金色只有国王才可以用,但白色也是很尊贵和吉祥的颜色;而且不能有雕花,不超过三层,在赏赐其他王室成员或藩属国王时对建筑的颜色、层数、装饰等也都有明确的规定,这一切都显示了国王的至高无上,不可僭越。

在这个婚礼中还有一些非常有特色的文化现象。首先是婆罗门的作用,即在婚礼中做主持。从舀水仪式开始,首先是由 8 名婆罗门挑着担子走在前头,中间还有 14 位婆罗门占卜师,婆罗门还要为公主洗头,在坐龙床之前先要有婆罗门占卜师诵念符咒,最后还要由婆罗门占卜师扮成大梵天的样子祝福并洒水灌顶,婚礼才算圆满。其实,到东吁王朝时期,缅甸的印度教信仰并不盛行,国王都自称是佛教的保护者,其各种宗教活动也都围绕着佛教展开,但在王家的各种仪式中,婆罗门却起着很重要的作用,他们实际上成了一个专门的集团,即专门为王家主持各种仪式,只有婆罗门主持的仪式才更具神圣性和合法性。其次,护池神的出现,舀水人马到达水池边后,一个扮成护池神模样的人执短剑问道:"未经通报胆敢到水边舀水者,何许人也?"这时婆罗门要通报缘由并送上金银。婚礼过程中也有祭神的环节。以上两点显示了当时宗教信仰的混杂性,主流信仰是佛教,夹杂着神灵信仰,仪式上又以婆罗门为主。

四、王族婚姻观念

由于婚姻不仅是人类实现自身生产的重要方式，而且其中包含的社会文化心理和礼俗又反作用于人类的物质生产和自身生产，共同推动社会的发展，所以婚俗文化又反映了一个社会的婚姻观念。广义的婚姻观念包括择偶观念、贞操观念和生育观念。

1. 择偶观念。东吁王朝重视血统的纯正，因此王族内部的婚配非常流行。王室成员是首选，其次才是大臣官宦家的子女。即使是在王室内部选择，当时王子公主们的婚姻并不是完全自主，而是要听命于父母之命，确切地说是听命于缅王。《琉璃宫史》中记载了大量的赐婚。在1574年，莽应龙就将自己的四个王子和四个公主赐婚，即同父异母的兄弟姐妹婚配，并按照他们的地位予以相应的赏赐。1649年，国王为德钦泽亚瓦亚御妹底拉戴维之女明阿腊完婚，也为御弟德钦内谬耶觉与御妹钦马明锡完婚，也为御弟内谬德达与叔父明耶觉苏瓦之女钦玛瑞勃丘完婚并赐予各种仪仗饰物。在打完胜仗归来为了犒赏有功之臣也会将公主赐给立有卓越战功的将士。在一些特别重大的仪式上如国王的加冕礼等，也会为皇室成员或王公大臣的子女赐婚，并封赐适当仪仗、城池土地。

2. 贞操观念。贞操在婚俗范围内是一种性道德观念，它包括婚前贞操、婚后贞操、寡妇节操和妻妾殉葬制度等。由于东吁王朝时期存在大量的一夫多妻制、血缘婚、收继婚等，所以当时对贞操并不是特别强调。婚前贞操在《琉璃宫史》里并没有特别提到，但从缅甸流传至今的私奔习俗来看，应该不是很严格。男女双方相恋得不到父母的同意便可相约私奔，造成事实婚姻，之后再返家，父母便不再反对。作为一种普遍存在的习俗，它反映了社会对男女私自结婚的宽容。婚后贞操作为后妃来说肯定是要遵守的，但是也出现过后妃与别人私通并一起谋害缅王致死的案例。还有缅王把自己的妃子转赐给侯王的做法。而寡妇被屡次立为王后的也不乏其人，如：缅甸历史上有名的女王信绍布便多次被立为后妃，信绍布是孟王亚扎底律和窦达玛娅王后所生，父亲在世时被许配给王侄。信绍布25岁时丈夫去世，29岁时被献给白象之主底哈都，当了三年王后。1426年，格礼杰当纽将信绍布公主许配给布坎德勒帕耶，令其守阿瓦城，在孟养王打下阿瓦后她又成了孟养王的王妃。过了三年，在两位孟族高僧的帮助下才逃回其兄孟王处。[1]再如:德彬瑞梯王时期,那腊勃底梅道与舅父之子明阿绍婚配,明阿绍被其姻兄杀死后,那腊勃底即将其妹嫁与色林的西都觉廷。缅历905年,德彬瑞梯杀了色林觉廷后俘获色林王妃,于是白象之主又将色林王妃许配给御弟卑谬王德多达马亚扎,成为卑谬王妃。可见这一时期对寡妇改嫁持一种很宽容的态度。东吁王朝不仅本身并不存在妻妾殉葬制度,莽应龙时期还在掸族统治地区大力废除土司妻妾殉葬的习俗。

从以上的分析来看,东吁王朝并不特别强调后妃们的贞操。在很大程度上更把后妃们看成是皇室财产的一部分,可以继承,也可以转让。

3. 生育观念。传宗接代是婚姻的主要目的之一,尤其在古代,人口更是一种资源和财富,因此多子的观念在很多民族中都存在。从婚房及其周围的布置上也可以看出,香蕉串、椰子串、棕榈串等多果植物的存在即有祈求多子的意愿,另外在婚礼仪式的最后,将做过洒水礼的法螺放在宝石花篮中献给两位贵人的程序只能由子女双全的贵妇人来完成,这都说明了对生育问题的重视。在生男还是生女的问题上,基本上是一视同仁,因此,从多位缅王的子女统计数字来看,大体是持平的,甚至有的缅王公主的数量远远大于王子的数量。缅甸现在的人口比例也基本上可以印证这一点,女性略多于男性。但由于王位基本上传男不传女,也存在"母以子贵"的例子,但这并没有导致后妃们纷纷追求生男孩。

五、东吁王朝的和亲

和亲是一种为了实现某种政治目的而与其他民族或其他国家结亲的特殊婚姻,是一种以婚姻换和平和安定环境的政治策略。在东吁王朝时期,和亲从另一角度看还是一种臣服和结盟的表示。

东吁王朝的和亲主要有两种形式:一种是将公主外嫁。在王朝还不够强大时,为了联合南部的孟人,在15世纪20年代曾把公主苏明昂献给了孟王以结盟。这在东吁王朝的历史上是比较少的,因为在缅王看来,将公主外嫁还有臣服的意思,是不得已而为之,甚至拒绝藩属结亲的要求。如:1609年,若开、东吁、清迈等都遣使臣携带各种礼品前来要求结亲,国王借口释迦族国王们从奥迦穆卡王至佛陀悉达多王子都同御妹一起担负国家重任,于是封御妹以阿

---

[1] 李谋,译注.琉璃宫史:中卷[M]. 北京:商务印书馆,2007:457,459,467.

杜拉山达黛维封号,举行加冕典礼立为王后。对藩属的和亲要求来了个冷处理。

一种是所统治的藩属国或土司将公主作为礼物或贡品献给缅王。这种形式是比较多见的,尤其在东吁王朝比较强大而周围的部落和土司有结盟和臣服的意愿的时候。1389 年,木掸王多温发向国王进献公主信米瑙,公主容貌出众,具备美女的各种特质。缅王将掸族公主赐给王子明翠,明翠登基后封为王后。1563 年前后,东吁王朝的莽应龙致力于解决与掸族的关系问题,派大军前去攻打,土司们抵挡不住,纷纷投降,带了良象、骏马、子女等前来献礼求饶。缅王把送来的诸土司的女儿、侄女们都安置在宫内华室之中。[1] 1562 年,景栋土司携女带奴来献,抵达汉达瓦底,缅王将其安置在城北。建造金框窗车轿,在百官簇拥下迎娶该女。进入宫内后使该女居于华美住所中,并为其安排了使唤奴婢。赏赐其父景栋侯以白伞、王冠等君王登基五宝器。[2] 1564 年,莽应龙迫使阿瑜陀耶国投降之后,阿瑜陀耶王将其爱女连同用 100 缅斤黄金制成的王室仪仗及 100 缅斤白银、10 头良象献给缅王[3]。1564 年,莽应龙攻打清迈,清迈大臣津鄂底侯自知逃脱不了,便带了两头良象,以女儿为礼来见缅王[4]。1567 年 1 月,彭世洛侯即阿瑜陀耶王长女之夫婿奥亚达马亚扎之女比亚恩达黛维、登尼土司之女、津永土司之女三女与其随从奴婢等一起被献于缅王[5]。1723 年,卡随土司不断向阿瓦派遣使节,称奴仆之姑在阿瓦宫中,先按先例献女与姑做伴,望命人来迎娶。缅王遂像先王迎娶他国公主那样派员三百,乘装饰华丽的舟楫,前往鲁瓦迎亲[6]。以上这些例子说明土司向缅甸皇室献女儿为礼已经成为惯例。

东吁王朝的和亲主要以接受藩属的公主为主,这种和亲政策多是在双方相比力量悬殊时的一种权宜之计,更多的时候,藩属国或土司们把公主们当成一种可以进献的贵重的礼物,在需要时献出去以求自保。也正是因为在当时人们的观念里这些进献来的公主无足轻重,所以她们所起的作用非常有限,并没有大幅减少藩属或土司的反叛以及缅甸对他们的镇压。但是外族或外国公主的到来,客观上些微改变了东吁王朝王室内部通婚的封闭的婚嫁传统,使王室血统混进了新鲜的血液,有利于生物学上的优化。另外,不同民族之间的通婚也有利于文化的交流和传播,德彬瑞梯王因从孟人那里得到美女,便喜欢上了

---

[1][2][3][4][5][6] 李谋,译注. 琉璃宫史[M]. 北京:商务印书馆,2007:692~727,1083.

孟族文化,还按孟族人的样式剪了头发。一系列的文化交流活动也促进了缅孟文化的交流。

六、王族婚姻对东吁王朝时期政治的影响

东吁王朝的王族内婚制优先的原则是造成东吁王朝时期战事频仍的原因。本来内婚制使得各地诸侯都有王室血统,大家互为亲戚,这应该更加促成社会的稳定和团结,但结果却恰恰相反。缅甸的整个封建社会史可以说是一部征战史,既有对内的,也有对外的,其中以对内征战为主。当势力强盛时,对内统一,对外扩张,征战是避免不了的;当势力衰弱时,各地封王纷纷拥兵自立,彼此之间又免不了你争我夺。为什么对内的征战会如此之多呢?恰恰是缅甸王族的婚姻制度和诸子分封制酿成了这一结果。东吁王朝时期对地方的统治依然沿用前朝的分封制,即将重要的城镇都分封给王弟、王子等,他们不仅拥有封地的财权,还有相当数量的兵力,在战时要负责为国王提供兵力,甚至亲自参战。各地的封王与国王一样都是亲兄弟或叔侄关系,因为长子的身份或其他某种原因幸运地成为了国王,王权带来的权力、荣耀以及佛教的功德都是无可比拟的,分封各地的诸王未必都没有觊觎王位的野心,如果有野心而没有机会或许征战也就不会这么多,但恰恰这些封王们手里都拥有财权和兵权,一旦时机成熟有野心者必然要造反,这不但造成了战争的增多,也直接造成了东吁王朝时期国王非正常死亡的大量出现,甚至有一位国王因最终寿终正寝还被称为"善终之王"。因此这种内婚制优先的原则使各地封王既互为亲戚又互为对手,彼此之间对权力的争夺就不可避免了。以内婚制、一夫多妻制等婚姻形式建立起来的是一套跨集团式效忠网络,是一种庇护关系,是松散的地区性联盟组织,这些联盟并不是很稳固的实体[1]。

七、结语

通过分析可以看出,东吁王族的婚姻制度保留了大量的古代氏族社会血缘婚的残余,实行的是内婚制外婚制并行、内婚制优先的原则。尽管在缅甸历史上妇女的地位一直都比较高,但在王族的婚姻中,妇女更多的是被当作财富

---

[1] 克利福德·格尔兹. 尼加拉:十九世纪巴厘剧场国家[M]. 赵丙祥,译. 上海:上海人民出版社,1999:40.

来对待的,尽管她们有华室、美服,享受着优越的物质生活,但改变不了她们对男人、对父权统治的依附地位,这主要还是古老的习俗使然。这种内婚制还是造成社会动荡的原因之一。

（作者单位:北京大学外国语学院）

感受与体验：宗教和道德的关系

——以《罗摩衍那》文本为据

●张玉安

内容摘要： 宗教和道德的关系在宗教学界和伦理学界一直是个有争论的问题。本文以宗教学原理为基础，并结合印度和东南亚的罗摩故事文本中的一些实例，阐述道德是宗教的基础、道德依附于宗教、宗教和道德的普遍性等三个观点。进而证明各种宗教的对话对于推进全球伦理的重要作用。

关键词： 宗教　道德　关系　全球伦理

宗教和道德的关系在宗教学界和伦理学界一直是个有争论的问题。

宗教和道德的关系究竟如何呢？近日，我在研究印度和东南亚的罗摩故事文本时，对这一问题进行了一些思考，有了几点感受和理解。

先说明一下我所依据的罗摩故事文本。众所周知，历史上流行的人类信仰体系，除去原始信仰以外，都是由杰出的宗教大师和思想家对社会文明和时代精神综合加工的结果，表现为某种形式的学说。印度的《罗摩衍那》是印度教的经典，是印度教教民的行动指南。毫无疑问，它也是印度的宗教大师和思想家对印度当时的社会文明和时代精神综合加工的结果。东南亚罗摩故事文本的来源很复杂，而且多数都经过了改写和再创作，特别是在不同的国家，作者们都按照各自信仰的宗教对其进行了改造。然而他们都保留了大量的伦理说教的内容，以致这一传统深刻地影响了这些国家的文学和艺术的创作。为了使本文的论述更集中、更方便，笔者主要以印度蚁垤的《罗摩衍那》文本和印度尼西亚古爪哇语《罗摩衍那》文本为依据。因为它们之间的内容和情节最接近，也更具有代表性。

一、宗教以道德为基础

一般来说,成熟形态的系统宗教(基督教、佛教、道教等)都以神明信仰为核心,同时又有一整套伦理规范与之相匹配。文化人类学的开山祖马林诺夫斯基说:"宗教中无论任何方面,也无论任何信条,都不能没有其伦理方面的相配部分。"[1] "宗教既直接在教义中阐述伦理规范,又以教义为依据,间接地制定各种伦理规范。总之,宗教在现实社会中所表现出的影响力主要在于它的道德规范,另外,道德规范也是宗教的坚实基础。"[2]

世界上一些有名的宗教经典或宗教文学作品,如《圣经》《古兰经》都是通过讲故事或讲历史来解释和宣讲教义的,"既直接在教义中阐述伦理规范,又以教义为依据,间接地制定各种伦理规范。"

《罗摩衍那》既是一部印度教经典,也是一部文学作品。也可以说是一部完整的道德经典,因为它通过艺术形象概括和展示了人间主要的道德关系,表现了伦理学所具有的主要文化功能与作用。仅从这一点,便可以印证,宗教在现实社会中所表现出的影响力主要在于它的道德规范,道德规范是宗教的基础。

首先,从伦理学角度看,《罗摩衍那》几乎涵盖了道德关系中所有四个层次:个人与他人的关系、个人与集体的关系、集体与集体的关系和人与自然的关系。其具体表现是:

个人与他人的关系。如罗摩兄弟之间的关系,罗摩父子关系,罗摩夫妻关系,须羯哩婆的兄弟关系,十首王兄弟关系,以及罗摩与十首王、波力、须羯哩婆、哈奴曼之间的关系等。

个人与集体的关系。如罗摩四兄弟和阿瑜陀王国的关系,须羯哩婆、哈奴曼与猴国的关系,罗波那、维毗沙那、鸠槃竭叻拿与罗刹国的关系等。

集体与集体的关系。如阿瑜陀国与猴子国、罗刹国之间的关系等。

人与自然的关系。如罗摩与大自然,如花、鸟、动物、植物的关系等。

其次,从社会学角度看,《罗摩衍那》也完全包括了道德的四个层次:个人道德,婚姻和家庭道德,社会道德和自然道德。其具体表现是:

个人道德。其中罗摩、罗什曼那、悉多、哈奴曼、十首王的个人道德意识、品质和情感极为典型,各具特点。

---

[1] 马林诺夫斯基. 文化论[M]. 北京:中国民间文艺出版社,1987:8.
[2] 池田大作,威尔逊. 社会与宗教[M]. 成都:四川人民出版社,1996:414.

婚姻和家庭道德。罗摩夫妻、罗摩兄弟和罗摩父子之间的道德行为堪称典范;与十首王家庭关系(兄弟、母子、祖孙)和波力兄弟之间的道德行为准则形成了鲜明的对照。

社会道德。以上各类人物在社会交往中均遵循一定的社会关系和行为规范。在意想不到的灾难发生的时候,罗摩的兄弟、朋友和盟友们讲信义,守诺言,团结互助,共渡难关。

自然道德。人与自然的关系十分和谐,罗摩和悉多把花、鸟等植物、动物均看做与人同类,感情相通,都是人类的朋友,表现了"梵我合一"的印度哲学思想。

佛教认为,教义是药,故事是包裹药的树叶。《罗摩衍那》(无论蚁垤的文本还是古爪哇语的文本)做得更为彻底和巧妙:印度教教义和故事互为一体,水乳交融。故事中的各种人物,无论是正面的英雄,还是反面的恶魔,都以各自的形象现身说法,宣讲教义。其实,宗教教义都是由故事化了的伦理规范组成的。各大宗教的教民都是通过以表现道德为主题的故事来理解和接受宗教教义的。基督教的《圣经》、佛教的《佛本生故事》、伊斯兰教的《古兰经》等都有很多生动的、以宣讲教义为目的的伦理道德故事。如果没有这些故事,更确切地说,如果没有伦理道德方面的内容,宗教便会成为徒有其表的外壳,就像一座没有基础的建筑。

二、道德依附于宗教

中国学者对宗教和文化的关系的认识可以高度概括为一句话:宗教是文化(文明)的核心。在人类文化(文明)史上,宗教在特定的时期(比方原始社会或西方中世纪),就是整个文化系统,而经过宗教世俗化的过程,宗教在一般文化系统中的地位仍旧具有核心位置。[1]既然宗教是文化的核心,那么同属文化范畴的道德也应该从属于宗教这个核心。也就是说,在文化的意识层面上,它与宗教的关系,更多地表现为依赖性。例如它既受经济的决定,也依附于宗教和政治。那么,道德是否可以脱离宗教或脱离政治而独立存在呢? 在特定的历史条件和文化语境下,道德有时可以不依附宗教,也可以不依附政治。但是历史证明,道德依附性一旦减弱,便会引起道德衰退,甚至会产生深刻的社会道德危机。西方资产阶级革命之后由于道德和宗教脱钩,而产生的道德衰退,中

---

[1] 王晓朝. 宗教学基础十五讲[M]. 北京:北京大学出版社,2004:226.

国"文化大革命"后因为个人道德行为与政治意识形态脱离,而出现的道德危机,就是有力的证据。除此之外,在行为层面上,道德意识的行为化主要靠个人养成的道德境界。也就是说,一个人的行为是否符合道德标准和道德规范,道德本身无法起保证作用,社会舆论的监督作用也是很有限的。说到底,只能靠个人的觉悟。而宗教意识的行为化则不一样,它有制度化了的宗教组织、宗教礼仪和宗教器物等多重保证。

为了使教民道德意识的行为化有保证,宗教经典故事总是设法把道德意识上升为宗教意识,也就是极力使道德意识信仰化和神圣化,极力加强道德对宗教的依附关系。这无论在印度的史诗《罗摩衍那》中,还是在东南亚的罗摩故事文本中都表现得很清楚。概括起来,罗摩故事在使道德意识神圣化方面运用的艺术手法主要有三种。

第一种手法是极力神化罗摩等主人公的形象:或者直接宣称罗摩就是某某宗教的大神,或者把罗摩的家谱和某一宗教的主神联系起来。与此同时,在诸多情节上改变或删掉罗摩某些人性的弱点等等。

如蚁垤的《罗摩衍那》中,罗摩还是个德高望重、英勇善战的王子,没有很多的神性。而《甘班罗摩衍那》(Ramavatam)中,罗摩却是一个超人,是毗湿奴神的化身,是统治三界的、至高无上的主宰。

《罗摩功行之湖》开始就着重刻画罗摩的神性,说他一出生就是代表整个宇宙的法身。第二篇《阿逾陀篇》没有像蚁垤文本那样写罗摩对父亲和婆罗多流露的怨言和不满,而是进一步美化了罗摩。第三篇《森林篇》有一个重要的改动,就是十首王劫走的悉多,并不是悉多的真身,而只是她的一个幻影。真的悉多已被罗摩隐藏起来。这一改动模仿了《神灵罗摩衍那》,其效果突出了罗摩的神性。此外,《罗摩功行之湖》的其他各篇中都有若干改动,如在《猴国篇》中突出了须羯哩婆所受的迫害,写他的哥哥完全是非正义的,被杀死是罪有应得;在《后篇》中删去了罗摩抛弃已怀孕的悉多、罗摩杀死一个低等种姓的无辜者等情节。总之,全篇自始至终地贯穿了对罗摩的歌颂,使罗摩不再是蚁垤《罗摩衍那》里那位受难者的形象,而成了一位公开宣扬自己万能的大神。其目的就是神化罗摩,让人们崇拜罗摩。

在缅甸、泰国、柬埔寨都有佛陀罗摩故事,源自佛本生故事。故事中称罗摩为菩萨。中国最早的罗摩故事也来源于佛本生故事。这些故事都是以罗摩为佛陀的前生,故事情节,故事解说,均带有明显的佛教色彩。

印度尼西亚、马来西亚的伊斯兰教徒所推崇的马来文本《罗摩圣传》
(Hikayat Sri Rama)把主要人物的家谱和伊斯兰教传统结合起来,如说十车王
的父亲是 Dasarata Rama,其祖父是 Dasarata Ramana,曾祖父是 Dasarata
Chakrawarta,而他曾祖父的父亲则是阿丹先知。也就是说,罗摩成了伊斯兰教
阿丹先知的第五代子孙。

文学作品(例如《罗摩衍那》)作为相对自律的审美领域,其神化主人公的
目的就是为了让人们崇拜主人公,神化的手段不在于对神的称呼和颂神的辞
藻如何动听和感人,而主要是通过人物形象的成功描写,把道德价值神圣化、
诗意化,并且通过作者的能动创造,把理性的道德观念转化为作者的情感态度
和倾向,从而产生出潜移默化的建设性效果。而宗教经典故事的首要目的就是
通过赞颂神的高尚道德,让信徒们对所信仰的神圣对象由崇拜认同而产生坚
定不移的信念,继而实现全身心的皈依。

在罗摩故事文本中,使道德意识神圣化的第二种手法是,让罗摩出面直
接说教。文以载教、甚至直接说教是印度古代文学的一个传统,这个传统对东
南亚文学也产生了不小的影响。可能这与印度的罗摩故事长期在东南亚的广
泛流传和影响有关系。在印度尼西亚古爪哇语《罗摩衍那》文本中,罗摩多次出
面直接说教,其中,有两次说教是最长的。第一次的背景是,婆罗多不肯继承父
亲的王位,去森林恳求哥哥罗摩回宫登基。罗摩执意不肯,让弟弟回去代为摄
政。分别前,罗摩教导弟弟如何为民执政和造福。这次说教用了二十六颂篇幅。
第二次说教的背景是,罗摩在猴子大军以及罗波那的弟弟维毗沙那的帮助下,
征服了楞伽国,而后让维毗沙那继承哥哥罗波那的王位。于是罗摩又一次不厌
其烦地教导维毗沙那遵守"为官八德",做个好国王。这段说教竟长达五十二
颂。说教的内容包括政治、法律、国防、人民福利、宗教、道德教育等诸多方面的
治国之道和为君之道。其核心内容是爱护百姓,关心他人。

让神或神化了的人物直接出面进行长篇说教,这样,说教便自然成了神
的口谕。神的口谕就一定是千真万确的,是不能怀疑的。此外,既然是神的口
谕,那么,教民们就必须不折不扣地执行,并把神的口谕行为化。

可见,在罗摩故事中,罗摩既有言,又有行;既重言传,又重身教。言是神
谕,而行是神德典范。

在罗摩故事中,使道德意识神圣化的第三种手法是,把抽象的道德思想
形象地比喻成自然神。罗摩打败十首魔王罗波那之后,苦口婆心地告诫即将继

承罗波那王位的维毗沙那,明确地提出了"为官八德"的思想。

"八德"(Astabrata),即"八位大神的品德"。"为官八德",就是要求国王具备八位大神的品德,当个好国王,以永葆江山,天下无敌。这用来比喻"八德"的八位大神是:雨神(Hyang Indra)、阎罗(Yama)、太阳神(Surya)、月神(Candra)、风神(Bayu)、财神(Kwera)、海神(Baruna)和火神(Agni)。按照罗摩的教导,一位贤明的国王应以八神的高尚品德为楷模,集八德于一身。这八位神及其各自的品德特征是:

雨神之德:为人间普降甘霖。国王要让恩惠广施黎民百姓。

阎罗之德:不放过一个坏人。国王要严惩罪犯,铲除一切颠覆国家的罪人。

太阳神之德:耐心吸取水分。国王要戒骄戒躁,不鲁莽,不草率。像太阳神那样胜利辉煌。

月神之德:柔和的月光使每一个人心旷神怡。国王的和蔼和温情让世人喜爱,国王的微笑犹如生命之水。

风神之德:无影无声,无处不在。风是国王明察秋毫的眼睛,国王要像风神那样体察国民,了解社会,贤明而神秘。

财神之德:生活节俭,享乐有度。

海神之德:手握神龙箭,坏人无处藏。国王要效法海神,充分行使权力,制伏一切坏人。

火神之德:烈火无情,把敌人烧尽。国王要像熊熊的烈火,把进攻的每一个敌人消灭。[1](XXIV,53~62)

接着,罗摩还用了一连串的比喻,进一步解释了上述"八德"的含义(XXIV,65~86),形象地说明"八德"之间的关系。

对印度的百姓来说,他们获得印度教义和伦理规范,不是从《吠陀》《奥义书》等古奥的典籍中,而是从两大史诗和往世书等喜闻乐见的作品中。《罗摩衍那》通过艺术形象深刻地影响了一代又一代印度人。罗摩和悉多是印度百姓效法的楷模。印度各地的《出生歌》中,反复出现这样两句祝词:"生个男儿似罗

---

[1] Wayan Warna:Kekawin Ramayana,Dinas Pendidikan Dasar Bali,1987,pp.482~483.

摩""生个女儿像悉多"。

在东南亚唯一保留印度教传统的印度尼西亚巴厘岛，百姓们至今仍把《罗摩衍那》当做自我教育的经典，他们自动组织起来，成立了很多《罗摩衍那》诵读俱乐部。经常在工作之余举行诵读活动，参加者不分富贵贫贱，既有国家官员、艺术家，也有普通的职员和农民。程序一般是：先由一人唱诵古诗，包括格卡温体古诗，然后另一个人用巴厘语解释其含义。有时会由于成员们的理解不同而发生争论。

几千年来，在南亚、东南亚等广大地区，罗摩故事之所以能传讲不衰，罗摩的形象之所以能那样圣洁高尚，除了因为它有坚实的道德规范为基础以外，通过艺术的魅力和作用将道德信仰化和神圣化，使道德依附于宗教的教义，应该是个更重要的原因。

三、宗教和道德的普遍性

宗教和道德都具有普遍性。普遍性一般包含两层意思：一是无处不在，二是无时不有。道德的普遍性是不言而喻的，只要有人类或只要是人类，就会有道德，没有道德就没有人类。有些学者认为，道德可能比宗教出现得更早。宗教的普遍性也有这两层意思：它无处不在，只要有人，就一定有宗教的观念、宗教的感情、宗教性的追求；不论这些观念、情感和追求是公开的还是隐蔽的，都是客观存在的。所以西方学者强调，宗教乃是普世的，体现在人性、人的社会性和人的文化性之中。那么在中国情况是否如此呢？郭英德说，中国人也并非一种"非宗教"的民族。相反，"在内在精神上，中华民族尤其是汉民族宗教信仰的坚定而深广，却是举世少有的。"[1]只不过，为了适应中国现实生活的需求、适应中国政治历史的发展，中国人的宗教精神呈现了世俗化、社会化、民间化、伦理化、功利化、实用化、梦幻化、象征化、多元化和分裂化的趋势。而宗教的无时不有，是指宗教贯穿人类社会的始终，即只要社会存在，人类对宗教就有精神需求。

季羡林先生讲过这样一段回忆："冯定同志在世时，我有一次同他谈到宗教前途问题。我提出了一个问题：是宗教先消灭呢，还是国家、阶级先消灭？最终我们两人的意见完全一致：国家、阶级先消灭，宗教后消灭。换句话说，即使人类进入大同之域共产主义社会，在一定的时期内，宗教或类似宗教的想法，

---

[1] 郭英德. 世俗的祭礼——中国戏曲的宗教精神[M]. 北京：国际文化出版公司, 1988.

还会以某种形式存在着。这看起来类似怪论，我却至今深信不疑。我记得，马克思讲过一句话，大意是：宗教是有宗教需要的人们所创造的。'宗教需要'有多种含义：真正的需要，虚幻的需要，甚至麻醉的需要，都属于需要的范畴，其性质大相径庭，其为需要则一也。否认这一点，不是一个唯物主义者。"[1]

罗素的观点与季羡林的观点不同，他认为，宗教基本上是以对无知的事物的恐惧为基础的，而凭借科学的力量，人们能够逐渐掌握、了解事物，能够战胜多少世代以来一直生活在其中的怯懦与恐惧，人们再也无须寻求子虚乌有的帮助，再也不幻想天上的救星，而是依靠自己的努力把世界改造成适于生活的地方。然而现实告诉我们，宗教的命运并非如罗素所言。相反的，在科技大发展和文化知识大普及的今天，在不断战胜无知的过程中，人类不但没有远离宗教，反而教徒骤增；宗教不仅没有消亡，反而进入了一个新的发展时期。这个包括中国在内的普遍的社会现象向我们充分地展示了人类的宗教精神和普遍的人类精神指向。

写到这里，我不由得想起《罗摩衍那》的作者蚁垤对他的作品的预言："但有山峰还伫立，但有江河地上流，《罗摩衍那》将永在，人世流传永不休。"我想，《罗摩衍那》中"将永在"和"永不休"的内容，一定包括道德思想，当然也不会排除宗教在外。

四、为推进全球伦理而努力工作

我们研究宗教和道德的关系是为了什么？大概可以用一句话概括：为了全世界人民的和平和幸福。这是不是一句大话和空话呢？我认为不是，因为这是与我们每一位教授外国语言文化的教师，更具体地说，是与教授东南亚语言文化的教师密切相关的课题。

在现代科技飞速发展的今天，我们看到，人类文化在其物质层面上正以出乎意料的速度接近和共融，经济合作和社会交流已经达成了诸多共识，取得了显著的骄人成果。然而在精神层面上，人们却仍在突出或强调区别和不同。由于缺乏了解或存在误解，某些不同的社会和宗教之间时常出现文化冲突，甚至武装冲突，以致产生各种裂痕和防范心理，从而加剧了当代世界的紧张局势，影响了人类的理想共存。

---

[1] 季羡林. 我和佛教研究[M]//佛教与中国文化. 北京：中华书局，1992：19~20.

那么,在精神层面上,不同的社会和不同的宗教之间是否存在着能为全人类普遍接受的伦理准则或最基本的人类道德共识,即全球伦理或普世伦理呢?

回答是:全球伦理或普世伦理是客观存在的,不是哪一个人主观臆想的。

首先,从理论上看。伦理学就是关于道德的学说,就是以道德为研究对象和范围的科学。这是国内外伦理学家的共识。伦理学认为,道德是阶级性和全民性的统一,或者说是具有阶级性的因素和具有全民性的因素的混合。因此《罗摩衍那》的永恒价值,即其超越历史和阶级界限的、为人类所共有的思想,就是它的伦理观,或道德观,或善恶观中的全民性因素。

其次,从实践上看。世界各大宗教经典中都包含着超越历史和阶级的全球伦理或普世伦理。世界各大宗教的创始人或宗教经典中所表述的"金规则",即最基本的人类道德共识"爱人",就是全球伦理的核心。

中国儒学思想创始人孔子(公元前 551~公元前 479)说:"己所不欲,勿施于人。"[1]

耆那教创始人筏驮摩那(公元前 540~公元前 468)说:"人应当到处漫游,自己想受到怎样的对待,就应该怎样对待万物。"[2]

佛教创始人悉达多·乔答摩(公元前 563~公元前 483)说:"以己比人日,我如是,彼亦如是,彼如是,我亦如是,故不欲杀人,亦不使人杀人。"[3]

印度史诗《摩诃婆罗多》(约公元前 3 世纪)中讲:"毗耶婆说:你自己不想经受的事,不要对别人做;你自己向往渴求的事,也该希望别人得到——这就是整个的律法;留心遵行吧。"[4]

圣经的《利未记》(公元前 7 世纪)中说:"要爱自己的邻人,像爱自己一样。"[5]圣经次经的《多比传》(公元前 200 年左右)讲:"你不愿别人对你做的任何事情,都不要对别人做。"[6]

拉比犹太教教义的主要创立者希勒尔说:"你不愿施诸自己的,就不要施诸别人。"[7]

---

[1]《论语》,"颜渊"第十二句;"卫灵公"第十五句。
[2]《苏特拉克里一坦加》1.11.33。
[3]《经集》705。
[4]《摩诃婆罗多》,"圣教王"113.8。
[5]《利未记》19:18。
[6]《多比传》4:15。
[7]《塔木德》,安息日,31a。

遵循这一犹太教传统耶稣总括了全部的律法和先知的教导："你们要别人怎样待你们,你们也要怎样待他们。"[1] "你们要别人怎样待你们,就得怎样待别人,这就是摩西律法和先知教训的真义。"[2]

穆罕默德公元7世纪曾宣布"金规则"为"最高贵的宗教":"你自己喜欢什么,就该喜欢别人得什么;你自己觉得什么是痛苦,就该想到对别的所有人来说它也是痛苦。"[3]

许多宗教学家把上述"金规则"视为世界各大宗教的核心。20世纪90年代开始,他们作了种种努力,推崇"金规则",推进全球伦理。

1990年德国神学家孔汉思先生率先提出全球伦理的口号。1993年9月,世界宗教议会通过了创始性的《走向全球伦理宣言》。世界大大小小的宗教以上述最基本的伦理规则为基础,签署并发表了由孔汉思起草的声明。从此在联合国的支持下,召开了多次全球伦理研讨会,引起了全世界学术界的普遍关注。后来在学者们的强烈呼吁下,一些重要的政治家开始同宗教领袖、专家学者联合起来推进这一事业。

全球伦理运动的宗旨就是,在这充满文化冲突和道德危机的世界上,在宗教和文化的差异会被用来为冲突和对抗进行辩护的情况下,强调基本道德对于人类共同理想和共同利益的重要性,展示基本道德在不同宗教的基础,从而认识各种宗教平等对话、和平共处的可能性。

既然宗教在文化中处于如此重要的地位,既然宗教在推进全球伦理、促进世界和平和稳定中起到如此重要的作用,既然世界上包括东南亚在内的多数人口都是教民,那么,我们,以培养和教育从事东南亚语言文化的学生为己任的教师,就没有理由不自觉地、认真地去了解和学习一些宗教学理论,尤其需要更集中地关注所学语言国家的宗教文化情况。假如我们缺乏起码的宗教学常识,缺乏对所学语言国家的宗教文化情况的基本了解,那么,我们就很难对这个国家和民族的文化有更深入的理解。当然也就很难培养出可以为推进全球伦理这个全人类大目标而奋斗的合格人才。

(作者单位:北京大学东方文学研究中心)

---

[1]《路加福音》6:31。
[2]《马太福音》7:12。
[3]《圣训集·穆斯林》,"论信仰"71~22。

汉文学的介入与泰国古小说的生成

● 裴晓睿

内容摘要:泰国的小说史,一般认为始自 19 世纪末(曼谷王朝五世王时期)西方小说的介入。本文试图提出的观点是:18 世纪末至 19 世纪初曼谷王朝一世王时期,中国《三国演义》和《西汉通俗演义》等古小说的被移植开创了泰国文学史上小说文类的先河。

关键词:"《三国》体" 古小说 文类生成

泰国古代文学基本上是诗歌一统天下。散文体作品极少。从流传下来的文献资料来看,13 世纪中期素可泰王朝建立之后的 200 年间, 只有数篇纪事体的碑文、一部宗教著作、一篇纪事文学。阿逾陀耶王朝 417 年间,散文体作品仅有一部编年史、一部诗学教科书。就是这几部(篇)著述,多数也并非严格意义(狭义)上的文学作品。到了曼谷王朝初期,社会经济的变迁使得大众文艺开始对宫廷文学产生影响,或者说宫廷文学开始注重从大众文艺中吸取营养。文学作为阅读和消遣的功能日益凸显。为了满足人们的阅读需要,国王御下的诗人们开始热衷于寻求新颖的故事内容作为创作的源泉。[1] 在这样的历史背景下, 18 世纪末至 19 世纪初曼谷王朝一世王时期,也就是中国清朝的乾隆至嘉庆年间,中国古小说《三国演义》和《西汉通俗演义》被移植到泰国,取书名为《三国》《西汉》。其中昭皮耶帕康(洪)(Chaophraya Phrakhlang Hun)[2]主持翻译的《三国》和孟族历史故事《罗阇提叻》以其前所未见的全新文学面貌引起轰

---

[1] 尼提·尤西翁. 羽毛笔和船帆:曼谷王朝初期历史与文学研究[M]. Phraev 出版社,2000.

[2] 昭皮耶帕康(洪)是吞武里王朝和曼谷王朝两朝重臣,华裔,原名洪孔,著名宫廷诗人。"昭皮耶"为爵衔,相当于公爵,"帕康"是国家或王室财政大臣的职衔。

动。之后，仿效《三国》的散文体文学作品络绎不绝，"《三国》体"（Samnuan Samkok）在泰国文坛上从此兴起。200多年来，关于三国故事和泰文《三国》文本的研究在泰国学术界始终受到关注。

据苏南·朋普（Sunant Phuengphum）统计，1989年之前，泰国的各类《三国》版本就有散文体30多种，诗体4种，剧本（册页本）10本，另有戏剧片段如《三气周瑜》等。[1]

20世纪80年代以来，泰国学术界还多次举办学术研讨会，就《三国》等汉文学在泰国的影响进行探讨。不少知名学者的学术著作如文学史等专著中也对《三国》等泰译汉文学给予了应有的关注和高度评价，此外还有学者从纯文本之外的多方位视角进行研究。例如，泰国的三国故事壁画、对三国人物的民间信仰等。

近年，泰国出现了汉语和汉学研究热潮，市场上源源不断地推出以《三国》为论题的书籍，从社会学、政治学、军事学、哲学、商学、管理学、文学等不同视角重新解读《三国》。例如:《〈三国〉战术》《〈三国〉将帅》《挖掘〈三国〉宝藏》《〈三国〉人物传奇》《〈三国〉谋略与管理》《司马懿——国之佞臣》《〈三国〉谋略研究》《〈三国〉文体》等。《三国》影响之深远，影响范围之广泛，可见一斑。

泰文《三国》[2]产生的历史背景

除了上面提到的曼谷王朝初期社会经济的变迁和人们阅读兴趣的转移促成了文学功能的转型之外，泰文《三国》的问世还有它自己独特的历史原因。

三国故事大约是在18世纪后半叶阿逾陀耶时期和吞武里时期华人大批移居暹罗时传入泰国的，最早是以讲故事和戏曲表演的形式出现，由泰国南部逐渐传播到中部地区。南部的古代文学作品中对中国戏曲表演有这样的描述:

> 大戏演《三国》，聱口当胡须。
> 泰人听不懂，" 做""打"却有趣。
> 棍棒刀枪剑，虚晃即若离。

---

[1]威乃·朋西品. 泰汉文化艺术研究[M]. 艺术大学, 1989:92~93.
[2]本文中"泰文《三国》"专指昭皮耶帕康(洪)版本。其他版本均另加说明。

我等如上台，劈头何所惧。[1]

可见三国故事当时不仅是在华人中，在泰国人中也已经影响广布。虽然"听不懂"，却已经是早有耳闻目睹了。

吞武里王朝之后的曼谷王朝建立之初，内外战争和动乱不断，战争中被焚毁的大部分文学遗产亟待恢复。一世王作为靠政变推翻吞武里王而登上王位的国王，需要在各方面为巩固自己的王位和国家的复兴作出努力。他下令翻译中国的《三国演义》《西汉通俗演义》和孟族历史故事《罗阁提叻》（意译《伟大的国王》，讲述一个养马人最终成为国王的经历），正是当时巩固王权、安邦定国、复兴文艺的需要。《三国》问世之初就被定格为"国家文学"而经典化。在二世王时期翻译的《列国》（《东周列国志》）前言中曾引用昭皮耶帕康（洪）的话说："国王认为从国家利益考虑翻译该书[2]是必要的。"这说明王室积极主持并推动一批汉文学的翻译有着显而易见的政治目的。据说1776年缅甸将领阿赛温吉（Asaewunki）率军攻打泰国的彭世洛城，时任征战大将军的却克里（Chaophraya Cakri，即后来登上王位的一世王）和他的兄弟就曾经利用三国故事中的空城计退去缅军。[3]可见，《三国演义》在泰国的影响和重要意义从一开始就已经超出了文学的范畴，它所受到的重视也绝非一般文学作品可比。

泰文《三国》与中文《三国演义》
在内容和形式上的异同及其原因

泰文《三国》不是严格意义上的翻译作品，泰国学者[4]对它在形式、内容和文字上的取舍已有相当细致的比较研究，概括起来大致有以下几点。

1. 泰文《三国》对原著作了简化处理。保留了《三国演义》的散文体形式，删除了章回体篇头和结尾的近200首诗文，仅留11首。把以悬念结尾的章回体结构作了调整，改为每章结尾都有一个完整的情节。把原作中技巧性的、迂回式的人物出场方式改为由叙事者直接介绍人物的来龙去脉。删除了后部数段大战的情节。

---

[1][3]宽迪·阿达瓦乌提才. 汉文学对拉达那哥信时期文学和社会的影响 [M]//法政大学中国研究中心. 汉文学对泰国文学的影响学术研讨会论文集，1985.

[2]指《三国演义》。

[4]主要有（泰）巴萍·马诺迈维本（1966）、玛丽尼·蒂洛瓦尼（1983）、松巴·简塔翁（1989）。

2. 删除或篡改了不符合当时政治需要或与泰国文化传统相左的内容。例如：多处强调"弃昏君投明主""将在外，君命有所不受"被篡改成"驻守边城大将理当忠心报国"；曹操的名言"宁教我负天下人，不教天下人负我"被译成"保护自己免受人欺，乃人之常理"；把"天意"一词多处改为"福报""业报"等佛教术语。

3. 对原文理解错误造成了误译。

4. 其他。原文中的对话改成了叙述，叙述改成了对话；删除了原文中一些泰国人难以了解的汉语典故；用泰国文化语境中的成语替代中国成语；年代以及其他数字的错讹等等。

形成以上相异性的原因：一是受当时的翻译条件所限，不够严谨。翻译过程是由懂中文的华人把《三国演义》的内容口译成泰语，把口译内容记录下来之后，再由泰文专家撰写、润色。[1]这个过程很容易造成译文与原文的较大出入。二是文学审美需要和阅读习惯的不同造成译文形式的变异。三是历史变迁中的政治需要和文化理念的不同造成译文对原文内容作了篡改。

泰文《三国》与中文《三国演义》的相异性，一部分是汉文学在植入泰民族"身份认同"中的必要改造，一部分是翻译过程中出现的误读。同时，《三国》的翻译也在泰国文学传统中植入了中国文学和文化的相异性因素——历史小说文类、汉语成语典故、政治军事谋略等。玛丽尼·蒂洛瓦尼认为："《三国》的重要作用并不在于它是第一部翻译过来的中文作品，因为《三国》并没有忠实地翻译原文，因此它的中国特征已经不是亮点。相反，那些被改造了的部分反倒成了泰文《三国》的新特征，进而成为泰国文学中的新式样。"[2]这里有两点值得注意：一是强调了翻译后的泰文《三国》已经不再是中国的《三国演义》，它已经是在泰国文化语境中再生成的泰国文学；二是指出了泰文《三国》开创了泰国文学的"新式样"。尼提·尤西翁也认为："这两部作品（指《罗阇提叻》《三国》——作者注）和同是一世王时期翻译的《西汉》以及陆续翻译的众多中国故事的共同特征，即全部采用讲故事的散文体。应该说这种讲故事的散文体是泰国文学的一类新形式，是曼谷王朝初期之前的文学所不曾出现过的。这样的新特点比之泰国原有的、同样可能是源自外国的作品来，带有更多的外

---

[1] 威乃·朋西品. 泰汉文化艺术研究[M]. 艺术大学，1989：92~93. 瓦尼达·由梯云. 关于泰汉文学研究[M]//仁日台·萨迦盼. 泰国文学中的外国文学影响. 兰甘亨大学，1979：97.

[2] 玛丽尼·蒂洛瓦尼. 《三国》：汉文学传入泰国的重要起点[M]//法政大学中国研究中心. 汉文学对泰国文学的影响学术研讨会论文集，1985：1.

国味道。"[1]这里所说的"新式样""新形式""新味道"就构成了所谓的"《三国》体"。那么"《三国》体"的实质到底是什么呢?

关于"《三国》体"

昭皮耶帕康(洪)的《三国》一书,最为泰国统治者和政治家所关注的是书中的政治军事谋略和智慧,最为文学界称道的则是"《三国》体"(Samnuan Samkok)。那么,所谓"《三国》体"的含义是什么?是否与文类有关?我们今天应该怎样确定《三国》的文类归属,从而更加全面地评价它在泰国文学史上的地位?

昭皮耶帕康(洪)的《三国》于18世纪末19世纪初问世,1865年曼谷王朝四世王时期出版。《三国》问世之后不久,很快风靡泰国,仿效者不绝于世,600年诗歌文学独占鳌头的地位被打破。从一世王到六世王时期,计有30多部中国古小说被陆续翻译或移植到泰国,并大受欢迎。这种情况持续了近百年。当时人们把这类散文体文学作品都叫做"故事",泰文用"Nithan"或"Niyai"来给它的文类归属定性。"Nithan"和"Niyai"古已有之。无论"Nithan"或"Niyai"在泰文中定义都是"传说的事情"(Reung ti laokan ma)。[2]对同样也是散文体叙事形式却又别具一格的《三国》,似乎在当时很难给予其他的定位,只能以"《三国》体"(Samnuan Samkok)来概括。那么Samnuan在泰文里是什么含义呢?2003年出版的《泰国皇家学术院佛历2542年版大词典》的解释是:"著述或语言的风格(tuangthamnong)、手法(chancheong),如:昭皮耶帕康(洪)风格"[3],这里的昭皮耶帕康(洪)风格主要指的就是《三国》风格,亦即"《三国》体"。也就是说,当时的认识是,《三国》之所以给人以前所未有的全新的感觉,是在于它的语言风格和写作手法的标新立异。对于它在文类上的创新则未予置评。那个时代人们对于文学体裁的概念只有诗歌和散文两种。对于文类的概念只有故事、神话、传说、剧本、抒情诗、民间歌谣等。至于小说的概念当时还没有进入泰国文学界的视野。当中国的古小说《三国演义》被翻译成泰文,以一种全新的文类介入泰国文坛之时,无论从翻译者的视角还是受众的视角来看,都还是把《三国演义》这种陌生的文类当做"散文体故事"看待的。这与中国古小说区别

---

[1]尼提·尤西翁. 羽毛笔与船帆:曼谷王朝初期的历史与文学[M]. Phraew出版社,2005:95.
[2][3]泰国皇家学术院. 泰国皇家学术院佛历2542年版大词典[M]. 南美印书馆,2003:588,590,1187.

于新小说的一个明显的特点有关,即人物对话不加引号(事实上,标点符号在中国的应用是在近代西学传入之后),单从表面形式上看很像讲故事。另一方面,从翻译宗旨分析,我们可以推断,翻译者所关心的是如何把《三国演义》的故事内容移植到泰国,而负责润色的文人所关注的则主要是泰文语言的流畅、优美。事实是,在这种情况下翻译出来的《三国》,获得了巨大的成功,它成了语言优美新奇、风格独特、内容丰富、情节曲折的"散文体历史故事"的特定符号。这个符号就以"《三国》体"总而括之。直到六世王时期(1910~1925)的文学俱乐部评选各种文类的最佳文学作品时,还是把它定性为"散文体故事类作品之冠"。《泰国皇家学术院佛历2542年版大辞典》在"故事"词条中的举例很能说明问题:"故事:传说的事情,如《佛本生故事》《伊索故事》。"显然,《三国》与《佛本生故事》《伊索故事》这类作品有着本质的不同,前者是作家文学的范畴,具备小说文类的基本特征;后者属于民间文学。因此,把《三国》归类为"故事(Nithan)"是不恰当的。

曾任泰国皇家学术院主席的丹隆拉查努帕亲王在他的《〈三国〉纪事》一文中引述波利帕·苏库潘王子的评价说:"《三国》一向以其内容和泰文译文的语言备受赞誉,故而入选为教科书。"[1] 一个世纪以来,泰国文学界一直承认对《三国》的这一评价,并沿袭六世王时期对其文类归属的定位。直到20世纪70~80年代,才有学者把《三国》叫做"历史小说"(古拉·曼利卡玛:《文学评论》,1988年)、"古小说"(阿通·范探玛汕:《中国古典小说发展简史》,1984年)。

我们知道,中国古小说从语体上区别,有文言和白话之分。演义小说属于白话小说,是从宋元话本脱胎而来。"话本"就是"说话"人讲故事的底本。因此,章回体的演义小说本身就带有"讲故事"的特征。但它又已经不再是一般民间文学概念上的"故事"的形式了。它具备了小说的特征:有人物、情节、时间、地点。《三国演义》的主要情节和人物更具有史传根据。只是其中的人物性格、景物渲染、细节描绘等加入了虚构成分和作者的思想倾向、感情色彩。白话小说在中国文学发展史上是具有重要意义的一种文类形式,它的出现标志着中国小说语言上由文言向白话的转化,形式上更加接近现代小说,为现代小说的出现奠定了基础。鲁迅先生说,白话小说"不但体裁不同,文章上也起了改革,用的是白话,所以实在是小说史上的一大变迁"(鲁迅:《中国小说的历史的变迁·宋

---

[1] 丹隆拉查努帕.《三国》纪事[M]. 文学艺术馆,1972:1.

人之"说话"及其影响》)。中国白话小说的产生在中国文学发展史上的意义得到普遍的认同。那么在泰国,自《三国》《西汉》等汉文学被移植以来,大批中国历史小说、演义小说、魔怪小说、传奇小说以及泰国作家的效仿之作风靡文坛近百年的一段历史,应该如何评价呢?

要回答这个问题,关键还得搞清被译成泰文的《三国》等中国古小说的文类归属。我们必须弄清两点:一是泰文《三国》在翻译(或移植)的过程中,是否仍然保留了原作的演义小说形式?如果答案是肯定的,那么我们可以说,《三国》是泰国的第一部小说作品。它在泰国小说文类生成上的重大贡献是应该得到肯定的。它的出现比之西方小说传入泰国早了半个世纪,因此,长期以来,泰国文学史界以西方新小说的传入作为泰国小说文类的发端是值得商榷的。二是"《三国》体"对后世文学的影响仅仅在于内容和语言呢,还是包括文学类型的创新?如果是后者,就更能说明《三国》的出现,引发众多的仿效者创作出大量同文类作品的根本原因。

先来探讨第一个问题。泰国文学与中国文学同属于东方文学的范畴,两者之间文化势差不大,所以泰国在接受《三国演义》这样的历史小说时,从接受者的角度不会有太大的差异感。较为明显的差异首先应该是文学式样,即《三国演义》是"散文"体叙事文学,而不是传统的泰国古代叙事文学惯用的韵文体。因此,被翻译为泰文的《三国》,作为第一部以散文体讲述历史故事的作品从内容到形式就格外受到关注。那么这种"散文体历史故事"是否就是小说呢?

我们认为翻译成泰文的《三国》较为完好地保留了原作的小说特征,其中的人物、主要情节、时间、地点、重要场景大都没有发生根本的改变。甚至人物性格、景物渲染、细节描绘等虚构成分和作者的思想倾向、感情色彩(如抑曹扬刘)也基本维持原著面貌。所不同的主要是前面提到的三点:把结构形式和写作手法简化;删除或篡改了不符合当时政治需要或与泰国文化传统相左的词语及内容细节;对原文理解错误造成的误译。这三点相异性,对《三国》的文类性质不可能产生影响。因此泰文《三国》依旧保留着原著《三国演义》的小说类型。所谓"《三国》体"(Samnuan Samkok)其实就是小说体,是当时泰国前所未见的一种新的文类,而不仅仅是一种新颖的历史故事内容和语言风格。这也是《三国》的问世为什么引起如此大的反响,并在一个相当长的历史阶段带动了一批仿效作品不断涌现的另一个重要原因。

第二个问题是,泰文《三国》对后世文学的影响主要在于它开创了小说这种新的文类呢，还是仅仅在散文体历史故事内容和独特的语言风格方面开了风气之先？

从后来陆续出现的"《三国》体"文学作品来看，首先是模仿所谓"散文体历史故事"（即小说体）这种形式，其次是模仿其语言风格。雅格的《十面威风》、乌沙·琴碧的《神枪将》、罗布里的《名人甲孟》、克立·巴莫的《慈禧太后》等作品在文类上都应该属于历史小说或传奇小说。在语言风格上这些作品也有着仿效《三国》的明显痕迹。当然，《三国》对文学创作和泰国社会的影响是多方面的：人物形象、故事内容、文功武略、机巧智谋、人生哲学、天文地理几乎都被后人所称道并运用于文学创作。但大多是散见于不同类别的作品当中。《三国》最明显的影响还是在泰国古典文学和现代文学的交替时期带动了一批古小说的出现。

那么，为什么《三国》自问世以来直到 20 世纪 80 年代的 200 年间，一直被学界叫做"散文体故事（Nithan 或 Niyai）"而不叫做"小说（Navaniyai）"呢？

原因在于泰国古代没有小说一词，"小说（Navaniyai）"一词是泰国人对西方式的长篇散文体虚构故事的称谓。之前，泰语中把这类作品泛称"消遣读物（Nangsu Anlen）"或"言情读物（Nangsu Pralom Lok）"[1]。"消遣读物"也好，"言情读物"也罢，只是对文学作品以用途或阅读目的为标准所作的分类，并不涉及文学形式的类别。在这种情况下，翻译成泰文之后的中国历史小说《三国演义》作为"消遣读物"被冠以"散文体故事"正是一种历史的误读。直到西方小说传入泰国以后，才把"Novel"一词引进泰语，在泰语中确定了与之对应的"Navaniyai"一词，即现代意义上的"小说"。20 世纪 70 年代~80 年代以后，一些泰国学者开始注意到把《三国》归为"故事（Nithan）"一类的传统说法是不恰当的。因为随着民俗学、民间文学理论的传入，"故事（Nithan）"一词已经被限定了更加明确的文类范畴。于是有人把它叫做"历史小说"，有人把它叫做"古典历史小说"[2]。可以说这是很有见地的、值得关注的改变。遗憾的是，这个改变并没有引起文学界从文类学、文学发生学角度作出进一步探讨和评价。以前出版的文学史和文学理论著作姑且不论，就是 20 世纪 90 年代以后出版的、影响较大的文学史、文学评论著作仍然沿袭传统的观点，把泰国小说文类的起

---

[1] 西塔·皮尼普瓦教. 泰国文学概论[M]. 1972：17.
[2] 如布朗·纳那空、古拉·曼利卡玛、阿通·范探玛汕等。

源,归结于西方小说文类的传入。赛提·奴衮吉(Saitip Nukunkit)的《泰国现代文学》(1991年第一版,1996年第三版)一书中说:"西方小说传入泰国文坛之前我们泰国已经有了类似的文类,即'故事(Nithan or Niyai)',后来,大概到了曼谷王朝五世王时期,泰国派往欧洲或美国留学、考察的人……把西方小说这类文学作品的样式带回来推……泰国的第一部翻译小说是帕耶素林塔拉查以笔名迈宛发表的、译自 Vendetta 的《复仇》(Marie Corelli,1901)……"[1] 英安·苏潘瓦尼(Ying'on Supanwanich)2004年发表的《文学评论》一书中说:"小说是来自西方的文学形式,从人类共有的自然行为——讲故事发展而来。"[2]商会大学泰语系教师合著教科书《交际泰语》同样认为"长篇和短篇小说是受西方影响而出现的一种文学形式,五世王时期大量传入泰国并不断发展至今。"[3]这些学者的观点代表了当代泰国文学界相当普遍的看法,即以西方小说的传入作为泰国小说文类生成的起点。我们则认为,如果承认泰文《三国》属于小说文类的话,那么,泰国小说文类生成的起点就应该是泰文《三国》等历史小说的问世,而不是西方小说的传入了。

结语

泰国700多年的文学发展史,前500多年(13世纪~18世纪末)主要是接受印度文化的影响。只是在泰文《三国》问世并带动了一大批中国历史小说的被移植之后,汉文学才逐渐为泰国所认识和接受。

继《三国》开创了泰国小说文类的先河之后,从一世王到六世王时期,共有30多部中国古小说被陆续翻译或移植到泰国。1921年之后,汉文学的翻译达到了巅峰。当时的许多报刊都是因为连载中国古小说而保持了畅销的态势。[4]以历史小说、传奇小说为主的中国古小说,一时间成了文坛的宠儿,在泰国拥有着越来越广泛的读者群。有些泰国作家为了迎合这种阅读的需求,甚至模仿"《三国》体"杜撰中国内容的所谓"历史"小说和人物传奇发表,也同样获得成功。这种情况断断续续持续了近百年。甚至当19世纪末,西方"新小说"传入泰国之后,"《三国》体"对泰国作家和诗人的创作依然具有明显的影响

[1] 赛提·奴衮吉. 泰国现代文学[M]. S. R.Printing,1996:172~173.
[2] 英安·苏潘瓦尼. 文学评论[M]. Active Printing,2004:3.
[3] 商会大学泰语系教师. 交际泰语[M]. Double Printing,1999:93.
[4] 宽迪·拉蓬. 泰语中汉文学的发展演变[M]//皇荫庇佑下的华人200年. 经济之路特刊,1983:177.

力。雅格的《十面威风》(Phuchana Sipthit)、克立·巴莫的《慈禧太后》(Bhranang Chusi Thaihao)都深受其影响。雅格在他的 150 万词的巨著《十面威风》后记中曾坦言"我承认仿效了曹操被火烧战船的情节以及一向无人问津的《三界经》……"[1]

泰国文学史家古拉·曼利卡玛认为"泰文《三国》是所有散文体文学中最优秀的,常常被后世推崇为经典散文体文学作品,也是二世王时期之后(三世王时期除外)中国历史文学翻译的典范,这部作品的翻译对文坛的影响是巨大的。""外国历史故事的翻译使泰国文坛向前迈进了一大步,为后世文人创作提供了效法的榜样。"[2]

近百年来,正是不断涌现的这些散文体古小说的流传和影响昭示着"小说文类"在泰国文坛的生成和发展,它为近代西方新小说在泰国迅速蔓延,将泰国文学推进到现代发展阶段创造了有利的条件,提供了作者群和读者群土壤。19 世纪末至 20 世纪 20 年代,西方新小说传入泰国之初,正是先行一步的中国古小说在泰国风靡的年代,当时汉文学的强劲势头是西方小说不可望其项背的。后来随着世界经济危机和第二次世界大战的爆发以及西方文化的强势介入,这种势头逐渐衰弱下去。但它曾经的辉煌既填补了泰国古典小说的空白,也为泰国古典诗歌文学向现代新文学过渡构筑了桥梁。

简言之,以《三国》问世为代表的汉文学的介入促成了泰文古小说文类的生成,古小说文类的出现和发展又为新小说的生成和发展做好了铺垫。因此,以古小说为代表的汉文学的介入,在泰国文学发展史和中泰文学、文化交流史上所起到的特殊作用是应该得到充分重视和高度评价的。

(作者单位:北京大学东方文学研究中心)

[1] 雅格.十面威风[M].Phadongsuksa 书局,1938:5528.
[2] 古拉·曼利卡玛.泰国文学[M].兰甘亨大学出版社,1974:125~126.

泰、缅、柬三国政治文化中的佛教因素

●罗 杰

内容提要:佛教在泰、缅、柬三个东南亚国家的政治中扮演着至关重要的角色,并对三个国家的社会发展发挥着巨大的影响,这种影响发生于政治的三个方面:政治思想、政治制度和政治心理。因此,佛教是这三个东南亚国家政治文化发展的主要资源和历史传统,而如何对待佛教与其他宗教之间的关系则经常成为政府统治成败与否的关键因素。

关键词:东南亚 政治文化 佛教

Abstract: Buddhism has been playing a very important part in the politics of Thailand, Myanmar and Cambodia. In the social development of these three Southeast Asian countries, the influence of Buddhism has been acting on their political thoughts, political systems and political psychology. Buddhism has become their most important resource as well as a kind of tradition consecrated by time. Success or failure of their governments is often decided by how they will deal with the relationships between Buddhism and other religions.

Key words: Southeast Asia; Political Culture; Buddhism

东南亚地区是世界四大文明、三大宗教交汇的地区,这一地区几乎所有的国家都有着深厚的宗教文化传统。宗教影响着人们生活的方方面面,社会政治生活也未能例外。作为一种信仰、一种思想、一种精神文化或者一种意识形态,宗教从来没有和政治完全分离过。虽然宗教不是政治,宗教的组织机构也与政府权力机构不能等同,但毫无疑问的是,宗教深深影响了东南亚国家从古至今的政治文化。本文以泰、缅、柬三个东南亚佛教国家为例,力求比较佛教因素在这三个国家政治文化中表现出的异同并尝试分析其成因。

一、政治文化与宗教的联系

关于政治文化,有一个经典定义:"政治文化是一个民族在特定时期流行的一套政治态度、信仰和情感。这个政治文化是由本民族的历史和现在社会、经济、政治活动的进程所形成。人们在过去的经历中形成的态度类型对未来的政治行为有着重要的强制作用。政治文化影响各个担任政治角色者的行为、他们的政治要求内容和对法律的反应。"[1]《国际社会科学百科全书》把政治文化解释为"在一定的政治机制中支配人的行为的设想、原则,规范政治过程的程序、方式,包括心态、信仰、情操等内容的一个概念。"《政治学分析辞典》则把政治文化界定为 "每一个社会内由学习和社会传递得来的关于政府和政治的行为聚集。政治文化通常包括政治行为的心理因素, 如信念、情感及评价意向等。"国内有学者认为:"政治文化乃是在一定社会物质生活条件作用下,民族、国家、阶级和集团所建构的政治规范、政治制度和体系以及人们关于政治现象的态度、感情、心理,习惯、价值信念和学说理论的复合有机体。"也有人认为:"政治文化应当含有与政治相关的各个层次的文化。其中主要的应该是支配和规范人的政治行为的政治思想, 代表社会政治运行过程中起着潜在作用的社会政治心理。"[2]

综上所述,笔者认为,社会的政治思想、政治制度与社会政治心理构成了传统政治文化的三个基本层次,而政治文化的影响通过以决策和政策制定为主的政治过程渗透到政治生活的各个方面。一个政府选择和制定任何一种政策都会在所难免地受到政治文化的制约。另一方面,从宗教社会学的角度讲,宗教除了具有心理调适功能、认同功能、文化功能、交往功能和个人社会化功能以外,更具有社会整合功能和社会控制功能[3],后两者是宗教功能里与政治文化结合最紧密的内容。宗教之所以会与政治发生联系,不仅仅因为宗教组织本身代表着一种社会力量, 更因为宗教信仰主导着人民大众的精神空间和日常生活,是一种可以被政治利用的权威系统和社会心理操控系统。这种系统的

[1] G. A. 阿尔蒙德,小 G. B. 鲍威尔. 比较政治学:体系、过程和政策[M]. 曹沛霖,郑世平,公婷,陈峰,译.上海:译文出版社,1987:29.
[2] 孙西克. 政治文化与政策选择[J]. 政治学研究,1988(4).
[3] 戴康生,彭耀. 宗教社会学[M]. 北京:社会科学文献出版社,2000:160~182.

形成是经过漫长的历史发展而来的,非一朝一夕可以更改。另外,宗教文化和政治文化也都是作为一个国家传统文化的组成部分存在并得以传承和积蓄的,彼此相连相系,相对稳固,通过社会整合过程里塑造出的社会核心价值观而连接在一起。以东南亚地区的泰、缅、柬三国为例,其政治文化无一不受到悠久的佛教文化传统的影响。

二、泰、缅、柬三国的佛教文化传统

1. 泰国 旧称暹罗。从出土的佛教文物和寺塔遗址判断,早在公元前已有小乘佛教传入,后来婆罗门教和大乘佛教才由印度传入南暹罗及其沿海邻国。11 世纪,因为受缅甸影响,小乘佛教一度在暹罗北部地区流行。13 世纪中叶,泰族在素可泰建立了独立的部族国家,势力逐步向南扩张,将南暹罗地区纳入其统治范围,并接受流行于这个地区的大乘佛教。与此同时,带有婆罗门教色彩的大乘佛教宗教仪式也逐步为泰国小乘佛教信徒所接受。素可泰王朝第三代君主曾迎奉锡兰僧团到都城弘扬教义,使锡兰教派(上座部小乘佛教)得以流行,而大乘佛教则退居次要地位。此后,佛教在封建君主的护持下,逐渐形成僧王制度,几乎成为全民信仰,并逐渐渗透到日常生活习俗之中。自素可泰王朝第四位君主开始开创了泰国国王必须在一定时期内出家为僧的先例,并于 1361 年迎请锡兰高僧,用上座部佛教统一了本国的宗教。现今泰国人有90%以上都是上座部佛教徒。

2. 缅甸 公元前后,从东南印度到缅甸有航路可通,锡兰与缅甸的交通通过东南印度为中心而发展起来, 因此锡兰的上座部佛教大概是通过海道传入的。据骠族(缅甸族一支)古都卑谬发现的碑文记载,5 世纪时,锡兰已流行上座部佛教。11 世纪中叶,蒲甘王朝阿努律陀王统一缅甸全境,立上座部佛教为国教,尊阿罗汉长老为国师。1058 年始创缅文字母,音译了上座部佛教三藏典籍,奠定缅甸上座部佛教的基础。此后缅甸王朝虽几经变迁,但一直信奉佛教。13 世纪末,蒲甘王朝崩溃,缅甸出现了南北朝分立,但南北朝都信奉佛教,北方在阿瓦大造寺庙佛塔,南方也修建大金塔。18 世纪中叶,缅甸南北朝为雍籍牙王朝所统一,佛教十分繁荣。随着 20 世纪民族解放运动的发展,缅甸僧侣建立了佛教组织,参与反英殖民主义的斗争。缅甸独立后,曾于 1956 年释迦牟尼涅槃 2500 年纪念时,邀请各国佛教界代表,举行了有 2500 名高僧参加的第六次结集,校勘上座部缅文巴利三藏,印行结集版藏经 51 卷本。1961 年,宣布

佛教为国教,后又取消国教的地位,执行宗教信仰自由的政策。目前缅甸佛教徒约占总人口的 85% 左右。

3. 柬埔寨 在公元前后,即深受婆罗门教和佛教的影响。5~6 世纪时,大小乘佛教开始传入。由于同中国和印度的贸易往来频繁,大乘佛教得到较大的发展。其间高僧迭出。9 世纪后,已成为东南亚的佛教中心,但印度教也并行不衰,9 世纪末创建、12 世纪完成的吴哥城以及此后建立的吴哥窟大伽蓝即为两教混合在寺庙建筑上的反映。此后,由于受到外族的影响,大乘佛教和印度教趋于衰微。14 世纪中叶之后,泰国的上座部佛教传入柬埔寨,逐渐推行两派僧王制度,并定为国教。国王为佛教的护持。20 世纪初叶,在反抗法国殖民主义的民族解放斗争中,虽然许多佛寺受到破坏,但佛教仍有一定的发展。很多僧侣参加反殖民主义的斗争,创办了巴利语学校、西哈努克大学和佛教研究所,出版了高棉字母的巴利语三藏典籍和高棉文译文的部分上座部经论。现今柬埔寨 80% 以上人口信仰佛教。

综上所述,东南亚的泰、缅、柬三国都有着悠久的佛教文化传统,而且多数人信奉的都主要是上座部佛教,也称小乘佛教。佛教在以上三个国家的历史上都曾经被统治者所推崇及弘扬,与王权有着深厚的关系并从而得到长足的发展,成为国内占据绝对优势地位的宗教信仰。佛教与政治的关系也比较密切,缅甸和柬埔寨的佛教界都曾参加反抗殖民者的民族解放斗争,素有参与政治的传统。泰国历史上没有沦为西方的殖民地,自蒙固王和朱拉隆功王开始,为适应泰国的政体变化,对佛教也进行了一定的改革,但是国王仍然是佛教的保护者,内阁政府也仍然非常重视僧伽。因此,不难理解佛教因素在这三个国家的当代政治文化中的重要地位和作用。

三、佛教在泰、缅、柬三国当代政治文化中的表现和反映

如前文所述,笔者认为,社会的政治思想、政治制度与社会政治心理构成了传统政治文化的三个基本层次,所以,与此相对应,佛教对泰、缅、柬三国的社会政治思想、政治制度与社会政治心理的不同影响也就充分体现了它在三国政治文化中的不同地位和作用。下面本文就从这三个方面来逐一分析佛教在当代泰、缅、柬三国政治文化中的表现及其成因。

1. 当代泰、缅、柬三国以佛教为主体所建构的社会政治思想

泰国"民族(国家)、宗教、国王"社会核心价值观 从意识形态的角度讲,

445

在泰、缅、柬三个现代佛教国家中，从古到今、从上到下完全体现佛教氛围的，首推泰国。从 13 世纪素可泰王朝时期，佛教已经被官方定为国教，因此在官方的意识形态中，佛教始终占据着绝对重要的地位。泰国的宪法规定："国王须为佛教徒，且为佛教之最高赞助人。"宪法还规定，国家、宗教和国王神圣不可侵犯。泰国的国旗由白、红、蓝三色组成，白色代表佛教，红色代表国内各民族，蓝色代表国王，反映了泰国所倡导的社会核心价值观。泰国宪法的前言也是用佛教界使用的巴利文撰写，国家采用的纪年是佛教纪年。泰国的历届总理都是佛教徒。政府和民间的许多仪式，诸如国家庆典、阅兵仪式、商店开张、婚丧嫁娶等都必须有僧侣到场诵经主持。泰国男子一生中必须出家一次，通常在年满 20 岁时，一般出家时间为 3 个月，这被当做对父母尽孝道的一种积德方式，能够使父母死后进入天国。按照此传统，只有当过和尚的人才能够受到社会的尊重，人们认为这样的人是受过教育的、完美的、成熟的人。在泰国，佛教僧伽在社会生活中的地位非常突出，被认为是凝聚力的核心，起着精神领袖的作用。泰国的寺庙和僧侣被认为是"民族安全的柱石，因为他们能带来团结和统一"。[1]泰国的统治者不仅借助僧伽来加强自己的合法地位，同时也利用佛教来建立统一的民族精神，并把它作为民族认同感的象征和基础，将其宗教的社会功能发挥到了极致。在一般泰国人眼中，社会的安定和生活的幸福取决于统治者和被统治者的道德，而道德主要就来自于对佛法的信守。

在研究以佛教为主体建构的当代泰国社会核心价值观时，还必须看到，作为一个东南亚地区较早进行政治体制改革和走资本主义道路的国家，在二战后的"冷战"大环境下，尤其是 20 世纪的 50~70 年代，泰国政府利用佛教要达到的另外一个目的是通过坚定民众对佛教的信仰来抵制共产主义思想的侵袭。这方面的突出表现是佛教被用于同泰国共产党进行对抗。50 年代初披汶政府利用僧侣在全国展开了反共宣传，称共产党是凶残的恶魔；70 年代反共僧侣甚至声称"杀害共产党不是过失"，尽管杀生一直是佛教的戒律之一。当然，在反共的政治斗争中，佛教界和政府也并非始终协调一致，50 年代佛教领袖帕披母探对沙立政府的批评就是一例。[2]

缅甸吴努时期"佛教民族主义"的兴衰　在王国时代，缅甸是一个政教合一的国家，佛教僧侣的最高领袖僧王是由国王直接任命的，掌管着全国的宗教

---

[1][2] 张锡镇. 当代东南亚政治[M]. 南宁：广西人民出版社，1995：321~323.

事务,对国王和政务有非常大的影响力。二战后缅甸获得独立,不再是政教合一的国家,但佛教仍然是全国人民的精神指导和传统文化的标志。1947年缅甸制宪会议通过《缅甸联邦宪法》,规定:"国家承认佛教为联邦大多数公民信仰之宗教的特殊地位。"1950年政府组建了宗教事务部并通过了一系列的宗教法令。总理吴努强调"建设佛教稳固的基础之重要性",表明了政府对扶植佛教的坚决态度。[1]1951年设立了全国性的佛教徒组织"佛教评议会",吴努指出该机构的目的是"弘扬和励行教义,在国内确立佛教的巩固基础,保持佛教的神圣地位,同时也要向世界传播佛教"。[2]佛教评议会主持发行缅文译本的佛教圣典,实行巴利文考试,在向少数民族地区传教和培养派往海外的传教师方面发挥了不小的作用。吴努本人也曾借出访东西方国家的机会多次发表关于佛教思想的演讲。

1954年5月至1956年5月,是长达两年的佛教史上的"第六次结集",即纪念佛陀涅槃2500周年庆典,规模极其宏大,在国内外产生了巨大的影响,使缅甸成为世界范围内振兴佛教的先锋和世界佛教界的活动中心。在缅甸国内方面,佛教在缅甸社会中的地位也被推到了顶点,1961年议会通过的宪法修正案里佛教的国教地位获得了承认。"缅甸历来是一个宗教氛围浓厚的国家,佛教有着极强的凝聚力,宗教民族主义(即佛教民族主义)的思想有很强的号召力和鼓动力。独立以后它除了有继续反帝反殖、消除西方势力的影响外,还有建设国家、团结民众的功能。"[3]总理吴努认为当时国家的混乱和社会的停滞是由于缺少宗教热情,宗教信仰不深造成的。他说,"如果我们深入探索国家目前混乱的根本原因,就会发现80%的原因都源于对宗教的漠不关心",因此"所有一切旨在缅甸联邦的稳定与持久的独立活动,都是趋向宗教弘扬的步骤"。[4]吴努的宗教观促成了缅甸国内佛教民族主义的泛滥,虽然扩大了缅甸的国际影响,也得到缅甸国内佛教界的支持,却同时引发了国内非佛教徒的不满,最终导致了政治危机和流血冲突,佛教民族主义伴随着吴努政府被军人推翻而走向了破产。

柬埔寨西哈努克的"高棉佛教社会主义"理论　柬埔寨历史上直到14世纪流行的都是大乘佛教和佛教、印度教相互融合的混合宗教,后来受到泰国的

[1][3] 黄心川. 当代亚太地区宗教[M]. 北京:宗教文化出版社,2003:398~400.
[2] 生野善应. 缅甸的佛教(下)[J]. 东南亚研究资料,1985(2):76.
[4] 黄夏年. 现代缅甸佛教复兴与佛教民族主义[J]. 东南亚研究,1992(6).

影响才最终成为清一色的上座部佛教国家。1947年尚未取得完全独立的柬埔寨政府颁布的宪法里就规定："佛教是国教。"完全独立后于1955年正式颁布的新宪法里延续了这一项内容。柬埔寨国旗采取著名的佛教遗迹吴哥窟为图案，国王也需要获得有僧侣参加的王位最高委员会的认可。当代柬埔寨社会中以佛教为主体的最重要的意识形态就是西哈努克国王的"高棉佛教社会主义"理论。他曾经说："柬埔寨好像一架马车，由两个车轮支撑。此二轮一个是国家，另一个是佛教。前者象征驱动力，后者为宗教道德。马车前进两轮需同时运转，这个道理同样适用于柬埔寨在和平与前进的道路上稳步向前。"[1]西哈努克还有感于当时帝国主义的压迫和社会主义的成功，撰写了《关于高棉社会主义的若干论断》(1961年)和《我们的佛教社会主义》(1965年)两部专著，为国家建构了一种新颖的理论，成为他所领导的人民社会同盟和政府的指导思想。西哈努克的"高棉佛教社会主义"理论是把佛教理论和某些社会主义原则糅合在一起的混合社会发展理论，是当时社会形势和国际环境下的产物。西哈努克本人是虔诚的佛教徒，因此他的这个理论是一种带有浓厚宗教色彩的、以佛教基本原则为指导的社会主义理论，与马克思的科学社会主义有着本质的不同。

比较当代泰、缅、柬三国曾以佛教为主体所建构的主要社会意识形态，不难发现：泰国的"民族(国家)、宗教、国王"社会核心价值观是更趋于本土传统的意识形态，宗教信仰与为人品德、王权、社会凝聚力紧紧相系，并未被嫁接到当时亚非国家盛行的社会主义和民族主义等政治理论上，这当然和泰国选择资本主义的社会制度有关，也和泰国将佛教势力纳入官方体系之下的改革有关。缅甸的"佛教民族主义"确实增强了民族凝聚力并扩大了国际影响，然而却解决不了国内的社会发展问题并引发了不同宗教信众和民族之间的矛盾冲突，可见"佛教民族主义"在面对国内非佛教徒少数民族的时候就呈现出力有不逮的困境。柬埔寨西哈努克国王的"高棉佛教社会主义"理论将佛教的隐忍、慈悲、利他、众生平等和社会主义的平等、民主、自由、合理分配等内容嫁接，倡导和谐社会，既适用于当时柬埔寨社会在饱经殖民者的压榨和掠夺之后对资本主义制度产生的抵制情绪，又配合了宗教传统，因而在当时得到了柬埔寨国内广泛的拥戴。

总之，以上三种以佛教为主体构建的官方社会意识形态充分说明了佛教

[1] 黄心川. 当代亚太地区宗教[M]. 北京：宗教文化出版社,2003.

因素在当代泰、缅、柬三国政治文化中的重要地位,尽管它们各自有成有败,发挥了不尽相同的政治作用。缅、柬两国由于近代长期经历殖民主义统治,传统的社会结构被破坏,独立后唯一能够凝聚社会各阶层力量的意识形态非佛教莫属,不同的是缅甸的民族问题要比柬埔寨复杂得多,英国殖民时期"分而治之"政策遗留下来的后遗症绝非"佛教民族主义"可以轻易整合的。从未沦为外国殖民地的泰国传统宗教和社会结构没有受到强烈的冲击,社会转型变化缓慢,虽然也有泰南部伊斯兰教分离主义运动,然而以泰族和佛教为主的主体社会并未曾因此被瓦解或者动摇。三个国家不同的历史发展轨迹决定了三种不同的社会意识形态,虽然都以佛教为主体,却在各自政治文化中留下了不尽相同的烙印。

2. 国教化问题:佛教在当代泰、缅、柬三国政治制度中的地位

泰、缅、柬三国虽然都是佛教气氛浓厚的现代国家,然而政治制度却不尽相同。泰国没有沦为殖民地的经验,朱拉隆功改革后逐渐走上了资本主义道路,泰国的佛教则素来与王权大有渊源。在 1902 年以前,泰国国内不存在全国性的佛教组织机构,只有一个最高的教主。国王对宗教的控制是通过任命亲信或者王室成员作为教主得以实现的。1902 年以后,全国性的僧伽行政机构逐步建立起来,到了 1941 年,政府则通过了一个僧伽法,把民主的原则引进僧伽行政事务。这个僧伽法按照国家机构三权分立的原则将僧伽机构也划分为类似立法、行政、司法的三个部分。最上层的僧伽首脑即最高教主由国王任命,终身任职,相当于僧伽中的国王。下设宗教议会、宗教内阁和宗教法院,地方各级县、村也都有相应的宗教行政机构。政府对僧伽的控制主要通过教育部和宗教事务厅来进行,其中教育部还负责审批宗教议会议长和副议长的人选以及宗教内阁成员,参加宗教议会的会议并向该议会提出建议、审批宗教的出版物等。1962 年政府为了反共的需要,又通过了新的僧伽法,建立了一套与政府行政机构平行的单一垂直机构。最上层的最高教主与内阁平行,他领导的长老委员会与教育部和宗教事务厅平行,但要接受这两个政府机构的监督,以下各级僧伽也要接受同级政府首脑的监督。"政府对僧伽的控制和监督主要目的有三个:一是防止他们的松懈腐化倾向,失去对社会的精神指导作用;二是防止成为不法分子或者反政府势力的庇护所;三是防止直接干预政治,使之成为政府的工具。"[1] 经过这

---

[1] 张锡镇. 当代东南亚政治[M]. 南宁:广西人民出版社,1995.

一系列的改革后,佛教虽然对政治还有影响力,但是已经基本被限制在为政府所用的范围之内,不管是利用佛教宣传来对抗共产主义还是为政权提供合法性,佛教都没有走上与政府相背离的政治道路,反而成为社会稳定剂,调节着几经反复、缓慢渐进的政治现代化过程。

泰国的历任统治者就是这样在一面强调佛教在社会核心价值观中主导作用的同时,另一面不断对宗教势力及其组织机构进行改革的。"泰国在建立现代官僚制度和改造传统僧伽的同时,将各级佛教僧人(除村寨寺庙中的最下层的僧人外)都纳入了行政组织(属教育卫生各级部门),使其成为政府雇员,接受了政府的一贯而严密的管理监督。"[1]每个和尚必须在寺庙注册登记,新和尚须由宗教事务厅发给证书。可以说,泰国在把佛教僧伽纳入政府行政体系并接受政府监督方面作出的努力最终证明是非常成功的,佛教僧伽借助政府保有自己独特的社会地位,政府则把佛教作为宗教的社会整合功能与社会控制功能都发挥到了极致。双方各得其所,社会稳定发展。在这样的情形下,佛教作为泰国国教的地位非常稳固,宪法规定佛教为泰国的国教,同时也规定了宗教信仰自由。这样的情况既照顾到了大多数佛教徒的情绪,也照顾到了少数穆斯林或者其他宗教信仰人士的诉求。

柬埔寨的情形与泰国不同的是柬埔寨曾经长期作为西方殖民地而面临传统社会结构被破坏的局面。柬埔寨国家比较小,在独立初期最有感召力和号召力的就是佛教了,因此在尚未完全独立的时候,佛教已经作为国教被写入了宪法。后来宪法几经修订,这一点从来没有任何改变。另一方面,柬埔寨没有彻底走上资本主义道路,尽管保留了君主立宪制,西哈努克却把佛教和社会主义理论作了嫁接来满足柬埔寨人民在当时的时代背景下对资本主义政治制度的抵触情绪和对新型政治制度的期待心理。1970年3月,美国支持下的朗诺·施里玛达集团发动军事政变后也对僧伽软硬兼施,使佛教领袖承认新政府,表示与政府合作。1975年4月,柬埔寨人民解放军进驻金边,朗诺出逃到美国。团结政府忽略了佛教在人民生活中的重要性,对寺庙和僧侣采取了过火行动。1979年越南扶植的韩桑林政府宣布实行宗教信仰自由政策,1988年洪森政府为争取国内百姓的支持,被迫回归传统,重新确认佛教的特殊地位,新宪法第六节规定:"佛教是国教。宗教活动要遵守国家宪法,禁止利用宗教危害国家安

---

[1] 李德洙,叶小文. 当代世界民族和宗教[M]. 北京:中共中央党校出版社,2003.

全、公共团体和人民权益之活动。"此后,佛教作为柬埔寨国教的地位再也没有改变过。当代柬埔寨历任政府对佛教的态度有正有负,有拉拢也有压制,但是最后事实证明佛教的地位是不可动摇的,无论选择怎样的政治制度,佛教都无法被抛弃或者被忽视。在柬埔寨这片土地上,佛教比任何一种政治制度都更有生命力和亲和力,更靠近传统,更坚固难移。

佛教在缅甸的历史上曾经是几个王朝的国教。缅甸独立以后,佛教在国家政治生活中的作用可以分为两个阶段:1962 年军人接管政权以前,佛教对政治的影响比较大,尤以 1961 年吴努政权将佛教定为国教为标志;1962 年以后军队统治时期,佛教在政治中的作用受到了大大的限制。如前文所述,1956年佛教史上的"第六次结集"以后,佛教在缅甸社会中的地位被推到了顶点,缅甸独立以来佛教势力扩张到顶峰。当时,佛教在缅甸社会生活中取得了这样的地位并非单纯的宗教问题,而是主要来自吴努政府的推动,是政治要利用宗教来达到统治的目的。吴努本人也把宗教看成是他实现政治目标的工具。为了实现他的社会主义目标,他大力宣扬佛教和社会主义甚至马克思主义的一致性。他认为:"只有你首先改变了人们的心,才能改变经济制度。"[1]吴努总理出于两点考虑大力倡导佛教:一是在国际上联络周围的佛教国家,开展和平外交,从国内则要争取广大农村的农民,进行全民族动员;二是从党派政治的角度看,他要利用佛教僧人和信奉佛教的广大人民群众的感情支持来征服他在自己政党(反法西斯人民自由同盟)内遭遇的反对派。[2]吴努的佛教复兴政策被一些佛教极端派所利用,到了 1954 年,这股势力甚至开始干预政府的宗教政策,提出要求禁止在国内学校教授伊斯兰教和基督教。吴努和宗教部长奈温亲赴佛教中心曼德勒与僧侣们会谈,最后不得不向佛教极端派势力妥协。

1947 年宪法规定了佛教在缅甸的特殊地位,但同时也承认其他宗教的合法性。"第六次结集"以后,佛教徒要求佛教国教化,最初遭到吴努的拒绝。到了1960 年大选的时候,吴努为了确保自己所在的反法西斯人民自由同盟"廉洁派"战胜"巩固派",于是将佛教国教化作为一张政治牌打出。1961 年 8 月议会通过了佛教国教化修正案。这引起了非佛教徒的强烈不满,认为不仅是宗教自由问题,甚至是民族歧视问题。吴努政府为缓和矛盾又出台了另一个宪法修正

[1] 张锡镇. 当代东南亚政治[M]. 南宁:广西人民出版社,1995;315.
[2] 李德洙,叶小文. 当代世界民族和宗教[M]. 北京:中共中央党校出版社,2003;142.

案以确保其他宗教在学校的讲授权,然而事态已经变得无法收拾,佛教极端派和非佛教徒发生了流血冲突,吴努政府被奈温军人政权所取代。缅甸军政府上台后取消了佛教的国教地位,严格实行政教分离的政策,1974年的宪法特别规定了僧侣"无选举权和被选举权"。然而尽管如此,缅甸僧侣界反政府政治活动在20世纪60年代直至80年代始终不断,反映出军人政权的合法性一直未得到僧伽的认同。不过僧伽并非暴力颠覆势力,他们所依附的国内民主派或反对派也大多主张非暴力原则。

缅甸的佛教极端派势力较强并参与反政府活动,这和吴努时期过多地在政治斗争中玩弄宗教政治有关,完全出于政治选举的需要向宗教极端势力妥协,宣布优势宗教为国教很可能会引发社会骚乱,这应当被其他多元宗教文化的国家引以为鉴。泰国和柬埔寨虽然也是把佛教定为国教,但同时承认其他宗教信仰的合法性。更重要的是,泰国对僧伽系统进行了成功的改革,将其纳入官方体系之下。至于柬埔寨的佛教僧伽政治态度则以城乡分别而有显著差异,但在其地位得到政府保护的前提下,都没有形成反政府的力量。自1979年以后民族和解成为国内政治的首要问题,政府对待佛教则实行了有限度的奖励政策。总之,泰、缅、柬三国政府在制定任何重大政策的时候都必须考虑到佛教因素的影响,而佛教在其政治制度中也都扮演着举足轻重的角色,每一项相关佛教地位的政策调整都联系着整个国家政治制度的成败,务必审慎对待。

3. 佛教权威与当代泰、缅、柬三国的社会政治心理认同

从以上两个方面的分析,我们可以说,在当代泰、缅、柬三国的社会政治心理认同方面,佛教具有不可替代的权威作用。这也是为什么当代泰、缅、柬三国的政府和统治者在制定官方社会意识形态时一定要把佛教作为主体部分、甚至要把佛教作为国教以谋求民众支持的原因。佛教在以上三个东南亚国家的社会政治心理认同方面权威地位的形成基于以下两点:

首先,历史上佛教与王权的密切关系已经演变为政治文化的一个组成部分,今天的政府也一样需要宗教界的支持来获得被民众认可的政治合法性。在这三个佛教氛围浓重的东南亚国家,无论是国王、首相或者军政府的首脑,没有人敢公开忤逆佛教的,他们想方设法要限制宗教的影响力或者利用宗教的号召力正好能说明这种力量的强大和根深蒂固。对于新上台的统治者来说,获得了宗教界的认可和支持,基本上就获得了一多半的民心。

其次,佛教的教义讲究"德行"及"前世—现世—来世",这与素有崇尚威

452

权传统和家长制的东南亚国家的民众心理多有相通之处。佛教作为一种信仰，为人们提供了伦理道德的戒律，"同时建立了一种决定论和一元论的价值体系，在很大程度上能满足人们对确定性价值的追求。"这种价值体系表现在政治文化中就是认同，对命运和现状的认同。[1]佛教的这种促进认同的功能正是宗教社会学中所归纳出的宗教主要社会功能之一。在当代泰、缅、柬三国里，正是由于佛教衍生的伦理道德和价值体系构成的认同功能，社会政治心理才得以稳定和相对完整。在这三个东南亚国家里，佛教就是传统文化中最重要的组成部分，同时也是社会政治心理认同的主干和基石。

由此，佛教的权威地位不仅仅局限在信仰文化领域内，也当然扩展到了政治文化之中，深刻地影响着当代泰、缅、柬三个东南亚佛教国家的社会政治心理认同。

四、结语

上文从佛教对泰、缅、柬三国的社会政治思想、政治制度与社会政治心理的影响三方面揭示了佛教在泰、缅、柬三个东南亚国家政治文化中的地位和作用、表现和反映。当今时代这种情况已经相对稳定下来，成为以上三国传统政治文化中最重要的组成部分。由于泰、缅、柬三国社会历史发展的道路不同，佛教因素在三个国家政治文化中的影响也各有千秋、不一而足。这里还需值得一提的是，东南亚地区是个多元文化地区，由于复杂的历史原因，即便在这三个佛教占绝对优势的国家里，也存在着一定数量的其他宗教信仰者或拥护者。基于宗教自由的考虑，当政治斗争需要涉及宗教考量的时候，当政者仍需审慎对待每一项涉及宗教信仰的政策。毕竟佛教因素是这三个东南亚国家政治文化中的重要因素，但不是唯一重要的因素，尤其是在国家政治日趋民主化的时代，提防国内优势宗教极端派势力利用政权来打压其他宗教的生存空间也是非常紧要的。不同宗教之间的和谐共处更应该成为当今时代所有东南亚国家政治文化新发展的题内应有之义。

（作者单位：北京大学外国语学院）

[1] 任一雄. 东亚模式中的威权政治：泰国个案研究[M]. 北京：北京大学出版社，2002：26.

453

作为地方性神圣历史的神话：
菲律宾阿拉安—芒扬民族的神话观

●史　阳

内容提要：本文探讨的是菲律宾民都洛岛山区中的原住民芒扬民族阿拉安部族的神话信仰。笔者于 2004 年 7 月、2006 年 4 月、2007 年 1 月至 2 月三次在该土著民族中进行参与式的田野观察，搜集洪水神话和创世神话，调查原住民对于神话信仰的"活形态"。本文首先探讨了"神话观"问题在民俗学研究中所涉及的理论和方法，然后论述了阿拉安—芒扬人对民间叙事的"自然分类"，进而探讨了神话在阿拉安人中是作为一种地方性的神圣历史而存在的，是土著理解世界起源、人类起源、本民族起源的世界观和历史观，是芒扬民族的"地方性知识"系统中不可缺失的核心内容。

关键词：洪水神话　创世神话　神话学　地方性知识

Abstract: The concern on the non-western culture in traditional non-literated communities has always been an outstanding issue in the scholarship of folklore studies and social anthropology, as the one in this paper, Alangan-Mangyan highlanders in jungles of Mindoro Island, Philippines. This paper is based on three times of fieldwork in July 2004, April 2006, January and February 2007, when the narrative text, living form and status of beliefs about creation myth and flood myth were participant observed by the author. Firstly some theoretical and methodological discussions about the natives' attitude to myth in the long scholarship of folklore are demonstrated. Then, from the viewpoint of emic approach, Alangan-Mangyans also have native categories to classify their own "oral stories" in local language terms. Furthermore, myth exist in natives' community as a being of local sacred historical accounts which is associated with cosmology and values of Alangan people about all kinds of genesis and origin events. In this way, myth acts as a core part in the local knowledge of Alangan natives.

Keywords: Flood myth; Creation Myth; Mythology; Local Knowledge

对于"非西方"式的传统社会的"异文化"的关注,一直是两百年来现代民俗学和人类学流行的学术主题。东南亚地区的土著民族作为具有代表性的个案,长期吸引着民俗学者和人类学者的目光。本文所涉及的,是菲律宾民都洛岛山区中的原住民芒扬民族阿拉安部族, 即阿拉安—芒扬人(Alangan-Mangyan)[1]。阿拉安人是无文字民族,世代生活在民都洛岛北部的全岛最高峰——哈尔空山(Halcon)周围的广阔山地上,人口近三万[2]。笔者于 2004 年 7 月、2006 年 4 月和 2007 年 1 月至 2 月,三次在该土著民族中从事田野工作。在诸多阿拉安村社中,先后搜集了六十多则洪水神话和创世神话的异文,并考察了神话在原住民中的流传形态和信仰方式,包括与神话密切相关的占卜、神判、神谕和巫术等。在 21 世纪的今天,现代文明早已席卷全球,不过在菲律宾偏远的山区和海岛上,还有许多较少受到现代文明影响的、保持传统生活方式和传统信仰的土著居民,阿拉安—芒扬人就是其中之一。在阿拉安人的山地村社中,神话依然是以"活形态"流传着的,现代民俗学研究除了关注神话等民间叙事的"文本"(text)内容本身,也非常关注"本文"(texture)[3]——即神话是如何被讲述的, 这些文本之外的信息对于理解神话及其信仰者有着至关重要的

---

[1] 本项研究的完成得到了菲律宾华裔青年联合会及陈伟雄(John Ong)的大力支持。本文中"芒扬神话"指称的都是芒扬族阿拉安部族的神话,"芒扬人"也主要是指阿拉安人。"阿拉安人"是民族学者为了研究方便而赋予的称呼,而阿拉安人通常称自己为"芒扬人",因为"芒扬"(mangyan)一词在阿拉安—芒扬语中就是"人"的意思。国际学术界和菲律宾学术界对于芒扬民族的民俗学、人类学研究主要集中在拥有文字书写系统的哈努努沃部族,比如荷兰学者安东·波斯特马(Antoon Postma)对于安巴汉诗歌(Ambahan)的研究。关于阿拉安部族的研究尚不多,所涉及的也是社会文化人类学领域的历史人类学、族群研究等,主要有瑞士学者朱格·赫布林(Jürg Helbling)、德国学者沃克尔·斯哥特(Volker Schult)(两人合作)、日本学者菊地靖(Yasushi Kikuchi)等学者。迄今对于阿拉安部族的神话、传说等口承民俗或民间文学,国内外学术界尚未有系统搜集和专门研究;只有当地的教会学校教师自己做的少量采集,且并未结集或出版。故笔者所从事的民俗人类学的调查、搜集和文本分析是该领域的初始探索。

[2] 阿拉安人主要分布在杜拉安河(Dulangan)流域、阿拉安河谷以及周边的山麓上。关于阿拉安部族详细人口,早期的人口数据各种机构基本一致、彼此相差不大,菲律宾国家人口普查结果为 1970 年 10254 人,1975 年 19106 人。但到了近些年,不同机构的统计结果相去甚远,南部文化委员会 1987 年的统计是 47580 人;国家原住民族委员会 2000 年的统计是 56594 人;而菲律宾文化中心的数据 1988 年仅有 13500 人。这些数据的出入可能是由于阿拉安各村社富有流动性,且散布在大片山区中,不同机构对于阿拉安族群的划分、调查的细致程度上有所异。有很多山地村社分布在非常偏僻、艰险的山区内陆,调查人员根本无法到达;而且一些村社的人因为害怕外来调查人员而离开了村社,就没有统计在内。此外,阿拉安领地之内也有越来越多的平地民族定居点或者其他的芒扬部族,划分不清造成了多余统计。所以综合各方面的数据、参考当地教会组织的经验数据,并结合笔者自己的田野经验,现在的阿拉安部族人口应不超过三万。

[3] 王娟. 民俗学概论[M]. 北京:北京大学出版社,2002:284.

意义。于是,承载了大量"本文"信息的"活形态"神话历来吸引了学术界的关注,本文即是从阿拉安人如何看待和讲述神话入手,探讨信仰和传承神话的原住民的神话观。

一、神话观的理论问题

本文中所探讨的神话观,指的是神话信仰民族对于本族神话的看法和态度,其中主要包括了两方面的内容:一是原住民如何将神话区别于传说、民间故事等其他民间叙事,即原住民对于自己口头叙事的自然分类是什么;二是原住民如何讲述和看待神话,即神话流传的具体形态。考察原住民族的神话观,必须采取亲身体验、参与观察的主位研究法,去探索隶属于土著居民的"地方性知识"的神话和神话观,这也是贯穿本文的思路。现代人类学、民俗学倡导在研究异文化时应采取"主位研究"(emic perspective)的方法,马林诺夫斯基曾强调学者们的田野作业应该是科学、系统的"参与观察"式的,克拉克洪亦曾提出"人类学家的首要职责就是把事件放置于作为其研究对象的人们的视角下来研究"[1]。正如现代工业社会人们用"科学知识"去思考和理解世界,土著居民用"神话"去解释和理解他们的世界,神话既是原住民族的思考方式,又是他们的"知识",而且神话不是一般性的知识,而是一种特定的"地方性"的知识。在文化研究领域,"地方性"这个独特的术语源自于解释人类学,格尔茨等人提出用"地方性知识"(local knowledge)的概念来描写原住民族的文化形态。格尔茨强调,文化研究应该是采用"文化持有者的内部的眼界"去诠释文化持有者对己文化的认知和理解,从而去理解异文化持有者的心灵[2]。原住民族的地方性知识是由诸多内容构成的,神话是其中的一个核心部分,这是因为神话讲述的是世界、人类等万事万物的起源和变化,是土著民族对周边世界和自身最为基础性的解释,所以它构成了土著民族信仰体系的基础与核心。邓迪斯曾提出运用"口头文学批评"(oral literary criticism)的概念,在具体的文化语境中探索民俗事项的意义[3]。因为神话是"地方性"的,它包含了该民族自己的文化特色、民族心理特质,具有民族特

---

[1] Clyde Kluckhohn,Mirror for Man,New York:McGrauHill Book Company,1949:300. 转引自张光直. 考古学——关于若干基本概念和理论的再思考[M]. 沈阳:辽宁教育出版社,2002:84.

[2] 克利福德·吉尔兹,地方性知识:阐释人类学论文集[M]. 王海龙,张家宣,译. 北京:中央编译出版社,2004:72~90.

[3] 阿兰·邓迪斯. 民俗解析[M]. 桂林:广西师范大学出版社,2005:46~48。

色的符号和特定的象征内涵，是该民族特定的文化认知。要想真正理解神话，就必须采取"地方性"的办法，深入到土著居民中观察和思考，推人及己而非推己及人，从土著居民的心灵出发，运用"地方性"的思维去理解这种"地方性"的知识，还原神话流传民族对本民族神话的理解和认识，这正是本文中始终采用的思路。

现代民俗学史上，马林诺夫斯基是最早关注并且科学地描述原住民神话观的学者之一。他曾强调，特罗布里恩德岛的土著居民也对本民族的各种口承叙事进行了分类，即存在着原住民自己的"自然分类"；而且在土著自己的观念中，神话与其他样式（genre）的民间叙事存在着明显的区别。马氏指出，原住民们是按照是否信以为真来对本地的口承叙事进行分类，并给予了不同的称呼，信实程度是最为重要的分类依据。特罗布里恩德岛人使用的三种称谓 kukwanebu、libwogwo 和 liliu，分别对应着现代民俗学中的民间故事、传说和神话。马氏提出，一方面神话是解释性的，用古老时代发生的故事来告诉人们今天的这些仪式习俗道德从何而来、为何而来。liliu（神话）被土著视为是真实的，而且还是"崇敬而神圣"的，它给土著的各种仪式、礼数、巫术、魔法、道德、社会规则提供了"具体而有前例可援的故事"作为理论依据和历史性的权威[1]，各种仪式、巫术、信仰等都与相应的神话联系在一起。土著们常直接引证神话的内容，说这些习俗是 liliu 中叙述的事情所产生的结果，于是 liliu 就给这些习俗赋予了合法性与合理性。另一方面，马氏强调神话又是神圣性的，暗示人们必须崇敬和尊重这些古老故事中揭示的准则，按照故事中的叙述在现实生活中施行这些仪式习俗和伦理道德。因为 liliu 这类故事"编在仪式、道德与社会组织里面"，既不是为了娱乐和趣味，也不仅仅是当作真事而讲述，它所讲述的是一个真实存在过的、极为远古的原初世界，是一切的初始和开端，在那个世界发生的种种事情最终决定了今天土著们所实践的各种行为和准则，包括了所有的仪式、习俗和道德[2]。于是 liliu（神话）在原住民的思维中占据了最为基础的地位。

威廉·巴斯科姆在《民间文学形式：散文叙事》[3]一文中曾将神话、传说和民间故事相比较，以民间叙事流传民族自己的信实度、取态、讲述特点作为衡

[1][2] 马林诺夫斯基. 巫术科学宗教与神话[M]. 北京：中国民间文艺出版社，1986：132.
[3] 威廉·巴斯科姆. 民间文学形式：散文叙事[M]//阿兰·邓迪斯. 西方神话学论文选. 上海：上海文艺出版社，1994：8~15.

量的尺度,提出了散文体民间叙事的分类,标定了神话不同于传说和民间故事的特征[1]。威廉·巴斯科姆所提出的分类是根据浩如烟海的民俗材料总结出来的,采用了民间叙事流传的民族对于本民族民间叙事的态度,作为散文体民间文学分类的标准,也就是说强调的是富有主位式色彩的文化认知。不过威廉·巴斯科姆的分类依然是抽象出来的学术分类,是学者们构建的理想模式,这一理想模式几乎可以概括世界上所有民族对于民间文学分类的观念,但若具体到某一民族,该民族对于"神话""传说"和"民间故事"的理解往往会带有"地方性"的特征,该民族自己的"自然分类"与这一学术分类很可能会存在着细微的差异。本文所论述的阿拉安人对于本民族民间文学的自然分类,就不全相同于威廉·巴斯科姆的学术分类,这正是本文力图揭示的。

二、地方性的认知——阿拉安—芒扬人对民间叙事的自然分类

在阿拉安人中神话是活形态的,经常被讲述。理解阿拉安人的神话观,必须要通过原住民用民族语言对于口头叙事的表述,分析报告人采用本民族语汇的种种解释和称谓。在日常讲述中,阿拉安人把那场上古大洪水称作为pureres,这是一个阿拉安语中的专用词,专用来指称一个特定历史事件——即远古时代的那场大洪水灾难。报告人反复强调,pureres绝非"普通的洪水","如果现在河里涨大水,应该用别的词来说,不能用 pureres","pureres 只发生过一次,就是很久以前的那一次;如果再发生一次的话,我们都会淹死,世界要毁灭"。阿拉安语是阿拉安—芒扬民族无文字的母语和本族语,在日常生活中使用;他加禄语作为菲律宾全国的通用语,是阿拉安人在与外界平地民族长期交往中学会的外来语,平时只是在与非本族人打交道时才使用。阿拉安语是与他加禄语相当接近的语言,它们同属于南岛语系印尼语族,两者有众多的同源词和相似的语法结构,所以他加禄语可以非常合适地作为阿拉安语的参照。大多数阿拉安人都掌握了他加禄语,并且可以同时在两种语言间灵活的转换表述。几乎所有报告人都使用了上述两种语言来解释"关于大洪水的故事"、"关于安布奥神(阿拉安人的创世神)的故事"等概念,采用了两种语言的词汇系统和特定称谓来表述。比较这两套语言称谓之间的异同,更有利于深入探索原住

---

[1]巴斯科姆认为,神话流传民族认为神话是发生在遥远的过去,在一个与今天不同的古老世界,主要角色是非人类的真实的事情,它被原住民认为是神圣的;在具体进述时,既没有程式性的开场白,也没有特别的限制。他也依类似标准界定了传说和民间故事。

民关于口头叙事的自然分类。阿拉安人对于"关于大洪水的故事"的他加禄语称谓是 lumang kuwento ng pureres，用阿拉安语则称之为 pangisudēn pureres，两个称呼的意思都是"关于 pureres 的古老故事"；类似的，"关于安布奥神的故事"叫做 pangisudēn Ambuao。虽然阿拉安人所用他家禄语称谓"kuwento"的称呼可以翻译为"故事"，不过"kuwento"的称呼可以作为阿拉安人对于各种口头散文体叙事的通称；而说到洪水时，他们会特别强调它是一种"古老的"(luma)故事。报告人用他加禄语向笔者解释时，还会称之为 lumang-lumang kuwento，即重复了 luma(古老)这个词根，这在他加禄语语法上是一种修饰程度加强的表述，强调为"非常非常古老"，属于古老的过去。

报告人用本民族的阿拉安语则称作 Pangisudēn Pureres。Pangisudēn 在阿拉安语中是一个很有意思的词，虽然报告人都用 kuwento 来解释 pangisudēn，即关于大洪水 pureres 的 pangisudēn，但这两个概念绝非一一对应。所有的报告人都说 pangisudēn "就是他加禄语中的 kuwento"，但"又并非普通的 kuwento"，"kuwento 包括的内容比 pangisudēn 要多"，因为"pangisudēn 还有历史的意思"，只有"历史上的、千真万确发生了的 kuwento 才是 pangisudēn"。实际上 kuwento 是一个大类，是对于所有叙事的统称，只要阿拉安人讲故事，就都是在讲 kuwento。阿拉安人中存在着两种"kuwento"(故事)，pangisudēn 就是第一种，它指的是对各种真实事件的讲述，而且在时间上这些事件应该是很久以前发生的，而不是比较近的过去。Pangisudēn 是名词，它的词源是另一个阿拉安语词 gisud。gisud 是动词，在阿拉安语中的意思是"回头看"，而且阿拉安人认为，这个"回头看"的对象常常不是具体的事物，而偏向于各种抽象的概念——比如某件过去发生的事情、某人以前的经历，于是 Pangisudēn 作为从 gisud 引申过来的名词，直译过来就是"往回看到的东西"。所以在阿拉安人的认知中，pangisudēn 明显带有"历史"的内涵，而且确实有少数报告人也曾向笔者明确解释道"我们芒扬人说的 pangisudēn 其实也是他加禄语中的 kasaysayan(他加禄语意为历史)"。不过还需要辨明的一点是，pangisudēn 又不完全等同于我们现代人眼中的"历史"，它被原住民赋予了口头表演的内涵。阿拉安人认为，pangisudēn 必须是人们口头讲述出来的较远过去发生的真实故事，它的本质仍是口述的故事，是一个原住民记忆中的想象文本，是一个通过口头来表现的表演文本，并不是看得见摸得着的、有承载者的客观实在，而是人们的平日口头讲述的一种故事类型。因为在阿拉安人看来，但凡不是从口头

459

讲述出来的，就不能算是 pangisudēn。平时阿拉安人用 pangisudēn 这个词时，通常是使用它的动词形式 agpangisudēn，即"讲历史故事"，所以笔者认为 pangisudēn 的概念并不简单地等同于"历史"，而应该是"具有历史性质的真实的口头故事"。

Barugi 是阿拉安人的第二种"kuwento"（故事），报告人称"pangisudēn 是故事，barugi 也是故事"，"这两个都是他加禄语里的 kuwento（故事）"。Barugi 也是一个阿拉安语词，指的是 pangisudēn 之外的其他的各种事件，这些事情可真可假，而且是否真实并不重要，讲述者和听众都不会在意。有些事可能是真实的，有些可能就是讲述者的道听途说或随意编造而已，还有些则是嘲讽、戏谑和开玩笑，也有些是评说一些人和事的闲言碎语。在时间上，barugi 大多是指比较近的过去发生的事情，或者就是最近刚发生的故事。Barugi 的动词形式是 agbarugi，意思是"讲 barugi 的故事"，如果看到三五个阿拉安人聚在一起有说有笑地聊天，去问他们在干什么，他们会回答"我们正在 agbarugi 啊"。当土著说"我们正在 agbarugi"，无论是听众还是讲述者，表现出来的态度是随意的。虽然 barugi 中也有一些是合乎常理，甚至有证据可循的，但听众并不会把 barugi 的内容全部当真，讲述者也不够严肃和认真，常常充满了调笑和戏谑。在讲述过程中，听和讲的双方甚至直接就会说，"这是听说的""这是某某人编出来的""这当然不是真的"。相反的，而当土著说"我们正在 agpangisudēn"时，态度则是认真的，绝不能随意编造和肆意调笑，至少是讲述者会把这些讲述当作是真实的历史事件来看待，并且在讲述中会努力争取听众也相信这些故事都是真事。最终，对于听讲双方，无论具体的情节有多么奇幻和神妙，都会被信以为真。

此外，阿拉安人还用 ragayan pangisudēn 来称呼类似于 pureres（大洪水）之类的 pangisudēn，它的外延要小于一般意义上的 pangisudēn。除了大洪水，只有安布奥神创造世界、世界刚起源时发生的各种事情才能称作 ragayan pangisudēn，总之都是指发生在最为古老时代、和起源事件有关的 pangisudēn。Ragayan 在阿拉安语中是开端、开始的意思，ragayan pangisudēn 在这里指的是"初始的 pangisudēn"，即"最初开始的故事"或"历史故事的开头部分"，报告人称"不是非常古老的时候发生事情，即使是真实的，不能叫做 ragayan pangisudēn"，"因为那些算不上是最开始的"。关于 ragayan 这个词，报告人提供了两种意思的解释。第一种，"ragayan 是 pangisudēn 中的一个部分"，"是

pangisudēn 中最最早的那些部分的事情,叫做 ragayan pangisudēn"。也就是说在阿拉安人的认知中,ragayan pangisudēn 是他们所有的讲述历史的 pangisudēn 中位于最初开端时代的那一部分 pangisudēn。第二种,"ragayan 也可以是某个具体故事的开端、开始部分"的情节,比如 ragayan pureres 就是洪水故事中洪水如何开始那部分的情节。

综上所述,如果用现代民俗学的标准——主要参考威廉·巴斯科姆提出的分类标准——来衡量阿拉安人对于民间叙事的自然分类,不难看出, pangisudēn 包括了神话和传说。一方面芒扬人强调使用 lumang–lumang kuwento 来解释 pangisudēn,其实是说明 pangisudēn 最为突出的一个特点,就是非常古老的、具有历史性的;其中还有一类 ragayan pangisudēn 又是所有 pangisudēn 当中最为古老和初始的。同时,另一方面芒扬人又清楚地意识到 pangisudēn 和 barugi 虽然都是"故事(kuwento)",但却是两个有着鲜明区别的类型,这说明 pangisudēn 的第二个核心特点,即具有绝对的真实性。Ragayan pangisudēn 作为 pangisudēn 中独特的一小部分,它的内涵非常明确,基本上就是创世神话和洪水神话,而不属于 ragayan pangisudēn 的其他的 pangisudēn 基本上就是传说,它们也是被信实的,具有历史性,但因为讲述的并非是最初开端和起源的历史,所以被归为传说。阿拉安人还认为,非 ragayan pangisudēn 的普通的 pangisudēn 要比 ragayan pangisudēn 来得多,真正的 ragayan pangisudēn 数量上是非常少的,而且把各个片段连续起来,其实只是一个故事。barugi 覆盖的范围则最为广阔,数量上也最丰富,报告人也提出,要比 pangisudēn 多得多。Barugi 既主要涵盖了狭义上的民间故事,包括了寓言、笑话、生活故事等等,又部分涵盖了一些民间传说,因为 barugi 中有些也被芒扬人认为是真实的、有据可循的。kuwento 这个他加禄语外来词对于阿拉安人而言则是一个总称,统称了所有阿拉安人的口头叙事。可见,阿拉安人关于民间叙事的自然分类并不是与相应的民俗学关于神话、传说和民间故事的概念界定完全一一对应,阿拉安人的自然分类有时是兼而有之,而从根本上决定这种自然分类的是阿拉安人在口头叙事时采取心理态度和信实程度。

三、朴素中的神圣——阿拉安—芒扬人如何讲述和看待神话

笔者询问报告人洪水、创世故事时,还会询问报告人自己对于这些故事的看法。报告人回答说,"这些是非常古老的故事","这全都是我们阿拉安人的

461

历史","可都是千真万确的啊","不仅是我知道,这里村上的所有人全都知道,村里面每个人都可以讲"。事实上,关于洪水的叙事被芒扬人视为其民族历史的一个片段。阿拉安人的观念中存在着一个稳固的关于历史的观念,每个人都相信自己的部族有着这么一段从古至今、连续未断的历史,这段历史始于创世神灵创造了天地万物,后来发生了大洪水,接着阿拉安人的祖先出现了,然后又经过了一代代的发展变化直到现在,阿拉安人就成了今天的样子。部族中人与人的差异在于,各人对这段历史记忆的清晰程度是不一样的,有的人说起来头头是道,有的人稀里糊涂。可见,在阿拉安人的观念中,其实并不存在我们所谓的神话,更不用说洪水神话、创世神话,存在的是"关于大洪水的一段真实历史",阿拉安人对于自己的历史信以为真,并且代代口耳相传,而大洪水正是这个历史中的一个片段而已。阿拉安人对于上古大洪水的信实正是基于他们对于自己历史的信任。马林诺夫斯基亦曾提出,在土著的社会中神话的地位非常独特,神话"不是说一说的故事",绝非"我们在近代小说中所见到的虚构",而是被原住民认为是"在荒古的时候发生过的实事,而在那以后便继续影响世界影响人类命运的",它"活在土著们的道德中,制裁着他们的行为、支配着他们的信仰"。阿拉安人关于安布奥神创世和大洪水灾难的叙事,对他们自己而言绝不是随意的,他们深信正是这段历史决定了今天的世界、决定了自己民族的命运,即使这段历史已经非常久远了,阿拉安人也绝不会忘记。而且阿拉安人认为这种历史不仅是被信实,而且还不可被挑战,因为神话包含众多起源事件,解释了当地的现实生活是如何变化而来的,所以必须要相信。对神话的信实是对历史的信实、对现实的肯定;反之,不相信神话,就是否定现实生活。于是,神话为现实生活提供了历史和道德的权威,虽然是一种想象出来的、略带虚幻色彩的权威。

在阿拉安人的认知中,关于洪水的种种叙事是具有神圣性的,而且这一神圣性具体表现为,在朴素的叙事表演形式中蕴涵着深刻而神圣的内容。阿拉安人讲述神话的整个过程都是处于稀松平常的、生活化的状态。讲述神话时,对于讲述人的性别绝无要求,妇女、儿童都可以在场,妇女也可以参与到叙述中来。对于神话的讲述者和听众,阿拉安人也并没有特别的要求和禁忌。在采录时,笔者常常是和一家人或者好几位老人在一起,他们都是你一句我一句,相互核对一下记忆中的信息;有时会有一个人主说,但旁边的人也会时不时地插嘴。神话的讲述完全可以在极其日常的环境中进行,不一定需要和某种仪式或特别的表演相配合,或者尊重某种特定的讲述规则。只是,阿拉安人都一致公认讲述人应该是上了一定年纪、见多识广的长辈,这样说出来的才会比较权威、准确。而且,这些叙事是被讲述人严肃而认真地当做真实事件来讲述的,没有任何主观上的戏谑或编造。这些芒扬报告人在讲述时,都是以平实朴素的语言平铺直叙,使用都是普通的话语、词汇、语气和声调。报告人的讲述通常缺乏修饰的成分和对具体细节的精细描述,讲述中主要关注的是各主要事件一步又一步按一定时间序列依次发生,而非其中的种种细节问题;即使是有一些奇幻、难以理解的情节,报告人也不会展开或深入讲述,或者主动给出原因以解释,如果回头再询问"为什么",得到的回答常常是"事情就是这样的,没有什么原因""听说时具体情况就没有说"。因为神话信仰者与非信仰者关注的重点是不一样的,对于土著而言,并不需要知道为什么在历史上要发生那些奇幻的事件,那些事件是不是太神奇了,这种问题是非神话信仰者心存好奇才会想到的;作为信仰者的土著并不关心为什么发生那些神话,他们关注的是那些奇幻的事件对于今天产生了什么样的影响,导致现实生活是怎样的,神话和现实生活之间的联系才是他们认为对自己有意义的,才是土著注意力之所在。

不过,上述这些神话叙事形式上的朴素性质,并不会遮盖住其叙事内容的神圣性本质,更不会妨碍原住民讲述者及听众把这些故事(神话)当做真实的事件。这大概是因为,在原住民的眼里,这些叙事的内容早已被视为是曾经发生过了的历史,正是因为它们已经是非常真实了,原住民们早就习以为常地接受了,所以无须再额外地添加种种修饰的外表和奇幻色彩,以刻意夸张出这种神圣性。阿拉安人洪水叙事的神圣性恰恰表现为一种平凡和纯粹的真实,"神圣"是以自然的、生活化的状态出现的,这有些类似于马林诺夫斯基所叙述的关于土著人对于神话的态度。在阿拉安语中,知识叫做"katawan",传统叫做"ugali"。对于这些神话,他们并不是把它作为极其特别、让人畏惧、崇高伟大的某种信仰来看待,而是被作为阿拉安人的"katawan"的一个重要部分:一方面神话被作为当地的一种非常"日常"的"知识",被视为是一些关于自己部族祖先的历史的"katawan",被视为是每个阿拉安人都应该知晓的基础的"katawan",另一方面,阿拉安人把掌握神话的内容视作如同于掌握砍树、取火、捕猎等各种基本生活技能,阿拉安人的"ugali"要求每个人都必须掌握好这些"katawan"。如果一个阿拉安人不知道这些,绝不是什么光彩的事情,会被视为是不了解部族的传统,人们会说这个人没有或缺乏"katawan",这样"无知"

的人是不尊重阿拉安人的 ugali。阿拉安人中有一套众人公认的 "katawan" 和 "ugali"，包括的内容既有各种生活技能、伦理道德，又有这些神话传说，此外还有各种仪式和信仰，这些合在一起正是一套完整的、成体系的"地方性知识"，这套地方性知识正是在神话基础上构建的，而且是部族中人人都应该掌握、每天都要操作实践的。更为深远的是，这些神话既然被认为是阿拉安人的文化传统，那么它也就成为了一种重要的身份认同，给整个部族、村社提供了一个想象的历史归属观念。同一村社内部、不同村社的人们信仰着同样的历史，而且他们对这段历史的信仰又不同于邻近的其他芒扬部族和平地民族，再加上彼此操同样的语言、采取同样的仪式和习俗、有着或远或近的亲缘关系，于是土著彼此之间才会相互认同，认为对方和自己一样都是阿拉安部族的成员。

讲述神话是阿拉安原住民日常生活的一部分。日落之后、睡觉之前，人们在一天劳作之后歇了下来，常常会以家庭或几个家庭为单位聚集在一起，伴随着年轻一辈的发问，长辈会讲述包括大洪水在内的各种故事，并且这种讲述既被当做与别人一起分享这些传统知识，又当做对于年轻一代进行教育。在阿拉安人看来，神话中的确是充满了各种神灵魔怪和灵异事件，但是并不会因此神话就成为了远离现实生活的神秘诡异的事情。那些故事都是很现实的事情，只不过是发生的时间是很久以前而已，所以不必觉得那些故事有太多的特别之处。阿拉安人把神话视为是神圣的，它的内容是无比的真实，不可以随意篡改；但是又绝不是神秘的，它亦是部族中大众共同分享的一些基础观念和知识，并且也可以非常平常地告诉外来人。所以，如果与我们今天进行现代教育、传播科学知识相比的话，原住民的神话在部族中其实也是类似的"科学知识"，发挥类似的作用，是不折不扣的"地方性"的"知识"。

需要注意的是，今天的阿拉安原住民仅仅是神话的传承者，对于这些先民们所创造的神话，他们的理解也是有限度的。一方面，他们和我们一样，也认为这些古老的故事里面讲了很多光怪陆离、不可思议的情节，这些情节在今天看来的确是不合常理的。他们对此也是迷惑的，并不明白这些关于祖先的怪异的事情，到底说的是什么意思、又有什么内涵。这正类似于我们现代人面对神话时所具有的那种疑惑。所以如果我们在研究中探索神话的真正含义时，是不可能通过在田野中询问原住民就可以直接得到的。虽然他们人人都相信神话是真的，虽然神话对于他们而言是一种重要的地方性的"知识"，但神话绝不是"常识"，因为原住民认为，这些神话绝不是日常随意就可以了解和运用的，而是需要用信仰和仪式来不断地验证才能够真正认识和掌握得到的。另一方面，他们和我们不一样，我们会从现代"科学"的角度去思考，觉得这些神话都是荒诞不经的无稽之谈；而他们虽然也会对神话中的神奇事件疑惑不解，但仍然是笃信这些祖先的故事真实无疑。他们认为，这些故事说的都是在很久很久以前，那时候的世界和今天的世界并不一样，那些神奇的情节在过去是完全可以的，一点都不荒诞，完全符合那个时代的"常理"，说它们"神奇"只是"不合"今天人们所认为的"常理"而已。

这当中有一个有趣的问题，虽然神话所构筑的历史观是想象的，神话中描述的那个古老的理想世界与今天的现实世界实在是差得太远，但是原住民却能够运用一条"非常合理"的逻辑，在现实生活中找到可以验证神话所讲述的那个理想世界以及发生的那些神奇事件是"千真万确"的证据——即原住民会用今天的"常理"来证实历史上的"神奇"，从而维护了自己想象的历史观。原住民认为，就是因为发生了神话中所说的那些神奇事件，今天的世界才变成了这个样子；于是今天世界的样子和神话中所说的神奇事件不一样恰恰是对的，发生了那么多神奇事件，所以两者自然就应该不一样。原住民坚信神话暗含着这样一个思想，即神话解释了理想世界变化发展成现实世界的过程，神话正是讲述这个过程的历史叙事，所以那些历史上的"神奇"与今天的"常理"迥然不同，正好证明了神话是无比真实的。这样就不难理解，神话传承到今天，阿拉安原住民为什么仍然还会相信这些光怪陆离的神话，甚至是越是"神奇"越是相信。

四、结语

今天在阿拉安人当中，这些神话依然是以"活形态"流传着的，在他们的信仰中都是信实的。阿拉安—芒扬人的神话是由一连串的阐述各种事物起源、产生、出现的起源事件组成的，包括了世界的起源、天空大地等的产生、人类的起源、天与地的分离、性别的出现、生育方式的改变和起源、现代人类或各民族的起源、一些具体地貌的起源等。在土著居民看来，祖先流传下来的这一切关于洪水的种种说法，是一整段连贯的非常古老的故事，都是祖先们当初亲身经历的，是在远古时代确实发生过的真实历史；这段历史是连续的，包含了一系列相继发生的事件，彼此间不仅有着时间序列上的一致性和连贯性，还有着生活常理上的因果、承接、转折等密切的逻辑关系。即神话其实是被原住民视作为一段完整的、前后关联的、客观存在的历史,讲述了整个世界、人类以及芒扬民族自己的由来,解释了自人类起源以来一系列最基本的问题。于是阿拉安人的神话观亦是历史观和世界观,在原住民看来,这些神话是一段标准的口述历史,讲述的是从世界的最初创造、经历洪水灾难再发展到现实世界的整个"历史",整个神话的叙述给阿拉安人构建出了一整套想象出来的历史记忆,讲述的是他们周围的世界由奇幻走向真实、由理想状态走向现实形态的宏大历史。这些神话承载了对于原住民最为核心和重要的一些观念,原住民自然会非常重视它们,千百年来世代相传并始终成为阿拉安人所珍视的"地方性知识"。这套阿拉安人的地方性知识,是以非常朴素和平常的形式存在着且被原住民讲述着的,但朴素的形式并没有遮盖它具有神圣性的内核。这些口承叙事成为了芒扬人的民族传统的构成部分,是容不得挑战的。

综而观之,阿拉安人的神话观是朴素而神圣、自然而真实的。作为现实的民族认同归属和想象的历史观念,神话又构成了阿拉安"地方性知识"中核心的内容。毋庸置疑,研究阿拉安人的神话是一件研究"异文化"的个案,其目的是在这些具有边缘性质的、地方性的、传统的"地方性知识"中寻求与我们现代人观念貌似相似抑或实则相异的非西方的、非现代性的文化认知,通过"推人及己"的理解方式,达到人类的自我理解。

(作者单位:北京大学东方文学研究中心)

对人认知与日、汉语授受动词对比

●徐昌华

一、引言

授受动词研究对笔者来说是个既熟悉又新鲜的课题。早在 1980 年笔者在日本承蒙奥津敬一郎先生指导开始了对授受动词的研究，并与奥津先生联名发表了"…てもらう"与汉语对应关系研究的论文。之后又对"もらう"与汉语的对应关系进行了研究。近年来又从语用学和认知语法的角度对"对人认知和授受动词"问题进行了思考。

二、什么是"对人认知"

"对人认知"指的是如何理解说话者与听话者之间的关系。即对方是上级、长辈、年长者，还是下级、晚辈、比自己资历低的人；对方是属于自己一方的人，还是自己一方以外的人。

对人的认知和对人际关系状况的认知决定着日语授受动词的使用。

三、日语授受动词的特征

1. 移动的方向性

汉语等……单方向句。

日语……复方向句：由说话者一方发出的朝向他人的"外向移动"；由他人发出的朝向说话者一方的"内向移动"。

"给"的基本用法是表示物体的外向移动，但是也可以表示反方向的内向移动。比如以下的用法：

我给了他一张票。

他给了我一本书。

但是日语中外向移动与内向移动的表达方式是完全不同的。比如：

私は彼に入場券を一枚あげた。

彼は私に本を一冊くれた。

表示外向移动和内向移动的动词是有严格区别的。我们称之为"专用"。表示内向移动的专用词有：

くれる、くださる……给与动词。

もらう、いただく……接受动词。

表示外向移动的专用词是：

やる、あげる、さしあげる……给与动词。

2. 恩惠授受

物品的移动常常伴随着恩惠或利益的授受。恩惠包括金钱、物品以及有利益的行为等，是随着物品的移动或所有权的移动而发生的伴随行为。日语授受动词的特征之一就是表示恩惠的授受，这种授受分为以下三种类型：

说话者对他人施与恩惠：やる、あげる、さしあげる……施益。

他人对说话者施与恩惠：くれる、くださる……受益。

说话者受到他人的恩惠：もらう、いただく……受益。

3. 地位关系

说话者如何看待与者、受者的地位也决定着动词的使用情况（沼田：1999）。

与者应对受者表示尊敬时：さしあげる。

受者应对与者表示尊敬时：くださる、いただく。

授受动词作为移动动词中的一类，表示物品的给与（与え）和获得（受け）。物品位置的移动意味着物品的归属和所有权的转移。日语中表示授受意义的动词为数不少，经常使用的是"あげる、くれる、もらう"等七个动词。它们作为独立动词使用和作为补助动词使用时是有区别的，本文只讨论它们作为本动词使用的情况。

以下是引自『日本语运用文法』的例句：

S:「昨日はバレンタインデーだったね。妹が君にチョコを作っていたらしいんだけど…（あげた/くれた/もらった）？」

本句应该选用哪个授受动词呢？

正确答案是：视说话者、听话者与妹妹的人际关系而定，哪一个都有可能被使用。

当说话者把视点置于与者(妹妹)一方时用あげる。表示外向移动，是属于自己[1]一方的妹妹对于他人 A 发出的动作。

如果说话人把视点置于受者 A 一方时则用"くれる"。"くれる"是表示第一人称为受者的授受动词，所以用"くれる"就表明 S 与 A 具有一致的视点。即该句表示内向移动，是由自己的妹妹施与和说话人有亲密关系的 A 的行动。

说话人把视点置于受者 A 一方时还可以用"もらう"。"もらう"是受者作主语时使用的授受动词，表示内向移动。该句即表示将 A 置于自己一方，而将妹妹置于较为疏远关系的一方时 A 的接受行为。

作为该句的答句，如果回答是肯定的，则为"(僕に)くれた"、"(僕は)もらった"，不可以回答"あげた"，"僕にあげた"是错误用法。

说话者与听话者、与者与受者之间的内外、亲疏、上下尊卑关系决定授受动词的使用。对人的认知和人际关系会反映到语言表达层面。正如大野晋指出的那样："いつも相手は自分より上なのか下なのか、遠いのか近いのか、親しいか疎いかを、込みにしてとらえ、その条件のもとでしか相互に接触ができない。"

日本人区分"内外意识的重要性，不仅体现在区分"内"与"外"，更重要的是重视"内"，"内"占优势地位，体现了一种自我本位。"内"的核心是："私""自分"。竹田靖雄在『日本人の行動文法』中的论述也证明了笔者的观点。他认为"日本人的行为是自我本位的"，"所谓自我本位就是以自己为中心来考察身边的状况"，"所有事物都以自我为中心，强调自己得到某物"。

日本文化被称为"和"的文化。日本人重视人之间的"和"，即人际关系的调和，要调整自己的言语和行动，使之与自己周围的状况或交际的对方相适应。

"あげる"的主语应是第一人称或自己一方的人，而不可能是第一人称的受者作为补语，因此是表示外向移动的专用词。"くれる、もらう"是围绕第一

---

[1] "自己"在日语中是"身内"。"身内へ素性""身内素性"是语言学术语，可以译为"朝向自己一方的语义特征"。授受动词"くれる""もらう"等具有此种特征，表示物体从别人一方转移到自己一方。

人称而展开的动作,表示内向移动,因此"くれる"句中的补语一定是第一人称的受者,"もらう"句中的主语一定是第一人称的受者。"話し手にくれる""話し手がもらう"这样的结构充分地体现了是从别人那里得到某物。因此,从这样的表达中可以感受到受者怀有的"受益、受到恩惠"从而要"感恩、报恩"的心情。

汉语中虽然也有"内外有别"的意识,但是日语中这种意识体现得更为彻底。比如汉语中也有"内人""外人""都是自己人""见外"等这样含有"内外有别"意识的说法,但是像"内輪""内気""内孫""内々の集まり""内祝い""内緒""内談""内国"等这些具有很强的内外有别意识的说法却只在日语中才有。

四、汉语授受动词的特点

1. 移动的方向性

汉语中常使用的授受动词有:

给与动词:给、交;与、予、献、赐(此四词为古汉语词)等。取得动词:拿、接、收、受、领、取、要、得到等。

给与动词"给"以及古汉语的"与""予"在方向性表示上是中性的。"献"表示外向移动,"赐"表示内向移动。取得动词都表示内向移动。

a) 恩惠授受

给:中性

献:+。

赐:+。

拿:中性。

b) 上下关系

献:+。

赐:+。

五、主要授受动词的日汉对比

日语中最具代表性的授受动词是"あげる、くれる、もらう"。"あげる"表示外向移动,"くれる"表示内向移动。其意义都表示"给予",所以都可以翻译成汉语的"给(gei)"。"给"古汉语中读作"ji",不是"给(gei)予"的意思,而是"供给(ji)"的意思。"给(gei)予"的意思用"与""予"来表示。它既可以像"赵予璧"那样表示外向移动,又可以像"不予我城"那样表示内向移动。现代汉语中

"给"表示"使对方得到",主要用于表示物品的外向移动,有时也可表示内向移动。在这个意义上可以说其使用不受内外方向性的限制。

"もらう"表示取得,句子主语是受者,专用来表示内向移动。据笔者考察,与"もらう"相对应的汉语动词是"拿、收、受、要、取、接、领、得、得到"等一系列表示"得到"的动词。其中在一对一的意义上与"もらう"对应的是"拿"。当然"拿"也具有"取る、持つ"的意义,但有表示"取得"的"手に入れる"的意义。李临定将"拿"看做是取得动词。比如"拿了别人一本词典"、"拿金牌"。据最近出版的《现代汉语词典》(第五版)"拿"是表示"取得"的动词,比如在"拿工资"、"拿一等奖"等句中,表示"领取、得到"的意义。另据孙维张的解释,"给"和"拿"的语义体系如下:

给:[+使〈谁〉、+具有]:让对方拥有。换言之,是主语与者一方使物品移动至对方("手に入れる")。

拿:[+使〈自己〉、+具有]:使自己拥有。换言之,是主语受者一方使物品移动至自己一方("手に入れる")。

因此,"给"与"拿"可以看做是反义词。与其相对,其余的表示取得意义的动词都添加了其他意义。比如:

获得:苦心·努力+取得。

取:拿到身边来+取得。

领:支付·发放+取得。

讨:求+取得。

下面我们来看一下"もらう"与"拿"对译的例子。

それじゃ、もらってもいいのかね。

「無理を言って、それ唯もらうなんて具合は悪いわ。」

句中的"もらう"直译为汉语的"拿"。

八路军不拿群众一针一线(八路軍は大衆から針一本、糸一筋さえもらわない。)

随便拿,全给你。(ほしいだけもらいなさい、全部あげるよ。)

（时刻准备着）

(这些画)你要是想要尽管拿去。([これらの繪は]ほしければ何でももらって行きなさい。)

（向天而歌）

471

我觉得,一个人在这个社会里生存的时候你拿了很多东西,那你应该给回这个社会。

（人間は社会に生存するとき、たくさんの物をもらったから、社会に報い返さなければならないと考える。）

（田壮壮求道敬天拍吴清源）

「你爸能挣来钱养活他,我去哪里拿钱？」（父さんはお金を稼いでこの子を養っていけるけれど、私、どこから金がもらえるの？）

（向天而歌）

"もらう"与"拿"的共同点是:都表示取得,受者做主语,表示内向移动。

"もらう"与"拿"的不同点是:"もらう"是内向移动专用,而"拿"的使用不受方向性的限制。比如:

太郎拿了我的书。

这个句子是成立的,但翻译成日语却是错误的。

太郎が私から本をもらった。（误用）

另外,"もらう"表示恩惠的授受,而"拿"在这一点上也是中性的。比如:

拿回来一些没用的东西。（役に立たない物をもらってきた。）

他私拿了国家的重要文物。（彼はこっそりと国の大事な文物品をもらった。）

（TVドラマ）

你先拿着。（まあ、もらっておきなさい。）

六、日汉授受动词对比一览表

在进行了以上考察之后,我们按照受者主语、移动动词的方向性、恩惠授受的方向性、敬语等语义特征,将日汉授受动词作一系统比较,概括如下:

日汉授受动词对比一览表

语义特征 动词	受者主语	动作移动方向		恩惠授受方向			敬语	
		朝向自己一方的移动	朝向自己一方移动专用	说话者施与他人恩惠	他人施与说话者恩惠	说话人接受他人恩惠	施与者对接受者表示尊敬	接受者对施与者表示尊敬
さしあげる	−	−	−	+			+	
あげる	−	−	−	+			±	

续表

语义特征 动词	受者主语	动作移动方向		恩惠授受方向			敬语	
		朝向自己一方的移动	朝向自己一方移动专用	说话者施与他人恩惠	他人施与说话者恩惠	说话人接受他人恩惠	施与者对接受者表示尊敬	接受者对施与者表示尊敬
やる	-	-	-	+			-	
くれる	-	+	+		+			-
くださる	-	+	+		+			+
いただく	+	+	+			+		+
もらう	+	+	+			+		
与える	-	±	-	±	±		±	
受け取る	-	+				±		±
给		±	-	±	±		±	
献	-	-		+			+	
赐	-	+	+		+			+
与	-	±	±	±	±		±	
取		+	±			±		±
拿	-	+	-			±		±

七、小结

我们得出了以下的结论。

1. 有代表性授受动词的认定

"あげるくれる"是具有代表性的给与动词,"もらう"是具有代表性的取得动词。

在汉语中"给"是具有代表性给与动词,这一点大家没有异议。但是具有代表性的取得动词有哪些,却尚无定论。笔者认为"拿"是具有代表性的取得动词,是"给"的反义词。

2. 〈朝向自己一方〉语义特征:内向移动专用

具有〈朝向自己一方〉的语义特征是日语授受动词的特色。奥津先生认为如果授受物品是从别人一方转移到自己一方,则<朝向自己一方>的语义特征为正,反之为负。"くれる·もらう"专用于表示内向移动。

473

3. 与"あげる・くれる・もらう"对应的汉语词汇

あげる：与者主语　外向移动专用+恩惠±敬语

くれる：与者主语　内向移动专用+恩惠−敬语

给：与者主语 可用于内向移动、+〈朝向自己一方〉语义特征　±恩惠　无敬语形

也可用于外向移动、−〈朝向自己一方〉语义特征

もらう：受者主语　内向移动专用＋恩惠－敬语

拿：接受者主语 可用于内向移动、+〈朝向自己一方〉语义特征 ±恩惠　无敬语形

也可用于外向移动、−〈朝向自己一方〉语义特征

参考文献

奥津敬一郎(1986)「やりもらい動詞」国文学解釈と鑑賞51巻1号

奥津敬一郎,徐昌華(1982)「「…てもらう」とそれに対応する中国語表現」日本語教育第46号

沼田善子(1999)「授受動詞と対人認知」日本語学第8号

井手祥子 (1999)「敬語は何をするものか――敬語のダイナミックな働き」日本語学第8号

続三義(1999)「「もらう」の意味とその中訳について(二)」第三回日本語学研究シンポジウム

山梨正明(1995)『認知文法論』ひつじ書房

大野晋(1999)『日本語練習帳』岩波書店

竹内靖雄(1995)『日本人の行動文法』東洋経済新報社

阪田雪子編著(2003)『日本語運用文法』凡人社

庵功雄ほか(2000)『初級を教える人の　日本語文法ハンドブック』スリーエーネットワーク

李临定(1990)《现代汉语动词》中国社会科学出版社

刘耀武,徐昌华(1990)《日语语法研究》北京大学出版社

朱德熙(1980)《现代汉语语法研究》商务印书馆

（作者单位：北京大学外国语学院）

简析"终止形与连体形同化"对动词
活用变迁所施的重要影响
——以"ナ变·ラ变活用四段化"和"二段活用一段化"为中心

●潘金生

　　诚如所知,日本文言动词活用的种类在平安时代为九种,及至近世却锐减为五种,遂与现代日语的动词活用种类相同。于此,语法学家多认为,在阐明动词活用从古代日语日渐向近代日语的方向变迁时,除时代和社会的因素外,切不可忽视"终止形与连体形同化"这一现象对其所施至关重要的影响。[1]笔者窃以为厘清二者的关联,方可探明其变迁的真正起因。

　　本文拟以其最主要的、也是最典型的"ナ变·ラ变活用四段化"和"二段活用一段化"为中心[2],首先对"终止形与连体形同化"的形成及其对动词活用变迁的影响作一概述,然后再用大量实例,即"以证求证"的方法对上述二者为中心的动词活用"是如何逐步发生变迁的"作一具体的比较、分析。这也许有助于从语法的历史变迁中把握动词活用变迁的特点及其意义吧。

　　文中不备或错误之处,恳请批评、匡正。

(一)

　　所谓"终止形与连体形同化"这一现象始见于平安时代末"院政期"(1086~1192)后,但它的形成却见于上代、盛用于平安中期的"连体形终止法"(="連体止め")的出现及其影响有着极其重要的关联。

　　甲　诚如所知,作为动词用法中的终止法(此处指用于一般结句)和连体

---

[1]见《考究古典文法》(中田祝夫著,新塔社,1974年版)121~123页;《国文法講座·2》(山口明穂编,明治书院,1999年版)20页。平安时代,动词活用种类有九种(即"四段、上二段、下二段、上一段、下一段、カ变、サ变、ナ变、ラ变"等),及至近世的后期锐减为五种(即"四段、上一段、下一段、カ变、サ变"等)。

[2]所谓"ナ变·ラ变活用四段化",即"ナ(行)变(格)·ラ(行)变(格)活用"渐向"四段(活用)"的变迁;所谓"二段活用一段化",即"(上·下)二段活用"渐向"(上·下)一段活用"变迁。

法(此处指用于修饰体言),自上代起便主要分别由动词活用形中的"终止形"和"连体形"予以表示。若以"ナ变・ラ变活用"和"二段活用"为例,则为:

(1)あるいは己が家に籠りゐ、あるいは己れが行かまほしき所へ往ぬ。(《竹取物语・尤首珠》)

(2)……此れを八幡太郎と云ふ。而る間守の兵、或は逃げ或は死ぬ。……義家が馬亦矢に当て死ぬ。(《今昔物语集・十五–13》)

(3)恋ひ詫びて死ぬる薬のゆかしきに雪の山にや跡をけなまし。(《源氏物语・总角》)

(4)男女死ぬるもの数十人、馬牛のたぐひ、辺際を知らず。(《方丈记・大火》)

(5)王の心をゆらみ臣の子の八重の柴垣入り立たずあり。(《古事记・中卷・清宁天皇・歌谣107》)

(6)嫗、塗籠の内に、かぐや姫を抱へてをり。(《竹取物语・升天》)

(7)世に宇治大納言物語といふものあり。(《宇治拾遗物语・序》)

(8)わが宮の御ためにいますかる殿には、……。(《宇津保物语・藤原君》)

(9)命ある物を見るに、人ばかり久しきはなし。(《徒然草・7》)

(10)暮れかかるほど、清見が関を過ぐ。(《十六夜・清见关》)

(11)くれくれしくうらむる人の心破らじと思ひて、……。(《源氏物语・帚木》)

(12)抑人は、所願を成ぜむがために財を求む。(《徒然草・217》)

(13)峰の嵐か松風か、たづぬる人の琴の音か、おぼつかなくは思へども、駒をはやめてゆくほどに、……。(《平家物语・六一小督》)

如上诸例所示,终止法和连体法主要分别用于表示"终止形"和"连体形",但始于上代,出现一种却以连体形结句的"连体形终止法"。

上述"连体形终止法"谓者,系指句中虽无"ぞ""なむ""や""か"等系助词的"呼应规则"(="係り結び法则")的要求,为表示余韵、余情、感叹和委婉的语感而以活用词(并不仅仅限于动词,也包含助动词、形容词及其以后的所有活

用词等)连体形结句的一种终止法[1]。此法若与常见的以终止形结句的终止法相比,则带有感情色彩,会使读者产生一种联想,即被下接的连体形所省略了的体言的心情(=…ことよ、=…ものよ、=…だったことよ),所谓"意在言外"、"意犹未尽",故而此法也有"余情表现"之称。

此法早在上代已见用例,多以格助词"の"、"が"表示主语[2],但仅限于韵文。例如:

(14)如何にある布勢(ふせ)の浦(うら)ぞもここたくに君(きみ)が見(み)せむとわれを留(とど)むる。(《万叶集·十八–4036》)

(15)風莫(かざなし)の浜(はま)の白波(しらなみ)いたづらに此処(ここ)に寄(よ)せ来(く)る見(み)る人無(な)しに。(《万叶集·九–1673》)

(16)わが背子(せこ)を大和(やまと)へ遣(や)るとき夜(よ)ふけて 曉露(あかときつゆ)にわが立(た)ち濡(ぬ)れし。(《万叶集·二–105》)

自进入平安时代中期后,此种柔和的"连体形终止法"广为贵族社会以及时人所好,其用例也随之增多。在当时,它主要用于会话,也见于和歌、书简文等。

一般而言,用于会话、书简文时多表感叹和委婉的语感。[3]例如:

(17)かぐや姫(ひめ)のいはく、「……ここには、かく久(ひさ)しく遊(あそ)び聞(きこ)えてならひ奉(たてまつ)れり。いみじからむ心地(ここち)もせず、悲(かな)しくのみある。されどおのが 心(こころ)ならず罷(まか)りなむとする」といひて、諸共(もろとも)にいみじう泣(な)く。(《竹取物语·升天》)

(18)これが中(なか)に、心地悩(ここちなや)む船君(ふなぎみ)いたくめでて、「船酔(ふなゑ)ひしたうべりしみ顔(かほ)には似(に)ずもあるかな。」と言(い)ひける。(《土佐日记·2月6日》)

---

[1]见《日本文法·文語篇》(时枝诚记著,岩波全书,1978年版)332页;《古典読解の基本語法》(加藤是子著,新塔社)146页;《国文法講座·2》19~22页;《国文法の研修》(久松潜一监修,林巨树著,1974年版,文研出版)29页。
即便在句中并无"ぞ""なむ""や""か"等系助词和"连体形终止法"的要求,若其中有"いつ""いかで""たれ""いづれ""なに""など"等疑问代名词时也需以连体形结句。例如:
○ 秋(あき)の蟲(むし)なにわびしらに聲(こゑ)のする、頼(たの)みし陰(かげ)に露(つゆ)やもりゆく。
(《菅家万叶集·下》)
○ 夏草(なつくさ)はしげりにけれど、郭公(ほととぎす)などわが宿(やど)に一聲(ひとこゑ)もせぬ。
(《新古今·夏——189》)
见《国文法講座·2》17~22页;《国文法の研修》(久松潜一监修,林巨树著,1974年版,文研出版)29页。
[2]见《国語史概説》(松村明著,秀英出版,1980年版)104~105页;《増補国語史概説》(三泽光博著,三和书店,1972年版)141页;《古典文法·別記》(冈崎正继著,秀英出版,1991年版)53~54页。
[3]见《日本文法大辞典》(松村明编,明治书院,1983年版)916页;《新版文語文法·教授資料》(岩渊悦太郎著,秀英出版,1977年版)27、152页;《古典読解の基本語法》146、182页。

(19)あやしきものかな、御前にかかる物をさしいれていぬるとて見れば……。(《宇津保物語・国让》)

(20)〈紫上〉「雀の子をいぬきが逃がしつる。伏籠のうちに籠めたりつるものを」とて、くちおしと思へり。(《源氏物語・若紫》)

(21)荒れたる家の、露繁きをながめて、虫の音にきほへる気色、昔物語めきて、おぼえ侍りし。(《源氏物語集・帚木》)

(22)〈頭等〉「昨夜の月に、口惜しう御供に後れ侍りにけると思う給へられしかば、今朝露を分けて参り侍る。……」となどいふ。(《源氏物語・松風》)

(23)〈舟人〉「海賊舟にやあらむ。小さき舟の飛ぶやうにて来る。」などいふものあり。(《源氏物語・玉鬘》)

(24)〈明唄の朝臣〉「この下蕨は、手づから摘みつる」となどいへば、……。(《枕草子・99》)

(25)例ならず仰言もなくて日頃になれば、心ぼそくうちながむるほどに、長女文を持て来たり。「御前より、宰相の君して、忍びて賜はせたりつる。」といひて、……。(《枕草子・275》)

(26)昔、おとこ、あづまへゆきけるに、友だちどもに、みちより、いひおこせける。……(《伊勢物語・天福本・11》)

(27)……うち泣きて書く言葉は、「……月のいでたらむ夜は、見おこせ給へ。見捨てたてまつりてまかる空よりも、落ちぬべき心地する。」と書きおく。(《竹取物語・升天》)

此法用于和歌时则多表余情、余韵。例如：

(28)春立てば花とや見らむ白雪のかかれる枝に鶯の鳴く。(《古今集・春上-6》)

(29)昨日こそ早苗とりしかいつのまに稲葉そよぎて秋風の吹く。(《古今集・秋上-172》)

（30）郭公峰（ほととぎすみね）の雲（くも）にやまじりにしありとは聞（き）けど見るよしもなき。（《古今集・物名–447》）

（31）夢路（ゆめぢ）にも露（つゆ）やおくらむ夜（よ）もすから通（かよ）へる袖（そで）のひちて乾（かわ）かぬ。（《古今集・恋二–574》）

（32）飽（あ）かざりし袖（そで）の中にや入（い）りにけむわが魂（たましひ）のなき心地（ここち）する。（《古今集・杂下–992》）

（33）秋風に浪（なみ）や立（た）つらん天（あま）の川（かは）わたる瀬（せ）もなく月のながるる。（《后撰集・六》）

如上所示，此法在进入平安时代中期后则主要用于会话、和歌等，一般不用于文章的叙述部分（＝地（じ）の文（ぶん）），但仅仅限于少数近似会话的文章、日记等的主情表现中[1]，如《紫式部日记・秋之风情》"うき世（よ）のなぐさめには、かかり御前（ごぜん）をこそたづね参（まゐ）るべかりけれど、うつし心（ごころ）をばひきたがへ、たとしへなくよろづ忘（わす）るにも、かつはあやしき。"等，但及至平安末的"院政期"后，由于上述"连体形终止法"及其大量用例，加之社会语言变迁的影响，遂开始出现可用于文章的叙述部分的，以连体形表示单纯结句的用例。其初多为助动词"けり"、"たり"的连体形"ける"、"たる"，其后也逐渐使用动词及其他活用词予以表现[2]。例如：

（34）今は昔（むかし）、鎮西（ちんぜい）の筑前（ちくぜん）の国に相知（あひし）る人も無（な）き尼（あま）ありける。（《今昔物语集・十五–41》）

（35）此（これ）、陸奥守（みちのおくのかみ）貞盛（さだもう）と云（いひ）ける兵（つはもの）の孫也（そんなり）。亦（また）、其（その）時に平（たひら）の致頼（むねより）と兵（つはもの）有（あ）りける。（《今昔物语集・廿三–13》）

（36）此（こ）の業平（なりひら）は此様（かやう）にし和歌を微妙（めでた）く読（よ）ける、となむ語（かた）り伝（つた）へたる

---

[1] 见《考究古典文法》329 页；《古典読解の基本語法》186 页。

如文中所述，"连体形终止法"在平安中期主要用于会话、书信、和歌等，一般不用于文章的叙述部分，但也有例外——仅限于极少数近似会话的文章、日记等的"主情表现"中，如《紫式部日记・秋之风情》等。

[2] 见《新訂国語史要説》（土井忠生著，修文館，1978 年版）108 页；《論集日本語研究 13・中世語》（柳田征司编，有精堂，1980 年版）241 页；《増補国語史概説》229 页。

如文中所言，在文章叙述部分以连体形表示单纯结句的现象始见于平安末"院政期"后，于此，有的学者将其视之为日本国语史上最初呈现出由古代语向近代语变迁的先兆的时期。可见上述这一现象的重要意义。

とや。(《今昔物语集・二十四-35》)

(37)祖亦他の夫を合せむと為るに、……の云く、「我れ年既に老ひたり。事近きに有り。汝ぢ、其の後は何にしてか世には有らむと為る」とて、尚合せむと為る。娘父母に云く、……。(《今昔物语集・卅-13》)

(38)アハレニ心ニトマリオボユルと云。(《却废忘记・下》)

如上例(34)至(38)所示,其句末的"(……尼ありけ)る"、"(……兵有りけ)る"、"(……微妙く読)る"、"(……(と為)る"和"(……(トマリオボユ)ル"等均非系助词"ぞ、なむ、や、か"以及"连体形终止法"的要求,只是于此表示单纯的结句而已,即为以连体形表述单纯结句的终止法。此与上述带有感情色彩的"连体形终止法"是完全不同的两种终止法。这一极其重要的语法现象说明了:连体形这一形态已侵占了终止形的位置,具有取代终止形表示结句的功能,故而自上述"院政期"起逐渐出现不用终止形而用连体形表示单纯结句的用例。其后经中世镰仓,尤进入室町时代中期后一般均不用终止形而以连体形结句来表示终止法了。

上述的这种倾向势必促使二形,即终止形与连体形的日趋合一、同化的现象[1]后随着社会语言变迁和以连体形结句的用例日益增多的影响,最后终止形终于为连体形所吸收,这也就是说,终止形与连体形变为同一形态,连体形起着兼表终止形的作用。这一用法在日本国语史上具有划时代意义的"终止形与连体形同化"的语法现象,对于动词活用的变迁有着极其重要的影响[2]。

乙 进入中世镰仓时代后,虽说仍见有以"连体形终止法"表达感叹、余情等的用例,如:

(39)ほととぎす深き峰より出でにけり外山の裾に声の落ち来る。(《新古今集・夏-218》)

(40)別れては昨日今日こそ隔てれ千世しも経たる心地する。(《新古今集・恋四-1237》)

(41)冬の来て山もあらはに木の葉降り残る松さへ峰に寂しき。《新古

---

[1]见《日本文法大辞典》916页;《国語概論》(杉崎重远等著,めいめい出版社,1978年版)145页。
[2]山口明穂. 国文法講座:第4卷[M]. 明治书院,1989;135.

今集・冬–565》）

（42）難波潟潮干にあさるあしたづも月かたぶけば声の恨むる。（《新古今集・杂上–1553》）

（43）……多く並み居たりける平家の侍ども、「あつぱれその馬は一昨日も候ひし、昨日も見えて候。今朝も庭乗し候ひつる」など、口々に申しければ、……（《平家物語・四–竟武士》）

尽管如此，但其已呈现出"连体形终止法"的用例日趋减少的倾向。与此相反，代之以"连体形表示单纯结句"的这一终止法遂得到广泛普及，其用例也逐日增多[1]。如：

（44）昔、池の尾に、善珍内供といふ僧住みける。（《宇治拾遗物语・二–7》）

（45）この侍いふやう、「……無下に候ひし時も御跡に臥せさせおはしまして、夜中、暁、大壷参らせなどし候ひし。……」と言ふ。（《宇治拾遗物语・五–8》）

（46）我昨日物語せんと思ひしに、〈汝〉我を見ざりし。（《古代著闻集・释教2》）

（47）たとひ、人、われをころさむとするとも、われは、人にうらみをなすべからず、あだをば恩にて報ずるといふ。（《宝物集》）

（48）かやうの事をも、しりながらも酒をこのむものもおほく侍る。（《宝物集》）

（49）……「鳶のゐたらんは、何かは苦しかるべき。この殿の御心さばかりにこそ」とて、その後は参らざりけると聞き侍るに……（《徒然草–10》）

（50）また、「人に酒すすむるとて、おのれまづたべて人に強ひて奉ら

---

[1] 见《古典読解の基本語法》151~152页。虽说进入中世后，以"连体形终止法"表示感叹、余情等用例日益减少，逐渐为以连体形表示单纯结句（法）所取代，但直至江户其用例仍然依稀可见。如：

とりあへぬ一句を柱に残しはべりし。（《奥州小道・云岩寺》）

宗次も、「御ゆるし候（さうら）へ。じだらくに居れば涼しく侍る」と申す。（《去来抄・先师评》）

んとするは、……。」（《徒然草–110》）

（51）昨日は西園寺に参りたりし、今日は院へ参るべし、ただ今はそこそこに」などいひあへり。（《徒然草–50》）

（52）……「かばかりになりては、飛びお「奥山に猫またといふものありて、人をくらふなる」と、人のいひける……。（《徒然草–89》）

其后，即进入中世室町时代，尤其是在它的中后期，由于上述以连体形表示单纯结句的大量用例的影响，一般均以连体形表示结句的终止法。这大量的不断出现的以连体形表示单纯结句的用例势必有力地促使终止形与连体形同化、合一。后随时代、社会的变化和以连体形结句的用例日益增加的影响，终止形最终为连体形所吸收。这也就是说，终止形与连体形变为同一形态，连体形则起到兼表终止形的作用了。

丙　事实上也如前所述，早在平安末"院政期"连体形已具有取代终止形的位置表示终止法的功能，在其用例的影响下已日渐出现"二段活用"向"一段活用"、"ラ变活用"向"四段活用"变迁的征兆了（参见表三）[1]。例如：

（53）このとのに、よきふでづかのあるものを、てこ このとみをかきよせるうでのぢくのあるものを。（《梁尘秘抄二—二句神歌》）

（54）《前田家本色叶字类抄》渝 カヘル　経ヘル　媚コヒル

（55）《三教指归注》栄サカヘル

如上所言，自进入中世室町时代，特别在其中后期其势尤甚。例如：

（56）天のあたへを取らざるはかへつてとかをうるといふ。（《曾我物语》）

（57）汝は、小賢しき者にてある。おん後より来り候へ。（《谣曲·安宅》）

（58）日が暮れたによつて、枯葉がそのままの瓜に見ゆる。（《狂言·盗瓜人》）

（59）まだぬがしをる。末広がりといふは、根本、扇の事ぢゃわいやい。（《和泉流狂言·扇形般扩展》）

---

[1] 见《日本文法史概说》（此岛正年著，樱枫社，1974年版）37页；《增补国語史概说》229~230页；《新訂国語史要説》109页。

（60）我おもひ、うちにある、色や外に見えつ覧。（《闲吟集》）

（61）すこしの利を以ても、あまたの恩を忘るる。（《天草本伊曾保物语》）

最后，其中的"ラ变活用"如上例（57）（59）（60）所示，终在此期为"四段活用"所吸收（见表一）。

表一

基本形	词干	未然形	连用形	终止形	连体形	已然形	命令形	活用
あり	あ	一ら	一り	一り	一る	一れ	一れ	ラ行变格活用
ある	あ	一ら	一り	一る	一る	一れ	一れ	四段活用

同样，"ナ变活用"的"死ぬ"也显示出日益为"四段活用"所吸收的倾向，如《蒙求抄》"始メト云ふ死ヌ先コトン"等[1]。

在进入近世后，尤其是近世的后期，大都为以连体形结句的用例，几不见用于结句的终止形了。例如：

（62）忠三郎といふ者は、百姓にまれな男気を持つた者、頼んで一夜逗留し、死ぬるともこの所、故郷の土に身をなして、……（《净琉璃·冥途的信使》）

（63）今のよからぬ言を聞くものならば、不慮なる事をや仕出でん。その時悔ゆるとも返らじ。（《雨月物语·3》）

（64）……思ひ詰めてはなかなかにわすられずとも、今日もまたお熊が許へ音信る。（《人情本·告春鸟》）

此时的大量用例更进一步促使终止形与连体形的同化。虽说在它的前期已出现了较前更多的"二段活用一段化"和"ナ变活用四段化"的用例，其后二者变迁之势更甚。如：

（65）世に誰か百まで生きる人なし、しかれば、よしなき願ひすること

---

[1] 见《增補国語史概説》299~230 页；《日本文法史概説》39 页。

愚かなり。(《浮世草子・世间费心机》)

(66)菜(な)刀(がたな)で成共ひとりして、しねばよい物を。(《净琉璃・今宫情死》)

但"二段活用一段化"和"ナ变活用四段化"的最后完成均在它的后期。例如：

(67)金銀の御利生は忽ちに目下に顕れる。(《滑稽本・浮世澡堂》)

(68)成る程、お前様のおっしゃる通り、死ぬ者貧乏でございます。(《歌舞伎・小袖曽我薊色缝》)

以上部分主要对"终止形与连体形同化"是如何形成及其影响作一概述和简析,也许已可从中看出"终止形与连体形同化"这一重要的语法现象在动词活用变迁中具有重要的意义吧。

(二)

如上所述,"ナ变・ラ变活用四段化"和"二段动词一段化"的征兆始见于平安末"院政期"后,二者在终止形与连体形日趋合一、同化的影响、作用下均发生进一步的程度不同的变迁。为便于说明,兹将其分为中世和近世两个时代,并以大量实例对二者是如何逐渐发生变迁及其最终成为"ナ变・ラ变活用四段化"、"二段活用一段化"的作一具体分析、梳理。

—— 中世 ——

甲 "二段活用一段化"的征兆早见于平安末的歌谣集《梁尘秘抄》(见例(53))、辞书《前田家本色叶字类抄》(见例(54))等中。此外,在此期尚有：

(69)《类聚名义抄》渝カヘル　更カヘル

(70)《伊吕波字类抄》渝カヘル　经ヘル　總フルネル

进入中世后除下录的辞书(见例(71))、说话集(见例(72))等外,甚至还出现在极其重视传统的和歌见下例(73)(74)(75)中。可见,"二段活用一段化"进程的势头较为强劲。

(71)《字镜集》渝カヘル渥ッユノタレル墜ヲチル耄オイル

(72)此御寺のほとりにて、すずろに人からめる事、むかしよりなし。

（《说话集·古今著闻集·16》）

（73）者の字を不によみたがへることもあるべし。（《古今集显昭注》）

（74）いせ島や月の 光 のさびる浦は明石には似ぬ影ぞすみける。（《山家集》）

（75）老がよのふけるは月にながめせし人めもしらず 涙 おちけり。（《万代和歌集》）

　　如上所示，自平安末至中世已陆续出现"たがへる""からめる""さびる""よせる""ふける"等新"一段活用"，但这种变迁是缓慢的、渐进的，甚至在中世室町末期的"二段活用"依然被视为标准形式。于此，露托里盖斯（João Rodriguez，1561~1634 年）的《日本大文典》中也称：若与"与へる"、"聞える"相比，还是多使用"与ふる"、"聞ゆる"的形式。其原因乃上述的原"与ふる"等"二段活用"均为书面语言，雅致、有力之故。关于这一点，即便被视为"中世室町时代重要的口语资料"的"抄物"[1]中也可得到印证——甚至连《四河入海》中这样一类用例（如"今までいきるとも九十八はかりになるべし"等）也都很少见到新"一段活用"，而是多用原"二段活用"动词。

　　另则还须注意，在"二段活用一段化"的过程中还存在着地域上的差异。若与京都相比，关东方面的发展似乎较快。于此，在上述的《日本大文典》中也称，被称为新"一段活用"的"くらべる""あげる""求める""跳ねる""届ける""與える""經る""出でる""交ぜる""見せる"等在关东已得到一般使用，但在京都却很少使用，而且仅限于一部分人中[2]。

　　总的来讲，此期的"二段活用一段化"虽得进展，但仍以原"二段活用"为其标准形式。

　　乙　"ナ变活用"和"ラ变活用"与上述"二段活用"有所不同，即原本就与"四段活用"相近，如三者的活用形均在"五十音图"的"ア"、"イ"、"ウ"、"エ"四段上。未然、连用、命令的三形均为同形，而且推量助动词"む"、否定助动词

---

[1] 所谓"抄物"，主要指日本中世室町时代所著的对汉籍、佛典、汉文体国书等的注释书的总称。此类"抄物"多在原典的书名下附以"抄"字，如《论语抄》《史记抄》《蒙求抄》等，并为室町时代重要的口语资料。

[2] 见《增補国語史概説》229 页；《新訂国語史要説》109 页；《日本文法史概説》149~150 页。

的"ず"也都接三者的未然形下等。(见表二)

表二

基本形	词干	未然形	连用形	终止形	连体形	已然形	命令形	活用
聞く	き	か	き	く	く	け	け	四段活用
死ぬ	し	な	に	ぬ	ぬる	ぬれ	ね	ナ行变格活用
あり	あ	ら	り	り	る	れ	れ	ラ行变格活用

　　诚上所言,二者四段化的征兆早见于平安末"院政期",但明显地出现四段化的倾向则是在进入中世以后。其中"ラ行活用四段化"的时期要比"ナ行活用四段化"来得早一些[1]。

　　此期,"ラ变活用"已多见其四段化的用例。如前例(57)(59)(60)以及下例:

　　(76)蒙は宋国にあると索隠にしたそ。注に梁の国とある。(《蒙求抄》)

　　(77)すでに、嫁入りが今明日のうちにある。さるによってこそ……。(《天草版伊曽保物语》)

　　(78)さてさて、にがったことを言ひおる。(《狂言・二人袴》)

　　(79)南無三宝、秘蔵の台天目まで微塵にしおった。おのれら両人生けておく奴でないぞ。(《狂言・附子》)

　　(80)蝦夷島に安藤五郎がおる、なんど言ふ。(《史记抄・十四》)

　　结果是其中的"ラ变活用"日渐失去它的特点,终在此期的"室町时代"为"ラ变四段活用"所吸收。"ラ变活用"也随之消亡(参见前表(一)。动词活用种类遂由平安时代的九种减为八种。

　　此期的"ナ变活用",如前所言也已呈现出其连体形日渐为终止形所吸收,变为"ナ变四段活用"的倾向。例如:

---

[1]见《日本文法史概说》39页;《考究古典文法》122页。

（81）命は限りあり思には死ぬ習なれはや。（《延庆本平家物语·三本》）

（82）或は、拳にて胸をつかれてのつけさまに、倒れて死ぬもあり、腰の骨惜み折られて、這々に倒者もあり。（《保元物语·下》）

（83）舒が三公でゐて震を呼び出だすには舒は死ぬぞ。（《蒙求抄·十》）

——近世——

此期的"ナ变活用四段化"和"二段活用一段化"的变迁贯穿了整个江户时代,二者的最后完成也约在近世的后期。

甲 关于"二段活用一段化"的进程,在关东和上方之间存在着差异。综观其倾向,包括江户在内的关东要比上方快一些。

在近世前期的上方,词干由一音节构成的"得る""出る""寝る"等原"二段活用"似乎较早地从"うる""づる""ぬる"等变为"える""でる""ねる"等新"一段活用"。约在"元禄时代"(1688~1704)前后,大量出现新"一段活用"等与原"二段活用"并存的现象。从数量上看,新"一段活用"要多一些,但原"二段活用"也依然相当不少。足见在近世前期,"二段活用一段化"的变迁尚未最后完成。例如:

（84）夜があくると日がくれる迄私が内臺所も壷の内もなかうど人でもやもやや致します。（《狂言本·傾城晓之钟》）

（85）子の一つ育つるにいきる瀬か死ぬる瀬が七たび有とは幼い内。（《净琉璃·情死万年草》）

（86）俺はへだてる心はないが、怨を受くる。悲しや。（《净琉璃·今源氏六十帖–第一》）

（87）代官所へ解状が着いて、在々と尋ぬる。（《净琉璃·大经师昔历》）

（88）約束の日限切れるもいひ延ばし。（《净琉璃·冥途的信使》）

（89）この辺にぶらついてはよう似たとて捕へるぞ。（《净琉璃·冥途的信使》）

（90）詞のはしに気を付くれば、花車が咄の紙治とやと、心中する

487

心とみた。(《浄瑠璃・天网岛情死》)

（91）うなぎのはだへ沼津の宿、三島越ゆれば、箱根へ三裏、さい目次に関越ゆる。(《浄瑠璃・道中双六》)

当时，一般教养程度较高的武士、男子等多用原"二段活用"，教养程度较低的庶民、妇女等则多用新"一段活用"。在郑重场合依然用原"二段活用"。

及至近世后期，由于文化中心由上方（一般指京都、大阪及其附近地方）移至江户（为东京之旧称），江户语中的"二段活用一段化"的进程便显得较快，新"一段活用"也遂得普及（见表三），如例（69）以及下例：

（92）是等が捷く信心の目に見える事ともだ。(《滑稽本・浮世澡堂》)

（93）すでに古方家後世家は漢音、二條家萬葉家は呉音で唱へる。《滑稽本・浮世理发店》)

（94）自分の骸のあたたまりで、氷が解る。(《滑稽本・浮世理发店》)

（95）まだまだふしぎは、此目がねをお耳にあてると、芝居役者の声色……残らずきこへて見たもどうせん。(《滑稽本・东海道徒步旅行记》)

（96）ある時、伯母の薬をとりに、間を見合せて夕方より出るも、寅吉夫婦の者に気がねと知られたり。(《人情本・告春鸟》)

表三

基本形	词干	未然形	连用形	终止形	连体形	已然形	命令形	活用	
過ぐ	す	—ぎ	—ぎ	—ぐ	—ぐる	—ぐれ	—ぎよ	原	上二段活用
覚ゆる	おぼ	—え	—え	—ゆ	—ゆる	—ゆれ	—えよ		下二段活用
過ぎる	す	—ぎ	—ぎ	—ぎる	—ぎる	—ぎれ	—ぎよ	新	上一段活用
覚える	おぼ	—え	—え	—える	—える	—えれ	—えよ		下一段活用

如上例所示，在近世的后期新"一段活用"虽已得普及，但需注意在特殊场合也仍使用原"二段活用"，如《人情本・春色梅儿誉美》"かへつて年倍の成

績へ、恥も<u>あたゆる</u>同前ぢゃが……。"等。

[乙]　如前所言,"ナ变活用"在中世已呈现出日渐变为"ナ行四段活用"的倾向。但它在近世前期的上方语中,直至"宽政"(1789~1801)前后依然保持它的优势和特点。此时,"ナ变活用"的终止形和连体形为同形——"<u>死ぬる</u>","<u>去(往)る</u>",而且这一现象持续了相当一段时期。例如:

(97)<u>死ぬる</u>を高の死出の山。(《净琉璃·曾根崎情死》)

(98)<u>死ぬる</u>にあぶない事はない。(《净琉璃·姬藏大黑柱—第一》)

(99)<u>俺</u>はあの<u>井</u>のもとへ身を投げて<u>死ぬる</u>。(《净琉璃·佛摩耶山问帐—第一》)

(100)それゆゑよう寝させて脱けて<u>往ぬる</u>。(《净琉璃·天网島情死》)

(101)所を隔て<u>死ぬれば</u>、側にゐる少の間。(《净琉璃·天网島情死》)

(102)このからだは……<u>しぬれば</u>空にかへる。(《净琉璃·天网島情死》)

尽管如此,此期也并非没有四段化活用的用例,如:

(103)やがて<u>死ぬ</u>けしきは見えず蝉の声(《芭蕉·猿蓑》)

(104)ふたり<u>しぬ</u>ならしにたいがこなさましんでくださりよか(《净琉璃·卯月之红叶》)

(105)このまま<u>うへしぬ</u>も口をしき次第……<u>しぬ</u>までそれがくされて居る物でもなし。(《浮世草子·冲津白波》)

但自进入近世的后期,"ナ变活用四段化"的用例逐日增多。此时,一般已将其称为"ナ行四段"了,如例(68)以及下例等:

(106)そんなら人が<u>しねば</u>、〈お前も〉<u>しぬ</u>のかへ。(《洒落本·南闺杂话》)

(107)合戦だといふのは、<u>死ぬ</u>もんだと思へば、思ひの外に死なないで……(《杂兵物语》)

于是"ナ变活用"也终被"ナ行四段活用"所吸收,遂为"ナ行四段活用"。"ナ行变格活用"则随之消亡(见表四)。

489

表四

基本形	词干	未然形	连用形	终止形	连体形	已然形	命令形	活用
死ぬ	し	一な	一に	一ぬ	一ぬる	一ぬれ	一ね	ナ行变格活用
死ぬ	し	一な	一に	一ぬ	一ぬ	一ね	一ね	四段活用

但仍需注意,有时仍见有使用原"ナ变活用"的用例[1]。如:

(108)わたくしはそのときはとてもいきてはをりません。死ぬる 心
でございます。(《人情本·假名文草娘节用》)

至此,"ナ变活用四段化"以及"二段活用一段化"均最终完成。

如上所示,文言的动词活用种类在"终止形与连体形同化"所施重要的影响、作用下,随着动词活用从古代语向近代语变迁的过程中最后由中古的九种减为五种,与现代日语相同。这五种动词活用与前代相比,应该说更为简略、更有规律、更易于识别、更便于使用和普及。这也正是在日本国语史上其重要意义之所在吧[2]。

(本文原于 2003 年 7 月发表在《日本语言文化研究(第四辑)》(北京大学日本文化研究所等编,学苑出版社)上后在此基础上经修改、整理、补充而成)。

(作者单位:北京大学外国语学院)

---

[1] 见《增補国語史概説》316~317 页;《日本文法史概説》39~40 页;《国語史概説》200~202 页。
[2] 见《新訂国語史要説》164~165 页;《考究古典文法》123 页。

浅论日语文字系统之特殊性

——从文字系统与历史的角度看

● 潘 钧

内容提要：本文从文字系统和历史角度对日本文字体系进行了考察和分析，认为日语文字体系有其独特的一面，表现在日语书面语当中的文字也是语言的一个组成部分，文字参与到了语言各个层面当中。并指出，见之于日语文字体系中的这一特点有助于我们重新认识日语文字词汇乃至日语本身。日语文字标记的特殊性为丰富和完善世界文字学理论提供了宝贵资源。

关键词：日语文字系统　汉字　标记　文字学理论

Abstract: This paper, by examining and analyzing Japanese writing system from the perspectives of writing system and history, concludes that Japanese writing system shows particularities in the characters incorporation into written Japanese and their participation in every level of the language. The particularity of notation facilitates us a better perception of Japanese writing and Japanese itself, hence providing valuable resources for enriching and perfecting world grammatology.

Keywords: Japanese Writing System; Chinese Characters; Notation; Grammatology

改革开放之后，我国的日语教学与研究取得了长足的进步，但就日语言研究而言，各学科领域的发展有不平衡的地方。如在语法方面，我国日语学界大体上能做到紧跟日本学术界前沿，取得了不少成绩，特别是在自觉运用语用、认知理论研究日语方面，目前已成为国内日语学界一个新的热点。然而，与

491

之形成反差的是,如词汇、语义、文字标记等领域的研究却依然是进步有限。词汇方面的研究虽然还有一些,但重复性或考证性的较多,理论上建树不大;在文字标记领域,则几乎无人涉足,更奢谈进步了。在笔者看来,日语这一种语言当中同时容纳、并且能够有机使用罗马字(拉丁字母)、汉字、假名(平片假名)等数种来源和体系不同的文字[1],这在世界上也堪称奇迹。这一显著特点足以说明研究日语文字标记的必要性和重要性了。同时,文字标记绝不是孤立的一个局部研究领域,特别是如果我们研究日语史就会发现,它同日语的其他方面有着密切的关联,包括语音、词汇、文体乃至语法层面,古代日语就是在不断吸收以汉字、汉语词为媒介的汉语、汉文化的影响下不断发展变化而来的,现代日语的研究也非常重视文字标记这一块,因为它同作者的用字意识以至文章内容表达的需要紧密相关,构成现代日本人语言生活的重要组成部分。

一、"电视型"语言

长期致力于研究英语和西方语言文化的庆应义塾大学的铃木孝夫就曾指出,西方语言是广播型语言(ラジオ型言語),包含汉字等文字手段在内的日语是电视型语言(テレビ型言語)。应该说,他的这个比喻十分形象、贴切,敏锐地把握住了这两种语言本质上的差别。比如,日本的电视节目在播报新闻时,播音员语言里常常夹杂着不少音读汉语词,听起来不好分辨,但屏幕下方的字幕则经常使用与之意思相近的和语词。在很多时候这种语言与文字的不对称并非是播音员读错,而是电视制作人员试图借此补救汉语词往往听起来不太好懂的弱点的一种有效方法,这正是他们煞费苦心的地方[2]。因为日语的音读词有很多是书面语,不少词在日常口头中较少使用,特别是专门性稍强的词语,对于普通人来说属于理解词汇层次,而且汉语词当中同音词较多,借此办法可以针对和语词与汉语词的不同特点取长补短。具体说,打出字幕取的是汉字语素在语义表达上的简练、概括、准确的长处,补的是它们音节单一、同音词多以至听觉上不好辨别的短处。这种标记和词形的暂时脱离是见之于日语中的特殊现象,也是一种比较普遍的现象,不仅在电视字幕上可以看到,在所谓的"あて字"的汉字用法中也十分常见,这也是机械套用西方语言学中的文字理论所无法解释清楚的。换言之,在这里文字手段相当于是一种补注,而不是

---

[1] 周有光. 比较文字学初探[M]. 北京:语文出版社,1998.
[2] 汉语等其他语言也有类似情况,但性质和日语有所不同。

对语言录音式的翻版。

虽然日语的文字标记系统十分特殊,迄今国内学者并非没有人对此有一定的认识和体悟,但就笔者了解到的,日语界对日语文字标记系统的特殊性的认识还不够深刻,主要原因恐怕在于缺乏历史维度和语言学理论的支持。就前者而言,日语史方面的知识本来就是我们的弱项,后者主要受到了西方语言学理论,特别是索绪尔结构主义语言学的影响,即把文字看成是第二性的。

1. 索绪尔的理论

索绪尔认为,"文字是外在于语言系统的",语言与文字的关系被他概括为"再现前者是后者存在的唯一理由"。他的理论主要是基于他对西方语言中表音文字的观察和认识得出的结论,存在一定的局限性,特别是对于日语这样文字(标记)体系相当特殊的语言来说尤其不适当。日本学术界对此早已有了反省,但在具有日本特色的文字学理论方面的建构却迟迟没有取得进展,其中根本的原因恐怕在于日语文字(标记)体系的复杂性。

造成复杂的原因有很多,如日语中的汉字定位问题。在现代日语中,汉字有时是词素,如"運(うん)"+"命(めい)"="運命(うんめい)",有时只是标记,如"命(いのち)",有的还是对词义的提示,如写成"運命",却读作"いのち",即是所谓"あて字"的一类用法。另外,日语还拥有振假名(ルビ)这一辅助标记手段,使得汉字的使用变得更为灵活、复杂和多变。这些因素均给日语汉字的定位和定性问题带来了困难。对此,笔者认为,首先就要不拘囿于索绪尔的语言学理论,从日语历史发展的史实和规律出发,并且要从贴近日语使用实际的角度作深入分析。

2.日语史发展的必然

在长期历史发展过程中,汉字在日语中所扮演的角色先后经历了几个阶段。开始是以词汇,即外语本身的形式进入日语的,如同今天来自英美的外来语词汇一样,发音上采用谐音(拟音)。之后,汉字(很多情况下是词单位)与日语词的对应,即和训产生以后,汉字逐渐成为兼具表词和标记功能的文字,汉字的应用进一步得到了拓宽。但古代日语、特别是书面语当中的汉字与汉字背后语言的关系恐怕同今天我们的认识有所出入。古代由于日本人对大陆文化的顶礼膜拜,汉字的符号功能一直受到特殊的倚重,因为它们是当时处于强势地位的大陆中国文化的象征。很多时候汉字使用的背后所体现出来的是,著写人重视汉字的装饰效果(符号功能)甚于单纯的词义提示效果,如很多辞书虽然是以汉语词的形式立目的，但当时这类辞典是为使用者写作时选用汉语词字面(确切地说是选择汉字标记)服务的，有些汉语词最终也没有变为音读词，即蜕变为日语词汇体系中的一部分，而是停留在了词语装饰的层面上，性质上其实等于假借字[1]。到了明治时期，汉字进一步成长为能产的字音语素，借此生成了很多新的字音词，这说明至此日本汉字的境遇已发生了质的改变，从以往被设法揉入日语的被动地位，或者说是被借用到日语中标记日语的工具性地位，来了一个180度的大翻身，成为日语内部生成机制当中的一个有机成分。例如，明治以后汉语词已超越了借用阶段，作为一个字音语素参与到构词当中，特别是三字汉语词、四字汉语词的大量生成很大程度上是依赖于像"不·非·的·性·化·員·機"这样的带有词缀性质的词根的参与。换言之，日语汉字此时已经起到了语言的中枢作用，具有了一定的主体地位，表现在读音、造词、文体，甚至语法、认知层面上，汉字都是一个极为有效、活跃的因素。并且，汉字在进入日语之初，就已获得一种特殊的权威和尊贵地位，给人们的意识层面带来了潜在的、不可低估的影响。千百年来，日本汉字的符号功能得到了强有力的扩张，由此才会有日本汉字文化的绵绵不绝和高度发达。这种千年积淀下来的尊崇汉字汉文化的意识同西方语言中的以摹音为主的音位文字当然绝对不可同日而语了。

我们一方面不能割裂历史，另一方面，若从共时角度看，汉字、假名在日语独特的文字标记系统中其实各有特色，具有很大的互补性，二者相辅相成，分别起到了各自应有的作用。简单说，如汉字多表词(自立词)，假名多表辞(附属词)；汉字多构成意义单位的核心，假名多成为语法关系的中枢；汉字表意兼表音，假名表音亦表词(外来语)；平假名一般不出现在句首，这样方便我们断句，以提高阅读效率；等等。可是，迄今仍有日本学者看不到汉字标记的优越性，否认汉字对日语的积极的、正面的作用，以为日语中的汉字好比是一件外衣，不需要的话完全可以剥掉。这其实代表了一种国粹主义的倾向，是对历史和现实的双重误读。

二、"望远镜"说

对日本汉字的特殊性持有比较清醒认识的学者在早期主要有时枝诚记，

---

[1] 所谓的变体汉文和真名本以及往来物里就充满了日语汉字的这种装饰大于表义的用法。

他是站在他的著名的"语言过程说"的角度立论的,故比较深刻和独到。他提出了"望远镜"说。时枝诚记肯定了古代汉文、汉字对日语的绝对性影响,认为汉字已不是借来的文字。他的论据来自于他对文字的表达功能的深刻思考上。具体说,他以望远镜为例,认为通过肉眼和通过望远镜看到的东西其实是一样的。即,不管通过什么媒介,如若表达的内容一致,汉字和假名之间就没有区别。汉字已经成为日本人表述日语的一种成熟文字。因此,他反对汉字衣装论。

无独有偶,具有长期在中国生活经历的内山完造在《活中国的姿态》一书中也谈及到日语汉字的特性。他说:

> 我认为支那人的实生活,却并不能随了日本所使用的汉字东渡,成为舶来品的,退一百步说,即令与实生活同渡了,而其后汉字的内容也无疑大大地变其性质了。盖原不过是生活符号之汉字,传来后,不仅奉之如神仙,且因传入的人均属上层阶级,故益使一般人敬上加敬,而尊其专门家曰汉学者了。若仅至于此也还罢了。受人尊重的汉学者们便锦上添花,传言汉字乃均具非常的深意在内。这种锦上添花的的内容,今犹一仍其旧。此外,日本又有了所谓的假名,使文字的意味益趋艰深。实际上,须知汉字不过是中国的假名(略),而反映在我国日本人头脑里的汉字的内容,不仅与支那人之汉字的内容距离极远,往往根本不同呢。[1]

内山在这里使用的不是学术性的表述方式,但他的意思却是十分明了的,即汉字在日语中不仅字义上(汉字的内容)有别于中国,而且已经成为一种带有形而上学意义的东西(均具非常的深意在内)。这从反面说明了汉字已经实现了日本化,蜕变成为日本人表达自己思想的工具,在本质上它与中国的汉字已不可同日而语。换言之,汉字、汉语词进入到日语系统当中历经了漫长时间的演变,其结果是语言符号得到了重组,很多汉字(或汉语词)带上了玄妙的深意(符号功能);而另一方面,同汉语的汉字在字形上的相似和字义上的相近之处使得日语中的汉字标记仅仅成为一种表象,掩盖了其蜕变的实质。内山的这一段话可以为时枝的望远镜说提供佐证。显然,日本学术界的汉字衣装之说

---

[1] 内山完造. 活中国的姿态[M]. 龙炳圻,译. 兰州:敦煌文艺出版社,1995:22~23.

皆属皮相之见,经不起推敲。

对汉字之于日语的作用或称影响,日本学术界一直有肯定和否定两种意见。研究汉语的高岛俊男在《漢字と日本人》(文艺春秋,2001年)一书中认为,汉字在日语中的使用造成了日语的畸形。笔者对此难以苟同。要说畸形,换一个角度看可能正是其优势所在。日语语音中也渗透了大量外来的元素,只不过没有文字那么扎眼。严格说,这种畸形不是汉字造成的,如日语具有音位少的先天不足,语义表达模糊,靠汉字带来的视觉刺激可以实现语义切分,达到辅助阅读的目的。语音上,音节的增多同时意味着语音组合方式的多元,这无疑为日本人拓宽表达手段提供了物质基础。文字的多样性亦然,正因为有了平、片假名和汉字以及罗马字,日本才形成了独特的标记体系乃至为不少日本人所骄傲的标记文化。研究社会学的加藤秀俊在《なんのための日本語》(中央公论社,2004年)中认为,汉字对于日本人来说好比有"磁场"。近代日本医学全面学习西方医学,可是却喜欢用汉语词,这不啻是一种讽刺。就如天皇年号使用中国古代典籍中的语词以及法律条文多使用汉语词那样,这固然主要是历史惯性和汉字权威使然,另一方面也是由日语固有语言体系的先天缺陷造成的,如固有的和语词一般不用来表达抽象、明确的概念。因此,与其像高岛俊男那样把汉字看做是历史带来的负担,还不如把它积极地看做是一种财富,如前述"的·性·化"这些字音语素的形成对近现代日语词汇的大量生成是有重要贡献的,特别是专业术语,因为它们简练、准确,而且具有能产性。

三、日语文字的本质

法国哲学家德里达在《论文字学》一书中对索绪尔的排斥文字于语言之外的理论进行了批判。索绪尔说:"言语与文字是两种不同的符号系统;再现前者是后者存在的唯一理由。"[1]"语言学的对象不是由文字和言语组合决定的,只有后者才构成语言学的对象。"[2]也就是索绪尔认为,文字只是语言的再现,和语言本身没有什么关联。这种认识即便对于单纯使用表音文字的印欧语言来说也未必准确,更何况日语。就日语来说,下面可试举几个反证。

1. 文字是语言的重要来源之一

以汉语词为例。词汇是语言的重要元素。古代日语吸收了大量来自中国

---

[1][2] 雅克·德里达. 论文字学[M]. 汪堂家,译. 上海:上海人民出版社,2005:41~42.

的汉语词。古代汉语词,特别是书面语是随着汉字进入到日语中来的。最初它们或以词汇,或以视觉上的标记单位进入到日语中的(古代文献中很多词汇如没有提示便无法知道其读法)。若是和语读法,即为训,属于标记范畴,汉语词的字面是装饰;若是字音读法则是外来语本身,属于词的范畴。这些作为训的单位的存在是维系这些以词(汉语词)的形式融入到日语词汇系统中的一个中介和保证。由于训(字义的提示)的作用,对一个新词即便不能了解确切词义,有学问的日本人也能猜出几分,更毋庸说大量"和製漢語"的生成就是靠了这种多元、灵活的认知和构词方式产生的。前面举到的"的·性·化"就是属于这种与汉字相关的特殊语素——字音语素。这种构词方式直到今天仍然十分有效。

更深层次的一个理由是,日语本身的产生、发展和变化同文字就有着密不可分的关系。先不说有些像"返事""白寿"这样的以字为中介的词语的生成直接导源于文字,像"(慈悲)いたりて""及び"这样的固有和语词由于和训的诞生——受汉字(词)意的影响,导致其词义得到了扩展或延伸[1];此外,像"天""神""阴""阳"这类带有抽象内容和丰富文化内涵的汉字进入到日语,给日语、更是给使用日语的古代日本人带来了无法估量的影响,很多时候应该说起到了文化意义上的启蒙作用。如"气"这个字来自中国,可是现代日语中带有"気"字的词或惯用句十分发达,这充分凸显了日本语言和文化对这种玄妙的词(字)的需要,并且进行了日本式的改造为我所用。缺少这些成分和要素,日语恐怕就不会是今天这个样子了。也就是说,汉文训读给日语带来的影响绝不仅仅停留在一些语言形式上,更重要的是深入到日语的内部骨髓当中,成为滋养日语和日本文化的一个重要源泉和动力。

2. 两种系统、两种符号词语的混合

词汇语义的表达是与产生这种语言的文化土壤密不可分、息息相关的。宏观上,从文体风格和语义表达上看,汉语词与和语词的并存其实是书面语系统和口语系统这两种表义符号的杂糅和并存,形成这种格局有其必然性。从构词上看,和语语素植根于固有语言土壤中,易懂但却语义限定性差,较模糊;汉语词汇进入日语后,字音(汉语)语素形成,但弊病是同音词多,不好辨音,不过语义表达确切,限定力强。这在很大程度上决定了日语古代文体发展的重大转折——和汉混淆体(汉字假名混合文的前驱)产生的必然性——因为只有这种

---

[1] 山田孝雄:《漢文の訓読によりて伝えられたる語法》,宝文館,1935.

497

文体才能充分发挥两种语言系统各自的长处。明治以来,日语产生大量通过拼接字音语素形成的字音词(新汉语词),形成了在这两种系统之间的内部转换,实现了构词、认知模式的一体化。这种构词模式沿用至今,证明它的生命力之长久。废除汉字就等于废弃了这种经济有效的造词方式,因为没有汉字(语素)的中介就没有这一切。

3. 日语离不开汉字

以上两点也必然引出这样一个结论:日语离不开汉字。究其原因,除了以上举出的语言方面原因外,还有子安宣邦在《漢字論——不可避の他者》(岩波书店,2003 年)中的阐述更为深刻。子安在书中举出了近代以来日本各种有代表性的汉字观(有诸如入侵论、输入论、日的不幸论、不适合论、衣装论、假说热和预测热等论调),反驳了认为日语"借用"汉字表述"やまとことば"的观点。他的结论是,汉字之于日本人(日语)是"不可避的他者",日语是由汉字这个他者建构起来的。所以说,汉字的日本化既是历史的偶然,也是历史的必然。日本新近出版的加藤彻著《漢文の素養——誰が日本文化をつくったのか》(光文社,2006 年)更是从汉文(包括汉字)对日本文化的贡献的角度展开了自己的论述[1]。在日本整个社会思潮出现右翼倾向的今天,这种论调是要冒一定风险的,但它从文化和文体的高度阐述了汉文对构筑日本文化的重要影响,在一定意义上为子安宣邦的汉字他者说做了注脚,高屋建瓴,十分深刻。

明治以后,汉字的使用受到很多日本人的质疑或反对,这一方面是随着日本人民族意识的高涨、西方文化的强力影响以及中日文化地位的逆转发生的,但汉字作为汉文化的最重要符号在外观上非常直观和突出,在世界文字体系中具有典型性,这对日本人的心理压力也是不可忽视的。在西方,由于历史原因,拉丁字母早已成为西方世界通用的一种文字,古代希腊罗马文化被公认为是欧洲文明的共同起源,所以不管是英国人还是挪威人,至少在文字的使用上不会有太大的纷争。其实,换一个角度看,难道近代以来日本文化的确立就完全是倚靠自己独立成长起来的吗? 如前所述,近代以来来自西方的概念、观念和思想很多是借助汉语词的外衣纳入到日语中的,其中一部分虽取自汉籍,但却被赋予了西方近代新思想、新观念。它们表面上是汉语词,实质上是外来语。文字可以通过一纸法令废除,概念和思想观念就不那么容易置换了。同样,

---

[1] 刘晓峰. 扶桑故事汉辞章[J]. 读书,2006(9).

中国近现代的词汇由于受到日本词汇的影响,在概念的内涵、外延上也多少带上了西方乃至日本文化的烙印。其实,世界文化本来就是在相互交流和借鉴、互动中得到发展的。中国传统文化的血液里也融入了来自印度文化等外来因子的影响。只不过是日本由于其地缘位置的关系以及特殊的历史发展道路,造成了日本往往一边倒地向某一种先进文化学习。虽然它能很快吸收外来文化,但其本身具有中空的性质。文字更为直观和明显,尤其对于原本就没有文字的日本来说更是如此[1]。

四、日语标记的特殊性

认识日本文字体系,还必须了解日语学中的一个重要概念——标记[2]。特别是在研究古代日语时,标记与文字乃至文体概念密切相关,是一个不见于其他语言的特殊研究领域,对我国的日语研究者来说,这方面研究尤其受到轻视。

1. 何谓标记?

日语文字种类多,符号功能各不相同,这为日语丰富的标记文化提供了基本前提和物质基础。恐怕只有日语才能够做到根据作者的表达意图选择适当的语言反映形式,而这种反映形式往往不是单靠音声语言就能承载的。按照索绪尔的学说,文字是语言的再现。但在日语中,标记带有选择性和多样性,那么它所能传达的语言信息就不是唯一的了,那么所被传达的语言也不应该是唯一的了,但索绪尔又把语言等同于音声语言,这就成为了无法求解的悖论。既然有标记上的选择,文字是语言的再现的索绪尔式的结论就值得推敲了。

2. 日语标记文化的特点

就一般情况而论,和语词中汉字是标记,也是意义提示的单位,这时候语素往往是多音节的单位体;而在汉语词中,汉字是字音语素,字成为轴心,其语音构成往往很简单。这个特点在听觉上、在辨别一个词到底是汉语词还是和语词上也有好处。在现代汉语中,看一个组合是词还是词组不容易。视觉不起作用自不必说了,听觉上也没有赖以分辨的手段,因为没有形式标志。但在日语中却有显著的语音标志(如汉语词发音上多具有拨音、拗音甚至长音等特点)。

---

[1] 关于汉字之于日语的他者作用,可参见潘钧. 浅谈汉字、汉语词对日语的再塑造作用[J]. 日语学习与研究,1998;(4).
[2] 在日语中,标记作"表记",但译成汉语时由于没有现成的可对应的概念,故姑且写成"标记"。

在这一点上可以说,日语比汉语更具有优势,音读和训读的区分客观上也能起到这个作用。

从结果上看,汉语词与和语词二者相辅相成,相互间的关系不啻是你中有我、我中有你,彼此既有区别又有联系,最终形成日语词汇量大、语义表达手段丰富的特点。凭借日语汉字的既作为标记单位又作为构词单位的特性,很大程度上弥补了日语固有的音位少、音韵构造简单的缺点。因此,日语在很大程度上还要依赖视觉文字(认知、构词等)。此外,虽然日语中的汉语词同音词多,但包括助词、助动词等在内的基本词汇都是和语词,在与周围和语词的比对和一定的语境下靠听觉辨音还是能够发挥很大作用的。特别值得一提的是,使用振假名手段是日语标记文化的一大特色。它的存在促使日语标记呈现出多元化的特点,具有立体性、开放性、能产性(字与词的对应比较灵活)等特点,构成日本独特的标记文化的基础即在于此。

五、日语之于重新建构文字学理论的意义

如前所述,中国现代文字学理论一直受到西方语言学的影响,将汉字定义为"汉字是记录汉语的符号",也就是把汉字的功能仅仅限定在了对语言的摹写上。但近年来,国内学术界开始有了反省,如曹念明在《文字哲学——关于一般文字学基本原理的思考》中就提出了疑义。曹念明受到1967年问世的德里达《论文字学》的启发,开始重新审视和思考汉字的定位问题,并且写出了堪称开先河之作的这部文字哲学著作。作者认为,扬雄在《法言·问神篇第五》中说"言,心声也;书,心画也",这句话高度概括了汉字的属性和功能。这里的书即是汉字。用现代人的翻译来说,就是"语言是思想的声音,文字是思想的图画"[1]。换言之,语言是听觉符号,文字是视觉符号,二者存在着很大的差别(前引铃木孝夫的比喻即为此意)。曹念明认为,从起源上看,文字不是记录语言(口语)的,特别是对于自源性质的文字系统来说尤其如此。所有自源文字都是(象征)表意文字,所有表音文字都是他源文字。汉字是自源文字,脱胎于象形文字。到了日语中,身份转成了他源文字。在最开始,汉字的正用被称为"真名",而产生于假借用法的表音用法被称为"假名",这也说明了汉字有别于纯属表音的其他文字的特点。也就是说,在当时人看来,单纯表音的符号不属于

---

[1] 韩敬,译注.《法言》全译[M].成都:巴蜀书社,1999:28.

正规文字之列。从汉字起源看，所谓象形一开始就是对应着概念的，如陈梦家在《殷墟卜辞综述》中所指出的那样，象形、假借、形声是文字发展的三个过程。曹念明在介绍刘又辛著《汉字发展史纲要》中的观点时认为，"汉字的发展经历了表形、假借、形声三个阶段，秦汉以来以形声字为主的第三阶段延续至今，没有发生质的变化"。[1]也就是说，汉字绝不是为了记录口语（语音）而诞生的。

汪德迈是一位长期生活在汉文化地区的法国学者，毕生精力献给了对汉文化的研究上。汪德迈在《新汉文化圈》一书中详细论述了汉字有别于其他表意文字（苏美尔人和古埃及人文字），特别是他指出："苏、埃文字仅仅是一种书写系统，而汉字兼有书写系统和真正的独立的语言系统双重功能。"[2]他认为的"独立的语言系统"指的是文言。所谓的文言是自律的，是一种不同于口语的独立的语言。他从文言文的起源、词汇形成的规律来证明和阐述他的独到观点。他认为："在其他表意文字里，词语是独立的，文字仅仅是词语的记录；在中国的文言中，文字即是词语，读音仅仅是文字的注音符号……发音仅仅是文言中汉字的附属物。"[3]也就是说，文字和口语不能简单地画上等号。这与曹念明的观点可谓是殊途同归。这种认识抓住了汉字（尤其是古代汉字）的本质，可谓入木三分，对我们重新认识汉字的性质和功能具有十分重要的价值和意义。

曹念明还认为，日语文字属于混用型文字。过去的文字著作都把日语中的汉字等同于汉语中的汉字，而把假名看做是音节文字。他认为："这种承认语言系统的独立性而不承认文字系统独立性的学术见解是十分不合理的。错误的根源在于：没有运用系统论的方法把日本文字看成一种完整的系统，而把它当做几种不同成分的拼凑。"[4]在这里，他强调汉字与假名是混用，而不是混合。两种文字的混合拼凑是表象，形成有效地表达日语和思想的体系才是本质。这种有效性从前引"时枝诚记的望远镜说"也能得到印证。

如按照前面的分析方法，那么日本最早的文言其实是汉文（包括后来的汉文训读文），就是所谓的"独立的语言系统"，它与日语口语从起源到原理都可以说是完全不同。在此意义上，或许表现在日语文字系统中的汉字功能更能说明汉字的特殊性。因为，日语的汉语词由于是外来词，所以"文字即是词语，读音仅仅是文字的注音符号"，而不是相反。这尤其体现在古代正式书面语当中，

[1][4] 曹念明. 文字哲学——关于一般文字学基本原理的思考[M]. 成都：巴蜀书社，2006：47~63.
[2][3] 汪德迈. 新汉文化圈[M]. 陈彦，译. 南昌：江西人民出版社，2007：97~101.

因为当时的很多汉语词是一种文化符号,是包容各种文化信息的聚合体。不过在日语中,汉字的特殊性则更前进了一步,由于字与词对应上的灵活(或可称宽容)以及振假名的运用,特别是在文艺作品当中,落实到书面上的日语在汉字的使用上往往呈现出个性化和丰富多彩的一面,这时候的汉字已成为了辅助语言表达的一种修辞手段。

六、结语

如上所述,文字本质真的是摹写(再现)语言(音声)的吗?只说对了一半。至少在日语中,文字也是语言的一部分,文字也参与到了语言包括文体在内的各个层面的形成和发展过程中,这种过程由古至今,绵绵不绝。日本人在对文字信息的摄取上,往往是视觉和听觉共同启动,构成一种捕捉(或创造)信息(或思想)的独特系统(如带振假名的假借字[1])。至少在日语中,文字语言和音声语言之间不能简单画等号。特别是在书面语中,日语具有这样的特点:音声 + 视觉(文字)= 语言。作者通过对标记形式的选择,是对原有音声语言的一种扩展和补充,客观上不仅还原了音声语言,而且还添加了一层内涵,丰富了语言表达。这一特点不仅集中体现在"あて字"(假借字)等双重标记上,也体现在普通日语文章的标记上。金田一春彦先生《日本语》中举出的上田敏译卡尔·布塞的诗"山のあたな"中,意思为人的"ヒト"这个词有时候写成假名,有时候写成汉字。汉字写的"ヒト"表示世间普通的人,用假名写的"ヒト"表示自己的意中人,即和自己心心相印的人。

综上所述,日本文字是日语重要的标记和表达手段,同世界其他各国语言文字相比,具有显著的特殊性,对此我们应予以高度的重视,并且有必要进一步深入研究和探讨。了解见于日语文字标记体系中的这些特点,有助于我们重新认识日语文字词汇乃至于日语本身。同时,进一步深入研究日语文字标记的特殊性,还可以为丰富和完善世界文字学理论作出贡献。

---

[1] 如见之于文学作品中的"暂时(しばらく)""闲话休提(ちておいて)"等。关于日语假借字的分类及性质,可参见潘钧. 日语中'あて字'的定义和性质问题[J]. 日语学习与研究,2000(1).

参考文献

［1］周有光 1998《比较文字学初探》语文出版社

［2］潘钧 1998《浅谈汉字、汉语词对日语的再塑造作用》《日语学习与研究》第 4 期 P.5~12

［3］潘钧 2000a 〈中日两国文字体系比较——以文字的性质和功能为中心〉北京大学外国语学院日本语言文化系编《日本语言文化论集》第 3 辑 P.46~63 北京出版社·文津出版社

［4］潘钧 2000b 〈日语中'あて字'的定义和性质问题〉《日语学习与研究》第 4 期 P.7~13

［5］潘钧 2003 〈日本人汉字观之流变〉刘金才等编《日本语言和文化——孙宗光先生喜寿纪念论文集》P.55~70 北京大学出版社

［6］雅克·德里达（法） 2005 《论文字学》汪堂家译 上海人民出版社

［7］山田孝雄 1935 『漢文の訓読によりて伝えられたる語法』宝文館

［8］高島俊男 2001 『漢字と日本人』 文藝春秋

［9］加藤秀俊 2004 『なんのための日本語』 中央公論社

［10］子安宣邦 2003 『漢字論——不可避の他者』 岩波書店

［11］加藤徹 2006 『漢文の素養——誰が日本文化をつくったのか』 光文社

［12］曹念明 2006 《文字哲学——关于一般文字学基本原理的思考》，四川出版集团/巴蜀书社

［13］汪德迈（法） 2007《新汉文化圈》陈彦译，江西人民出版社

（作者单位：北京大学外国语学院）

宝剑锋从磨砺出,梅花香自苦寒来

——再读史习成《蒙古国现代文学》

●王　浩

内容提要:本文从蒙古国现代文学史研究现状入手,探讨《蒙古国现代文学》的文学史结构和叙事形式,勾勒史习成先生在书写蒙古国现代文学史过程中逐步建构、调整和更新的文学史观,再现一代前辈学人不懈探索与实践的执著追求精神。

关键词:史习成　蒙古国现代文学　文学史观

当我怀着深深的敬意动笔梳理史习成先生在蒙古国现代文学研究领域所取得的成就时,"宝剑锋从磨砺出,梅花香自苦寒来"这两句诗便萦绕在我的脑海之中,渐渐由模糊而益发清晰起来。自 1955 年在北京大学东语系开始学习蒙古语之初,到 2002 年不幸因病辞世,在近半个世纪的光阴中,史习成先生在蒙古语教学、蒙古学研究领域勇于探索,勤于耕耘,特别是从 20 世纪 80 年代末期开始,史习成先生格外钟情蒙古国现代文学研究,在浩茫的文学史料中爬梳茸理,摸索出一条线索,形成讲课体系,开设了蒙古国现代文学史课程,相继发表了有关蒙古国现代文学的论文多篇,并完成了《外蒙古现代文学简史》[1]和《蒙古国现代文学》两部专著的撰写工作,首次系统地为国内读者介绍了蒙古国现代文学。[2]能够在十余年中取得这些成果,固然与史习成先生的勤奋有关,也与他自学生时期就留心并熟悉蒙古国现代文学有着密切的联系。与东方集成编辑出版的其他论著相比,《蒙古国现代文学》似乎不是那么厚重。然而若

---

[1] 史习成. 外蒙古现代文学简史[M]. 台湾蒙藏委员会编印,1996.
[2] 这里的读者是指汉语读者群。

将它置于蒙古国现代文学整体研究之中，这种看法将会改变。再读《蒙古国现代文学》，笔者感悟最深的是，为了清晰呈现蒙古国现代文学全貌，凸现蒙古国现代文学的特点，史习成先生不断探索，超越自我，逐步建构并不断调整更新自己的文学史观。从中我们不难感受到一代前辈学人的精神追求与人格魅力。

一、蒙古国现代文学史的书写

蒙古国现代文学[1]诞生于 20 世纪二三十年代之后，其时蒙古国及苏联陆续有一些对蒙古文学发展进行研究的著述。在现代文学史的撰写方面，蒙古国步履相对迟缓。1946 年索德诺姆撰写了《蒙古文学发展史》。这部著作的大部分是叙述古代文学的，只有最后几页篇幅涉及现代文学。直到 1968 年，《蒙古现代文学简史》（1921~1965）出版，蒙古国才有意识对新文学 40 余年的史料和作品给予整理和评价，对新文学初始阶段各类问题成果进行评述，但它终不是完整的文学史。1985 年蒙古国出版了《蒙古现代文学史》（第一卷），1989 年出版了第二卷，第三卷直至 1998 年才得以出版。这本历经 13 年才编撰完成的文学史也不过撰写到 1980 年。素有蒙古学研究传统的俄罗斯，在蒙古国现代文学研究方面走在我们前面。1941 年发表了卡梅什柯夫的第一篇研究蒙古现代文学的文章。1955 年蒙古学学者米哈伊洛夫编著的《蒙古现代文学简史》（1921~1955）出版。米哈伊洛夫对蒙古现代文学的发生和发展作了简单、扼要的叙述。由于作者的身份及其写作年代，这部书明显地打上了时代的烙印。作者格外强调了蒙古人民革命党对蒙古现代文学的诞生和成长所起的决定性的作用及苏维埃文学和它的奠基人高尔基对蒙古文学的巨大贡献。另一位蒙古学家盖拉西蒙维奇在 1991 年发表了《蒙古人民共和国文学》（1965~1985）。以上这两部文学史都介绍了蒙古文学发展的某一阶段。在 20 世纪 50 年代，我国曾经从俄文零星地翻译介绍了一些蒙古国现代文学作品。之后用回鹘蒙古文出版了《蒙古人民共和国文学简史》《蒙古国现代文学研究与文学批评概览》《蒙古国现代文学研究与批评》等论著。而史习成先生的《蒙古国现代文学》乃是我国第一部用中文书写的蒙古国现代文学专著。倘若单从时间跨度来看，《蒙古国现代文学》跨度最长，叙述了从现代文学诞生到 20 世纪 90 年代的蒙

---

[1] 蒙古国现代文学是指 1921 年至今的蒙古国文学，包括蒙古国现代文学和当代文学。鉴于蒙古国无现代文学和当代文学之分，为了与蒙古国说法一致，便于叙述，这里统一称为蒙古国现代文学。

古文学,这是其他文学史所不及的。《蒙古国现代文学》的贡献还远不止于此,它独特的体例及构建的文学史观更是耐人寻味。

二、从进化论的角度阐发蒙古国现代文学

早在1985年,史习成先生在《国外文学》上刊登了《蒙古现代文学介绍》[1]一文,论述了1965年以前的蒙古国现代文学的发展状况。这篇论文虽然还不能被认为是完整的"史",但它的结构框架已经具有"史"的含义。可以说,这是史习成先生早期关于蒙古国现代文学研究的一个阶段性总结。从该文对文学历史现象的归纳与阐释中,可以清楚地感受到一种进化论的文学史观。文中从一开始就明确了"蒙古现代文学是伴随着新旧社会制度的建立而诞生的"[2]。继而从"巩固政权,实行民主改革"(1921年~1940年)和"为社会主义而斗争"(1941年~1965年)两个时期分别进行论述。将社会发展史的分期标准作为文学史的分期依据,是撰写文学史经常采用的一种方法。以这种历史的文学观念撰写文学史就是文学进化论。文学进化论研究坚信文学有类似生物学,即有其产生、发展、成熟、衰落的过程。认为文学"随时代而变迁者也,一时代有一时代之文学"。进化论的文学史观在我国文学研究中存在着相当大的影响,至今这种思路亦常见于各种文学史的写作中。史习成先生在撰写蒙古现代文学的初始阶段时,没有脱离这种观念的影响。而在《外蒙古现代文学简史》中,这种进化论文学史观更加趋于明显。这里他将蒙古现代文学划分为四个时期:创新时期、窒息时期、恢复与发展时期、发展与停滞时期。[3]诸如"创新""恢复与发展""停滞"等术语常常出现于进化论文学史的研究中。

进化论的文学史观强化了文学发展的纵向历史线索,往往先确定大的时间框架,再将文学史信息依照时间顺序重新组合。换言之,就是以时代、作家、作品为发展主线,用时间坐标为主线的编写方法。大部分的蒙古现代文学史通常都采用了这种编写方法。蒙古国出版的《蒙古现代文学简史》《蒙古现代文学史》,米哈伊洛夫的《蒙古现代文学简史》,以及我国出版的回鹘蒙古文的《蒙古人民共和国文学简史》等都是以进化论的角度阐发的蒙古文学。依据这种进化论文学史观编写出来的文学史,从史的发展角度来看,系统性较强,清晰度

---

[1][2] 史习成. 蒙古现代文学介绍[J]. 国外文学,1985(3):89.
[3] 史习成. 外蒙古现代文学简史[M]. 台湾蒙藏委员会编印,1996:34.

较高,简洁明快,有利于展示这一时期创作的总貌。但是其思维特点多为以历史为坐标的纵向,也就是说编者注重从蒙古文学发展的纵向上全面、系统地勾勒蒙古文学发展的基本脉络,无法摆脱狭隘的线性思维的弊病,不能充分解释复杂的文学历史。

三、从审美角度构建蒙古国现代文学史观

文学演变的进程受社会、历史发展的影响,这是毋庸置疑的。而社会主义国家的文学与社会政治事件关系更为密切,更为直接。蒙古国现代文学是伴随着 1921 年的人民革命和蒙古国独立而诞生的,是在其特有的历史文化背景和社会现实环境中产生和发展起来的,它更容易比较集中地反映一个时期的社会中心问题。如写人民革命,包括歌颂革命领袖和政党,以及展示投身革命的各阶层人士的命运,是蒙古国现代文学的重要内容。第二次世界大战时期,蒙古国有许多以抗日斗争和声援苏联反对德国法西斯为题材的作品问世。在牧业合作化时期,就出现了不少关于牧民"自愿"入社内容的小说,可以说这种文学现象在 20 世纪 60 年代以前的蒙古国现代文学中俯拾皆是。

文学艺术作为一种独特的意识形态,它必然受到社会历史的制约,但同时又有自己特殊的发展规律。蒙古国现代文学固然受到来自蒙古国政府和政党的政治干预,但它还是有着自身的发展特点。对于蒙古国现代文学史的写作来说,采用进化论文学史观有其不利的一面,容易突出意识形态对文学作用的一面,忽略文学本身的特性及文学多方面的多功能和丰富性。事实上,史习成在撰写《外蒙古文学简史》一书时,就已经初步意识到进化论文学史观的局限性。他在谈到文学史分期问题时写到:"从现在的认识看来,蒙古现代文学史分为四个时期。"[1]这句话说明史习成先生并不满足于他目前对蒙古文学史的认识把握,但苦于没有更好的描述蒙古国现代文学的叙事手法,因而仅能停留在现有的认识之上。在《蒙古国现代文学》前言中,作者阐明了成书的一个原因:"本书是按题材内容来编排的。在同一题材的论述中再照顾作品发表年代的先后。这就与蒙古国已出版的现代文学研究的一些专著,包括三卷本的《蒙古现代文学史》,先年代,后体裁,最后才是题材的顺序有所不同,也与研究个别作

---

[1] 史习成. 外蒙古现代文学简史[M]. 台湾蒙藏委员会编印,1996.

家的文学不一样。"[1]现在看来,这并不是简单的顺序差异,而是在编写体例上进行了一次有意地调整,是史习成先生文学史观的一次转变。

(一) 强调审美,凸现蒙古国现代文学价值

我国介绍外国文学时,在相当长的一段时间内,研究者往往采用进化论的文学史观。20世纪80年代以来,我国文学界对这种文学研究进行了反思、质疑乃至批驳,呼吁重新书写文学史。以史习成先生的治学和为人之道,对上述文学史观进行质疑和批驳不是他的风格。他在肯定文学演变的进程受社会发展的影响之后,直接提出:"文学自身有其本身的发展规律,文学除内容外,还有形式。"题材内容固然重要,应该研究,而"艺术形式,艺术手法同样不可忽视"。尽管"蒙古现代文学在题材内容选择方面受时代影响较大,而艺术提高与否,与一个时期以什么为中心任务并无直接关系,而取决于文学创作的主观条件。"[2]他注重蒙古国现代文学艺术方面的研究。

随着俄国形式主义文学批评、英美新批评、结构主义与解构主义文学批评的发展,加强文学作品的艺术性分析,成为近些年来文学研究的一种趋势。如诗歌方面的音韵学研究、语义学研究;小说方面的叙事学研究;对作品的符号系统和结构模式的研究等等。史习成先生是如何进行蒙古国现代文学作品的艺术发掘的呢?记得恩格斯在评论拉萨尔的剧作时,强调了从历史和美学的标准,即最高的标准这样一个评判出发点。史习成先生也正是从审美层面,对蒙古国现代文学作品进行艺术分析的。

强调审美,可以回避思想意识形态对文学发展的干涉,展示蒙古国现代文学的多元性特征。蒙古国自20世纪20年代以来,长期处于以官方思想意识形态为依托的学术体制和学术话语之下。在20世纪90年代以前的很长时期内,蒙古国政府和执政的蒙古人民革命党在文学艺术方面有着系统的理论和政策。对文学的性质、功能作用,以及创作方法都提出了一系列观点和看法,对作家为什么写和如何写也有明确要求。在这种以思想意识形态为本位的述史结构下,蒙古国出版的《蒙古现代文学史》中将蒙古现代文学描述为是由旧社会向新社会迈进的文学,是向社会主义社会性质进化的文学,是集中体现社会主义国家本质的文学。蒙古国政府提出,文学的任务是真实而又全面地表现正在建立新生活的新人,表现他们思想和性格的一切优点。要深刻地反映现实,

---

[1][2]史习成. 蒙古国现代文学[M]. 北京:昆仑出版社,2001:15.

体现新与旧的关系。蒙古作家要以创作现代题材而又有高度的艺术性的作品为己任。在自己的作品中描绘群众在经济、文化建设和保卫国家安全中的贡献,他们新的精神面貌和道德风尚,以及苏蒙之间的友谊。这种新的精神和新的内容就是社会主义国家作为国家主体在文学领域的展现。这样,必然排斥"个人主体"之于文学的创作性作用。在这种学术体制和话语势力范围内,文学的个人主体性势必被忽略。

史习成先生力图通过对蒙古国现代文学中审美意识的追求,去突破蒙古现代文学研究中的传统的一元化文学视角,暗含着不再以国家意志下的文学规范为文学史的评判标准,强调了那些不为当时文学规范承认的作家和作品的文学史合理性,及那些为当时文学规范承认的作品的艺术性,从而展现蒙古国现代文学的创作主体的个人性和独创性。文学是由多种复杂的成分构成的,如果论及的作家仅限于国家机器认可的作家,又缺少历史的具体的分析,那么又怎能反映文学史的全貌呢?

通过对作品艺术性、个人性和独创性的审美分析和关照,回避政治意识形态对蒙古国现代文学的过多干涉,引导读者以独立的眼光审视蒙古国现代文学发展的真实状态的方式,领悟蒙古国现代文学的存在价值,探求文学史的真相,是《蒙古国现代文学》撰写的真实目的。

(二)注重文本解读,再现蒙古文学特色

为了重新定位蒙古国现代文学,史习成先生在文本的解读上深下工夫,即对于那些能够体现蒙古民族特性和审美风格的文本进行多维度的开掘和创造性的阐发,然后升华到题材学或主题学的相应美学范畴加以概括,凝练地形成一个个各具思想特色而又互相关联的题材群落或主题群落,借以显示《蒙古国现代文学》在结构框架上的创新,也借以凸现蒙古现代文学史观中的思想内涵和审美意识。

此书在体例上采用了以题材分类安排章节的写法。全书共 13 章,除了第一章总论外,以 12 章分别论述了"启蒙文学""爱国文学""思索人生的文学""写牧人的文学""展示妇女命运的文学"等 12 个主题。然后,在同一题材的论述中,将诗歌、小说、戏剧等各种文体,依照作品发表年代的先后进行论述。这种文学史的写法不是没有缺点,它不利于展示一定时期创作总貌。但比起其他的蒙古国现代文学史,这种体例的优点便是突出了蒙古文学的特点。该书包括的一些题材,一些是蒙古学者在研究同一体裁作品时经常提到的,如人民革命、军事、牧业、工业、知识分子、爱情等题材。而"启蒙文学——'孤儿写孤儿'""展示妇女命运的文学——为'家庭的奴隶,男人的仆女'鸣不平""思索人生的文学"等题材是作者的创新。这些题材群落强化了蒙古现代文学的民族特色,增加了蒙古现代文学创作的厚重感。同时也说明作者已经不能满足于就事论事地、孤立地一个一个介绍作家作品,而要把作家作品作为一种文学现象,考察他们之间的广泛联系。虽然有不少学者意识到一部文学史应该是一部作品发生史、主题流变史、文本形态史,但是真正从题材与主题角度切入、以文学作品为主要框架来书写的带有本体论性质的文学史并不多见,尤其在撰写外国文学史这个领域。

《蒙古国现代文学》不见得是最完善的,但它注重艺术分析,力求对各个题材群落的主要风格特征作出简明而又准确的概述,这是其他文学史所不及的。在充分利用蒙古学者研究成果的基础上,作者以他民族学者独特的眼光审视蒙古国现代文学,得出一些独特的看法。如将"爱国文学"归结为"蒙古国诗人的'我的蒙古'情结"。蒙古国作家数量不多,但歌颂祖国、吟咏蒙古自然风光及赞美蒙古这片土地的诗篇数量却是很多。蒙古文学界对这一现象除了在蒙古新诗与民间口头文学的关系问题上有过分析外,没有进一步充分研究。史习成先生在深入研究蒙古民间口头文学赞词与蒙古新诗赞颂诗的关系的基础上,重点分析了纳楚克道尔基、雅沃胡朗、策登岛尔基、乔依诺姆、盖达布、涅姆道尔基、达希道洛布等人的诗作,提出这是蒙古文学中一个重要文学现象,是蒙古文学的一个特色。

蒙古民间文学是蒙古国现代文学得以发展的基础之一,民间文学对蒙古国现代作家的创作起着巨大的影响。如蒙古国现代文学的奠基者之一达木丁苏伦最早的作品是根据民间口头创作改写的四个小故事。他的一些诗歌、散文创作也带有民间文学影响的痕迹。注重民间文学传统与蒙古新文学的传承关系是《蒙古国现代文学》又一特色。如在"启蒙文学——'孤儿写孤儿'"中,作者从民间创作中广泛流传的孤儿的形象入手,分析了人民革命胜利后刚刚走上文坛的作家如何继承蒙古民间文学这一传统,创作出一些以孤儿的遭遇来表现旧社会人民的苦难的作品,提出"孤儿写孤儿"是启蒙文学时期值得关注的文学现象。

对于一些当时政治意识形态承认的作品,作者重新加以观照,剥离文本中的政治色彩,发掘作品暗含的蒙古民族特性和民间生命力的艺术因素,如对长诗《栗色马》的分析。这首长诗是以现实主义手法,反映革命前蒙古贫苦牧民的生活。史习成先生从民间文学中对马的歌颂主题入手,从栗色马的性格分析提升到蒙古民族性格的发掘。

如果说,《外蒙古现代文学简史》第一次向读者介绍了蒙古国现代文学的发展状况的话,那么《蒙古国现代文学》则为我们后辈在蒙古国现代文学研究的处女地上开辟了一条道路。探讨《蒙古国现代文学》的现实意义,不仅在于它的文学史结构和叙事形式,而且还在于史习成先生对蒙古国现代文学史写作形式的探索与实践的执著追求精神:平和的心态、扎实的积累和不懈的努力。对于蒙古国现代文学的曲折发展历程,史习成先生始终保持着平和的心态,没有以大国者的姿态自居,俯视蒙古国现代文学,而是平视其发生、发展。既没有抱怨其文学史上存在的不足和失误,也没有无限夸大它的成就,而是以一种历史的同情态度,客观地描述它的发展历程。详尽和丰富的文学资料是构成一部文学史的基石,文学资料的重新发现和重新提升促成文学史观的更新。史习成先生在原始资料的搜求、占有和整理方面,做了大量工作。多年来的教学工作及数十年对蒙古现代文学的译介工作是他完成两部文学史的根本保障。在《蒙古国现代文学》一书的前言中,他阐明研究并介绍蒙古国现代文学是从事蒙古语言文学教学者的责任。也正是这种责任促使他不懈地耕耘,不照搬别人编撰出版的文学史,而是以自己的眼光重新审视并梳理,追求他心中构想的蒙古国现代文学史观。海登·怀特在《"描述逝去时代的性质":文学理论与历史写作》一文中指出:"历史编撰的伟大经典著作的这种隐喻性质,正好说明了它们何以都绝没有把某个历史问题最后'包裹'起来,而总是开拓了观察过去的视野、激励人们作更多的研究。……它不是安抚我们求知的意愿,而是激发我们更多的探索、更多的话语、更多的写作。"《蒙古国现代文学》不正是这样的著作吗?!

诚然,这并不意味着《蒙古国现代文学》是一部完美无缺的论著,它在深化蒙古国现代文学研究的同时,也显示出作者个人和时代的局限性。"蒙古新时代的文学,是在蒙古民间文学、蒙古文学以及苏联文学三个支柱的基础上发展起来的。"[1]俄国古典文学和苏维埃文学对蒙古国现代文学的影响同样不容忽视。如蒙古国的长篇小说的产生、戏剧的发展都与俄苏文学有着直接的关

---

[1] 达木丁苏伦. 达木丁苏伦全集:第3卷[M]. 乌兰巴托,2001:327.

系。蒙古国现代文学有待于在这个横的坐标上进一步总结,这也是先生留给我们后辈的课题。

四、结语

至此,我们已经清晰地勾勒出史习成先生文学史观调整的轨迹,即从历史进化论的文学史观转入从审美层面凸现蒙古现代文学价值的文学观念的转化和调整。史习成先生以其超越思想意识形态的眼光,以其严谨的治学态度和求知求真的标准对蒙古国现代文学加以解析和评判;以其平淡、冷静和客观的叙述,描绘出蒙古国现代文学发展的轨迹,并将自己的审美理想以及对蒙古文学的挚爱融入对蒙古国文学史的撰写之中。这就是《蒙古国现代文学》一书有别于其他同类著作的个人魅力之所在。最后,我想还是以李商隐的一句诗文——"寒梅最堪恨,长作去年花"作为本文的结尾,以此赞美史习成先生梅花般的高洁品质,并表达我们对他深切的追思。

（作者单位:北京大学外国语学院）

韩国汉文文学史叙述方法刍议*

● 韦旭昇

　　韩国两千年左右的文学发展史上，以汉文写成的文学作品总数甚多，截止到 19 世纪末，汉文作品甚至占韩国总体文学的一半以上。汉文作品在韩国被称为"汉文学"（或"汉文文学"），它与韩国本民族语文学（简称"国语文学"）一起，被纳入一般论述韩国总体文学的韩国文学史一类书籍（包括朝鲜民主主义人民共和国所出的文学史书籍）之中叙述。

　　韩国进入近现代社会以后，汉文文学作品急剧减少，直至其地位被韩国本民族语言的文学作品所取代，从此汉文文学与国语文学两者并存共进局面基本上消失。这里所讨论的，不是汉文文学与国语文学两者并叙的韩国文学史中汉文文学史部分的叙述方法问题，而是专门以汉文文学为叙述对象的文学史的叙述方法问题。

　　考虑到韩国汉文学的种种情况，笔者认为在汉文文学史中需要论述、说明的有以下几个方面。

　　一、汉文文学是韩国文学的重要组成部分；

　　二、汉文文学在思想、艺术的整体水平上比国语文学高；

　　三、汉文文学对国语文学的深远作用；

　　四、汉文文学源远流长的历史原因；

　　五、汉文文学与中国文学的差异。

　　以下，从汉文文学史的叙述方法上就上述五个方面进行一些探讨。

---

　　* 本文发表于"中华文化与世界汉文学学术研讨会"（1998 年 8 月 3~5 日，台北，东吴大学中文系举办），后收于《中华文化与世界汉文学论文集》（1998 年 8 月）和韩国的《慕山学报》第 11 辑"韩国汉文学研究的回顾与展望全国发表大会"的特辑号（1999 年，大邱正党堂出版）中。

一、汉文文学是韩国文学的重要组成部分

韩国汉文文学作家众多，作品数量十分庞大。由于客观条件所限，笔者迄今为止还没有看到这方面的比较完整、确切的统计数字。汉文文学史叙述中，必须有这样的统计数字，以此使读者对汉文文学在韩国总体文学史中所占的分量有所了解，从而为深入了解汉文文学作为韩国文学的一个重要组成部分，提供一个先决条件。

由于汉文文学的写作工具是中国式的古汉文，其体裁与写作方法和中国的很相像，加之，其中有不少作品是以中国为背景和以中国人为主人公的，因此，在某个时期和某些文学研究者中，竟产生过一些不恰当的认识乃至误解，认为它不是韩国文学中最典型的、最重要的部分，有的甚至误认为它是中国文学（对《谢氏南征记》以及《红白花传》都曾有人如此误解过）。针对这种情况，要在汉文文学史中充分说明，韩国的汉文文学，所反映的正是韩民族、韩国社会的情况，所表达的是韩国人的思想感情，是基于韩国文学发展和韩国读者的需要、顺应韩国的历史潮流而写成的。不仅那些爱国诗篇、描述民间疾苦的佳作及乡土诗歌如此，即便是那些以中国为舞台，以中国人为作品主人公的小说，依然如此。举例来说，《谢氏南征记》虽然舞台是北京、湖南，人物中有明代奸臣严嵩，但它正是作者金万重针对朝鲜王朝肃宗时期发生的宫廷矛盾与朝政问题而写的。此外，其他一些作品的产生，也各有其韩国国内的种种条件与原因。

在从数量与内容上有所说明之后，汉文文学作为韩国文学重要组成部分的问题，也就可以得到解决，从而使得韩国年轻一代的读者更加了解和热爱其祖国的这份宝贵的文化遗产，也可以使得韩国以外（包括中国）的读者，能对韩国汉文文学有一明确认识，对之更为尊重，对其历代文学成就有更切近事实的评价。

其次，还要就作品的形式（体裁）与内容（主题）分类加以说明。每一种体裁下，按主题分类。这样，既可以看出某些体裁的发展和成就，也可以看出此种体裁所表现的主题思想情形，和它所反映的韩国客观现实，以及文人的思想感情状况。

此外，对于最重要的名家，还需以作家论的方式加以叙述。

总之，在叙述汉文文学是韩国总体文学的重要组成部分时，需要有三个层面，即：体裁论、作家论、主题论。这种叙述方法，可以使得读者对作为韩国总

体文学一重要部分存在的汉文学的成就与状况，有一个条理性的印象和比较全面的了解。

从体裁上看，韩国汉文学中比较重要的有诗歌、传奇与小说、史传、小品文、文学评论（诗话）等。

在这几种体裁中，诗歌首屈一指，是汉文文学中的宠儿，是最主要的体裁。其次，小说的成就也很辉煌。这以外，史传（即历史人物传记）、小品文也都是不可忽略，需要介绍的。这以后就是文学评论（主要是诗话）了。辞、赋也应有所提及。

这里就上述各体裁的作品，稍作说明。

诗歌方面：韩国文人士大夫都重视写诗，视作诗为文人必为之事，从而使得诗歌成为汉文文学中作家和作品数最多、最重要的一种体裁。

诗歌有四言、五言、七言，偶尔有六言的，此外还有词（长短句）。

四言诗最早出现，如高句丽的琉璃王于公元前 17 年所作的《黄鸟歌》。但四言诗并没有得到很大发展，随后的五言诗、七言诗则成为了诗坛的霸主，长期盛行达一千三四百年之久，诗人辈出，佳作纷呈。其中公元 6 世纪时的高句丽僧人定法师的《孤石》、7 世纪高句丽名将乙支文德的《遣于仲文诗》、7 世纪新罗真德女王的《太平颂》为早期的五言诗。9 世纪统一新罗末期大诗人崔致远（857~？）的出现，标志韩国汉文诗步入成熟阶段。五言、七言大量的出现，形成了一派繁荣景象。

崔致远在韩国一向享有"东国文学之宗"之称。自他以后，历经高丽、朝鲜两大王朝的约一千年时期内所出现的诗人中，成就最高、最具有代表性的诗人有高丽时期的李奎报、李齐贤，朝鲜时期的权鞸、丁若镛、赵秀三等人。在全面介绍韩国汉文诗成就的同时，应以作家论的方式分节集中介绍这类煊赫于诗坛的名家。

但由于汉文诗作者作品数量极其庞大，对众多的诗人一一介绍不仅会导致篇幅过长，还会使读者产生散漫之感。笔者愚见：重点诗人以外的作品，可按作品的内容进行分类介绍。在介绍中，对同类内容的作品还可适当地作一些风格、手法、成就高低上的比较。

以下就汉文诗的主题和题材试作如下的分类。

政治类：如新罗真德女王《太平颂》、高句丽大将乙支文德《遣于仲文诗》。

民生问题类：如李石亨《呼耶歌》、元天锡《过杨口邑》、李荇《记事》。

515

爱国类：如李舜臣《闲山岛》、郑澈《金沙寺》、金尚宪《沈狱送秋日感怀》、李元衡《悼节死妓》。

爱情类：如《双女坟》、黄真《送别苏判书世让》、李达《关山月》、曹臣俊《闺怨》。

友情类：如郑知常《送人》、洪世泰《听松堂别李秀才》。

写景类：如奇遵的五律《日暮登城》、崔昌庆《题高峰郡山亭》、申纬《朴渊》。

民间生活、乡土类：如郑梦周《江南曲》、严启膺《村中实记》。

揭露讽刺类：如权鞸《忠州石》、金笠《嘲两班儿》。

牢骚类：如吴世才《戟岩》、马尚远《咏怀》、李植《解职归叹》、姜瑜《咏怀》。

隐居类：许景胤《山居》、李基《退居仙游峰》、朴尚立《林居》。

咏物类：如郑仁弘《咏松》、朴民瞻《咏鸟》。

咏史类：如李穀《李陵台》、李光镇《汉高祖》、郑斗卿《檀君祠》、郑希侨《咏史》。

文学评论类：李奎报《论诗》、申纬《东人论诗绝句》。

在诗歌中，词（长短句）也必须加以介绍。词的作者和作品都不多。词作者之中，以李齐贤成就最高，除对他多作介绍以外，其他人如金时习等的词也应有所涉及。

传奇与小说方面：《新罗殊异传》和金时习的《金鳌新话》是传奇作品集的代表，是小说的萌芽，可以和小说归为一类。汉文本的小说名篇如权鞸的《周生传》、作者不明的《壬辰录》、金万重作金春泽翻译的《谢氏南征记》与《九云梦》、南永鲁的《玉楼梦》及朴燕岩的《两班传》《虎叱》《许生传》等应详为论述。其他的一些作品，可以仿照诗歌的叙述法，按内容加以分类，作简略的介绍。

史传文学方面：主要出现在《三国史记》一类的史书中，它虽为纪实文学，但也不乏艺术性的描写，对今后小说的发展也起了一定影响。表现政治人物的《金庾信传》《温达传》，表现民间人物的《薛氏传》《都弥传》都写得很动人，是重点介绍的对象。此外的传记，也应分门别类，予以简略的介绍。

文学评论方面：由于诗歌是文人最为关心和广泛创作的体裁，文学评论也基本上是诗评，即诗话。李仁老的《破闲集》、崔滋的《补闲集》最具有代表性。此后，诗话大量涌现，成为汉文学中的一大现象，是汉文学史中不可不多加叙述的。除对汉文诗进行评论外，还有人以汉文写成了对国语诗歌的评论，如金万重的《西浦漫笔》对国语文学价值的强调，金春泽的《北轩集》对郑澈歌辞成就的高度评价,都属于此类。此外对小说的评论也不应漏掉,它们反映了崇尚写诗的文人中的少数人对于新兴的通俗文学的看法,很值得注意。

小品文方面:如被称之为"假传"的人物小品,有《孔方传》(林椿作)、《楮生传》(李詹作)等等。再如说明事理的小品,如李奎报的《舟赂说》《镜说》等等。

杂录方面:杂录是指一般称之为"稗说"的作品,其所记录的有历史人物逸事、生活琐事、山水风貌等等。

此外,辞与赋也应一提。赋在中国较好的抒情作品不多,虽辞藻丰富,但缺乏感情,缺乏对社会现实生活的反映,且词句艰深,文字冷僻,喜爱的读者不多。在韩国它是科举必作之文,作品不少,应当一提。赋所需要的文字技巧较高,可以表明韩国文人的辞章才能与文字水平。

以上只是一些分类的简单举例。挂一漏万,在所难免。在体裁论、作家论、主题论三个层面的叙述中,会有更多的材料与类别需要说明,此处仅略举数例而已,还有待于汉文文学史作者今后的探索。

二、汉文文学在思想、艺术的整体水平上比国语文学高

汉文文学初而独占文坛,继而与国语文学比肩共占文坛。这两种文学在思想内容的深度上和艺术技巧的水平上,虽各有千秋,各有自己的特点,但是,从总体上来比较,汉文文学在思想与艺术方面比国语文学要深刻、精致些,高一些。

由于谈的是叙述方法问题,本文不必要一一举例详述此种情况,只是略作说明。

以史传文学为例:韩国历代正史都以汉文写成。大量的传记作品生动、具体地记叙了韩国重要历史人物的品德、行为和事迹。《金庾信传》《温达传》《乙支文德传》等等就是例证。在国语文学中,这种人物传记却很少。《恨(闲)中录》一类的宫中记事体作品,虽然也具体地记录了宫廷内鲜为外人所知的秘事和某些人物的遭遇,但其社会意义不如上述汉文历史人物传记,对于读者和后人的爱国思想、品德教育等作用也不如汉文史传文学。

再如诗歌:汉文诗意境比较深远,修辞手段较为丰富,格律和形式都相当严谨。作为国语文学的时调和歌辞固然也有不少佳作,尤其是松江郑澈的《关东别曲》、前后《思美人曲》都是绝妙的国语写景叙事抒情之作,然而这类高水平的国语作品为数较少。从总体上看,汉文诗中的五言、七言绝句以及长短句的

思想内涵、艺术意境、创作技巧上都有不少精品。时调中也有一些感人之作,歌辞中也有不少生动反映社会与生活现实的作品如燕行歌、闺房歌辞之类,具有汉文诗歌中少有的某些内容,但其意境较浅,创作手法也较为粗糙,逊于汉文诗歌。此处以一身而同时写了国语、汉文两种爱情抒情诗的黄真(1516~?)作品为例:

> 我何曾不守信义把君欺?
> 夜已三更月沉西,苦等不见郎君归!
> 秋风树叶簌簌响,心中一片愁绪!

这是她所写一首时调的译文。再看她的一首汉文诗五律《呈苏相公世让》:

> 月下梧桐尽,霜中野菊黄。
> 楼高天一尺,人醉酒千觞。
> 流水和琴冷,楼花入笛香。
> 明朝相别后,情与碧波长。

虽然说时调译成中文难以表达原有国语的音韵,再说律诗比时调的篇幅也长一些,从而使得时调与汉诗不完全是在同一条件下相比较,但不难看出,不仅在音韵、篇幅上,而且更重要是在意境、表达技巧和修辞手段上,黄真的汉文诗比她的时调意境深远、表达含蓄、辞藻丰富,从而也更令人回味。据载,苏世让为感于黄真此一汉文诗,竟为之叹息不已,不忍遽离,破例更留数日与黄真相处。(《水村漫录》)

再以表现思母之情的诗歌为例,高丽民歌中有《思母曲》:

> 尽管小锄也有刃,
> 它总不如镰刀快。
> 双亲中尽管爹还在,
> 可他不如妈慈爱。

朴仁老的时调《盘中》也是思母之作,译成中文为:

盘中早红柿虽美，却无可用处。

纵然非柚子，亦可揣入怀。

揣入怀，献何人？

反复思之心中哀。

这两篇国语作品感情真挚、思想淳朴。但再看一首思母的汉文诗：

千里家山万叠峰，归心常在梦魂间。

寒松亭畔双轮月，镜浦台前一阵风。

沙上白鸥恒聚散，波头渔艇每西东。

何时重踏临瀛路，采舞斑衣膝上缝。

（申师任堂《思亲》）

申师任堂一诗，不但情真意挚，而且内涵深广，用词美妙，更为感人。

诗歌中，表现爱国思想和反映民生问题这类重大题材的作品，汉文诗中不仅数量庞大，而且感人至深。时调、歌辞中也有表现爱国思想的作品。时调如金宗瑞的《朔风》、南怡的《拔出长剑》。歌辞如朴仁老的《船上叹》《太平词》等，但是它们比之于李奎报、李齐贤、丁若镛等人的作品，艺术上就有所逊色。国语诗歌中反映民生问题的作品则罕见。

至于反映韩国乡土风俗、人情世态的诗歌，在国语作品中很难找到像赵秀三的《陇城杂咏》《北行百绝》《次耕织图韵》这样的形象丰富、描述多彩的系列作品。

即便是民间色彩最为浓厚的诗人金笠，在他漫游韩国山山水水、村村落落的行程中，写下的也只是汉文诗，而无时调。在诗人心目中，当时国语诗歌的成熟程度和表达能力，还不如汉文诗，他无法用时调写出他在汉文诗中写出的那些思想感情。这也正说明，在诗坛上还保持着"两种文学并存"的情况下，文人国语诗歌因历史不长，缺乏足够的创作经验。作者重视不够，不像对汉文诗那样注意技巧，炼词造句的能力都还不很高，难以达到汉文诗那样的水平。韩国国语作为文学写作工具，虽然具有充分的潜在力，但这种潜在力的发挥，只有在汉文文学基本上退出文坛，"两者并存"的局面结束以后，在文人作家充分重视国语诗，集中精力、一心一意创作国语诗歌的过程中，才能实现。韩国现代

519

诗歌的成就,说明了这一点。

在传奇、小说中,也可以看出这种情形。《金鳌新话》这样的传奇,在朝鲜王朝国语小说中很难找到。《谢氏南征记》虽有国语本,但是在篇章结构及其标题上,以及人物性格的刻画上,则显然不如它的汉文译本。

这里所说的汉文文学高于国语文学是指"总体上",或"平均水平上",而不是指每一具体作品上。就具体作品而言,很可能有某一国语作品高于某一汉文作品的情况。就具体作品的相互比较而言,是要具体分析的,不能一概而论。国语作品在某些方面比汉文作品为优,例如它的民间色彩,又如它的淳朴风格、它的通俗易懂、它的普及性。这些方面在汉文作品中就相对地少一些,但这也仅仅是就一般情况、整体的倾向而言。

为什么汉文作品的总体水平高于国语作品呢? 主要原因就是当时文人对两种文学的态度大有差异。处于封建王朝政治制度下的韩国文人,主要是通过汉文典籍接受书本教育的,其写作能力的训练也主要是通过汉文来进行的。在文人中长期以来形成了一种以汉文为正统文字的传统观念。加之他们自幼所学的汉文典籍为他们提供了更为丰富多彩、精致规范的修辞手段与写作技巧,更加上直到 15 世纪前期为止还没有出现朝鲜文字等客观条件,遂导致了这样一种情况: 尽管韩国文人用本民族语言创作文学作品要比用汉文方便容易得多,但他们更重视汉文,更多地用汉文写作,在其汉文作品的创作中,投入了更多力量,殚精竭虑,千锤百炼,作品也就精美深刻多了。一些文人即使也多少使用国语创作,但往往视之为"余兴",信手写来,不大注重修饰,所成的作品比之于汉文作品也就显得粗糙些了。

三、汉文文学对国语文学的深远作用

韩国的国语文学中,凡纯属民间创作的,无论是体裁、内容、风格、用词,都是半岛本乡本土式的,很少有中国文学或韩国汉文学的影响,但是文人的国语文学中,则具有汉文学的成分,无论是在体裁上,还是在内容、风格、辞藻上,都或隐或显地印刻着这种汉文文学的痕迹。

这种情况并不奇怪,甚至可以说是必然的。韩国历代文人高度重视汉文,以汉文为文学创作工具已成为了他们的习惯,这种习惯很自然地渗透到他们的国语作品的创作过程中,在其作品中留下许多汉文文学的身影、踪迹。对某些国语作品甚至可以说,它们是以韩国国语为基础,而以汉文文学为重要借助

力量而形成的一种文学。曾为一些文人试用过的国语"翰林别曲体"(或名"景几何如体")就是一突出的例子。

韩国汉文学所受的中国古典文学的影响极深,作品中含有大量的中国文学要素。因此,当我们谈到韩国汉文学对国语文学的发展所起的作用时,我们很难将中国文学的影响和汉文学的影响截然分开。但大体上可以说,韩国文人国语文学是经过以汉文创作为主要文学活动的韩国文人的手而出现的。韩国汉文学对文人国语文学的成长、成熟、发展直接地起了催化的、"添加肥料"的作用。如果说从国语文学中还可以看到一些中国文学痕迹的话,那么这一"痕迹"其属性已经是由韩国文人对中国文学加以接受、改造、咀嚼、消化之后并充分投放到汉文文学之中的基本归属于韩国的东西了。从这个角度来看,直接对国语文学产生了作用的,应当是韩国汉文文学。如果韩国没有产生汉文文学这一重要而庞大的文学现象而仅仅具有国语文学的话,那么就很难想象这样的国语文学会是目前我们所见到的这个样子,它一定像民间的国语口头作品一样,很少具有汉文的词汇和表现手法。

汉文文学对国语文学的作用是深远的。大体上说来,这样的作用表现在以下几个方面:

1. 为国语文学培养人才,提高他们的文学素养和写作能力。

2. 为国语文学的创作提供体裁的借鉴、辞藻和灵感。从《翰林别曲》中,我们可以看到,其中的用词大部分来自汉文典籍。这以后,时调的三章在结构上的"起—转—结"的逻辑关系,和韩国文人十分喜用的五言、七言绝句中的相应情况十分相像。如郑梦周七绝《哭金元帅得培》:

> 君是儒生合诗文,奈何提剑将三军?
> 忠魂壮魄今安在? 回首青山空白云!

再如他的时调《此身》:

> 此身死再死,死去百千次。
> 纵令我骨化为土,魂飞入云际。
> 为君一片丹心意,长在永不移!

七绝的第一、二两句,与时调的初章作用皆为"起",第三句与中章皆为"转",末句与终章则为"结",七绝中的无限哀思,时调中的坚定意志,都集中在这"结"上了。汉文诗中绝句之多和国语文学中时调之多很类似。文人在写时调时,把绝句的思考方式及结构带入了时调。

再看灵感的提供。以表示隐遁、清高的山林文学为例,在汉文诗中常出现的"渔父""白鸥",也常出现在国语文学中,如高丽诗人柳淑的《碧澜渡》:

久负江湖约,红尘二十年。
白鸥如欲笑,故故近楼前。

傻长寿的汉文诗《渔翁》有"绿蓑青箬""一声欸乃"等语。再如成侃(1427~1456)的七绝《渔父》:

数叠青山数谷烟,红尘不到白鸥边。
渔翁不是无心者,管领西江月一船。

他的《清江曲》中还有"渔舟一叶""白头渔子""白鸥浩荡"等语。仅仅写过《陶山十二曲》等十三首时调的理学家退溪李滉(1501~1570)却写了两千余首汉文诗,其中就有渔翁、白鸥之句,如"隐士宜驯鹤,渔翁自伴鸥"(《石江十咏》)。在表现同类情趣的时调中,这些渔父、白鸥带来的灵感是屡见不鲜的,最典型的是尹善道的《渔父四时词》。这种灵感与情趣,大多是由汉文诗渗透到国语文学中来的。

3. 汉文学保存和宣扬了国语文学。在韩国文字产生以前,依靠汉文译文保存了国语口传文学。在韩国文字产生以后的文学评论也多用汉文写成,这些文学评论宣扬了国语文学。其实上述的"保存"也起了"宣扬"作用,原因是文人无不阅读汉文作品,汉文的译文在文人中的影响比国语作品本身还要广泛、深入。汉文文学对国语文学所起的"保存"与"宣传"两种作用彼此是相辅相成的。

古代的神话如《檀君》《东明王》,大量的民间传说如《首插石楠》《竹筒美女》《金现感虎》等等原都是口头相传,正是由于《三国遗事》、李奎报长篇叙事诗《东明王》《新罗殊异传》等文献才保存下来。至于李齐贤由高丽民歌译成汉文的《小乐府》,则以文学大家的作品而起了更大的宣传高丽民歌的作用,使得民歌能登入文人文学的"大雅之堂",引起重视。

李植把《关东别曲》译成汉诗,把原文的美体现在汉译诗中,使读者更能领略原诗妙处,更为钦佩原诗。

尽管有些文人也在汉文以外兼用国语写作,但在涉及作品的评论时,则多用汉文写作。这些汉文的文学评论对国语文学直接起了扩大影响的作用,例如金春泽在其《北轩集》中对郑澈前后《思美人曲》作了如此评价:

> 松江前后思美人词者,以俗谚为之。而因其放逐,郁悒于君臣离合之际,取譬于男女爱憎之间,其心忠,其志洁,其节贞,其辞雅而曲,其调悲而上,庶几近屈平之《离骚》。

金万重的《西浦漫笔》对于国语作品价值作了充分肯定,认为:

> 四方之言虽不同,苟有能言者,各因其言而节奏之,则皆是以动天地、通鬼神。

他认为"闾巷、樵童、汲妇"所唱的歌——国语诗歌才是真正的好诗。

金天泽在《青丘永言·序》中论述了国语诗歌与中国乐府的情形。

此外,还有用汉文诗来评价国语文学的,如金尚宪的七绝把《关东别曲》的作者郑澈比为李白:

> 关东歌曲最清新,乐府流传五十春。
> 文采风流今寂寞,世间谁见谪仙人?

权铧的七绝《赠杨理一》也赞扬了《关东别曲》:

> 我逐浮名落世间,仙坛有约几时还?
> 逢君听唱关东曲,领略金刚万叠山。

我们很难找到用国语写成的评论和赞扬国语作品的诗文,但在汉诗文中却时有所见。上述这类以汉诗文进行评价的做法,宣传了国语文学的优点,对国语文学的发展起了推波助澜的作用。这也是汉文文学为国语文学的发展所建立的功勋之一。

四、汉文文学源远流长的历史原因

汉文文学从无到有,从少到多,陆续发展并存在了两千年左右,在相当一个时期内,在文人中,形成了对国语文学的压倒性的优势。导致这一奇特现象产生的原因究竟是什么呢? 韩国汉文学史对此应有所说明。

汉文文学在韩国长期占优势的原因不外两点:(一)自然条件;(二)社会条件。

自然条件主要是指地理形势。朝鲜半岛紧连中国大陆,海上的水路距离也不很远,交通很方便,离中国中原地区也不远。这种地理条件十分便于大陆与半岛的文化交流。汉文进入韩国有充分有利的地理条件。

社会条件主要指两国的政治外交关系、韩国的教育与人才选拔制度、韩国本民族文字的长期阙如。

关于韩中两国的历史上长期(自公元初到 19 世纪末)的政治外交关系,韩国学者全海宗作了这样的概括:

1. 朝贡关系成立前:三国时代前半期的关系(8~316)。

2. 初期朝贡关系的成立:三国时代后半期的关系(317~668)。

3. 朝贡关系的发展:统一新罗、高丽和唐、宋的关系(669~1279)。

4. 朝贡关系的变质:高丽与辽、金、元的关系(918~1368)。

5. 典型的朝贡关系的成立:高丽、李朝与明清关系(1368~1894)。[1]

如上所述,韩中之间朝贡关系的建立是在 4 世纪开始的,由此直到 15 世纪 40 年代发明韩国文字"训民正音"为止的一千多年时间内,韩国处于没有本民族文字的状况。朝鲜半岛与中国大陆之间除了使用汉文以外无法进行文书交往。其实在朝贡关系开始以前,朝鲜半岛与中国大陆之间就已经使用了汉文。朝贡关系的成立,正如黄元九教授所说,是韩国方面对中国的一种"事大关系",在这种情况下,学习汉文、使用汉文也就成为了韩国历代封建政府所必需的了。汉文因此取得了正统文字的地位。史书、奏折、公函、文告等等使用汉文的习惯也就此形成了。

于是,在人才的培养上,必须采用汉文典籍,在人才的选拔上也必然以汉

---

[1] 全海宗. 旅行和体验的文学:中国篇[M]. 汉城民族文化文库刊行会,1985:52.

文能力为标准。新罗统一后,于神文王二年(公元628年)整顿教育制度,设立了国学,其教育内容为《周易》《尚书》《毛诗》《礼记》《春秋左氏传》《文选》《论语》《孝经》。设立"读书三品种",以学问多寡定官位之高低,凡熟读五经、三史、诸子百家者,可被提拔为"上品"。另一方面,又派遣大量留学生入唐朝学习,被尊奉为韩国汉文学鼻祖的崔致远就是在唐朝中举为官之后才回新罗的大学者。

新罗亡,高丽王朝建立,人才的选拔采取了科举制。考试内容为诗、赋、颂、时务策。科举制行之久远,即便在朝鲜王朝世宗时期创制了韩国文字(15世纪)以后,汉文作为科举必需的正统文字的地位,仍然长期维持不变。要取得官职就必须精通汉文。汉文当然在韩国文人中备受重视。这种思想观念和传统习惯,一直渗透到文人的抒情写景的文学创作之中,形成为韩国汉文文学在文人中源远流长、历久不衰的一个直接的、重要的原因。

五、汉文文学与中国文学的差异

汉文文学虽属于韩国文学范围,但它使用的文字来自中国,而且在内容与形式上又与中国文学很类似。这里就提出一个问题:如何看待它与中国文学的"同"和"异",它作为韩国民族文学的特征是什么?

要回答这个问题,最主要的是要发现它与中国文学的相异之处,而相同之处则是次要的。理由是,它与中国文学的相异之处,更能使我们看出它作为韩国民族文学的特征。一部专门论述汉文文学发展的专著,应当在这方面有所说明。

本文所谈的是汉文文学史的叙述方法问题,而不是汉文文学史本身,因此不能尽述其"异""同",但为了说清楚上述意见,需要举点例子稍稍作点说明。

此处光说"异"的方面。

正如本文第一节"汉文文学是韩国文学的重要组成部分"中说过的,从根本内容上看,汉文文学作品所反映的社会现实与自然风貌、所表达的思想与抒发的感情,全都是韩国自己的、属于韩民族、韩国人的,而不是中国的。从事汉文文学创作的主体是韩国人,作品的读者对象首先也是韩国人。它是韩国民族文学的一部分,而和反映中国社会、中国自然的中国文学判然不同,这就是它与中国文学的根本的"异"。在作品中处处可见这种"异"处。

以下举例说明某些方面的具体情况:

例如情节和人物的异化。中国《太平广记》卷四百八十七中有一篇作品《霍小玉传》，写陇西李益与妓女霍小玉热恋、同居，得官位后，喜新厌旧，另聘表妹卢氏，遗弃小玉。小玉为李益的断情绝义而愤怨成疾。某"豪士"见此极为不平，将李益挟持到小玉家。小玉此时已奄奄一息，她头枕李益膝上发誓：死后必为厉鬼，以报复李益的忘恩负义。李益果遭报应，三娶而未能结成美满婚姻。

朝鲜时期文人权韠(1569~1612)受此作品影响，以汉文写成《周生传》，其故事情节与《霍小玉传》相仿，也是主人公(周生)与妓女(俳俳)定情同居，而后喜新厌旧，背信弃义，另觅新欢。结尾同样是一病不起的被弃的女子头枕于来看望她的周生膝上，留遗言，但不同的是她不是诅咒负心汉周生，而是祝他与其新欢婚姻美满幸福。

情节上的这一差异使人联想到中国故事"梁山伯与祝英台"被搬入韩国后的变化。韩国以国语将此故事写成小说，在祝英台跳入梁坟后，加上了一个喜剧性的收场：梁、祝死后按照阎罗王的安排，还魂人间，和父母相见，得到父母同意结成美满婚姻。夫妇互敬互爱，梁受祝照料，努力攻读，中举为官，并于敌人入侵时率军出征，大立战功。夫妇享尽天年，成仙升天而去。

国语小说中的这一情节变化更有力地说明：汉文小说《周生传》中的情节与人物性格和原中国作品的《霍小玉》的差异不是偶然的，它反映了韩国人的思维方式和情趣、意向。比之于悲剧结尾，他们更爱喜剧性的结尾。

又如带有寓言性质的借物喻人的"传记"，最早出自中国唐代韩愈的笔下的是《毛颖传》(写毛笔)。此后柳宗元也曾写过《蝜蝂传》(写虫)，司空图写了以铜镜为拟人对象的《容成侯传》，苏轼写了以饼为对象的《温陶君传》，秦观写了以酒为对象的《清和先生传》，等等。这种寓言式的拟人传记在中国并没有很大发展。可是韩国文人把这种写法接过去后，却大加发展。以汉文写成这类拟人传记的有高丽时代的李椿、李允甫、李奎报、李穀等人，他们是此类作品的首批作者，作品有李奎报以酒拟人的《麴先生传》、以龟拟人的《清江使者传》，李允甫以蟹拟人的《无肠公子传》，林椿的《麴醇传》(酒)、《孔方传》(金钱)，李穀的《竹夫人传》(竹夫人)，僧人息影庵的《丁侍者传》(手杖)，等等。尔后到朝鲜王朝时期，此类作品陆续出现，数量很多，如李詹的《楮生传》(纸)、丁寿岗的《抱节君传》(竹)、权韠的《郭索传》(蟹)、李德懋的《管子虚传》(毛笔)、柳本学的《乌圆传》(猫)，甚至还发展到成汝学的以人体某种器官为对象的《灌夫人传》、张维的以精神状况为对象的《冰壶先生传》(襟怀)。品种之多，数量之众，作品创作延续时间之长,都超过了拟人传记的故乡——中国。

这又是一种变异。韩国文学写寓言之风较盛。从最早的薛聪的《花王戒》《龟兔寓言》到之后的林悌的《花史》《鼠狱说》,再到《兔子传》《野公鸡传》《鼠同知传》《蟾蜍传》等等,其中有的是汉文,有的是韩文,说明寓言在韩国是比较受重视的。由此可见,韩国的拟人传记(亦称"假传")来自中国而又较中国发达。这种变化也不是偶然的,它表现出韩国人自身的美学趣味,反映了他们对寓言文学的重视。

中国古代的文艺理论与文艺批评也受到了韩国文人的重视,他们利用中国在这方面的成就以建立自己的文学批评。但和中国有所不同,他们重"实用"而不重理论建设。其文艺批评用于诗歌的更多些。

宋朝时期欧阳修的《六一诗话》开诗话写作风气之先。据郭绍虞《宋诗话考》,仅宋人诗话现存的完整本就有 42 种之多。韩国高丽时期,晚于欧阳修一个世纪的李奎报写出了韩国第一部诗话集《白云小说》(一说为他人所写),此后又有李仁老《破闲集》、崔滋《补闲集》等诗话集出现。朝鲜王朝时期,诗话集如雨后春笋,大量出现,形成了一种文艺批评上的繁荣局面。

尽管如此,韩国却没有出现像刘勰《文心雕龙》和钟嵘《诗品》一类的文学理论专著。

此外,在小说文学的评论方面,他们虽然也出现了一些评论中国小说(如《三国演义》《水浒传》《西游记》《金瓶梅》)的文章,但没有吸收中国的小说评点这类文学批评形式。中国明代的李贽、叶昼、金人瑞在评点小说上的业绩没有为韩国人重视。明代与朝鲜关系密切,文化交流也很频繁,韩国小说在此时期也相继出现,读者较多,照理来说,韩国也具有对本国小说进行评点式评论的客观必要和条件。但是此一方面在韩国处于空白状态。这又是一种不同。这种情况反映出由韩国科举制度所造成的文人对小说创作的态度,也说明了韩国文人对小说的审美观。韩国封建时代的文人虽也有看重通俗文学小说的意义者,但总的看来,他们对于通俗文学的注意比中国文人更少些。

此外,韩国小说中还有一大批把背景设在中国的作品。上述的《周生传》以及有韩汉两种文本的《谢氏南征记》《九云梦》《玉楼梦》等皆如此,而在中国,以外国为背景的小说是比较少的。韩国的这类小说多出现于壬辰战争之后,多有中国汉族政权(如唐、宋、明)反对外族入侵、战而胜之的情节。虽背景、人物为中国的,却充分反映出当时韩国人在壬辰抗倭战争中增长起来的对明朝的友谊,以及对清朝满人统治的不满。

在文学体裁上,韩国吸收了五言诗、七言诗,但四言诗的体裁除《黄鸟歌》等以外,极少有人采用。五言诗、七言诗体则广泛使用,古体、近体、绝句、律诗皆有,作品数量极多。

四言诗极少的原因与韩国接触中国文学的时期有关。韩国大量派遣留学生到中国,以及大量输入中国文学典籍,大约始于唐代,此时中国四言诗盛行的时期已过,五言诗、七言诗流行,韩国自然也就多用五言诗、七言体,不用四言体了。

此外,词(长短句)也极少为韩国人所使用。高丽大诗人李齐贤居留于元朝大都(北京)长达二十六年之久,受中国影响写了不少词,此后金时习也写了一些,此外也有人偶而为之,但毕竟数量甚寡。词的接近口语、可歌、句式较灵活等特点,使韩国文人感到这种体裁比五言、七言诗体难于掌握和使用,知难而退,因而作者不多,作品稀少。至于中国的更接近口语的诗体——散曲,在韩国则根本无人问津。这种对中国诗歌体裁的带有选择性的接受,是汉文文学史中所应谈到的。

中国的以口语写成的白话小说《水浒传》《金瓶梅》《红楼梦》等作品,在朝鲜王朝后期大量进入韩国,对韩国通俗文学——小说的产生起了催化作用。国语的小说以外,有汉文小说。但所有的汉文小说,皆用文言写成,没有白话文小说。中国的口语文学未进入韩国汉文学的领域。中国元杂剧兴起时,正值高丽王朝时期,富于口语成分的这一体裁,在韩国汉文文学中却找不到它的一鳞半爪。

为什么如此,理由很简单:一、科举制;二、韩国有自己的口语——韩国国语。

科举必读书和考题从来都是汉文的文言文,围绕着科举而读书作文的韩国文人当然不可能学习与应用中国白话文,不可能以此进行文学创作的。如果他们感到有必要使自己的文学向口语化发展的话,他们找到的是本民族人民生活中使用的口语,即"国语"。事实上他们也这样做了,时调和歌辞的产生,就表明了这点。

时代已经发展到了韩民族日益觉醒的阶段了。汉文文学在这种情况下,逐渐让位于国语文学。这个"让位"经过了长期而复杂的过程。自15世纪出现韩国本土文字"训民正音"时算起,历时数百年之久。20世纪,汉文文学最终为国语文学取代,完成了它长达两千年的历史任务。

这是长期负于韩民族肩上的文化上的历史任务。一部韩国汉文文学史应当说明:这个民族在吸收、借鉴中国文学的漫长过程中,是怎样依据本民族的需要与文化特征来实现这一历史重任的,是怎样创造出它的民族文化之———汉文文学,和怎样表现出这种汉文文学有别于中国文学的本民族之文化特质的。

六、结语

韩国著名文学史家李家源先生称汉文学为"我国(韩国)文学中之巨峰"[1],确为真知灼见。韩国汉文文学史专著的写作,是一项浩大的工程。它涉及的历史长、现象多、作品多、资料杂。要写出一部材料丰富、理论深刻的汉文文学史专著,就必须探讨有关的叙述方法问题。以上谈到的五个方面,是笔者在从事韩国总体文学史与古代中韩文学关系研究时曾有所感受的问题,以及思考过的一些意见。

本文所提出的这几点叙述方法上的意见,是本着这样一种出发点:对韩国汉文文学不能作孤立的观察与研究。汉文文学既是韩国重要文化遗产,又是韩国在和中国文学交流中的产物;它既是韩国文人以外来语言写成的书面作品,又和韩国民间国语文学颇有关联。因此在韩国汉文文学史的叙述中,必须"左顾右盼""瞻前顾后",看到有关的方方面面。只有这样,一部汉文文学史才不单纯是一种各时代汉文文学现象的罗列,或汉文文学发展的单线式的叙述,而是丰富的、照顾到它与各种有关的文学现象的、立体式的叙述。

笔者才疏学浅,文章又写得仓促,必有不周与不当之处,仅作为一得之见以就正于诸专家与高明之士。

（作者单位:北京大学外国语学院）

[1] 李家源. 朝鲜文学史[M]. 汉城:汉城太学社,1995:4.

对一部分高句丽地名的分析

●安炳浩

内容提要：本文以前人学者对高句丽地名"国原（국원/gugwon）"和"槐壤（괴양/goeyang）"的研究阐释为基础，通过进一步的分析提出了笔者个人的新见解，弥补了一些阐释上的漏洞。首先，前人学者提出与汉字词"国"相对应的高句丽语为"不/불（bul）""尉/위（wi）""未/미（mi）""託/닥（tak）"，但没有充分说明它们之间的必然联系，为此，笔者分析推断出它们与"바/방（ba/bang，邦）"相关联，从而使它们的对应关系合理化。另外，笔者还从与汉字词"原"相对应的"耐/내（nae）""内/내（nae）""那/나（na）""乙/을（eul）""长/장（jang）"等中推断出了"내/나/들（땅）（nae/na/duil（ttang）"，又根据自己的分析推断出与汉字词"槐"相对应的是高句丽语"仍斤/hoŋgo（槐）"，与汉字词"壤"相对应的是"내/나（땅）（nae/na（ttang））"。

关键词：高句丽　地名　国原　槐壤

今天，在众多学者的努力下已出现了不少高水平的韩国语研究成果。虽然自15世纪创制训民正音后，也产出了不少有关语言情况研究的优秀成果，由于资料有限，因而不仅关于15世纪以前语言情况的研究难以深入，而且学者之间的研究成果也有很多相殊各异。这一方面是因为韩国没有自己的表音文字，而一直借用汉字，使得很难正确推断当时的实际发音，另一方面，由于每个汉字都有各自独立的含义，且有很多汉字代表多种含义，使得很难推断某个汉字到底是在表音，还是在表示多种含义中的某一个。另外，从汉字的音来看，今天韩国的汉字音和过去韩国的汉字音是否一致以及它和当时中国的汉字音有何区别等问题上也很难得出一个可以信服的结论，所以在研究古代韩国语时，往往通过分析高丽时期编纂的《三国史记》中所标记的与高句丽、百济、新罗的地名、官职名及人名相关的汉字来进行判断，这被视为是一个主要的研究方法并广泛得以应用，但可惜的是，以往的研究成果彼此差异太多，很难达成一致。

为此，本文想根据自己的观点对前人分析过的一部分地名作一些新的推断。

一、國原城（未乙省，託長城）

高句丽地名"国原城"又被标记成"未乙城"和"託長城"。也就是说，一个地名有三个不同的名字。那么，究竟是在用不同的汉字来表示相同的名字，还是它们彼此就是不同的的名字，这就是我们所要研究的主要问题。

首先让我们来看一下前人所分析的一部分资料。

未乙省标记的是"미리수(milisu)"这个音，但它所代表的含义却难以得知。"託长城"和"亂长城"中肯定有写错的字，但却很难说明哪个是错的，而且看起来它标记的是字的含义，但具体是什么含义也很难推断。"国原"可能标记的是"부르나(bureuna)"的含义[1]。

根据上述引文分析来看，将"未乙省"理解是"미리수(milisu)"的理由可以推断为以下几点。首先，汉字"未"在中国上古音中属于止摄、合三、去声、微韵、明母，读成"未(miwəi)"，而在韩国汉字音中"未"读成"미(mi)"，所以去掉辅音中的"ㅁ"也是说得通的。但在将中国汉字音中的复合元音处理成单元音这一点上出现了差异。汉字"乙"在中国上古音中属于臻摄、开三、入声、质韵、影母，读成"乙(ĭĕt)"，而在韩国汉字音中"乙"则读成"을(ωl)"，所以若将"乙"读成"리(li)"，那么中国上古音的终结辅音"ㄷ(t)"就应该被理解成词首音"ㄹ(ㅣ)"，其后也就需要添加元音"l(i)"，而这种说法不免有些难解。另外，汉字"省"在中国上古音中属于梗摄、开二、上声、耕韵、生母，因而读成"ʃeŋ"，但"省"在韩国汉字音中则读成"솅(seŋ)""셩(səŋ)"，所以若将"省"读成"수(su)"，就意味着只保留了词首音"ㅅ(s)"，而改变了元音，并略掉了终结辅音。综上所述，将"未乙省"推断理解是"미리수(milisu)"的前提条件就是当时高句丽的语音结合中没有终结辅音，也没有单元音"ㅡ(ω)"和"ㅓ(ə)"，且韩国语中也不太使用双元

[1] 柳烈，《吏读》第272页。

音。另外,上述引文中虽推断"未乙省"所标记的是"미리수(milisu)"的读音,但由于没能说明其含义,所以对于它和"国原城"究竟有着怎样的关系,仍旧是无从所知。

如前所述,在中国的汉字音中,未乙省中"未"属于止摄、微韵、未韵、合三、去声,读成"未(miwəi)",且根据微母到后期一般都和明母合而为一的原则,韩国的汉字音中"未"理应读成"미(mi)"。但在现代汉语中,辅音大都已经消失,只有在一部分方言地区发成"p"音,所以笔者推断"未"代表的是"p(ㅂ)"音。其次,汉字"乙"在中国汉字音中属于臻摄、质韵、影母、开三、入声,读成"乙(ĭĕt)",但由于"未"和"乙"中有重复的元音,所以去掉其重复的部分,发成"pətə/pətəŋ",而汉字"省"代表的还是"省"在韩国汉字音中的音"ʃeŋ"。这样,"未乙省"所标记的发音就可以被推断是"버덩성(beodeongseong)",这可以和"國原城"相对应,且后期韩国语中的确也使用过"바당/버덩(badang/beodeong)"这样的词,其含义是"没有树木只有绿草的高而平坦的大地",这和古代的"国原"的含义有一定的关联。

《对三国时期史读的研究》中还指出很难判断"託長城"中的"託"和"亂長城"中的"亂"之间哪一个是错误的标记。文章虽然主张可以将"託長城"理解为对含义的标记,但由于没有作具体解释,所以很难判断研究者的想法。笔者也认为"託長城"标记的是含义,但还可以有如下一些新的推断。汉字"託"的含义比较简单,可以解释成"寄也"或"委也",但汉字"长"的含义则比较繁多,既有"长"之意,也有"远也""大也""久也""尊也""多也"等十多种含义,所以很难判断这里到底选取的是哪一个含义。如果这里"託"的含义为"寄也",而因"寄"又与"寓"同义,也就可以推断"託"标记的是"붙-불-브르(but-bul-bureu)";若"长"的含义为"多",可以推断它标记的是"많-만하-마나(man-manha-man-a)",而"브르(bureu)"和"마나(mana)"相结合就可变成"브르마나/브르아나/브르나(beureumana/beureuana/beureuna)",这和将"国原城"标记成"부르나(bureuna)"没有太大的出入,所以可以推断"託長城"是对"国原城"含义的标记。但若从发音的角度来看的话,则情况会有所不同。"託長"中的"託"属于宕摄、开一、入声、铎韵、透母,其语音标记为中古音"thank",而"長"属于宕摄、开三、上声、养韵、知母,其语音标记为"ţĭaŋ",所以可以读成"탁댱/탁당(takdyang/takdang)",但问题是,在现代韩国语中找不到一个合理解释这种现象的方法,只是在蒙古语

中，"탁(tak)"指山顶的平地，"당(taŋ)"指江边的平地(여울(yeoul))，综合两者的含义，指的仍旧是"宽广而平坦的地区"，这和"國原"中的"原"一致，但这种推断还是存在着一些问题。而且"國原"中的"國"在训民正音创制之后被统一认定是"나라(nara)"的标记，这和"託"的汉字音有很大的差别。所以，上述推断仍有待进一步的推敲。

此外，在《韩国古典汉字音的研究1》中俞昌均先生作了如下分析。

> 國原城(未乙省、託长城)běl/bərəl-kəl…國原「训」—未乙「音」bəbəl→「블」，託长？……「未」的上古音是miwət，它的反射形是měr，因m-的非鼻音化而变成bər，因此它可以被解释为mər→mbər→bər。……「乙」的上古音是·iət，其中的-t变成-l，·iət就变成了·ěl。「未乙」的反射形是běběl，běl是běrěl的缩略形。……由此可知，在高句丽语中单词的原形和缩略形共存。[1]

上述引文中也将"國原城"解读为训读(对含义的标记)，将"未乙省"解读为对发音的标记，这和《对三国时期吏读的研究》的基本观点没什么太大的差别。但在所推断出的具体发音上则有很大的出入，上述引文中推断的是"běl(벌)"，而《对三国时期吏读的研究》中推断的则是"milisu(미리수)"，且最遗憾的就是这里未能分析出milisu(미리수)的具体含义。俞昌均先生的推断也不无道理。中国上古语中"未"字里曾包含有辅音"m"，只是发展到现代汉语普通话过程中早已消失，不过在韩国的汉字音中仍然保存有"m"音。另外，在中国一部分地区的方言中，如福建一带的方言里，"m"非鼻音化成"b"的现象仍然存在。由此可以看出，俞昌均先生的上述推断是有一定可行性的。但遗憾的是俞昌均先生没能成功解读与"城"相对应的"省"字，留下了疑问，这可能是他将"城"读成了"kəl"的缘故。其实，"省"和汉字"城"的发音是一样的，所以完全可以将"省"看成是对"城"的发音的标记。

俞昌均先生在文中除了主张"國原城一云未乙城一云託長城"以外，还认为"國内城一云不耐或云尉那嵒城(遺事王歷)"、"國内城或云不而城或云尉那城"，在标记上多少有些差异。根据他的观点，"國"这个汉字除了和"未""託"两

---

[1] 俞昌均，《韩国古代汉字音》第281页。

个字相对应外，还与"不"和"尉"相对应。汉字"不"在中国汉字音中属于臻摄、合三、入声、物韵、非母，语音标记为"piuət"。根据韩国对这个音接受情况的不同，对它的解读也会有所不同。

上文中的"不"，若根据后期汉字音的读法则应读成"블/불（beul/bul）"，且必须具有"國"的含义；若按照中国中古音的读法，则应读成"piuət/pət"，且必须把它看成是和汉字"国"相对应的韩语，这样上文的推断才可成立。但汉字"國"在训民正音创制之后被统一规定为表示"나라（nara，国）"的含义，所以认为之前的"不"被读成"나라"这种主张是不大可能成立的。此外，汉字"尉"也是如此。"尉"在中国中古音中属于臻摄、合三、入声、影母，语音标记为"ĭwət"，在韩国汉字音中为"위（y）"。若汉字"不"和"尉"标记的是同一个音，那么"尉"的发音中就应该添加词首辅音"p（ㅂ）"，这样才能标记出大体相似的发音。从中国汉字音的历史演变来看，词首辅音"p"发生"p-b-m-v"这种转变也不是不可能，所以可以认为韩国汉字"尉"原本有词首辅音"ㅂ（p）"，这样"不"和"尉"的发音也就大体一致。但是中国中古汉字音中入声音为"t（ㄷ）"，而韩国汉字音中则为"l（ㄹ）"，彼此稍有差异。按照韩国汉字音的读法，"不"和"尉"虽然可以读成"불/부르（bul/buleu）"或者"벌/버러（beol/beoreo）"，但至今为止却没有任何成果曾成功论证过它们就是"나라（nara）"。所以，笔者稍微转换了一下研究视角，先从"不/尉"推导出"벋/버더/버덩（beot/beodeo/beodeong）"和"받/바다/바당/바닥（bat/bada/badang/badag）"，然后又联想到中国汉字"邦"，进而推断出它们具有"나라（nara，国）"的含义。今天的韩国在读汉字"邦"的意思时仍旧读成"邦（나라 방（narabang，国家邦））"，所以高句丽时期极有可能使用"不"和"尉"两个字标记"邦"。据此，也可以推断汉字"邦"是根据其他民族的发音和意思创造而成的汉字。因为汉字既是音节文字，也是表意文字，所以不可能在同一时间、同一空间内一次性地全部创造出来。随着时间的推移，新的汉字不断被创制，汉字的数量也不断扩大，因而也就出现了今天这些同义但形态不同的汉字。汉字"國"和"邦"就可以被看成是这种历史演变的实例，据此，可以将汉字"邦"和高句丽语"不"和"尉"相联系起来，推断出"벋/버더/버덩"等上述演变过程。

另外，"國原"中的"原"的含义由"國内"中的"内"、"不耐"中的"耐"、"尉那"中"那"等汉字所标记。汉字"内"在中国中古音中属于蟹摄、合一、去声、遂韵、泥母，语音标记为"nuɐi"。汉字"耐"在中古音中也属于蟹摄、合一、去声、遂

韵、泥母,语音标记为"nɐi",汉字"那"属于果摄、开一、平声、歌韵、泥母,语音标记为"na"。这里可以以汉字音"나(na)"来标记"原"。现代韩国语中"原"标记的是"들(deul)"的含义,和"나(na)"并不一样,我们由此可以推断韩国语中"na"这个词已经消失。另一方面,在今天的满-通古斯语中"na"仍表示"땅(ttang,土地)"的含义,由此可以推断"na"比较接近高句丽时所标记的"原"的含义。

二、仍斤内-槐壤

高句丽地名"仍斤内"到新罗后期被改称为"槐壤"。对此,一部分学者作出了如下一些推断。首先,《对三国时期吏读的研究》中认为"仍斤内"中的"斤"为错字,应该为"尸"字。原文具体内容如下:

> 应为"仍尸内"……是对"너리누/너리나(neorinu/neorina)"的含义的标记,"槐壤"是对它的发音、含义的标记。"槐"是对"너리(neori)"树的含义的标记,"壤"的语音标记是"niaŋ→na",是对表示"土地"含义的古语"나/노/누(na/no/nu)"的发音及含义的标记。"너리(neori)"本来指的是"느릅(neureup)"树(即榆树)。[1]

此外,俞昌均先生在其《对韩国古代汉字音的研究中》一文中作了如下分析。

"仍尸内(nərkěn-kar)"中,"仍 nər"标记的是发音,"槐"标记的含义是"느릅-(나모)(neureup-(namo))","仍"的上古音是"ȵìəng"。"ŋi-"与高句丽音"n-"相对应,"-ng"大体上可以演变成"-n"或"-r"。所以,"仍"的反射形是"nər"。改新地名中将此改成为"槐"。"槐"在中期语中演变为"회화(hoehwa)"。[2]

上述两个研究中,《对三国时期吏读的研究》主张"仍斤内"的"斤"是"尸"的误字,但由于研究者没有通过资料阐明其依据,所以这种推断不免会令人产生怀疑。不过值得注意的是,研究者为解读"너리(neori)"一词可能根据自己的见解作了相应的修正。另外,上述两个研究中的共同点是都将"너리(neori)"和

---

[1] 柳烈,《吏读》第 240 页。
[2] 俞昌均,《韩国古代汉字音》第 281 页。

"nər"推断为"느름나무(neureup)"。虽然可以从日语里至今还将"榆"说成"nire"这一点上找到一些旁证,但是其说服力还是不足。因为"槐(홰나무/hwaenamu)"和"榆(느름나무/neureupnamu)"不是同一种树。在中国的汉字音中,"槐"属于蟹摄、合二、平声、微韵、匣母,后变成"槐(ywai/huai)",一直延续至今。在韩国的汉字音中,与中国的"匣母"相对应的汉字一般为"ㅎ(h)"和"ㄱ(g)",所以尽管"槐"演变成今天的"홰나무(hwaenamu)"或"괴나무(goenamu)"的这一现象与汉字音有关,但却很难说这就与高丽语的"仍斤"相关。那么北方的其他语言中又是如何称呼"槐"树的呢?蒙语中称"홰나무(hwaenamu/槐)"为"honggo-zakdo",满语中称之为"hohonggo",可以看出这些发音其实要更接近于高丽语的"仍斤(ingkωn)"。虽然高句丽语与其他阿尔泰语不同,没有词首音"ㅎ(h)",但汉字"槐"属于辅音"匣母/ɣ",原则上在韩语中应与"ㅎ(h)"或"ㄱ(k)"相对应,但它也极有可能变成不稳定的发音而脱落掉。大体上来看,韩国汉字音体系的一个重要特点就是中国的"日母"都不发原来的辅音,而是脱落掉变成零声母,所以将不是中国声母的泥母或来母的日母归属到"ㄴ(n)"并认为"槐"就是"느름나무(neureupnamu)"的这种推断的理由并不是很充分、确切,反而将之与和蒙语或满语相近的"hongo"相对应要更为妥当一些。另外,上述两个研究中一个将汉字"壤"解读为"내누/나(nu/na)",一个将其解读为"내(nar)",对此,笔者认为在考虑到今天的满—通古斯语中"땅(ttang)"被说成"na"这一现象的前提下,将"壤"推断为"내(na)"要更具说服力一些。

三、结束语

本文叙述和阐明了不同学者对高句丽地名"国原(국원/gugwon)"和"槐壤(괴양/goeyang)"的阐释及笔者个人的见解。其主要内容简要概述如下。首先,从与汉字词"国"相对应的高句丽语"不/불(bul)""尉/위(wi)""未/미(mi)""託/탁(tak)"中推断出了"바/방(ba/bang,邦)",从与汉字词"原"相对应的"耐/(nae)""内/내(nae)""那/나(na)""乙/을(eul)""长/장(jang)"等中推断出了"내/나/들(땅)(nae/na/duil(ttang)"。另外,笔者根据自己的分析推断出与汉字词"槐"相对应的是高句丽语"仍斤/hongo(槐)",与汉字词"壤"相对应的是"내/나(땅)(nae/na(ttang))"。如上所述,本文的分析中既有与前面学者的观点相一致的地方,也有相异的部分。出现这种多种解读见解现象的主要原因是由于

古代高句丽语中有很多词汇发生了很大的语音变化和语义变化，而且还有一部分词汇在历史演变过程中销声匿迹，所以很难作出确切的判断。

但笔者相信，只要有更多的学者关心并从事这方面的研究，一定会取得可喜可贺的优秀成果。

（作者单位：北京大学外国语学院）

方位词"上"字的韩国语释义

●韩振乾

汉语中的"上"字主要有动词和方位词两种词性。这两种词性都被古代韩国语和现代韩国语所借用,其具体含义也都在语言实践中被广泛运用着,而且渗透到了语言生活的方方面面。

动词"上"在韩国语中的意义比较容易理解,而方位词"上"在韩国语中的意义就比较复杂,而且有些释义的准确性始终是韩国语教学方面的一大难题。本文主要想就"上"这一方位词在韩国语中的表现进行一些深入的研究和分析。

方位词"上"和"下"一般是以参照物为基准进行区分的,比参照物高者称"上",比参照物低者称"下"。在此种情况下,一般来说,参照物和人视角的位置基本上位于垂直于地面的垂直线上或其附近。换句话说,垂直的概念和由此而产生的高低概念都是"上"和"下"概念产生的基础,也就是说,它是不可或缺的基本条件。

人类的一般姿势——直立步行和人体构造的非对称性,即头朝天脚触地的姿势本身就为人类对垂直这一概念的感知提供了天赋条件,同时也为体味这一感知过程奠定了物质基础。

当然,这种感知和体味是和一个人的心理状态及心理活动有着密切关系的——这是一个不争的事实。那么,中国人和韩国人对"上"和"下"这一概念在理解上和习惯性感知上又是一种什么状况呢?当然是有不少差别的,我们通过下面对"上"字用法的分析就可以对此种差异有一个比较清楚的了解。

方位词"上"字在汉语里一般有四大类意思。对这四大类意思,韩国人究竟是怎么理解的,汉语在与韩国语的对应方面又有哪些特点,本文将一一进行比较具体的剖析。

一、汉语方位词"上"在用作名词的时候表示"位置高"。此类含义韩国语又可以分为两种情况进行分析。

1."上"与"下"在句中以相互呼应的形态出现。此种情况下的汉字"上"既带有方位词的特性又带有名词的特性。例如，"上有天，下有地，我保证我说的都是真的（yenɯn hanɯnimi kiesiko arɛnɯn t′aŋkysini is′ɯni nɛka han marɯn kətsitmarɯn animɯl mɛŋsehanta）"，"上有 80 岁老母，下有两三岁的儿女，你就饶了我吧（yronɯn pʰalsipsewi əmənimɯl mosiko arɛronɯn tu se sarɯi atɯlt′arɯl tuko is′ɯni tsepal ioŋsəhɛtsusipsio）"等句子中的"上"就是此种含义。

以上两个句子中的"上"，从汉语角度看，它是作为方位词在句中做主语的。然而，韩国语的表现方式就有所不同，尤其是第二句差距更大。如果把第二句直译过来那就成了"往上侍奉着 80 岁的老母，往下还搁着两三岁的儿女"这种意思了。

而且，从上边的译文不难看出，"上"字在句中做的是状语而不是主语。此种情况的出现，主要是由于两种语言的词汇性质不同及语言习惯不一样所造成的。虽然，在韩国语中表示"上"意义的"y"也是名词，但它在此种情况下却只能在后面加上表示方位意义的助词"e"或"ro"，使"y–e"或"y–ro"具有方位的功能。此外，在汉语中"有"字可以带宾语，所以它才能在上边两个句子中组成"上有天"及"上有 80 岁老母"这类句子，而韩国语中的"有"不能带宾语，所以"上"字在以上两句中就只能做状语。

2. 汉语"上"与汉语介词"向""朝""往"等结合起来表示韩国语"y-ro"这一含义。例如，"我们都抬起头来向上看（urinɯn motu mərirɯl tsʰiətɯlko yro tsʰiətaponta）""人们都朝上走（saramtɯri motu yro olrakata）""河水一个劲往上涨（kaŋmurɯn kiesok yro purəorɯnta）"。以上两句中"上"字所要表达的意义，汉语是通过介词"向、朝、往"来实现的，而韩国语则是通过助词"ro"来实现的。首先，在位置上，汉语的介词是放在"上"前边的，而韩国语助词却是放在表示"上"意义词汇后边的。其次，汉语中用的是介词，而韩国语中用的却是助词。此种词类性质上的不同，主要是由两国词汇分类的差异所造成的。其实，汉语中与"上"结合，用以表示方向的介词"向、朝、往"等在韩国语中亦属助词范畴（但不等于汉语中所有的介词在韩国语中都属于助词），在词性上并无实质性差异。

二、汉语"上"字在与前面的名词结合使用,用韩国语对其功能进行表现时情况就比较复杂。如果要分析它在韩国语中的表现形式,主要可以分为7种类型进行考察。

1."上"字和前边表现立体物体的名词结合使用。此时,又会出现两种情况。一是当这个"上"具有物体顶部的含义时,韩国语就要用具有"上"意义的名词"y"和助词"e"一起进行表现。例如,"墙上卧着一只鸟(tamtsaŋ ye sɛ han marika antsa itta)","肩膀上趴着两只苍蝇(ək´ɛ ye pʰari tu marika antsa itta)"等。二是当这个"上"字具有物体表面的含义时,韩国语则只能用具有表示处所意义的"e"进行表现,而并不出现具有名词"上"意义的"y"。例如,"墙上挂着挂历(piəke talriəki kəlriə itta)","孩子把头靠在了妈妈的肩膀上(ɛkika mərirɯl əməni ək´ɛe kitɛko itta)"等。

同为表示"上"的意义,为什么在韩国语中就有那么大的差别,这主要是因为此种情况下的汉语"上"其含义并不一致所造成的。"墙上卧着一只鸟"以及"肩膀上趴着两只苍蝇"的"上"是"上头""上面"的意思,而"墙上挂着挂历"以及"孩子把头靠在了妈妈的肩膀上"的"上"则是处所的意思。其实,韩国语只是用不同的表现方式把这种意思明白晓畅地区别开来了而已,其实,这两种表现方式和汉语"上"的含义并无本质上的差别。

2. 当"上"表现的是平面物体时,韩国语又会有两种表现方式。一是"上"多与后边的"的"字结合来表现所属意义。此种意义韩国语一般用具有所属意义的助词"ɯi"进行表现。韩国人的思维方式表明,这种所属只能存在于该物体的表面,而不一定非得用一个"上"字指出来不可。因此,"把脸上的汗擦掉"一语若要用韩国语对译那就要翻译成"əlkurɯi´t amɯl tak´ɯseio",而像"把顶棚上的电灯摘了下来"这样的句子就得翻译成"tsʰəntsəŋ iɯi tsəntɯŋɯl kətuə nɛriseio"。这两句中的"上"都是用表示所属意义的"ɯi"来实现的。二是当"上"和"在"字搭配使用表现某一位置时,就得用表现处所的韩国语助词"e"进行翻译。同样,韩国人也认为此种位置只能存在于物体表面的某一部位,而不是"在……上面"。例如,像"把树栽在了草坪上"一语就要用韩国语翻译成"namurɯl noktsie simətta",而像"把脸盆放在了地上"这样的句子也就得翻译成"tɕiarɯl t´aŋpatake noatta"。在这里,"上"都是用韩国语助词"e"来实现的。

可是,如果物体体积过大,而且在该物体的上和下有明显区别的情况下,汉语的这个"上"在韩国语中就得既译成具有"上"意义的"y"和具有处所意义的"e"互相结合的"y-e"，又得译成只具有处所意义的"e"。例如，"他躺在了床上"一语就可以既译成"kɯka tsʰimtɛye nuuətta"，又可以译成"tsʰimtɛe nuuətta"。实际上，在韩国人看来，前者的"y-e"是"上面"的意思，因而该句话的意思就成了"（这个人）躺在床的上面"，而后者则成了"（这个人）躺在床那个位置上"的意思了。同样，"花盆放在窗台上"这句话就既可以译成"huapuni tsʰaŋtʰəkye noiə itta"，又可以译成"tsʰaŋtʰəke noiə itta"。不言而喻，前者的"y-e"依然是"上面"的意思，而后者的"e"依然也是"地，那个位置"的意思。

不过，同样是立体物体，但"上"字所涉及的对象只是该立体物体的某一部分时，这个汉语"上"的意义，在韩国语中却只能用具有处所意义的"e"来实现。例如，"把贼绑在了树上"就只能译成"totsəkɯl namue kiəlpakhaiə noatta"，而"把花籽种在了山上"也就只能译成"kʼotsʼirɯl sane simətta"了。因为韩国人认为，此种情况，只能看做是处所而不能理解为是在这一物体的上面，如果理解为上面，那原话的意思就会变成贼被绑在了树的顶端，而花籽也就种在山顶上这种意思了。

另外，同样也是立体物体，如果在这个物体既有上下之分，又有里外之分，且非单层建筑物的情况下，这个"上"就可能又会有"里面"的意思了。例如，"他在火车上""他在公共汽车上"等就是这样的句子。在此种情况下，韩国语就只能用"他在火车里（kɯka kitsʰa ane itta）""他在公共汽车里（kɯka pəsɯ ane itta）"来进行表现。

从上面两个例句不难看出，这两个韩国语的句子压根就没有"上"的意义。但是，在这两个韩国语句子中如果把"ane（里面）"都置换成"y-e（上面）"，那这两句话的含义就发生了根本性变化，而这个主语"他"就不是在火车里、公共汽车里，而是在火车顶上和公共汽车顶上了。但是，如果是单层建筑物，那在韩国语翻译上就又得当别论。同样是立体物体，又有里外之分，但如果说"他在房上"，韩国人一定会理解成这个人在房顶上，因而在对译上就不能说成"他在房子里"，而要说成"他在房顶上"了。

以上例句表明，虽然在这一方面，汉语和韩国语在语言表述上有着很大的反差，但在对"在火车上""在公共汽车上""在房上"这一含义的内在认识方面却还都是一致的。

3. 汉语"上"字当与人体有关的部分名词相结合时，还有表现抽象意义的功能。例如,"把这件事不要放在心上""最近他手头上有点紧""他嘴上这么说可心里并不这么想"等就是这个"上"的具体运用。

显而易见,以上例句中的"上"表现的都是抽象意义。由于世界各民族的思维方式不尽相同,所以"上"字的这种抽象意义的表现方式也就会有这样那样的差别。例如,"把这件事不要放在心上"这句话译成韩国语最为恰当的表现方式就应该是 "i irɯl iəmtue tutsi maseio(把这件事不要放在念头里)""最近他手头上有点紧" 最准确的表现方式应该是 "iosai kɯnɯn tsuməni satsəŋi iəɯitsʰi antʰa (最近他钱袋子情况并不如意)",而"他嘴上这么说可心里并不这么想"一句则应译成 "kɯka malronɯn irəkʰe malhatsiman sokɯronɯn kɯrəkʰe sɛŋkakhatsi annɯnta (他用话语这么说可用心并不这么想)"。

在以上几个句子中,汉语用的是"心上",而韩国语用的却是"iəmtue(念头里)";汉语用的是"手头上",而韩国语用的则是"tsuməni satsəŋ(钱袋子的情况)"(实际上这句话与汉语所说的"囊中羞涩"属异曲同工之语);汉语用的是"嘴上",而韩国语用的却是"malronɯn(用话语)"。

虽然,以上这些表述方法汉语和韩国语各有千秋,但仔细分析起来,其内在含义却还是有相当大的关联性的,足见中韩两国人的思维方式在一定程度上是有其共同之处的。

4. 汉语"上"可以表现事物的范围。

这种情况韩国语又可以分成两种类型进行考察。一种是和前面的名词组成临时结构,诸如"报纸上""镇子上"之类,另一种是和前面的名词组成相对稳定的习惯性结构,诸如"国际上""社会上"之类。"我把这件事登在了报纸上(nanɯn i irɯl sinmune sirətta)""镇子上只有几十户人家(ɯpenɯn miət sip kakupakˊ eəpta)"就属于这里所说的临时结构所构成的句子,而"国际上不认可这件事(kuktsetsəkɯro i irɯl intsəŋhatsi annɯnta)""社会上都这么说(sahoe tsəkɯ ro ta irəkʰe malhako itta)"就属于用相对稳定的习惯性结构所构成的句子。

上面的韩国语例句清楚地表明,第一个例句和第二个例句中的"上"都是通过具有处所意义的"e"来表现的,而第三个例句和第四个例句中的"上"却都是通过具有"范围"意义的"tsəkɯro"来表现的。虽然,第一个例句和第二个例句中的汉语"上"都是表示范围的,但在韩国语中却是用具有处所意义的"e"来表现的,这是因为韩国人只把第一句话中所要登载的对象"报纸",以及第二句话中这几十户人家存在的场所理解为一个"点"而不是一个"面",所以汉语"上"

才和韩国语在表现方式上出现了反差。但是,在第三个例句和第四个例句的表现手法上二者却出现了惊人的相似,这不能不说明,韩国人的语言思维逻辑和中国人的语言思维逻辑虽然存在着差异,但还是有其相通之处的。

5. 汉字"上"具有"方面"的意思。此种情况韩国语又可以分为四大类型进行剖析。

(1)当"上"与"的"字的有关短语结合使用时,韩国语应该用具有"在……方面"意义的"e is əsə"来进行表现。例如,"在所讨论的问题上我们的想法不一致(tʰoronhanɯ muntsee is´əsə uriɯ sɛŋkakɯ iltsʰit tsi annɯta)""在进行面谈的顺序上张先生想了很多办法(miəntamhanɯ sunsəe is´əsə tsaŋ sənsɛŋɯ manɯ paŋpəpɯ sɛŋkakhaiətta)"等就是这种情况。

(2)当"上"字与前边带有"从""在"等相关联的名词结合使用时,韩国语应该用具有范围意义的"tsəkɯro"进行表现。例如,"要从思想上重视这个问题(sasaŋtsəkɯro i muntserɯ tsuŋsihɛia hanta)""敌人在数量上占据着优势(tsəktɯɯ sutsəkɯro userɯ tsʰatsihako itta)"等就是此种实例。

很明显,从"上"这一用法就可以看出,韩国人和中国人对这类事物的观察视角是有差异的。中国人认为这个"上"是表现"某一方面"的意思,而韩国人则认为它是表现"在某一范围内"的意思。

(3)当"上"与"在"字有关的述宾结构短语结合时,韩国语应该用具有"在所采取的……行动方面"意义的"nɯnte is´əsə"来进行表现。例如,"他在干农活上是一把好手(noŋsairɯ hanɯnte kɯka pʰalpaŋmiinita)"、"在学习韩国语上她从来没有落后过(hankukərɯ koŋpuhanɯnte kɯniəka tyt´ərətsin tsəki əpsətta)"等例句就属于此类。

在以上两句中,之所以汉语和韩国语的表现手法不一致,是由两种文字的词汇特征及语序不同所造成的。汉语说成"干农活",而韩国语则必须说成"农活干"。当然,汉语"在干农活上"一语韩国语就得说成"在农活干的那个方面"。以此类推,对"在学习韩国语上"一语的表现方法韩国语也必然是"在韩国语学习的那个方面"(说明:这里的"学习"是动词)。

(4)当"上"与前边的"这""那""这个""那个"等结合使用,在表达发生这一意义时,韩国语得用具有"产生"意义的"esə"来进行表现,而在表现到达这一意义时,韩国语却得用具有达到某种程度意义的"k´atsi"进行表现。例如,"漏子大概就出在这上(silsunɯ ama iəkiesə sɛŋkin kəsita)"、"王先生可没往那上想(uaŋ sənsɛŋɯm kəkik´atsinɯm sɛŋkakhatsi mothɛtta)"等句中的"上"字就是此类含义。

以上两例表明,韩国人在用自己的语言表述此类意思的时候一般只考虑问题的发生点——这和那,而并不考虑它是属于哪一个范畴,即"方面"。如果真要把表示方面意义的韩国语单词加在"这"或者"那"的后边,那这两句韩国语就反倒显得不大通顺了。

同样是一个含有"方面"意义的"上",在韩国语中却有4种表现方法。出现此种情况的主要原因,是由韩国语的表述方式与汉语不同所造成的。实际上,在这里韩国语只不过是用它那独有的表述方式把"上"与其他不同的词语搭配时所产生的细微含义——进行了细化表现而已。因此,笔者认为,韩国语的这种表述方式对我们深入理解汉语"上"字的含义倒是有一定参考价值的。

6. 在汉语"上"的前边不出现介词的情况下,韩国语就得用具有团体主格助词意义的"esə"来进行表现。例如,"领导上已经决定了(tsitotsʰɯŋesə imi kiəltsəŋtsiətta)""组织上上周下达了任务(tsitopuesənɯm tsinan tsu kuaəpɯl tsuətta)""市上派人来了(siesə saramɯl ponɛuatta)"等例句中的"上"就是这种情况。

人们平常在说话的时候,如果说"领导已经同意了",这句话在人们的意识中一般是指某个具体负责人,但又不愿意明确指出是某某领导时才这么用的,而当说"领导上已经同意了"时,一般在人们的意识中却往往是指整个领导集团。因此我们可以这样认为,韩国语中用具有团体主格助词意义的"esə"来对汉语中的这种"上"进行对译应该说是比较确切的,因为"领导上"本身就是一个团体的概念。

7. "上"和表现年龄的名词相结合在汉语中表示"时候"的意思。此时,韩国语一般应该用具有"时候"意义的"t´ɛ"或者"tsəke"进行表述。例如,"爸爸23岁上进了工厂"(apənimk'esə sɯmɯlsesal t´ɛ<tsəke> koŋtsaŋe tsʰytsikhasiətta)、"那个学生16岁上母亲就去世了(tsə haksɛŋi iəliəsətsal t´ɛ<tsəke> əmənika sesaŋɯl t'ənasiətta)"、"马大爷68岁上又抱了个孙子(ma harapətsik esə iesuniətəlsal t'ɛ<tsəke> t'o sontsarɯl posiətta)"等例句中的"上"就表现的是此类意思。

在表述此类语义方面,汉语的表现形式和韩国语的表现形式是完全一致的,这说明在对此种语义的理解上两国人的思维还是有其相似性的。

三、汉语"上"可以与部分名词结合用作形容词

在汉韩对译方面，此种情况又可以分为 4 种类型进行考察。

1. "上"表现处所。

当"上"表现处所时，针对不同情况韩国语又有好几种互为区别的语言形式。

（1）有一部分是，在语言长期使用过程中已经被固化，且带有"上"字的韩国语汉字词，例如，"saŋtan（上端）""saŋtsʰ（上齿）""saŋpansin（上半身）""saŋpanpu（上半部）"等。

（2）另有一部分是，在语言使用过程中尚未被固化，只起临时搭配作用的韩国语汉字词，例如"saŋpu（上部）"等词就是这种情况。而且"上部"可以和其他词语搭配成"saŋpuhohɯpto（上部呼吸道〈上呼吸道〉）""saŋputʰotsʰɯŋ（上部土层〈上土层〉）""saŋpuhonhaptsʰɯŋ（上部混合层〈上混合层〉）"等词语。

（3）还有一部分是与韩国语固有词搭配的"上"字。该部分的"上"字表现形态较为复杂，一般有"ut""y""yt"等形态。与具有"牙""汤"等含义的词语搭配使用时要用"ut"，例如"utni（上牙）""utkuk（上水汤）"等。与具有"边""（村）庄"等含义的词语搭配使用时要用"y"，例如"yts,ok（上边）""yt ɯm（上庄）"等。与具有"牙床""宽"等含义的词语搭配时要用"yt"，例如"ytitmom（上牙床）""ytnəlpi（上宽）"等。

以上 6 个例句中表现"上"意义的韩国语词语虽然有"ut""y""yt"等 3 种不同形态，但其含义却是完全相同的。其实，此 3 种形态只是词语结合方面所出现的一种习惯性变异而已，并无含义方面的区别。但是，它们与其他词语的搭配形式却是相对固定的，一般不允许随意置换。

2. 汉字"上"表现前一半时间或者是刚过去的那一段时间。

用韩国语表现这一含义时一般又会有两种形态。

（1）当这个"上"已经成为韩国语汉字词固定结构的一部分时，和后面的词语搭配一般都要用韩国语汉字词"saŋ（上）"，例如"saŋpanniən（上半年）""saŋpanki（上半期<前半期>）"等就属于此种类型。

（2）当属临时搭配时，这个"上"一般都要用具有"过去"意义的"tsinata"进行表现，例如"tsinan tal（上个月）""tsinan seki（上个世纪）"等就是此类例子。

此外，汉语这类情况下的"上"字有时还可以连用，表示在时段、等级或次序上比前一个还要往前一些的意思。例如，"nɛka saon kəsɯn saŋsaŋpʰumita（我

买来的是上上品〈极品〉)""tsəntsəntsuire nanɯɯ hankuke is'ətta(上上周我在韩国)""tsitsinan tare uri t'ari mikuke nakatta（上上个月我的女儿去了美国)"等汉语句子中的"上上"就是此类含义。

在这种情况下，如果在原有"上 x"的基础上还要加一个"上"的话，韩国语的表现方式一般得有如下 3 种：一是假如原本带"saŋ（上）"字的韩国语词语是固定结构，那么要变成"saŋsaŋ（上上）"型就还得在原韩国语词语前面再加一个"saŋ（上）"字，例如"saŋsaŋmi(上上米〈极品大米〉)""saŋsaŋpoŋ（上上峰〈巅峰〉)"等。二是假如原本就带有具有"上"意义的韩国语词语"tsən(前)"，它本身就是固定结构的话，那么要变成"saŋsaŋ（上上）"型就还得在原韩国语词语前面再加一个"tsən（前）"字，例如"tsəntsənh（前前回〈上上回〉)""tsəntsənpən(前前番〈上上次〉)"等。三是假如原本就不是固定结构，而属临时性组合，那么要变成"saŋsaŋ（上上）"型就还得在具有"过去"意义的词语"tsinata"前边再加上该词的第一个词素"tsi"，例如"tsitsinan punki(上上分期〈上上季度〉)""tsitsinanpən(上上番〈上上次〉)"等。

3. 汉语"上"还有在次序上靠前的含义。在此种情况下，它多与"次、趟、批"等有限的量词词语搭配使用。假如要用韩国语进行表现，下面的句子就得用韩国语这样对译。例如，"上次我在这个学校里没有见到您"这个句子就要译成"tsənpəne nanɯɯ i hakkioesə taŋsinɯɯ mannan tsəki əpsətta"，"上一趟是我跑的"这个句子就要译成"tsinan pənɯɯ nɛka kattauatta"，而"上批货物我已经收到了"这个句子就要译成"tsinan pənɯɯ huamurɯɯ nɛka imi patatta"等。

从上面的例句可以看出，韩国语的量词和汉语不是完全一一对应的。第一句中的"tsənpən"是一个韩国语汉字词"前番"，也就是汉语"上次"的意思，而第二句的"tsinan pənɯɯ"和第三句的"tsinan pənɯ"则分别是"过去的那一番〈次〉"和"过去的那一番〈次〉"的意思。诚然，只有这样对译，笔者认为才能把汉语句子的原意用韩国语准确地表达出来。

4. 汉语"上"可以和部分汉字结合组成新的词语，表示等级、质量等。同样，韩国语也可以用"上"组成"上级（saŋkɯp）""上司（saŋsa）""上策（saŋtsʰɛk）""上座（saŋtsua）""上等（saŋtɯŋ）""上品（saŋpʰum）""上乘（saŋsɯŋ）"等。

从以上词语不难看出，这些韩国语词无一例外都是汉字词，而且还都是从中国汉语词语中照搬照用的，而且在词义上也是和这些汉语词语一脉相承的。

但是，除此之外也还有一些与此类似的汉字词，虽然在用字上与汉语词语有所不同,但在含义上却还都是和汉语有着很多联系的。例如,"saŋmi(上米〈上等大米〉)""saŋpoŋ（上峰〈最高峰〉)"等就属此类词语。

从总体情况看,韩国语中的汉字词"上"的组词能力远远没有汉语那么强,所以其词汇数量也就是十分有限的。

四、"上"字可以和接在后面的"边、面、头"等结合,组成"上边、上面、上头"等词语

对于同一语义,在汉语中有"上边""上面""上头"等3种表现,而与此不谋而合的是,在韩国语里同样也有3种表现,那就是"ut""y""yt"。虽然汉语里的表现在形式上有3种,但这3个词在很多情况下却还都是可以通用的。譬如,"上边派人来了"一语,既可以说成"上面派人来了",也可以说成"上头派人来了"。韩国语则不然,它只可以说成"yesə saramɯl ponɛuatta"而不能说成其他。而且,韩国语中的这3种表现,只有少数词语中具有"上"意义的这个词是可以互换的,大多数词语则做不到这一点(当然,朝鲜民主主义人民共和国的用法应另当别论)。比如,"utni"就可以说成"ytni",而"yts'ok"就不能说成"yttsok"或"utts'ok"。

从以上分析我们可以知道,方位词"上"在汉语中既可以用作名词,又可以用作形容词。

当用作名词的时候,韩国语可以用名词"ut""y""yt"等进行对译。

当用作形容词的时候,在多数情况下,韩国语可以用带有形容词性质的词素进行对译。第一大类中"yenɯm hanɯnimi kiesiko(上有天)""yronɯm pumorɯl mosiko(上有父母)"里边的"y"就是名词,而第三大类中"saŋtan(上端)""saŋkɯp(上级)"里边的"saŋ"就是具有形容词性质的词语成分。可是,在"上"字用如名词的第三大类中,一部分词素的"saŋ（上)"在韩国语中却无法一对一地和汉语的"上"进行对译,而要用"tsən(前)""tsinata(过去)"等进行表现。

除此而外,汉语词语"上边""上面""上头"等的"上",韩国语中也只能用含义相同而表现形式各异的"ut""y""yt"进行对译。

当然,用作名词的时候其情况就比较复杂。例如,在第二大类中,当"上"和前面的名词结合使用时,韩国语就得采用多种相应的方式进行翻译。一是要用"y"进行对译,例如"tamtsaŋ ye sɛ han marika antsa itta(墙上卧着两只鸟)"一句中的"上"就是用"y"进行翻译的。二是要用"e"进行对译,例如"piəke talriəki kəlriə itta（墙上挂着挂历）"、"namuɯl noktsie simətta（把树栽在了草坪上）"、"nanɯn i irɯl sinmune sirətta（我把这件事登在了报纸上）"等句中的"上"就是用"e"表现出来的。三是用"esə"进行对译，例如"tsitotsʰɯŋesə imi kiəltsəŋtsiətta（领导上已经决定了）"、"市上派人来了（siesə saramɯl ponɯ uatta）"等例句中的"上"就是用"esə"进行翻译的。四是用"tsəkɯro"进行对译，例如"kuktsetsəkɯro i irɯl intsəŋhatsi annɯnta（国际上不认可这件事）"、"tsəktɯrɯn sutsəkɯro userɯl tsʰatsihako itta（敌人在数量上占据着优势）"等两句中的"上"就是用"tsəkɯro"进行翻译的。五是用"e is´əsə"进行对译，例如"tʰoronhanɯn muntsee is´əsə uriɯi sɛŋkakɯn iltsʰitsətsi annɯnta（在所讨论的问题上我们的想法不一致）"就是用"e is´əsə"进行翻译的。六是用"nɯnte"进行对译，例如"hankukərɯl koŋpuhanɯnte kɯniəka tyt´ərətsin tsəki əpsətta（在学习韩国语上她从来没有落后过）"一句中的"上"就是用"nɯnte"进行翻译的。七是用"iəki"进行对译，例如"silsunɯn ama iəkiesə sɛŋkin kəsita（漏子大概就出在这上）"就是用"iəki"进行翻译的。八是用"t´ɛ"或者"tsəke"进行对译，例如"apənimk esə sɯmɯlsesal t´ɛ<tsəke> koŋtsaŋe tsʰytsikhasiətta（爸爸23岁上进了工厂）"一句中的"上"就是用"t´ɛ(tsəke)"进行对译的。九是用习惯用法进行对译，例如"iosai kɯnɯn tsumŋni satsəŋi iəɯitsʰi antʰa（最近他手头上有点紧）"就是这一翻译方法的具体体现。

由于中韩文化形态有着很大的相似性，所以韩国人对中国汉字的理解也就有着很多的相通之处。因为韩国语中的不少汉字词都是从汉语借用过去的，所以在其含义的理解上两国就有不少相一致的地方。这样，在汉语和韩国语的对译方面也就免不了会有一些共同点。但是，因为汉族和韩民族毕竟是两个不同的民族，其文化底蕴、思维方式、生活习俗、语言习惯的差异往往又会造成对同一事物理解上的不一致。这样一来，韩国语对汉字"上"的表现方式自然也就会有一部分难以对应的地方。

翻译是一门学问，也是一门艺术，要将某一国语言翻译成另外一个国家的语言，并且还要做到恰如其分，那是一件相当不容易的事情。当然，把汉语对译成韩国语也不例外。本文对"上"字韩国语译文的分析，就是一个带有探索性的尝试，也是想以自己的研究成果来解决韩国语教学中存在的这一难题。如果这一探索对大学高年级的韩国语教学能有所补益，那笔者也就可以聊以自慰了。

（作者单位：北京大学外国语学院）

韩国语学习词典释义研究 *

●王　丹

　　内容提要: 本文从如何提高学习者词汇能力方面着眼,考察并分析现有学习词典的释义方法及存在的问题,阐明进行词典释义的基本原则,提出多维释义的主张。并在对词汇学、词汇教育学理论作具体考察的基础上,指出词典释义中必须涵盖的内容,通过实例从等级信息、词源信息、语音信息、词义信息等方面对词典释义方法进行了具体说明。

　　关键词: 韩国语　学习词典　多维释义

序　言

　　词典是学习者获取词汇信息的主要渠道,是学习者学习外语的重要辅助工具,也是外语教学的重要组成部分。近年来,随着我国社会对韩国语人才需求的不断增加,韩国语教学得到了长足的发展,各类韩国语教材、词典应运而生。但从目前的情况看,尽管已出版的韩国语词典种类繁多,但其中的大部分使用的仍是传统词典的编纂方法与释义模式,只提供简单的中文对译与例证,这样的释义在过去一段时期内曾起到过积极的作用,但已经越来越无法满足学习者的需要。编写一部具有完整的总体设计、严密的宏观结构、精细的微观结构的韩国语学习词典已是韩国语教育者与研究者必须直面的一个课题。鉴于此种情况,本文从如何提高学习者词汇能力方面着眼,考察并分析现有学习词典的释义方法及存在的问题,阐明进行词典释义的基本原则,在此基础上提出进行多维释义的主张,并通过实例阐释学习词典的具体释义方法。

　　* 本文接受"教育部人文社会科学研究项目基金资助"完成。(项目批准号:09YJC740001)

第一章　现有学习词典释义的问题

要想编纂能够满足学生要求的学习词典,首先应对现有学习词典的释义方法作细致的考察与分析。本文将选取《延世韩国语词典》(以下略称为《延世》)、《针对外国学生的韩国语学习词典》(以下略称为《学习》)两部词典作为分析对象。这两部词典是近年来开发的,以韩国语学习者为服务对象,旨在提高学习者词汇能力的学习词典。不论从词汇的选取还是释义方法上,都与传统词典有显著的区别。但是,这两部词典也不同程度地存在着一些问题,主要表现在以下几方面。

1. 在相当一部分释义中,释义词(defining vocabulary)比被释义词的使用频率更低,语义更模糊,学习者很难理解单词的真正意义。

(1)ㄱ. 불쌍하다: 보기에 <u>가엾고 딱하다</u>.

ㄴ.　부드럽다:① (피부에 닿는 느낌)거칠거나 딱딱하지 않고

　　　　<u>푹신푹신하거나 무르고 매끈매끈하다</u>.

　　　② (목소리, 성질 등이) 곱고 <u>따뜻하다</u>.

　　　③ (빛, 색깔 등이) 강하지 않고 <u>은은하다</u>.

例(1)是《学习》中的两个词条,例句中下画线的释义词都是难度较高、使用频率较低的词,且在该词典中都没有被收录,学习者无法通过释义正确理解单词的词义。

2. 单纯地用语义相近的几个单词彼此循环释义(circular definition),学习者无法理解被释义词的意义,更无从了解单词间的区别。

表 1　学习词典的"循环释义"现象

불쌍하다 가엾다 애처롭다 딱하다	마음이 아플 만큼 <u>딱하고 불쌍하다</u>. 슬픈 느낌이 들도록 <u>불쌍하다</u>. <u>불쌍하고 가엾다</u>.	불쌍하다 ↽ 애처롭다 ⇅　　↘ 가엾다 ⇆ 딱하다 《延世》
곱다 아름답다 예쁘다	보기에 좋고 아름답다. (모양, 소리, 빛깔 등이) 마음에 즐겁고 기쁜 느낌을 가지게 할 만큼 예쁘고 곱다. (생긴 모양이) 아름답고 고와서 보기에 좋다.예쁘다 → 곱다	아름답다 ↗↙　↘↖ 예쁘다 → 곱다 《学习》

3. 没有为学习者提供足够的语法信息,特别是搭配信息,学习者即使知道单词的词义,也无法准确地使用该单词。

（2） 예쁘다 [예 : 쁘다 je : p͈ɯda] （생긴 모양이） 아름답고 고와서 보기에 좋다.¶가을에는 단풍이 예뻐서 사진 찍기 좋습니다. / 신부는 아주 아름답고 드레스도 예뻤습니다. ▷[100]①이 예쁘다. (반) 밉다. (관)아름답다·곱다. (참) 이쁘다(×). 《学习》

在例（2）的释义中由于没有明示出词语的搭配信息,学习者只知道其基本词义,却无从了解该词语有哪些搭配限制,因而在他们的作文中经常可以看到"예쁜 구름, 예쁜 산, 예쁜 피부"等错误的表达方式。

4. 只提供了单词的概念义,对其情感内涵义、联想义等附加意义没有作任何说明。在中韩两语中有很多概念意义相同但内涵义不同的词语,这些词语是学习者词汇学习的难点与重点。但现有的学习词典中对这些词语的释义并不全面。

（3）착하다: 마음씨나 행동이 바르고 곱고 좋다.《学习》

例（3）中的"착하다"相当于汉语的"善良",只有说话者比句子的主体年纪大或地位高时才能使用,表示对句子主体的赞赏。但学习者从上面的释义中无法得到这些信息,那么,在他们的作文中出现"우리 영어 선생님은 정말 착한 분입니다"这样的错误也就不足为奇了。

5. 在释义时将每个词语视为独立的个体，忽略了词与词之间的有机联系,没能将词语按可见或不可见的规则组织起来形成自然语义网络。为学习者构筑有益于理解与记忆词汇的"记忆网",对于提高学习者的词汇能力至关重要,而现有学习词典中对这一方面的探索还略显不足。

第二章　词典释义的原则

笔者通过对现有学习词典的分析及对中国学习者的词汇习得特征的考察,提出如下词典释义原则。

1. 以学习者为中心(learner-centered)的原则。

在外语教学领域近年来产生的最根本变化就是从以教师为中心转向了以学习者为中心。在教学过程中以学习者为主体,充分强调学习者的自主性,让他们自觉地参与到教学中来。在编纂韩国语学习词典时也应采用这种以学习者为中心的教学模式,以提高学习者的词汇能力为目标,将注意力从词典文本转移到学习者与词典的互动关系上来。

2. 兼备解码功能(decoding)与编码功能(encoding)的原则。

解码功能主要是指对词目进行释义,以满足学习者对生词理解的需要,解码功能具有词汇释义"静态化"或"脱语境化",词法、句法、语用等信息量小等特点。而编码功能则是指为语言使用者生成话语或语篇提供所需的词汇信息与使用方法,其特点是词汇释义"动态化"或"语境化",词法、句法、语用等信息量大。由于韩国语教学的目标不仅仅是让学习者理解词语,更重要的是使学习者能够准确地使用词语,因此,在进行学习词典释义时要兼顾解码与编码两种功能。

3. 关心学习者学习过程的原则。

外语教学界的一个主要发展趋势就是从以结果为中心向以过程为中心转化,也就是说人们所关心的不止是学习者学习到多少知识,更关心知识与技巧的获得过程。在编纂韩国语学习词典时应充分考虑学习者的词汇学习过程,使其能够更好地运用知识的可迁移性技巧(transferable skills),从词典中最大程度地获取所需的语言知识与语言技能,调动学习者的自主性,引导其进入语言认知机制,正确处理语言学习过程中"学什么"(学习内容)及"怎么学"(学习方法)的问题。

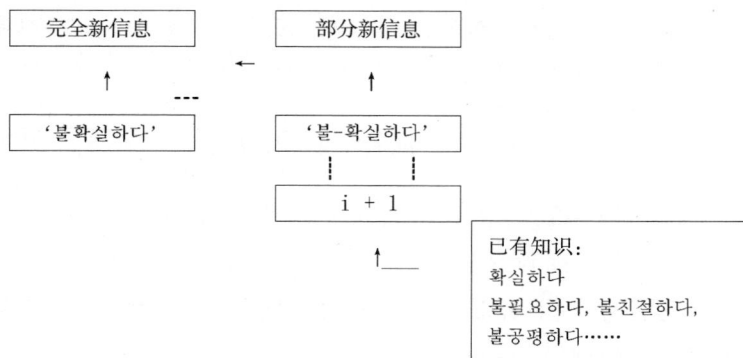

图 1 "完全新信息"与"部分新信息"间的转换

4. 追求词汇学习增效性(synergistic effect)的原则。

学习者已获得知识与新知识之间的关系并非完全分离,而是互动的,因此新知识的增加并不是以线性添加方式进行的，新增加的知识一方面受益于已知知识，另一方面对已知知识又具有质和量的反馈作用，其结果是知识的积累并非纯数理逻辑的 1+1=2，而是 1+1>2。Krashen(1981:100)也曾在其著名的输入假说中提出用 1 代表学习者目前的语言水平，通过上下文、一定的语境或借助于图片、教具等手段，使其在下一阶段达到 i+1 的语言结构水平的主张。如下图所示，在编纂学习词典时如果能将全新的信息转换成部分新的信息，将会减轻学习者的学习负担。

5. 考虑学习者母语迁移的原则。

学习者在学习外语时，已经形成了一整套第一语言的习惯，因此也就存在母语习惯的迁移问题。迁移(transfer)是心理学概念，指在学习过程中已经获得的知识、技能、方法和态度等对学习新知识、技能的影响。如果这种影响起的是积极的、促进的作用，那就是正迁移(positive transfer)；如果起的是阻碍的作用，就是负迁移(negative transfer)，也就是干扰；而当两者之间没有任何联系，既不产生积极作用也不产生消极作用时，我们称其为无迁移(zero transfer)。在中国学习者学习韩国语词汇过程中，如果遇到形态、语义与汉语都相同的汉字词时，就会产生正迁移，取得较好的学习效果。与此同时，一些中韩两语的差异也会造成韩国语学习的困难，导致错误的出现。因此，在编纂学习词典时应积极想办法促进正迁移的产生，阻止负迁移的出现。

6. 重视语境及词语间有机关系的原则。

语境(context)即语言环境，是语用或交际行为发生和解释的信息环境，对语言的表达和了解有着重要的影响和制约作用。世界上根本不存在脱离语境的词汇学习，词汇的不同意义是通过语境来确定的，离开了语境，词义将成为难以捉摸的东西。苏宝荣(2000)曾从以下三方面阐释语境对词典编纂的重要意义[1]：

(1)通过语境才能全面地认识词义，为辞书释义奠定基础；

(2)通过语境提示才能在语文辞书中全面显示词义；

(3)通过语境才能进行词义构成分析，为科学的辞书释义提供条件。

在编纂韩国语学习词典时，应积极想办法提供各种语境线索，以使词汇以某种方式彼此联系起来，使学习者的认知语境得到改善，与词汇相关的长时

---

[1] 赵彦春.认识词典学控索.上海：上海外语教育出版社，2003：104.

记忆得以激活。

以上从六方面阐述了韩国语学习词典的编纂原则,一言以蔽之,本文中所主张的词典编纂原则是从以教师为中心向以学习者为中心转换的, 不仅仅重视学习效果、同时还重视学习过程的,不仅仅重视单纯的知识累加、同时还重视学习的增效性的,不仅仅考虑目的语、同时还考虑学习者母语的,不是将单词作为独立个体、同时还重视其语境及同其他单词间关系的多维(multidimensional)释义原则。只有在这样的原则指导下的编纂的学习词典,才能使学习者最大限度地获得语言知识及语言学习技巧, 也只有在这样的原则指导下进行的词汇释义,才是有效的、科学的词汇释义。

第三章 词典释义的方法

第一节 词典释义的构成要素

要探讨词典释义的构成要素, 首先应从词汇教学的目标与教学内容谈起。韩国语词汇教学的主要任务是在有关韩国语词汇知识的指导下,掌握一定数量的韩国语词汇的音、义、形和基本用法,培养学习者在语言交际中对词汇的正确理解与表达能力,即词汇能力(vocabulary knowledge)。换言之,词汇教学的最终目标就是提高学习者的词汇能力。

既然如此,我们所说的词汇能力是由哪些要素构成的? 我们说知道一个单词究竟意味着知道这个单词的什么呢? 很多学者对这一问题进行了不懈的探索。在此,简要介绍几种比较有代表性的学说。

Richards(1976: 77~89)列举了有关词汇能力的八个假设,认为知道一个单词就是了解其使用频率、功能、限制与句法形式,就是了解其基本形与派生形,就是了解该单词在与其他单词所构成的词汇网中的位置,就是了解该词的义值及该词的其他义项。Carey(1978:264)认为构成词汇能力的诸要素中不仅包括词汇的形态、语义知识,从认知层面看,还包括对词汇本身的定义以及能够对诸定义进行分级的知识。也就是说,学习一个单词首先应该知道它是一个单词,还应知道其形态、统辞、语义知识以及该词与其他单词的关系等,只有成功地完成对这些知识的掌握, 才能实现词汇能力的提高。Solos(1979),Anderson(1985),Mclaughlin(1987),Johnson(1996)等认为知道一个单词意味着学习者能够在所有的情况下都能准确而熟练地使用这一单词。因此，从使用词汇的角度来看，词汇能力既包括理解能力也包括使用能力。Carter, R. & M. McCarthy（1988）也认为第二语言或外语教学中所说的知道一个单词，意味着了解在口语或书面语中该单词出现的可能性，意味着了解该单词可以应用的句型、其基本形态与派生词，意味着了解该单词与其他单词或第一语言中相对应单词间的关系，意味着了解该单词的语用功能、文体特点及核心定义，意味着了解与该单词相关的反义词或短语，意味着了解与该单词相关的固定表达方式。除此之外，Nation（2001: 27）也认为知道一个单词意味着知道其单词构成、意义、指称对象、搭配关系、语法功能、使用限制等要素。

通过以上的论述可以了解到，知道一个单词不仅意味着知道其词义，还包括了解其形态及用法。所以，词汇能力并非简单的语言知识，而是语言使用者理解与使用作为单词集合的词汇的能力，这种能力既包括"量的能力"，又包括"质的能力"，从某种意义上讲，是对世界知识总和的理解。[1]因此，进行词汇教学应该是多侧面的，即包括语音、语法、语义和语用等各方面，忽视其中任何一个方面都无法形成完整的词汇能力。

既然编纂学习词典的目的是提高学习者的词汇能力，那么在对学习词典进行释义时也应充分考虑词汇能力所包含的诸要素。尽管根据词类的不同，在对单词进行释义时要作相应的取舍，但笔者认为理想的学习词典在各词条内部应涵盖如下要素：

表 2　韩国语学习词典释义的构成要素

项　　目	构　　成	构成要素
Ⅰ 基础信息	① 等级信息	◇是哪一级的学生应该掌握的单词？
	② 词源信息	◇该单词的词源是什么？
	③ 发音信息	◇该单词如何发音？
	④ 词类信息	◇该单词的词性如何？

---

[1] 金光海.国语词汇论概说.集文堂,1993:306.

续表

项　目	构　成	构成要素
II 语义信息	⑤ 定义	◇该单词的核心语义是什么？
	⑥ 汉语对译信息？	◇该单词与汉语的哪些词相对应？
	⑦ 联想义与情感内涵义	◇能使人产生何种联想？ ◇能给人怎样的感受？ ◇使用该词的目的是什么？
	⑧ 适用范围信息	◇在何种场合说的话？ ◇在何种社会、何种领域说的话？ ◇是口语还是书面语？
	⑨ 语义关系信息	◇该单词的近义词、反义词、上下义词有哪些？ ◇该单词的经常和那些词一起构成短语或惯用语？
III 语法信息	⑩ 单词构成信息	◇该单词是如何构成的？
	⑪ 句型信息	◇该单词用在何种句型中？
	⑫ 语法限制信息	◇有哪些人称、数、否定等语法限制？
IV 例证	⑬ 例证	◇在具体的句子中该单词是如何被使用的？

第二节　词典释义的具体方法

本节,将从词汇的基础信息、语义信息、语法信息及例证等方面简要阐述韩国语学习词典的释义方法。

一、基础信息

1. 等级信息

词汇的等级信息不仅对学习者的词汇学习大有裨益,对教材的编写与教学内容的选取也将起到指导作用。调查结果表明,尽管中国各大学韩国语专业的学生四年期间需要掌握的单词量略有不同,但大体在 10000~13000 之间。为了确保选词的客观性与科学性,可以参考韩国在语料库研究上取得的成果,对现有的词汇目录作进一步选定。具体做法是参考下表中所列的三个词汇目录,选取在三个目录中至少出现两次的词汇。但这一做法并非绝对的,在具体词汇量的确定、个别词语的取舍等方面还要根据主观判断和教学经验来进行。另外,考虑到学习者的实际学习情况,还要在其中加入有助于了解韩国文化的文化词汇、必要的教学用词汇以及韩国地名等固有名词。词典总词汇量在15000 左右将可以满足学习者的词汇学习需要。

表 3　选取学习词典词条时可参考的的词汇资料

研究者 / 负责人	时间	资料名	词汇选定标准	词汇量
金光海	2003	《等级别国语教育用语汇目录》(1~3 级)	在 17 个词汇目录基础上用先进的计量方法选取的词汇目录	14448
徐相圭	1997	《韩国语能力评价用语汇表》	4300 万词词库中出现频率 200 次以上的词汇	10740
赵南镐	2003	《韩国语学习用语汇等级别目录》	现代国语使用频率调查中出现频率 15 次以上的词汇	10352

选定被释义词汇后,还要将这些词语等级化,等级体系可以参照 ACTFL (The American Council on the Teaching of Foreign Language)的评价体系,将词汇分为初级、中级、高级和最高级四级,与四年制大学的一、二、三、四年级的等级体系一致。在编纂学习词典时,在词条的旁边用"★"标记。

(4) 한국★　반기다 ★★★

2. 词源信息

韩国语词汇由固有词、汉字词与外来词构成,在词典中介绍单词的词源信息时有助于学习者理解与记忆单词。对于中国学习者来说,对词源,特别是对汉字词词源的标注对于韩国语词汇的学习非常有益。在标注词源信息时可采取如下方法:

(5) 실제: (實際)　라디오: (영, radio)

　　콘도: <영어 'condominium'의 준말>

3. 语音信息

发音是贯穿韩国语学习全过程的重要学习内容,发音的好坏直接影响到运用韩国语进行交际的效果。在提供语音信息时不仅要标注被释义词原型的发音,还应将其各种活用形式的发音都标注出来,以便于学习者独立进行发音练习。另外,在发音标注方式上,目前有应用国际音标标记、应用韩文标记及前二者同时使用三种办法。笔者根据中国学习者的学习情况,建议采用用韩文标记的方法。具体方法如下:

(6) 밝다[박따], 밝은[발근], 밝던[박떤], 밝았던[발갇떤],

　　밝고[발꼬], 밝아[발가], 밝으니[발그니] ……

4. 词类信息

词汇的词类信息按照规范语法体系分为名词、代名词、数词、动词、形容词、冠形词、副词、感叹词、助词九大类进行标注。对于中国学习者难于区分的自动词、他动词分别标注，为了有助于学习者的准确理解与使用，对依存名词、补助动词、补助形容词、词缀及语尾等另行标注。

二、语义信息

1. 定义

语义信息是词典释义的核心，是词典的灵魂，一部词典的质量高低主要取决于词典词义解释的好坏。目前国内出版的韩国语学习词典，大多数只给出汉语对释词。这种用学生母语进行释义的方式对于学习者，特别是初学者理解单词的意义有一定的效果，但由于中韩两语间存在一对一对应关系的词毕竟只是极少的一部分，大部分词语在语义范围、搭配关系、使用范围、感情色彩、文化内涵等方面都存在着很多差异，如果仅仅根据汉语中与韩国语对应的词来理解韩国语词义的话，就不能准确地理解韩国语词汇的原意。另外，单纯地运用汉语进行释义会造成学习者对母语的依赖，不利于学习者韩国语能力的全面提高。因此，笔者主张在韩国语学习词典中进行双解释义，最大限度地发挥韩国语释义与汉语对译的优越性，弥补二者的不足。

根据 Cook(1996:53)的理论，学习者能否有效地记忆单词与对该单词的处理程度有关。将单词视作一系列发音的结合时最难记忆，而将其放在句子的整体中时其语义最容易被理解。这一理论同样可以应用在词典释义上。也就是说，在进行语义释义时，应尽量避免单纯的、脱离语境的释义，而应使用自然语句对词汇进行释义。这种释义方法被称为自然语句释义，语言学家和词典学家已于 20 世纪 80 年代末开始将其应用到《柯林斯合作英语词典》等英英词典的编纂中。这一方法的主要特点是，释义不再是一个结构短语，而是一个完整的句子，被释义词的语义、语法和使用规则，包括搭配成分和选择限制都直接融入到这一句子中，能够给读者一个完整概念和直观的句法结构，能够更好地启发人们的语感，对学习者来说也更易读、易懂。[1]韩国语虽然与英语在许多方面都有很大差异，但从语言教育的角度，从为学习者提供词语释义的立场来

---

[1] 章宜华. 语义学与词典释义[M]. 上海：上海辞书出版社,2002：140~141.

看,其原理应是一脉相承的。鉴于此,笔者建议在对韩国语词汇进行释义时也应用这一方法。具体实例如下:

（7）아깝다: 자기는 무엇이 아깝다라고 하면 그것이 좋거나 아주 비싸서 쓰거나 다른 사람에게 주기는 싫다는 뜻이다.

잘생기다: 누가 생겼다라고 하면 생김새가 보기 좋다는 뜻이다.

在释义时要做到释义语言通俗易懂,在编纂词典时,规定释义词的数量,并将释义词区分出不同的等级,具体来说,就是一共选取 2000 个高频词作为释义词,并将这些释义词分为三个等级,对生词分别用三种不同级别的词进行不同层面的解释。

2. 汉语对译信息

我们主张在词典释义时实行韩中双解,是因为汉语对译在帮助学习者理解、记忆单词及提高学习者翻译能力方面有举足轻重的作用。在用汉语对译韩国语单词时,尽量坚持"多用直译,善参译义"的原则,在选取对译词时不仅要考虑词语概念义的对等,还要兼顾词语的使用范围及文化内涵。汉语对译信息的提供方式可以有如下几种:

① K = C :表示韩中语义的对应。

（8）ㄱ. 비참하다 = 悲惨   ㄴ. 부지런하다 = 勤奋

② K = C1 + C2 + … + Cn :表示一个韩国语单词或一个单词的义项有两个以上的汉语对译词。

（9）ㄱ. 비열하다 = 卑鄙+恶劣   ㄴ. 안락하다 = 安逸+愉快

③ K ≈ (c)C(c) :符号"≈"表示"近似于"的含义,(c)代表的是对词典情感内涵义或使用范围进行的说明。

（10）ㄱ. 잘나다 ≈ 聪明(含有贬义)

　　　ㄴ. 대수롭다 ≈ 重要(多用语否定句或疑问句,表示"不重要")

　　　ㄷ. 편찮다 ≈ (尊敬的人或年长者)欠安,不爽

④ K ≈ C′ :"C′"代表的是对单词进行详解,主要用于对汉语中不存在对译词的单词进行汉语对译时使用。

（11）ㄱ. 새삼스럽다① ≈ 对已经知道的事实突然感到很新鲜

　　　　　　　　　② ≈ 从前不做的事情现在突然做,显得有些突然

　　　ㄴ. 함초롬하다 ≈ 指物体表面像带有水汽一样,看起来润泽、美丽

3. 联想义与情感内涵义

词的联想义是指人们在听到或看到该词时能想到的与之有关的意义,情感内涵义是指不同文化群体、不同区域和不同社会阶层对外界事物的主观看法。具有不同文化习俗、生活方式和认知方式的语言团体,赋予语言符号的联想义与情感内涵义是不同的,中韩两语也不例外。对于在中国的文化背景下生活的中国学习者而言,韩国语词汇的这一部分内容是其学习的难点,因此有必要明确地给出相关的词汇信息。例如:

(12)인색하다《부정적인》, 검소하다《긍정적인》,

　　 불쌍하다《중립적인》, 가엾다《주관적인》

4. 适用范围信息

词汇的适用范围信息是指单词实际使用的场合,其概念与 Leech(1974)中提出的"文体意义"部分一致。确定一个单词的使用领域是词汇释义的重要组成部分,对于韩国语学习者来说,适用范围信息更是不可或缺的内容。

(13)오늘 선생님께서는 아파서 학교에 못 오셨어요.

上面的例(13)虽然在语法上并没有错误,但却多少有些不自然。其主要原因是要想表达尊敬的意义应该用"편찮다"而不是"아프다",但由于学习者不了解二者的适用范围,才会犯如上错误。在提供这一部分信息时,通常应阐明词汇的尊卑意义、正式与非正式特征以及口语与书面语特征等。例如:

(14)편찮다《존대》, 온당하다《격식체》

5. 语义关系信息

每一个词都不是独立存在的,而是存在于与其他词的相互关系之中。一般来说, 词汇语义可以分为聚合关系(paradigmatic relation)与组合关系(syntagmatic relation)。近义关系、反义关系、上下义关系属于前者;短语、惯用语等属于后者。在词教学中,将与所学单词有关的其他词一起提供给学习者要远比将其与其他词割裂开来更为有效。下面就简单介绍几种语义关系的释义方法。

近义词的辨别方法主要有罗列验证法(arrange test method)、成分分析法(componential analysis method)、替换验证法(substitution test method)、反义验证法(opposite test method)、语法体系验证法(grammar system test method)等。在说明近义词的区别时,可以运用以上验证法中的一种或几种。如下例所示,在区分"따뜻하다""따스하다""덥다"、"무덥다"几个词的语义区别时,可以同

时使用罗列验证法和成分分析法。

表 4 "따뜻하다"群的语义区别

	Hot 的程度	날씨	장소	음식	의복	태도
따뜻하다	☆	+	+	+	+	+
따스하다	☆ ☆	+	+	−	+	+
덥다	☆ ☆ ☆	+	+	+	−	−
무덥	☆ ☆ ☆ ☆	+	+	−	−	−

　　与上下义词密切相关的概念是语义场理论,构筑词汇语义场可以帮助外语学习者更好地理解和记忆单词。正如下图所示,将表示味觉的词放在语义场中记忆远比单独学习一个单词更为有效。

图 2 味觉词的语义场

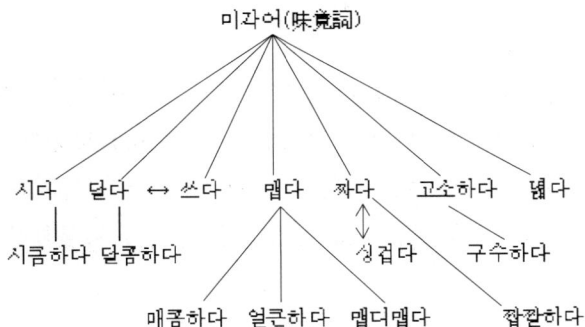

　　除近义词和上下义词以外,词典释义中对短语、惯用语等信息的提供对于学习者也非常重要,由于字数限制,在此就不一一介绍了。

三、语法信息

　　在词典释义时提供语法信息,不论是在语言学、词典学理论上,还是从词典使用者的需要来看,都非常必要。下面将就学习词典释义中必不可少的几种语法信息作简要的说明。

　　1. 单词构成信息

　　韩国语词汇根据词素在构词上所起的作用分为词根和词缀,根据构成方式分为复合词和派生词, 有效地利用词汇的构成信息可以有助于学习者领会

561

词的意义,扩大词汇量。在进行词典释义时可以采用在词缀与词根间使用符号"–",在复合词的词根与词根间使用符号"+"的形式,例如:

(15)차갑다: 차–갑–다　　향기롭다: 향기–롭–다　　활기차다: 활기–차–다

　　굳세다: 굳+세다　　못생기다: 못+생기다　　배부르다: 배+부르다

2. 句型信息

词义只是意义系统的一部分,其意义的实现要依托于句法结构,句型信息在词典释义中不可或缺。本文中所主张的自然语句释义方法已经为学习者提供了词语适用的句型,但为了能更有助于学习者准确地使用词语,还应该将其适用的句型单独列出来。以下是形容词"맵다"的句型信息:

(16)①　#문형: ①　①–이 맵다.

　　②　①–는/은 ②–가/이 맵다.

　　②　#문형: ①–가/이 맵다.

　　③　#문형: ①–가/이 맵다.

3. 语法限制信息

这里所说的语法限制主要指用言的形态、统辞限制,具体来讲主要有数限制、时称限制、否定限制、句型限制等。现以数限制和时称限制为例作简要说明。数限制是指根据谓语的特点,对主语或补语位置上的名词有数的限制。例如,"가깝다"与"친하다"在做谓语时,要求句子的主语必须是复数。

(17)ㄱ. *그는 가깝다.　　ㄴ. 그들은 가깝다.

　　ㄷ. *그 애가 친하다.　　ㄹ. 애들이 친하다.

而时称限制是指用言在做谓语时只能以一定的时称出现, 例如"잘생기다"、"안되다"只能以过去时的形式做谓语,而不能说"그 여자는 잘말 잘 생긴다"或"사람의 처지가 매우 안되다"。

以上这些语法信息都是学习者学习词汇过程中的难点,在进行词典释义时应用"(( ))"重点标注,以引起学习者的充分注意和重视。

四、例证

例证是词典构成中极为重要的组成部分,它不仅可以补充说明词的意义,使其具体化,而且可以说明词语的用法,包括语法特点、搭配范围、修辞色彩等,并可以使词完成从静态描写(释义)到动态描写(举例)的过渡,从语言到言语的过渡。外国学者认为"一部没有例句的词典只是一副骨架"[1]，我国学者也强调"例以明义"。由此可见，学者们在肯定例证在词典中的地位与作用问题上已达成共识。但在学界，在例证究竟应是编者的自撰例还是语料库中的引例，还是二者兼而有之这一问题上却一直存在着争议。笔者在选择学习词典例证上的主张是从语料库中选取例句，之后根据被释义词的难易程度决定是否对例句加以修改，如果被释义词是难度较低的词，那么应尽量将例句中较难的词替换成较为容易的词，如果被释义词是高级学习者需要掌握的词，那么就尽可能保持例句原样。这样做既可以克服例句语言过难的缺陷，又可以克服自撰例"不自然"、"不真实"的弊端。另外，在选取例证时还应充分注意所选例句的时效性、典型性与实用性。

本文针对目前韩国语学习词典释义方法上存在的问题作了具体分析，提出了学习词典释义的原则，并从基础信息、语义信息、语法信息、例证等几方面对学习词典的释义方法作了具体阐述，在大多数词典只注重汉语对译与例证的今天，本论文所提出的多维释义思路对于韩国语学习词典的编纂将起到一定的积极作用。

[1] 法国《小拉鲁斯插图新词典》的编辑说明，转引自黄建华，陈楚祥. 双语词典学导论[M]. 北京：商务印书馆，2001：59.

参考文献

Carey, S.(1978), "The child as word learner", In: M. Halle, J. Bresnan and G. A Miller, Linguistic Theory and Psychological Reality, Harvard: MIT Press.

Carter, R. A. & M. J. McCarthy(1988), Vocabulary and Language Teaching, London: Longman.

Cook, V. (1996), Second Language Learning and Language Teaching, London: Arnold.

Cowie, A. P. (1989), The language of Examples in English Learners´ Dictionaries, In: James, G.(1989), Lexicograplers and Their Works, University of Exeter Press.

Nation, P. (2001), Learning Vocabulary in Another Language, Cambridge University Press.

Richard, J. C.(1976), The role of vocabulary teaching, TESOL Quarterly 10(Ⅰ)

강현화(2000), 외국인을 위한 한국어사전과 말뭉치, 한국응용언어학 16-1, 한국응용언어학회.

고석주(2000), 문법 정보의 사전적 처리에 대하여, 제 21 차 한국어학회 전국 학술 대회 논문집.

김광해(1987), 국어 유의어사전 편찬을 위한 기초적 연구, 국어교육 66. 67, 한국국어교육연구회.

_____(1998), 유의어의 의미 비교를 통한 뜻풀이 정교화 방안에 대한 연구, 선청어문 26, 서울대학교 사범대학 국어교육과.

김현권(1987), 언어사전 정의의 유형과 문법 문제, 한글 196, 한글학회.

김홍범(2000), 국어 사전 의미 정보 기술의 실제와 문제, 한말연구 7, 한말연구학회.

남기심(1988), 국어 사전의 현황과 그 편찬 방식에 대하여, 사전편찬학 연구 1, 연세대학교 언어정보개발연구원.

남기심·이희자(1998), 새로운 사전 편찬의 개념과 그 실제, 사전편찬학 연구 8, 연세대학교 언어정보개발연구원.

박재남(2002), 외국어로서 한국어의 유의어 교육 방안 연구, 연세대학교 석사학위논문.

배주채 외(2000), 외국인 학습자를 위한 초급 한국어 사전 개발 연구보고서, 문화관광부.

백봉자(2003), 외국어 학습 과정과 한국어 학습 사전, 한국어 교육과 학습 사전(서상규 편), 한국문화사.

서상규(2001), 외국인을 위한 한국어 학습사전과 학습자 말뭉치, 제 2 회 한국어세계화 국제학술대회 발표집.

신현숙(1998), 한국어 어휘교육과 의미사전, 한국어 교육 9-2, 국제한국어교육학회.

심재기(1987), 국어사전에서의 뜻풀이, 어학연구 23-1, 서울대학교 어학연구소.

왕 단(2004), 중국인 학습자를 위한 한국어 학습 사전의 의미 기술 방안 연구, 국제한국어교육학회 14 차 국제학술대회, 국제한국어교육학회.

_____(2005), 한국어 학습 사전의 문법 정보 기술 방법 연구, 제 9 회 한국어교육의 과제와 발전 방향 연토회 논문집.

유석훈(2003), 영어 학습 사전의 현황, 한국어 교육과 학습 사전(서상규 편), 한국문화사.

유현경. 강현화(2001), 한국어 학습사전에 있어서의 유의어에 관한 연구, 제 2 차 한국어세계화 국제학술대회, 한국어세계화재단.

이기동(1990), 사전 뜻풀이의 검토, 사전편찬학 연구 2, 연세대학교 언어정보개발연구원.

_____(1995), 낱말 풀이에 관련된 몇 가지 문제, 사전편찬학 연구 5, 연세대학교 언어정보개발연구원.

이병근(2000), '표준국어대사전'에서의 정의(뜻풀이)에 대하여, 새국어생활 10-1, 국립국어연구원.

_____(2001), 한국어 사전의 역사와 방향, 태학사.

이병근. 박진호. 김진형(2001), 어휘함수를 이용한 한국어 어휘 관계의 기술, 어학연구 37-3, 서울대학교 어학연구소.

이상섭(1987), '옥스포드 영어 사전'의 편찬 원칙과 형성 과정, 성곡논총 18, 1987.

_____(1998), 사전의 뜻풀이에 대한 소견, 사전편찬학 연구 8, 연세대학교 언어정보개발연구원.

이용주(1986), 사전 주석에 대하여, 국어생활 7, 국어연구소.

이운영(2002), '표준국어대사전' 연구 분석, 국립국어연구원.

이익환(1992), 국어사전 뜻풀이와 용례, 새국어생활 2-11, 국립국어연구원.

이희자(2000), 말뭉치 기반 국어 의미 기술에 대하여, 사전편찬학 연구 10. 연세대학교 언어정보개발연구원.

임지룡(1989), 국어 대립어의 의미 상관체계, 형설출판사.

_____(1992), 국어 의미론, 탑출판사.

정호성(2001), 주요어휘 용례 수집 및 정리(형용사편), 국립국어연구원.

정희정(2001), 한국어 어휘 교육과 사전 정보, '한국어 교육과 사전' 제 15 회 언어정보 연찬회 발표논문집, 연세대학교 언어정보개발연구원.

조재수(1984), 국어 사전 편찬론, 과학사.

_____(2000), 문제점이 많은 표준국어대사전, 새국어생활 10-1, 국립국어연구원.

주세형(1999), 바람직한 국어사전을 위하여, 국어교육학연구 9, 국어교육학회

_____(2000), 사용자 중심의 국어 사전, 한국어 7, 한국어의미학회.

_____(2002), 국어 사전의 뜻풀이,제 45 회 전국 국어국문학 학술대회.

한송화(2001), 외국인을 위한 어휘 사전의 의미 기술 문제에 대한 제안, 제 15 회 언어정보 연찬회 발표논문집, 연세대학교 언어정보개발연구원.

홍재성(1987), 한국어 사전 편찬과 문법 정보, 어학연구 23-1, 서울대학교 어학연구소.

홍재성. 박동호. 고길수(2001), 설명결합사전의 어휘의미 기술, 어학 연구 37-3, 서울대학교 어학연구소.

[词典类]

연세 한국어사전(1998), 연세대학교 언어정보개발원, 두산동아.

외국인 학습자를 위한 한국어 학습 사전(2003), 서상규 외, 문화관광부 한국어세계화재단.

한국어사전(2004), 임홍빈, SISA Education.

Collins COBUILD New Student´s Dictionary （2003）, HarperCollins Publishers.

（作者单位:北京大学外国语学院）

数字与原始楔文的起源

●拱玉书

内容提要：本文分为四个部分。第一部分论述楔形文字数字符号的形制，认为数字符号可分为两个体系，即"圆数字"和"线数字"；第二部分论述学术界就陶码功能提出的不同观点以及陶码论的得失；第三部分论述陶码与文字的关系，认为陶码变数字是陶码论中最合理的部分；第四部分论述数字与其他表意符号的关系，认为数字是文字体系的组成部分，不是原始楔文的前身，"数字泥版"也不应该是陶码与文字泥版间的"过渡阶段"。文字中的"圆数字"直接由陶码脱胎而来，但其他表意字的来源不止一个，陶码只是其中之一。

关键词：数字　陶码　原始楔文　文字起源

Abstract: This article is divided into four parts. In the first part, the author discusses the forms of the script graphs standing for numbers as used in different counting systems. The author holds that there were two sets of script graphs for numbers in use, the one can be called "round-shaped numbers" and the other "linear numbers". In the second part, the author discusses the controversial opinions towards the token theory put forward by D. Schmandt-Besserat. In the third part, the author discusses the relationship between tokens and the cuneiform writing, holding that the evolutional theory from tokens to script graphs for numbers is the most convincing part of the token theory. In the fourth part, the author discusses the relationship between numbers and other logograms of the cuneiform writing system, holding that 1. numbers cannot be the forerunners of the cuneiform writing; 2. the numerical tablets cannot be the intermediate stage between tokens and the pictographic writing; 3. the round-shape numbers are the direct descendants of the tokens, but pictographs other than numbers are drawn from various sources, of which tokens are one of them.

Key words: Numerals；Tokens；Proto-cuneiform；Origin of Writing

一、计算体系与数字符号

在乌鲁克出土的早期原始楔文文献中,有多种不同计算体系,分别被现代学者称为六十进位的"S 体系"、混合进位的"B 体系"、"Š 体系"、"G 体系"以及"E 体系"。[1]在"S 体系"中还可以再分出一个"S′体系",[2]在"B 体系"中还可分出"B＊体系",[3]而在"Š 体系"中还可以分出"Š′体系"、"Š′′体系"和"Š＊体系"。[4]此外,原始楔文文献中还有专门用来记载时间的"U 体系"[5]和记载容量的"DUG 体系"。[6]

每种计算体系都有一套自己的符号系统。就单个符号而言,有些符号(尤其是数值比较低的符号)被用于多种体系,如▷(N_1)和●(N_{14})是构成"S 体系"、"B 体系"、"Š 体系"、"G 体系"以及"E 体系"的基本数字符号。(N_{34})亦见用于三个计算体系中,即"S 体系"、"B 体系"和"Š 体系"。不过,就每一种计算体系的整体符号体系而言,它们又自成体系,互不相同。归纳起来,十种不同计算体系共使用了 60 个不同符号,[7]可分为如下类型。

1)大小圆：•、●

1a)圆圆组合：◉、●

1b)圆线组合：◖、◑、⊕、◕、◒、◒

1c)圆点组合：⠿

1d)组合圆：✸、✸、◉

2)半圆：◡、◠

[1] Sexagesimalsystem(System S)、Bisexagesimalsystem(Systme B)、ŠE-System(System Š)、GAN₂-System(System G)、EN-System(System E),Damerow/Englund1987：126 页及其以下。
[2] SystemS′(Damerow/Englund1987：130)
[3] SystemB＊(Damerow/Englund1987：134)
[4] SystemŠ′SystemŠ′′以及 SystemŠ＊(Damerow/Englund1987：139~140)
[5] U₄-System(Nissen/Damerow/Englund1993：28)
[6] DUG-System(Nissen/Damerow/Englund1993：29)
[7] 数学符号一览表,见 Damerow/Englund1987：166。

2a)半圆与线组合：⊽、⊽、⊽、⊿

2b)半圆与点组合：⊝、⊝

2c)半圆对置及其组合：⊠、⧖、⧗、⧗、⧗

3)半椭圆：▷、▽

3a)半椭圆与线组合：▷、▷、▷、▷、▷、▷、▷、▷、▷

3b)半椭圆与圆组合：▶、▶、▶（❀、❀、❀见 1d）

3c)半椭圆与点组合：▷

3d)半椭圆与文字组合：▷⧗

3e)椭圆对置：⧗、▷◁

通过上述归类得知，圆、半圆和半椭圆是原始楔文中数字符号的基本要素。它们本身代表几个基本的数值，它们的相互组合及其与线、点、字的结合构成一套完整的数字符号系统。

线和点加在圆、半圆和半椭圆上时便产生不同数字符号。因此，它们是区别不同符号（即不同数值）的手段。它们本身是不是数字？这是一个非常值得探讨的问题。虽然 Damerow 和 Englund 把(N57)和(N58)列在了数字符号表中，[1]但由于他们没有在这个表中列出两条或两条以上的平行横线或竖线，显然，他们把两条或两条以上的平行横线或竖线视为一条横线或竖线的相加，而没有把它们视为独立的数字。诚然，在上述十种计算体系中，线和点都不是独立的数字符号，而是数字符号（即数值）的区分号。尽管如此，把一条横线、一条竖线以及由它们相加而成的两条或两条以上的平行横线或竖线排斥在独立数字之外的做法显然不妥。试看下列符号：

▬	═	☰	☷	☰	☴	☵
AŠ	TA	EŠ$_{16}$	?	?	? I	?
ATU 222	ATU 279	ATU 314	ATU 328	ATU 336	ATU 315	ATU 329
ZATU 37	ZATU 546	ZATU 146		ZATU 436	ZATU 259	

---

[1] Damerow/Englund1987：166.

569

│	║	╫	╲	╱
DI Š	（MIN）	（EŠ₅）	AŠ（?）	AŠ（?）
ATU 486	ATU 490	ATU 449	ATU 431	ATU 432
ZATU 81			ZATU 37	ZATU 37

在大多数情况下，这些符号与文字搅在一起，让我们难以断定它们到底是文字还是数字。不过，≣ 和 ══ 连续出现在管理文献 W 20274,39 中，[1]其数字功能显而易见。可以肯定，它们是独立的数字符号，应该有自己的发音和所代表的数值。由此观之，上面两个表格中的一些符号（如果不是全部）是独立的数字。

再看下表。

U_4+1	U_4+2	U_4+3	U_4+7	U_4+8
ZATU 569	ZATU 569	ZATU 569	ZATU 569	ZATU 569

这些符号分别表示"1年"、"2年"、"3年"、"7年"和"8年"。在此，"横线"的数字功能确凿无疑。

在原始楔文中还有一些符号可能与数字有关。如：

PIRIG+3 （?）	NUNUZ+3 （?）	NINDA₂+6 （?）
ZATU 429	ZATU 242	ZATU 411g

不过，它们是否可被释为"3虎"、"3石"以及"3NINDA₂（容量单位）"就不那么肯定了。原始楔文字表的编者把这几个字标为"PIRIG+3"、"NUNUZ+3"以及"NINDA₂+Numerials"。[2]显然，在这些学者眼里，这些平行线代表数目。

---

[1] 即正面第二栏的第一行中。Englund 将其音译为："4N₅₇；TUR₃「A⌐⌐2N57；UNUGₓTAKₐALANₓ「]"（Englund/Nissen2001，第47页，00201b1 以及 00201b2）。

[2] Green/Nissen1987，第 264 页、262 页、258 页。

综上所述,在原始楔文文献中有十多种计算体系,但只有两种数字符号体系。一种数字符号体系是以圆、半圆和半椭圆为基础,另一种由横竖线组成。为了叙述方面,我们从现在起把前者称为"圆数字",把后者称为"线数字"。"圆数字"数量多、用途广。已知的各种计算都是通过"圆数字"实现的。"线数字"数量有限,它们的运作情况还有待进一步研究。

二、三维计算器——陶码

这里所谓的 "陶码" 就是指西文中的 tokens、calculi、counters、Tongebilde (德语)、abnātu(阿卡德语,abnu 的复数,意为"石")。有人认为苏美尔人把这种计数器称为 imna"泥石"。[1]它们是呈各种几何形状,或动物、器具等形状的小型陶制物。[2]从西文中的不同用词可以看到,西方学者对这些小型陶制物曾不知如何命名为好。《楔形文字起源新论》[3]一文根据这种小型陶制物的功能把它们称为"陶筹"。此后,"陶筹"成为被普遍接受的、"token(s)"的汉语对译。最近北京大学考古系的葛英会先生建议把"陶筹"改为"陶码",因为"tokens"的形状更接近中国历史上的记数工具"码"。我认为他的建议很有道理,故采纳之。

早在公元前 3 世纪,古希腊人就注意到了封球(the balls)的存在,他们把封球的起源追溯到乌鲁克人(Orchoeniens, 即 Urukans),并认为陶码是乌鲁克人用来进行记事的一种手段,具体方法是把带有印纹的封球系在商品上,以证明该商品已经上了货物入市税(octroi)。[4]

1921 年,法国学者雷格兰(L.Legrain)根据苏萨出土的材料,认定容装陶码(大多数都是几何形)的封球是计算体系的一部分。[5]他没有提到封球里面的陶码,这大概是因为人们当时不知道完好的封球里面有陶码,而残破的封球里面不可能有陶码。他还把带有文字的泥版与带有印纹的封球联系在一起,对二者不加区别,说泥版也是一种泥印(le tampon d'argile),[6] 不论是泥版上的文字,还是封球上的印纹都是一种永久性的授权标志。[7]

---

[1] "clay stone"(Lieberman1980:341)。

[2] 大多数是陶码,但也有少数石筹(包括天青石)和骨筹(Schmandt-Besserat1977,第 18 页)。在乌鲁克出土的 778 个陶码中,11 个是石筹,4 个是沥青筹,其余都是陶码,做工精细,都用火烧过。对苏萨出土的 4 千纪的陶码进行的化验结果表明,焙烧陶码的温度在 600℃左右(Schmandt-Besserat1988,第 7 页)。

[3] 拱玉书 1997。

[4] Shendge1983:115.

[5] Shendge1983:115.

[6] Shendge1983:115.Shendge 把"le tampon d'argile"误译为"a clay-stopper"。

[7] Shendge1983:115.

1959 年，欧本海姆发表《论美索不达米亚官僚机构中一项操作机制》[1]一文，为解开陶码之谜提供了一把钥匙。欧本海姆研究了 20 世纪 20 年代末在努吉出土的一个卵形封球。上面的楔形文字记道："（这是有关）绵羊和山羊的石（子）：已产子的母羊 21 只，幼母羊 6 只，成年公羊 8 只，幼公羊 4 只，已产子的母山羊 6 只，公［山羊］1 只，母羊羔［3 只］"。[2]不过，当欧本海姆发表上述论文时，卵形空心泥版里的陶码已散失他处，不可复得。所以，欧本海姆并不知道那些记数的"卵石"是什么样子。他旁引了努吉文献中多处以"石"（abnu，复数 abnātu)"为凭，记载对牲畜管理情况的段落，如"3 只绵羊归某某，［有关］的石尚未存放"，"3 只小羊，2 只公山羊，是某某的份额，已转入其账下，［但］尚未存石"，"1 只属某某的母羊，其石尚未去掉"，"属 Šilwa Tešup 的绵羊共 23 只，某某带来……它们的石尚未移交"，"X 产子的母羊，无石，属于某某"，[3]认为卵形封球里的"卵石"就是阿卡德语的 abnātu。他的结论是：石（子）作为簿记的手段，曾被广泛应用于美索不达米亚的管理机构。每个石（子）代表 1 头牲畜，石（子）"保存"（nadû）在容器里，随着牲畜生死、易手等变化而发生被增添、"去掉"（šūlû）或"转移"（šubalkitu）到其他容器保存等变化。欧本海姆首先发现陶码的功能，为正确认识陶码奠定了基础，为解开陶码之谜提供了一把钥匙。

但至此许多问题仍悬而未解。abnātu 到底是什么形状？用什么材料制成？而更令人费解的是它们的年代：努吉的卵形封球属公元前 2000 纪，年代非常之晚。当其时，楔形文字已有 1000 多年的发展历史。既然有发达的文字，何必还要陶码？人们到底从什么时候开始使用陶码？当然，当时还没有人想到陶码会与文字的起源有任何关系。

1966 年法国的阿密把陶码研究向前推进一步。[4]他研究了从埃兰首都苏萨出土的封球及封球里面裹着的各种形状的陶码。他认为，这种包裹在封球里面的各种形状的陶制物就是欧本海姆所说的 abnātu，也就是我们所谓的陶码，阿密称之为 calculi，认为它们的不同形状有特定意义，代表不同的日用品。1972 年，他又确定了出土于苏萨的陶码的年代：公元前 4000 纪，相对于努吉的陶码而言，他把陶码的年代上推了 2000 年。[5]1979 年法国学者雷布兰

---

［1］Oppenheim1959.

［2］Oppenheim1959:123.

［3］Oppenheim1959:125.

［4］Amiet1966.

［5］Schmandt-Besserat1979:19.

（Le Brun）亦撰文，认为封球中的不同形状的泥卵石（clay pebbles）代表着不同数字。"泥卵石"被放到封球中之后，封球被印封，有时用一个印印封，有时则用不同印印封。他还注意到，印封封球的滚印常常具有较高的浮雕印纹，而这种带有高浮雕印纹的滚印从来不用于印封泥版。[1] 苏萨出土的封球有两种形状，一种是圆形，一种是椭圆形。椭圆形封球都有滚印印纹，可能被系在麻布袋上作为一种担保。[2]

上述学者的研究都是个案研究，他们没有对陶码做综合研究，没有创造理论体系，因此，没有引起强烈的学术反响。他们把这个任务留给了美国学者史蔓特·白斯拉特（Schmandt-Besserat），使她成为一时的学术焦点。

18 世纪以前没有科学的文字起源论，所有关于文字起源的说法都不外是反映在民族神话中的文字神赐论和圣人造字论。直到 18 世纪才有人打破传统，提出文字进化论。这个人就是威廉·瓦尔伯顿。[3] 他提出了文字是由"叙事图画"演变而来的理论。当时，楔形文字鲜为人知，解读工作尚未开始，瓦尔博顿所据的文字材料有三：一是墨西哥印第安人的图画文字，即阿兹特克人（Aztec）的助记符号；二是埃及的象形文字；三是汉字。此三者分别产生于不同时代，流传于不同地域，见用于不同民族。尽管如此，瓦尔博顿认为它们代表了文字发展的三个阶段。阿兹特克人的助记符号最年轻，然而最原始，是"粗糙的图画文字"，因而排在第一位。埃及的象形文字已用比喻表达抽象概念，而且符号已相当简化抽象，被视为第二阶段。汉字剔除形象，符号简单，然究其本源，概由"图画或形象"而来，被视为最后的成熟阶段。由图画而文字的进化论就这样产生了。

楔形文字的大量发现是在 19 世纪 40 年代以后。解读工作虽早已开始，但直到 1802 年才取得一点突破性进展，而最后完成解读是在 19 世纪 50 年代末，距瓦尔博顿发表高论的年代已有百余年。随着楔形文字材料的累积，人们从对比中发现，年代越早，楔形文字就越形象。这就自然导致了楔形文字亦由图画而来的推论。于是，楔形文字成为瓦尔博顿的进化论的新的有力证据。不过，把楔形文字纳入瓦尔博顿的进化论的道路还不是一帆风顺，这中间还经历

---

［1］Shendge1983，第 116 页注 9。

［2］Shendge1983，第 116 页注 10 转引 P.Amiet，Glyptique Susienne，Mémoires de la Délégatiom Archéologique enIran，TomXLII，I，Pais1972：69~90.

［3］Watburton1739.

了一些曲折。1897年,德国著名亚述学家德利奇发表《最早的文字体系的起源或楔文的起源》一书。[1]认为楔形文字不是从图画演变而来,而是由21个基本符号孳乳繁殖的结果。他的观点曾赢得一些人的信守,包括英国的大学者朗格顿(S.Longdon)和法国大学者惕罗·当让(F.Thureau-Dangin)。但不久就遭到巴顿(G.A.Barton)与欧格登(E.S.Ogden)等人的拨乱反正,使文字起源的研究又回到由图画而文字的轨道。面对很多最早的文字并不(十分)象形这一事实,学者们不再检讨自己的理论的得失,而是责备起古人来,说早期书吏"由于受原始文化的局限","没有经验","缺乏艺术能力",书写起来"各自为政,粗略不精,常常错误百出",因此,常常字体"与其要表现的东西相去甚远"。[2] 直到1928年,人们所谓的最早的文字是指出土于伊拉克南部遗址苏鲁帕克(Šuruppak)的不早于公元前2600年的古朴文字。那时,楔形文字已有五六百年的历史,有些本来比较象形的文字已简化抽象,有的原物形象尚依稀可见,有的则面目全非。

1929年,德国开始在乌鲁克发掘,发现大量泥版,学者习惯称之为"古朴泥版"(archaic tablets),或"古朴文字"(archaic script),现在又把它们称为"原始楔文"(proto-cuneiform)。出土于乌鲁克IV-III的原始楔文泥版属于公元前3300至公元前3000年,是为当时亦为迄今为止所发现的最早的刻有文字的泥版。按照越古越形象的说法,乌鲁克原始楔文泥版上的文字应各个形象、栩栩如生、图像与实物的关系一目了然才是。然而事实并非如此。一目了然的象形字有之,但相当一部分字非驴非马,不伦不类,很难说它们像什么;更有一些字显然无形可像,另有缘起。乌鲁克原始楔文泥版的发现没有为解决楔形文字起源的问题提供答案,反而更增疑惑。因此,折中主义油然而生。折中主义者认为,乌鲁克古朴文字已是成熟文字,而孕育它的母体文字,已随着易腐烂的书写材料(如木、树皮、纸草、羊皮)的消失而永远消失,不可复得了。美国当时的执学术牛耳的谢拉就曾持这样的观点,即认为楔形文字起源于图画,而孕育了成熟的乌鲁克文字的那个图画文字,已随着易腐烂的书写材料的消失而永远消失,不可复得了。[3]

20世纪30年代初,乌鲁克遗址出土了所谓的"陶印泥版",为文字探源工作带来新的希望。其后,在伊拉克、伊朗、叙利亚的许多古代遗址都出土了这种

---

[1] Delitzsch1897.
[2] Mason1928:236~237.
[3] Chiera1938:50,58~60.

泥版。在此之前,即 1901 年和 1905 年,德·摩尔根曾在苏萨发现陶印泥版,但当时没有引起注意。所谓"陶印泥版"就是泥版上只有陶码印的泥版。乌鲁克的陶印泥版一经发现就被发掘者约尔丹(J.Jordan)认定为象形泥版的前身,引起广泛关注。不过,当时人们认为泥版上的压印皆为数字,因此也称之为"数字泥版"。但陶印泥版本身的功能是什么? 它们与象形文字泥版又是什么关系? 这些问题仍然不能得到解决。所以,可能与文字起源有直接关系的陶印泥版的价值当时并没有被认识到。因此,陶印泥版的发现并没有真正推动文字探源工作的进展。

就在探求楔文起源的种种努力都不能圆满告终,探源工作裹足不前之际,史蔓特·白斯拉特(Schmandt-Besserat,以下简称史氏)选择了陶码,开始了她研究陶码的生涯。1969 年,史氏开始遍访馆藏陶码,博览发掘报告,专攻陶码的研究生涯。至 1992 年,她走访了 15 个国家的 30 个博物馆,眼见目睹,测量拍摄了近万个分别出土于 116 个古代遗址的陶码。1974 年发表第一篇论陶码的文章,提出了由陶码而文字的假说。此后,连篇累牍,反复论证。1992 年推出其二卷本专著《文字之前》,[1]总结了她 20 余年的研究成果。1996 年,她又推出《文字起源之路》一书,[2]为她的陶码研究画上了一个圆满的句号。

史氏反复试图论证的陶码变文字的过程可以归纳如下:新石器革命开始不久,即公元前 8000 年左右,人们便开始用陶码记数记事。这时使用的陶码虽然形状多种多样,十分丰富,但陶码无孔无洞,亦无刻道,比较简单原始,史氏称其为"简单陶码"(plain tokens)。公元前 4000 年末,开始出现或打洞、或刻道、或打洞刻道俱全的陶码,史氏称之为"复杂陶码"(complex tokens)。[3]也是从这个时候起,人们开始把陶码串联起来保存,或把陶码包裹在空心封球(即hollow clay envelopes)里保存。在封球尚未变干变硬之前,人们用平印(stamp seals)在封球表面印上印迹,以示所有。后来,平印逐渐被滚印(cylinder seals)取代。把陶码放在封球里保存有个难以克服的缺陷,即如果当事人忘记封球里存放多少什么样的陶码时,不打破印封好的封球便无法进行复查。大概是为了克服这个缺陷,人们在把陶码放到封球里之前分别用陶码在封球上压印一次。

[1] Schmandt-Besserat1992.
[2] Schmandt-Besserat1996.
[3] 也有人将史氏的"朴素陶码"称为"无修饰的几何形小物"(Englund1998,第 46d 页),把她的"复杂陶码"称为"修饰陶码"(Englund1998:47)。

这样,从封球上的印纹就可以知道里面陶码的形状和数目,随时可以复查,无须再破球取筹,省了很多事。既然印纹可以取代陶码而起到陶码本身能够起到的作用,那么,仍然保存陶码岂不是多此一举?因此,下一步就自然导致了只有陶码印纹而无实际陶码的泥版的出现。由于不再包裹陶码,空心封球就自然变成了实心泥版,圆形变为长方形。泥版表面最初有些凸起,稍后便变成平面了。由凸变平的原因大概是为了减少书写泥版背面时泥版正面与手掌的接触面。通常在用陶码压印泥版之前,先印上滚印图纹。陶码在泥版上压出的形状往往不十分清晰,又很占泥版的本来就很小的面积,这样革新又出现了:人们开始用芦苇笔把陶码画在泥版上,三维的陶码一下子演变为二维的文字。随着陶码发展的这最后一步,文字诞生了。

史氏提出陶码说后,一些学者认为她的假说言之成理,予以肯定,有的学者对她的假说持否定和怀疑的态度,有的则对她的理论严词抨击。

美国学者李博曼指责她的假说"在年代上毫无道理,许多形式上的比较非疏即谬,对文字产生的解释非但不够充分,且基于分类错误"。[1] 不过,李博曼对史氏的批评刚一出台,就遭到美国北伊利诺斯大学的鲍威尔教授的严词反驳。鲍威尔认为,只有批评史氏在把陶码与文字作形式比较时有时不够准确这一点言之有理外,李博曼的其余非难所达到的"悖情悖理"的程度,"令人惊诧不已"。他对史氏的研究成果给予充分肯定,认为她的研究"第一次使我们对楔文的发明有所理解"。[2] 此后,接受由陶码而文字的假说的人越来越多,耶鲁大学的哈罗(Hallo)教授在为史氏所著《文字之前》所写的前言中,对史氏的研究成果极为嘉许。他说:"实际上,她的假设不仅为文字的产生,也为数字的产生提供了一个可能的和可信的演进模式。"[3]

继李博曼之后,对史氏的陶码论进行尖锐批评的是印度学者申志。[4]他在《印章的使用与文字发明》一文中对史氏的陶码论进行的批判可归纳为以下几个方面:(1)根据史氏提供的材料,自公元前9000或8000纪始,喀里姆希尔(Karim Shir)、阿西阿布(Tepe Asiab)以及甘吉达勒(Ganj Dareh)的居民便开始用泥造型,其中有人像、球体、圆锥体、圆盘、圆筒等等。这意味着早在人类定居

---

[1] Lieberman1980:339.

[2] Powell1981:424.

[3] Schmandt-Besserat1992.

[4] Shendge1983.

以前,在农耕和驯养动物刚刚开始而主要经济形式仍是食物采集时,人们就开始用陶码计数了。申志对此提出质疑,认为此时的陶码不可与后来的、具有计数功能的陶码相提并论,因为陶码的使用是以农业或畜牧业产生剩余产品为前提的,同时也以数学知识为前提,而且这种体系的使用意味着某种经济发展以及贸易和政治控制。很显然,史氏的陶码计数论不能满足这些前提。如果说这些几何形的小东西有什么用处的话,它们也不是用来计数的。[1](2)史氏认为,这些陶码与穴居的狩猎者——也许是刚刚出现的牧人——有关。[2]对此,申志批判道:陶码的使用是否与狩猎有关,非我们所知。如果如史氏所言,陶码从一开始就是计数的,那么,它们的使用应该具有连续性。然而,至少在扎格罗斯山区,陶码只出现在穴居时期,而在农耕定居遗址中却没有出现陶码,这只能说明陶码出现在前农业时期,而且仅仅出现在边缘地带。[3](3)在叙利亚,陶码出现在公元前6500至公元前5500年间,随着定居生活方式的建立,陶码反而消失不见了。如果这些陶码是用来计数的,那么,它们不但不会随着社会的进步和经济的发展而消失,而且会越来越多。这说明,史氏提出的陶码属于一种计数体系,这种体系广为应用,逐渐走向规范的观点不能成立。[4](4)申志认为,史氏只注意陶码本身,把不同时期和不同地点的陶码拿来进行比较,闭口不言不同时期的社会环境和不同地点的考古环境,实为史氏论据中的一大缺陷。[5]他认为,公元前9000至公元前4000年间的陶码与公元前4000年以后的陶码应区别对待,因为它们出现在不同的环境中,它们的功能可能完全不同。即使是4000年后的陶码,它们的功能可能也不是单一的,计数只是功能之一。[6](5)史氏的陶码论最为引人关注的是陶码与文字的关系,即楔形文字由三维的陶码演变而来的假说。对这个问题的褒贬决定了对史氏的陶码论采取什么态度,褒之意味着全盘肯定,贬之则意味着全盘否定。显然,申志的态度是全盘否定。[7]他否定史氏假说的理由可归纳如下:a.在同时出土文字泥版和陶码的地方,陶码不早于文字。在苏萨,陶码与数字泥版一同出现在第18层(约公元前3300年),陶码被装在带有滚印印纹的封球里,也就是说,陶码和

---

[1] Shendge1983:118.
[2] Schmandt-Besserat1974:15.
[3] Shendge1983:119.
[4] Shendge1983:120.
[5] "This is indeed aflaw in the argument"(Shendge1983:120)。
[6] Shendge1983:121.
[7] Shendge1983:122.

封球不早于数字泥版。文字泥版出现于第 16 层(约公元前 3000 年)。两河流域南部乌鲁克的情况类似,陶码亦与楔形文字泥版一同出现在第 IV 层(约公元前 3300 年)。[1] 因此,陶码不可能是文字的来源。b.虽然苏萨同时出土大量陶码和文字泥版,但二者的形状根本没有可比性;史氏拿苏萨出土的陶码与乌鲁克的文字作比是方法上的失误。c.史氏提出的由陶码(clay pebbles)而封球(clay balls)而带数字印纹的封球(clay balls with numeral notation)而数字泥版(numeral tablets)而文字(writing on tablets)[2]的演进过程不能成立,因为没有任何遗址可以提供这样的连续序列。[3] d.即使是写在泥版上的文字与数字也不是真正意义上的文字。[4]

此后,柏林大学的尼森教授对由陶码而文字的理论表示了怀疑。他的怀疑可归纳为三点:(1)陶码与文字在形体上可比的例子太少;(2)相当多的陶码在文字中没有对应字;(3)代表"羊"的陶码应该极多,可事实恰恰相反。[5]

1993 年,美国波士顿大学近东考古学教授齐曼斯基发表书评,[6]对史氏的陶码论进行了猛烈抨击。他的批判可归纳为以下三方面。(1)史氏认为,从公元前 9 世纪到 4 世纪的史前陶码都是计数器,功能自始至终未变。齐曼斯基对此批评道:"没有理由认为近东的所有地区都用陶码代表具体的物品,而且几千年不变。"这些被称为陶码的东西有的可能是用来记数的,有的功能不详,[7]它们可能是念珠,也可能是护身符。[8](2)针对史氏认为文字是陶码的二维化,二者在形体上一脉相承的观点,齐曼斯基批评道:"她似乎不承认,二维形式取代三维物体的过程具有主观性和文化特殊性。"[9]再者,被认为与原始楔文的"羊"字(UDU)相对应的陶码只发现 15 个,[10]代表"母羊"的陶码只有 2 个,代表"小羊"的陶码只有 3 个,这显然不符合逻辑,因为在畜牧业发达的两河流域这类陶码应该更多才是。更缺乏说服力的是,在 50 个陶码与文字的对比例中,18 例是孤证,即这样的陶码每种只有 1 个。这些数据恰恰证

[1] Shendge1983,第 125 页引用 J.Jordan,Uruk,Zweiter Zweiter Vorläufiger Bericht,Abhandlungen der Preussischen Akademie der Wissenschaften,Fahrgang1930,Berlin1931,Abb.41,47~48.

[2] Shendge1983:226.

[3] Shendge1983:236.

[4] Shendge1983:132.

[5] Nissen1986:326.

[6] Zimansky1993.

[7] Zimanski1993:516.

[8] Zimanski1993:515.

[9] Zimanski1993:514.

[10] Zimanski1993:516.

明陶码与文字没有可比性。[1]（3）史氏的表述语言不准确，逻辑混乱。她把陶码定义为"小型泥制物"，但在她的陶码表中有14%的"陶码"是石筹或沥青筹。此外，"简单陶码"与"复杂陶码"之间的界限也不清楚，在实际操作上，常常发生张冠李戴的情况。[2]

同年，美国加州大学洛杉矶分校的英格伦教授亦对史氏的《文字之前》进行了评价。在认为陶码论的"许多论据令人信服，有吸引力"的同时，他也指出了陶码论中的 "痛苦裂缝"（painful cracks）：（1）公元前8000年到公元前3000年间各地的陶码都属于同一计算体系的说法难以服人；[3]（2）复杂陶码被二维化而产生文字的观点是空穴来风，因为外形的相似性常常造成误导；（3）史氏引用的大多数陶码都出土于埃兰，但她没有把陶码与埃兰文字进行比较，这令人费解；（4）史氏所说的陶码"在维系早期城市国家运行的纳税和纳贡方面发挥重要作用"，"复杂陶码在边远国家的存在可以证实这些地方向美索不达米亚南部神庙进贡"没有任何根据。[4]

对史氏的陶码论，有人褒之，有人贬之。在我们看来，陶码论固然不是无懈可击的堡垒，更不是揭开文字起源之谜的万能钥匙，但它却是攀登科学高峰道路上的一面领先旗帜。20多年来，由它引起的争论给了我们很多启示。其中最重要的是，陶码不仅是原始楔文的符号体系的来源之一，更是原始楔文中数字符号的原型。至于原始楔文是不是沿着简单陶码—复杂陶码—陶码封球—陶印封球—数字泥版—文字泥版这样的单一轨迹发展而来，还需进一步探讨。在我们看来，原始楔文的起源问题远比史氏描述的单一轨迹复杂。陶码论显然把一个复杂的过程简单化了。

三、陶码与数字

从上文中我们看到，原始楔文的使用者使用不同计算体系来计算或记载日常生活中的各种交易活动。他们使用两种符号体系来实现这些计算或记载。一种是"圆数字"，即以独立的圆、半圆和半椭圆为基本数字符号，在它们的基础上通过各种组合产生更多数字符号的数字体系；另一种是"线数字"，即以

---

[1] Zimanski1993:516.

[2] Zimanski1993:515.

[3] Englund1993:1670.

[4] Englund1993:1671.

独立的横线、竖线为基本数字符号,在它们的基础上通过组合产生更多符号的数字体系。

对"圆数字"的来源问题,目前大多数学者已经达成共识。正如英格伦所言:"在泥封球中发现的或至少与泥封球相关联的陶码是早期近东泥版中的高度发达和规范化的数字的先驱,这一点目前已被普遍接受。"[1] 不过,仍有学者持不同意见。齐曼斯基就是一个。他在《文字之前》的书评中说:"那些'简单陶码'都是些最常见的形式。如果说它们看起来与早期泥封球上的或泥版上的数字体系相似的话,那是由于基本的几何图形本来就没有多少的缘故。"[2]

史氏把陶码分为"简单陶码"和"复杂陶码",认为"简单陶码"演化为数字,而"复杂陶码"演化成(象形)文字。[3] 根据她的观察,至少17个数字符号是由陶码直接发展来的。[4] 为了形象地说明二者的关系,她列了一个陶码—数字对照表。经过我们的整理,这个表大致如此:

陶码	数字	出处[5]	陶码	数字	出处
		140 页 1.a			141 页 2.e
		140 页 1.b			141 页 2.f
		140 页 1.c			141 页 3.a
		140 页 1.d			141 页 3.b
		140 页 2.a			141 页 4
		140 页 2.b			141 页 5.a
		140 页 2.c			141 页 6.a
		140 页 2.d			141 页 6.b

其中有些"数字"是用陶码在泥版或封球上留下的印(纹),有些数字则是用芦苇笔刻写在泥版上的数字。该表中列举的用芦苇笔刻写的符号都是"圆数字"符号体系中的成员,而有些用陶码压印的符号没有成为后来的数字符号。

---

[1] Englund1993:1670.

[2] Zimanski1993:516~517.

[3] Schmandt-Besserat1992:142~150.

[4] Schmandt-Besserat1992:137.

[5] 下面的页码皆指 Schmandt-Besserat1992.

然而,这些用陶码压印的符号可能恰恰为"圆数字"符号体系的产生带来了灵感和取形参照。

齐曼斯基的上述关于"简单陶码"与数字的那番话就是针对史氏的由简单陶码而数字符号的观点而发的,目的是想彻底否定陶码论。在此,齐曼斯基显然走到了另一个极端,故意把陶码论说得一无是处。其实,陶码变数字是陶码论中最合理的部分。无可否认,在史氏的论述中常常有逻辑不严谨、语言不准确的情况。譬如,她说"简单陶码"是数字符号的原型,但在陶码与数字符号的对照表中却出现"复杂陶码"变成数字的情况(上表中的 ⬗、⊙、◐⊘以及 ▽ 都是"复杂陶码")。尽管如此,"圆数字"与陶码之间的一脉相承的关系不容否认。当英格伦说陶码是数字的先驱时,他指的显然是"圆数字"。

学界对"线数字"的研究还很不充分。像英格伦这样的对早期计算体系颇有研究的学者对"线数字"避而不言,甚至不承认独立"线数字"的存在,这令人费解。一条横线代表一个"数",一条竖线也代表一个"数",它们的不同组合代表不同的"数",这是无可否认的事实。遗憾的是,我们对它们的功能,特别是运作方式知之甚少。

至于"线数字"的来源,目前没有可靠的证据。从形体上看,它们与"圆数字"不属于同一个范畴,与陶码可能没有关系。中国的数字"是本照抄刳创制而成的"(见本章第三节,葛英会文),即本照由树木的枝梢制作的筹策而创制的。原始楔文中的"线数字"亦可能如此,这是可能性之一。之二,"线数字"也可能取的是手指之形。手指是从事简单计算时最便捷的助算器,古今中外莫不如此。[1]不过,不论哪种猜测目前都不能得到证实。后来的楔文文献中没有关于本地先民曾用树枝或芦苇枝帮助计算的记载,也没有用手指帮助计算的记载。

四、数字与文字

史氏的原始楔文起源模式可以简单表述如下:简单陶码→复杂陶码→陶码封球→封球陶码印(纹)→陶码印(纹)泥版→数字泥版→象形文字泥版。史氏认为,数字泥版早于象形文字泥版大约"二百年或十代",[2] 因此,她认为数字泥版是陶码向文字过渡的中间阶段,或"过渡阶段"。[3]总之,就数字与文字

---

[1] 美国学者鲍威尔在谈到苏美尔人"计算"起源时说:"Sumerian numeration seems to have begun-as most primitive systems of counting do-by numbering the fingers,one through five"(Powell1972:9)。

[2] Schmandt-Besserat 1992:133.

[3] "a transitional phase of writing leading to pictography"(Schmandt-Besserat 1992,139)。

的关系而言,她认为先产生数字,后产生象形文字。

史氏还有一个观点,即认为"简单陶码"演化为数字,而"复杂陶码"演化成(象形)文字。[1]

首先,史氏犯了个逻辑错误。如果说简单陶码演化为复杂陶码,后来简单陶码又演化为数字,而复杂陶码演化为象形文字,那么,数字与象形文字之间就没有先后的传承或演进的关系,数字泥版就不能成为由陶码而文字的"过渡阶段",充其量可以说数字泥版比象形泥版出现得早。

其次,数字泥版是否早于象形文字泥版,目前仍没有定论。就乌鲁克的情况而言,从考古角度看,没有任何泥版早于 IVa。说数字泥版比象形文字泥版要更早一些,是从文字自身演进规律的角度着眼的。[2] 但这里所谓的文字自身的演进规律无非是现代人的逻辑推理,并不是对事实的陈述。

在我们看来,就目前掌握的情况而言,数字不是原始楔文的前身,"数字泥版"也不应该是陶码与文字泥版间的"过渡阶段"。这样说主要基于以下理由:

(1)乌鲁克是迄今为止出土原始楔文材料最丰富的地方,目前已经发现5000多块泥版,其中包括600多个辞书文献,[3]其余皆属于经济文献。据不完全统计,在这些经济文献中,有65块"数字泥版"。[4] 在这5000多块泥版中,只有7块出土于建筑内,其余都出土于垃圾层。[5] 这就意味着,考古学已经无法区分它们的年代。数字泥版早于象形文字泥版"二百年或十代"[6]的说法至少不适合乌鲁克。

(2)原始楔文中的数字(包括"圆数字"和"线数字")与象形文字在形式上有较大区别(从广义上讲,它们都是文字,都"象形"。为叙述方便,我们称前者为"数字",后者为"文字")。前者不可能是后者的先驱,至少在形体上,前者不可能是后者的原型。

(3)在方式和理念上,数字也不是原始楔文发明者书写"灵感"的唯一来源。根据史氏提供的资料,早在公元前8000年就出现了刻线陶码。[7] 这表明,

---

[1] Schmandt-Besserat1992:142,150.

[2] 即"on internal grounds"(Nissen1986:322~323).

[3] Englund/Nissen1993:5.

[4] Schmandt-Besserat1992:132.

[5] Nissen1986:319.

[6] Schmandt-Besserat1992:133.

[7] "...tokens had been marked by incised lines as early as the beginning of the system in the eighth millenniumB.C."(Schmandt-Besserat1992:142).

古代西亚地区居民早在公元前 8000 年就掌握了在泥制物上刻画的技术,而且刻画的"线"很可能已经具有某种意义。大量复杂陶码出现在公元前 4000 年前后。为什么这时大批出现在陶码上的、代表一定意义的刻画符号没有导致文字的出现? 而偏偏是数字导致了象形文字的出现呢? 其实,最接近文字的史前刻画符号是陶器符号。在埃兰地区,从公元前 5000 年开始就出现大量陶器符号,公元前 3200 年前后出现文字,几乎与苏美尔地区的早期文字同时。苏美尔地区在文字产生之前也出现少量陶器符号。不论在刻画方式上,还是在理念上,陶器符号与文字都是异曲同工。难道它们对文字(特别是埃兰文字)的产生没有发生任何影响吗? 古代西亚地区是最早使用印章的地区。早在 20 世纪 80 年代,荷兰学者申志就在批判陶码论的同时,提出了文字由印章起源的观点,认为文字的起源不能追溯到陶码或封球,运用文字这一想法的根源是印章,或者说"印封"的行为与滚印的印纹,是它们最终导致文字发明,这才是真正的逻辑演变。[1]

　　总之,原始楔文由两部分组成,一部分是用"线"(后来演变成"楔")来体现的文字;另一种是用"圆"、"半圆"或"半椭圆"来体现的数字。二者都是文字,且都象形,即都以物象为基础。考古学不能证明二者有先后之分,文字学亦不能证明二者有源流之别。数字取陶码之形,文字的取形则复杂得多,有的取形于陶码,有的取形于印纹,有的可能取形于陶器符号或其他物体上的符号,更多的可能直接取形于实物。

　　引文及其缩写:

Amiet 1966 = P.Amie, "Il y a 5000 ans les Elamites inventaient l´écriture", Archeologia 12(1966), 16~23。

Chiera 1938 = E.Chiera, They Wrote on Clay, Chicago 1938。

Damerow/ Englund 1987 = P.Damerow/ R.K.Englund, "Die Zahlzeichensysteme der Archaischen Texte aus Uruk", 见 Green / Nissen 1987, 117~156。

Delitzsch 1897 = F.Delitzsch, Die Entstehung des ältesten Schriftsystems oder der Ursprung der Keilschriftzeichen, Leipzig 1897。

Englund 1993 = R.Englund, "The Origins of Script−Review of D.Schmandt−Besserat, Before Writing (in two volumes. Vol. 1: From Counting to Cuneiform;

---

[1] Shendge1983:134.

Vol. 2: A Catalog of Near Eastern Tokens, University of Texas Press, Austin, 1992)", Science 260 (1993), 1670~1671。

Englund / Nissen 1993 = R.Englund / H.J.Nissen, Die Lexikalischen Listen der Archaischen Texte aus Uruk （= Archaische Texte aus Uruk 3）, Gebr.Mann Verlag, Berlin, 1993。

Englund 1998 = Robert K. Englund,"Texts from the Late Uruk Period", 见 J. Bauer / R.K.Englund / M.Krebernik, Mesopotamien − Späturuk Zeit und Fruhdynastische Zeit, Universitätsverlag Freiburg Schweiz, Vandenhoeck & Ruprecht Göttingen, 1998, 15~217。

Englund/Nissen 2001= R.K.Englund/H.J.Nissen, Archaische Verwaltungstexte aus Uruk, Die Heidelberger Sammlung, Gerb.Mann Verlag, Berlin 2001。

Green / Nissen 1987 = M.W.Green / Hans J. Nissen, Zeichenliste der Archaischen Texte aus Uruk (ZATU), Gebr. Mann Verlag, Berlin 1987。

Lieberman 1980 = S.J.Lieberman, "Of Clay Pebbles, Hollow Clay Balls, and Writing: A Sumerian View", AJA 84 (1980), 339~358。

Mason 1928 = W.A.Mason, A History of the Art of Writing), New York 1928。

Nissen 1986 = H.J.Nissen, "The archaic texts from Uruk", World Archaeology 17 (1986), 317~334。

Nissen / Damerow / Englund = H.J.Nissen / P.Damerow / R.K.Englund, Archaic Bookkeeping, Early Writing and Techniques of Economic Administration in the Ancient Near East, The University of Chicago Press, Chicago and London 1993。

Oppenheim 1959 = A.Leo.Oppenheim, "On an Operational Device in Mesopotamian Bureaucracy", Journal of Near Eastern Studies, Vol.18, 1959, 121~128。

Powell 1972 = M.A. Powell, "The Origin of the Sexagesimal System: The Interaction of Language and Writing", Visible Language 6 (1972), 5–18。

Powell 1981 = M.A.Powell, "Three Problems in the History of Cuneiform Writing: Origins, Direction of Script, Literacy", Visible Language 15⁄4 (1981), 419~441。

Schmandt−Besserat 1974 = D.Schmandt−Besserat, "The Use of Clay before

Pottery in the Zagros", Expedition 16 (1974), 10~17。

Schmandt–Besserat 1977 = D.Schmandt–Besserat, "An Archaic Recording System and the Origin of Writing", Syro–Mesopotamian Studies 1, no.2 (1977), 1~32。

Schmandt–Besserat 1979 = D.Schmandt–Besserat, "An Archaic Recording System in the Uruk–Jemdet Nasr Period", American Journal of Archaeology 83 (1979), 19~48。

Schmandt –Besserat 1988 = D.Schmandt –Besserat, "Tokens at Uruk", Baghdader Mitteilungen 19 (1988), 1~175。

Schmandt–Besserat 1992 = D.Schmandt–Besserat, Before Writing, University of Texas Press, Austin 1992。

Schmandt –Besserat 1996 = D.Schmandt –Besserat, How Writing Came About, University of Texas Press, Austin 1996。

Shendge 1983 = M.J. Shendge, "The Use of Seals and the Invention of Writing", JESHO 26 (1983), 113~136。

Warburton 1739 = W.Warburton, Divine Legation of Moses, London 1738。

Zimansky 1993 = Paul Zimansky, Review article of Before Writing, by Denise Schmandt–Besserat, Austin, University of Texas Press 1992, Journal of Field Archaeology 20 (1993), 513~517。

拱玉书. 楔形文字起源新论[J]. 世界历史,1997(4):59~66.

(作者单位:北京大学东方文学研究中心)

浅析赫梯神灵赞美诗中的修辞手法

●李 政

内容提要：本文提炼了现存赫梯文献中存在的赞美神灵的诗句，分析并总结了这些赞美诗句中可能使用的修辞手法，梳理了这些修辞手法的产生和发展过程，从一个方面批驳了西方学界存在的"赫梯人的文学主要是神话"的观点，论证了这些修辞手法也是赫梯人所取得的一项文学成就。

关键词：赫梯　神灵赞美诗　修辞手法　文学价值

Abstract: This paper, by examining and analyzing rhetorical Devices used in Hittite hymns to the gods attested in different texts, especially in Hittite Prayers, gives a summary and discusses its historical process. It also argues that the achievement of the Hittites in Literature could be reflected from this, and it is not limited in mythology, as proposed by some foreign scholars.

Key words: Hittite; Divine Hymn; Rhetorical Device; Value

赫梯神灵赞美诗折射出怎样的一些文学修辞手法？这个问题至今在国内外赫梯学界尚没有任何研究。由于流传于世的赫梯语赞美诗文献的缺乏和不完整，一些神灵赞美诗句又散见于其他各类文献，似乎这个问题并没有什么特色或价值可言，因此，这个方面的研究并没有引起中外学者们的注意，当然，这也就不可能受到重视。通过释读大量的赫梯语楔形文字文献，我们看到，事实上，一些常见的修辞手法几乎都存在于赫梯人的赞美诗句中。本文在探索和总结的基础上，认为赫梯神灵赞美诗修辞手法的研究不可忽视，是认识赫梯人的文学成就与赫梯文化及其特征的一个重要方面。[1]

一

探讨赫梯人赞美神灵诗句的修辞写作手法并不是一件容易的事情。[2]一方面难在文献的极其缺乏,但是,更难的是,赫梯人并没有留下任何可以让我们识别的特殊符号,去判断哪些语句使用了修辞手法,哪些可以称得上是某种特殊的写作手法。虽然重复和比喻等手法看起来是比较容易识别的,但是,诸如疑问或者反问等其他手法的认识的确十分困难。[3]因此,正确释读文献,挖掘、分析和准确提炼任何一种写作手法当然是最为关键的一步。

在赫梯语研究水平不断提高和赫梯学近百年来研究成果的基础上,我们在广泛阅读赫梯文献的基础上,对赫梯人使用的一些修辞手法有了一些基本的认识,同时,对有关赫梯人赞美神灵诗句中运用的修辞手法也有了比较深入的体会。

比喻是赫梯人常用的一种手法,赫梯人把他们赞美的神灵赋予了多个比喻的对象,以此赞美神灵。

首先,赫梯人把太阳神比喻为他们的“父母”。我们在赫梯人“人类之子”太阳神颂诗(CTH372)看到:

第一栏(正面):
第二段 在天地之间,你,太阳神,是光源。

啊!太阳神,强大的国王,宁伽尔神之子,你制定了风俗习惯和律法。

啊!太阳神,强大的国王,在众神中,你受到崇拜,你被授予统治权。

你是国家的正义之王,

你是黑暗世界的父母。

---

[1] 众所周知,赫梯语文献是目前已知见于文献的最早的古代印欧语文献,所以,这个问题的研究对于古代印欧文化的探索同样具有不可替代的意义。

[2] 赫梯人赞美神灵的诗句除了出现在赞美诗和祷文中,他们还见于诸如仪式和预兆等其他种类的宗教文献。当然,赞美神灵的诗名散见于这些文献中,而且通常十分短促。以色列学者辛格在他的《赫梯祷文》(2002年)一书中也提出了相同的认识。我们译为,在其他一些文献中,如历史文献,赞美神灵的诗句也是存在的。所以,穷尽所有赫梯文献中的神灵赞美的诗句及其写作手法并非易事。

[3] 我们在独立释读赫梯文献的同时,也大量阅读和参考了一些赫梯文献的英译本和德译本。西方赫梯学家们的译本和对赫梯文献的释读对于我们认识赫梯人的修辞手法有着特别重要的意义。本文将一一注出西方学者对有关语句的理解和翻译。必须指出,尽管西方学者对有些语句的理解和翻译是正确的,但是,至今,他们还没有从修辞的角度对这些语句进行全面和深入的研究。

这个比喻同样见于赫梯中王国时期的坎吐兹里祷文(CTH 373)：

正面

    第十二段 ……你，我的神，是我的父亲和母亲，只有你是我的父亲和母亲[……]

其次，赫梯人把他们崇拜的几个重要的神灵比喻为"王""国王""强大的王""正义之王"和"上天之王"等。在赫梯人"人类之子"太阳神颂诗，太阳神被比作"国王""强大的国王"和"正义之王"。[1]"上天之王"这一特征出现在穆瓦塔里二世致雷雨神皮哈撒什的祷文中(CTH 381)，这是对雷雨神皮哈沙什的一个比喻。[2]

阿丽那太阳女神还被比喻为"女王""天地之女王"和"所有国家的女王"。这个内容见于普都海帕致阿丽那太阳女神的颂诗(CTH 384)：

正面第一栏

    第一段 阿丽那太阳女神，我的女主人，赫梯国的女主人，天地之女王。

    第二段 阿丽那太阳女神，我的女主人，所有国家的女王！

赫梯人把太阳神比喻为"光源"，它准确地反映在赫梯人"人类之子"太阳神颂诗之中：

第一栏(正面)

    第二段 在天地之间，你，太阳神，是光源。

    啊！太阳神，强大的国王，宁伽尔神之子，你制定了风俗习惯和律法。

    啊！太阳神，强大的国王，在众神中，你受到崇拜，你被授予统治权。

    你是国家的正义之王。

---

  [1]本论文对赫梯人"人类之子"太阳神颂诗这篇文献有关段落的引用，都是基于笔者对楔形文字原文的释读和理解，正面，第一栏。以下注出这篇楔形文字原文转写本出版的刊名和转抄者以及所选段落情况。

  [2]辛格：2002年，第43~44页。辛格认为，哈吐沙出的一篇胡里特语文献可能是一篇祷文，这篇祷文可能是赫梯中王国时期女王塔都海帕的，她向胡里特人的雷雨神泰苏普祷告并这样赞颂神灵："诸神中的大王"。泰苏普雷雨神是胡里特人信奉的主神，因此，这个称号很可能是胡里特人的一个比喻。

这个比喻也见于穆尔什里二世致阿丽那太阳女神的颂诗（CTH 376），阿丽那太阳女神也被比作"光源"：

正面第二栏

　　第三段　阿丽那太阳女神，你是一个令人尊敬的神灵，你的名字在名字中令人尊敬，你的神力在众神中受到尊敬。此外，在众神中，正是你，阿丽那太阳女神受到尊敬。正是你，阿丽那太阳女神是伟大的。没有其他的神灵比你更令人尊敬和伟大。你是裁决正义之主，正是你象征着天地之间的王权，正是你保护着国家的边界。你听着祈祷，你，阿丽那太阳女神是一个有同情心的神灵，你展现怜悯。你热爱正义之人。正是你，阿丽那太阳女神[……]"她"，在天地之间，你，阿丽那太阳女神是光源，正是你是一个供养者，正是你是整个国家的父母。你是裁决正义之主，在审判的地方你从不疲倦。在"圣油"的诸神中，你受到宠爱。正是你，阿丽那太阳女神安排了诸神的祭品，正是你安排了诸神们的份额。他们总是为你打开天国之门，你，[阿丽那太阳女神]受到宠爱，穿过天国之门。天地诸神从属于你。你，阿丽那太阳女神无论说什么，诸神对你，阿丽那太阳女神表示敬意。

　　这两段文献不同的是"光源"这个比喻赋予了两个不同的神灵，而且是性别特征不同的神灵。

　　赫梯人把阿丽那太阳女神比喻为赫梯国的"火把"。在哈吐什里三世致阿丽那太阳女神的颂诗中（CTH 383），我们看到这样一段话：

　　第一段　致阿丽那太阳女神，我的女主人，赫梯国的女人，天地之女王，赫梯国诸王和诸女王之女人，赫梯国的火把。你是统治赫梯国诸国王和诸女王之人。你眷顾的那个人作为国王或者女王支持你，噢！阿丽那太阳女神，我的女主人。你是一个选择和放弃之人。与其他诸神相反，你使自己把赫梯国家作为你的一部分，出于对奈里克城的雷雨神，兹帕兰达的雷雨神，你的儿子的尊敬。

　　雷雨神被赫梯国王比喻为他的"父亲"。在一篇宗教仪式文献，"一个新的宫殿的奠基仪式"（KUB XXIX 1, Dupl. KUB XXIX 2）中，赫梯国王这样向雷雨神表白：

从那时起，我一直向雷雨神，我的父亲请求，国王一直在向雷雨神要求雨水，浇灌生长茂盛的雪松木。

……雷雨神，我的父亲，使你们远离罪恶。

"月光"和"太阳神"作为比喻在赫梯文献中的出现比较少见。我们在赫梯国王穆瓦塔里二世致他的保护神——雷雨神皮哈沙什的祷文中，看到穆瓦塔里二世这样在赞美他的保护神：

背面第三栏

噢！皮哈沙什，雷雨神，愿你像月光一样出现，

愿你如同天上的太阳神一样温暖。(穆瓦塔里二世的祷文(CTH 381))

赫梯文献中最常见的一个比喻是"我的主"。我们看到，赫梯国王把他们崇拜的几乎所有那些比较重要的神灵都比作他们的"主"，太阳神、阿丽那太阳女神和雷雨神等神灵是这样，月神也不例外，一篇预兆文献证实了月神的这个地位：[1]

他对月神说：我向你祷告的事情，听我说，月神，我的主！

"英雄"用来比喻神灵，这个情况并不多见。[2]目前，严格意义而言，似乎仅见于穆瓦塔里二世致雷雨神皮哈沙什的颂诗（CTH 381)，也只有赫梯国王穆瓦塔里二世把他的个人保护神皮哈沙什称赞为英雄：

第三十二段　当诸神听了我的话，在我心灵中的诸神将使它转好并且提升我。如果赞美不是献给雷雨神，皮哈沙什，我的主？赞美之歌献给

---

[1] 这篇文献被称为"排除一个显露的凶兆的打击"(Removal of the threat Implied in an Evil Omen,KUB IX +KUB XXIV 5)，见格兹，与旧约相关的古代近东文献(Anient Near Eastern Texts Relating to the Old Testament).普林斯顿，1955：355。

[2] 在赫梯国家，"英雄"通常是用来代指和赞美国王的，是赫梯国王的一个象征。在赫梯国王穆尔什里二世的年代纪中，穆尔什里二世国王称阿丽那太阳女神为我的女主人和英雄。我们认为，这样的表述既是表明和再现阿丽那女神的伟大和力量，实际上也是有赞美阿丽那神的涵义。

谁呢？如果他看到保护神或者人类,他这样说:"的确,雷雨神,皮哈沙什,我的主是上天之王。"你支持那个人,你对他始终如一,[1]你支持他,你不断辅佐他。将来,我的儿子、我的孙子,赫梯的国王们和女王们、王子们和贵族们将总是向雷雨神,皮哈沙什,我的主表示敬意。他们将这样说:"的确,那个神灵是一个著名的英雄,一个正义导向的神灵。"天上的诸神、山、河流将赞美你。

在普都海帕致阿丽那太阳女神和其他诸神的祷文中,我们看到了一个特别的比喻,辛吐黑神被比喻为雷雨神和阿丽那太阳女神的"胸脯"。[2]
第三栏,第43~47行

辛吐黑,我的女主人,雷雨神和阿丽那太阳女神宠爱的孙女!
你是雷雨神和阿丽那太阳女神的胸脯,他们一次次地在注视着你。

赫梯人使用比较普遍的另一个修辞手法是"对比"。这个手法见于多篇赫梯新王国时期的赞美诗诗篇,它也突出地运用在神灵与神灵之间的比较中,目的在于赞美者要突出他所要赞美的神灵的地位、作用以及影响。这个修辞手法目前突出地反映在赫梯太阳神颂诗、阿丽那太阳女神和铁列平香的赞美诗中。
在赫梯人"人类之子"太阳神颂诗中,太阳神被置于众神和与众神的比较视野下,他被视为众神中具有统治地位的一个神灵,是众神中一个伟大的神灵。
第一栏(正面)

第二段　在天地之间,你,太阳神,是光源,
啊! 太阳神,强大的国王,宁伽尔神之子,你制定了风俗习惯和律法。
啊! 太阳神,强大的国王,在众神中,你受到崇拜,你被授予统治权。
你是国家的正义之王,
你是黑暗世界的父母。
第三段　啊! 太阳神,强大的国王,恩里尔神之子,你的父亲,将国家

---

[1] 普赫维尔. 赫梯语词源学词典:字母 K 卷[M]. 柏林,1977:237.
[2] 辛格:2002 年,第 104 页。作者的译文是,你是雷雨神和阿丽那太阳女神胸脯上一个饰物。格兹.与旧约相关的古代近东文献(Ancient Near Eastern Texts Relating to the Old Testament).普林斯顿,1955:394.

四方置于你的手中,你是正义之主,你从不厌倦正义。

先前,在众神中,你,太阳神,是伟大的,

正是你,确立了诸神的祭品,

正是你,在阴间众神中分配祭品。

他们只向你,太阳神,打开天国之门,

你,享有统治地位的太阳神,

穿过了天国之门。

在穆尔什里二世致阿丽那太阳女神的颂诗中(CTH 376),阿丽那太阳女神被赞美为没有其他的神灵比她更令人尊敬和伟大,这样的比较显然更为彻底:

正面第二栏

第三段　阿丽那太阳女神,你是一个令人尊敬的神灵,你的名字在名字中令人尊敬,你的神力在众神中受到尊敬。此外,在众神中,正是你,阿丽那太阳女神受到尊敬。正是你,阿丽那太阳女神是伟大的。没有其他的神灵比你更令人尊敬和伟大。你是裁决正义之主,正是你象征着天地之间的王权。正是你保护着国家的边界。你听着祈祷,你,阿丽那太阳神是一个有同情心的神灵,你展现怜悯,你热爱正义之人。正是你,阿丽那太阳女神[……]他,在天地之间,你,阿丽那太阳女神是光源,正是你是一个供养者,正是你是整个国家的父母。你是裁决正义之主,在审判的地方你从不疲倦。在"圣油"的诸神中,你受到宠爱。正是你,阿丽那太阳女神安排了诸神的祭品,正是你安排了诸神们的份额。他们总是为你打开天国之门,你,[阿丽那太阳女神]受到宠爱,穿过天国之门。天地诸神从属于你。你,阿丽那太阳女神无论说什么,诸神对你,阿丽那太阳女神表示敬意。

在"穆尔什里二世每日向铁列平神的祷告"这篇文献中(CTH 377),穆尔什里二世国王把对铁列平神的崇拜与众神联系在一起,以此确立铁列平神在众神中的地位。

第二栏

第六段　只有在赫梯,你拥有镶有银和金的神庙,在其他国家,你不曾拥有这样的东西。只有在赫梯,你拥有银质[杯]和角状杯、金和贵重的石头。

第七段　只有在赫梯,人们为你庆祝节日——月节、冬天的节日、春天的节日和秋天的节日以及举行献祭仪式节日。在其他国家,人们没有为你做任何事情。……

第九段　[你],铁列平是一个高贵的神灵。在(众神的)名字中,[你的]名字受到尊敬。在众神中,[你的神力]受到尊敬。

哈吐什里三世在致阿丽那太阳女神的颂诗(CTH 383)中也通过比较其他神灵来进一步赞美阿丽那太阳女神:

第一段　……噢!阿丽那太阳女神,我的女主人。你是一个选择和放弃之人。与其他诸神相反,你使自己把赫梯国家作为你的一部分,出于对奈里克城的雷雨神,兹帕兰达的雷雨神,你的儿子的尊敬。……

"重复"是赫梯人使用得最多和最常见的修辞手法。[1]一般而言,重复的特定的内容既在一篇文献中反复出现,也在多篇不同的文献中出现,甚至是反复重复,而且这些赞美诗句涉及的内容十分丰富。

首先,我们在不止一篇有关赞美神灵的文献看到诸如"阿丽那太阳女神,我的女主人"和"赫梯国的女主人,天地之女王"这样的赞美词的重复出现。[2]在普都海帕致阿丽那太阳女神的颂诗(CTH 384)中:

正面第一栏

第一段　阿丽那太阳女神,我的女主人,[3]赫梯国的女主人,天地之女王!

第二段　阿丽那太阳女神,我的女主人,所有国家的女王!在赫梯,你拥有着阿丽那太阳女神的名字。但是,此外,在你培育雪松的地方,你

---

[1] 除了在神灵赞美诗句中,它在赫梯人的其他各种文献中的运用很可能也是最为频繁的。

[2] "我的女主人"还出现在诸如哈吐什里三世的辩解词,同样也是前后多次重复出现。

[3] 在赫梯历史上许多文献我们都能够看到"阿丽那太阳女神,我的女主人"一句的重复出现,如穆尔什里二世致阿丽那太阳女神的瘟疫祷文(CTH 378III)、穆瓦塔里二世致雷雨神皮哈撒什神和其他诸神的祷文(CTH 381)、赫梯帝国晚期吐塔里亚四世致阿丽那太阳女神的祷文(CTH 385.9)。这里不再一一列举。

的名字是海帕特。我，普都海帕一直是你的仆人，是你的牛圈里的一头小牛，你的房基的基石。你，我的女主人支持我，哈吐什里，你的仆人，你委托给我的，现在，他虔诚地（？）献身于奈里克的雷雨神，你宠爱的儿子。你，阿丽那太阳女神，我的女主人在那里任用了我们，那个地方就是奈里克雷雨神，你宠爱的儿子的地方。……你，阿丽那太阳女神现在看到了他，[他]（那时）还不是国王，他是一个王子。奈里克城被指定由他收复。他还没有能力征服奈里克城，（因为）[他的兄]弟任命他管理其他的地区。他出于良好的愿望把哈吐沙和卡塔帕也交给了他。[……]。阿丽那太阳女神，我的女主人，[……]　[……]奈[里克]的雷雨神[……]。

第三段　他为了奈里克城和[哈克皮什]城始终抛头颅和冒着[生命]危险。在他远征对抗埃及国王时，[……]。

第四段　但是，当穆瓦塔里，他的兄长成为神的时候，他支持乌尔黑–泰苏普，他兄长的儿子，并且使他继承王位。你，阿丽那太阳女神，我的女主人知道他是如何[派遣]哈吐什里，你的仆人去奈里克城的。他的主不断地在压迫他。王子们也已经要求他："去奈里克城！"[噢！女神，我的女主人]，你了解[这个]。那个人蔑视他的死亡和厄运，[并且]为了奈里克城而宁死：[1] "[为了]能够占领奈里克，[我宁愿一死]。"

正面第二栏

第五段　为了庆祝神灵的仪式，我们自己将整洁。我们将再次来到你们，诸神的身边，并且为你们，诸神检查条例和礼俗程序。人们以前把你们，诸神的仪式搁置一边。人们现在将每年每月按期为你们庆祝到来的节日仪式。只要我们，你们的男仆和女仆在你们的身边，[节日仪式]将绝不会被置于你们，诸神，我的主们于一边。

第六段　现在，我，普都海帕，你的女仆人把阿丽那太阳女神，我的女主人，赫梯国的女主人，天地之女王的这些话撰写为一篇祷文。满足我的愿望，噢，阿丽那太阳女神，我的女主人，答应我的请求！在尘世的人中间有这样一句话，它是这样的："一位孕妇"。我，普都海帕，作为一个孕妇

---

[1] 虞那尔认为那个人指的是哈吐什里三世国王。

因为你的儿子而抛头颅,满足我的愿望,阿丽那太阳女神,我的女主人,答应我所向你渴望的!赐给哈吐什里,你的仆人生命!让命运神灵和母神赐给他长的年头、天数和活力。你,仁慈的神灵,掌握着[他的生命]?诸神举行集会的地方,没有人[在那里]呼唤[一个尘世的人]。在集会的地方,你现在向所有的神灵要求赐予哈吐什里生命。愿你的请求是正义的!阿丽那太阳女神,我的女主人,你无论要求什么,[它][已经实现]。……

哈吐什里三世在致阿丽那太阳女神的颂诗(CTH 383)中也如此重复赞美阿丽那太阳女神:

> 第一段　致阿丽那太阳女神,我的女主人,赫梯国的女主人,天地之女王,赫梯国诸王和诸女王之女主人,赫梯国的火把。你是统治赫梯国诸国王和诸女王之人。你眷顾的那个人作为国王或者女王支持你,噢!阿丽那太阳女神,我的女主人。你是一个选择和放弃之人。与其他诸神相反,你使自己把赫梯国家作为你的一部分,出于对奈里克城的雷雨神,兹帕兰达的雷雨神,你的儿子的尊敬。

另一些常见的赞美词是"正义""正义之主""伟大的""怜悯"和"人类的牧人"等等。他们或是在一篇文献多次重复出现,或是在不同的文献中出现,有的则兼而有之。在赫梯人"人类之子"太阳神颂诗中,一些赞美特征前后多次反复再现:

第一栏(正面)

> 第一段　啊!太阳神,我的主,天地真正的正义之主!
> 啊!国王,你统治整个国家,
> 你赐予力量,你是正义的,
> 你是怜悯的,
> 正是你实现了人们的愿望,
> 正是你显现怜悯,
> 正义的人爱戴的正是你,
> 正是你拯救了人们。

啊！太阳神,宁伽尔神强大的儿子,你拥有天青石的胡须,

看那！人类,你的仆人,向你下跪。

第二段　在天地之间,你,太阳神,是光源,

啊！太阳神,强大的国王,宁伽尔神之子,你制定了风俗习惯和律法。

啊！太阳神,强大的国王,在众神中,你受到崇拜,你被授予统治权。

你是国家的正义之王,

你是黑暗世界的父母。

第三段　啊！太阳神,强大的国王,恩里尔神之子,你的父亲,将国家

四方置于你的手中,

你是正义之主,你从不厌倦正义。

先前,在众神中,你,太阳神,是伟大的,

正是你,确立了诸神的祭品,

正是你,在阴间众神中分配祭品。

他们只向你,太阳神,打开天国之门,

你,享有统治地位的太阳神,

穿过了天国之门。

第十一段　我的神给予我关爱和力量。

啊！太阳神,你是每个人的牧人,

你的话语,

带给每个人温暖。

我的神,怒视我,

愿他关注我,

愿他给予我生命,

带给我疾病的神灵,

怜悯我吧!

穆尔什里二世致阿丽那太阳女神的颂诗(CTH 376)也充分说明了我们的

这一分析:

正面第二栏

第三段　阿丽那太阳女神,你是一个令人尊敬的神灵,你的名字在

名字中令人尊敬,你的神力在众神中受到尊敬。此外,在众神中,正是你,阿丽那太阳女神受到尊敬。正是你,阿丽那太阳女神是伟大的。没有其他的神灵比你更令人尊敬和伟大。你是裁决正义之主,正是你象征着天地之间的王权,正是你保护着国家的边界。你听着祈祷,你,阿丽那太阳神是一个有同情心的神灵,你展现怜悯,你热爱正义之人。正是你,阿丽那太阳女神[……]他,在天地之间,你,阿丽那太阳女神是光源,正是你是一个供养者,正是你是整个国家的父母。你是裁决正义之主,在审判的地方你从不疲倦。在"圣油"的诸神中,你受到宠爱。正是你,阿丽那太阳女神安排了诸神的祭品,正是你安排了诸神们的份额。他们总是为你打开天国之门,你,[阿丽那太阳女神]受到宠爱,穿过天国之门。天地诸神从属于你。你,阿丽那太阳女神无论说什么,诸神对你,阿丽那太阳女神表示敬意。

"人类的牧人"等内容除了见于上述"太阳神祷文",它还出现在穆瓦塔里二世致雷雨神皮哈沙什神和其他诸神的祷文(CTH 381)和坎吐兹里祷文(CTH 373):

穆瓦塔里二世致雷雨神皮哈沙什神和其他诸神的祷文:

第三栏,13~17行

上天太阳神,我的主,你是人类的牧人,你,上天太阳神,从海上升起,你上升到天上。上天太阳神,我的主,你,太阳神,每日裁决人们和大地上的狗、猪和牲畜的纠纷。[1]

……

你是受到启示的正义之主,

你从不厌倦正义。[2]

坎吐兹里祷文:

正面-背面,第29~9行

---

[1] 辛格.穆瓦塔里二世致雷雨神皮哈撒什神和其他诸神的祷文(CTH 381).2002;91.本译文根据楔形文字原文,参考了辛格的英译文。

[2] 汉·达罗斯:"赫梯祷文"(Johan de Roos ,Hittite Prayers),见玛松主编,《古代近东文明》(Civilizations of the Ancient Near East),第1999页。这两句话根据达罗斯的这篇文章。

……［噢！太阳神］，你是［所有人的牧人］

你的神意温暖任何人。

迁怒我的神，

反对我的神，

让他再次关注我，

使我生活下去！

降临疾病给我的神灵，

让他再次怜悯我！

"我的主"在赞美诗中的重复比比皆是。太阳神、雷雨神、赫梯国雷雨神、闪电雷雨神皮哈沙什、铁列平神、月神和莱尔瓦尼神等诸神灵一次又一次地受到赫梯人的祈祷和赞美。这个特征的重复出现在大量的文献中，本文不再一一列举。

在赫梯人类之子太阳神颂诗和致雷雨神皮哈沙什的祷文中，我们看到重复的内容已经不是某一个词语或者某一个简单句，而是一个更具体的内容，甚至一个段落。[1]

穆瓦塔里二世致雷雨神皮哈沙什的祷文：

背面，第三栏，第13~17行

天上的太阳神，我的主，人类的牧人，

你，天上的太阳神，从海上升起，我的主，

你每日裁决世间人、狗、猪以及

野生动物之间的纠纷。

……

你是受到启示的正义之主，

你从不厌倦正义。[2]

人类之子太阳神祷文：

正面，第39~49行

---

[1] 当然，这样的情况在人类之子太阳神颂诗和坎吐兹里祷文以及太阳神祷文（CTH 374）等文献中事实上也可以得到证实。

[2] 维伯：《博阿兹柯伊楔形文字文书》，柏林1923年，第6卷，第45和46篇文献，穆瓦塔里二世致雷雨神皮哈撒什神和其他诸神的祷文，（CTH 381）.最后两句根据的是达罗斯的英译文。汉·达罗斯："赫梯祷文"（Johan de Roos, Hittite Prayers），见玛松主编：《古代近东文明》（Civilizations of the Ancient Near），第1999页。

清晨,太阳从天空升起,

你,太阳神的光芒照亮整个高山和低地。

你裁定狗与猪之间的争议,

你裁定不能用口讲话的牲畜们的诉讼案件,

你审判坏人与恶人之间的诉讼。

诸神迁怒的人,

人们反对他,

你将关注他,你善待他。……[1]

重复现象很可能更多的是出现在同一篇文献中。赫梯国王穆尔什里二世在向铁列平神的祷告中不断地重复着对铁列平神的赞美话语,称赞道:"你,铁列平是一个高贵的神灵。"穆尔什里二世每日向铁列平神的祷告(CTH 377)

第一栏

第一段　书吏每日向神灵朗诵[这块]泥板,并且赞美神灵:

第二段　噢! 铁列平,你是一个强大的和高贵的神灵。穆尔什里,国王,你的仆人,派我和你的女仆,女王,他们派我:"去,祈祷铁列平,我们的主,我们个人的神灵。"

第五段　你,铁列平是一个高贵的神灵。只有在赫梯,你,我的神灵拥有受到尊敬的神庙,但是,在其他国家你却没有。只有在赫梯,人们为你准备纯洁和神圣的节日和仪式,但是,在其他国家人们却不曾为你提供。

第二栏

第九段　[你],铁列平是一个高贵的神灵。在(众神的)名字中,[你的]名字受到尊敬。在众神中,[你的神力]受到尊敬。

(第二栏的其余部分残缺。)

---

[1] 约翰内斯·弗里德里希:《赫梯楔形文字读本》(J.Friedrich,Hethitisches Keilschriftlesebuch),1960,第 41~44 页。赫梯人类之子太阳神颂诗楔形文字转写本(CTH372)。

在赫梯人"人类之子"太阳神颂诗第一栏的前三段,我们看到这样一句赞美话语"啊!太阳神,强大的国王"的重复出现:

第一栏(正面)

　　第二段　在天地之间,你,太阳神,是光源,

　　啊!太阳神,强大的国王,宁伽尔神之子,你制定了风俗习惯和律法。

　　啊!太阳神,强大的国王,在众神中,你受到崇拜,你被授予统治权。

　　你是国家的正义之王,

　　你是黑暗世界的父母。

　　第三段　啊!太阳神,强大的国王,恩里尔神之子,你的父亲,将国家四方置于你的手中,你是正义之主,你从不厌倦正义。……

在穆尔什里二世致阿丽那太阳女神的颂诗(CTH 376)中,"阿丽那太阳女神,你,一个令人尊敬的女神"一句也是前后重复在运用:

正面第一栏

　　第一段　阿丽那太阳女神,你,一个令人尊敬的女神,穆尔什里,国王,你的仆人授权我。他和女王,你的女仆授权我:去到女神,我的女主人,阿丽那太阳女神那里,并对她说:"现在,我将恳求阿丽那太阳女神,我的女主神。"现在,令人尊敬的太阳女神为了获得求助,无论到了众神的天上,还是她逗留在海上,或者在山上,或者她去了阴间,或者她为了领导战争进入到敌国,去吧,找到她!

正面第二栏

　　第三段　阿丽那太阳女神,你是一个令人尊敬的神灵,你的名字在名字中令人尊敬,你的神力在众神中受到尊敬。……

"上天之王"这一特征在穆瓦塔里二世的一篇祷文中重复出现。[1]但是,这

---

　　[1] 维伯:《博阿兹柯伊楔形文字文书》,柏林 1923 年,第 6 卷,第 45 和 46 篇文献,穆瓦塔里二世致雷雨神皮哈撒什神和其他诸神的祷文,(CTH381)。

一特征赋予给了雷雨神、赫梯国雷雨神和皮哈沙什闪电雷雨神,重复现象在同一篇文献出现在赫梯人所指的三个神灵。

正面第一栏,第二段他这样说:

> 上天太阳神和阿丽那太阳女神,我的女主人,女王,我的女主人,赫梯国女王,雷雨神,上天之王,我的主,海帕特女王,我的女主人,赫梯国雷雨神,上天之王,赫梯国之主,我的主,兹帕兰达的雷雨神,我的主,雷雨神之子,赫梯国之主,……

背面第三栏,第50~51行,他这样说:

> 的确,闪电雷雨神皮哈沙什,是我的主,上天之王。

"赫梯国的女主人,天地之女王"在普都海帕致阿丽那太阳女神的颂诗(CTH 384)中也是前后重复:

正面第一栏

> 第一段　阿丽那太阳女神,我的女主人,赫梯国的女主人,天地之女王。

正面第二栏

> 第六段　现在,我,普都海帕,你的女仆人把阿丽那太阳女神,我的女主人,赫梯国的女主人,天地之女王的这些话撰写为一篇祷文。

"反问"手法的使用至今见于赫梯与神灵赞美相关的文献中的记载并不多见,我们也不知道这个写作手法究竟发展到怎样的阶段。至今,这个修辞手法很可能仅在穆瓦塔里二世致雷雨神皮哈撒什的颂诗中出现(CTH 381):

> 第三十二段　当诸神听了我的话,在我心灵中的,诸神将使它转好并且提升我。如果赞美不是献给雷雨神,皮哈沙什,我的主? 赞美之歌献给谁呢? 如果他看到保护神或者人类,他这样说:"的确,雷雨神,皮哈沙

601

什，我的主是上天之王。"你支持那个人，你对他贯彻始终，[1]你支持他，你不断辅佐他。将来，我的儿子、我的孙子、赫梯的国王们和女王们、王子们和贵族们将总是向雷雨神，皮哈沙什，我的主表示敬意。他们将这样说："的确，那个神灵是一个著名的英雄，一个正义导向的神灵。"天上的诸神、山、河流将赞美你。

另一个并不常见的修辞手法是"疑问"。疑问句在赫梯文献中的使用并不少见，但是，在赞美神灵的诗句中，我们今天看到的材料很可能也只是一二句而已。在一篇对阿丽那太阳女神的祷告这篇文献中，赫梯国王运用了疑问的方式来赞美太阳神：

　　怜悯吧！上天太阳神，谁的思想辉煌？谁的光束灿烂？[2]

赫梯国王哈吐什里三世在他的自辩词中，陈述和表明伊什塔尔女神对他的眷顾和支持，同时，他也在极力赞美他的这个保护神——伊什塔尔女神。虽然这篇文献不是一篇祷文，也非赞美诗或者宗教文献，或者说没有独立成段的赞美神灵的诗句，但是，文献中的只言片语还是能够看做是对神灵的赞美诗句，其中最有特点的是一个"疑问"句式的使用：

背面，第四栏，第64行

　　伊什塔尔神，我的女主人，你曾多少次支持了我？

我们认为，虽然这些句子是疑问的语气，实际上是肯定的，他们不过是采用了"疑问"的修辞手法而已，太阳神的思想是光辉的，太阳神的光束是灿烂的；而伊什塔尔女神多次相助了哈吐什里三世国王。

二

比喻、对比、重复、疑问和反问是目前已知赫梯人神灵赞美诗句中所见的修辞手法。正如以上所举出的事例，前三种手法的使用最为常见，也最为频繁。

---

[1] 普赫维尔. 赫梯语词源学词典：字母K卷[M]. 柏林，1977：237.
[2] 辛格：见于"为了保护王室向阿丽那太阳女神的祈祷"（CTH 385.10），2002年，第26页。

修辞手法在赫梯颂神诗中的使用有着怎样的一个发展变化过程呢？神灵的赞美很可能在赫梯古王国时期已经出现，太阳神和雷雨神以及阿丽那太阳女神等神灵很可能是赫梯人这一时期崇拜和赞美的主要神灵。[1]我们知道，赫梯人的神灵赞美诗通常作为一个重要组成部分附着于祷文或者其他类别的文献中，辛格等学者认为，现存的其中三篇祷文是赫梯中王国或者更晚些时候抄写的，但是，这些文献本身在语言和主题思想方面体现出的特征表明他们很可能早在赫梯古王国时期已经成文了。[2]如果的确如此，这将有助于认识这一时期神灵赞美诗句中修辞手法的使用情况。在"向太阳神和雷雨神祈祷反对诽谤"这篇文献中，赫梯人把太阳神和雷雨神比作他们的父亲和母亲。在"为了保护王室向阿丽那太阳女神的祈祷"文中，赫梯人运用了疑问的手法，赞美阿丽那太阳女神。比喻和疑问修辞手法很可能在这一时期已经运用到了神灵赞美的诗句中了。遗憾的是，这些赞美诗句简短，严格意义上说，这些文献很可能还没有出现成段的赞美诗。此外，这些文献目前严重残缺不全，所以，我们很难对神灵赞美诗句的修辞手法有一个更全面的认识。

美索不达米亚人太阳神沙马什赞美诗很可能是在赫梯古王国后期传入赫梯王国的，并很可能已被赫梯人开始用赫梯语书写成文，赫梯语"人类之子致太阳神祷文"很可能成文于这一时期。[3]赫梯人接受了美索不达米亚人赞美太阳神的思想观念，把美索不达米亚人的太阳神特征赋予他们自己的太阳神，甚至把成段的赞美内容移植过来。由于赫梯人编撰的文献具有重复的特点，同样的内容在一篇文献中前后重复，因此，太阳神的某些赞美特征前后多次出现，这一点已清楚地见于这篇祷文中。另一方面，赫梯人认同了美索不达米亚人对太阳神的各种比喻，因此，比喻手法在他们对太阳神的赞美中得到了进一步的体现。这样，这一时期的赫梯人赞美神灵的诗句中已经反映出了诸如比喻、重复和疑问多种修辞手法。

---

[1] 这里指的是成文于赫梯古王国时期的版本。梅尔彻特认为，CTH372-374 都是赫梯古王国时期的文献，只不过他们是赫梯中王国和新王国时期的抄本，CTH372 和 CTH373 是同一部作品的不同版本。但是，辛格等学者认为这三篇文献是赫梯中王国时期的文献，也就是说，他们成文于中王国时期，而且他们是不同的文献，尽管祷文赞美的对象都是太阳神。我们认为坎吐兹里祷文（CTH 373）作为中王国时期的文献已经从赫梯历史上得到证实，所以，梅尔彻特对这些文献的划分值得商榷了，坎吐兹里祷文绝不可能是古王国时期的文献。同时，我们赞同辛格的观点，这三篇文献是不同的，是三篇独立的文献。但是，其中的另外两篇是不是都成文于赫梯中王国时期？这一点还有待进一步的研究。

[2] 辛格：这三篇祷文是向阴间太阳女神祈祷反对诽谤、向太阳神和雷雨神祈祷反对诽谤和为了保护王室向阿丽那太阳女神的祈祷，2002 年，第 21~28 页。

[3] 这篇文献现存的文本是赫梯新王国时期的抄本。虽然我们无法准确地勾画出后期的抄本与古王国时期的版本有怎样的区别和变化，但是，美索不达米亚人赞美太阳神的主要内容和特征很可能已经反映在赫梯人古王国时期的'人类之子致太阳神祷文'的版本中了。他们之间在内容上的一致性和相似性完全可能令人信服地表明，美索不达米亚人太阳神赞美诗对赫梯人的影响始于这个时期。

在赫梯历史上,现存致太阳神的祷文主要是赫梯中王国时期的,主要有"一个国王的祷文"和"坎吐兹里祷文"。太阳神赞美诗是这些文献中的一个重要内容。太阳神是这一时期赫梯人信奉和祷告的最主要的一个神灵。美索不达米亚人赞美太阳神沙马什的许多特征在这些祷文中被大量灵活地运用。这样,太阳神的赞美特征出现在了同一时期不同的文献中。如果与赫梯古王国时期的文献联系起来,太阳神的赞美特征则出现在了不同时期的赞美诗句之中,见于古王国时期太阳神赞美诗句中的重复和比喻修辞手法很可能也是赫梯中王国时期神灵赞美诗中反映出的主要的修辞手法。我们因此看到,赫梯历史上神灵赞美修辞手法在不同时期重复现象的存在很可能至少始于赫梯中王国时期。

在赫梯新王国时期,修辞手法在神灵赞美诗中体现得更为多样,并有了新的发展。穆尔什里二世和穆瓦塔里二世国王统治时期编撰了多篇祷文,神灵的赞美诗已经成为祷文中不可缺少的一部分。太阳神的一些赞美特征出现在穆尔什里二世国王致阿丽那太阳女神、铁列平神的祷文和穆瓦塔里二世致所有的神的祷文中,[1]第三篇文献中的一段专门是来赞美太阳神的,而前两篇文献表明阿丽那太阳女神和铁列平神也具有了太阳神的某些特征。这样,相同的赞美特征又重复出现在了致不同神灵的祷文中,而且它不仅体现在同一时期的,也出现在不同时期的赞美诗之中。此外,我们看到,除了太阳神的某些赞美诗句,赫梯人根据他们的实际需要,把其他某个神灵的赞美内容移植给另一个他们需要赞美的神灵,这个现象非常普遍。因此,这使得相同内容的重复这个现象在这一时期表现更加突出。

反问句很可能是第一次出现在穆瓦塔里二世对雷雨神皮哈沙什神灵的赞美中,这个修辞手法至今尚未见于赫梯历史上其他神灵的赞美诗句中,因此,这篇祷文使我们对神灵赞美的修辞手法有了一个全新的认识。

对比手法很可能最早出现在赫梯古王国和中王国时期的太阳神赞美诗中。太阳神被赞美为是众神中伟大的一位。然而,对比手法在早期祷文中的赞美诗句中很少用于对其他神灵的赞美。在赫梯新王国时期神灵赞美诗句中,它的运用得到了进一步的加强,而且涉及其他多个神灵。穆尔什里二世在他的"致阿丽那太阳女神的颂诗"(CTH 376)和"每日向铁列平神的祷告"以及哈吐什里三世

---

[1] 雷雨神也是同样如此,这一点只不过至今未见于赞美诗文献而已。

在他的"致阿丽那太阳女神的颂诗"中(CTH 383),通过采用把所赞美的神灵置于众神之中并加以对比,和与其他诸神对比的手法,烘托他们所赞美的神灵的伟大。穆尔什里二世在致阿丽那太阳女神的颂诗中(CTH 376),这样赞美女神:"正是你,阿丽那太阳女神是伟大的。没有其他的神灵比你更令人尊敬和伟大。"

此外,比喻在这一时期的神灵赞美诗句中的使用仍然十分普遍,而且出现了一些新的比喻内容。穆瓦塔里二世把雷雨神比喻为"月光"和"英雄";哈吐什里三世国王和普都海帕女王分别把阿丽那太阳女神比喻为"火把"和"所有国家的女王",可以说比喻的内容是十分丰富的。

现存赫梯神灵赞美诗句表明,"重复""对比"和"比喻"修辞手法贯穿赫梯历史发展的全过程,"重复"和"比喻"是最具普遍性的手法。如果单从数量上来看,重复很可能最为突出,也是赫梯神灵赞美诗修辞手法的一个突出特点,而且有的重复内容既出现在同一篇文献中,也出现在同期不同的文献中,更见于不同时期的文献中。有的重复十分简短,有的重复则是以一个主题内容或者一个段落的形式出现。比喻的发展体现了借鉴、继承和创新的特点,世俗社会的特征成为比喻的内容,客观现象和某个神灵的特征也成为了比喻另一个神灵的内容。"对比"在赫梯新王国时期的变化和发展也表现得十分突出和活跃,有在众神中的比较,更有与其他神灵之比,特别是后者的运用进一步突出了赫梯人"对比"修辞手法的发展和不同。虽然"疑问"和"反问"的使用所见甚少,仅见赫梯古王国和新王国时期,但是,特别是后者的出现,无疑是赫梯神灵赞美诗修辞手法中的一个亮点,这使得赫梯修辞手法的变化发展更为丰富。

修辞手法在神灵赞美诗中的运用能够充分表达文献的主题思想,揭示祈祷者的思想意图,提高了赞美神灵和向神灵祷告的效果,更能表现祈祷者对神灵的笃信和神灵的伟大。同时,他们也使得文献的写作风格变得更为鲜活。

我们不敢妄下结论,认为赫梯书吏在赞美神灵诗句中已经能够熟练运用多种修辞手法,但是,这些修辞手法的体现,特别是在赫梯新王国时期的运用,我们认为他们已经与赫梯国王或者女王祈求神灵的目的紧紧联系在了一起。所以,这些修辞手法在神灵赞美诗中的使用是有一定目的的,它不仅与赫梯人的宗教观念有关,而且与赫梯人现实生活的需要有关。

我们也看到,赫梯神灵赞美诗中所使用的修辞手法还是有限的,个别手法的使用属于孤证。但是,如果从整个赫梯文献的角度来看,这个问题并不完全是这样的,这些修辞手法其实也广泛存在于赫梯人的其他各类文献中。所以,在这个意义上,我们认为,赫梯神灵赞美诗中出现的一些修辞手法并不是孤立的,也非个别现象。[1]

结　语

美国人爱德华·麦克诺尔·伯恩斯等学者提出,"赫梯人的文学主要是神话"。[2]事实上,这样的认识,显然已经脱离了赫梯文明的研究成果。这一部20世纪50年代的学术著作已经不能客观和如实反映赫梯文明的特征,同时,把对赫梯人的文学成就主要归于神话也是片面的。我们认为,赫梯人的文学应该从更广泛的领域去挖掘和研究,也就是说,赫梯人的文学绝不仅仅体现在神话方面,我们不能停留或者受限于20世纪五六十年代的认识水平上。赫梯神灵赞美诗虽然是宗教祷文的一部分,它的出现和运用与宗教思想联系在一起,但是,他们反映出的修辞手法本身足以表明赫梯神灵赞美诗具有一定的文学性和文学特征,我们也足以把这些修辞手法看作是赫梯人所取得的一项文学成就。所以,赫梯神灵赞美诗的价值应当得到更多的认同,赫梯人的文学成就从神灵赞美诗中是可以得到体现的。

赫梯神灵赞美诗是祷文的一个重要组成部分。通过对赫梯历史上不同神灵的赞美及其赞美词内容的变化和赞美程度的不同以及赞美不同修辞手法的运用所作的分析,我们看到,它也是祈祷者笃信神灵、宗教信仰思想和观念的一个直接反映,是赫梯人对待不同神灵态度的一个直接反映,赞美词是认识赫梯人宗教思想观念现实性不可缺少的史料。

这个问题的学习、分析和思考,对于丰富我们对赫梯文化的形成、发展及其特征的认识同样具有重要的意义。赫梯人对外来文化的学习和接受,以及他们在文明发展过程中表现出来的创造性都可以从中得到反映。

（作者单位:北京大学东方文学研究中心）

---

[1]赫梯赞美诗修辞手法是否受到外来文化的影响?虽然美索不达米亚人太阳神赞美诗对赫梯太阳神颂诗有着巨大的影响,但是,我们并没有以此认为赫梯神灵赞美诗修辞手法源于外来文化的影响。我们认为,诸如美索不达米亚人神灵赞美手法外来文化因素的影响是存在的,但是,从发展的角度来看,赫梯人更多的是表现出他们自身的创造能力和成果。

[2]爱德华·麦克诺尔·伯恩斯. 世界文明史:第一卷[M]. 罗经国,陈筚,译. 北京:商务印书馆,1987:123.

从东方国别文学、地域文学到比较文学

——北大东语系的"东方文学"系列课程建设

● 魏丽明

内容提要：本文回顾东方文学在北大东语系的教学和研究简史，简述季羡林先生有关东方文学学科建设的理论建构和学术实践，并认为他是中国提倡东方文学学科建设的第一人。在此基础上，本文梳理了近年来东语系借助"素质教育""通识教育"和大类平台课建设的大背景，以"加强基础，淡化专业"为指导方针，对东方文学系列课程的教学所做的探索与努力，并希望这些尝试有助于实现东方文学学科教学的新定位。

关键词：季羡林　国别文学　地域文学　比较文学　东方文学

1946 年季羡林先生回国，创办了东语系。1949 年暑假前后，前国立东方语文专科学校、前国立边疆专科学校、前国立边疆学校师范专科和前中央大学边政系的部分教师合并到北大东语系，东语系一跃成为北大文科中的第一大系。1952 年暑假院系调整，原在东语系的藏语、维吾尔语以及西南少数民族语言等调整到民族学院。[1]之后东语系在风风雨雨中走过，她的全名也从"东方语文学系""东方语言系""东方语言文学系""东方学系"到"东方语言文化系"。[2]仅从东语系系名的变化中我们就可以深切感受到东语系学术研究方向的发展变迁过程：创系之初，在艰苦的条件下，东语系为新中国培养了第一代外交人才和研究人才；随着社会环境的变化和教育理念的更新，东语系的教学目标从单纯培养精通外语的对外交流人才转变成培养以外语为基础的复合型人才，研究领域也从东方语言文学逐步扩展到东方社会各个领域。

---

[1]《北京大学东方语言文学系建系四十周年纪念专刊》（一九四六—一九八六）（内部资料），第 2 页。
[2] 王邦维. 从东方语文学到东方学[M]//季羡林与二十世纪中国学术. 北京：北京大学出版社，2001：9.

　　略微考察东语系的学科建设和发展过程,我们不难发现,东方文学的研究和教学一直是东语系学术研究和教学实践中最可圈可点的一个亮点。其领军人物正是季羡林先生。自从 1946 年担任东语系主任以来,季先生不断引领东语系老师们从事东方各国语言和文学的教学与研究工作。东方文学的研究在中国起步很晚,有学者认为把东方文学作为一门独立的学科予以研究,开始于 1958 年。[1]但查阅资料,我们发现直至 1997 年,"东方文学"才被纳入国家教育委员会社会科学司编写的学科目录中,并和"日本文学"、"印度文学"及"东方文学其他学科"并列于"文学"学科之下。[2]国内有学者认为:"20 世纪初俄国学者图拉耶夫的《东方文学论文集》等著作的问世,标志着东方文学已经成为一个独立学科",[3]但据有关材料分析,图拉耶夫的研究并不属于东方文学学科的研究范畴,他也并不是提出东方文学概念的第一人。[4]

　　梳理东方文学学科在中国的发展史,我们发现,从"五四"到新中国成立初期,东方文学这一概念在学界和相关文献中并不存在。虽然 20 世纪初,学界经常使用"东方文化""东方哲学"等概念,但查阅这一时期的相关文献,却找不到一篇有关"东方文学"总体研究的文章。可见,当时东方文学的研究还未进入总体研究的阶段,对东方文学的研究还不够全面,东方文学的学科独立意识也尚未形成,"东方文学"似乎还归属于"东方文化"的大概念中。解放前,各大学的外国文学课程只讲欧美文学或西方文学。解放后,由于苏联的影响,部分中文系开设的外国文学课程增加了俄罗斯苏联文学。外语院系的文学课程,大多只讲国别文学。直至 1958 年,北大东语系第一次把东方文学

---

　　[1]陶德臻. 东方文学简史[M]. 北京:北京出版社,1985.

　　[2]国家教育委员会社会科学司. 全国普通高等学校人文社会科学研究管理系统手册[M]. 沈阳:沈阳出版社,1997:109.

　　[3]王向远. 东方文学史通论[M]. 上海:上海文艺出版社,2005:6.

　　[4]俄罗斯早期的东方学研究主要集中在考古学、历史学和民族学方面。而在"东方文学"起源说中被我国学界屡次提及的图拉耶夫(Б. А. Тураев)则是 19 世纪末 20 世纪初俄罗斯著名的东方历史学专家,主要进行埃及及其周边地区的历史和考古方面的研究,而并非文学方面的专家。纵观其著作,大多为史学性作品,偶有提及文学,也主要集中在古埃及文学方面,可见文学并非其所长。另外,《东方文学论文集》的说法亦有所偏误。本文作者委托北京大学世界文学所研究生马晓璐同学在哈佛大学找到了这本阿甫基耶夫在《古代东方史》附录中的参考书目部分提及的书。此书实际上是二卷本《世界文学》(Всемирная литература)中的第二卷,名为《东方文学》(Литература Востока)。该书的作者也并非图拉耶夫一人,而是由阿列克谢耶夫(В. Алексеев)撰写的《中国文学》(Китайская литература)、叶里谢耶夫(С. Елисеев)撰写的《日本文学》(Японская литература)、弗拉基米尔措夫(Б. Владимирцов)撰写的《蒙古文学》(Могольская литература)、郭特维奇(Вл. Котвич)撰写的《满洲文学》(Манджурская литература)、以及图拉耶夫撰写的《埃及文学》(Егибеская литература)、《科普特文学》(Котписая литература)、《阿比西尼亚文学》Абиссинская литература、《腓尼基文学》(Финикийская литература)共同组成的。图拉耶夫独自撰写四章,但他并非此书的编者。而且此书并非论文集,而是古代东方文学介绍。这本书似为图拉耶夫最后的作品,但在书出版之前,他就已经过世。所以在书的最后,还另辟一段,专门纪念了图拉耶夫在"东方学"方面的伟大贡献。但是即使是在这篇文章中,也丝毫没有提及图拉耶夫首创"东方文学"的说法。另外,阿甫基耶夫在《古代东方史》中对图拉耶夫著作的引用并不只这一处,在那本书中还引用了图拉耶夫许多其他历史考古学方面的成果。应该说,阿甫基耶夫对图拉耶夫的成就是十分清楚的,但是即使在他的书中,似乎也没有提到图拉耶夫创建"东方文学"这一结论。所以,所谓图拉耶夫是提出"东方文学"第一人的说法是站不住脚的。——本注释由马晓璐同学提供资料并翻译,特此致谢。

作为一个整体加以讲授与研究,并率先在北大东语系和中文系开设"东方文学"课程,东语系"全系的文学教师在季先生的带动下正在突破国别文学教学和研究的传统模式,开始探索创建东方文学新学科的途径。"[1]1959年,季羡林先生和刘振瀛先生合作在《北京大学学报》发表了长文《五四运动以来四十年来中国关于亚非各国文学的介绍和研究》,该论文详细论述了亚非两大洲26个国家文学在中国的介绍和研究情况,在中国第一次提出亚非文学的概念,认为亚非这一概念是指亚洲和非洲的全部文学而言的,并提出"作为亚洲文学的组成部分之一,苏联各民族文学中的东方部分是必须包括进来的。"可见亚非这一概念是特指地理概念。作者认为,在整合亚非各国文学的基础上,应该把亚非文学作为一个整体、一门新兴的学问、独立的学科加以研究并开展教学的设想和目标。

这篇论文附记中写道:

> "本文日本部分由刘振瀛执笔,其余部分以及全文的结构和问题的提法都由季羡林负责……在写作过程中,曾得到东语系金克木、黄敏中、韦旭昇、赵福顺、黄秉美、赛西雅拉图、卞立强、梁立基、龚云宝等同志的支持与帮助。李铮同志帮助核对资料抄录全文。"[2]

从这篇论文的全文和附记可以看出,这篇论文绝不是一蹴而就的急就章,而是经过长期的资料汇集、认真的整理归纳及理论提升后才写成的,它凝聚着东语系全体从事文学研究教师们的心血和希望,反映了他们当时达成的共识——把东方文学作为一个整体加以研究并开始进行学科建设的努力和目标。

60年代初,东语系从事文学的老师们兢兢业业,所有专业,即日本、阿拉伯、印度、梵巴、乌尔都、朝鲜、越南、蒙古、泰语、缅甸、印度尼西亚、波斯等十二个专业都写出了为本科生开设国别文学史课程的讲义,可惜的是只有金克木先生的《梵语文学史》得以正式出版。[3]更让人扼腕的是急风暴雨的"文化大革命"中断了东语系老师们开展东方文学教学和研究的良好势头,他们编写的讲

---

[1] 张朝柯. 全国领先 功绩卓著——追忆50年前北大东语系创建东方文学学科的杰出贡献[M]//王邦维. 东方文学学科:建设与发展. 太原:北岳文艺出版社,1997:69.
[2] 季羡林,刘振瀛. 五四运动以来四十年来中国关于亚非各国文学的介绍和研究[J]. 北京大学学报,1959(2).
[3] 金克木. 梵语文学史[M]. 北京:人民文学出版社,1964.

义也流散各处,命运各异,80年代后才得以陆续出版。[1]

"文化大革命"后,北大东语系的东方文学教学和科研又恢复正常。1978年东语系成立东方文学教研室,季羡林先生任第一届教研室主任;1979年,东语系编辑出版了学术性年刊《东方研究》(文学专号),季先生为此撰写前言,把这本杂志视为"一只报春的燕子",并对东语系从事文学研究的队伍充满信心:

"解放后的30年中,我们东语系研究文学的队伍,由弱到强,做过一些有益的工作。""研究文学的教员,尽管也有这样那样的困难,工作中遇到这样那样的问题,但是精神面貌是好的。他们都在勤勤恳恳地工作。""搞文学的同志,队伍是比较大的,力量是比较强的。他们是有潜力的"。[2]

1983年,在《必须加强东方文学的研究》一文中,季先生提出:"研究任何一门学科,都要找出它的规律性。研究东方文学也是如此……东方文学在我国还是一门年轻的学科,要掌握其规律还需要有一个探索的过程……只有找出它的规律性,东方文学才能真正成为一门具有独立体系的新的学科。"[3]

1986年,在季羡林先生的积极支持和倡导下,北京大学召开了东方比较文学研讨会,全国科研机构和高校百余名从事东方比较文学教学与研究的专家学者汇集北大,深入探讨东方比较文学研究的实质、意义和规律。会后论文集结集出版,在国内外比较文学界产生了较大的影响,季羡林先生特别发表《正确评价和深入研究东方文学》一文为会议论文集作序,并谆谆告诫道:"在评价东西方文学时,都要实事求是,既不能说东方什么都是第一,也不能妄自菲薄,更不能容忍欧洲中心主义者对东方文学的歪曲。"[4]

提出东方比较文学理论建构之余,季先生身体力行,率先从民俗学和民间文学入手从事东方比较文学的研究,发表了一系列相关的研究成果,并明确指出:"最近,许多国家的学者大声疾呼,说进行比较文学研究,必须把东方文学纳入,否则,比较文学的道路是很难走下去的。这种见解是十分高明的。"[5]季先生的呼吁和研究为比较文学学科在中国的建立提供了重要的理论建构和实践基础。[6]

[1] 李谋. 季羡林先生与北京大学的东方文学研究[M]//王邦维. 东方文学学科:建设与发展. 太原:北岳文艺出版社,1997:168~185.

[2] 季羡林. 季羡林文集:第十三卷[M]. 南昌:江西教育出版社,1996:11~12.

[3] 季羡林. 必须加强对东方文学的研究[M]//陶德臻. 东方文学简史. 北京:北京出版社,1985:6.

[4] 卢蔚秋. 东方比较文学论文集[M]. 长沙:湖南文艺出版社,1987.

[5] 季羡林. 简明东方文学史[M]. 北京:北京大学出版社,1987.

[6] 孟昭毅. 季羡林东方比较文学比较文化学术思想探微[M]//季羡林与二十世纪中国学术. 北京:北京大学出版社,2001:73.

1987年，东语系的老师们在季羡林先生的主持和领导下，出版了高等学校文科教材《简明东方文学史》。季先生为此写了长达两万余字的绪论，他在绪论中呼吁道："中国应该对东方文学有湛深的研究，应该有一支庞大的研究队伍，应该有众多的研究机构，人民群众，特别是文学研究者，应该对东方文学有了解，能欣赏。"在多年从事东方比较文学研究实践的基础上，季羡林先生不仅强调东方文学研究的重要性，并提出了东西方文学比较对于世界文学的意义："特别是从世界文学的角度看，从比较文学的角度看，在我国，东方文学的研究刻不容缓……东方文学同西方文学的比较，其意义就更为重要。在这种比较研究中，我们可以探讨出世界文学，也就是人类整体文学的发展规律。这大大有助于世界各民族之间的了解，有助于世界文学的发展。"[1]

有学者指出，季先生"学富五车，造诣极高，而且德行致厚，智虑致明，是我国研究东方文化文学的学术带头人。季先生在东语系执教六十年以来，培养了一批东方文学的教学研究人才。"[2]季先生无疑是中国东方文学学科的开拓者和奠基人。如果我们说，正是中国学界率先把东方文学真正作为一门学科加以教学和研究，那么季羡林先生则是中国提倡东方文学学科建设的第一人，也是东方比较文学理论的构建者和实践者。

季先生在他的多篇文章中对东方的概念加以界定，认为东方这一概念的语义绝不是一成不变的，这个概念的内涵和外延有一个发展演变的过程。它有地理概念和政治概念的双层含义。从地理概念而论，1840年以前，东西方的概念以中国为基点，如印度在中国人眼里是"西天"；明朝以文莱为标准，界定南亚和东南亚为"东洋"和"西洋"；欧洲被称为"大西洋"，印度等被称为"小西洋"。近代鸦片战争以后，随着西方殖民主义的入侵，"所谓东方和西方就不再是以中国为基点，而是以欧洲为基点，成了'欧洲中心论'了。到了这时候，不但中国、日本和朝鲜等国算是东方，连以前我们中国人认为是西方的印度、阿拉伯国家，包括非洲在内，都成为东方了。"[3]他进一步指出："我们使用的'东方文学'这个名称主要是一个地理概念，是亚洲和非洲文学的总称。"[4]可见，在季先生眼里东方概念是包括亚非两大洲的区域概念，东方文学也就是亚非文学的区域文学总称，东方文学和亚非文学在季先生的眼里是同一个概念。这一

[1] 季羡林. 简明东方文学史[M]. 北京：北京大学出版社，1987：1.
[2] 梁立基. 季羡林与东方文学[M]//王邦维. 东方文学学科：建设与发展. 太原：北岳文艺出版社 1997：153.
[3] 季羡林. 从宏观上看中国文化[J]. 高校社会科学，1989（2）.
[4] 季羡林. 必须加强东方文学的研究[M]//陶德臻. 东方文学简史. 北京：北京出版社，1985：2.

观点被后来的学者们认可,并成为国内东方文学界的普遍共识。[1]

东语系对于东方文学相关课程的建设历来非常重视。早在1958年就开始为东语系和中文系本科生开设东方文学相关课程。1958年始,东语系从事国别文学研究的老师们一直坚持集体合作,为北大东语系和中文系的学生开设"东方文学史"课程,并在"全国最早接受和培养了东方文学的进修教师,开创了培训东方文学师资的先河"。[2]1982年7、8月教育部第一次在承德举办"全国高等学校东方文学讲习班",季羡林先生、刘安武先生应邀作了专题讲座。来自全国80多所高等院校的105名中青年教师参加学习。[3]1984年,东语系又为全国讲授东方文学的高校教师组织了一次为期半年的进修班。[4]1986年东语系东方文学教研室开始招收第一届"东方文学方向"研究生,此后又与北大外院世界文学研究所联合培养东方文学方向研究生,这一传统延续至今。

东方文学是世界文学的重要组成部分,它有着悠久的历史和丰富的内涵,从世界文学和比较文学的研究角度来看,它的重要性都不容忽视。但由于长期的历史原因,尤其是欧洲中心主义的偏见,东方文学并不为学术界和学生所重视,甚至一些文学研究者都不能正确地把握东方文学在世界文学中的地位,对东方文学了解不够,欣赏不多,正如季羡林先生所说的:"有些有影响的学者表面上说重视东方文学,实则内心深处是轻视,仍然是欧洲第一。"[5]这极大地影响了学者们对东方文学的认识和理解,使东方文学乃至东方文化在世界文化和文明史上的地位未受到应有的重视和认识。"东方文学远远没有得到应有的重视"。[6]"极少数仍出于偏见,绝大多数人则囿于旧习,习惯于欧洲中心那一套,或多或少,有意无意,抹杀东方文学在世界上的作用。"[7]作为一个东方大国,中国对东方文学理应有深入的了解和研究,应该努力把包括中国文学在内的东方文学推向世界,使之得到应有的地位和评价。这就要求作为东方之子的每一个学生对包括中国文学在内的东方文学有一定的了解。北京大学东语系的文学研究,名家汇集,有着深厚的学术积淀。为了进一步发扬学科的传统,沉

[1] 1995年出版的由季羡林任主编、刘安武任第一副主编的《东方文学史》被誉为中国东方文学界的"空前巨著",该书认为:"这部《东方文学史》包括的地域是亚洲和非洲";再如最新出版的原中国外国文学学会东方文学分会会长、北京师范大学文学院何乃英教授在其编著的《新编简明东方文学》(中国人民大学出版社2007年版)中认为:"东方文学(又称亚非文学)是指亚洲和非洲的文学"(详见该书第1页)。

[2] 张朝柯. 全国领先 功绩卓著——追忆50年前北大东语系创建东方文学学科的杰出贡献[M]//王邦维. 东方文学学科:建设与发展. 太原:北岳文艺出版社,1997:68.

[3][4] 蒲漫汀. 陶德臻教授纪念文集[M]. 北京:知识产权出版社,2006:43,64.

[5] 季羡林. 简明东方文学史[M]. 北京:北京大学出版社,1987:1.

[6][7] 季羡林. 东方文学研究的范围和特点[M]//季羡林. 比较文学和民间文学. 北京:北京大学出版社,1991:292,186.

潜深入的学术研究自然十分重要,但在新形势下,如何利用自身的学术优势,淡化专业的限制,通过教学活动,为学科注入新的活力也是推动整个学科发展的必由之路。

为了扩大该课程的影响,适应专业结构调整之后全面推进素质教育的教学需要,面对课时的逐步缩减和改革开放的新形势,近十几年来东语系借助"素质教育""通识教育"和大类平台课程建设的大背景,以"加强基础,淡化专业"为指导方针,对东方文学系列课程的教学做了新的探索与努力,希望有助于实现对中国东方文学学科教学的新定位。

本文尝试梳理和回顾作为"整体的"东方文学课程在北大的教学现状,以求教方家学者,更期望能为东方文学"这门新兴的学问"的发展尽绵薄之力。

一、更新观念,探索新的教学法

东方文学系列课程改变了该课程以往由多位教师各自授课的惯例,每门具体课程由一位教师主讲。对东方文学的介绍由国别文学上升到区域文学、总体文学和世界文学的高度,视其为有关东方文学的学科,既包括具体的东方国别文学,同时也包括作为区域文学的总体的"东方文学"。"东方文学史"课程最早是由东语系研究各国文学的老师们分别讲授。一门课由多位老师共同讲授,这种教学方式的优点是讲授国别文学的老师能深入地介绍各国文学的某个专题,但这种教学方式也使得这门课程难以形成系统的教学计划,随意性较强,难以揭示东方各国文学之间的内在联系,难以在比较文学的视角下找出东方各国文学的一些内在的共同规律,也难以全面地把握东方文学学科在中国的发展历程。从东方文学学科发展而言,所谓"东方文学"是一个需要做多层次阐释的概念,从文化与文学的角度和宏观的比较文学视野而言,东方文学是亚非区域文学整合后,和西方文学相对而言的一个总体文学概念,它是东方若干个民族、国家和地区的文学的集合概念,并不是东方国别文学的简单拼凑,试图研究和揭示具有多元差异性的东方国别文学之间的内在统一性。东方文学相关课程的教学应该把"东方文学"作为一个整体来加以介绍,梳理它从民族性到区域性再到世界性的历史整合过程。对作为一门学科的东方文学的介绍应该超越具体的国别文学,上升到东方区域文学、总体文学和世界文学的高度。鉴于此,1995年开始,东语系决定"东方文学史"改由一位教师讲授,并要求主讲教师在博采东方国别文学丰富的研究成果基础之上,从世界文学发展史的角度,在东西方文学关系的视野下,更宏观、更系统和更准确地把握东方各国文学的相同点和不同点,介绍东方各国文学在东方文学史乃至世界文学史中的地位、作用和影响,并要求教学大纲可以根据教学对象的不同而灵活地调整教学内容和教学方法。

二、淡化专业的界限,淡化"史"的线索

为了适应素质教育的需要,东方文学系列课程淡化专业的界限,淡化"史"的线索,注重东方文学经典的阅读与讲解,注重学生"读"和"写"能力的培养,并努力调动学生学习自主性、主动性和积极性,强调从文学鉴赏的角度去言说文学,而不是从纯粹的专业的文学理论的视角去研究文学。为了强化学生对世界文学发展脉络的宏观了解,课程试图超越僵化的东西方二元对立思维模式的局限,以文学的审美性和文学性为核心,在世界文学的整体性视野下,试图把东方文学纳入世界文学发展史的脉络中加以介绍,并尝试将世界文学划分为以下几个时期:1. 人类文学的"童年时代"—前文学时代;2. 人类文学的"少年时代"—各主要文化圈形成时代的文学;3. 人类文学的"青年时代"地域性的文学思潮时代的文学;4. 人类文学的"壮年时代"—世界性文学思潮时代的文学。人类文学的"童年时代"—前文学时代的东方文学主要介绍神话和史诗。首先用图表展现世界神话结构图和世界史诗分布图,配合 ppt 课件,结合相关图片资料,从字源学、神话学和史诗等多角度分析东西方文学关系。如介绍腓尼基文字和西方文字的关系,阿都尼斯这位来自东方的神如何被改写成爱神阿佛洛狄忒所钟爱的美少年,希伯来神话中上帝用亚当的肋骨造夏娃这一情节与美索不达米亚民族的神话的关系及巴比伦史诗《吉尔伽美什》与东西方文学的关系,等等。通过这些东西方神话史诗交流个案的分析,说明世界文学史的起点在苏美尔文学。只是由于学识的局限,19 世纪,学者们认为世界文学以古希腊为起点;到 20 世纪,学者们普遍认识到世界文学以埃及和巴比伦为起点;到 21 世纪,我们应该了解世界文学史以苏美尔文学为起点的常识。人类文学的"少年时代"—各主要文化圈形成时代的文学主要介绍格雷布内尔的文化圈文化层理论,将东方文学分为三大文化圈加以介绍:南亚印度文化圈、东北亚汉文化圈和中东地区文化圈。在分析作品之前,先简单概述各国文学的发展简史,对各国文学的主要审美特征作一总体性的介绍,并和中国文学"诗言志","文以载道"等文学传统观念作一简单的比较。如印度文学"文以言

教""诗言教"的文学传统,日本文学"风雅""幽玄""物哀"和"寂静"的审美意识,阿拉伯文学注重文学技巧的"文学技巧说"等文学观念。在史论介绍阶段,要求学生课外阅读重点作品并写读后感,为课程"作品精读"部分打下基础。人类文学的"青年时代"—地域性的文学思潮时代的文学主要介绍各文化圈有影响的文学思潮,如伊斯兰文化圈的苏菲文学、南亚文化圈的印度虔诚运动文学、日本带有中国禅诗艺术风格的五山文学思潮和中国第一个文学流派江西诗派等。人类文学的"壮年时代"——世界性文学思潮时代的文学即多元的世界文学时代,主要介绍浪漫主义文学思潮以来具有世界影响的各类文学思潮并介绍东方现当代诺贝尔文学奖获得者与东西方文学的关系。

三、强调文学"经典"阅读,注重学生审美能力的提高

上大学之前,很多选课学生阅读过的文学作品很少。上大学后也难得静下心来读一些经典作品,甚至有部分同学认为东方文学就是中国文学。以往的文学史教学,存在着偏重体系、观念,忽视了"经典"阅读的问题。针对这种情况,在"淡化专业界限"的同时,强调"经典"的阅读,以求夯实学生的文学基础,这也是东方文学系列课程努力的方向。本系列课程要求学生精读一批东方文学史上的经典作品并至少交八篇简短的读书报告和一篇期末论文。老师组织研究生和助教加以点评,从中选出优秀的读书报告并在网上张贴。学生在课后可以进一步阅读和交流。强化学生的写作能力是本课程最为重要的教学目的。每次课程的阅读书目由老师推荐,学生自主选择。要求学生阅读的作品应该是思想上积极向上,具有很高的艺术性且富有独创性,在历史上起过进步作用,既有审美的价值,又有思想认识价值和道德教育价值的东方文学经典。要求学生阅读作品,并写出读后感和期末小论文,学生在增长知识的同时,他们的文学感受与分析能力、艺术鉴赏能力和写作能力也能得以提高。课前教师在 BBS 论坛上为学生提供一些符合学术规范的学术论文,建议学生先用心体会、认真学习,再进一步求新求异。课程要求他们的期末小论文从提出问题、收集材料、形成观点、到文字的表达都基本符合"做学问"的一般途径,对其中的优秀论文加以表扬,并请这些学生走上讲台作"学术报告"。论文的写作和课堂报告使一些用心的同学获得了初步的学术成就感,同时也提高了学生对课程的兴趣,并深化了这门课的教学。

四、利用网络资源和多媒体教学手段,以多元的视角叙述东方文学

为了进一步强化教学效果,本系列课程努力改进教学模式,利用网络资源和多媒体教学手段,以多元的视角叙述东方文学,并注重课程的深化和创新,探索出多层次的教学空间。如利用 ftp 上传与课程相关的教学资料,开设网上论坛,师生可在网上自由交流。网络资源拓展了师生的视野,丰富了课程的内容,也增加了课程的容量。2001 年开始,在"东方文学史"课程的基础上,东语系又陆续开设出与东方文学相关的系列课程:东西方文学关系、东方文学专题研究、东方文学学科概要、东方民间文学概论和东方民间文学等课程。"东西方文学关系"课程是在世界文学发展史的大背景下,界说东西方文明、文化的起源和价值取向,考察东西方文明中心的演进和位移、冲突和磨合的历史,从多维的视角宏观梳理东西方文学的关系史,并结合世界各地文学思潮的发展史,从神话、史诗、诗歌、小说、戏剧、文论等角度展开个案分析,求证东方文学,包括中国文学在世界文学发展史上的地位、作用和影响。本课程的教学目的在于激发学生的兴趣,去思考如何建构一个反映世界文学发展史的真实进程,把世界文学从古至今的发展纳为一体并梳理出它的发展脉络的世界文学史的理论体系。"东方文学专题"课程在梳理厘定与东方文学学科研究有关的基本概念的基础上,宏观介绍东方文学学科的发展概况、东方文学学科在中国的发展历程、东方文学学科研究的现状等题目,并探讨东方文学总体研究的意义、对象、方法和理论体系建构等问题,在此基础上,组织学生重点阅读并研讨在东方文学史发展上有重大影响的作家作品。本系列课程采用课堂教学、课外阅读、课堂读书报告与课堂讨论相结合的教学方法。除一般教学参考书外,每讲将指定若干重点作品,引导学生阅读。"东方文学学科概要"课程是介绍东方文学学科的入门课,属于"研究之研究"的课程。本课程在学生有一定东方文学史知识的基础上,注重培养学生更专业、更有学术的自觉,即从学科评论的高度,回顾东方文学作为一门专门的研究领域,其发生发展的历史、现状、热点、难点以及前沿性课题。学科的入门和导引,是本课程的定位。课程希望选课学生能较全面地了解东方文学的学科史与研究现状,领略不同的研究方法、角度与多样的治学风格,帮助学生由此觅得进入东方文学研究的门径,学会触发研究的问题,找到适合自己的研究课题。全校本科生公选课"东方民间文学概论"和研究生选修课"东方民间文学"是国内高校中首次开设的有关东方民间文学方面

的专业课程。该课程既是外国语言文学学科亚非语言文学专业的新开课程，又对中国语言文学学科民间文学专业具有重要的参考意义，是跨国文学和中国文学的边缘学科课程，引起了包括中文系在内的其他系学生的兴趣。主讲教师结合东方各国的历史文化，深入浅出地介绍和描述东方民间文学，并在赏析和分析东方各国代表性民间文学作品的过程中进一步讨论东方各国的传统民族文化并传授民间文学的理论知识。学生对东方各国的民间文学有了知识层面的了解，并掌握了赏析和分析东方民间文学作品的基础理论，不仅丰富了知识，而且在理论上得到提高。东方民间文学课程的开设和建设还在理论体系上丰富了对东方文学民族传统的进一步理解。[1]

此外，在不久的将来，"东方神话专题""东方史诗专题""东方民间故事专题""东方作家文学专题""东方诗学专题""东方总体文学专题"等系列课程也将陆续建设和开课。

东方文学系列课程自开设以来，受到了学生普遍的欢迎，除东语系、中文系本科生选修外，全校非文学专业学生也踊跃选修。每次开课都有百余名外系同学选修，最多曾达280余人。2004年作为北大"暑期学期"推出的课程，也受到了各方面的好评。东方文学经典的魅力，让很多选课同学受益匪浅，不同专业的学生对文学以及文学研究，产生了浓烈的兴趣，并吸引多位非文学专业同学报考文学专业的研究生。国家非通用语种本科生人才培养基地——北大东语系建设的网络课程"东方文学经典导读"（http://www.olc.pku.edu.cn/）包括课程介绍、教学大纲、参考资料、课程论坛和课程视频等资料，并向其他国家非通用语种本科生人才培养基地开放，受到普遍的好评。外国语言文学核心刊物《外国文学评论》（2007年第1期、2008年第1期）和《国外文学》（2007年第2期、2008年第2期）对该网络课程都有所报道。

东方文学学科自建立以来一直与教学保持着密切关系，正是东方文学教学的需要催生了东方文学学科的问世，也进一步促进了东方文学学科的发展。在2006年10月北大召开的"东方文学学科发展史学术研讨会"上，与会学者们普遍提及东方文学课程面临的问题和危机，这说明课程的建设其实也和学科的研究状况有直接的联系，学者们普遍认为课程的改革会影响学科的发展，也可以预示学科发展的前景。经过近十年的实践，该系列课程取得了较好的教

---

[1] 此段有关东方民间文学课程介绍的文字由北京大学东方文学研究中心陈岗龙博士提供。

617

学效果,得到学生们的普遍肯定和欢迎。在学校的教学评估中多次取得优秀的成绩。还有的学生在校园网上发表意见,在课程总结中发表感想,对该课程的教学给予了中肯的评价。东方文学系列课程已从一门单纯的本科生课程,发展成一个包括全校通选课、本科生必修课、本科生选修课、暑期学校课、研究生必修课、研究生选修课在内的课程系列,课程主讲人力图探索出一种多层次的教学模式,并希望能满足多元化的需求,促进学科稳步发展,并能确认东方文学系列课程教学自身的新定位。

本系列课程 2008 年被评为北京大学优秀教学一等奖,得到相关专家的好评,他们认为:

北京大学外国语学院东语系是我国高校中实力最强、语种最全、历史最悠久的学术和教学重镇,是我国培养东方语言文学人才的摇篮。几代学者孜孜以求,不断探索东方语言文学课程建设的规律,取得了令国内同行一致认可的骄人成绩。近年来,东语系在此基础上厚积薄发,为适应高校教学改革和培养目标的需要,积极吸收外国文学、比较文学等学科的新成果,锐意创新,走出了一条特色鲜明的东方文学研究和教学之路,"东方文学系列课程建设"便是这一改革和建设的重要成果。从总体设计看,该系列课程构成了一个科学立体的教学体系,涵括了针对不同教学对象的系列课程,可以满足全校通选课、本科生必修课、本科生选修课、暑期学校课、研究生必修课、研究生选修课等多层次需求。重要的是这些课程并非简单重复,而是因材施教,殊有不同。从整体理念看,该系列课程是站在比较文学与文化的高度,即世界文学与文化的高度上,力图置东方文学于人类文学与文化发展之坐标,破除西方文学中心主义之偏狭,改变长期以来我国高校外国文学教学体系中轻视东方文学之弊端,尽力彰显包括中国文学在内的东方文学的成就和魅力。从具体内容看,文学理论与原典并重且突出了作品(文本)的中心地位,既在横向比较中探讨东方文学自身发展的规律,又体现不同民族、国家和区域文学的特质及其审美品格。尤其需要指出的是该系列课程在教学方法上的探索,如充分利用教学网站、多媒体课件等手段的施教方式,并要求学生预习准备、撰写鉴赏文章和论文、开展课堂讨

618

论,同时通过开辟学生学术讲堂和教师点评等诸多手段吸引学生学习,培养学生的文学分析鉴赏能力和写作能力,从而有效地激发和提高了学生的学术研究潜能。这些做法使整个教学过程真正形成了开放而严谨的师生互动的教学模式。几年的实践证明,该课程体系成效显著。总之,就目前国内高校东方文学课程的教学现状而言,"东方文学系列课程建设"在体系、内涵和教学模式三个方面都位列前茅。我们相信,该系列课程的进一步探索和完善也将为国内其他高校的东方文学课程建设和教学模式的改革提供宝贵经验。

仅以此文纪念北大东语系东方文学相关课程建设50周年。

（作者单位:北京大学东方文学研究中心）

编后语

本书的组稿和编辑工作,实际开始于 5 年以前。2006 年 5 月至 10 月,北京大学东方学研究院与外国语学院所属的东语系、日语系、阿拉伯语系联合举办一系列的活动,庆祝北京大学东方学学科建立 60 周年、季羡林先生执教 60 周年及 95 华诞。这些活动包括 5 月 4 号上午举行的庆祝大会,同时还包括其后召开的十多个学术研讨会。本书所收入的,是其中一些会议上发表的部分纪念性的文章和学术论文。

本书分为两个部分:第一部分主要是 2009 年 9 月在北京大学召开的"季羡林与东方学"研讨会上发表的文章。文章的作者多数是季羡林先生当年的学生,后来又大多在北京大学工作,成为季先生的同事。也有的虽没有在北京大学学习的经历,但写了文章,也参加了我们的研讨会。文章的内容因此都与北京大学东方学学科和季羡林先生有关。

本书的第二部分则是学术论文,作者全部是北京大学东方学学科内的教师,既有已经年过耄耋的老教授,也有目前活跃在教学科研第一线的中年教师,还有毕业不是很久的年轻教员。他们分别就自己的教学研究领域中题目撰写了论文,同时发表在几个学术研讨会上,后来又经过修改,收入本书。这些论文,部分——只能说是部分——体现了北京大学东方学学科的一些特色。

2006 年的庆祝活动以后,由于各种原因,论文集的出版拖延了很长时日。这中间情况又有了一些变化:外国语学院所属的东语系又再次分解,成为五个系,即南亚、东南亚、西亚、朝韩和亚非语系。论文集的整合工作,于是就完全只能依托于东方学研究院来进行,相关的工作,都只能由东方学研究院来协调。工作进展如此缓慢,我们深感歉意。

北京大学东方学学科正式的建立,始于 1946 年建立的东方语文学系。五十年代到六十年代,东方语文学系先改名为东方语言学系,再改名为东方语言文学系。九十年代,再改名为东方学系。九十年代末渐次分解,最后成为现在与东方语言和文化研究相关的七个系。与上个世纪相比,学科的布局和建制已经有相当的不同。但实在地讲,创业维艰,发展亦不容易,过去半个多世纪学科的历史和所有前辈学者们为学科建设所做的努力,在今天不应该被忘记。

也是为了留下这一段历史,本书的开首,收入了北京大学东方学研究院为 2006 年纪念活动所撰写的"志庆"一文。

在 2006 年的纪念活动之后,我们曾经希望,在 2011 年,也就是五年以后,还能再举行一次大型的纪念活动,那时季先生就寿臻百岁。可是,2009 年 7 月 11 日,季羡林先生突然离开了我们。季先生是北京大学东方学学科的奠基人,也是我们学科六十多年来的领头人与旗帜,季先生的离去,让我们无限悲伤。感念及此,我们更觉得应该尽快我们的这部书编出来和印出来。

本书的组稿和编辑,唐孟生、李政出力最多。宁夏黄河出版传媒集团下属的阳光出版社接受出版,文艺编辑室主任编辑陈文军女士,为此也付出了很多劳动。对此我们都深表感谢。

今年 7 月,是季先生去世 3 周年;8 月,是季羡林先生诞辰 100 周年。谨以本书的出版,表达我们对季先生最大的怀念。

王邦维

2011 年 11 月 16 日